CB055458

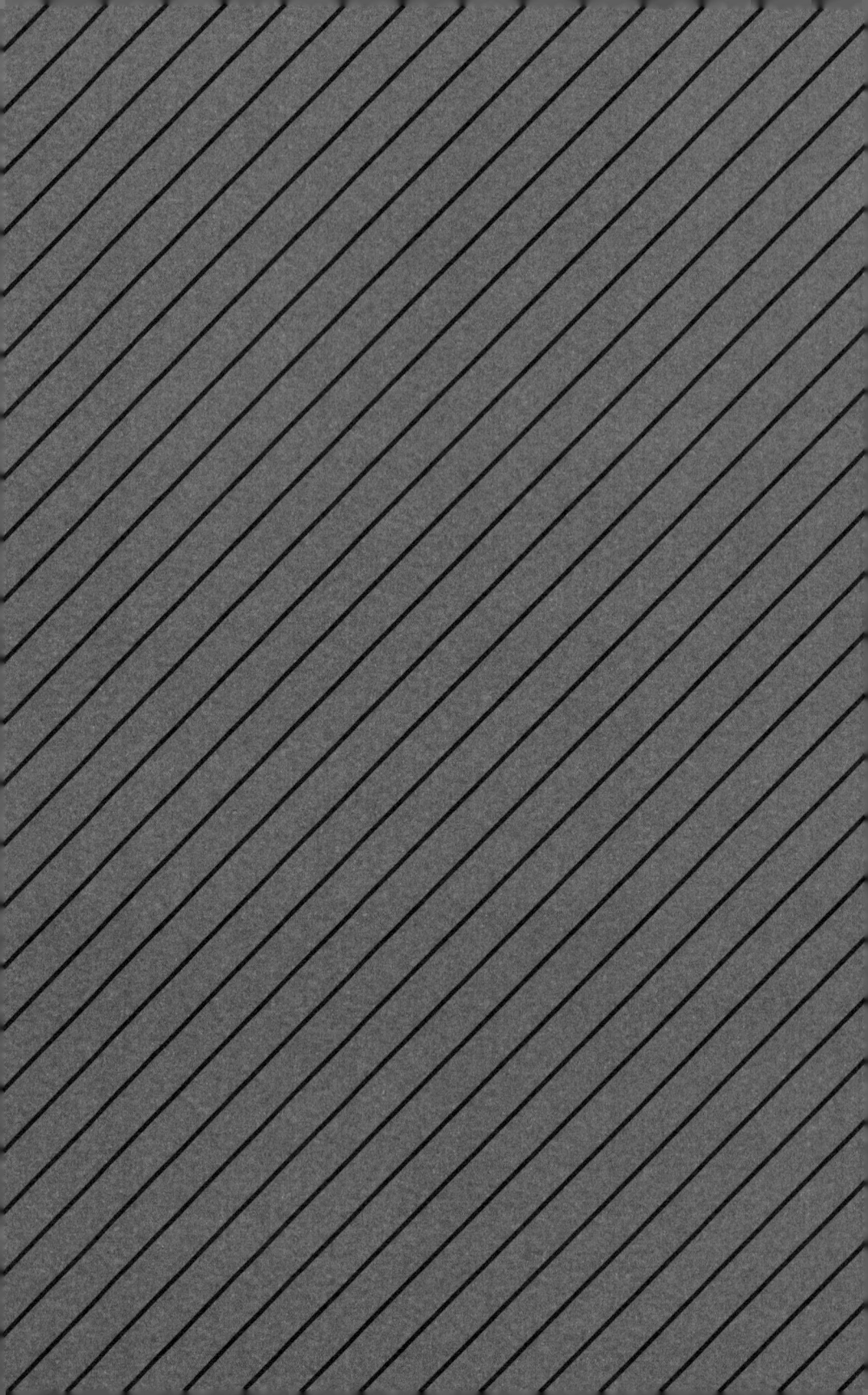

IMAGO ubu

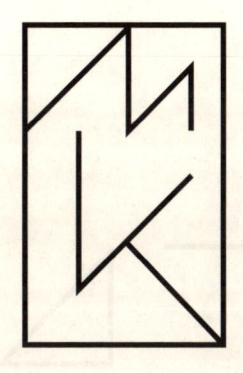

tradução
André Cardoso

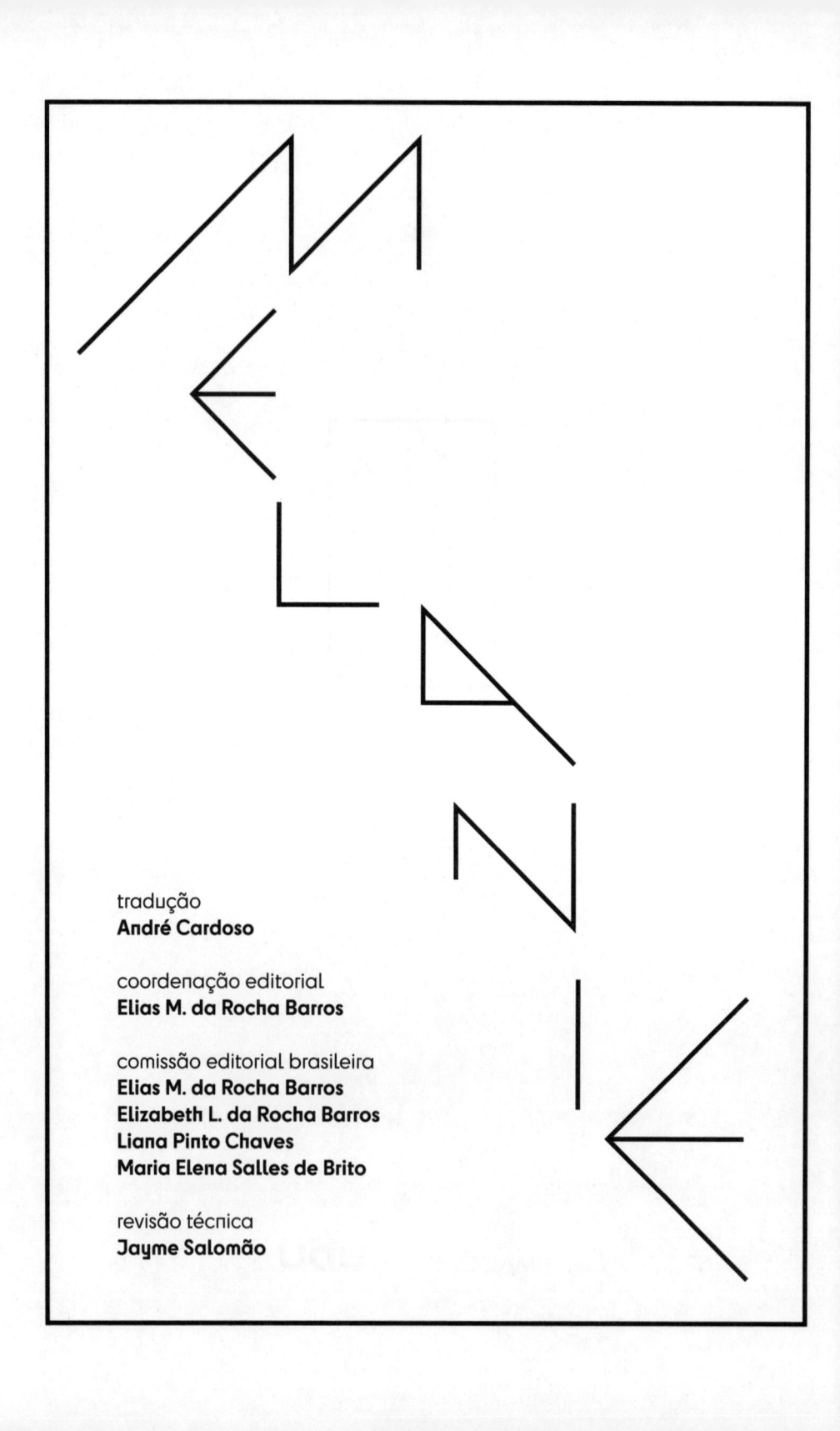

coordenação editorial
Elias M. da Rocha Barros

comissão editorial brasileira
Elias M. da Rocha Barros
Elizabeth L. da Rocha Barros
Liana Pinto Chaves
Maria Elena Salles de Brito

revisão técnica
Jayme Salomão

KLEIN

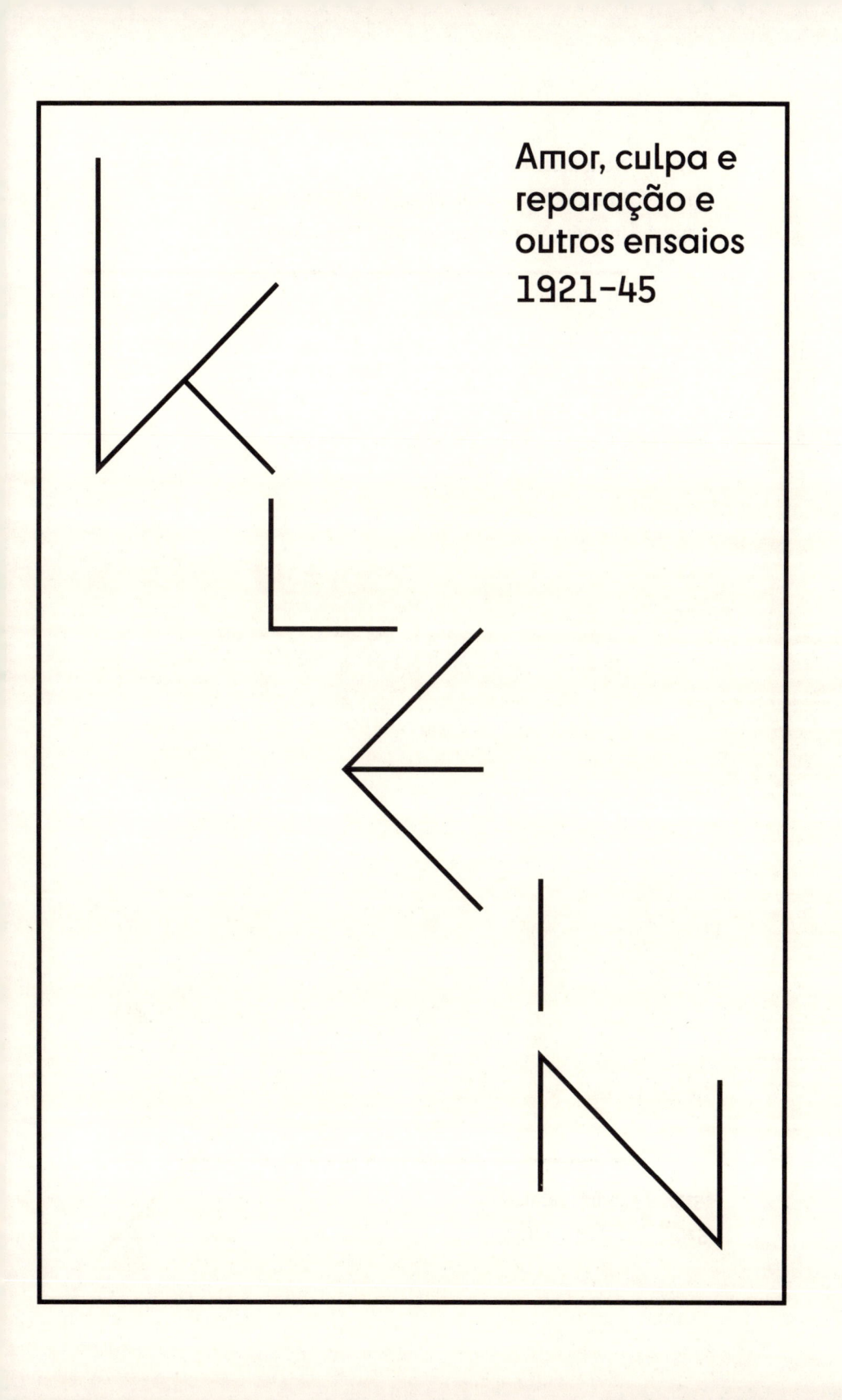

Amor, culpa e
reparação e
outros ensaios
1921-45

7   Nota desta edição
12 Introdução à edição de 1975 | *R. E. Money-Kyrle*
15 Introdução à edição de 1988 | *Hanna Segal*

513 Índice remissivo
524 Sobre a autora

23	1921	O desenvolvimento de uma criança
85	1922	Inibições e dificuldades na puberdade
91	1923	O papel da escola no desenvolvimento libidinal da criança
112	1923	Análise precoce
145	1925	Uma contribuição à psicogênese dos tiques
170	1926	Os princípios psicológicos da análise precoce
183	1927	Simpósio sobre a análise de crianças
220	1927	Tendências criminosas em crianças normais
239	1928	Estágios iniciais do conflito edipiano
255	1929	A personificação no brincar das crianças
268	1929	Situações de ansiedade infantil refletidas em uma obra de arte e no impulso criativo
278	1930	A importância da formação de símbolos no desenvolvimento do ego
295	1930	A psicoterapia das psicoses
299	1931	Uma contribuição à teoria da inibição intelectual
313	1933	O desenvolvimento inicial da consciência na criança
327	1934	Sobre a criminalidade
331	1935	Uma contribuição à psicogênese dos estados maníaco-depressivos
364	1936	O desmame
382	1937	Amor, culpa e reparação
425	1940	O luto e sua relação com os estados maníaco-depressivos
456	1945	O complexo de Édipo à luz das ansiedades arcaicas

Nota desta edição

O presente volume, publicado ao lado de *Inveja e gratidão e outros ensaios (1946-63)*, é fruto de uma coedição da Ubu com a Imago e reúne os principais artigos de Melanie Klein. Esses dois tomos, junto com *A psicanálise de crianças* (1932) e *Narrativa da análise de uma criança* (1961), perfazem as Obras completas de Melanie Klein, publicadas pela primeira vez no Brasil na década de 1990 pela Imago.

A tradução original dos dois volumes passou por revisão e cotejo terminológico, conforme os padrões estabelecidos pela comissão editorial da Ubu em diálogo com Elias Mallet da Rocha Barros, representante do Melanie Klein Trust no Brasil e coordenador da edição brasileira da década de 1990. Também foi incluída neste volume a introdução de Hanna Segal à edição inglesa de 1988, publicada pela Hogarth e inédita em português.

Seguem alguns apontamentos da comissão responsável pela primeira edição brasileira das Obras completas de Melanie Klein.

Observa-se um ressurgimento do interesse pelo pensamento de Melanie Klein em todo o mundo e vários estudos têm sido dedicados a seu sistema conceitual. Acreditamos que muitas das resistências às ideias de Melanie Klein provêm de uma leitura marcada por um viés a-histórico que produz a impressão de se estar diante de um sistema contraditório e fechado. Nessas circunstâncias, torna-se difícil para quem estuda o texto kleiniano dar-se conta da existência de um pensamento em constante evolução, o qual resulta em práticas clínicas que também sofreram e sofrem grandes transformações no decorrer do tempo.

Melanie Klein tinha consciência da dificuldade de leitura suscitada por seus textos. Com frequência, pedia a amigos que revisassem seus trabalhos, embora fosse sempre muito cuidadosa em manter sua marca pessoal em seus escritos. James Gamil conta que certa vez, na década de 1930, Ernest Jones ofereceu-se para reescrever um dos ensaios de Klein, com o objetivo de torná-lo mais claro. Mesmo sabendo que Jones era um grande escritor, Klein agradeceu-lhe e respondeu com bom humor: "Dr. Jones, certamente meu trabalho ganharia em clareza, mas seria menos eu".

Diante da pouca clareza que apresenta o texto kleiniano, o que deve fazer a tradução? "Melhorar" o texto? Optar por uma versão em português que, embora não seja totalmente fiel a seu estilo, torne-se mais clara em língua portuguesa?

A comissão editorial da tradução brasileira das obras de Melanie Klein optou por uma tradução mais literal, consciente de opiniões divergentes. É nossa convicção que o uso que ela faz da linguagem como uma ferramenta, apenas instrumental para transmitir uma ideia sem adornos, deve ser preservado. Dentre muitas peculiaridades de seu estilo, talvez a mais ilustrativa seja seu emprego abundante da voz passiva, que é algo que traz diretamente do alemão: *"feelings are felt"* (sentimentos são sentidos), *"the ego is felt to be in pieces"* (o ego é sentido como estando em pedaços) etc. Isso causa um efeito de estranhamento e é muito próprio de Melanie Klein. Outra peculiaridade é o emprego de um estilo repetitivo, reiterativo; ela faz uma afirmação e a retoma para acrescentar mais um dado. Se essa aspereza não for aplainada, a leitura atenta terá a possibilidade de seguir mais de perto a formulação de ideias de grande alcance teórico e clínico e seus pontos de inflexão.

Consideramos, portanto, que aperfeiçoar o texto em português poderia tornar a leitura mais amena, mas, ao fazê-lo, estaríamos traindo a própria Melanie Klein, que desejava, ainda que isto implicasse numa perda de clareza, ser mais ela mesma! Estaríamos, ainda, impedindo o contato com seu jeito tão característico de pensar.

Uma dificuldade que os tradutores encontraram referiu-se a quando padronizar determinados termos. Em Melanie Klein a descrição de vivências emocionais ocupa grande espaço. Termos utilizados nessas descrições ao longo de sua obra deixam de ser apenas descritivos e assumem o caráter de conceitos técnicos, muitas vezes centrais em sua obra. Nesses casos, optamos pela uniformidade de tradução dos conceitos teóricos e técnicos, por mais que isso pese no estilo.

Com respeito à terminologia a ser adotada na presente edição, consultamos as notas de tradução dos trabalhos de Melanie Klein publicados em francês, espanhol e italiano. Com base numa reflexão sobre as escolhas e sugestões de outros tradutores, fizemos uma série de opções. Naturalmente essas são questões controversas, abertas a críticas. Dentre esses termos, gostaríamos de mencionar:

1. *Death instinct, life instinct*

Seguimos a orientação geral das retraduções de Freud e optamos por *pulsão* de morte e *pulsão* de vida.

O termo "instinto" está eivado de uma conotação biológica que privilegia a imutabilidade dos mecanismos ditos instintivos. Freud dispunha da palavra "*Instinkt*" em alemão e preferiu "*Trieb*".

Ao adotarmos "pulsão" estamos seguindo a tradução de Jean Laplanche ("*pulsion*") e José L. Etchverry ("*pulsion*"). Ao fazê-lo estávamos cientes da nota publicada por Victor Smirnoff, na tradução francesa de *Inveja e gratidão*, que sugeria que "pulsão" ("*pulsion*", em francês) fosse adotada para todas as referências feitas por Melanie Klein em inglês à palavra "*instinct*", com exceção de "*death instinct*" e "*life instinct*", por considerar que não se deveria prejulgar Melanie Klein e sua concepção de "*death and life instincts*", dando ao termo uma conotação puramente psicológica. Não acreditamos, contudo, que estejamos prejulgando Melanie Klein ao adotar a palavra "pulsão" como tradução de "*instinct*" em geral. Acreditamos que o que mais deve ser evitado na tradução de "*instinct*" não é seu caráter biológico *per se*, mas o que esse poderia ter de imutável. Certamente não era essa característica que Melanie Klein desejava enfatizar. O próprio Victor Smirnoff afirma que tomou essa decisão de traduzir "*death instinct and life instinct*" por "instinto de morte e de vida" com grande contrariedade, indicando que tal opção pode mais uma vez introduzir uma confusão lexicográfica geradora de certa incoerência conceitual. Ao não seguirmos a sugestão de Smirnoff acreditamos estar evitando essa incoerência que ele considera deletéria.

2. *Split, splitting, splitting off*

O termo por nós adotado para "*split*" foi "cisão". "*Splitting*" refere-se à operação de divisão do self ou do objeto e "*splitting off*" refere-se à cisão imediatamente seguida da projeção do aspecto cindido. Adotamos para essa modalidade mais específica de cisão o termo "excisão". Fala-se, por exemplo, de um aspecto excindido do self.

3. Cathexis

"*Cathexis*" é a tradução proposta por James Strachey depois de longas reflexões para a palavra alemã "*Besetzung*", empregada por Freud. Essa tradução tem sido objeto de muita contestação, por ser vista como parte de uma tentativa programada de cientifizar a obra de Freud por meio do emprego sistemático de radicais greco-latinos. "*Besetzen*" é um verbo de difícil tradução, segundo os germanistas, por ser um verbo muito comum e de sentido amplo, que adquire seu significado no contexto em que é empregado. Poderíamos sucintamente dizer que significa ocupar um espaço e dominá-lo, no sentido militar. Como oposto a "*cathexis*", Melanie Klein usa consistentemente o verbo inglês "*to withdraw*", que significa "retirar-se".

Laplanche, tanto em seu *Vocabulário da psicanálise* como ao traduzir Freud, utiliza-se do termo "*investissement*". Etcheverry, em sua respeitada tradução de Freud, que nem por isto deixou de gerar polêmicas, publicada pela Editora Amorrortu, utiliza-se do termo "*investidura*". Marilene Carone, em suas reflexões sobre uma nova tradução de Freud para o português, favorecia o termo "investimento". Optamos por "investimento" porque parece ser a tradução mais fiel do termo alemão e dessa forma também seguimos a tendência geral das traduções mais recentes de Freud, que restabelecem o sentido original do termo "*Bezetzung*". A palavra "investimento" também dá conta do sentido que os kleinianos imprimem à palavra "*cathexis*" quando a empregam como tradução do termo alemão, seguindo a proposta de Strachey. Isso nos é confirmado pelo emprego sistemático do verbo inglês "*to withdraw*" (retirar) e dos adjetivos correlatos, como o antônimo de "*cathexis*".

4. Early

Pode-se dizer que "*early*" é a marca distintiva da obra de Melanie Klein e se constituiu para nós no ponto central e na questão mais complexa desta proposta de tradução. Melanie Klein emprega consistentemente o termo "*early*" para qualificar os vários fenômenos psíquicos por ela observados – ansiedades, mecanismos de defesa, fantasias e relações de objeto – que constituem, a seu ver, os alicerces da estrutura psíquica.

Para o tradutor, esse termo abre uma ampla gama de acepções possíveis: "primeiro", "inicial", "primitivo", "arcaico", "primário", "antigo", "precoce", "prematuro", "o que está no começo", "o que vem antes". Cada uma tem sua parcela de significado, iluminando um aspecto da qualidade de "*early*". (Para uma discussão crítica desses termos remetemos ao artigo de Jean-Michel Petot, "L'Archaïque et le Profond dans la Pensée de Melanie Klein".[1])

Como já foi dito anteriormente, foi nossa intenção desde o início fazer uma tradução que respeitasse e transmitisse as peculiaridades da escrita de Melanie Klein. Ao empregar um único termo (*"early"*), ela deixou intacta sua virtualidade.

Ao longo de nosso trabalho de tradução, inclinamo-nos ora por um termo, ora por outro, segundo a acepção que nos parecia mais apropriada em cada circunstância. O perigo passou a ser, então, diversificá-lo e, com tantas especificações, paradoxalmente, esvaziá-lo enquanto termo com estatuto verdadeiramente técnico, segundo o exame crítico de Petot.

À medida que um texto se seguia a outro foi-se-nos impondo a noção de que o *"early"* não era apenas uma qualificação, e sim um campo que se configurava. Era necessário eleger um termo que formulasse essa noção quase substantiva de origem e fundamentos e que se constituísse não só como um termo técnico, mas também expressivo daquilo que é, ao mesmo tempo, primórdio e permanência. Acabamos por endossar, por experiência própria, a tese de Petot de que a tradução de *"early"* como "arcaico" (*arché*: começo absoluto), por criticável que seja, seria a menos ruim de todas, apesar de também ter na linguagem corrente o registro de desuso e obsoleto.

Fundamentalmente, fizemos nossa opção em favor de "arcaico" quando queríamos nos referir à *natureza*, à qualidade intrínseca do processo ou fenômeno ou instância ("ansiedade arcaica", "fantasias arcaicas", "mecanismos de defesa arcaicos", "fobias arcaicas" etc.) e "inicial" quando a dimensão era mais claramente temporal ("estágios iniciais", "fase inicial").

Exceção a esse critério foi feita em relação ao conceito de superego, para o qual empregamos o termo "primitivo" em sua versão sádica e destrutiva.

No caso de *"early ego"*, alguns autores pós-kleinianos têm empregado o adjetivo "rudimentar". Mas, por este ter sido um desenvolvimento posterior a Melanie Klein, essa solução não foi por nós adotada.

---

1 Jean-Michel Petot, "L'Archaïque et le Profond dans la Pensée de Melanie Klein". *Nouvelle Revue de Psychanalyse*, n. 26, 1982.

Introdução à edição de 1975
R. E. Money-Kyrle

Melanie Klein, *née* Reizes, nasceu em Viena, em 1882.[1] Foi a mais nova de quatro irmãos, cujos pais eram de origem judaica, mas pouco rigorosos em termos de religião, sendo aparentemente agnósticos tolerantes. Há indícios de grandes habilidades herdadas de ambos os lados; o ambiente em que as crianças cresceram sem dúvida era muito intelectualizado. O mais importante, de acordo com as lembranças da própria Melanie Klein, é que sua família era bastante unida, ligada por fortes laços de amor. No entanto, não pôde escapar de períodos de profunda tristeza, primeiro quando a irmã favorita morreu, seguida mais tarde pelo irmão mais velho, que tanto admirava – tragédia que se repetiria anos mais tarde, quando um dos filhos adultos de Melanie Klein morreu num acidente de alpinismo.

Passemos agora para o início da vida profissional de Melanie Klein: ela tinha cerca de catorze anos quando começou a ter um grande desejo de estudar medicina e, com a ajuda do irmão, aprendeu rapidamente latim e grego para passar para o Ginásio. No entanto, seus prospectos de uma carreira médica chegaram ao fim quando ficou noiva na idade precoce de dezessete anos. Quatro anos mais tarde, em 1903, casou-se e no devido tempo tornou-se mãe de três filhos.

Foi só durante a Primeira Guerra Mundial que pôde retomar de outra forma sua carreira interrompida. Ela havia deparado com um

---

1 Para um relato biográfico mais completo, ver Herbert Rosenfeld, "Melanie Klein", in *International Encyclopedia of the Social Sciences* (org. David L. Sills e Robert K. Merton. New York: Macmillan, 1968), e John A. Lindon, "Melanie Klein's Theory and Technique: Her Life and Work", in P. L. Giovacchini (org.), *Tactics and Techniques in Psychoanalytic Therapy*. New York: Science House; London: Hogarth Press, 1972.

livro de Sigmund Freud no qual parecia reconhecer algo que sempre procurara de forma vaga. Na época, estava em Budapeste e pôde iniciar sua análise com Sándor Ferenczi, que a incentivou a se especializar na análise precoce; de fato, começou a se dedicar a essa atividade em Budapeste, antes do fim da guerra. Naquele tempo, com a exceção da obra de Freud sobre o "Pequeno Hans" e de alguns trabalhos preliminares da dra. Hermine Hug-Hellmuth, a análise de crianças pequenas era um campo desconhecido, que logo seria explorado numa direção diferente por Anna Freud. Depois da guerra, em 1921, Melanie Klein foi para Berlim a convite do dr. Karl Abraham, a fim de continuar seu trabalho com crianças, e logo introduziu conceitos novos e importantes na análise. Suas inovações foram apoiadas por Abraham, com o qual continuou o processo de análise no início de 1924, interrompido pela morte precoce do analista em 1925. Foi enquanto estava em Berlim e o marido na Suécia que seu casamento, não muito feliz, chegou ao fim. Em 1926, foi para Londres a convite de Ernest Jones, que também lhe deu muito apoio, e permaneceu lá, aumentando gradualmente a proporção de clientes adultos em sua clínica, sobretudo casos de supervisão, até sua morte, em 1960. Vale a pena observar que, como o próprio Freud e vários outros, ela também praticava a autoanálise, de modo que os trabalhos que publicou provavelmente eram fruto de observações analíticas a respeito de seus pacientes e de si mesma, comparadas entre si.

Em seu trabalho clínico, que despertou muita controvérsia, sempre partiu do princípio de que a análise da criança deve ser conduzida exatamente da mesma maneira que a do adulto – com a única exceção de que a análise da associação verbal deve ser complementada pela análise do brincar. Acreditava que era possível estabelecer a transferência, observando que o superego já estava presente na criança pequena, ainda que de forma mais rudimentar, e achava que o analista não devia exercer nenhum tipo de pressão moral ou educacional. Em outras palavras, adotava a análise da transferência proposta por Freud tanto no caso de adultos como no de crianças; se introduziu algumas mudanças mais tarde, foram no sentido de obter análise da transferência mais pura, confinando seu papel cada vez mais à interpretação. Talvez a mais típica característica de sua técnica seja o fato de dar preferência à interpretação da ansiedade inconsciente, baseada na fantasia inconsciente, sempre que deparava com ela – mesmo quando os primeiros resultados pareciam aumentar a ansiedade.

Foi essa técnica que lhe permitiu trazer à tona e registrar vários padrões até então desconhecidos da psique, de modo que sua teoria a respeito da mente e de seus possíveis problemas, retirada originalmente de Freud, foi sofrendo um desenvolvimento contínuo. Seria desnecessário e redundante resumir esse processo aqui, pois a própria obra de Melanie Klein, principalmente quando lida em conjunto com as notas explicativas, fala por si só. Um ponto, contudo, merece ser destacado. Ao introduzir os conceitos das posições esquizoparanoide e depressiva, Melanie Klein também elucidou a distinção entre dois tipos de moralidade essencialmente diferentes, que tendem a se desenvolver com sucesso de forma inata nos seres humanos. O mais arcaico superego da criança, que contém sua própria destrutividade projetada voltada contra si mesma, é uma construção esquizoparanoide que, como Freud descobriu, funciona como um deus arcaico interno com uma moralidade arcaica do tipo "olho por olho". Ele não é egossintônico, e um dos grandes objetivos da análise é enfraquecê-lo. No entanto, em torno dos quatro meses, o surgimento da posição depressiva introduz a possibilidade de uma moralidade diferente e bem mais egossintônica, não mais baseada numa forma específica de delírio paranoide, mas sim na culpa depressiva pelos danos infligidos tanto em realidade como em fantasia aos objetos amados dentro e fora do self na posição esquizoparanoide anterior. Na medida em que o indivíduo entra em luto pelos objetos amados danificados, ele sente que esses objetos permaneceram vivos dentro de si como mentores internos que ajudam e apoiam o ego em sua luta contra os objetos maus que continuam dentro do sujeito e contra inimigos externos reais. Obviamente, não é verdade que Melanie Klein empregava algum tipo de pressão moral para criar esse tipo de moralidade nos pacientes; no entanto, é verdade que, à medida que ia trazendo às claras as ilusões por trás da moralidade arcaica e das várias formas de defesa maníaca empregadas contra a culpa persecutória e a culpa depressiva, o segundo tipo de moralidade por si só tendia a se tornar predominante. Melanie Klein considerava essa mudança um dos fatores que indicam uma transformação em direção à integração e à maturidade.

Apesar de a teoria desenvolvida por Melanie Klein – principalmente a distinção entre a posição esquizoparanoide e a depressiva – parecer capaz de explicar ao menos os principais fatos da vida mental normal e anormal, seria um erro encarar sua teoria como um sistema fechado. Ela própria fez acréscimos a seu pensamento ao longo de toda a vida. E ninguém sabe quais modificações e acréscimos futuros serão necessários. Como na física, na psicologia a verdade final apresenta talvez uma complexidade infinita, só podendo ser abordada através de uma série infinita de aproximações.

Introdução à edição de 1988
Hanna Segal

Melanie Klein travou contato com a psicanálise aos 32 anos, quando estava em Budapeste, em 1914. Leu *Sobre os sonhos*, o pequeno livro de Sigmund Freud a respeito dos sonhos. Isso deu início ao maior interesse de sua vida: a psicanálise. Mais ou menos na mesma época, começou sua própria análise com Ferenczi. Acredita-se que deu esse passo por motivos terapêuticos, mas a psicanálise capturara sua imaginação desde o início. Ela satisfazia sua enorme curiosidade intelectual, o interesse nas pessoas – que sempre foi uma de suas características – e seu desejo de trabalhar com os outros e para os outros (sua intenção original era estudar medicina). Melanie Klein apresentou seu primeiro artigo para a Sociedade Húngara de Psicanálise em 1919, marcando o início de uma produção criativa que continuou até sua morte, em 1960, e que revolucionaria a teoria e a prática psicanalíticas.

Seus artigos estão reunidos nos volumes I e III das *Obras completas de Melanie Klein*. Também escreveu dois livros, *A psicanálise de crianças* e *Narrativa da análise de uma criança*, volumes II e IV das *Obras*.

Este volume, que contém seus trabalhos de 1921 a 1946, mostra o desenvolvimento de sua obra e de seu pensamento desde o início, levando à formulação de seu grande conceito teórico: a posição depressiva (1935–40).

Melanie Klein iniciou seu trabalho psicanalítico com as crianças. Foi pioneira na análise de crianças. Desenvolveu métodos para analisá-las, até as bem pequenas, sem se afastar dos princípios básicos da técnica psicanalítica. Como o modo de expressão natural das crianças é o brincar, ela sempre lhes oferecia pequenos brinquedos e considerava seu brincar uma expressão simbólica da vida interior, comparável às associações livres dos adultos. Interpretava o brincar e o comportamento delas juntamente com a comunicação verbal. Ao contrário de outros especialistas da época, adotou desde o início rigorosa atitude psicanalítica, evitando qualquer tipo de influência educacional ou qualquer outro tipo de interferência no processo psicanalítico. Além disso, desde o princípio sempre interpretou tudo aquilo que a criança apresentava, quer seus sentimentos fossem positivos ou negativos. Acreditava-se na época que as crianças não podiam desenvolver transferência para o analista da mesma maneira que os adultos, pois ainda estavam presas a seus objetos originais: a mãe e o pai. Klein descobriu que as crianças rapidamente estabeleciam transferência, tanto positiva quanto negativa. Descobriu que, desde que se preserve a atitude e o *setting* psicanalíticos, as relações de transferência das crianças não são muito diferentes daquelas dos adultos. Demonstrou que a base da transferência era a projeção para o analista do mundo interior da criança e de suas imagos internas, e não uma transferência linear para o analista de seus sentimentos em relação aos pais reais. A abordagem de Klein se caracterizava por grande convicção na validade do método psicanalítico de Freud e pela fé de que em toda criança, assim como em todo adulto, apesar de toda a resistência e das defesas, há anseio e prazer pela verdade. De fato, as crianças reagiram muito bem à sua abordagem simples e direta.

Hoje em dia, é difícil compreender como essa maneira de tratar as crianças era revolucionária na época. A obra de Melanie Klein chocou e provocou controvérsias enormes. Ela descreve sua técnica e a lógica por trás dela, assim como algumas das descobertas que fez, nos artigos "Análise precoce" (1923), "Os princípios psicológicos da análise precoce" (1926) e "Simpósio sobre a análise de crianças" (1927). Esses trabalhos também lidam com os principais pontos de controvérsia da época. O grosso do material psicanalítico em que Melanie Klein baseou suas conclusões está incluído no livro *A psicanálise de crianças*, escrito ao longo dos mesmos anos em que surgiram os artigos citados.

Novas ferramentas e técnicas levam a novas descobertas. A teoria de Freud sobre o desenvolvimento da criança se baseava principalmente na análise de adultos, com a exceção da análise do Pequeno Hans, conduzida pelo próprio pai do menino sob supervisão de Freud. O trabalho de Klein confirmou as descobertas freudianas sobre a agressividade e a sexualidade infantil, o papel do superego e o complexo de Édipo. No entanto, o trabalho direto com crianças trouxe novas descobertas e permitiu uma descrição detalhada dos estágios pré-genitais do desenvolvimento, que Freud apenas esboçara. Essas descobertas acabaram provocando certas divergências de opinião entre os dois. Desde o início, Melanie Klein ficara impressionada com a riqueza da vida de fantasia das crianças e de seu mundo interior, que continha ao mesmo tempo figuras extremamente boas e extremamente aterrorizantes; também percebeu que elas sofriam de grandes ansiedades devido à existência das figuras más, ansiedades que tinham caráter psicótico. Esse mundo interno resultava de uma história anterior. Aos dois anos e meio, a criança já tem uma história complexa, revelada numa transferência que Klein podia mapear. Freud descobriu que a criança continua ativa no adulto. Melanie Klein descobriu o bebê presente na criança e no adulto. Chegou à conclusão de que desde o início da vida o bebê forma intensas relações de objeto, tanto na realidade quanto na fantasia. Não via o bebê como ser passivo, que sofre a ação do ambiente e apenas reage. Via nele inúmeros desejos e fantasias, em interação constante com a realidade externa. Esses relacionamentos iniciais, tingidos pelas fantasias do bebê, são internalizados e formam a base da personalidade. Entendia o superego e o complexo de Édipo, de acordo com a descrição de Freud, como resultado final de um desenvolvimento anterior e como um estágio posterior de estruturas mais arcaicas e primitivas.

Descreve a relação da criança primeiro com objetos parciais, primordialmente o seio da mãe, cindido logo no início entre um seio muito bom e amado, e outro muito mau e odiado. Esse relacionamento se estende gradualmente para o corpo inteiro da mãe. Klein descreve o intenso relacionamento que a criança forma com o corpo da mãe em fantasia, um relacionamento marcado pela curiosidade e a ambivalência. Na fantasia da criança, o corpo da mãe é a fonte de todas as riquezas, despertando tanto o ódio quanto o amor, além de enorme curiosidade.[1] Melanie Klein considera o desejo de investigar o corpo da mãe como o início da pulsão epistemofílica. Entretanto, como esses impulsos epistemofílicos estão associados a desejos libidinais e agressivos, a ansiedade que eles provocam pode levar à sua inibição.

Klein vê a ansiedade como incentivadora e, ao mesmo tempo, possível inibidora do desenvolvimento. É a ansiedade provocada pelos impulsos epistemofílicos em relação ao corpo da mãe que faz com que a criança desloque seus ímpetos para o mundo exterior, dotando-o de significado simbólico. No entanto, se a ansiedade for forte demais, ela pode levar à inibição. Um trabalho particularmente importante nessa área é o artigo "A importância da formação de símbolos no desenvolvimento do ego" (1930). Trata-se do relato do primeiro tratamento psicanalítico de uma criança autista, no qual Melanie Klein descreve

---

1   Em seu trabalho posterior, ela dá mais ênfase à mãe como pessoa total, e não à percepção de um corpo inteiro.

suspensão quase total da função simbólica e, somado a isso, de todo interesse pelo mundo. Seu trabalho nesse campo lançou nova luz sobre o desenvolvimento cognitivo e intelectual, e suas inibições.

De início, Melanie Klein tentava comunicar suas descobertas empregando rigorosamente os termos de Freud. Começaram a surgir, porém, divergências em relação ao pensamento dele quase desde o ponto de partida. Ela observou que o complexo de Édipo e o superego começavam a existir bem mais cedo do que Freud acreditava e sempre enfatizou o quanto o complexo de Édipo é condicionado por desenvolvimentos anteriores. Além disso, suas opiniões a respeito da sexualidade feminina não são as mesmas de Freud. Descobriu que os meninos e as meninas estão cientes dos órgãos sexuais femininos e de seu potencial. Também via o estágio fálico descrito por Freud principalmente como estrutura defensiva. Dava muito mais ênfase ao papel da agressividade nas crianças do que se costumava dar na época. Em seu primeiro artigo sobre o simbolismo, "O papel da escola no desenvolvimento libidinal da criança" (1923), por exemplo, entende o simbolismo e sua inibição como elemento essencialmente libidinal, apesar de dar a devida atenção à agressividade no material que descreve. No artigo que escreveu em 1930, o papel da agressividade e das ansiedades associadas a ela ocupam o primeiro plano. Suas opiniões a respeito da agressividade estão de acordo com a obra de Freud posterior a 1920, com seu conceito de pulsão de morte e com sua noção de que o conflito básico é aquele que ocorre entre as forças libidinais e as destrutivas. Esse conflito básico entre o amor e o ódio assume papel cada vez mais importante no trabalho de Klein.

A descoberta da ubiquidade e da importância da fantasia fez com que ampliasse o conceito de fantasia inconsciente proposto por Freud. A fantasia inconsciente está ligada de forma inextricável ao simbolismo, pois é de forma simbólica que a fantasia se expressa. A noção kleiniana de simbolismo diverge um pouco das de Freud e Ernest Jones. No artigo de 1930, como o próprio título deixa claro, ela afirma que os símbolos não são dados, como acreditava Freud, mas são criados de forma dinâmica com o incentivo da ansiedade, estando sujeitos, portanto, à malformação e à inibição.

Com o passar do tempo, foi ficando cada vez mais claro que a teoria de Freud não podia abarcar suas descobertas e que era preciso encontrar novos conceitos básicos. Em dois artigos, "Uma contribuição à psicogênese dos estados maníaco-depressivos" (1935) e "O luto e sua relação com os estados maníaco-depressivos" (1940), Melanie Klein introduz um conceito completamente novo: o da posição depressiva.

Em seu trabalho clínico, Klein seguiu sempre o fio da ansiedade. Ela acreditava que a criança estava sujeita a ansiedades persecutórias, provocadas pela presença de figuras internas más, e ansiedades originárias da culpa e do medo da perda. No entanto, foi só em 1935 que começou a estabelecer distinção clara entre estes dois tipos de ansiedade, a persecutória e a depressiva. Sempre enfatizara a importância do primeiro ano de vida para o desenvolvimento posterior. Assim, acabou chegando à conclusão de que as duas ansiedades básicas, a persecutória e a depressiva, estão calcadas nas duas fases do primeiro ano de vida. Na primeira fase, o bebê é dominado pela ansiedade persecutória e esse é o ponto de fixação da doença paranoide (como sugeriu Karl Abraham). A segunda, que marca uma etapa crucial do desenvolvimento, ocorre quando o bebê reconhece a mãe como uma pessoa inteira. Ele deixa de se relacionar com partes da mãe, como na fase anterior, passando a lidar com uma pessoa completa. Também percebe que a figura má e a boa são a mesma pessoa: a mãe. Isso faz com que o bebê fique ciente de sua própria ambivalência diante dessa figura. Essa percepção provoca sentimentos de culpa por causa da agressividade contra a pessoa amada, assim como o medo de perdê-la por conta de ataques destrutivos. Na fantasia, o bebê acredita que a mãe amada e odiada está destruída e perdida, o que gera sentimentos de culpa, anseio e perda. Esses sentimentos substituem gradualmente os sentimentos de perseguição anteriores, e despertam tendências amorosas e de reparação.

Klein prefere falar de posições, e não de fases, pois o termo se refere a toda uma organização, o estado do ego, a natureza das relações de objeto, as fantasias e as defesas. As implicações das mudanças que ocorrem na posição depressiva são imensas. Ela traz nova maneira de ver a vida, nova atitude. Marca o início da tomada de consciência das realidades psíquicas e funciona como uma delimitação entre o funcionamento psicótico e o não psicótico. Boa parte da obra posterior de Melanie Klein está centrada nessas implicações. A introdução do conceito de posições assinala a segunda fase do desenvolvimento de Klein, inaugurando um novo quadro metapsicológico.

A obra de Melanie Klein tomou as crianças como ponto de partida e abriu novas perspectivas. Como a neurose e a psicose estão calcadas na infância, todas as descobertas a respeito das crianças obviamente são relevantes para compreender a psicologia dos adultos. Ao longo de seus artigos, Melanie Klein se refere cada vez mais ao material obtido com seus pacientes adultos. Suas descobertas sobre as camadas primitivas da mente, as ansiedades psicóticas e as defesas que as dominam abriram caminho para uma nova compreensão da doença mental grave. O conceito de posição depressiva e dos impulsos reparatórios associados a ela lançou nova luz sobre nossa maneira de ver o desenvolvimento normal, a sublimação e a criatividade, enriquecendo muito nosso conhecimento.

1921
O desenvolvimento de uma criança

Melanie Klein apresentou seu primeiro artigo, cujo título era "O desenvolvimento de uma criança", à Sociedade Húngara de Psicanálise em 1919. Dois anos mais tarde, leu seu segundo artigo, "A resistência da criança ao esclarecimento", à Sociedade Psicanalítica de Berlim. Esses dois artigos formam as partes I e II do texto hoje conhecido como "O desenvolvimento de uma criança". Cada parte é um complemento da outra: a parte I demonstra como a educação sem esclarecimento pode causar repressão indevida na mente infantil e a parte II mostra que a mente da criança já tem por si só fortes tendências para a repressão.

Essas conclusões, é claro, já eram conhecidas. A novidade estava em examiná-las através do estudo direto de uma criança, estudo que Melanie Klein descreve não como tratamento, mas como um caso de "educação com traços analíticos". No entanto, quando retomou sua obra 35 anos mais tarde, em "A técnica psicanalítca do brincar: sua história e significado" (1955), ela viu esse caso – e não o trabalho de 1922 e 1932, como afirma no prefácio de 1948 à obra *A psicanálise de crianças* – como o início de sua técnica psicanalítica do brincar.

As marcas características da obra de Melanie Klein já estão presentes neste artigo. Aqui se pode ver seu sério comprometimento com as descobertas de Freud; ela acredita na ampla influência do inconsciente e das fantasias inconscientes, além de seguir o princípio da continuidade psíquica e da determinação dual do desenvolvimento pela constituição e pelo ambiente. Outro aspecto típico é a aceitação resoluta da fala, do brincar, da ação e dos sonhos como meios equivalentes, muitas vezes intercambiáveis, de expressão do inconsciente, a que se somam os relatos numerosos e detalhados da fala e do brincar da criança.

Esse, assim como seus outros artigos iniciais, demonstram grande esperança de que a análise de crianças possa prevenir e curar a doença mental. No apêndice de *A psicanálise de crianças*, escrito dez anos mais tarde, esse otimismo já está mais atenuado, e foi ainda mais restringido em "Inveja e gratidão".

I. A INFLUÊNCIA DO ESCLARECIMENTO SEXUAL E DO RELAXAMENTO DA AUTORIDADE NO DESENVOLVIMENTO INTELECTUAL DAS CRIANÇAS

Introdução

A ideia de esclarecer às crianças questões de ordem sexual vem ganhando terreno cada vez maior. O tipo de instrução introduzido pelas escolas em vários lugares procura, na época da puberdade, proteger as crianças dos perigos crescentes da ignorância, e é partindo desse ponto de vista que a ideia vem conquistando mais simpatia e apoio. Contudo, o conhecimento obtido através da psicanálise aponta para a necessidade de, se não oferecer às crianças um "esclarecimento", pelo menos educá-las a partir da mais tenra idade de um modo tal que torne desnecessário qualquer esclarecimento especial, uma vez que o resultado desse processo já seria o mais completo e natural esclarecimento compatível com o ritmo de desenvolvimento da criança. As conclusões irrefutáveis trazidas pela experiência psicanalítica exigem que as crianças sejam, sempre que possível, protegidas de qualquer repressão exagerada e, portanto, de doenças ou de um desenvolvimento prejudicial do caráter. Assim, além da sábia intenção de enfrentar perigos perceptíveis e reais pela informação, a análise também procura evitar outros perigos igualmente verdadeiros, ainda que menos visíveis (uma vez que não são reconhecidos como tais). Esses são bem mais comuns e profundos, e, por isso, exigem com mais urgência toda a atenção. Os resultados da psicanálise – que sempre, em cada caso individual, remete as repressões da sexualidade infantil às causas de doenças posteriores, assim como de inibições e elementos morbíficos mais ou menos atuantes, presentes até mesmo na mentalidade normal – indicam claramente o caminho a ser tomado. Podemos poupar a criança de uma repressão desnecessária ao libertar – sobretudo e em primeiro lugar em nós mesmos – toda a ampla esfera da sexualidade dos véus densos de segredo, falsidade e perigo tecidos por uma civilização hipócrita sobre alicerces puramente afetivos e mal-informados. Devemos permitir que a criança tenha acesso a todas as informações sobre sexo que seu crescente desejo de conhecimento venha a pedir, destituindo a sexualidade de seu caráter misterioso e de boa parte de seu perigo. Isso assegurará que desejos, pensamentos e sentimentos não sejam – como aconteceu conosco – em parte reprimidos e em parte suportados sob o peso da falsa vergonha e do sofrimento nervoso, na medida em que a repressão fracassa. Ao evitar essa repressão, esse fardo de sofrimento supérfluo, estaremos também estabelecendo as bases da saúde, do equilíbrio mental e de um desenvolvimento favorável do caráter. Esse resultado de valor inestimável, no entanto, não é a única vantagem que uma educação baseada na mais ampla franqueza pode trazer para o indivíduo e para a evolução da humanidade. Ela traz ainda outra consequência, igualmente significativa: uma influência decisiva no desenvolvimento da capacidade intelectual.

A verdade dessa conclusão, obtida através da experiência e dos ensinamentos da psicanálise, foi confirmada de forma clara e irrefutável pelo desenvolvimento de uma criança com quem tenho a oportunidade de manter contato constante.

História prévia

A criança em questão é um menino, o pequeno Fritz, filho de conhecidos que moram na vizinhança. Isso me deu a oportunidade de estar bastante com a criança sem qualquer tipo de limitação. Além disso, como a mãe segue todas as minhas recomendações, posso exercer uma profunda influência na educação dele. O menino, que agora tem cinco anos, é uma criança forte e saudável, de desenvolvimento mental normal, mas lento. Ele só começou a falar aos dois anos e já tinha mais de três anos e meio quando começou a se expressar de forma coerente. Mesmo então, não se observaram as frases notáveis que costumamos ouvir desde muito cedo da boca de crianças dotadas. Apesar disso, ele dava a impressão, tanto pela aparência como pelo comportamento, de ser uma criança alerta e inteligente. Conseguiu dominar certas ideias específicas muito devagar. Já tinha mais de quatro anos quando aprendeu a distinguir as cores e quase quatro anos e meio quando entendeu as noções de ontem, hoje e amanhã. No âmbito prático, estava muito atrás de outras crianças da mesma idade. Apesar de ser levado às compras com frequência, ele não compreendia (com base nas perguntas que fazia) que não fosse possível ganhar de presente as coisas das pessoas que tinham essas mesmas coisas em grande quantidade. Era difícil fazê-lo entender que era preciso pagar pelos objetos e em quantias diferentes, de acordo com o valor.

Tinha, no entanto, uma memória extraordinária. Conseguia – e ainda consegue – se lembrar em detalhes de acontecimentos relativamente remotos e domina por completo as ideias e os fatos que foi capaz de compreender. De modo geral, nunca teve o hábito de fazer muitas perguntas. Quando tinha cerca de quatro anos e meio, manifestou-se um desenvolvimento mental mais acelerado e um impulso mais forte de fazer indagações. Nessa mesma época, seu sentimento de onipotência (aquilo que Freud chamava de "crença na onipotência do pensamento") se tornou muito saliente. Não se podia falar de nada – de nenhum dom ou habilidade manual – sem que Fritz tivesse certeza de poder fazer a mesma coisa com perfeição, mesmo que lhe provassem o contrário. Em outros casos, mesmo quando, ao responder a uma de suas perguntas, o pai e a mãe afirmavam que também eles desconheciam muitas coisas, isso não abalava a crença do menino na própria onipotência e na de seu ambiente. Quando não encontrava nenhuma outra maneira de se defender, costumava afirmar, mesmo sob a pressão de todas as provas em contrário: "Se me mostrarem como se faz uma vezinha só, eu posso fazer isso muito bem!". Assim, apesar de tudo lhe indicar o oposto, ele estava convencido de que podia cozinhar, ler, escrever e falar francês com perfeição.

O início do período da pergunta do nascimento

Na idade de quatro anos e nove meses, tiveram início as perguntas a respeito do nascimento. Como podemos perceber, ao lado dessa tendência, aumentou de forma notável sua necessidade de fazer perguntas em geral.

Aqui é preciso frisar que as perguntas feitas pelo rapazinho (geralmente dirigidas à mãe ou a mim) eram sempre respondidas com absoluta sinceridade e, quando necessário, numa base científica adequada à sua capacidade de compreensão – mas sempre da maneira mais breve possível. Uma vez respondidas, nunca se voltava a fazer alusão a essas perguntas, nem se introduzia novo assunto, a não ser que ele repetisse uma questão ou fizesse espontaneamente uma nova indagação.

Depois de o menino introduzir a pergunta:[1] "Onde eu estava antes de nascer?", ela voltou à baila sob a forma de "Como as pessoas são

---

1 A pergunta foi provocada pelos comentários casuais de um irmão e uma irmã mais velhos, que em diferentes ocasiões lhe disseram: "Você não tinha

feitas?", que passou a ser repetida quase diariamente desse jeito estereotipado. Estava claro que a recorrência constante desse tipo de indagação não podia ser atribuída a falta de inteligência, pois era óbvio que ele havia compreendido perfeitamente as explicações que lhe foram dadas sobre o crescimento dentro do corpo da mãe (o papel desempenhado pelo pai não fora mencionado, pois o menino ainda não tinha feito nenhuma pergunta direta a esse respeito). O fato de que certa "dor", uma dificuldade de aceitação (contra a qual lutava seu desejo de conhecer a verdade), era o fator determinante da frequente repetição da mesma pergunta pode ser demonstrado pelo comportamento de Fritz: uma atitude distraída, ligeiramente envergonhada, quando a conversa mal tinha começado, à qual se aliava o esforço evidente de se livrar do assunto que ele próprio trouxera à tona. Durante um período breve, Fritz parou de dirigir suas perguntas a mim e à mãe e passou a levá-las à babá (que foi embora pouco depois) e ao irmão mais velho. No entanto, as respostas – que os bebês eram trazidos pela cegonha e que Deus fazia as pessoas – só o satisfizeram durante alguns dias. Quando voltou a procurar a mãe com a pergunta "Como as pessoas são feitas?", o menino finalmente parecia mais inclinado a aceitar a resposta da mãe como verdadeira.²

---

nascido ainda". Além disso, ela parecia estar calcada no sentimento doloroso de "não ter estado sempre lá", pois ao ouvir essa informação (e diversas vezes depois disso), ele exprimia satisfação dizendo que já estava lá antes de qualquer jeito. Contudo, era óbvio que esse não fora o único fator que instigara a pergunta, pois pouco tempo mais tarde ela surgiu de novo sob a forma alterada de "Como as pessoas são feitas?". Quando tinha a idade de quatro anos e três meses, outra pergunta se repetiu com frequência durante algum tempo. Ele perguntava: "Para que precisa de um papai?" e (mais raramente): "Para que precisa de uma mamãe?". A resposta a essa pergunta, cujo significado não foi percebido na época, era a de que o papai servia para amar e cuidar da gente. Tratava-se obviamente de uma resposta insatisfatória e o menino repetiu com frequência a mesma pergunta, até abandoná-la aos poucos.
2 Na mesma época, ele absorveu outras ideias que haviam sido discutidas várias vezes no período que precedeu as perguntas sobre o nascimento, mas que aparentemente não tinham ficado totalmente esclarecidas. Chegou a tentar defender, de certa maneira, algumas ideias já refutadas; por exemplo, tentou provar a existência do Coelho da Páscoa ao afirmar que as crianças da família L. (amiguinhos seus) possuíam um; também jurou ter visto o diabo à distância, na campina. Foi muito mais fácil convencê-lo de que na verdade vira um potro do que persuadi-lo de que sua crença no diabo não tinha o menor fundamento.

Diante da pergunta "Como as pessoas são feitas?", a mãe repetiu mais uma vez a explicação que já tinha dado tantas vezes. Desta vez, o menino estava mais disposto a conversar e contou que a governanta lhe afirmara que era a cegonha quem trazia os bebês (ele parecia já ter ouvido isso antes, de outra pessoa). "Isso é só uma história", disse a mãe. "As crianças L. me disseram que o Coelho não veio na Páscoa e que foi a governanta que escondeu as coisas no jardim".[3] "Eles estão certos", ela respondeu. "O Coelho da Páscoa não existe, existe? Isso é só uma história?" "É claro." "E o Papai Noel também não existe?" "Não, ele também não existe." "E quem é que traz e arruma a árvore?" "Os pais". "Então os anjos também não existem, isso também é só uma história?" "Não, os anjos não existem, isso também é só uma história."

Era evidente que estava sendo difícil absorver essa informação, pois no fim da conversa ele perguntou, depois de pequena pausa: "Mas os serralheiros existem, não existem? Eles são de verdade? Senão, quem ia fazer as caixas?". Dois dias mais tarde, experimentou fazer uma troca de pais, anunciando que adotaria a sra. L. como sua mãe e os filhos dela como seus irmãos e irmãs. O menino manteve esse arranjo durante a tarde inteira. Chegou em casa à noite, arrependido.[4] A pergunta que fez à mãe logo de manhã, depois de lhe dar o beijo de bom dia – "Mamãe, por favor, como é que você veio ao mundo?" – mostra que havia um elo causal entre a troca deliberada de pais e o esclarecimento anterior, que tivera tanta dificuldade de aceitar.

Depois disso, parecia ter prazer bem maior em tentar realmente compreender esse assunto, ao qual voltava repetidas vezes. Perguntou como era com os cachorros. Depois, me contou que recentemente tinha "espiado dentro de um ovo quebrado", mas não conseguira ver nenhuma galinha lá dentro. Quando expliquei a diferença entre um pintinho e uma criança humana, e disse que esta fica no calor do corpo da mãe até ser forte o bastante para viver fora dele, o menino estava visivelmente alegre. "Mas então quem fica dentro da mãe para alimentar a criança?", indagou.

---

3   Ele aparentemente só se convenceu da questão do Coelho da Páscoa com essa informação fornecida pelas crianças da família L. (apesar de ser comum elas mentirem para o menino). Isso talvez o tenha impelido a investigar com mais cuidado a resposta – tantas vezes procurada, mas ainda não assimilada – para a pergunta "Como as pessoas são feitas?".

4   Fritz fugira de casa cerca de dois anos antes, sem que até hoje se descobrisse o motivo. Ele foi encontrado em frente a uma relojoaria, observando com atenção a vitrine.

No dia seguinte, Fritz me fez outra pergunta: "Como as pessoas crescem?". Quando tomei como exemplo uma criancinha que ele conhecia e depois ilustrei diferentes estágios de crescimento citando ele próprio, seu irmão e seu pai, o menino disse: "Eu sei disso tudo, mas como é que as pessoas conseguem crescer?".

À noite, foi repreendido por ter sido desobediente. Isso o deixou muito incomodado e ele tentou fazer as pazes com a mãe. Disse: "Eu vou ser obediente amanhã e no outro dia e no outro...". Então parou de repente, ficou pensando um instante e perguntou: "Por favor, mamãe, quanto tempo o outro dia continua a vir?". Quando a mãe perguntou o que exatamente queria dizer com isso, ele repetiu: "Quanto tempo o dia novo ainda vem?" e, logo depois: "Mamãe, a noite não faz sempre parte do dia que vem antes e de manhã cedo não é outro dia?".[5] A mãe foi apanhar alguma coisa e, quando voltou à sala, ele estava cantando sozinho. Assim que ela entrou, o menino parou de cantar, olhou com atenção para a mãe e perguntou: "Se você me dissesse agora para eu não cantar mais, eu ia ter que parar?". Pareceu ficar satisfeito quando ela explicou que nunca o mandaria fazer uma coisa dessas, pois ele podia fazer o que quisesse, a não ser que fosse algo proibido por algum motivo e deu-lhe alguns exemplos. O menino pareceu ficar satisfeito.

Conversa sobre a existência de Deus

No dia seguinte, choveu. Fritz não gostou, pois queria brincar no jardim. Então perguntou à mãe: "Deus sabe com certeza quanto tempo vai deixar chover?". Ela respondeu que Deus não fazia a chuva, que na verdade a chuva caía das nuvens, e explicou tudo ao filho. No outro dia, ele a recebeu com uma pergunta que estava abandonada havia muito tempo: "Como as pessoas são feitas?". A mãe tentou descobrir exatamente o que ele não havia compreendido nas explicações anteriores e a criança respondeu: "Como se cresce?". Quando ela tentou explicar mais uma vez como a cabecinha, os membros etc. cresciam, ele disse: "Por favor, mamãe, mas como... de onde vêm a cabecinha, a barriguinha e todo o resto?". Quando ela respondeu que tudo isso existia bem pequenininho dentro do ovinho, como uma florzinha no botão, o menino não fez mais nenhuma pergunta. Um pouco mais

---

5 A noção de tempo, que o menino sempre achara tão difícil de compreender, agora parecia ter ficado clara. Um dia declarou, depois de já ter começado a sentir mais prazer em fazer perguntas: "Ontem é o que já foi, hoje é o que é, amanhã é o que vai ser!".

tarde, indagou: "Como se faz uma cadeira?".[6] Nesse meio tempo, já tinha sido vestido pela mãe. Então, perguntou, espontaneamente: "Não é Deus quem faz chover? Toni (a empregada) disse que era Deus quem faz a chuva!". Depois da resposta da mãe, ele perguntou: "É só uma história, isso que Deus faz a chuva?". Quando ela disse que sim, o menino continuou: "Mas Deus existe de verdade?". A mãe respondeu de forma evasiva, dizendo que nunca o tinha visto. "Não dá para ver, mas ele está lá no céu de verdade?" "Lá no céu só existem o ar e as nuvens." "Mas Deus existe de verdade?", perguntou novamente. Não havia mais escapatória; então, ela tomou uma decisão e disse: "Não, meu filho, ele não é de verdade". "Mas, mamãe, se um adulto de verdade diz que Deus existe e mora no céu... nem assim é verdade?" A resposta da mãe foi que muitos adultos não sabiam direito das coisas e por isso não podiam falar delas corretamente. Agora ele já tinha terminado o café da manhã. Foi até a porta que dava para o jardim e olhou para fora. Estava pensativo. De repente, disse: "Mamãe, eu vejo as coisas, e o que eu vejo está lá de verdade, não está? Estou vendo o sol e o jardim... mas não consigo ver a casa da tia Marie. Mesmo assim, ela também está lá, não está?". Ela explicou por que ele não conseguia ver a casa da tia Marie e o menino perguntou: "Mamãe, você também não consegue ver a casa dela?", demonstrando uma enorme satisfação quando a mãe respondeu que não. Logo depois, porém, fez outra pergunta: "Mamãe, como o sol foi parar lá em cima?". Ela disse, pensativa: "Sabe, isso já é assim há muito, muito tempo...". "Sim, mas quanto tempo antes e como ele foi parar lá em cima?".

É preciso explicar aqui o comportamento um tanto hesitante da mãe quando a criança perguntou sobre a existência de Deus. A mãe é ateia. Mesmo assim, suas convicções não foram aplicadas à educação dos filhos mais velhos. As crianças, é verdade, foram criadas longe do confessionário e nunca lhes foi ensinado muito sobre Deus. No entanto, o Deus que seu ambiente (escola etc.) lhes apresentava já pronto nunca foi refutado pela mãe; assim, apesar de Deus nunca ter

---

6 Ele repetiu esta pergunta algumas vezes mais tarde, quando eram discutidos detalhes sobre o crescimento, que ele tinha dificuldade de compreender. A unidade formada por "Como se faz uma cadeira?" e sua resposta – que o menino já conhecia e que, por isso, não era mais discutida – parecia funcionar como um tipo de ajuda para ele, sendo utilizada como padrão ou termo de comparação para estabelecer a validade do que quer que fosse que acabara de ouvir. Ele emprega a palavra "de verdade" da mesma maneira e, com essa troca, o uso de "Como se faz uma cadeira?" foi se reduzindo, até desaparecer.

sido muito discutido junto às crianças, sua presença lhes era implícita e ele ocupava um lugar entre as concepções fundamentais da mente delas. O marido, que tinha uma concepção panteísta da divindade, aprovava a introdução da ideia de Deus na educação dos filhos, mas os pais nunca chegaram a uma conclusão definitiva a respeito do assunto. Aconteceu por acaso que naquele dia ela não teve oportunidade de discutir a situação com o marido, de modo que, na mesma noite, quando o filho mais novo de repente perguntou ao pai: "Papai, Deus existe de verdade?", a resposta que recebeu foi simplesmente: "Sim". Fritz retrucou: "Mas a mamãe disse que Deus não existia de verdade". Nesse exato momento, a mãe entrou na sala e ele perguntou na hora: "Mamãe, por favor, o papai disse que Deus existe de verdade. Deus existe de verdade?". Ela naturalmente ficou surpresa e respondeu: "Eu nunca o vi e também não acredito que Deus exista". Nesse ponto, o marido veio em auxílio e salvou a situação dizendo: "Olha, Fritz, ninguém nunca viu Deus. Algumas pessoas acreditam que Deus existe e outras acreditam que não. Eu acho que ele existe, mas a mamãe acha que não". Fritz, que durante toda a cena olhara de um para o outro com grande ansiedade,[7] ficou alegre e explicou: "Eu também acho que Deus não existe". Depois de algum tempo, porém, ainda parecia ter dúvidas e perguntou: "Por favor, mamãe, se Deus existe de verdade, ele mora no céu?". Ela voltou a dizer que no céu só havia ar e nuvens, e o menino repetiu, alegre e decidido: "Eu também acho que Deus não existe". Logo depois, disse: "Mas os bondes são de verdade e os trens também existem. Eu já andei num trem, uma vez que fui para a casa da vovó, e uma vez em que fui para E.".

Essa solução imprevista e improvisada para o problema da divindade talvez tivesse a vantagem de facilitar a redução da autoridade excessiva dos pais, servindo para enfraquecer a ideia de onipotência e onisciência, uma vez que permitia à criança constatar – algo que nunca ocorrera antes – que o pai e a mãe tinham opiniões diferentes a respeito de um assunto importante. Esse enfraquecimento da autoridade poderia ter criado certa sensação de insegurança no menino; creio, porém, que esse perigo foi superado com facilidade, porque ainda restava suficiente autoridade para lhe dar uma sensação de

---

7   No original, "*anxiety*". Em inglês, o termo "*anguish*" não é utilizado pela autora devido a sua conotação biologizante. Apesar de a palavra "angústia" em português não ter essa conotação, optamos por manter a proximidade com o original, considerando o fato de que "ansiedade" engloba todos os sentidos do termo "angústia". [N. E. de Elias M. da Rocha Barros]

apoio. De qualquer maneira, não encontrei em seu comportamento geral nenhum traço de um efeito desse tipo, quer sob a forma de insegurança, quer sob a forma de quebra de confiança no pai ou na mãe. Mesmo assim, um ligeiro comentário feito duas semanas mais tarde pode ter tido alguma ligação com esse episódio. Durante um passeio, a irmã pediu ao menino que fosse perguntar as horas a alguém. "Um homem ou uma mulher?", ele perguntou. Ela respondeu que não fazia diferença. "Mas e se o homem disser que é meio-dia e a mulher disser que é uma e quinze?", perguntou, pensativo.

As seis semanas que se seguiram à conversa sobre a existência de Deus me pareceram formar o encerramento e o clímax de um período bem definido. Creio que o crescimento intelectual da criança durante esse período e a partir dele foi tão estimulado e se modificou tanto – no que diz respeito à intensidade e também ao direcionamento e tipo do desenvolvimento (em comparação às condições anteriores) – que julgo ser possível distinguir três períodos em seu desenvolvimento mental até agora, partindo do momento em que conseguiu se expressar fluentemente: o período que antecedeu o surgimento das perguntas sobre o nascimento; o segundo período, que tem início com essas perguntas e termina com a solução da ideia da divindade; e o terceiro período, que acabara de se iniciar.

O terceiro período

A necessidade de fazer perguntas, tão saliente no segundo período, não perde a força neste momento, mas segue uma direção ligeiramente diferente.

É certo que ele ainda volta muitas vezes ao assunto do nascimento, mas de uma maneira que deixa claro já ter integrado esse conhecimento no corpo geral de seu pensamento. O interesse no nascimento e coisas afins ainda era bastante forte, mas bem menos entusiástico, como se pode perceber pelo fato de não fazer tantas perguntas, mas visar a uma noção mais precisa do fenômeno. Por exemplo: "O cachorro também é feito crescendo dentro da mãe dele"? Ou ainda: "Como crescem os veadinhos? Que nem uma pessoa?" Quando lhe disseram que sim, perguntou: "Eles também crescem dentro da mãe?".

Existência

A partir da pergunta "Como as pessoas são feitas?", que já não é mais apresentada dessa forma, desenvolveu-se uma pesquisa sobre a existência em geral. Apresento a seguir uma seleção da enorme quantidade de perguntas desse tipo que ele fez ao longo dessas semanas: como crescem os dentes, como os olhos ficam (nas órbitas), como as linhas da mão são feitas, como as árvores, as flores, os bosques etc. crescem, se o caule da cereja cresce junto com ela desde o início, se as cerejas verdes amadurecem dentro da barriga, se as flores colhidas podem ser plantadas novamente, se a semente colhida antes de ficar madura ainda pode amadurecer mais tarde, como se faz uma fonte, como se faz um rio, como os navios chegam ao Danúbio, como se faz a poeira; sem contar as inúmeras perguntas sobre a fabricação dos mais diversos objetos, substâncias e materiais.

Interesse por fezes e urina

Nas perguntas mais específicas ("Como uma pessoa pode se mexer, mexer os pés, tocar alguma coisa? Como o sangue vai parar dentro dela? Como a pessoa ganha sua pele? Como alguma coisa começa a crescer, como uma pessoa consegue trabalhar e fazer coisas?" etc.) e também na maneira como conduzia essas investigações, assim como na necessidade, expressa constantemente, de ver como as coisas são feitas, de conhecer seu mecanismo interno (privada, sistema de água, canos, revólver) – em toda essa curiosidade, creio que já estava presente a necessidade de examinar até o fim tudo o que lhe interessava, de chegar ao fundo de todas as questões. A curiosidade inconsciente em relação ao papel desempenhado pelo pai no nascimento da criança (à qual ainda não tinha dado expressão diretamente) talvez fosse em parte responsável por essa intensidade e profundidade. Isso também se manifestava em outro tipo de pergunta que se tornou muito saliente durante algum tempo e que, sem que o menino jamais tivesse abordado o assunto antes, na verdade era uma indagação sobre as diferenças entre os sexos. Nessa época, ele começou a perguntar repetidas vezes se a mãe, eu e suas irmãs tínhamos sido sempre meninas, se toda mulher era uma menina antes de crescer – se ele nunca tinha sido menina[8] algum dia. Também perguntou se o pai tinha sido um menino antes de crescer, se todo mundo, até o papai, era pequeno no início; uma vez, quando a questão do nascimento estava se tornando mais real para ele, perguntou

---

8   Com cerca de três anos, demonstrou interesse particular por joias, em especial as da mãe (esse interesse se mantém), e dizia repetidamente: "Quando eu for mulher, vou usar três broches ao mesmo tempo". Ele dizia com frequência: "Quando eu for mamãe…".

ao pai se ele também tinha crescido dentro da mamãe dele, empregando a expressão "dentro do estômago" de sua mamãe, que utilizava de vez em quando, apesar de o erro ter sido corrigido. O interesse afetuoso que sempre demonstrara pelas fezes, pela urina e por tudo o que estivesse ligado a elas permaneceu bastante ativo e seu prazer com tudo isso se manifestava claramente em algumas ocasiões. Durante algum tempo, ele deu ao seu pipi (pênis), de que gostava muito, um apelido: chamava-o de "pipatsch", mas ainda empregava, na maioria das vezes, o termo "pipi".[9] Uma vez também disse ao pai, segurando-lhe a bengala entre as pernas: "Olha, papai, que pipi grande eu tenho!". Por um tempo, falava repetidas vezes de sua bela "caca" [*Kaki*], ocasionalmente contemplando seu formato, a cor e a quantidade com muita atenção.

Uma vez, por conta de uma indisposição, teve que fazer um enema, procedimento que lhe era muito incomum e ao qual costumava resistir com todas as forças – também só costumava tomar remédios com grande dificuldade, principalmente sob a forma de comprimidos. Fritz ficou bastante surpreso quando, em vez de algo sólido, sentiu sair um líquido. Perguntou se a "caca" estava saindo pela frente agora, ou se era água do "pipi". Quando explicaram que estava acontecendo tudo do mesmo jeito de sempre, só que agora era fluido, ele perguntou: "É igual com as meninas? É igual com você?".

Em outra ocasião, para fazer uma pergunta sobre o buraco de onde saía a "caca", ele se referiu ao processo que ocorria no intestino e que a mãe lhe explicara na ocasião do enema. Ao mesmo tempo, disse-me que recentemente tinha olhado, ou tentado olhar, por esse buraco.

Perguntou se o papel higiênico também era para os outros. Depois: "Mamãe, você faz caca também, não faz?". Quando ela respondeu que sim, o menino observou: "Porque, se você não fizesse caca, ninguém mais no mundo ia fazer também, ia?". Ainda nesse assunto, falou do tamanho e da cor da caca de cachorro e de outros animais, comparando-os com o seu. Uma vez, enquanto ajudava a descascar ervilhas, disse que tinha feito um enema na vagem, aberto o bumbum [*Popo*] e tirado a caca.

Sentido de realidade

Com o início do período das indagações, seu senso prático (que, como já se observou anteriormente, estava bem pouco desenvolvido antes

---

9   Uma vez, quando tinha três anos, viu o irmão mais velho nu no banho e gritou, bastante alegre: "O Karl também tem um pipi!". Depois pediu ao irmão: "Por favor, pergunta à Lene se ela também tem um pipi!".

das perguntas sobre o nascimento, o que deixava o rapazinho atrasado em relação às outras crianças da mesma idade) melhorou muito. Enquanto a luta contra sua tendência à repressão continuava, era com muita dificuldade – e, por isso mesmo, de forma bastante vívida – que o menino conseguia distinguir diversas ideias como irreais, em oposição às reais; agora, no entanto, manifestava a necessidade de examinar tudo sob esse ponto de vista. Essa tendência vinha se destacando desde o fim do segundo período, principalmente no esforço de indagar sobre a realidade e a prova da existência de coisas que já lhe eram bem familiares, de atividades que já praticara e observara diversas vezes, de coisas que já conhecia fazia bastante tempo. Dessa maneira, ele chegava a julgamentos independentes por si só, a partir dos quais podia fazer as próprias deduções.

Perguntas óbvias e certezas

Por exemplo, uma vez Fritz comeu um pedaço de pão duro e disse: "O pão está muito duro"; e, depois de ter comido: "Eu também posso comer pão muito duro". Ele me perguntou qual era o nome daquilo que se usava para fazer comida na cozinha (tinha se esquecido da palavra). Quando respondi, declarou: "Chama-se fogão porque é um fogão. Eu me chamo Fritz porque sou Fritz. Você se chama tia porque é tia". Durante uma refeição, não mastigou direito um pedaço de comida e, por isso, não conseguiu engolir. Ao continuar a refeição, disse: "Não quis descer porque eu não mastiguei". E logo depois: "A gente pode comer porque mastiga". Depois do café da manhã, afirmou: "Quando eu mexo o açúcar no chá, ele vai para o meu estômago". Então eu disse: "É isso mesmo?". "É, porque ele não fica no copo e entra na minha boca."

Os fatos e as certezas adquiridos dessa maneira obviamente servem como padrões de comparação para novos fenômenos e ideias que se apresentam para serem elaborados. Enquanto o intelecto do menino lutava para elaborar conceitos adquiridos recentemente, ao mesmo tempo que tentava fazer uma estimativa daqueles com que já estava familiarizado – assim como dominar outros para comparação –, ele foi impelido a examinar e registrar aqueles que já tinha absorvido, além de formular novas ideias.

"De verdade", "De mentira" – expressões que ele estava acostumado a usar, agora adquiriam outro significado bem distinto da maneira como eram empregadas. Logo depois de reconhecer que a cegonha, o Coelho da Páscoa etc., eram como contos de fadas, e de ter chegado à conclusão de que nascer da barriga da mãe era algo menos bonito, mas plausível e real, ele disse: "Mas os serralheiros são de verdade, senão quem ia fazer as caixas?". Em outra ocasião, quando se livrou da compulsão de acreditar num ser onipotente e onisciente que, para ele, era incompreensível e misteriosamente invisível, o menino perguntou: "Eu vejo as coisas, não vejo?... e o que a gente vê é de verdade. Eu vejo o sol e o jardim etc.". Essas coisas "verdadeiras" tinham adquirido para ele um significado fundamental que o capacitavam a distinguir tudo aquilo que é visível e real daquelas coisas (ainda que belas, mas infelizmente falsas, não "verdadeiras") que aparecem apenas nos desejos e nas fantasias.[10] O "princípio de realidade"[11] do menino tinha se estabelecido. Depois da conversa com os pais, quando se aliara à descrença da mãe, declarou: "Os bondes são de verdade e os trens também, porque eu já andei neles". Tinha descoberto, para começar, que as coisas tangíveis podiam servir como padrão para medir as coisas vagas e pouco confiáveis que seu tino para a verdade o fazia rejeitar. De início, só as comparava com objetos físicos tangíveis, mas ao fazer a seguinte afirmação: "Eu estou vendo o sol e o jardim, mas não consigo ver a casa da tia Marie. Mesmo assim ela existe, não existe?", já tinha dado mais um passo na estrada que transforma a realidade daquilo que só é visto na realidade daquilo que é pensado. Fritz fez isso ao estabelecer como "real" algo que, tendo como base seu desenvolvimento intelectual na época, parecia esclarecedor – e apenas algo adquirido dessa maneira –, adotando-o então como termo de comparação.

A poderosa estimulação do sentido de realidade e seu desenvolvimento, que ocorreram no segundo período, foram mantidos com a mesma força no terceiro. No entanto, sem dúvida como consequência da grande massa de fatos recém-adquiridos, tomaram sobretudo a forma de um exame mais detalhado de aquisições mais antigas, ao mesmo tempo que outras mais recentes eram desenvolvidas; ou seja, tratava-se de sua elaboração e transformação em conhecimento. Os exemplos que se seguem foram retirados de perguntas e comentários

---

10 Melanie Klein usa *"phantasy"* para marcar uma diferença gramatical e autoral em relação aos outros analistas, que usavam *"fantasy"* tanto no sentido consciente e corriqueiro como inconsciente. Em português o termo com *"ph"* perderia o caráter histórico presente no inglês e seria menos compatível com nossa língua, de forma que escolhemos traduzir o termo como "fantasia", sem a diferenciação original. [N. E. de Elias M. da Rocha Barros]

11 Cf. Sigmund Freud, "Formulações sobre os dois princípios do funcionamento psíquico" [1911], in *Obras completas*, v. 10, trad. Paulo César de Souza. São Paulo: Companhia das Letras, 2010.

que ele produziu nessa época e podem ilustrar essa tendência. Pouco depois da conversa sobre Deus, o menino informou à mãe, ao acordar uma manhã, que uma das meninas da família L. lhe afirmara ter visto uma criança feita de porcelana que podia andar. Quando a mãe lhe perguntou como se chamava esse tipo de informação, ele riu e disse: "Uma história". Quando ela lhe trouxe o café da manhã, ele imediatamente disse: "Mas o café da manhã é de verdade, não é? O jantar também é uma coisa de verdade?". Quando o proibiram de comer cerejas porque ainda não estavam maduras, perguntou: "Não é verão? Mas as cerejas ficam maduras no verão!". No mesmo dia, disseram que deveria bater de volta quando fosse agredido por outros meninos (ele era tão dócil e tão pouco agressivo que seu irmão achou necessário lhe dar esse conselho). À noite, perguntou: "Por favor, mamãe, se um cachorro me morder, eu posso morder de volta?". Seu irmão tinha enchido um copo de água e o apoiara numa borda arredondada, o que levou o copo a cair e derramar o líquido. Fritz disse: "O copo não fica bem apoiado naquela beira" (ele chama de "beira" toda borda, tudo aquilo que forma fronteiras em geral – por exemplo, a articulação do joelho). "Mamãe, se eu quisesse apoiar o copo na beira dele, eu ia derramar, não ia?" Um desejo que costuma expressar com fervor e com frequência é o de tirar as calças – a única roupa que usa no jardim quando faz calor – e ficar nu. Como a mãe não conseguia encontrar nenhum motivo convincente para que ele não fizesse isso, ela respondeu apenas que só as crianças muito pequenas andam sem roupa, mas que seus amigos, as crianças da família L., não andavam nus, porque isso não se faz. Então, ele pediu: "Por favor, deixa eu ficar sem roupa, porque aí os L. vão dizer que eu estou sem roupa e os pais deles vão deixar, e aí eu vou poder ficar sem roupa também." Agora, ele enfim dava mostras de entender a questão do dinheiro, e até de ter algum interesse pelo assunto.[12] Passou a declarar repetidas vezes que se ganha dinheiro com o trabalho que se faz e através daquilo que se vende nas lojas, que o papai ganhava dinheiro trabalhando, mas tinha que pagar

---

12 O esclarecimento que sem dúvida afastou suas inibições e permitiu que seus complexos se tornassem mais conscientes provavelmente permitiu que viesse à tona seu interesse por dinheiro e lhe possibilitou compreender a questão. Apesar de sua coprofilia sempre ter sido expressa com bastante franqueza até então, é provável que a tendência geral que surgiu nesse momento de romper as repressões também se fizesse sentir no que dizia respeito ao seu erotismo anal, dando assim impulso para a possibilidade de sua sublimação – criando o interesse pelo dinheiro.

pelas coisas feitas para ele. Também perguntou à mãe se ela ganhava dinheiro pelo trabalho que fazia em casa (afazeres domésticos). Uma vez, quando pediu alguma coisa que não podia ser obtida na época, perguntou: "Ainda é a guerra?". Quando lhe explicaram que muitas coisas ainda estavam em falta e eram muito caras, e, portanto, difíceis de serem compradas, ele perguntou: "Elas são caras porque tem muito pouco?". Mais tarde, quis saber que coisas eram baratas e quais eram caras. Uma vez, perguntou: "Quando alguém dá um presente, não ganha nada por isso, ganha?".

Definição de seus direitos: permissão e obrigação

O menino passou a manifestar de maneira muito explícita a necessidade de ter os limites de seus direitos e poderes definidos com clareza. Deu início a isso na noite em que fez a pergunta: "Por quanto tempo o novo dia continua a vir?", logo depois de indagar à mãe se teria que parar de cantar caso ela lhe proibisse. De início, Fritz mostrou enorme satisfação ao saber que, na medida do possível, ela lhe permitiria fazer o que desejasse e procurou entender, por meio de exemplos, quando isso aconteceria ou não. Alguns dias depois, ganhou um presente do pai, com o comentário de que só poderia ficar com ele quando se comportasse bem. O menino me contou isso e perguntou: "Ninguém pode tirar de mim uma coisa que é minha, pode? Nem mesmo a mamãe e o papai?", ficando muito contente quando concordei. No mesmo dia, perguntou à mãe: "Mamãe, você não me proíbe de fazer as coisas à toa. Só quando tem um motivo, não é?" (empregando aproximadamente as mesmas palavras que ela já tinha utilizado). Uma vez, disse à irmã: "Posso fazer tudo o que eu for capaz, tudo o que eu for inteligente o bastante para fazer e tudo o que me deixarem". Em outra ocasião, me disse: "Posso fazer tudo o que quiser, não posso? Só não posso ser travesso". Uma vez ainda perguntou durante a refeição: "Então eu não posso nunca ser travesso na hora de comer?". Quando o consolaram, dizendo que já tinha ultrapassado sua cota de travessuras nas refeições, comentou: "Então agora eu nunca mais vou poder ser travesso quando eu como?".[13] Muitas vezes, quando está brincando, ou em outras situa-

---

13 Ele costuma pedir permissão várias vezes à irmã para ser muito travesso de novo ao menos uma vez, prometendo amá-la muito depois por causa disso. O fato de saber que papai e mamãe de vez em quando fazem alguma coisa errada também lhe dá grande satisfação. Numa dessas ocasiões, disse: "A mamãe também perde as coisas, não perde?".

ções, diz a respeito das coisas que gosta de fazer: "Eu faço isso porque eu quero, não é mesmo?". Torna-se aparente, portanto, que ao longo dessas semanas ele dominou por completo as ideias de querer, dever, ter permissão e ser capaz. Ao observar um brinquedo mecânico, no qual um galo pula para fora de uma pequena gaiola quando se abre a porta, afirmou: "O galo pula para fora porque ele tem que pular". Quando estavam discutindo a agilidade dos gatos e alguém observou que uma gata conseguia subir no telhado, o menino acrescentou: "Quando ela quer". Viu um ganso e perguntou se o animal podia correr. Naquele mesmo instante, o ganso começou a correr. Fritz perguntou: "Está correndo porque eu disse?". Quando lhe responderam que não, continuou: "É por que *ele* queria?".

Sentimento de onipotência

Creio que o declínio de seu "sentimento de onipotência", tão marcante alguns meses antes, me parecia estar intimamente ligado ao importante desenvolvimento de seu sentido de realidade, já iniciado no segundo período, mas cujo progresso se tornou bem mais visível desde então. Em várias ocasiões demonstrou, e ainda demonstra, conhecer os limites de seus poderes, do mesmo modo que já não exige tanto de seu ambiente. Ainda assim, suas perguntas e comentários provam diversas vezes que houve apenas uma redução e que ainda ocorrem lutas entre o sentido de realidade embrionário e seu profundo sentimento de onipotência – ou seja, entre o princípio de realidade e o princípio de prazer –, o que frequentemente leva a formações de compromisso. Muitas vezes, porém, essas lutas são resolvidas em favor do princípio de prazer. Apresento algumas perguntas e comentários a partir dos quais fiz esta inferência. Um dia depois de ter solucionado a questão do Coelho da Páscoa etc., Fritz me perguntou como os pais arrumavam a árvore de Natal e se ela era fabricada ou crescia de verdade. Depois, perguntou se os pais não podiam decorar e lhe dar de presente uma floresta inteira de árvores de Natal, na época do Natal. No mesmo dia, pediu muito à mãe que lhe desse o lugar B. (onde iria passar o verão), para que pudesse tê-lo imediatamente.[14] Uma manhã, lhe disseram que estava frio e que, por isso, devia vestir uma roupa mais quente. Mais tarde, disse ao irmão: "Está frio, então é inverno. É inverno, então é Natal. Hoje é a véspera de Natal. Vamos ter chocolates e nozes da árvore para comer".

---

14 Na mesma ocasião, pediu muito à mãe, que estava ocupada na cozinha, para cozinhar o espinafre a fim de transformá-lo em batatas.

Desejos

Em geral, muitas vezes Fritz costuma desejar e implorar com bastante ardor e insistência o possível e o impossível, manifestando grande dose de emoção e impaciência que não costuma vir à tona em outras ocasiões, uma vez que ele é uma criança calma e não é agressiva.[15] Por exemplo, quando se falou dos Estados Unidos: "Mamãe, por favor, eu gostaria de ver os Estados Unidos, mas não quando eu for grande. Eu gostaria de ver já, agora". Ele emprega frequentemente este "não quando eu for grande – eu quero de uma vez, agora" como um fecho para desejos que ele já presume que serão respondidos com a consolação de uma realização posterior. Agora, no entanto, costuma demonstrar certa adaptação às noções de possibilidade e realidade, mesmo ao exprimir desejos que não eram influenciados por qualquer consideração quanto à viabilidade ou inviabilidade na época em que sua crença na onipotência estava no auge.

Ao pedir que lhe dessem uma floresta de árvores de Natal e o lugar B., como fez no dia seguinte à conversa que lhe trouxera tantas desilusões (o Coelho da Páscoa, a cegonha etc.), Fritz talvez estivesse tentando descobrir até onde ainda ia a onipotência dos pais, embora ela tenha ficado muito limitada depois da perda dessas ilusões.[16] Entretanto, quando me fala agora das coisas adoráveis que trará de B. para mim, sempre acrescenta: "Se eu puder" ou "O que eu puder", ao passo que

---

15 Em suas demonstrações de afeto, ele é bem carinhoso, especialmente em relação à mãe, mas também a outras pessoas em seu ambiente. Às vezes é turbulento, mas costuma ser afetuoso, e não rude. Recentemente, porém, pode-se perceber certo elemento emocional na intensidade de suas perguntas. Passou a demonstrar amor exagerado pelo pai quando tinha cerca de um ano, um ano e nove meses. Naquela época, era óbvio que o amava mais do que à mãe. Alguns meses antes, o pai tinha voltado para casa depois de uma ausência de quase um ano.

16 Melanie Klein e seus colaboradores costumam utilizar o termo "*delusion*" no sentido de "falsa crença ou crença deformada", daí a opção por "ilusão" na maior parte das vezes, adotando "delírio" apenas em certos trechos específicos associados a um qualificativo: ideia delirante, delírio de grandeza, delírio paranóico. Não confundir o conceito de "ilusão" em Klein com a mesma palavra usada por Donald W. Winnicott, que remete à "ilusão de onipotência" do bebê, em que o bebê tem a sensação de ter ao mesmo tempo criado e encontrado por conta própria determinado objeto satisfatório, ignorando que este foi fornecido pela mãe ou pelo mundo a sua volta a fim de suprir suas necessidades. [N. E. de Elias M. da Rocha Barros]

algum tempo antes ele simplesmente não parecia se deixar influenciar nem um pouco pela distinção entre possibilidade e impossibilidade ao formular desejos e promessas (de todas as coisas que daria a mim e a outras pessoas quando fosse grande). Agora, quando são discutidos conhecimentos ou habilidades que não domina (encadernação, por exemplo), diz que não pode fazer aquilo e pede muito que o deixem aprender. No entanto, muitas vezes basta um pequeno acidente em seu favor para ativar novamente sua crença em sua onipotência; por exemplo, quando declarou que podia trabalhar com máquinas como um engenheiro porque tinha mexido numa pequena máquina de brinquedo na casa de um amigo, ou quando acrescenta à admissão de sua ignorância sobre alguma coisa a frase: "Se me mostrarem direito, eu vou saber". Nesses casos, ele muitas vezes pergunta se o pai também ignora o assunto. Isso revela com clareza uma atitude ambivalente. Apesar de em algumas ocasiões ficar contente ao constatar que o papai e a mamãe também não sabem alguma coisa, em outras ocasiões tal fato lhe causa desagrado e ele tenta modificá-lo com provas contrárias. Uma vez a empregada respondeu "Sim" quando o menino lhe perguntou se sabia tudo. Apesar de mais tarde ela negar essa afirmação, Fritz ainda lhe fez durante algum tempo a mesma pergunta, tentando – com comentários lisonjeiros a respeito dessa habilidade que lhe motivou a crença – fazê-la retomar a afirmação original de "onisciência". Uma ou duas vezes em que lhe foi claramente penoso acreditar que o papai e a mamãe também não sabiam fazer alguma coisa, o menino recorreu à expressão "Toni sabe tudo" (apesar de sem dúvida estar convencido, pelo contrário, de que ela sabia bem menos do que os pais). Certa vez, ele me pediu para desenterrar o cano de água da rua, porque queria vê-lo por dentro. Quando respondi que não podia fazer isso, nem consertar tudo depois, ele tentou ignorar essa objeção ao retrucar: "Mas quem iria fazer essas coisas, se a família L., e ele, e seus pais ficassem sozinhos no mundo?". Uma vez, anunciou à mãe que tinha capturado uma mosca e acrescentou: "Eu aprendi a pegar moscas". Ela perguntou como ele tinha aprendido a fazer isso. "Eu tentei pegar uma, consegui e agora sei como fazer isso." Logo depois, Fritz perguntou se ela tinha aprendido a "ser uma mamãe". Acho que não estou enganada ao supor que – talvez não de forma totalmente consciente – ele estava fazendo troça dela.

Essa atitude ambivalente – explicada pelo fato de o menino colocar a si mesmo no lugar do pai poderoso (que espera ocupar um dia), identificando-se com ele ao mesmo tempo que procura se livrar do poder que restringe seu ego – sem dúvida também é responsável por esse comportamento em relação à onisciência dos pais.

A luta entre o princípio de realidade e o princípio de prazer

Contudo, a maneira como o aumento de seu senso de realidade obviamente colabora para o declínio de seu sentimento de onipotência, aliada ao fato de o rapazinho só conseguir vencer esse sentimento através de esforços dolorosos, impulsionado pelo afã investigativo, parece-me ter por consequência que esse conflito entre sentido de realidade e sentimento de onipotência também afeta sua atitude ambivalente. Quando o princípio de realidade toma a dianteira nessa luta, mantendo a necessidade de impor limites ao sentimento de onipotência, surge ao mesmo tempo a necessidade de mitigar essa compulsão dolorosa através da depreciação da autoridade dos pais. Se, no entanto, é o princípio de prazer que triunfa, ele encontra na perfeição dos pais um apoio que procura defender. Esse talvez seja um motivo pelo qual a criança, sempre que possível, procura resgatar a crença tanto na própria onipotência quanto na de seus pais.

Quando, impelido pelo princípio de realidade, o menino tenta renunciar dolorosamente ao seu ilimitado sentimento de onipotência, provavelmente surge ligada a isso a necessidade, tão óbvia nessa criança, de definir os limites de seu próprio poder e do poder de seus pais.

Parece-me que, neste caso, a premência de adquirir conhecimento, que se desenvolveu precocemente e com muita força nessa criança, estimulou seu sentido de realidade mais fraco e o impeliu a certificar-se de uma aquisição que lhe era tão nova e importante, vencendo sua tendência à repressão. Essa aquisição e, principalmente, o abalo da autoridade que ela provocava renovaram e fortaleceram seu princípio de realidade, a ponto de permitir que o menino continuasse com sucesso o desenvolvimento de seu pensamento e de seu conhecimento, iniciado ao mesmo tempo que o sentimento de onipotência começava a ser vencido. Esse declínio do sentimento de onipotência, provocado pelo impulso de diminuir a perfeição dos pais (o que certamente ajuda a estabelecer os limites do poder deles e do poder do menino), por sua vez influencia a redução da autoridade. Existiria, então, uma interação, um apoio mútuo, entre a redução da autoridade e o enfraquecimento do sentimento de onipotência.

Otimismo: tendências agressivas

O otimismo do menino é altamente desenvolvido, associado sem dúvida ao sentimento de onipotência ainda pouco abalado; algum tempo atrás, ele era particularmente perceptível, e ainda se faz sentir em diversas ocasiões. Junto à redução do sentimento de onipotência, Fritz deu grandes passos em sua adaptação à realidade, mas seu otimismo muitas vezes é bem mais forte do que qualquer realidade. Isso ficou especialmente claro por ocasião de uma desilusão muito forte – a mais severa, creio eu, que já sofreu em toda a vida. Seus amigos, cuja boa relação com o menino fora abalada por causas externas, passaram a assumir um comportamento completamente diferente em relação a ele, deixando de lado o amor e a afeição que até então lhe dedicavam. Como eles são muitos e todos mais velhos, faziam-no sentir seu poder de todas as maneiras possíveis, insultando-o e provocando-o. Sendo naturalmente dócil e não sendo agressivo, Fritz tentou conquistá-los de volta com sua afabilidade e suas súplicas, e durante algum tempo não parecia admitir a grosseria deles nem para si mesmo. Por exemplo: apesar de não haver como fugir desse fato, recusava-se terminantemente a admitir que eles lhe contavam mentiras. Quando seu irmão teve a oportunidade de lhe provar isso mais uma vez e lhe disse para não acreditar no que diziam, Fritz protestou: "Mas eles não mentem sempre". Nesse ponto, porém, reclamações ocasionais, ainda que infrequentes, mostravam que estava disposto a reconhecer os maus-tratos que tinha recebido. Tendências agressivas agora apareciam abertamente; ele falava de matá-los de verdade com seu revólver de brinquedo, de lhes dar um tiro no olho; uma vez que apanhou das outras crianças, falou de espancá-las até a morte e mostrou seus desejos de morte não só fazendo comentários desse tipo, mas também ao brincar.[17] Ao mesmo tempo, não desistiu de tentar conquistá-los novamente. Sempre que voltam a brincar com ele, Fritz parece esquecer tudo o que se passou e fica contente, apesar de comentários casuais demonstrarem que tem a perfeita noção de que as relações não são mais as mesmas. Como sente afeição especial por uma das meninas, Fritz sofreu de forma perceptível em todo esse incidente, mas enfrentou-o com calma e muito otimismo. Uma vez, quando ouviu uma conversa sobre a morte e lhe explicaram, respondendo a uma de suas perguntas, que todo mundo deve morrer depois de velho, disse à mãe: "Então eu vou morrer também, e você também e os L. também. E depois a gente vai voltar de novo e eles vão ficar bons outra vez. Pode ser… talvez". Depois que arranjou novos

---

17 Antes já tinha falado, ainda que muito raramente, de matar com um tiro e espancar até a morte quando ficava muito irritado com o irmão. Recentemente, tem perguntado muitas vezes quem se pode matar com um tiro e declara: "Eu posso matar com um tiro qualquer um que tentar atirar em mim".

amigos – todos meninos – ele parece ter superado essa história toda e agora declara repetidas vezes que não gosta mais dos L.

A questão da existência de Deus: a morte

Desde a conversa sobre a não existência de Deus, Fritz tem mencionado esse assunto raramente e de forma superficial, e não costuma mais se referir ao Coelho da Páscoa nem ao Papai Noel, aos anjos etc. No entanto, voltou a falar no diabo. Perguntou à irmã o que estava escrito na enciclopédia. Quando ela respondeu que lá se podia estudar tudo o que não se sabia, o menino indagou: "Tem alguma coisa sobre o diabo?". Depois de ouvir a resposta – "Tem, lá diz que ele não existe" –, não fez mais nenhum comentário. Fritz parece ter formulado apenas uma teoria sobre a morte, como se pode perceber pelo comentário sobre os L.: "A gente vai voltar de novo". Em outra ocasião, disse: "Eu queria ter asas e poder voar. Os passarinhos continuam a ter asas depois que morrem? A gente já está morto, não está, quando ainda não está aqui?". Neste caso, não esperou por uma resposta e passou direto para outro assunto. Depois disso, teve algumas fantasias relacionadas ao voo e à vontade de ter asas. Quando, em uma dessas ocasiões, a irmã lhe contou sobre as aeronaves que funcionam como asas para os seres humanos, Fritz não ficou muito contente. O assunto da morte lhe causava muita preocupação nessa época. Uma vez, perguntou ao pai quando morreria; também contou à empregada que ela morreria um dia – mas só quando estivesse muito velha, acrescentou, a título de consolo. Ainda relacionado a isso, Fritz me disse que quando morresse iria se mover muito devagar – desse jeito (movimentou então o dedo indicador muito lentamente, quase sem tirá-lo do lugar) – e que eu também, quando morresse, só conseguiria me mover assim, devagar. Em outra ocasião, me perguntou se as pessoas se mexem quando dormem e depois acrescentou: "Umas pessoas se mexem e outras não?". Viu um retrato de Carlos Magno num livro e descobriu que ele tinha morrido muito tempo antes. Então, perguntou: "E se eu fosse o imperador Carlos, eu já estaria morto há muito tempo?". Também perguntou se, quando alguém ficava muito tempo sem comer, essa pessoa tinha que morrer, e quanto tempo isso demorava para acontecer.

Perspectivas pedagógicas e psicológicas

Novos horizontes se abrem diante de mim quando comparo minhas observações sobre a capacidade mental altamente expandida dessa criança – resultado da influência de um conhecimento recentemente adquirido – com observações e experiências anteriores de casos em que houve desenvolvimento relativamente desfavorável. Ser honesto com as crianças e responder com franqueza a todas às perguntas traz uma liberdade interna que influencia o desenvolvimento mental de forma profunda e benéfica. Isso protege o pensamento da tendência à repressão – i.e., do retraimento da energia pulsional responsável por parte da sublimação –, que é o principal perigo que o ameaça. Também evita a repressão paralela de associações ideacionais ligadas aos complexos reprimidos, através da qual a sequência do pensamento é destruída. No artigo "A figuração simbólica dos princípios de prazer e de realidade no mito de Édipo" (1912), Sándor Ferenczi afirma o seguinte:

> Essas tendências que, devido à formação cultural da raça e do indivíduo, tornaram-se extremamente dolorosas para a consciência e passaram a ser reprimidas, arrastam consigo grande número de outras ideias e tendências associadas a esses complexos, dissociando-as do livre intercâmbio de pensamentos, ou pelo menos impedindo-as de serem tratadas com objetividade científica.[18]

Ao examinarmos esse dano central – i.e., o dano impingido à capacidade intelectual, isolando certas associações do livre intercâmbio de pensamentos –, creio que é necessário levar em consideração o tipo de dano sofrido: em que dimensões os processos de pensamento foram afetados e até que ponto a direção do pensamento – isto é, sua extensão ou profundidade – foi claramente influenciada. É de grande importância o tipo de dano que, nesse período de formação do intelecto, é responsável pela aceitação de ideias no consciente ou por sua rejeição como algo insuportável, pois esse processo se torna um protótipo para o resto da vida. O dano pode ocorrer de tal maneira que a "penetração mais profunda" e a "quantidade" contida na dimensão da extensão podem estar intrincadas, de certa maneira, uma na outra.[19]

---

18 Sándor Ferenczi, "A figuração simbólica dos princípios de prazer e de realidade no mito de Édipo" [1912], in *Obras completas*, v. 1, trad. Álvaro Cabral. São Paulo: WMF Martins Fontes, 1991.
19 No livro *Die cerebrale Sekundärfunktion* (Leipzig: Vogel, 1902), o dr. Otto Gross afirma que há dois tipos de inferioridade, um provocado por uma consciência "achatada" e outro por uma consciência "comprimida"; atribui o desenvolvimento deles a "típicas alterações constitucionais do funcionamento secundário".

Em nenhum dos casos seria provável que fosse provocada uma simples mudança de direção, fazendo a força retirada de uma dimensão beneficiar a outra. Como se pode deduzir de todas as outras formas de desenvolvimento mental resultantes de forte repressão, a energia reprimida permanece "presa".

Se a curiosidade natural e o impulso de inquirir sobre fatos e fenômenos desconhecidos ou apenas conjeturados encontram uma resistência externa, então indagações mais profundas (nas quais a criança teme inconscientemente deparar com coisas proibidas e perversas) são igualmente reprimidas. Isso afeta o impulso de investigar a fundo qualquer questão mais complexa, que fica inibido. Estabelece-se, então, uma aversão à investigação cuidadosa, o que abre caminho para que o prazer inato e irreprimível de fazer perguntas se ocupe apenas daquilo que se encontra na superfície, levando, assim, a uma curiosidade puramente superficial. Ou pode-se, então, desenvolver o tipo de pessoa dotada que encontramos com muita frequência no nosso dia a dia e no campo da ciência, que, apesar de ser inteligente e ter grande número de ideias, não consegue levar adiante a questão mais profunda da execução. É aqui também que podemos encaixar o tipo de pessoa prática, adaptável e inteligente que consegue captar realidades superficiais, mas não enxerga aquelas que só podem ser encontradas em conexões mais profundas – que, em questões intelectuais, não é capaz de distinguir entre a verdade e a opinião oficial. O pavor de constatar a falsidade de ideias que lhe foram impostas como verdadeiras pela autoridade, o medo de reconhecer de forma objetiva que certas coisas repudiadas e ignoradas realmente existem, levaram essa pessoa a evitar o exame mais cuidadoso das próprias dúvidas e a obrigam a fugir de toda profundidade. Nesses casos, creio que o desenvolvimento pode ter sido influenciado por um dano à pulsão do conhecimento – e, consequentemente, ao desenvolvimento do sentido de realidade – devido a uma repressão na dimensão da profundidade.

Se, no entanto, a repressão afeta o impulso do conhecimento de tal maneira que, devido a uma aversão por tudo o que é oculto e repudiado, o prazer incontido de fazer perguntas sobre essas coisas proibidas (e, junto com ele, o prazer de fazer perguntas em geral, a quantidade do impulso de investigação) é "preso", isto é, é afetado na dimensão da extensão, então formam-se as precondições para subsequente falta de interesse. Assim, se a criança conseguiu vencer certo período de inibição no que diz respeito a esse impulso investigativo, fazendo-o permanecer ativo ou retornar mais tarde, ela pode, tolhida agora por aversão a enfrentar novas questões, direcionar toda a eficiência da energia que lhe resta para os aspectos mais profundos de alguns problemas específicos. É dessa maneira que se desenvolve o tipo do "pesquisador" que, atraído por determinado problema, dedica-lhe o trabalho de uma vida inteira, sem desenvolver nenhum interesse particular fora da esfera limitada que lhe satisfaz. Outro tipo de homem culto é o investigador que, por apresentar grande poder de penetração, consegue desenvolver um conhecimento verdadeiro e fazer novas e importantes descobertas, mas é um total fracasso no que diz respeito às grandes e pequenas realidades da vida cotidiana – ou seja, que não tem o menor senso prático. Para explicar esse fato, não basta dizer que, ao ficar absorvido por grandes tarefas, ele deixa de dirigir sua atenção para as pequenas. Como Freud demonstrou ao investigar a parapraxia, o retraimento da atenção é apenas um efeito secundário. Ele não pode ser considerado a causa fundamental, o mecanismo que provocou a parapraxia; pode no máximo agir como um fator de predisposição. Ainda que partíssemos do princípio de que um pensador ocupado com grandes pensamentos não teria muito interesse por afazeres do dia a dia, vemos que ele fracassa até mesmo em situações em que a mais pura necessidade o obrigaria a ter o mínimo de interesse, nas quais falha por não conseguir enfrentá-las de forma prática. Na minha opinião, o motivo pelo qual seu desenvolvimento se deu dessa maneira foi que, na época em que deveria ter reconhecido as ideias e as coisas cotidianas como algo real, tangível e simples, ele foi de alguma maneira impedido de formar esse tipo de conhecimento – condição que, nesse estágio, não poderia ser atribuída à retirada da atenção devido à falta de interesse por aquilo que é simples e acessível: ela só pode ser explicada por meio da repressão. Podemos imaginar que num período anterior, ficando inibido quanto ao conhecimento de outras coisas primitivas que, apesar de reconhecidas como reais, foram repudiadas, ele incluiu o domínio dos elementos cotidianos, das coisas tangíveis que lhe são apresentadas nesse processo de inibição e repressão. A única estrada que permaneceria aberta – quer ele tenha se voltado para ela imediatamente, ou apenas depois de vencer certo período de inibição – seria a das profundezas; de acordo com os processos da infância que acabaram se constituindo num protótipo, ele passa a evitar a extensão e a superfície. Como consequência, deixa de conhecer e de enveredar por um caminho que agora se encontra permanentemente bloqueado e que nem mesmo numa época posterior consegue percorrer com simplicidade ou naturalidade, como é possível fazer sem nenhum grande interesse quando se está familiarizado com ele desde o início. Essa pessoa pulou tal estágio, que se encontra trancado na repressão; da mesma maneira, o outro, a pessoa "absolutamente prática", só conseguiu atingir tal estágio, e reprimiu o acesso a todos os outros que levariam mais fundo.

É muito comum que crianças cujos comentários revelam grande habilidade mental (a maioria antes do período de latência), justificando aparentemente as grandes esperanças depositadas em seu futuro, acabem ficando para trás e, apesar de provavelmente serem bastante inteligentes quando adultas, não demonstrem o menor sinal de um intelecto acima da média. As causas desse fracasso no desenvolvimento podem incluir dano maior ou menor a uma das dimensões da mente. Isso seria confirmado pelo fato de que tantas crianças que cansam todos ao redor com seu prazer extraordinário de fazer perguntas, ou com sua insistência em investigar "o como" e "o porquê" de tudo, depois de algum tempo acabam desistindo e passam a demonstrar pouca curiosidade, ou curiosidade apenas superficial, respectivamente. O fato de o pensamento – afetado como um todo, ou apenas em uma de suas dimensões – não poder se expandir em todas as direções nessas crianças impediu o desenvolvimento intelectual significativo a que elas pareciam estar destinadas. As causas mais importantes de danos ao sentido de realidade e ao impulso para o conhecimento – o repúdio e a recusa do sexual e do primitivo – acionaram a repressão por meio da dissociação. Ao mesmo tempo, porém, o impulso para o conhecimento e o senso de realidade são ameaçados por outro perigo iminente: não um retraimento, mas uma imposição, o inculcamento de ideias prontas, impingidas de tal forma que o conhecimento que a criança tem da realidade não ousa se rebelar e nunca tenta sequer chegar às próprias inferências e conclusões, sendo afetado de forma definitiva e prejudicial.

Costumamos ressaltar a "coragem" do pensador que, opondo-se ao costume e à autoridade, consegue conduzir uma pesquisa totalmente original. Isso não exigiria tanta "coragem" se as crianças não precisassem ter um espírito peculiar para pensar por si mesmas, em oposição às autoridades mais elevadas, para pensar sobre os assuntos delicados que lhe são em parte negados e em parte proibidos. Apesar de ser possível observar com frequência que a resistência acaba por estimular o desenvolvimento das forças convocadas para vencê-la, isso certamente não se aplica ao desenvolvimento mental e intelectual das crianças. Aquele que se desenvolve numa oposição a alguém não é menos dependente do que aquele que se submete de forma incondicional à autoridade; a verdadeira independência intelectual se forma entre esses dois extremos. O conflito que o sentido de realidade embrionário tem que travar contra a tendência inata à repressão, o processo através do qual o conhecimento do indivíduo é dolorosamente adquirido (semelhante à maneira como se dão as aquisições da ciência e da cultura na história da humanidade), juntamente com os obstáculos inevitáveis encontrados no mundo externo, tudo isso já é mais do que suficiente para substituir a resistência que deveria agir como estímulo ao desenvolvimento, sem pôr em risco sua independência. Qualquer outro fator a ser vencido na infância – mediante oposição ou submissão –, qualquer resistência externa adicional, é no mínimo supérflua e, na maioria dos casos, simplesmente prejudicial, pois funciona como um empecilho e uma barreira.[20] Apesar de ser possível encontrar uma grande capacidade intelectual ao lado de inibições claramente perceptíveis, ela sem dúvida terá sido afetada por influências prejudiciais e limitadoras no início de suas atividades. Quanto do aparato intelectual do indivíduo não é apenas seu em aparência? Quanto não é dogmático, teórico e recebido através da autoridade, em vez de obtido por si mesmo com seu livre pensamento? Apesar de a experiência e o insight adulto terem encontrado a solução para algumas das questões proibidas e aparentemente sem resposta da infância (condenadas, portanto, à repressão), isso não dissolve os obstáculos levantados diante do pensamento infantil nem faz com que eles percam sua importância. Pois, apesar de mais tarde o indivíduo adulto aparentemente conseguir superar as barreiras erguidas diante de seu pensamento infantil, a maneira que encontra para lidar com suas limitações intelectuais – seja o desafio ou o medo – continua a ser a base que orienta e dá forma a seu pensamento, e permanece intocada por seu conhecimento posterior.

A submissão permanente ao princípio de autoridade e o grau permanente, maior ou menor, de dependência e limitação intelectual têm como base este primeiro – e importantíssimo – contato com a autoridade: a relação entre os pais e a criança pequena. Seu efeito é fortalecido pela massa de ideias éticas e morais que são apresentadas prontas para a criança e que formam inúmeras barreiras para a

---

20 Não há dúvida de que qualquer tipo de educação, até mesmo a mais compreensiva, provoca certa quantidade de resistência e submissão, pois sempre pressupõe alguma firmeza. Da mesma maneira, é inevitável que haja uma quantidade maior ou menor de repressão – trata-se de uma necessidade do desenvolvimento cultural e da educação. Um tipo de educação baseado no conhecimento psicanalítico, porém, reduziria essa quantidade ao mínimo e saberia como evitar a inibição e suas consequências nefastas para o organismo mental.

liberdade de seu pensamento. De qualquer maneira, apesar de essas ideias lhe serem apresentadas como infalíveis, um intelecto infantil mais dotado, cuja capacidade de resistência não foi tão danificada, muitas vezes pode travar uma luta de maior ou menor sucesso contra elas. Apesar de serem protegidas pela forma autoritária com que são introduzidas, essas ideias são obrigadas ocasionalmente a dar provas de sua realidade. Nesse momento, a criança mais observadora não pode deixar de perceber que nem sempre aquilo que se espera dela como natural, bom, certo e digno é considerado à mesma luz, quando aplicado a si mesmos, pelos adultos que exigem isso dela. Assim, essas ideias sempre oferecem pontos de ataque contra as quais pode ser montada uma ofensiva, pelo menos sob a forma de dúvidas. No entanto, quando as inibições iniciais fundamentais já foram mais ou menos vencidas, a introdução de ideias sobrenaturais, impossíveis de serem verificadas, oferece um novo perigo para o pensamento. A noção de uma divindade invisível, onipotente e onisciente é esmagadora para a criança, principalmente porque dois fatores fortalecem seu poder e eficácia. Um é a necessidade inata de autoridade. Como Freud diz em "Uma recordação de infância de Leonardo da Vinci":

> Biologicamente, a religiosidade está relacionada ao longo desamparo e necessidade de ajuda do ser humano pequeno, que, quando mais tarde percebe seu real abandono e fraqueza diante das grandes forças da vida, sente a sua situação de modo semelhante ao da infância e busca negar o desconsolo próprio dela mediante a revivescência regressiva dos poderes protetores infantis.[21]

Ao reproduzir o desenvolvimento da humanidade, a criança encontra, nessa ideia de divindade, apoio para sua necessidade de autoridade. Contudo, o sentimento inato de onipotência, "a crença na onipotência do pensamento" – que, como aprendemos com Freud e com Ferenczi em "O desenvolvimento do sentido de realidade e seus estágios" (1913), estão profundamente enraizados e, portanto, são permanentes no homem –, o sentimento de sua própria onipotência também aceita de bom grado a noção de Deus. Seu próprio sentimento de onipotência faz a criança atribuí-lo também ao próprio ambiente. Assim, a ideia de Deus, que dá à autoridade a mais total onipotência, vai ao

---

[21] S. Freud, "Uma recordação de infância de Leonardo da Vinci" [1910], in *Obras completas*, v. 9, trad. Paulo César de Souza. São Paulo: Companhia das Letras, 2013, p. 199.

encontro do sentimento de onipotência da própria criança, ajudando a estabelecê-lo e dificultando seu declínio. Sabemos que também nesse ponto o complexo dos pais é importante e que a maneira como o sentimento de onipotência é fortalecido ou destruído pela primeira afeição séria da criança determina seu desenvolvimento como um otimista ou um pessimista, assim como a vivacidade e a iniciativa ou o ceticismo paralisante de sua mentalidade. Para que o resultado do desenvolvimento não seja a utopia sem limites nem a fantasia, mas o simples otimismo, é preciso que o pensamento execute em tempo uma correção. A "poderosa inibição religiosa do pensamento", como Freud a chamava, dificulta a correção do sentimento de onipotência pela capacidade de pensar. Isso acontece porque ela esmaga o pensamento com a introdução de uma autoridade insuperável. Dessa maneira, o declínio do sentimento de onipotência, que só pode ocorrer muito cedo e se dá em diversos estágios com a ajuda do pensamento, também é afetado. O desenvolvimento completo do princípio de realidade como pensamento científico, porém, está intimamente ligado à possibilidade de a criança se lançar no momento adequado à tentativa de estabelecer um compromisso entre o princípio de prazer e o de realidade. Se esse compromisso é atingido com sucesso, o sentimento de onipotência é colocado numa posição conciliatória em relação ao pensamento; o desejo e a fantasia passam a ser encarados como parte do primeiro, enquanto o princípio de realidade passa a dominar a esfera do pensamento e dos fatos comprovados.[22]

A noção de Deus, no entanto, age como forte aliado desse sentimento de onipotência, um aliado quase imbatível, pois a mente infantil – incapaz de se familiarizar com essa ideia pelos meios usuais, mas impressionada demais por sua autoridade esmagadora para rejeitá-la – nem se atreve a levantar uma luta, ou sequer uma dúvida, contra ela. O fato de a mente mais tarde poder vencer até mesmo esse obstáculo – apesar de muitos pensadores e cientistas nunca terem conseguido ultrapassar essa barreira e, portanto, seu trabalho ter sido obrigado a parar nela – não pode anular o dano já feito. Essa ideia de Deus pode destruir a tal ponto o sentido de realidade que ele não ousa rejeitar o incrível, o aparentemente irreal. Ele é de tal forma afetado que o reconhecimento do tangível, daquilo que está ao alcance da mão, do "óbvio"

---

[22] Freud oferece um exemplo bastante esclarecedor desse processo em "Formulações sobre os dois princípios do funcionamento psíquico" [1911], in *Obras completas*, v. 10, trad. Paulo César de Souza. São Paulo: Companhia das Letras, 2010.

em questões intelectuais, é reprimido junto com os mais profundos processos de pensamento. É certo, contudo, que atingir esse primeiro estágio de conhecimento e inferência sem nenhum entrave, aceitar o simples assim como o assombroso apenas por meio das próprias deduções e verificações, incorporar no próprio equipamento mental apenas o que se conhece de verdade, significa estabelecer os alicerces do desenvolvimento livre da própria mente em todas as direções. O dano sofrido pode variar em tipo e grau; pode afetar a mente como um todo, ou apenas uma de suas dimensões, com maior ou menor intensidade; contudo, ele certamente não é superado por uma educação esclarecedora posterior. Assim, mesmo que os danos primários e fundamentais ao pensamento tenham sido sofridos no início da infância, a inibição criada mais tarde pela ideia de Deus ainda tem muita importância. Portanto, não basta simplesmente omitir o dogma e os métodos do confessionário na instrução da criança, apesar de seus efeitos inibidores sobre o pensamento serem em geral reconhecidos. Introduzir a ideia de Deus na educação e depois deixar que o desenvolvimento individual lide com ela sozinho não significa de forma alguma oferecer à criança liberdade a esse respeito. Quando se introduz à criança a noção de Deus de forma autoritária, numa época em que ela não está intelectualmente preparada para lidar com a autoridade e se encontra indefesa diante dela, sua atitude em relação a essa questão é influenciada de tal maneira que a criança nunca mais consegue – a não ser depois de grande luta e de enorme gasto de energia – se libertar dessa ideia.

II. ANÁLISE PRECOCE

A resistência da criança ao esclarecimento[23]

A possibilidade e mesmo a necessidade de analisar crianças é conclusão irrefutável que tiramos dos resultados da análise de neuróticos adultos, que sempre encontra na infância as causas da doença. Ao analisar o Pequeno Hans,[24] Freud como sempre nos abriu o caminho – um caminho seguido e explorado com mais cuidado por outras pessoas, principalmente a dra. Hug-Hellmuth.

---

23 Artigo apresentado na Sociedade Psicanalítica de Berlim, em fevereiro de 1921.
24 Cf. S. Freud, *Análise da fobia de um garoto de cinco anos* ("O Pequeno Hans") [1909], in *Obras completas*, v. 8, trad. Paulo César de Souza. São Paulo: Companhia das Letras, 2015.

O trabalho interessante e instrutivo que a dra. Hug-Hellmuth apresentou durante o último Congresso[25] forneceu muitas informações a respeito da maneira como ela modificou a técnica de análise para as crianças, adaptando-a às necessidades da mente infantil. Ela comentou a análise de crianças que apresentavam um desenvolvimento mórbido ou desfavorável de caráter, e observou que em sua opinião a análise só se adaptava a crianças com mais de seis anos.

Agora, porém, levantarei a questão daquilo que aprendemos com a análise de adultos e crianças que poderia ser aplicado ao estudo da mente das crianças com menos de seis anos, pois é fato bem conhecido que a análise das neuroses revela traumas e fontes de dano em acontecimentos, impressões ou desenvolvimentos que ocorreram numa idade muito inicial, ou seja, antes dos seis anos. Que resultados essa informação traz para a profilaxia? O que podemos fazer na idade que a análise nos ensinou ser tão importante não só para o surgimento posterior das doenças, mas também para a formação permanente do caráter e do desenvolvimento intelectual?

O resultado mais óbvio e imediato desse conhecimento será acima de tudo evitar os fatores que a psicanálise nos ensinou a considerar extremamente danosos à mente das crianças. Estabeleceremos, assim, a necessidade incondicional de que a criança, desde o nascimento, não compartilhe do quarto dos pais; também teremos menos exigências éticas compulsórias em relação à pequena criatura em desenvolvimento do que as pessoas tiveram conosco. Permitiremos que ela permaneça um maior período de tempo sem inibições, guardando uma atitude mais natural; ela sofrerá menos interferências do que foi o caso até então, de modo a ter mais consciência de seus diversos impulsos pulsionais e do prazer ligado a eles, sem atiçar imediatamente suas tendências culturais contra essa simplicidade inocente. Procuraremos atingir um desenvolvimento mais lento, o que dará espaço para que suas pulsões se tornem parcialmente conscientes e, consequentemente, possam ser sublimadas. Ao mesmo tempo, não impediremos que a criança expresse a nascente curiosidade sexual e procuraremos satisfazê-la passo a passo sem, na minha opinião, esconder nada. Saberemos como lhe dar a afeição necessária sem cair em excessos prejudiciais; sobretudo rejeitaremos a punição física e as ameaças, garantindo a obediência necessária à criação com um retraimento ocasional da afeição. No entanto, é possível estabelecer outras exigências minuciosas desse tipo que derivam de forma mais ou menos

---

25 Trata-se do VI Congresso Internacional de Psicanálise, em Haia. [N. E.]

natural de nosso conhecimento, mas que não precisam ser detalhadas aqui. Também foge ao escopo deste trabalho discutir minuciosamente como essas exigências podem ser cumpridas nos limites impostos pela educação sem prejudicar o desenvolvimento da criança como criatura civilizada nem sobrecarregá-la com dificuldades peculiares em sua relação com um ambiente onde domina outro tipo de pensamento.

No presente momento, prefiro apenas observar que essas exigências educacionais podem ser postas em prática (já tive a oportunidade de me convencer diversas vezes disso) e que elas trazem resultados excelentes, além de um desenvolvimento mais livre em diversos aspectos. Os ganhos seriam enormes se fosse possível adotá-las como princípios gerais da educação. Mesmo assim, é preciso fazer uma ressalva logo de saída. Creio que mesmo quando há discernimento e boa vontade para cumprir essas exigências, a possibilidade interna para que isso ocorra pode não estar presente numa pessoa que nunca se submeteu à análise. Para simplificar, no entanto, tratarei apenas das circunstâncias mais favoráveis, em que tanto a vontade consciente quanto a inconsciente adotaram essas exigências educacionais e as aplicam com bons resultados. Agora voltamos à nossa questão inicial: nessas circunstâncias, essas medidas profiláticas podem impedir o surgimento de neuroses ou de desenvolvimento prejudicial do caráter? Minhas observações me convenceram de que, mesmo nesses casos, muitas vezes só conseguimos atingir parte de nossos objetivos, mas na verdade frequentemente aplicamos apenas algumas das exigências que nosso conhecimento põe à nossa disposição. Pois aprendemos, a partir da análise dos neuróticos, que só parte dos danos resultantes da repressão pode ser atribuída ao ambiente errado ou a outras condições externas prejudiciais. Outra parte, extremamente importante, deve-se à atitude da própria criança, presente desde os primeiros anos de vida. A criança frequentemente desenvolve, a partir da repressão de forte curiosidade sexual, uma aversão insuperável a tudo o que apresenta caráter sexual, que pode ser superada apenas mais tarde com a análise. Nem sempre é possível descobrir por meio da análise de adultos – principalmente numa reconstituição – até que ponto as condições desfavoráveis, ou a predisposição neurótica, são responsáveis pelo desenvolvimento da neurose. Nessa questão, estamos lidando com quantidades variáveis, indeterminadas. No entanto, uma coisa é certa: em disposições acentuadamente neuróticas, uma leve oposição do ambiente muitas vezes já é o bastante para determinar resistência marcante a qualquer tipo de esclarecimento sexual e repressão extremamente opressiva para a organização mental em geral. É possível confirmar o que aprendemos na análise dos neuróticos ao observar as crianças, que nos dão a oportunidade de nos familiarizarmos com esse desenvolvimento à medida que ele ocorre. Aparentemente – i.e., apesar de todas as medidas educacionais que visam, entre outras coisas, satisfazer sem reservas a curiosidade sexual –, é comum essa necessidade não ser expressa com liberdade. Essa atitude negativa pode tomar formas das mais variadas, até chegar a uma absoluta má-vontade em aprender. Algumas vezes, ela se manifesta num interesse deslocado para alguma outra coisa, que apresenta com frequência um caráter compulsivo. Outras vezes, essa atitude só se estabelece depois de um esclarecimento parcial, e neste caso, em vez do vívido interesse exibido até então, a criança passa a manifestar forte resistência em aceitar novos esclarecimentos e simplesmente os rejeita.

No caso discutido em detalhes na primeira parte deste trabalho, as benéficas medidas educacionais mencionadas foram aplicadas com bons resultados, sobretudo no que diz respeito ao desenvolvimento intelectual da criança. Ela foi esclarecida até o ponto de ficar informada sobre o desenvolvimento do feto dentro do corpo da mãe e o processo de nascimento, com todos os detalhes que eram de seu interesse. Nunca foi feita nenhuma pergunta direta sobre o papel do pai no nascimento e no ato sexual em geral. Porém, creio que mesmo nessa época tais questões afetavam inconscientemente o menino. Havia algumas perguntas que voltavam à tona com frequência, apesar de já terem sido respondidas com o máximo de detalhes possível. Eis alguns exemplos: "Por favor, mamãe, de onde vêm a barriguinha, a cabecinha e o resto todo?", "Como é que uma pessoa consegue se mexer, como consegue fazer as coisas, como consegue trabalhar?", "Como cresce a pele nas pessoas?", "Como ela vai parar lá?". Essas e outras perguntas se repetiram diversas vezes ao longo do período de esclarecimento e durante os dois ou três meses que se seguiram, caracterizados pelo progresso marcante a que já me referi. De início, não compreendi o significado exato da recorrência frequente dessas perguntas, o que se deve em parte ao fato de não ter percebido a importância delas em meio ao aumento geral do prazer da criança em fazer perguntas. A julgar pela maneira como seu impulso investigativo e seu intelecto pareciam estar se desenvolvendo, calculei que eram inevitáveis os pedidos por mais esclarecimentos e que devia me ater ao princípio de incentivar um esclarecimento gradual, atendendo às questões feitas conscientemente.

Depois desse período, houve uma mudança: voltavam à tona sobretudo as perguntas já mencionadas, assim como outras que já estavam se tornando estereotipadas, enquanto aquelas que se originavam de um óbvio impulso de investigação rareavam e se tornavam quase todas especulativas. Ao mesmo tempo, começaram a surgir perguntas superficiais, irrefletidas e aparentemente sem nenhum fundamento. Ele perguntava diversas vezes de que eram feitos vários objetos e como eram construídos. Por exemplo: "De que a porta é feita?", "De que a cama é feita?", "Como é feita a madeira?", "Como é feito o vidro?", "Como é feita a cadeira?". Algumas das perguntas frívolas eram: "Como a terra toda vai parar debaixo da terra?", "De onde vêm as pedras, de onde vem a água?" etc. Não há dúvida de que de modo geral ele já tinha compreendido completamente a resposta dessas perguntas e que sua recorrência não era de fundo intelectual. O menino também demonstrava, pela atitude distraída ao levantar essas questões, que na verdade não estava interessado nas respostas, apesar de fazer as indagações com muita veemência. O número de perguntas, contudo, também tinha aumentado. Trata-se do quadro já bem conhecido da criança que atormenta seu ambiente com perguntas aparentemente sem sentido para as quais as respostas não são de nenhuma valia.

Depois desse período mais recente de ruminações e de perguntas superficiais, que não chegou a durar dois meses, ocorreu uma nova mudança. O menino tornou-se taciturno e passou a exibir uma clara aversão à brincadeira. Ele nunca tivera o hábito de brincar muito, nem com tanta imaginação, mas sempre gostou de participar de jogos que envolvessem movimento com outras crianças. Brincou diversas vezes de cocheiro ou chofer durante horas a fio com uma caixa, um banco ou algumas cadeiras que representavam os diversos veículos. Mas jogos e ocupações desse tipo acabaram por cessar, assim como o desejo de ter a companhia de outras crianças: sempre que entrava em contato com elas, não sabia mais o que fazer. Por fim, começou a demonstrar sinais de tédio até mesmo na companhia da mãe – algo que nunca acontecera antes. Também não gostava mais que ela lhe contasse histórias, embora continuasse tendo o mesmo carinho pela mãe e exibisse a mesma ânsia pelo afeto dela. A atitude distraída que exibia ao fazer perguntas agora se tornava muito frequente. Apesar de essa mudança não escapar ao olho observador, a condição do menino não podia ser descrita como "doença". O sono e o estado geral de saúde de Fritz eram normais. Apesar de mais calado e, em consequência da falta do que fazer, mais levado, ele continuava cordial, podia ser tratado como de costume e estava alegre. Nos últimos meses, sua inclinação pela comida sem dúvida também deixava muito a desejar; ele começou a ficar mais exigente e a exibir clara aversão a determinados pratos, mas por sua vez comia com grande apetite as coisas de que gostava. Apegou-se de forma ainda mais apaixonada à mãe, apesar de ficar entediado na companhia dela, como já observei. É esse o tipo de mudança que costuma passar despercebido por aqueles que cuidam da criança ou, quando é percebido, não é considerado importante. Os adultos geralmente estão tão habituados a notar nas crianças transformações passageiras ou permanentes para as quais não conseguem encontrar nenhuma explicação que acabam encarando essas variações no desenvolvimento como algo completamente normal. Até certo ponto, eles têm razão, pois é raro encontrar uma criança que não apresente alguns traços neuróticos. É o desenvolvimento posterior desses traços, assim como sua multiplicação, que constitui a doença. Fiquei particularmente espantada com a aversão do menino a ouvir histórias, tão oposta ao prazer que demonstrava antes.

Quando comparei o gosto altamente estimulado em indagar – que surgiu após o esclarecimento parcial, depois em parte converteu-se em ruminações e em parte tornou-se superficial – com a posterior aversão a fazer perguntas e a relutância até em ouvir histórias, e quando, além disso, também me lembrei de algumas perguntas que acabaram se tornando estereotipadas, fiquei convencida de que o forte impulso investigativo da criança entrara em conflito com sua igualmente poderosa tendência à repressão. Esta, recusando as explicações que seu inconsciente desejava, tornara-se dominante. Depois de fazer várias perguntas diferentes para substituir aquelas que tinha reprimido, o menino, seguindo o curso de seu desenvolvimento, chegara a ponto de evitar fazer qualquer tipo de indagação e se recusava até a ouvir, uma vez que isso poderia lhe oferecer inadvertidamente aquilo que se recusava a ter.

Gostaria de retomar aqui algumas observações que fiz na primeira parte deste trabalho sobre os caminhos tomados pela repressão. Mencionei os efeitos prejudiciais bem conhecidos que a repressão provoca sobre o intelecto, explicados pelo fato de a força pulsional reprimida permanecer presa e, portanto, não estar disponível para a sublimação. Além disso, associações de pensamento também são enterradas no inconsciente com os complexos. Partindo desse princípio, deduzi que a repressão poderia afetar o intelecto em qualquer de suas vias de desenvolvimento, ou seja, tanto na dimensão da extensão como na da profundidade. Talvez os dois períodos do caso que observei possam ilustrar de alguma maneira essa suposição anterior. Se a trilha do desenvolvimento tivesse se fixado no estágio em que a criança, como consequência da repressão de sua curiosidade sexual, começou a fazer muitas perguntas superficiais, o dano intelectual poderia ter ocorrido na dimensão da profundidade. O outro estágio associado a esse, em que ela não queria mais fazer perguntas e não queria ouvir, poderia ter feito com que passasse a evitar a superfície e limitasse a abrangência de seu interesse, dirigindo-o exclusivamente à profundidade.

Após essa digressão, volto ao meu assunto original. Minha crescente convicção de que a curiosidade sexual reprimida é uma das principais causas das alterações mentais nas crianças foi confirmada pela constatação de que estava correta uma sugestão que recebi algum tempo antes. No debate que se seguiu à minha palestra na Sociedade Húngara de Psicanálise, o dr. Anton Freund argumentou que minhas observações e classificações tinham caráter analítico, mas não minha interpretação, pois eu levara em consideração apenas as perguntas conscientes, e não as inconscientes. Na época, respondi que na minha opinião bastava lidar com as perguntas conscientes, caso não houvesse um motivo convincente para o contrário. Depois, porém, percebi que a opinião dele estava correta e que trabalhar apenas com as perguntas conscientes não fora suficiente.

Acreditava agora ser recomendável fornecer à criança as informações que até então lhe tinham sido negadas. Uma de suas raras perguntas na época – acerca de quais plantas nasciam de sementes – foi aproveitada como uma oportunidade para lhe explicar que os seres humanos também vinham de sementes, dando-lhe esclarecimentos sobre o ato da fecundação. No entanto, o menino permaneceu distraído e distante, interrompeu a explicação com outra pergunta irrelevante e não demonstrou o menor interesse em se informar dos detalhes. Em outra ocasião, disse que tinha ouvido das outras crianças que para uma galinha pôr ovos era preciso um galo. Porém, mal mencionou o assunto e logo manifestou um claro desejo de se livrar dele. Deu a impressão de não ter absorvido essa informação e de não ter a menor vontade de compreendê-la. A alteração mental descrita acima também não pareceu ter sido afetada por esse novo esclarecimento.

A mãe do menino, porém, conseguiu despertar novamente sua atenção e conquistar sua aprovação com uma piada a que se seguia uma pequena história. Ao lhe dar um doce, disse que a guloseima estava esperando por ele havia muito tempo e inventou uma pequena história a esse respeito. O menino achou a história muito divertida e pediu que a mãe a repetisse várias vezes, ouvindo com prazer a anedota da mulher em cujo nariz crescia uma salsicha sempre que o marido quisesse. Depois, começou a falar espontaneamente e, a partir daí, passou a contar histórias fantásticas de tamanho variável, muitas baseadas naquelas que já tinha ouvido. A maioria, no entanto, era original e oferecia uma grande quantidade de material analítico. Até então, a criança demonstrara a mesma relutância para contar histórias e brincar. No período que se seguiu à primeira explicação, é verdade, Fritz manifestou uma forte tendência de contar histórias e fez várias tentativas nesse sentido, mas de modo geral isso era exceção. As histórias, que não tinham sequer a arte primitiva que as crianças costumam empregar em suas narrativas para imitar o modo de agir dos adultos, tinham o efeito de sonhos a que faltavam a elaboração secundária. Às vezes, elas partiam de um sonho da noite anterior e depois continuavam como uma história, mas apresentavam as mesmas características daquelas que desde o início assumiam o caráter de narrativa inventada. Ele as contava com enorme prazer; de vez em quando, apesar de interpretações cuidadosas, surgiam algumas resistências e ele as interrompia, apenas para retomá-las logo depois com grande satisfação. Apresento a seguir alguns trechos dessas fantasias.

"Duas vacas estão andando juntas, aí uma pula em cima da outra e anda a cavalo nela, e aí a outra pula nos chifres da outra e se segura com força. O bezerro também pula em cima da cabeça da vaca e segura firme nas rédeas" (quando lhe perguntaram como se chamavam as vacas, ele deu o nome das empregadas). "Aí elas continuam juntas e vão para o inferno; o diabo velho está lá; ele tem uns olhos tão escuros que não consegue ver nada, mas sabe que tem gente lá. O diabo novo tem olhos escuros também. Aí eles vão no castelo que o Pequeno Polegar viu; aí eles entram com o homem que estava com eles e sobem até um quarto, e se picam na roca. Eles dormem cem anos; aí eles se levantam e vão até o rei. Ele fica muito contente e pergunta para eles – para o homem, a mulher e as crianças que estavam com eles – se eles iam ficar" (quando perguntei o que tinha acontecido com as vacas, ele respondeu: "Elas também estavam lá e os bezerros também"). Uma vez, estavam falando de cemitérios e da morte, e então ele disse: "Mas quando um soldado atira em alguém, ele não é enterrado, ele fica lá no chão, porque o motorista do carro funerário também é um soldado e não quer fazer aquilo" (quando pergunto: "Em quem ele atira, por exemplo?", o menino menciona primeiro o irmão, Karl, mas depois fica um pouco assustado e dá o nome de vários parentes e conhecidos).[26] Eis um sonho: "Minha bengala foi para cima da cabeça dele, aí pegou o ferro" (ferro de passar) "e passou ela". Ao dar bom-dia à mãe,

---

26 Fritz comentara pouco tempo antes: "Eu queria ver alguém morrer; não como eles ficam depois de mortos, mas quando estão morrendo. Então, eu também ia querer ver como são depois de mortos".

disse, depois de ela lhe fazer um carinho: "Vou subir em cima de você; você é uma montanha e vou subir em cima de você". Um pouco mais tarde, afirmou: "Posso correr mais do que você, posso correr lá para cima e você não pode". Algum tempo depois, voltou a fazer algumas perguntas com muito ardor: "Como se faz a madeira? Como se monta o peitoril da janela? Como se faz a pedra?". Quando lhe responderam que sempre tinham sido assim, o menino perguntou, contrariado: "Mas de onde eles saíram?".

Ao mesmo tempo, ele começou a brincar. Agora brincava com prazer e insistência, principalmente com os outros; com o irmão ou os amigos, brincava de qualquer coisa que se pudesse imaginar, mas também começou a brincar sozinho. Brincava de enforcar, declarava que tinha decapitado o irmão e a irmã, batia nas orelhas das cabeças decapitadas e afirmava: "A gente pode bater na orelha desse tipo de cabeça, elas não batem de volta", e se dizia um "carrasco". Em outra ocasião, percebi que estava brincando do seguinte jogo: as peças de xadrez são pessoas – uma é um soldado, a outra é um rei. O soldado diz "besta suja" para o rei. Como consequência, vai para a cadeia e é condenado. Depois, é espancado, mas não sente nada, porque está morto. O rei aumenta com a coroa o buraco no pedestal do soldado e ele volta à vida; quando lhe perguntam se vai fazer aquilo de novo, o soldado responde "não" e ele é apenas preso. Um dos primeiros jogos de que brincou foi o seguinte: estava brincando com a corneta e disse que era ao mesmo tempo um oficial, um porta-estandarte e um corneteiro, e que "se o papai também fosse corneteiro e não me levasse para a guerra, então eu ia pegar minha corneta e minha arma e ia para a guerra sem ele". Está brincando com seus bonequinhos, entre os quais há dois cachorros; o menino sempre dizia que um deles era bonito e o outro, feio. Desta vez, os cachorros são dois cavalheiros. O bonito é ele mesmo, o feio é seu pai.

Seus jogos, assim como suas fantasias, exibiam uma agressividade extraordinária contra o pai, além, é claro, da óbvia paixão que sentia pela mãe. Ao mesmo tempo, o menino se tornou mais falador e alegre, começou a passar horas brincando com outras crianças e mais recentemente mostrou um desejo cada vez maior por todo ramo de conhecimento. Desse modo, aprendeu a ler num curto período de tempo e quase sem ajuda. Manifestava tamanha avidez nesse sentido que quase parecia precoce. Suas perguntas perderam o velho caráter estereotipado e compulsivo. Essa mudança sem dúvida era o resultado da liberação de sua fantasia; minhas interpretações cautelosas e ocasionais serviram, até certo ponto, apenas como auxílio nessa questão. No entanto, antes de reproduzir uma conversa que considero importante, preciso me referir a um ponto específico: o estômago tinha um significado peculiar para essa criança. Apesar de toda informação que recebera e de repetidas correções, Fritz se prendia à ideia, expressa em diversas ocasiões, de que as crianças cresciam no estômago da mãe. O estômago também tinha um significado afetivo especial para o menino de outras maneiras. Ele respondia aos outros com a palavra "estômago" em inúmeras ocasiões, de um modo que aparentemente não fazia sentido. Por exemplo, quando outra criança lhe disse: "Vai para o jardim", ele retrucou: "Vai para o seu estômago". Chegou a ser repreendido, porque quando os criados lhe perguntavam onde estava alguma coisa, várias vezes respondia: "No seu estômago". Às vezes, reclamava durante as refeições, ainda que não com frequência, de sentir "frio no estômago" e afirmava ser por causa da água gelada. Também demonstrava grande repulsa por diversos pratos frios. Mais ou menos na mesma época, expressou a curiosidade de ver a mãe nua. Logo depois, observou: "Eu queria ver seu estômago também e o retrato que está dentro do seu estômago". Quando ela perguntou: "Você quer dizer o lugar lá dentro onde você estava?", ele respondeu: "É! Eu queria olhar dentro do seu estômago e ver se tem uma criança lá". Um pouco mais tarde, comentou: "Eu sou muito curioso, queria saber de tudo no mundo". Quando a mãe lhe perguntou o que queria tanto saber, respondeu: "Como é seu pipi e seu buraco de onde sai a caca. Eu queria" (riu) "olhar lá dentro quando você estivesse no banheiro sem saber e ver seu pipi e o buraco de onde sai a caca". Alguns dias depois, sugeriu à mãe que todos podiam "fazer caca" no banheiro ao mesmo tempo e um em cima do outro: a mãe, os irmãos, as irmãs e ele no topo. Comentários isolados já tinham dado indicações de sua teoria, demonstrada claramente na conversa a seguir, de que as crianças são feitas de comida e são idênticas às fezes. Tinha se referido à sua "caca" como crianças levadas que não queriam vir; além disso, ainda a esse respeito, concordou imediatamente com a interpretação de que os pedaços de carvão que em uma de suas fantasias subiam e desciam correndo as escadas eram seus filhos. Uma vez, também falou com sua "caca", dizendo que batia nela porque vinha muito devagar e estava muito dura.

Descreverei agora a conversa. Ele está sentado de manhã cedo na saleta e explica que as cacas já estão no balcão, correram para cima de novo e não querem ir para o jardim (como já tinha chamado diversas vezes o aposento). Eu pergunto: "Estas então são as crianças que crescem no estômago?". Como percebo que isso lhe interessa, continuo: "Porque a caca é feita de comida; as crianças de verdade não são feitas de comida". Ele: "Eu sei disso, elas são feitas de leite... Ah, não, elas são feitas de uma coisa que o papai faz e o ovo que está dentro da mamãe" (agora está prestando muita atenção e me pede para explicar). Quando começo a falar novamente do ovinho, ele me interrompe: "Eu sei disso". Continuo: "O papai faz uma coisa com o pipi dele que realmente parece com leite e que se chama semente; ele faz isso como se estivesse fazendo pipi, mas só que um pouco diferente. O pipi da mamãe é diferente do papai". (Ele me interrompe.) "Eu sei disso!" Eu explico: "O pipi é que nem um buraco. Se o papai bota o pipi dele dentro do pipi da mamãe e faz a semente lá, então a semente corre mais fundo para dentro do corpo dela e, quando encontra um dos ovinhos que estão dentro da mamãe, o ovinho começa a crescer e se transforma numa criança". Fritz ouviu com grande interesse e disse: "Eu queria tanto ver como uma criança é feita lá dentro desse jeito". Explico que isso só vai ser possível quando ele crescer, pois não pode acontecer antes, mas que então ele mesmo vai poder fazer. "Mas então eu queria fazer isso com a mamãe." "Isso não pode, a mamãe não pode ser sua mulher porque ela já é mulher do papai, e aí o papai ia ficar sem mulher." "Mas nós dois podíamos fazer isso com ela." Eu digo: "Não, isso não pode. Cada homem só tem uma mulher. Quando você estiver grande, a mamãe vai estar velha. Aí você vai casar com uma moça bem bonita e ela vai ser sua mulher". Ele então pergunta (quase em lágrimas e com os lábios tremendo): "Mas a gente não vai morar na mesma casa com a mamãe?". E eu: "Claro, e a mamãe sempre vai amar você, mas ela não pode ser sua mulher". Fritz então pediu vários detalhes: como a criança se alimenta no corpo da mãe, de que é feito o cordão umbilical, como ele cai. O menino estava cheio de interesse e não se constatou mais nenhuma resistência. No fim, disse: "Mas uma vez só eu queria ver como a criança entra e sai".

Com relação a essa conversa que solucionou até certo ponto suas teorias sexuais, Fritz demonstrou pela primeira vez um interesse verdadeiro pela parte da explicação que até então rejeitara e que só agora assimilava. Como comentários posteriores ocasionais puderam atestar, ele de fato incorporou essa informação ao corpo de seu conhecimento. A partir desse momento, seu interesse extraordinário pelo estômago[27]

---

[27] Apenas parte do sintoma "frio no estômago" foi afastada, ou seja, apenas o fato de se referir ao estômago. Mais tarde, ainda que raramente, o menino declarava ter "frio na barriga". A resistência a pratos frios também se manteve; a antipatia por vários pratos, surgida nos últimos meses, em geral não foi afetada pela análise: apenas o objeto variava. O intestino da criança costuma

também se reduziu drasticamente. Apesar disso, não pretendo afirmar que o estômago tenha sido despido de todo seu caráter afetivo e que o menino tenha desistido definitivamente dessa teoria. No que diz respeito à persistência parcial de uma teoria sexual infantil, mesmo depois de ela ter sido trazida à consciência, uma vez ouvi de Ferenczi que a teoria sexual infantil é até certo ponto uma abstração derivada de funções carregadas de prazer; enquanto a função continua carregada de prazer, há certa persistência da teoria. Em um artigo apresentado durante o último Congresso,[28] o dr. Abraham demonstrou que a origem da formação das teorias sexuais se encontra na relutância da criança em assimilar informações sobre o papel desempenhado pelo progenitor do sexo oposto. Géza Róheim apontou para o mesmo fator no que diz respeito às teorias sexuais dos povos primitivos. Nesse caso específico, a adesão parcial a essa teoria talvez se devesse também aos fatos de eu ter interpretado apenas parte do material analítico e de parte do erotismo anal inconsciente continuar ativo. De qualquer maneira, só com a solução da teoria sexual foi possível vencer a resistência à assimilação de conhecimentos a respeito de processos sexuais verdadeiros; apesar da persistência parcial[29] da teoria do menino, a aceitação do processo real foi facilitada. De certa forma, Fritz conciliou a realidade com a teoria ainda parcialmente fixada em seu inconsciente, como se pode perceber por meio de um de seus comentários. Ele relatou outra fantasia – mas só depois de nove meses –, na qual o ventre aparecia como uma casa completamente mobiliada; o estômago era particularmente bem equipado e possuía inclusive uma banheira e uma saboneteira. O próprio Fritz disse a respeito dessa fantasia: "Eu sei que não é assim de verdade, mas é assim que imagino".

Depois dessa solução e do reconhecimento do processo verdadeiro, o complexo de Édipo começou a ocupar o primeiro plano. Ofereço como exemplo a fantasia onírica a seguir, que o menino me contou três dias depois da conversa narrada anteriormente e que interpretei

---

funcionar regularmente, mas muitas vezes com lentidão e dificuldade. A análise também não trouxe nenhuma alteração permanente dessa característica, apenas algumas variações ocasionais.
28 Trata-se do VI Congresso Internacional de Psicanálise, em Haia, e o artigo é Karl Abraham, "Manifestations of the Female Castration Complex" [1920], in *Selected Papers on Psycho-Analysis*. London: Hogarth Press, 1927. [N. E.]
29 Uma vez, disse durante o almoço: "Os bolinhos vão escorregar direto pelo caminho até o canal", e, em outra ocasião: "A geleia vai direto para o pipi" (o menino, no entanto, tem uma forte antipatia por geleia).

parcialmente para ele. Fritz partiu da descrição de um sonho: "Tinha um carro grande que parecia um bonde. Ele também tinha assentos e havia um carrinho que corria ao lado do grande. Dava para abrir o teto deles e depois fechar quando chovia. Aí os carros foram em frente, bateram num bonde e atiraram ele para longe. Aí o carro grande subiu em cima do bonde e puxou o pequeno atrás dele. E aí todos eles ficaram juntos, o bonde e os dois carros. O bonde também tinha uma vara de ligação. Sabe o que eu quero dizer? O carro grande tinha uma coisa de ferro prateada muito bonita e o pequeno tinha uma coisa parecida com dois ganchinhos. O pequeno estava entre o bonde e o carro. Aí eles subiram uma montanha muito alta e desceram depressa outra vez. Os carros ficaram lá de noite também. Quando os bondes vieram, atiraram eles para longe e se alguém fizesse assim" (gesto com o braço), "eles voltavam para trás na mesma hora" (eu explico que o carro grande é o papai, o bonde é a mamãe e o carrinho é ele mesmo, e que ele se colocou entre o papai e a mamãe porque queria muito afastar o papai, para ficar sozinho com a mamãe e fazer com ela aquilo que só o papai podia fazer). Após uma breve hesitação, ele concorda, mas logo depois continua: "Aí o carro grande e o pequeno foram embora, foram para casa e olharam pela janela, era uma janela muito grande. Depois vieram dois carros grandes. Um era o vovô, o outro era só o papai. A vovó não estava lá, ela estava" (o menino hesita um pouco e assume um ar muito solene) "... ela estava morta". (Ele olha para mim, mas como permaneço impassível, continua) "E aí eles todos desceram a montanha juntos. Um chofer abriu as portas com o pé; o outro abriu com os pés a coisa que a gente gira" (manivela). "O primeiro chofer ficou doente, era o vovô" (lança mais uma vez um olhar interrogativo para mim, mas, percebendo que me mantenho imperturbável, continua). "O outro chofer disse para ele: 'Sua besta suja, você quer levar uma palmada na orelha? Eu vou derrubar você agora mesmo'." (Pergunto quem era o outro chofer.) Era ele: "Eu. E aí os nossos soldados derrubaram eles todos; eles eram todos soldados – e quebram o carro, batem nele, sujam a cara dele de carvão e também enfiam carvão na boca dele"; (em tom tranquilizador) "ele pensou que fosse um doce, sabe, e foi por isso que ele comeu, mas era carvão. Aí todo mundo era soldado e eu era o oficial. Eu tinha um uniforme bonito e" (fica ereto) "eu ficava assim, e todo mundo me seguia. Tiraram a arma dele; ele só conseguia andar desse jeito" (Fritz se curva). Então continua, com um ar benevolente: "Aí os soldados dão a ele uma medalha e uma baioneta porque tinham tirado a arma dele. Eu era o oficial e a mamãe era a enfermeira" (em seus jogos, a enfermeira é sempre a mulher do oficial) "e o Karl, a Lene e a Anna" (seu irmão e suas irmãs) "eram os meus filhos e a gente tinha uma casa muito bonita também – parecia a casa do rei,[30] do lado de fora. Não estava pronta: não tinha porta e o telhado não estava montado, mas era muito bonita. A gente fez sozinho o que estava faltando" (ele agora aceita minha interpretação sobre o significado da casa inacabada etc., sem nenhuma dificuldade em particular). "O jardim era muito bonito, ficava no teto. Eu sempre pegava uma escada para subir nele. Mesmo assim, conseguia subir muito bem, mas tinha que ajudar o Karl, a Lene e a Anna. A sala de jantar também era muito bonita e cresciam árvores e flores dentro dela. Não é nada, é muito fácil, é só botar um pouco de terra que as coisas crescem. Aí o vovô entrou no jardim sem fazer nenhum barulho, desse jeito" (imita de novo aquele modo peculiar de andar), "ele estava com uma pá na mão e queria enterrar alguma coisa. Aí os soldados atiram nele e" (mais uma vez assume um ar solene) "ele morre". Depois de passar um bom tempo falando de dois reis cegos, a respeito dos quais o próprio menino diz que um é o papai e o outro é o papai da mamãe, ele conta: "O rei tinha sapatos compridos que nem os Estados Unidos, você podia entrar dentro deles e tinha muito espaço. Botavam os bebês de roupa comprida para dormir neles de noite". Depois dessa fantasia, seu prazer em brincar aumentou e se tornou permanente. Agora, o menino brincava sozinho horas a fio, com o mesmo prazer que sentia ao narrar essas fantasias.[31]

Também dizia de forma explícita: "Agora vou brincar daquilo que eu contei para você", ou então: "Eu não vou contar, vou só mostrar brincando". Portanto, como as fantasias inconscientes costumam ser extravasadas em brincadeiras, nesse caso (assim como em outros casos semelhantes) é provável que a inibição da fantasia fosse a causa da inibição do brincar, ambas removidas ao mesmo tempo. Observei que os jogos e as ocupações a que o menino se dedicava antes passaram a ocupar posição secundária. Refiro-me em especial ao interminável jogo de "chofer, cocheiro etc.", que consistia geralmente em atirar bancos, cadeiras ou uma caixa uns contra os outros e sentar-se em cima deles.

---

30 Uma vez, quando a mãe lhe chamou com carinho de "meu bonequinho", ele pediu: "Chama a Lene ou a Anna de bonequinha, é melhor para uma menina; me chama de 'meu reizinho querido'."
31 Numa manhã, na mesma época, ele fez uma pilha com a roupa de cama, disse que era uma "torre", enfiou-se lá dentro e anunciou: "Agora eu sou o limpador de chaminés e deixo as chaminés bem limpas".

Além disso, nunca parou de correr para a janela sempre que ouvia um veículo passar e ficava bem triste quando perdia um. Era capaz de ficar horas de pé na janela ou na porta da frente, só para ver as carruagens passarem. O fato de se dedicar a essas ocupações com tamanha veemência e exclusividade me levaram a considerá-las de natureza compulsiva.[32]

Um pouco antes, na época em que exibia um tédio muito evidente, também abandonara esse substituto da brincadeira. Quando, em uma ocasião em que procuravam alguma ocupação para o menino, sugeriram-lhe que fizesse uma carruagem de uma maneira diferente, pois isso seria muito interessante, ele respondeu: "Nada é interessante". É verdade que quando começou a ter fantasias e, ao mesmo tempo, voltou a brincar – ou melhor, começou a brincar de verdade –, alguns dos jogos que costumava inventar com a ajuda de pequenas figuras de animais, gente, charretes e tijolos consistiam em passeios e mudanças de casa; mas eram apenas parte de sua brincadeira, que se desenrolava das formas mais diversas e apresentava um desenvolvimento da fantasia que ele jamais demonstrara antes. Geralmente, ela acabava numa luta entre índios, assaltantes e camponeses de um lado, e soldados do outro, e estes eram sempre representados por ele próprio e suas tropas. Quando o pai deixou de ser soldado no fim da guerra, comentou-se que foi obrigado a devolver o uniforme e seu equipamento. A criança ficou muito impressionada com isso, principalmente com a ideia de devolver a baioneta e o fuzil. Logo depois, brincou que os camponeses estavam vindo roubar alguma coisa dos soldados. No entanto, os soldados acabavam maltratando-os de maneira atroz e os matavam. No dia seguinte à fantasia dos carros, brincou do seguinte jogo, que explicou para mim: "Os soldados botam um índio na cadeia. Ele admite que foi muito cruel com os soldados. Eles dizem: 'A gente sabe que você foi ainda mais cruel do que isso'. Cospem nele, fazem pipi e caca em cima dele, botam ele dentro da privada e fazem tudo em cima dele. Ele grita e o pipi entra bem na boca dele. Um soldado vai embora e outro pergunta: 'Onde é que você vai?'. 'Vou procurar estrume para jogar em cima dele.' O homem cruel faz pipi numa pá e jogam na cara dele". Quando perguntei o que o índio tinha feito exatamente, o menino respondeu: "Ele foi cruel. Ele não deixou a gente entrar no banheiro e fazer as coisas lá". Então, conta que na privada, além do homem cruel que foi jogado lá

---

32 Seu interesse por veículos, além de portas, serralheiros e fechaduras, ainda é muito forte até hoje: a única diferença é que não há mais a natureza compulsiva e exclusiva. Também nesse caso, a análise não afetou a repressão conveniente, superando apenas a força compulsiva.

dentro, há duas pessoas fazendo obras de arte. Nessa época, costumava se dirigir de forma zombeteira ao papel higiênico com que se limpava depois de evacuar: "Meu caro senhor, por favor, coma tudo". Quando lhe fizeram perguntas a esse respeito, respondeu que o papel era o diabo que devia comer a caca. Em outra ocasião, disse: "Um cavalheiro perdeu a gravata e ficou muito tempo procurando por ela. Finalmente consegue encontrar". Mais uma vez se referiu ao diabo, contando que lhe tinham cortado os pés e o pescoço. O pescoço só poderia andar quando se fizessem novos pés para ele. Agora o diabo só podia ficar deitado: não podia mais andar na rua. Por isso, as pessoas pensaram que ele tivesse morrido. Uma vez, olhou pela janela; alguém o estava segurando: era um soldado, que o empurrou pela janela e o matou. Essa fantasia me pareceu explicar um pavor (estranho para o menino) que surgiu algumas semanas antes. Ele estava olhando pela janela e a empregada o segurou por trás; o menino deu sinais de medo e só se acalmou depois que a moça o soltou. Numa fantasia posterior, o medo surgiu como projeção de seus desejos agressivos inconscientes[33] – num jogo em que um oficial inimigo é morto, maltratado e depois volta à vida. Quando lhe perguntam quem ele é, o oficial responde: "Eu sou o papai, é claro". Então todos se tornam muito amistosos com ele e dizem (neste ponto a voz de Fritz fica bastante suave): "Sim, você é o papai, então por favor venha por aqui". Numa outra fantasia em que, da mesma maneira, o capitão volta à vida depois dos mais variados abusos, incluindo a perda da visão e diversos insultos, o menino conta que foi muito bom com ele e acrescenta: "Eu só revidei o que ele tinha feito comigo, e depois não fiquei mais zangado. Se não tivesse revidado, eu ia ficar zangado". Ele agora gosta muito de brincar de massinha e diz que cozinha na privada[34] (a privada é uma caixa de papelão com uma depressão, que usa em seus jogos). Uma vez, enquanto estava brincando, mostrou-me dois soldados e uma enfermeira, e disse que eram ele mesmo, o irmão e a mamãe. Quando perguntei qual dos dois

---

[33] Principalmente em épocas mais recentes desse período de observação, o menino demonstrou em algumas ocasiões certa repulsa, um alarme diante de sua própria agressividade. Às vezes dizia, no meio de uma brincadeira animada com ladrões e índios, que não queria mais brincar, que estava assustado, ao mesmo tempo que demonstrava grande esforço para ser corajoso. Na mesma época, quando levava uma pancada, costumava dizer: "Não é nada; isso é só um castigo porque eu me comportei mal".

[34] Quando era bem pequeno, gostava de modelar na areia ou na terra, mas não por muito tempo nem de forma persistente.

era ele, respondeu: "O que tem uma coisa que espeta lá embaixo sou eu". Pergunto o que tem lá embaixo que espeta e ele responde: "Um pipi". "E isso espeta?" Ele: "No jogo não, mas na verdade – não, estou errado, na verdade não, mas no jogo sim". Relatou fantasias cada vez mais numerosas e extensas, várias delas sobre o diabo, mas também sobre o capitão, os índios, os ladrões e até mesmo animais selvagens, em relação aos quais, por um lado, se manifestava com clareza seu sadismo, tanto nas fantasias quanto nos jogos que as acompanhavam, assim como, por outro lado, os desejos associados à mãe. Muitas vezes, o menino descreve como arrancou os olhos ou cortou a língua do diabo, do oficial inimigo ou do rei, e diz que possui uma arma que morde como um animal marítimo. Ele fica mais forte e mais poderoso a cada momento, não há como matá-lo, e diz várias vezes que seu canhão é tão grande que chega até o céu.

Não considerei necessário fazer mais nenhuma interpretação nessa época e, portanto, era apenas de forma ocasional e mais no intuito de fornecer uma pista que eu tornava consciente algum ponto específico. Além disso, a partir da tendência geral de suas fantasias e jogos, somada a comentários eventuais, tive a impressão de que parte dos complexos do menino tinham se tornado conscientes, ou pelo menos pré-conscientes, e julguei que isso era o bastante. Assim, uma vez em que estava sentado na saleta, comentou que ia fazer rolinhos. Quando a mãe, participando da brincadeira, disse: "Bom, então faz seus rolinhos depressa", ele observou: "Você fica contente se eu tiver massa o bastante". E acrescentou na hora: "Eu disse massa, e não caca". "Como eu sou inteligente", comentou depois de terminar, "eu fiz uma pessoa tão grande. Se alguém me desse massa, eu podia fazer uma pessoa. Só preciso de alguma coisa pontuda para os olhos e os botões."

Já haviam se passado dois meses desde que eu começara a lhe fornecer interpretações ocasionais. Nesse ponto, minhas observações foram interrompidas por um intervalo de mais de dois meses. Durante essa época, a ansiedade (medo) veio à tona; isso já fora pressagiado pela recusa do menino em prosseguir com os jogos de ladrões e índios de que tanto gostava nos últimos tempos, quando estava brincando com outras crianças. A não ser por um período em que sofreu de pavores noturnos, entre os dois e os três anos, ele nunca fora sujeito ao medo, ou pelo menos nunca se observara nenhum sinal desse fato. A ansiedade que se manifestava agora, portanto, pode ter sido um dos sintomas tornados evidentes pelo progresso da análise. Ela provavelmente também se devia às tentativas de Fritz em reprimir com mais força tudo aquilo que estava se tornando consciente. É provável que a liberação do medo tivesse sido provocada pelos contos de fada de Grimm, dos quais o menino passara a gostar muito ultimamente e aos quais seus pavores estavam com frequência associados.[35] O fato de sua mãe ter ficado indisposta por algumas semanas, vendo-se impedida de dar muita atenção à criança, que era muito apegada a ela, provavelmente facilitou a conversão da libido em ansiedade e pode ter tido alguma relação com esse processo. Na maioria das vezes, o medo se manifestava na hora de dormir, que agora levava mais tempo do que antes, e em ocasionais sobressaltos durante o sono. Também era possível observar um recuo em outras áreas. Ele já não brincava tanto sozinho e não contava tantas histórias; dedicava esforço enorme à tentativa de aprender a ler, a ponto de parecer excessivamente zeloso, pois queria passar horas estudando e estava sempre praticando. Seu comportamento piorou bastante, e Fritz agora já não estava tão alegre.

Quando tive de novo oportunidade de me ocupar com o menino – ainda que apenas ocasionalmente –, obtive dele, apesar de fortes resistências, ao contrário do que acontecia antes, o relato de um sonho que o assustara muito e do qual tinha medo até de dia. Ele estava olhando para um livro com gravuras de cavaleiros. O livro se abriu e dois homens saíram de dentro dele. Fritz, o irmão e as irmãs se agarraram à mãe e queriam fugir. Chegaram à porta de uma casa, onde uma mulher lhes disse: "Vocês não podem se esconder aqui". Mas eles se esconderam lá mesmo assim, para que os homens não os encontrassem. O menino contou esse sonho enfrentando grandes resistências, cuja intensidade aumentou tanto quando comecei a interpretação que, a fim de não as estimular demais, fui obrigada a ser bastante breve e a deixar a interpretação incompleta. Não consegui obter muitas ideias associadas, a não ser pelo fato de os homens estarem segurando pedaços de pau, revólveres e baionetas. Quando expliquei que isso significava o pipi grande do papai que ele desejava ter e que, ao mesmo tempo, lhe dava muito medo, ele retrucou que "as armas eram duras, mas o pipi é mole". Expliquei, porém, que o pipi também fica duro, justamente em conexão com aquilo que ele desejava fazer, e o menino aceitou a interpretação sem muita resistência. Então, contou que às vezes parecia que um homem tinha se grudado no outro e os dois eram um só!

Sem dúvida, o componente homossexual, até então pouco observável, estava se tornando mais evidente, como também é possível

---

35 Antes do início da análise, ele tinha forte aversão aos contos de fada de Grimm, que se tornaram uma de suas grandes preferências quando houve melhora.

constatar por sonhos e fantasias subsequentes. Eis outro sonho que, no entanto, não estava associado a uma sensação de medo. Em todos os lugares, atrás de espelhos, portas etc., havia lobos de línguas compridas penduradas para fora. O menino atirou neles e todos morreram. Não sentia medo, pois era mais forte do que os animais. Fantasias posteriores também envolviam lobos. Uma vez, quando voltou a ficar assustado antes de dormir, disse que tinha medo do buraco na parede por onde a luz entrava (uma abertura na parede para calefação), porque dava a impressão de haver também um buraco no teto e um homem poderia subir por ali até o telhado, com uma escada. Também perguntava se o diabo não se sentava no buraco do aquecedor. Contou que tinha visto isto num livro ilustrado: uma mulher está no quarto dele; de repente, ela vê que o diabo está sentado no buraco do aquecedor, com o rabo de fora. No curso de suas associações, Fritz revelou ter medo de que o homem com a escada pisasse em cima dele, machucasse sua barriga e, finalmente, admitiu temer por seu pipi.

Pouco depois, ouvi a expressão, agora pouco comum, de "frio na barriga". Na conversa que se seguiu sobre o estômago e a barriga, ele relatou essa fantasia: "Existe uma sala no estômago, onde tem mesas e cadeiras. Alguém senta numa cadeira, deita a cabeça na mesa e aí a casa inteira desaba, o teto em cima do chão, a mesa também cai, a casa cai". Quando perguntei: "Quem é essa pessoa e como ela foi parar lá dentro?", respondeu: "Um pauzinho veio no pipi e entrou na barriga e depois no estômago desse jeito". Nesse caso, o menino ofereceu pouca resistência à minha interpretação. Eu lhe disse que tinha se imaginado no lugar da mamãe e queria que o papai fizesse com ele a mesma coisa que fazia com ela. Mas tem medo (como imagina que a mamãe também tenha) de que, se esse pau – o pipi do papai – entrar dentro de seu pipi, ele vá se machucar e tudo dentro da barriga, do estômago, seja destruído também. Em outra ocasião, Fritz falou do medo de um conto de fadas específico dos irmãos Grimm. Era a história de uma bruxa que oferece comida envenenada a um homem, o qual dá a comida ao cavalo, que morre por causa disso. O menino disse ter medo de bruxas, pois era possível que não fosse verdade o que lhe haviam dito sobre as bruxas não existirem. Existem rainhas que são muito bonitas, mas que também são bruxas. Ele queria muito saber como é o veneno, se é sólido ou líquido.[36] Quando perguntei por que

---

36 Esse parece ser o motivo de seu interesse recente pela questão de como a água é fluida e de como as coisas em geral são sólidas ou líquidas. A ansiedade provavelmente já estava agindo nesse interesse.

ele tinha medo de que a mãe fizesse algo tão ruim, que mal teria feito a ela ou o que teria desejado que acontecesse com ela para isso, Fritz admitiu que, quando ficava zangado, tinha vontade de que ela e o papai morressem, e que já havia pensado consigo mesmo: "mamãe feia". Também reconheceu que ficava zangado com ela quando lhe proibia de brincar com seu pipi. Ao longo da conversa, ficou óbvio ainda que ele tinha medo de ser envenenado por um soldado, um soldado desconhecido que o observava, a ele, Fritz, diante da vitrine de uma loja, quando ele botava o pé em cima de um carrinho para pular para dentro. Depois de ouvir minha interpretação de que o soldado era o papai, que iria punir Fritz pela intenção travessa de pular em cima do carrinho – que é a mamãe –, ele perguntou sobre o ato sexual em si, coisa que nunca tinha feito. Como o homem podia botar o pipi lá dentro, se o papai ia querer fazer outra criança, qual era o tamanho que era preciso ter para fazer uma criança, se a titia podia fazer isso com a mamãe etc. Houve mais uma vez um abrandamento da resistência. Para começar, antes de contar alguma coisa, ele agora pergunta se aquilo que acha "horrível" vai ficar bom de novo depois de eu explicar tudo para ele, como aconteceu até agora. Também diz que não tem mais medo das coisas que lhe foram explicadas, mesmo quando pensa nelas.

Infelizmente, o significado do veneno ainda não passou por um esclarecimento maior, pois não foi possível obter outras ideias associadas. Em geral, a interpretação através de associações só foi bem-sucedida em algumas ocasiões. Na maioria das vezes, ideias, sonhos e histórias subsequentes explicavam e complementavam o que fora mencionado antes. É por isso, também, que minhas interpretações estão bastante incompletas em alguns pontos.

Nesse caso, eu tinha grande quantidade de material que em sua maior parte permaneceu sem interpretação. Além da teoria sexual dominante, era possível perceber no menino várias outras tendências de pensamento e teorias sobre o nascimento. Apesar de aparentemente todas manterem um paralelismo, de vez em quando uma ou outra ocupava posição mais proeminente. A bruxa citada na última fantasia apenas introduz uma figura (bastante recorrente naquela época) que o menino criou, na minha opinião, a partir de uma divisão da imago da mãe. Também percebo isso na atitude às vezes ambivalente de Fritz em relação ao sexo feminino, que se tornou evidente há pouco tempo. Na verdade, sua atitude no que diz respeito tanto aos homens quanto às mulheres costuma ser muito boa, mas de vez em quando observo que encara as meninas e também as mulheres adultas com uma antipatia irracional. Essa segunda imago feminina, que ele excindiu da mãe amada a fim de mantê-la inalterada, é a mulher com o pênis, através da qual, também para esse menino, aparentemente, o caminho se abre para uma homossexualidade já assinalada de forma clara. O símbolo da mulher com o pênis nesse caso também é a vaca, animal de que Fritz não gosta, apesar de gostar bastante do cavalo.[37] Para dar apenas um exemplo, Fritz tem nojo da espuma na boca da vaca e afirma que ela quer cuspir aquilo nas pessoas, mas que o cavalo quer beijá-lo. O fato de a vaca representar para ele a mulher com pênis ficou claro não só por meio de suas fantasias, mas também de vários comentários. Ao urinar, já identificou várias vezes o pênis com a vaca. Por exemplo: "A vaca está deixando escorrer leite no balde". Ou então, ao abrir as calças: "A vaca está olhando pela janela". Provavelmente, o veneno que a bruxa lhe dá pode igualmente ser determinado pela teoria da fecundação através da comida, que o menino também já desenvolveu. Alguns meses antes, não havia praticamente nenhum sinal dessa atitude ambivalente. Quando ouviu alguém comentar que certa senhora era nojenta, perguntou, muito espantado: "Uma senhora pode ser nojenta?".

Fritz contou outro sonho associado a sensações de ansiedade, mais uma vez com fortes sinais de resistência. Explicou que era impossível narrá-lo por ser comprido demais: seria preciso um dia inteiro para contá-lo. Respondi que era melhor contar então apenas uma parte. "Mas era justamente o tamanho que era horrível", foi a resposta dele. No entanto, logo percebeu que esse "tamanho horrível" era o pipi do gigante em torno do qual girava o sonho. Ele reaparecia sob várias formas, como um avião que as pessoas levavam para um prédio onde não havia porta alguma, tampouco chão em volta, mas cujas janelas estavam cheias de gente. O próprio gigante estava cheio de pessoas penduradas, que tentavam agarrá-lo. Era uma fantasia sobre o corpo da mãe e do pai, além do desejo pelo pai. Contudo, também atua no sonho sua teoria sobre o nascimento, a ideia de que pode conceber e dar à luz o pai (e outras vezes a mãe) pela via anal. No final desse sonho, ele consegue voar sozinho e, com a ajuda de pessoas que saíram de um trem, prende o gigante no comboio em movimento e sai voando com a chave. Fritz interpretou boa parte desse sonho por si só, com minha ajuda. Costumava se interessar muito pela interpretação e perguntava

---

37 A partir do material obtido até agora, não tenho muita certeza a respeito do significado do cavalo; ele às vezes parece representar um símbolo masculino, outras, feminino.

se era "lá no fundo" que pensava todas as coisas que não sabia sobre si mesmo, se todos os adultos podiam explicá-las etc.

Quanto a outro sonho, comentou que tinha sido desagradável, mas só conseguia se lembrar disto: havia um oficial com um casaco de colarinho muito grande e ele mesmo vestia um colarinho parecido. Os dois saíam juntos de algum lugar. Estava escuro e ele caiu. Depois de ouvir a interpretação de que o sonho mais uma vez estava relacionado ao pai e que queria um pipi parecido com o dele, o menino de repente percebeu o que era a coisa desagradável. O oficial o tinha ameaçado, segurado, não o deixava se levantar etc. Das associações livres que ofereceu, de boa vontade dessa vez, gostaria apenas de chamar a atenção para um detalhe que lhe ocorreu a respeito do lugar de onde saíra com o oficial. Lembrou-se do pátio de uma loja de que tinha gostado, pois lá havia pequenos vagões cheios de carga que entravam e saíam em cima de trilhos estreitos – mais uma vez, o desejo de fazer ao mesmo tempo com a mamãe e com o papai aquilo que ele faz com ela. Fritz não consegue e projeta no pai sua própria agressividade contra ele. Creio que aqui também agem poderosas determinantes erótico-anais e homossexuais (que sem dúvida também estão presentes nas inúmeras fantasias com o diabo, nas quais este vive em cavidades ou numa casa peculiar).

Depois desse período de cerca de seis semanas em que a observação foi retomada com a análise (que se concentrou principalmente nos sonhos de ansiedade), a ansiedade desapareceu por completo. O sono e a hora de dormir voltaram a ser impecáveis. A brincadeira e a sociabilidade não deixavam nada a desejar. Ao lado da ansiedade, surgira uma leve fobia das crianças da rua. A origem estava no fato de os meninos da rua o terem ameaçado e perturbado diversas vezes. Ele mostrava ter medo de atravessar a rua sozinho e não havia como convencê-lo a fazer isso. Devido à interrupção causada por uma viagem recente, não pude analisar essa fobia. Fora isso, porém, o menino causava uma excelente impressão; quando tive oportunidade de vê-lo de novo alguns meses mais tarde, essa impressão ficou ainda mais forte. Enquanto isso, tinha perdido sua fobia da seguinte maneira, como ele mesmo me informou: logo após minha partida, correu para o outro lado da rua com os olhos fechados; depois, atravessou correndo com a cabeça virada para o lado e, por fim, atravessou com toda a calma. No entanto, demonstrava forte relutância em continuar a análise, além de sentir aversão a contar histórias e ouvir contos de fada (provavelmente como consequência dessa tentativa de se curar sozinho – ele me garantiu com orgulho que agora não tinha medo de nada!); esse foi o único ponto, porém, em que ocorreu uma mudança desfavorável. A cura permanente da fobia (que pude constatar seis meses mais tarde) teria sido apenas o resultado de sua tentativa de se curar sozinho? Ou talvez, ao menos em parte, um efeito posterior do tratamento após a interrupção, como se observa muitas vezes com o desaparecimento de um ou outro sintoma depois de uma análise?

Além disso, prefiro não usar a expressão "tratamento completo" nesse caso. Essas observações, aliadas a interpretações puramente ocasionais, não podem ser descritas como tratamento; prefiro descrever tal processo como um caso de "educação com feições analíticas". Pelo mesmo motivo, não gostaria de afirmar que ele terminou no ponto em que encerro esta descrição. A presença de uma resistência tão ativa à análise e a relutância de ouvir contos de fada me parecem o bastante para prever que sua educação provavelmente oferecerá outras ocasiões para a tomada de medidas psicanalíticas de vez em quando.

Isso me leva à conclusão que pretendo extrair desse caso. Sou da opinião de que nenhum tipo de educação prescinde de algum auxílio analítico, pois a análise oferece uma assistência valiosa, cujos efeitos, do ponto de vista profilático, são ainda incalculáveis. Ainda que só possa basear essa afirmação num único caso em que a análise foi muito útil como ajuda para a educação, estou fundamentada por várias observações e experiências que pude realizar com crianças criadas sem o apoio da análise. Citarei apenas dois casos de desenvolvimento infantil[38] que são bem conhecidos por mim e que me parecem bastante adequados como exemplos, pois não levaram à neurose tampouco a nenhum tipo de desenvolvimento anormal. Podem, assim, ser considerados normais. As crianças em questão têm excelente disposição e foram criadas com muito carinho e bom senso. Por exemplo, um dos princípios da educação delas é que todas as perguntas fossem permitidas e respondidas de boa vontade; em outros aspectos, também lhes era permitida maior naturalidade e liberdade de opinião do que de costume. No entanto, eram guiadas com firmeza, ainda que com afeição. Apenas uma das crianças recorreu (ainda assim, de forma extremamente limitada) à total liberdade de fazer perguntas e obter informações a fim de conseguir um esclarecimento sexual. Muito mais tarde – quando já era quase adulto –, o menino declarou que a resposta correta para suas investigações sobre o nascimento lhe parecia

---

38 As crianças são um irmão e uma irmã e pertencem a uma família que conheço bem, de modo que tenho informações detalhadas sobre o desenvolvimento delas.

completamente inadequada e que esse problema continuou a ocupar sua mente de modo considerável. A informação provavelmente não tinha sido completa, apesar de corresponder à pergunta realizada, que não incluía o papel desempenhado pelo pai. Contudo, é impressionante que o menino, apesar de preocupado intimamente com esse problema, nunca tenha feito, por motivos dos quais nem ele próprio tem consciência, nenhuma pergunta relativa a essa questão, mesmo sabendo que estariam dispostos a lhe dar uma resposta. No quarto ano, esse menino desenvolveu uma fobia de ter contatos íntimos com outras pessoas – sobretudo adultos –, além de uma fobia de besouros. Essas fobias duraram alguns anos e foram vencidas com a ajuda da afeição e do costume, até quase desaparecerem por completo. O nojo de criaturas reduzidas, porém, nunca deixou de existir. Além disso, mais tarde o menino nunca demonstrou nenhum desejo de convívio social, apesar de isso já não lhe despertar aversão direta. Quanto ao resto, ele teve bom desenvolvimento psíquico, físico e intelectual e tem saúde normal. Entretanto, uma grande dificuldade de se relacionar com as pessoas, uma forte reserva e um profundo retraimento, além de outras características associadas, permaneceram, creio, como traços das fobias superadas em outros aspectos, tornando-se elementos permanentes da formação de seu caráter. O segundo exemplo é o de uma menina que, nos primeiros anos de vida, de fato parecia extraordinariamente bem-dotada e ansiosa para aprender. A partir dos cinco anos, porém, o impulso investigativo da criança se enfraqueceu muito[39] e ela gradualmente foi se tornando superficial. Não tinha mais nenhum prazer em aprender, e também nenhum interesse profundo, apesar de obviamente apresentar boas capacidades intelectuais. Até o presente momento (ela agora está com quinze anos), essa menina exibiu apenas um intelecto mediano. Ainda que os princípios educacionais até hoje eficientes e aprovados por todos tenham colaborado muito para o desenvolvimento cultural da humanidade, a educação do indivíduo permanece, como os melhores pedagogos sempre souberam, um problema quase sem solução. Qualquer um que tenha oportunidade de observar o desenvolvimento das crianças, e de dar uma atenção mais cuidadosa ao caráter dos adultos, sabe que muitas vezes, de repente, as crianças mais bem-dotadas fracassam, sem nenhuma causa aparente e das maneiras mais variadas. Algumas que sempre foram bem-comportadas e responsáveis tornam-se tímidas, intratáveis ou até mesmo revoltadas e agressivas. Crianças alegres e

---

[39] Essa criança nunca pediu nenhum esclarecimento sexual.

amigáveis tornam-se antissociais e introvertidas. Outras, cujos dotes intelectuais prometiam desabrochar de forma resplandecente, têm esse recurso cortado pela raiz. Crianças brilhantes às vezes fracassam numa tarefa pequena e logo perdem a coragem e a autoconfiança. Em diversas ocasiões, é claro, pode acontecer que essas dificuldades no desenvolvimento acabem sendo superadas. Mas dificuldades menores, que muitas vezes são afastadas pela afeição dos pais, frequentemente reaparecem anos mais tarde como obstáculos insuperáveis que podem provocar um colapso, ou no mínimo bastante sofrimento. Os danos e as inibições que afetam o desenvolvimento são inumeráveis, sem falar nos indivíduos que mais tarde tornam-se vítimas de neurose.

Ainda que reconheçamos a necessidade de introduzir a psicanálise na educação da criança, isso não significa deixar de lado princípios educativos que até agora se mostraram eficientes e são aprovados de forma geral. A psicanálise agiria apenas como um auxílio para a educação – como um complemento –, deixando intocados os fundamentos que até hoje são considerados corretos.[40] Os bons pedagogos sempre procuraram – inconscientemente – fazer o que era certo e tentaram, através do amor e da compreensão, entrar em contato com os impulsos mais profundos da criança, os quais às vezes pareciam incompreensíveis ou até mesmo reprováveis. Se fracassaram, ou tiveram apenas sucesso parcial nessa tentativa, os culpados não são os pedagogos, mas os meios que empregaram. No belo livro de Lily Braun, *Memoiren einer Soziallistin* [Memórias de uma socialista], vemos como, na tentativa de conquistar a afeição e a confiança de seus enteados (meninos com cerca de dez e doze anos, creio), ela tentou dar-lhes esclarecimentos sobre questões sexuais partindo de sua própria gravidez. Braun fica triste e

---

[40] Na minha experiência, descobri que externamente muito pouco muda na educação. Já se passaram cerca de dezoito meses desde que encerrei as observações que acabei de relatar. O pequeno Fritz vai à escola, adaptou-se muito bem às exigências do estudo e é considerado tanto lá como em outros lugares uma criança bem-educada, desenvolta e que se comporta de forma adequada. A diferença essencial, difícil de ser percebida pelo observador não iniciado, está na atitude completamente diferente que regula a relação entre professor e aluno. Assim, ao mesmo tempo que se desenvolve uma relação franca e amistosa, exigências pedagógicas que só seriam impostas com o exercício da autoridade e com grande dificuldade são agora cumpridas com facilidade, pois as resistências inconscientes da criança contra elas foram vencidas pela análise. Assim, o resultado da educação auxiliada pela análise é que a criança cumpre as exigências educativas habituais, mas a partir de pressupostos completamente diferentes.

se sente desamparada quando depara com uma franca resistência, o que a força a desistir desse projeto. Quantos pais, cujo maior empenho é preservar o amor e a confiança dos filhos, de repente se veem diante de uma situação em que – sem entender como – são obrigados a reconhecer que de fato nunca possuíram nem um nem outro?

Voltemos ao exemplo que descrevi aqui em detalhes. Por que a psicanálise foi introduzida na educação dessa criança? O menino estava sofrendo de inibição para brincar, acompanhada por inibição de ouvir ou contar histórias. Ele também estava cada vez mais taciturno, hipercrítico, distraído e antissocial. Embora a condição mental da criança não pudesse ser descrita como "doença", era possível traçar algumas suposições sobre seu desenvolvimento possível, a partir de certas analogias. Essas inibições relacionadas à brincadeira, a contar e ouvir histórias e também a postura hipercrítica diante de coisas sem importância e a atitude distraída poderiam, num estágio posterior, ter se tornado traços neuróticos. Da mesma maneira, a postura taciturna e antissocial poderia ter se tornado um traço do caráter dele. É preciso acrescentar aqui a seguinte observação, que é de grande importância: as peculiaridades indicadas aqui já estavam presentes até certo ponto (ainda que não de forma tão explícita), mesmo quando a criança ainda era bem pequena; só à medida que elas foram se desenvolvendo e se somando a outras é que causaram uma impressão mais marcante, o que me fez considerar aconselhável a interferência da psicanálise. No entanto, já antes disso, e mesmo mais tarde, o menino tinha uma expressão pensativa que, quando ele começou a falar mais fluentemente, não tinha nenhuma relação com os comentários que fazia – comentários normais, de modo algum extraordinariamente inteligentes. Sua alegre tagarelice e sua óbvia necessidade de companhia, não só de crianças, mas também de adultos, com quem conversa com prazer e desenvoltura, agora formam um contraste marcante com seu caráter anterior.

Pude ainda aprender outra coisa com esse caso: as vantagens, ou mesmo a necessidade, de introduzir a análise bem cedo na educação, a fim de preparar uma relação com o inconsciente da criança assim que for possível entrar em contato com seu consciente. Assim, é provável que se possam remover facilmente as inibições ou os traços neuróticos logo que começam a se desenvolver. Sem dúvida, uma criança normal de três anos, e provavelmente crianças ainda mais novas, que muitas vezes demonstram interesses tão vívidos, já tem capacidade intelectual para compreender as explicações que lhe são dadas, tão bem quanto compreende qualquer outra coisa. Talvez sua capacidade seja ainda maior do que a de crianças mais velhas, que já enfrentam empecilhos afetivos em relação a essas questões devido a uma resistência instalada com muito mais firmeza. A criança mais nova, por sua vez, está mais próxima das coisas naturais, desde que as influências prejudiciais da educação que recebeu não tenham ido longe demais. Essa seria, portanto, a verdadeira educação com o auxílio da psicanálise, muito mais do que no caso desse menino, que já tinha cinco anos.

Por mais que se tenha esperança numa educação geral desse tipo para o indivíduo e a sociedade, não se deve, contudo, temer um efeito extenso demais. Sempre que nos confrontarmos com o inconsciente da criança pequena, é certo que também nos confrontaremos com todos os seus complexos já formados. Até que ponto esses complexos são filogenéticos e inatos, ou são adquiridos ontogeneticamente? Segundo August Stärcke, o complexo de castração tem raiz ontogenética no bebê, no desaparecimento periódico do seio materno, que a criança acredita pertencer a si. A rejeição das fezes é encarada como outra fonte do complexo de castração. No caso desse menino, em que ameaças nunca foram empregadas e nunca se coibiu o prazer da masturbação, havia ainda assim um forte complexo de castração, que sem dúvida se desenvolveu em parte como resultado do complexo de Édipo. De qualquer maneira, nesse complexo e, de fato, na formação de complexos em geral, as raízes são profundas demais para que possamos chegar até elas. No caso descrito anteriormente, creio que os alicerces das inibições e dos traços neuróticos do menino se encontram numa época em que ele nem tinha começado a falar. Não há dúvida de que teria sido possível vencê-los mais cedo e com menos dificuldades, apesar de não haver como anular completamente a atividade dos complexos dos quais se originaram. Não há, sem dúvida, o menor motivo para temer um efeito extenso demais de uma análise precoce, um efeito que pudesse ameaçar o desenvolvimento cultural do indivíduo e, com isso, as riquezas culturais da humanidade. Por mais que avancemos, sempre haverá uma barreira na qual deveremos interromper nosso caminho. Muito do que é inconsciente e se encontra emaranhado em complexos permanecerá ativo no desenvolvimento da arte e da cultura. O que a análise precoce pode fazer é fornecer uma proteção contra choques severos e vencer as inibições. Isso contribuirá não só para a saúde do indivíduo, mas também da cultura como um todo, pois a superação das inibições abrirá novas possibilidades de desenvolvimento. No menino que observei, é impressionante como seu interesse geral foi estimulado depois que parte de suas perguntas inconscientes foram respondidas, e como seu impulso investigador esmoreceu novamente quando surgiram novas perguntas inconscientes que atraíram todo o seu interesse.

Entrando em mais detalhes, é óbvio que a força dos desejos e impulsos pulsionais só pode diminuir ao se tornar consciente. No entanto, com base em minhas observações, posso garantir que, assim como no adulto, na criança pequena isso ocorre sem o menor perigo. É verdade que, com o início das explicações e principalmente com a intervenção da análise, o menino manifestou clara transformação de caráter, acompanhada por traços "inconvenientes". Fritz, até então dócil e apenas algumas vezes agressivo, tornou-se agressivo e briguento, não só nas fantasias, mas também na realidade. Essa tendência foi acompanhada pelo declínio da autoridade dos adultos, o que de modo algum equivale a uma incapacidade de respeitar os outros. Um ceticismo saudável, que prefere ver e entender aquilo em que pedem que acredite, acabou se combinando com a capacidade de reconhecer as qualidades e a habilidade dos outros, principalmente do pai, que tanto amava e admirava, e do irmão, Karl. Em relação ao sexo feminino, porém, outros fatores fazem com que sinta certa superioridade e guarde uma postura protetora. Fritz demonstra o declínio da autoridade basicamente por meio de sua atitude amistosa e camarada, que mantém mesmo em relação aos pais. Ele dá muito valor ao fato de poder ter sua própria opinião e desejos, mas ao mesmo tempo tem dificuldades em ser obediente. No entanto, é capaz de aprender coisas melhores com bastante facilidade e costuma ser obediente o bastante para agradar à mãe que tanto adora, apesar de achar isso muito difícil às vezes. De modo geral, sua educação não apresenta nenhuma dificuldade em particular, apesar dos traços "inconvenientes" que vieram à tona.

Sua desenvolvida capacidade de ser bom não diminuiu; na verdade, foi estimulada. O menino dá com facilidade e de boa vontade, e faz sacrifícios pelas pessoas que ama; tem muita consideração e tem sua parcela completa de "bondade". Aqui, podemos constatar novamente aquilo que já aprendemos com a análise de adultos, ou seja: a análise não afeta essas formações bem-sucedidas de nenhuma forma prejudicial; ao contrário, ela as intensifica. Daí creio ser possível argumentar que a análise precoce também não vai prejudicar as repressões, formações reativas e sublimações bem-sucedidas; na verdade, fará o oposto, abrindo a possibilidade de novas sublimações.[41]

É preciso ainda mencionar outra dificuldade que envolve análise precoce. Devido ao fato de os desejos incestuosos de Fritz terem sido

---

41 Nesse caso, apenas seu caráter exagerado e compulsivo foi superado.

trazidos à consciência, seu apego apaixonado à mãe se manifesta de forma marcante no dia a dia. Contudo, não houve nenhuma tentativa de romper os limites estabelecidos que fugisse ao comportamento normal de um menininho afetuoso. Sua relação com o pai é excelente, apesar de os desejos agressivos terem se tornado conscientes (ou talvez até mesmo por causa disso). Nesse aspecto, é mais fácil controlar uma emoção que está se tornando consciente, ao contrário de uma emoção que permanece inconsciente. No entanto, ao mesmo tempo que reconhece os desejos incestuosos, Fritz já está fazendo tentativas de se libertar dessa paixão e de realizar sua transferência para objetos mais adequados. Creio que se pode chegar a essa conclusão com base em uma das conversas citadas, em que ele verificou cheio de dor que ao menos poderia morar com a mãe. Outros comentários repetidos com frequência também indicam que o processo de libertar-se da mãe já teve início, ou que pelo menos se fará uma tentativa nesse sentido.[42]

É de esperar, portanto, que ele consiga se libertar da mãe pelo caminho apropriado, isto é, escolhendo um objeto que se assemelhe à imago da mãe.

Também parece não ter havido algumas das dificuldades que poderiam surgir da análise precoce, quando a criança que passa por esse processo é submetida a um ambiente onde existe outra maneira de pensar. A criança é tão sensível à menor objeção que sabe muito bem quando pode contar com a compreensão dos outros e quando isso não é possível. Nesse caso, depois de algumas tentativas fracassadas, o menino desistiu por completo de falar desses assuntos com outra pessoa além de mim e da mãe. Ao mesmo tempo, continuou a confiar nos outros no que dizia respeito a outras questões.

Outro fator que poderia causar certas inconveniências também acaba sendo fácil de manejar. A criança tem um impulso natural em utilizar a análise como meio de obter prazer. À noite, quando deveria ir para a cama, ela afirma que acabou de ter uma ideia que precisa ser discutida imediatamente. Ou então tenta chamar a atenção o dia inteiro com o mesmo argumento e vem falar de suas fantasias nos

---

42 Não no período descrito nestas anotações, mas quase um ano mais tarde, ele mais uma vez exprimiu tristeza por não poder se casar com a mãe, depois de mais uma declaração de afeição por ela. "Você vai se casar com uma moça muito bonita, que você vai amar quando for grande", ela respondeu. "É", ele disse, já quase consolado, "mas ela tem que ser igualzinha a você, com a mesma cara, o mesmo cabelo e tem que se chamar sra. Walter W., que nem você!" (Walter não só é o nome do pai, mas também o segundo nome da criança.)

momentos mais inconvenientes; em suma, tenta de várias maneiras transformar a análise na ocupação de sua vida. Um conselho que recebi do dr. Freund permitiu que eu assumisse uma postura excelente nessa questão. Estabeleci um horário específico para a análise (mesmo que às vezes fosse necessário trocá-lo) e, apesar de me encontrar muito com a criança por conta de nossa convivência diária, esse esquema foi mantido com rigor. O menino se adaptou perfeitamente a esse arranjo, depois de algumas tentativas malsucedidas. Da mesma maneira, desencorajei com firmeza sua tentativa de dar vazão, de alguma outra forma, à agressividade contra os pais e contra mim, a qual viera à tona na análise, e também exigi que tivesse o mesmo padrão de conduta de antes; ele rapidamente aceitou todas essas exigências. Apesar de estarmos lidando aqui com uma criança de mais de cinco anos e, portanto, mais sensata, tenho certeza de que também é possível encontrar maneiras de contornar esses problemas com crianças mais novas. Para começar, com uma criança mais nova, não se trata tanto de conversas detalhadas, mas sim de interpretações casuais durante a brincadeira ou em outras oportunidades, que provavelmente serão aceitas com mais facilidade do que pela criança mais velha. Além disso, sempre foi dever da educação tradicional ensinar à criança a diferença entre fantasia e realidade, entre verdade e mentira. A diferença entre desejar e fazer (e mais tarde também exprimir desejos) pode ser facilmente relacionada a essas distinções. As crianças em geral são tão educáveis e tão ricas culturalmente que sem dúvida são capazes de aprender com facilidade que podem pensar e desejar qualquer coisa, mas que nem tudo poderá ser realizado.

Acredito, portanto, que não há necessidade de sentir ansiedade em relação a essas coisas. Não existe nenhum tipo de educação que não traga dificuldades e sem dúvida as que agem de fora para dentro são um fardo bem menor para a criança do que as que agem inconscientemente de dentro. Quando se está convencido interiormente da validade desse método, todas as dificuldades externas são vencidas com um pouco de experiência. Também creio que uma criança psiquicamente mais saudável, como resultado da análise precoce, é capaz de enfrentar com maior facilidade algum problema inevitável sem sofrer nenhum dano.

Devemos, então, perguntar-nos se toda criança necessita desse tipo de ajuda. Sem dúvida há diversas pessoas perfeitamente saudáveis e bem desenvolvidas, assim como várias crianças que não apresentam traços neuróticos ou que conseguiram superá-los sem sofrer dano algum. De qualquer maneira, pode-se dizer, partindo da experiência analítica, que adultos e crianças a que isso se aplica são relativamente raros. Em "Análise de uma fobia em um garoto de cinco anos", Freud declara explicitamente que o Pequeno Hans não sofreu nenhum dano ao tomar conhecimento de seu complexo de Édipo e que, na verdade, esse conhecimento só lhe trouxe benefícios. Na opinião de Freud, a única diferença entre a fobia do Pequeno Hans e as fobias extraordinariamente frequentes de outras crianças foi o fato de ela ter sido percebida. Ele mostra que isso talvez dê ao menino "em relação a outras crianças, a vantagem de não mais trazer em si aquele germe de complexos reprimidos que sempre significa algo para a vida futura, que certamente traz deformação de caráter em alguma medida, se não a predisposição para uma futura neurose".[43] Além disso, Freud afirma que

> não se pode traçar uma nítida fronteira entre adultos e crianças "neuróticos" e "normais"; que "doença" é um conceito-soma de natureza apenas prática; que predisposição e vivência têm de juntar-se para permitir que se ultrapasse o limiar desta soma; que, em consequência disso, muitos indivíduos passam continuamente da classe dos sãos para a dos doentes nervosos [...].[44]

Como se pode ver em *História de uma neurose infantil*:

> Ouvirei a objeção de que poucas crianças escapam a perturbações como uma falta de apetite passageira ou uma fobia de animal. Mas esse argumento me é bem-vindo. Estou pronto para afirmar que toda neurose de um adulto se constrói sobre sua neurose infantil, mas esta nem sempre é intensa o bastante para se fazer notar e ser reconhecida como tal.[45]

Assim, seria aconselhável dar atenção aos traços neuróticos nascentes da criança; no entanto, se nossa intenção for detectar e remover esses traços, então se torna necessária a intervenção da observação analítica, e ocasionalmente da própria análise, o mais cedo possível. Creio que se pode estabelecer uma espécie de norma nessa questão. Se, na

---
43 S. Freud, *Análise da fobia de um garoto de cinco anos ("O Pequeno Hans")*, op. cit., pp. 278-79.
44 Ibid., p. 281.
45 Id., *História de uma neurose infantil ("O Homem dos Lobos")* [1914/1918], in *Obras completas*, v. 14, trad. Paulo César de Souza. São Paulo: Companhia das Letras, 2010, p. 132.

época em que o interesse da criança em si mesma e em seu ambiente vem à tona e é expresso, ela demonstra curiosidade sexual e procura satisfazê-la de forma gradual; se não exibe nenhuma inibição nesse processo e assimila totalmente os esclarecimentos que recebe; se, além disso, vive parte desses impulsos pulsionais (em especial o complexo de Édipo) mediante jogos e fantasias, sem nenhuma inibição; se, por exemplo, ouve com prazer os contos de fada de Grimm sem manifestações posteriores de ansiedade e apresenta de modo geral bom equilíbrio mental, então nessas circunstâncias provavelmente seria possível dispensar a análise precoce – embora mesmo nesses casos não muito frequentes ela pudesse ser empregada de forma benéfica, pois seriam vencidas as inibições de que sofrem até mesmo as pessoas mais bem desenvolvidas.

Mencionei a capacidade de ouvir as histórias de Grimm sem manifestações de ansiedade como indicação da saúde mental da criança porque, entre todas as crianças que conheço, são raras as que conseguem fazer isso. Provavelmente para evitar essa descarga de ansiedade, surgiram várias versões modificadas desses contos de fada e a educação moderna prefere histórias menos assustadoras, que não toquem tanto – de forma prazerosa ou dolorosa – em complexos reprimidos. Sou da opinião, porém, de que com o auxílio da análise não é necessário evitar essas histórias, que podem ser empregadas diretamente como padrão e recurso. O medo latente da criança, que depende da repressão, é mais fácil de ser explicitado com ajuda desses contos e pode ser tratado de forma mais cuidadosa por meio da análise.

Como é possível desenvolver na prática uma educação baseada em princípios psicanalíticos? A condição estabelecida com tanta firmeza pela experiência analítica de que pais, babás e professores também sejam analisados provavelmente continuará a ser um desejo utópico por muito tempo. Mesmo que esse desejo fosse concretizado, apesar de termos alguma garantia de que as medidas úteis mencionadas no início deste trabalho seriam aplicadas, isso ainda não viabilizaria a análise precoce. Gostaria de fazer uma sugestão que é apenas um fruto da necessidade, mas que poderia ser eficaz até que novos tempos tragam outras possibilidades. Refiro-me à criação de colégios infantis dirigidos por mulheres analistas. Não há dúvida de que uma mulher analista que trabalhe com um grupo de babás instruídas por ela pode observar todo um grupo de crianças, detectando os casos em que a análise é necessária e iniciando-a logo em seguida. Pode-se, é claro, objetar entre outras coisas que dessa maneira a criança seria psiquicamente afastada da mãe muito cedo. Creio, porém, que a criança teria tanto a ganhar nesse caso que a mãe acabaria conquistando de volta, em outras direções, aquilo que talvez perdesse nessa.

NOTA ADICIONADA EM 1947
As conclusões educacionais contidas neste trabalho estão relacionadas necessariamente ao meu conhecimento psicanalítico na época. Já que não há nenhuma sugestão a respeito da educação nos ensaios a seguir, o desenvolvimento de minhas opiniões acerca desse assunto não pode ser percebido neste volume – como, creio, acontece com o desenvolvimento de minhas conclusões psicanalíticas. Assim, talvez seja melhor mencionar que, se neste momento eu fosse dar alguma sugestão a respeito de educação, eu ampliaria e modificaria de modo considerável as opiniões expostas neste trabalho.

1922
Inibições e dificuldades na puberdade

> Melanie Klein ignorou este artigo após sua publicação; não o traduziu para o inglês a fim de incluí-lo no livro que reunia seus ensaios. Os motivos para isso são desconhecidos, mas este texto não apresenta nenhuma das características próprias de seu pensamento nem o denso raciocínio típico de suas outras obras do período.

É um fato de conhecimento geral que no início da puberdade as crianças frequentemente apresentam dificuldades psicológicas e extraordinárias mudanças de personalidade. Gostaria de oferecer aqui algumas ideias acerca dos problemas enfrentados pelos meninos; o desenvolvimento das meninas exigiria um estudo à parte.

Pode-se acreditar que é possível explicar essas dificuldades pela ausência do equipamento psíquico necessário para que o menino lide com a maturação sexual e as enormes transformações físicas que a acompanham. Bombardeado por sua sexualidade, ele se sente à mercê de desejos que não consegue nem pode satisfazer. É óbvio, portanto, que se vê obrigado a suportar um grande fardo psicológico. Mas não basta afirmar isso para entender satisfatoriamente os problemas profundos e variados com que deparamos com tanta frequência nessa idade.

Alguns meninos que costumavam ser de natureza alegre e confiante de repente – ou gradualmente – tornam-se reservados e desafiadores, revoltam-se contra a família e a escola, e não se deixam influenciar nem pela gentileza nem pela severidade. Alguns perdem a ambição e o prazer de aprender, e causam grandes preocupações devido ao fracasso na escola; outros são tomados por um excesso de zelo doentio. Professores experientes sabem que por trás desses dois tipos de comportamento existe uma autoestima abalada ou danificada. A puberdade traz à tona inúmeros conflitos das mais diversas intensidades, muitos dos quais já estavam presentes numa forma mais branda, mas passavam desapercebidos; agora, podem surgir manifestações mais extremadas, como o suicídio ou um ato criminoso. Se, como muitas vezes acontece, os pais e os professores não estão à altura dos desafios que os aguardam durante esse período, o resultado serão danos ainda maiores. Muitos pais estimulam os filhos quando na verdade o que eles precisam é de contenção, ou deixam de dar-lhes encorajamento quando eles precisam de confiança. Não raro, os professores, ávidos por obter bons resultados nos exames, não investigam as causas do fracasso e não demonstram a menor compreensão e compaixão pelo sofrimento decorrente do fracasso. Sem dúvida, a presença de adultos compreensivos pode ajudar muito a facilitar as coisas para a criança, mas é um erro superestimar o efeito de fatores ambientais na resolução dessas dificuldades. Os esforços mais dedicados de pais carinhosos e compreensivos podem não ser de nenhuma valia ou fracassar devido à ignorância do menino em relação àquilo que o atormenta. Professores maduros e perspicazes também podem se sentir desorientados diante da própria incapacidade em descobrir o que está por trás desses problemas.

Assim, é preciso não se deter nos acontecimentos físicos e mentais mais óbvios e investigar áreas desconhecidas tanto pela criança atormentada como pelos adultos que não conseguem compreendê-la; em outras palavras, buscar as causas inconscientes com a ajuda da psicanálise, que já nos ensinou tanto a esse respeito.

Ao tratar de neuróticos adultos, Freud começou a reconhecer a enorme importância da neurose infantil. Depois de trabalhar por vários anos com adultos, ele e seus pupilos reuniram indícios convincentes de que a etiologia da doença mental deve ser encontrada na primeira infância. É nessa época que se define o caráter e se estabelecem os fatores patológicos que mais tarde levam à doença, quando acionados por tensões fortes demais para uma estrutura psíquica instável. Daí ser possível que crianças que se sentiam ou pareciam saudáveis, ou no máximo um pouco nervosas, sofram colapsos sérios como consequência de tensões adicionais, ainda que moderadas. Nesses casos, a linha divisória entre "saudável" e "doente", "normal" e "anormal" sempre foi fluida e nunca bem definida. Uma das descobertas mais importantes de Freud é que essa fluidez é uma característica geral. Ele descobriu que a diferença entre "normal" e "anormal" é quantitativa e não estrutural, um achado empírico constantemente confirmado em nosso trabalho. Como resultado de um longo desenvolvimento cultural, todos nós somos dotados desde o nascimento com a habilidade de reprimir pulsões, desejos e o conjunto de suas imagens, i.e., bani-los da consciência para o lago do inconsciente. Lá eles são mantidos vivos e seus efeitos crescem, com o potencial, caso a repressão fracasse, de provocar o surgimento de várias doenças. As forças da repressão se concentram nos movimentos pulsionais mais proibidos, principalmente os de caráter sexual. "Sexual" deve ser entendido no seu sentido mais amplo, psicanalítico. A teoria das pulsões de Freud nos mostra que a sexualidade já está ativa desde o começo da vida; a princípio, porém, ela se manifesta na busca do prazer por meio de "pulsões parciais" e não, como na idade adulta, a serviço da procriação.

Os desejos e as fantasias sexuais infantis se prendem imediatamente aos objetos mais próximos e cheios de significado, i.e., os genitores, sobretudo o do sexo oposto. Todo menino normal demonstra um amor apaixonado pela mãe e declara, pelo menos uma vez entre os três e os cinco anos, seu desejo de casar-se com ela; logo depois, é a irmã que passa a ocupar o lugar da mãe como objeto de seus anseios.[1] Declarações desse tipo, que ninguém leva a sério, exprimem paixões e desejos muito reais, ainda que inconscientes, e têm grande importância em todo o desenvolvimento do menino. Sua natureza incestuosa desperta uma severa censura social, pois, se fossem levadas a cabo, provocariam a regressão e a dissolução da cultura. Assim, são destinadas à repressão, formando no inconsciente o complexo de Édipo, que Freud chamava de complexo nuclear das neuroses. A mitologia e a poesia[2] são provas do caráter universal dos desejos que

---

[1] No livro *Mein Junge und Ich* (Berlin: Concordia Deutsche Verlag-Anstalt, 1910), Meta Schoepp deu um belíssimo exemplo do amor de um menininho pela mãe e do ciúme que ele sentia do pai. Tema semelhante é abordado por Gustav af Geijerstam em *Das Buch vom Brüderchen* (Berlin: Verlag Fischer, 1925).
[2] Algumas citações da grande quantidade de material ilustrativo à nossa disposição serão o suficiente: "Se deixassem o pequeno selvagem fazer o que bem entendesse e ele pudesse aliar a força e a paixão dos trinta à irracionalidade do berço, ele quebraria o pescoço do pai e desonraria a mãe" (Denis Diderot, *O sobrinho de Rameau*, 1805).
"Preveni isto a seu coração, que crescia: 'É o decreto da Castidade que os desejos da Natureza sejam abominados – rivalizar com o pai, ser o companheiro da mãe'" (Gotthold Ephraim Lessing, *Graugir*).
Em *Conversations of Goethe* (1827), Johann Peter Eckermann considerou que, para uma garota, apenas o amor por seu irmão poderia ser puro e sem sexo.

levaram Édipo a matar o pai e cometer incesto com a mãe, assim como o trabalho psicanalítico com pessoas doentes e saudáveis confirma que eles existem na fantasia de todos os adultos.

A erupção tumultuosa de pulsões que ocorre na puberdade se soma às dificuldades do menino na luta contra os complexos e ele pode acabar sucumbindo. Suas energias são sobrecarregadas pela guerra entre desejos e fantasias emergentes, que exigem reconhecimento, e as forças repressoras do ego. O fracasso do ego provoca problemas e inibições de todos os tipos, incluindo a doença. Em circunstâncias favoráveis, os elementos em luta atingem um tipo de equilíbrio. O resultado dessa disputa determinará para sempre o caráter da vida sexual do menino. Daí sua importância decisiva para o desenvolvimento futuro, ainda mais se levarmos em conta que o objetivo a ser atingido na puberdade é a organização das incoerentes pulsões sexuais parciais da criança rumo às funções procriadoras. *Pari passu*, o menino deve se libertar interiormente dos elos incestuosos com a mãe, apesar de eles se manterem como base e modelo de todo o amor posterior. Também é preciso haver certa libertação externa da fixação pelos pais a fim de que ele possa se tornar um homem vigoroso, ativo e independente.

Não é de espantar, portanto, que o indivíduo, ao deparar na puberdade com a onerosa tarefa imposta pelo desenvolvimento psicossexual, venha a sofrer inibições de natureza mais ou menos duradoura. Fui informada por professores experientes que meninos difíceis parecem perder parte da vitalidade, curiosidade e receptividade quando se acalmam e passam a ter um comportamento bom, esforçado e tratável.

Então, o que pais e professores podem fazer para ajudar o menino em suas lutas? O simples fato de compreender alguns dos motivos para seus problemas já terá influência favorável na maneira como tratam a criança. Ficará mais fácil tolerar a dor e a irritação causadas, com razão, por rebeldia, ausência de amor e comportamento censurável.

"Eu acredito", respondeu Goethe, "que o amor de irmã para irmã é ainda mais puro e mais casto. Até onde sabemos, é possível que tenham existido inúmeras instâncias de inclinações sensuais entre irmãos e irmãs, sejam elas conscientes ou desconhecidas para as partes envolvidas."

"Minha Querida... como devo te chamar? Eu preciso de uma palavra que inclua os significados de todos os nomes de Amiga, Irmã, Amada, Noiva e Esposa." (Carta de Goethe para a Condessa Auguste zu Stolberg, 26 jan. 1775.)

Essas citações são retiradas do livro de Otto Rank, *Das Inzestmotiv in Dichtung und Sage* (Leipzig/Wien: Deutike, 1912). Nele, ele lida à exaustão com as influências do complexo de Édipo no mito e na poesia.

Os professores podem perceber a transferência para si mesmos da rivalidade edipiana do menino com o pai. Pode-se ver na análise de meninos na puberdade como muitas vezes os professores se tornam alvo de um amor e uma admiração exagerados, assim como de um ódio e uma agressividade inconscientes. A culpa que esses sentimentos provocam também influencia a relação com o professor.

O caráter confuso e obscuro das emoções da criança pode causar aversão à escola, ou até mesmo a todo tipo de conhecimento e aprendizado, chegando em alguns casos às raias do martírio. A gentileza e a compreensão do professor podem melhorar essa situação. A confiança no menino pode fortalecer-lhe a autoestima claudicante e moderar o sentimento de culpa. A situação mais favorável é aquela em que pais e professores conseguem manter uma atmosfera que permita a livre discussão de problemas sexuais – se isso for desejado pelo menino. Advertências ameaçadoras a respeito de questões sexuais – sobretudo a masturbação, praticamente universal durante a puberdade – devem ser evitadas. O dano incalculável que podem trazer é muito maior do que qualquer benefício imaginável. Lily Braun, no excelente livro *Memoiren einer Soziallistin* [Memórias de uma socialista], descreve como tentou estabelecer, durante a gravidez, uma relação cordial com os enteados pubescentes a fim de lhes fornecer esclarecimentos sexuais. Suas tentativas encontraram apenas desprezo e rejeição e tiveram que ser abandonadas; as mais inspiradas tentativas de oferecer educação sexual podem ter o mesmo fim. Às vezes é impossível vencer a recusa e a reserva da criança. Oportunidades de dar esclarecimentos às crianças quando ainda são pequenas podem nunca mais se repetir; no entanto, quando se consegue uma abertura, é possível diminuir ou até mesmo remover muitas dificuldades.

Quando esses remédios se esgotam, pais e professores já não dispõem de mais nenhum outro recurso; é preciso, então, procurar auxílio mais eficiente. A psicanálise pode oferecer esse auxílio, pois com sua ajuda podemos procurar a causa dos problemas e eliminar as consequências prejudiciais. Sua técnica, ainda em desenvolvimento depois de anos de experiência, permite-nos descobrir as causas, trazê-las para a consciência do paciente e, a partir daí, ajudar a equilibrar as exigências do consciente e do inconsciente. Quando conduzida corretamente, a psicanálise não oferece maiores perigos para a criança do que para o adulto; vários tratamentos bem-sucedidos com crianças me convenceram desse fato. A preocupação generalizada de que a psicanálise possa reduzir a espontaneidade da criança não se sustenta na prática. Muitas crianças tiveram sua vivacidade restaurada pela análise, depois de perdê-la no tumulto de seus conflitos. Nem mesmo a análise muito precoce transforma as crianças em seres rudes e antissociais. Na verdade, ocorre o oposto: livres de inibições, elas podem utilizar ao máximo seus recursos emocionais e intelectuais com fins culturais e sociais, a serviço de seu desenvolvimento.

1923
O papel da escola no desenvolvimento libidinal da criança

"O desenvolvimento de uma criança" (1921), este artigo e "Análise precoce" (1923) formam uma só unidade. No primeiro, a criança está em casa, o segundo a examina na escola e o terceiro relaciona a infância à vida adulta. Todos, mas principalmente este texto, destacam a continuidade psíquica da vida humana, sempre uma ideia dominante na obra de Melanie Klein.

A maneira como aborda aqui a questão da inibição intelectual, tópico que já tinha discutido na parte I de "O desenvolvimento de uma criança", é de especial interesse. O conceito fundamental aqui é o de libido, e em torno dele ocupam lugar as noções de progresso e de inibição através da ansiedade de castração; a agressividade por si só não aparece e a significação simbólica tem sempre um caráter sexual. Ao mesmo tempo, o material dos casos mostra que Melanie Klein já estava analisando em seu trabalho clínico o efeito inibidor das fantasias agressivas. Quando escreveu "Uma contribuição à teoria da inibição intelectual", em 1931, o sadismo já tinha ocupado o lugar da libido no centro de uma nova explicação para a inibição intelectual.

Este artigo também mostra como a nova técnica do brincar fornecia grande quantidade de material que ilustrava as fantasias da criança e a significação simbólica de cada aspecto da vida escolar. De fato, isso leva Melanie Klein à conclusão geral de que todas as atividades têm uma significação simbólica.

NOTA ADICIONADA EM 1947
Este artigo deve ser lido em conjunto com o seguinte, "Análise precoce" (1923), que aborda tópicos relacionados a este e se baseia em grande parte no mesmo material.

É um fato bem conhecido pela psicanálise que no medo de fazer prova, assim como nos sonhos em que a pessoa passa por um teste, a ansiedade é deslocada de algum elemento sexual para um elemento intelectual.[1] No artigo "Über Prüfungsangst und Prüfungsträume" [Sobre o medo de provas e sonhos com provas] (1920), J. Sadger demonstrou que o medo de fazer prova, tanto no sonho como na realidade, é o medo da castração.

A relação entre o medo de fazer provas e as inibições na escola é evidente. Dou o nome de "inibição" às diferentes formas e gradações de repulsa ao aprendizado, desde a relutância explícita até aquilo que parece apenas "preguiça" e que não seria reconhecido como aversão à escola, nem pela criança, nem por aqueles à sua volta.

Na vida da criança, a escola significa o encontro com uma nova realidade, que muitas vezes parece muito dura. A maneira como ela se adapta a essas novas exigências costuma exemplificar sua atitude diante das incumbências da vida em geral.

O papel extremamente importante que a escola desempenha costuma se apoiar no fato de que a escola e o aprendizado estão desde o início *libidinalmente* determinados para todos, pois as exigências obrigam a criança a sublimar as energias pulsionais libidinais. A sublimação da atividade genital, sobretudo, tem papel decisivo no aprendizado de várias matérias, que será inibido, portanto, pelo medo da castração.

Ao entrar na escola, a criança passa do ambiente que constituía a base de suas fixações e formações de complexos e depara com novos objetos e atividades. Agora é obrigada a testar neles a mobilidade de sua libido. No entanto, é sobretudo a necessidade de abandonar uma atitude mais ou menos passiva e feminina (até então à sua disposição) a fim de exercer sua atividade que põe a criança diante de uma tarefa completamente nova e muitas vezes irrealizável.

A seguir, com base em diversas análises, discutirei em detalhes alguns exemplos do significado libidinal da caminhada ao colégio, da escola em si, do professor e das atividades exercidas na escola.

Felix, treze anos, tinha aversão generalizada pela escola. Levando-se em conta sua grande capacidade intelectual, sua aparente falta de interesse era impressionante. Durante a análise, ele contou um sonho que tivera em torno dos onze anos, pouco depois da morte do diretor do colégio onde estudava. "Ele estava a caminho do colégio e encon-

---

1 Cf. Wilhelm Stekel, *Conditions of Nervous Anxiety and their Treatment*. London: Kegan Paul, 1923; Sigmund Freud, *A interpretação dos sonhos* [1900], in *Obras completas*, v. 4, trad. Paulo César de Souza. São Paulo: Companhia das Letras, 2019.

trou com a professora de piano. O prédio da escola estava pegando fogo e os galhos das árvores na estrada tinham sido consumidos pelo incêndio, mas os troncos ainda estavam de pé. Ele atravessou o prédio em chamas com a professora de música e os dois saíram ilesos etc." Só chegamos à interpretação completa desse sonho muito mais tarde, quando o significado da escola como a mãe, e da professora e do diretor como o pai, foi descoberto pela análise. Eis mais um ou dois exemplos extraídos da mesma análise. O paciente reclamou que em todos esses anos nunca conseguira superar a dificuldade que sentira desde o primeiro dia de se levantar quando chamavam seu nome na escola. Associava a isso o fato de as meninas se levantarem de forma completamente diferente e demonstrou a maneira de se levantar dos meninos com um movimento das mãos que indicava a região genital e mostrava claramente a forma do pênis ereto. O desejo de se apresentar diante do professor da mesma maneira que as meninas revelava sua atitude feminina em relação ao pai; constatou-se que a inibição associada ao ato de se levantar era determinada pelo medo da castração, que influenciou toda sua atitude posterior em relação à escola. Uma vez lhe ocorreu no colégio que, ao se apoiar na mesa diante da classe, o professor escorregaria, derrubaria e quebraria a mesa, e se machucaria. Essa ideia demonstrava o significado do mestre como o pai e da mesa como a mãe,[2] além de apontar para a concepção sádica do menino acerca da relação sexual.

Felix contou como, num exercício de grego, os meninos cochichavam e se ajudavam mutuamente, mesmo sob a vigilância do professor. Suas noções posteriores levaram à criação de uma fantasia sobre a maneira de conseguir um lugar melhor na sala.[3] Fantasiou que pegaria todos os que ocupavam posição melhor do que a dele, afastando-os

---

[2] O significado maternal do estrado, da mesa, da lousa e de tudo o que serve de superfície para escrever – assim como da caneta, do giz e de tudo aquilo com que se pode escrever como símbolos do pênis – ficou tão evidente para mim nessa e em outras análises, confirmando-se repetidas vezes, que considero isso um traço típico. O significado sexual simbólico desses objetos também foi demonstrado durante a análise de casos isolados. Assim, em "Über Prüfungsangst und Prüfungsträume", Sadger demonstrou o significado sexual da mesa, da lousa e do giz num caso incipiente de demência paranoide. Em "Zur Psychogenese des Schreibkrampfes" (1922), R. Jokl também demonstrou o significado sexual simbólico da caneta em um caso de cãibra durante a escrita.
[3] No colégio de Felix, as crianças se sentavam de acordo com o desempenho. O "boletim", que na opinião dele merecia uma atenção menor da mãe do que o lugar que ocupava na sala, significava para o menino, assim como para Fritz

e matando-os, e descobriu para sua surpresa que agora já não pareciam mais seus companheiros, como antes, mas sim seus inimigos. Quando, depois de afastá-los, conseguia o primeiro lugar e chegava até perto do professor, o mestre era o único na sala a ocupar um lugar melhor do que o dele – mas contra ele não era possível fazer nada.[4]

No caso de Fritz,[5] um menino de quase sete anos cuja aversão pela escola se estendia ao caminho do colégio, essa rejeição se manifestou na análise sob a forma de ansiedade.[6] Quando, ao longo da análise, o prazer tomou o lugar da ansiedade, o menino contou a fantasia a seguir: os alunos da escola entram na sala de aula pela janela, onde está a professora. Mas havia um menino tão gordo que não conseguia passar pela janela e que por isso teve de aprender e copiar as lições na rua, em frente à escola. Fritz chamava esse menino de "Bolinho" e dizia que ele era muito engraçado. Por exemplo, o menino não tinha ideia de como parecia ainda mais gordo e cômico quando pulava, e divertia tanto os pais, os irmãos e as irmãs com suas palhaçadas que os irmãos e as irmãs acabaram caindo da janela de tanto rir e os pais até bateram no teto de tanto pular dando gargalhadas. Finalmente, acabaram esbarrando num belo globo de vidro que ficava no teto e

---

(ver adiante), potência, o pênis, uma criança; o lugar na sala era para ele o lugar na mãe, a possibilidade da relação sexual permitida por ela.

4 O professor aparece aqui como um objeto de desejo homossexual. Ao mesmo tempo, um motivo que sempre tem muita importância na gênese da homossexualidade também ficou bastante evidente: esse desejo homossexual era fortalecido pelo desejo reprimido de ter um relação sexual com a mãe, apesar da existência do pai – nesse caso, o desejo se manifesta na vontade de obter o primeiro lugar da classe. Da mesma maneira, por trás do desejo de falar do estrado – forçando o professor, de novo representando o pai, a ocupar o papel passivo de plateia – está mais uma vez presente o desejo pela mãe, uma vez que o estrado, assim como a mesa, tem um significado maternal para esse menino.

5 Cf. "O desenvolvimento de uma criança", neste volume.

6 Cf. "Análise precoce" (neste volume), em que explico em maiores detalhes como as diversas fantasias de Fritz sobre o útero da mãe, a procriação e o nascimento encobriam o desejo mais intenso e fortemente reprimido de entrar no útero da mãe através da relação sexual. No artigo que apresentou no Congresso [VIII Congresso Internacional de Psicanálise, em Salzburgo], *Thalassa: ensaio sobre a teoria da genitalidade* [1924] (trad. Álvaro Cabral. São Paulo: WMF Martins Fontes, 1990), Sándor Ferenczi sugeriu que para o inconsciente a volta ao corpo materno só é possível através da relação sexual e levantou a hipótese de que essa fantasia muitas vezes demonstrável se originaria de processos evolucionários filogenéticos.

rachou, mas sem se quebrar. Ficou claro que o divertido "bolinho" saltitante (também chamado de "Kasperle") era uma representação do pênis[7] penetrando no corpo materno.

A *professora*, no entanto, também representa para o menino a mãe castradora dotada de pênis; Fritz associava à dor de garganta a fantasia de que a professora o sufocara com rédeas e lhe pusera arreios como se fosse um cavalo.

Durante sua análise, Grete, uma menina de nove anos, falou da impressão que teve ao ver e ouvir uma carroça entrar no *pátio da escola*. Em outra ocasião, mencionou uma carroça cheia de doces que não se atreveu a comprar porque a professora apareceu exatamente naquele momento. Descreveu os doces como uma espécie de massa mole, como algo que lhe despertava enorme interesse, mas que não se atrevia a investigar. Os dois carros eram lembranças encobridoras de suas observações infantis da relação sexual. A massa indefinível de açúcar era o sêmen.

Grete era a cantora principal do coro da escola; a *professora* chegou bem perto da carteira dela e olhou direto para dentro da boca da menina. Nesse momento, Grete sentiu uma necessidade irresistível de abraçar e beijar a professora. Nessa análise, descobriu-se que a gagueira da menina era determinada pelo investimento libidinal da fala e do canto. A elevação e a queda da voz, assim como os movimentos da língua, representavam a relação sexual.[8]

Ernst, de seis anos, estava prestes a entrar na escola. Durante a sessão de análise, ele brincou que era pedreiro. No meio da fantasia associada a essa brincadeira, em que construía uma casa,[9] ele se interrompeu para falar de sua futura *profissão*; queria ser um "pupilo" e depois ir para a escola técnica. Quando observei que isso não era uma profissão definitiva, respondeu irritado que não queria pensar numa profissão sozinho, pois a mãe poderia não gostar e ficar zangada com ele. Um pouco mais tarde, depois de retomar a fantasia de construir a casa, perguntou de repente: "Na verdade chama 'escola de pátio' [*Hofschule*] ou 'escola superior' [*Hochschule*]?".

Essas associações mostraram que, para ele, ser um pupilo significava aprender sobre a relação sexual, enquanto uma profissão significava

---

7 Cf. Ernest Jones, "The Theory of Symbolism", in *Papers on Psycho-Analysis*. London: Baillière, 1916.
8 Cf. "Análise precoce", neste volume.
9 A construção da casa representava a relação sexual e a concepção de um filho.

realizar a relação sexual.[10] Por isso na construção da casa (intimamente associada à escola e à "escola de pátio") ele era apenas o pedreiro, que necessita das instruções do arquiteto e da ajuda de outros operários.

Em outra ocasião, o menino empilhou algumas almofadas do divã e, depois de sentar-se em cima delas, brincou que era um clérigo no púlpito. Ao mesmo tempo, porém, era um *professor*, pois à sua volta sentavam-se alunos imaginários que deviam aprender ou adivinhar alguma coisa com base nos gestos do clérigo. Durante sua representação, manteve erguidos os dois dedos indicadores, depois esfregou as mãos (conforme sua explicação, isso significava lavar roupa e esquentar as mãos) e ficou pulando de joelhos sobre as almofadas. A análise já tinha mostrado que essas almofadas, constantemente empregadas em suas brincadeiras, eram o pênis (materno) e que os vários gestos representavam a relação sexual. O clérigo, que mostra aos alunos esses gestos, mas não dá nenhuma explicação, simboliza o pai bom que instrui os filhos a respeito da relação sexual ou que lhes permite ficar presentes para observá-la.[11]

Apresento a seguir exemplos de outras análises para mostrar como as tarefas de *escola* significam a relação sexual ou a masturbação. O pequeno Fritz demonstrava prazer em aprender e forte desejo de ganhar conhecimento antes de ir para a escola, inclusive aprendendo a ler sozinho. Contudo, logo desenvolveu grande aversão ao colégio e manifestava forte relutância em fazer os deveres. Era comum o menino criar fantasias sobre as "tarefas difíceis" que as pessoas eram obrigadas a executar na penitenciária. Citou como um exemplo dessas tarefas ter que construir uma casa sozinho em oito dias.[12] No entanto, também dizia que os deveres da escola eram "tarefas difíceis" e uma vez declarou que certa tarefa específica era tão difícil quanto construir uma casa. Na fantasia, eu também fui parar na prisão e fui obrigada a cumprir tarefas difíceis, incluindo construir uma casa em alguns dias e preencher, em algumas horas, um livro inteiro com escritos.

Felix tinha inibições gigantescas diante das tarefas da escola. Apesar de ficar com a consciência pesada, deixava para fazer o dever de

---

10 Esse significado inconsciente de "profissão" é típico. Ele é constantemente demonstrado pela análise e sem dúvida contribui de forma marcante para dificuldades na escolha de uma profissão.
11 O menino dormira no quarto dos pais durante anos. Essa, assim como outras fantasias, podem ser remetidas às primeiras observações infantis da relação sexual.
12 Cf. o significado da construção de casas para Ernst e Felix.

casa na manhã do dia seguinte. Depois, sentia enorme remorso por não ter feito mais cedo, mas mesmo assim adiava tudo até o último instante e ia ler jornal. Em seguida, fazia o dever sem parar para respirar, pegando uma ou outra lição sem completar nenhuma, e ia para o colégio, onde ainda copiava rapidamente uma ou outra coisa com uma sensação desagradável de insegurança. Descreveu da seguinte forma o que sentia diante de um exercício da escola: "Primeiro a gente fica com muito medo, depois começa e a coisa vai de algum jeito, mas depois fica com um sentimento ruim". Ele me contou que, para livrar-se logo de um exercício, começava a escrever muito rápido, depois escrevia cada vez mais depressa, e então um pouco mais adiante ficava cada vez mais vagaroso e não conseguia terminar. No entanto, o menino também empregava esse "rápido – depressa – mais devagar – e não terminar" para descrever as tentativas de masturbação, que se iniciaram nessa época como uma consequência da análise.[13] Ao mesmo tempo que passou a conseguir se masturbar, suas lições também melhoraram e repetidas vezes fomos capazes de determinar sua atitude masturbatória com base na maneira como agia em relação às lições e aos exercícios da escola.[14] Felix também costumava copiar a lição de outra pessoa. Assim, quando era bem-sucedido, obtinha de certo modo um aliado contra o pai e, simultaneamente, depreciava o valor – e, portanto, a culpa – de seu feito.

Para Fritz, o "Excelente" escrito pela professora num bom trabalho era uma posse de grande valor. Numa ocasião em que houve um assassinato político, o menino manifestou ansiedade noturna. Dizia que os assassinos poderiam atacá-lo de repente, assim como fizeram com o político morto. Eles queriam roubar as medalhas da vítima e tentariam roubar o elogio que recebera da professora. As medalhas, assim como o elogio e o boletim, significavam para ele o pênis, a potência que a mãe castradora (representada pela professora) havia lhe devolvido.

No exercício da *escrita*, para Fritz, as linhas significavam estradas e as letras andavam de motocicleta (a caneta) sobre elas. Por exemplo, o

---

13 Devido a uma interferência médica no pênis quando tinha três anos, o menino só se masturbava com enormes escrúpulos morais. Quando essa interferência se repetiu na idade de dez anos, ele desistiu da masturbação, mas passou a sofrer de ansiedade ao toque.
14 Ele omitia várias vezes a frase final do exercício; em outra ocasião, esqueceu uma parte no meio do dever. Quando já havia ocorrido uma melhora nesse aspecto, passou a comprimir a lição inteira no menor espaço possível etc.

"i", e o "e" andam juntos numa motocicleta que costuma ser conduzida pelo "i", e os dois se amam com um carinho que não existe no mundo real. Por andarem sempre juntos, os dois se tornaram tão parecidos que praticamente não havia mais nenhuma diferença entre eles, pois o início e o fim do "i" e do "e" são iguais, só que no meio o "i" tem um tracinho e o "e" um buraquinho (ele se referia ao alfabeto latino minúsculo). Quanto às letras "i" e "e" do alfabeto gótico, explicou que também andam de motocicleta e que o fato de o "e" ter um quadradinho, em vez do buraco do "e" latino, equivale apenas à diferença entre duas marcas de moto. Os "i" são habilidosos, distintos e inteligentes, têm várias armas pontudas e moram em cavernas, entre as quais, no entanto, também existem montanhas, jardins e portos. Eles representam o pênis, e o caminho que tomam, a relação sexual. Por sua vez, os "l" são representados como estúpidos, desajeitados, preguiçosos e porcos. Moram em cavernas debaixo da terra. Na cidade "L", lixo e papel se acumulam pelas ruas; nas casinhas "imundas", misturam na água um corante comprado na terra "I", e depois bebem e vendem esse líquido como vinho. Não podem andar direito e não conseguem cavar, porque seguram a pá de cabeça para baixo etc. Ficou claro que os "l" representavam as fezes. Diversas fantasias também envolviam outras letras.[15]

 Assim, em vez do "s" duplo, ele sempre escrevia apenas um, até que uma fantasia forneceu a explicação e a solução dessa inibição. Um "s" era ele, o outro era o pai. Eles iam embarcar juntos num barco – pois a caneta também é um barco e o caderno, um lago. O "s" que era o menino entrou no barco que pertencia ao outro "s" e saiu navegando depressa pelo lago. Era por esse motivo que não escrevia os dois "s" juntos. O uso frequente do "s" comum no lugar do alongado se explicava pelo fato de que a parte do "s" longo que ficava de fora era, para o menino, "como se a gente fosse arrancar o nariz de uma pessoa". Esse erro era determinado por desejos de castração contra o pai e desapareceu depois dessa interpretação.

 Pouco depois de começar a escola, ocasião que aguardara com muita alegria, Ernst, então com seis anos, manifestou grande aversão ao aprendizado. Ele me falou sobre a letra "i", que estavam aprendendo na época e que lhe oferecia muitas dificuldades. Também descobri que o professor batera num menino mais velho e que fora demonstrar no quadro como escrever a letra "i", porque o aluno não conseguira cumprir essa tarefa de forma adequada. Em outra ocasião, reclamou

---

15 Cf. "Análise precoce", neste volume.

"que as lições são muito difíceis", que sempre tinha que fazer traços para cima e para baixo quando escrevia, que desenhava banquinhos em aritmética e que era obrigado a fazer os traços exatamente como queria o professor – que o observava enquanto trabalhava. Começou a exibir grande agressividade depois de transmitir essa informação; arrancou as almofadas do divã e atirou-as para o outro lado da sala. Depois, folheou um livro e me mostrou "o camarote do 'I'". O camarote (no teatro) era um lugar "onde a gente fica sozinha lá dentro" – o "I" maiúsculo está sozinho e em volta há apenas letrinhas pretas que parecem fezes. O "I" maiúsculo é o grande "bumbunzinho" [*Popöchen*] (pênis) que quer ficar sozinho dentro da mamãe, o bumbunzinho que o menino não tem e que, portanto, tem que arrancar do papai. Depois, fantasiou que cortava o bumbunzinho do papai com uma faca e que o pai cortava o do filho com um serrote; no final, porém, conseguia ficar com o do papai. Depois, decepava a cabeça do papai, que não podia fazer mais nada contra Ernst, pois não conseguia enxergar – mas os olhos na cabeça o viam mesmo assim. Então, de repente, começou a ler e demonstrou muito prazer nessa atividade – a resistência estava vencida. Guardou as almofadas de volta no lugar e explicou que elas também tinham ido "de cima para baixo" uma vez, ou seja, o caminho para o outro lado da sala e de volta. Para realizar a relação sexual, arrancara o pênis (as almofadas) da mãe.

Lisa, uma menina de dezessete anos, relatou em suas associações que não gostava da letra "i": era um menino bobo que não parava de pular e estava sempre rindo, que não servia para nada no mundo e com o qual ficava muito irritada, sem saber por quê. Elogiava a letra "a", que parecia séria e digna, e a deixava impressionada; as associações levaram a uma nítida imago do pai, cujo nome começava com "a". Então se lembrou, porém, que o "a" talvez fosse sério e digno demais e que deveria ter pelo menos alguma coisa do saltitante "i". O "a" era o pai castrado, mas ainda inflexível, e o "i" era o pênis.

Para Fritz, o ponto do "i", assim como o ponto-final e os dois-pontos, representava uma investida do pênis.[16] Quando me disse uma vez que era preciso fazer força no ponto-final, ao mesmo tempo levantou e comprimiu a pélvis, repetindo o mesmo gesto com os dois-pontos. Grete, então com nove anos, associava a curva da letra "u" à curva na qual via os menininhos urinarem. Tinha uma preferência especial por desenhar belos floreados de letra que, no caso dela, representa-

---

16 Para a pequena Grete, o ponto final e a vírgula eram determinados da mesma maneira. Cf. "Análise precoce", neste volume.

vam partes dos órgãos genitais masculinos – pelo mesmo motivo, Lisa omitia todo tipo de floreado. Grete admirava muito uma amiga que conseguia segurar a caneta como um adulto, ereta entre o segundo e o terceiro dedo, além de fazer a curva do "u" de trás para a frente.

No caso de Ernst e Fritz, pude observar que a inibição da leitura e da escrita – ou seja, do fundamento de toda a atividade escolar posterior – derivava da letra "i", que, com seu simples movimento "de baixo para cima", é a base de toda escrita.[17]

O significado simbólico-sexual da caneta fica claro nesses exemplos, principalmente nas fantasias de Fritz, para quem as letras andam de motocicleta (o bico da caneta). Pode-se observar como o significado simbólico-sexual da caneta se funde com o ato da escrita que ela descarrega. Da mesma maneira, o significado libidinal da leitura deriva do investimento simbólico do livro e do olho. Nesse ponto, é claro, também agem outras determinantes oferecidas pelas pulsões parciais, como o "voyeurismo" na leitura e as tendências exibicionistas, agressivas e sádicas na escrita; é provável que, nas raízes do significado simbólico-sexual da caneta, estivesse originalmente o da arma e da mão. Em correspondência com esse fator, a atividade da leitura é mais passiva, enquanto a da escrita é mais ativa. As diversas fixações nos estágios pré-genitais da organização também são importantes para explicar a inibição de uma dessas atividades.

Para Fritz, o número "1" é um cavalheiro que mora num país quente e que, por isso, anda nu (vestindo apenas uma capa quando chove). Ele cavalga e dirige com grande habilidade, tem cinco adagas, é muito corajoso etc., e sua identificação com o "General Pipi" (o pênis)[18] logo ficou clara. Para Fritz, os números em geral são pessoas que vivem num país muito quente. Eles correspondem às raças de cor, enquanto as letras são os brancos. Para Ernst, o movimento "de cima para baixo" do "1" é idêntico ao do "i". Lisa me revelou que fazia "somente um risco muito curto" para o traço de baixo do numeral "1" – ação determinada mais

---

17 Numa reunião da Sociedade Psicanalítica de Berlim, Herr Rohr discorreu em detalhes sobre a escrita chinesa e sua interpretação com base na psicanálise. No debate que se seguiu, observei que a antiga escrita imagística, que também está por trás da nossa própria escrita, ainda permanece ativa nas fantasias de toda criança, de modo que os diversos traços, pontos etc. da nossa escrita atual só poderiam ser simplificações – obtidas como resultado da condensação, deslocamento e outros mecanismos que se tornaram familiares a partir de sonhos e das neuroses – de desenhos mais anteriores cujos traços são demonstráveis no indivíduo.

18 Cf. "Análise precoce", neste volume.

uma vez pelo complexo de castração. O pênis, portanto, seria representado simbolicamente pelo numeral "1", que forma a base do ato de contar e da aritmética. Na análise de crianças, observei diversas vezes que o significado do numeral "10" era determinado pelo número dos dedos; a partir daí, porém, os dedos eram igualados inconscientemente ao pênis, de modo que o numeral "10" tirava seu tom afetivo dessa fonte. Daí também se desenvolvia a fantasia de ser necessário repetir a relação sexual dez vezes, ou haver dez investidas do pênis, para gerar uma criança. O significado especial do numeral "5",[19] demonstrável repetidas vezes, segue um princípio semelhante. Karl Abraham (1923) observou que o significado simbólico do número "3", a partir do complexo de Édipo – determinado pela relação entre pai, mãe e filho –, é mais importante que o uso frequente do "3" para referir-se aos órgãos genitais masculinos. Apresentarei apenas um exemplo desse fato.

Lisa achava o número "3" insuportável, pois "uma terceira pessoa é sempre supérflua" e "dois podem apostar corrida" – com o objetivo de chegar a uma bandeira –, mas o terceiro não tem nada o que fazer lá. Lisa, que gostava de matemática, mas tinha forte inibição nessa área, contou-me que na verdade só conseguia compreender de fato a ideia de *adição*; conseguia entender que "um se junta com o outro quando são a mesma coisa", mas como se somavam quando eram diferentes? Tal ideia era condicionada por seu complexo de castração e dizia respeito à diferença entre os órgãos genitais do homem e da mulher. Para Lisa, a ideia de "adição" era determinada pela relação sexual entre os pais. Conseguia entender, no entanto, que coisas díspares participassem da multiplicação e que nesse caso o resultado fosse diferente. O "resultado" é a criança. No que lhe dizia respeito, só reconhecia o órgão genital masculino, deixando o feminino para as irmãs.

Ernst trouxe para a sessão de análise uma caixa cheia de bolas de vidro coloridas, separou-as de acordo com as cores e começou a fazer somas com elas.[20] Ele queria saber quanto "1 é menor do que 2" e

---

19 Gostaria de observar que no sistema numérico romano os números "I", "v" e "x" são fundamentais, enquanto os outros numerais de "I" a "x" apenas derivam deles. O "v" e o "x", porém, também são formados com base na linha reta do numeral "I".

20 Isso mostra claramente o fundamento anal da aritmética. O medo da castração relacionado ao pênis foi precedido pelo da perda da massa fecal, que de fato é percebida como "castração primitiva". Cf. S. Freud, "Sobre transformações dos instintos, em particular no erotismo anal" [1917], in *Obras completas*, v. 14, trad. Paulo César de Souza. São Paulo: Companhia das Letras, 2010.

tentou primeiro com as bolas, depois com os dedos. Levantando um dedo, ao lado do qual levantou parcialmente um outro, o menino me mostrou que, se tirasse um dedo, então ficava com "o", "mas aí o outro" (o que estava parcialmente levantado) "ainda ficava lá do mesmo jeito e a gente ainda pode tirar". Então me mostrou, levantando os dedos de novo, que 2 mais 1 dá 3 e disse: "O '1' é o meu bumbunzinho, os outros são os bumbunzinhos do papai e da mamãe, que eu também peguei para mim. Agora, a mamãe pegou dois bumbunzinhos dos filhos dela outra vez e eu tiro eles de volta – aí eu fico com cinco!".

Na sessão de análise, Ernst desenhou "linhas duplas" num pedaço de papel e me disse que, segundo o professor, escrevia-se melhor entre linhas paralelas. Ele pensou que isso acontecia porque desse modo havia duas linhas e associou a esse fato a ideia de que elas eram dois bumbunzinhos, dos quais assim se apossava. Depois, com traços verticais, fez "quadrados duplos" a partir das duas linhas e disse: "Mas não é tão bom ter os quadradinhos duplos na hora de somar, porque os quadrados ficam menores desse jeito, e aí fica mais difícil pôr os números dentro deles". Ele me mostrou o que queria dizer e escreveu a soma "1 + 1 = 2" nos quadradinhos. O primeiro quadradinho, no qual escreveu o "1", era maior que os outros. Então disse: "O que vem depois tem um quadrado menor". "É o bumbunzinho da mamãe", acrescentou e seguiu (apontando para o primeiro "1"): "e esse é o bumbunzinho do papai, e no meio dos dois, o 'mais' (+) sou eu". Ainda explicou que o traço horizontal do "+" (que fez bem pequeno em sua soma) não lhe despertava o menor interesse: ele e seu bumbunzinho eram o traço *vertical*. A adição, para ele, também era a relação sexual entre os pais.

Em outra ocasião, Ernst começou a sessão perguntando se deveria contar "quanto é '10 + 10' ou '10 – 10'" (o medo da castração ligado ao numeral "1" fora transferido para o número "10"). O menino estava tentando se convencer de que tinha "dez pênis" (dedos) à disposição. Em conexão com essa pergunta, tentou escrever num pedaço de papel o maior número possível, que eu deveria tentar calcular. Depois, explicou que uma fileira de números que criara alternando os algarismos "1" e "0" (100010001000) era uma aritmética tipo "*gegentorische*" [*gegen* = contra; *Tor* = portão]. Isso ele esclareceu da seguinte maneira: existia uma cidade (sobre a qual já tinha fantasiado) com muitos portões, pois todas as janelas e aberturas também se chamavam portões. Nessa cidade, também havia várias ferrovias.[21] Então me mostrou

---

21 Semelhante às fantasias de Fritz sobre a cidade atravessada por trilhos (cf. "Análise precoce", neste volume), para Ernst, a cidade também significava

que, quando ficava no fundo da sala, uma fileira de círculos cada vez menores saía da parede oposta e chegava até ele. Chamou esses círculos de "portões", e a fileira de algarismos "1" e "o" que desenhara no papel se originava deles. Depois, me mostrou que também era possível dispor dois algarismos "1" um contra o outro. Na figura final, que representava a letra "M" maiúscula, ainda desenhou um pequeno círculo e explicou: "Tem outro portão aqui". O "1" alternado com os zeros representava o pênis ("contra o portão"). O "o" era a vagina – havia vários círculos porque o corpo também tem várias aberturas (muitos portões).

Depois de me explicar sua aritmética *"gegentorische"*, pegou um chaveiro que por acaso estava lá, enfiou um grampo de cabelo na argola e me mostrou, com alguma dificuldade, que o grampo "finalmente está dentro dele", mas que, para fazer isso, "tem que se dividir a argola – tem que quebrar ela no meio", o que apontava mais uma vez para sua noção sádica da relação sexual. Ainda explicou que essa argola, que também era como um "o", na verdade consistia apenas numa peça reta dobrada para formar um círculo. Aqui, assim como em outros aspectos, ficou claro o efeito da ideia do pênis materno, ou até mesmo a de um pênis escondido na vagina, que ele deveria arrancar ou destruir na hora da relação sexual.[22] Uma agressividade especial surgiu durante a análise, em conexão com essa e outras fantasias aritméticas anteriores. Como sempre, começava com o menino arrancando as almofadas de meu divã, pulando com os dois pés em cima delas e também em cima do divã – isso representava, como era muito comum na análise dele, a castração da mãe e a relação sexual subsequente com ela. Logo depois disso, Ernst começava a desenhar.

Fritz tinha grande inibição em fazer contas de divisão. Todas as explicações eram inúteis, pois o menino entendia tudo muito bem, mas sempre errava nas contas. Ele me contou uma vez que, ao fazer uma divisão, primeiro era preciso trazer o número necessário para baixo e que, para fazer isso, subia, agarrava-o pelo braço e o puxava. Quando perguntei o que o número achava, respondeu que com certeza não lhe era agradável – era como se sua mãe estivesse numa pedra a doze metros de altura e alguém viesse e a agarrasse pelo braço até arrancá-lo, deixando-a dividida. Um pouco antes, porém, tivera

---

a mãe; a estrada de ferro, o pênis, e o movimento do trem, a relação sexual.
22 Cf. Felix Boehm, "Beiträge zur Psychologie der Homosexualität, II – Ein Traum eines Homosexuellen". *Internationale Zeitschrift für Psychoanalyse*, v. 8, n. 3, 1922, pp. 313–20.

uma fantasia sobre uma mulher no circo que era serrada em pedaços, mas depois voltava à vida. Agora me perguntava se isso seria possível. Depois, contou (também em relação a uma fantasia elaborada antes) que na verdade toda criança quer ter um pedaço da mãe, que deve ser dividida em quatro; descreveu em pormenores como ela gritava e como enfiavam papel em sua boca para que não berrasse mais, as caras que fazia etc. Uma criança pegou uma faca afiada e Fritz descreveu como a mãe foi cortada: primeiro, na altura do peito e da barriga, e depois de comprido, de modo que o *"pipi"* (pênis), o rosto e o crânio fossem cortados exatamente ao meio e o "senso"[23] fosse retirado da cabeça dela. Então, cortaram a cabeça obliquamente, assim como o *"pipi"* fora cortado no sentido da largura. Enquanto isso, ele mordia a mão sem parar e disse que também mordia a irmã para divertir-se, mas sem dúvida também por amor. Prosseguiu com o relato contando que cada criança pegou o pedaço que queria da mãe e depois todas decidiram que a mãe cortada também fosse comida. Agora ficava claro que ele sempre confundia o resto com o quociente da divisão e o escrevia no lugar errado, pois na mente de Fritz era com pedaços sangrentos de carne que estava inconscientemente lidando. Essas interpretações removeram por completo suas inibições em relação à divisão.[24]

Em suas lembranças da escola, Lisa reclamava de como era absurdo a professora mandar as crianças fazerem contas com números tão grandes. Ela sempre tivera dificuldades para dividir um número grande por outro menor, mas ainda grande, em especial quando havia resto. Associava a isso um cavalo, um animal horrível com uma língua mutilada pendurada para fora, e com orelhas cortadas etc., que queria pular uma cerca – ideia que despertava resistências mais violentas na menina. Outras ideias levaram a uma memória da infância, a uma parte antiga de sua cidade natal, onde estava comprando alguma coisa em uma loja. Fantasiou que tinha comprado uma laranja e uma vela lá e de repente percebeu que a sensação de nojo e horror diante do cavalo tinha sido substituída por uma sensação agradável e tranquila. Ela mesma reconheceu a laranja e a vela como os órgãos masculinos e o cavalo abominavelmente mutilado como os órgãos femininos. A divisão de um número grande por um menor era a relação sexual que devia realizar de forma ineficaz (impotente) com a mãe.

---

23 O "senso" era o pênis.
24 No dia seguinte, na escola, para espanto dele e da professora, conseguiu fazer todas as contas de forma correta (a criança não estava ciente da ligação entre a interpretação e o fim da inibição).

A conta de divisão aqui também era uma partilha, na verdade a relação sexual num estágio de organização sádico-canibalesco.

Quanto às equações matemáticas, Lisa me revelou que nunca conseguira entender equações com mais de uma incógnita.[25] Achava claro que cem fênigues equivalessem a um marco; nesse caso, era fácil calcular uma incógnita. Associava "duas incógnitas" a dois copos cheios de água sobre a mesa, dos quais pega um deles e o atira no chão – também associava isso a cavalos em meio às nuvens e à neblina. A "segunda incógnita" era o segundo pênis supérfluo, ou seja, o pênis do qual queria se livrar em suas observações da relação sexual entre os pais quando era criança, uma vez que desejava possuir o pai ou a mãe e, portanto, afastar um dos dois. Além disso, a segunda incógnita também representava o sêmen, que lhe era um mistério, enquanto a primeira incógnita – ou seja, a equação fezes = pênis – ela já conhecia.[26]

Pode-se perceber, portanto, que o ato de contar e os exercícios de aritmética também têm um investimento simbólico genital; nas atividades pulsionais, componentes que desempenham papel decisivo nesse processo, podemos observar tendências anais, sádicas e canibalescas que são dessa maneira sublimadas e que são coordenadas sob a primazia dos órgãos genitais. O medo da castração, no entanto, tem importância peculiar nessa sublimação. A tendência para superá-lo – o protesto masculino – parece formar de modo geral as raízes de onde se desenvolveram o ato de contar e a aritmética. Ela também se torna fonte da inibição – sendo o grau de intensidade, nesse caso, o fator decisivo.

Quanto à significação libidinal da gramática, remeto a alguns exemplos que apresento no artigo "Análise precoce". Ao falar da análise sintática, Grete se referiu ao desmembramento e à dissecação de um coelho assado.[27] O coelho assado, prato de que gostava até se estabelecer a repulsa, representava o seio e os órgãos genitais da mãe.

Na análise de Lisa, descobri que para estudar história era preciso transplantar-se para dentro "do que as pessoas faziam no passado". Para ela, tratava-se do estudo das relações dos pais entre si e deles com a criança. Daí, é claro, a importância das fantasias infantis envol-

---

25 Essas associações estavam ligadas a um sonho. Ela tinha que resolver o problema: "$2x = 48$; qual é o valor de x?"
26 Cf. também a interpretação da "incógnita" no artigo de J. Sadger, "Über Prüfungsangst und Prüfungsträume". *Internationale Zeitschrift für Psychoanalyse*, v. 6, n. 2, 1920, pp. 140–50.
27 Nesse artigo também comprovo o fato de que tendências orais, anais e canibalescas são sublimadas por meio da fala.

vendo batalhas, matança etc., relacionadas à concepção sádica da relação sexual.

No texto "Análise precoce", fiz um estudo detalhado sobre a determinação libidinal da geografia. Lá também mostrei que muitas vezes o interesse pelas ciências naturais também é inibido com o interesse reprimido pelo útero da mãe – base da inibição do senso de direção.

Por exemplo, no caso de Felix, descobri que uma das principais causas de sua inibição em desenho era a seguinte: ele não conseguia entender como se esboçava ou traçava uma planta, não conseguia imaginar como as fundações de uma casa eram construídas no chão. Para ele, desenhar era a criação do objeto representado – a incapacidade de desenhar significava impotência. Já indiquei em outro trabalho o significado do desenho como criança ou pênis. Pode-se demonstrar repetidas vezes na análise de crianças que por trás do desenho, da pintura e da fotografia há uma atividade inconsciente bem mais profunda: trata-se da procriação e da produção, no inconsciente, do objeto representado. No estágio anal de organização, isso significa a produção sublimada da massa fecal; no estágio genital, a produção do filho – uma produção, de fato, que se ocorre com um esforço motor completamente inadequado. Apesar de ter atingido um estágio de desenvolvimento mais elevado, a criança ainda parece ver no desenho um "gesto mágico",[28] mediante o qual pode concretizar a onipotência de seu pensamento. O desenho, no entanto, também inclui tendências depreciativas destrutivas.[29] Apresento apenas um exemplo: Ernst desenhou círculos usando o contorno de uma caixinha de rapé (que em muitos de seus jogos representava os órgãos genitais maternos), de modo que ficassem sobrepostos.[30] Por fim, coloriu os desenhos, formando uma área oval no meio, onde mais uma vez desenhou um círculo bem pequeno. Dessa maneira, fez "o bumbunzinho da mamãe ficar menor" (a área oval, em vez do círculo) – consequentemente, *ele* passou a ter mais.

Felix me disse várias vezes que achava a física incompreensível. Deu como exemplo sua dificuldade em entender como o som se propaga.

---

28 Cf. S. Ferenczi, "O desenvolvimento do sentido de realidade e seus estágios" [1913], in *Obras completas*, v. 2, trad. Álvaro Cabral. São Paulo: WMF Martins Fontes, 1992.

29 Nas origens da caricatura não haveria apenas a zombaria, mas também uma metamorfose desfavorável do objeto representado.

30 Como já demonstrei, esse desenho estava associado à grande agressividade liberada pela resolução do medo da castração, o qual estava no cerne de suas dificuldades em aritmética.

Só conseguia compreender, por exemplo, como um prego entra na parede. Em outra ocasião, falou de um espaço hermético e disse que, se minha sala fosse um espaço hermético e alguém entrasse, o ar teria que entrar também. Isso também era determinado por ideias sobre a relação sexual, em que o ar representava o sêmen.

Procurei demonstrar como as atividades fundamentais exercitadas na escola são canais para o fluxo de libido e que, desse modo, as pulsões parciais são sublimadas sob a supremacia dos órgãos genitais. Além disso, esse investimento libidinal é transmitido dos estudos mais elementares – ler, escrever e aritmética – para interesses mais amplos baseados neles. Assim, a fonte de inibições posteriores – incluindo a inibição vocacional – pode ser encontrada nas inibições aparentemente evanescentes ligadas aos estudos mais primários. As inibições desses estudos primários, porém, estão calcadas nas inibições do brincar, de modo que no final podemos ver todas as inibições posteriores, tão importantes para a vida e o desenvolvimento, evoluindo das mais antigas inibições do brincar. Em "Análise precoce", mostro que, partindo do ponto em que as precondições da capacidade de sublimação estão dadas pelas fixações libidinais nas sublimações mais primárias – que, na minha opinião, são a fala e o prazer do movimento –, os interesses e as atividades do ego sempre em expansão atingem um investimento libidinal ao adquirir um significado simbólico sexual, de modo que há sempre novas sublimações em diferentes estágios. O mecanismo de inibição que descrevi em detalhes no artigo citado anteriormente permite, devido a significados simbólicos sexuais em comum, o progresso das inibições de uma atividade ou tendência do ego para outra. Já que a remoção das inibições mais antigas também significa evitar inibições futuras, é preciso dar atenção especial às inibições da criança em idade pré-escolar, mesmo quando não são muito salientes. No trabalho já mencionado, procurei mostrar que o medo da castração era a base comum dessas e de todas as inibições futuras. O medo da castração interfere nos interesses e nas atividades do ego porque, além de outras determinantes libidinais, ele tem sempre um significado simbólico basicamente genital, ou seja, ligado à relação sexual.

A grande importância do complexo de castração para a formação da neurose é bem conhecida. No artigo "Introdução ao narcisismo", Freud estabelece a importância do complexo de castração para a formação do caráter e se refere a isso diversas vezes no ensaio *História de uma neurose infantil*.[31]

---

31 Cf. S. Freud, *História de uma neurose infantil ("O Homem dos Lobos")* [1914/1918], in *Obras completas*, v. 14, op. cit. No artigo "The Castration Complex in the

O estabelecimento de todas as inibições que afetam o aprendizado e todo o restante do desenvolvimento deve ser remetido à época em que a sexualidade infantil floresce pela primeira vez, a qual, com o início do complexo de Édipo, dá mais impulso ao medo da castração – trata-se do período precoce entre os três e os quatro anos. É a consequente repressão dos componentes ativos masculinos – tanto nos meninos como nas meninas – que cria o fundamento principal para as inibições no aprendizado.

A contribuição do componente feminino para a sublimação provavelmente sempre serão a receptividade e a compreensão, que são parte importante de todas as atividades. No entanto, o elemento impulsionador que de fato constitui o caráter de toda atividade se origina da sublimação da potência masculina. A atitude feminina em relação ao pai, que está ligada à admiração e ao reconhecimento do pênis paterno e seus feitos, torna-se, por meio da sublimação, a base para compreender as realizações artísticas e outros feitos em geral. Pude observar várias vezes na análise de meninos e meninas como pode ser importante a repressão dessa atitude feminina pelo complexo de castração. Sendo parte essencial de toda atividade, sua repressão necessariamente contribui muito para a inibição. Também foi possível constatar, ao analisar pacientes de ambos os sexos, que quando parte do complexo de castração se torna consciente e a atitude feminina aparece com mais liberdade, muitas vezes vêm à tona interesses artísticos e de outros tipos. Na análise de Felix, por exemplo, quando a atitude feminina em relação ao pai tornou-se evidente depois de o medo da castração ter sido parcialmente solucionado, o talento musical que agora começava a aparecer se manifestava como admiração e respeito por um maestro e compositor. Apenas com o desenvolvimento dessa atividade surgiu uma capacidade crítica mais rigorosa, além de comparações com sua própria habilidade e a tentativa de imitar as realizações dos outros.

Formation of Character" (*The International Journal of Psychoanalysis*, v. 4, 1923, pp. 11–42), Franz Alexander demonstrou a influência do complexo de castração na formação do caráter a partir da análise de um adulto. Num trabalho não publicado, "Die infantile Angst und ihre Bedeutung für die Entwicklung der Persönlichkeit" [A ansiedade infantil e seu significado para o desenvolvimento da personalidade], que procurei ligar a esse ensaio do dr. Alexander, tentei demonstrar esse fato com o material obtido na análise de crianças e apontei para a profunda importância do medo da castração em inibições no esporte, nos jogos e no estudo, além de inibições da personalidade em geral.

É uma observação confirmada com certa frequência que as meninas costumam se sair melhor na escola do que os meninos, mas que seus feitos posteriores não se igualam aos dos homens. Indicarei apenas alguns fatores que me parecem relevantes também nesse aspecto.

Parte das inibições resultantes da repressão da atividade genital – e isso é o mais importante para o desenvolvimento posterior – afeta diretamente a atividade do ego e o interesse como tal. Outra parte das inibições resulta da atitude diante do professor.

Assim, o menino carrega um duplo fardo no que diz respeito à relação com a escola e o aprendizado. Todas as sublimações derivadas dos desejos genitais voltados para a mãe levam a uma crescente consciência de culpa diante do professor. As lições, o esforço para aprender – que no inconsciente significam a relação sexual – levam-no a temer o professor como uma espécie de vingador. Desse modo, o desejo consciente[32] de satisfazer o professor por meio de seus esforços é combatido pelo medo inconsciente de fazer isso, o que leva a um conflito sem solução que determina parte essencial da inibição. Esse conflito perde intensidade quando os esforços do menino não estão mais sob controle direto do professor e ele pode se dedicar com maior liberdade em outro momento de sua vida. Contudo, a possibilidade de atividades mais amplas só está presente, em maior ou menor grau, se o medo da castração não tiver afetado as atividades e os interesses em si, mas apenas a atitude em relação ao professor. Assim, é possível ver alunos muito fracos que obtêm êxito mais tarde, em outro momento da vida; no entanto, no caso daqueles cujos próprios interesses foram inibidos, a maneira como fracassam na escola permanece como protótipo para o desempenho futuro.

Nas meninas, as inibições oriundas do complexo de castração e que afetam todas as atividades são de particular importância. O relacionamento com um professor do sexo masculino, que pode ser um fardo para o menino, age sobre a menina como um incentivo, caso as capacidades delas já não estejam inibidas demais. Na relação com a professora, a atitude de ansiedade proveniente do complexo de Édipo não costuma ser tão poderosa quanto a situação análoga no caso do menino. Se as realizações delas na vida geralmente não se comparam às dos homens, isso se deve ao fato de, na maioria dos casos, a menina não ter uma quantidade tão grande de atividade masculina para empregar na sublimação.

---

32 No inconsciente, esse desejo corresponde ao empenho de superar o pai, de tomar o lugar dele junto à mãe, ou então ao desejo homossexual de conquistar o pai por meio de seus esforços, de conquistá-lo como objeto de amor passivo.

Essas diferenças e traços em comum, assim como a consideração de outros fatores em jogo, pedem uma discussão mais detalhada. Neste trabalho, porém, devo me contentar com algumas breves – e, portanto, insatisfatórias – indicações, que necessariamente tornarão minha apresentação esquemática demais. Considerando esses limites, não é possível discutir sequer parte das diversas conclusões teóricas e pedagógicas para as quais aponta o material aqui mencionado. Tocarei rapidamente apenas numa das mais importantes.

Na argumentação anterior, a escola foi abordada como se tivesse papel totalmente passivo: ela serviria apenas como teste para o desenvolvimento sexual já atingido antes com maior ou menor sucesso. Qual seria, então, o papel ativo da escola? Será que ela pode trazer algo de essencial para o desenvolvimento total da criança, sobretudo o libidinal? É óbvio que um professor compreensivo, que leve em consideração os complexos da criança, reduzirá um maior número de inibições e obterá resultados mais favoráveis do que o professor insensível, ou até mesmo brutal, que desde o início representa para a criança o pai castrador. Descobri em várias análises, entretanto, que, mesmo havendo as melhores condições na escola, ocorrem ainda inibições muito fortes no aprendizado, enquanto uma conduta infeliz por parte do professor nem sempre provoca novas inibições.

Farei um rápido resumo do papel que, na minha opinião, o professor deve desempenhar no desenvolvimento da criança. O professor pode conseguir muito com compreensão e simpatia, pois assim é capaz de reduzir consideravelmente a parte da inibição que se liga à figura do professor como "vingador". Ao mesmo tempo, o professor sábio e bondoso oferece ao componente homossexual do menino e ao componente masculino da menina um objeto para o exercício da atividade genital de forma sublimada – que, como indiquei, pode ser identificada nas várias matérias. Com base nessas indicações, podem-se deduzir as possibilidades de dano decorrentes de um procedimento pedagógico equivocado, ou mesmo brutal, por parte do professor.

No entanto, nos casos em que a repressão da atividade genital afeta os próprios interesses e ocupações da criança, a atitude do professor provavelmente pode diminuir (ou intensificar) o conflito interno dela, mas não terá um efeito profundo nas realizações. Mesmo a possibilidade de um bom professor amenizar o conflito é muito remota, pois há limites impostos pelas formações de complexos da criança, principalmente pela relação com o pai, que determinam de antemão a atitude em relação à escola e ao professor.

Isso explica por que, nos casos em que há inibições mais fortes, os resultados de anos de trabalho pedagógico não correspondem ao esforço despendido, enquanto na análise essas inibições muitas vezes são removidas num período relativamente curto, sendo substituídas pelo total prazer em aprender. Seria melhor, então, reverter o processo: primeiro, a análise precoce removeria as inibições presentes em maior ou menor grau em todas as crianças, e o trabalho da escola partiria desse alicerce. Quando não tiver mais que desperdiçar forças em ataques desanimadores contra os complexos das crianças, a escola poderá realizar um trabalho mais frutífero e de maior relevância para o desenvolvimento da criança.

1923
Análise precoce

Este artigo, cujo título – por nenhum motivo discernível – fora traduzido como "Infant Analysis" [Análise do bebê], tem uma natureza bastante complexa. Isso talvez se deva em parte ao fato de ser baseado em três artigos não publicados, "The Development and Inhibition of Abilities" [O desenvolvimento e a inibição das habilidades], "Infantile Anxiety and Its Significance for the Development of the Personality" [A ansiedade infantil e seu significado para o desenvolvimento da personalidade] e "On the Inhibition and Development of the Ability to Orient Oneself" [Sobre a inibição e o desenvolvimento da habilidade de se orientar]. Além disso, Melanie Klein lida com vários conceitos básicos – ansiedade, inibição, sintomas, formação de símbolos e sublimação. Ela própria acreditava que o artigo trazia uma contribuição para a teoria da sublimação.

No entanto, já neste trabalho, Melanie Klein afirma aquilo que se tornaria um de seus princípios fundamentais: é a resolução da ansiedade que leva ao progresso, tanto na análise como no desenvolvimento mental. Numa tentativa de explicar a ansiedade presente no terror noturno da criança pequena, Klein é levada a estabelecer o início do complexo de Édipo entre as idades de dois e três anos – a primeira de uma série de datas que vão recuando cada vez mais. Contudo, três anos mais tarde, em "Os princípios psicológicos da análise precoce" (1926), ela dá uma explicação bem diferente para o terror noturno, o que marca o início de suas investigações a respeito da ligação entre ansiedade e agressividade.

Suas opiniões acerca do simbolismo, que vão culminar em "A importância da formação de símbolos no desenvolvimento do ego" (1930), também se encontram num rápido desenvolvimento nesse ponto. Meses antes no ano de 1923, em "O papel da escola no desenvolvimento libidinal da criança", Melanie Klein afirmou que todas as atividades têm significação simbólica. No presente artigo, afirma também que essa significação simbólica é o motivo pelo qual certas atividades dão prazer ou são inibidas. Além disso, propõe que, antes da formação de símbolos, há um estágio de identificação em que, como Sándor Ferenczi descreveu, o bebê identifica objetos com os próprios órgãos e atividades. Esse tipo de identificação mais tarde passou a fazer parte do conceito de identificação projetiva em "Notas sobre alguns mecanismos esquizoides" (1946).

Na psicanálise, temos a oportunidade de constatar diversas vezes que a inibição neurótica do talento é determinada pelo fato de a repressão prender as ideias libidinais associadas a essas atividades em particular e, consequentemente, as atividades em si. Na análise de bebês e crianças mais velhas, deparei com um material que me fez investigar certas inibições que só foram reconhecidas como tais durante a análise. Em vários casos, as características a seguir revelaram-se como inibições, assumindo caráter típico: falta de jeito nos jogos e no esporte, além de repulsa a essas atividades; pouco ou nenhum prazer no estudo; falta de interesse por um assunto em particular ou, de modo geral, a presença em diversos graus daquilo que se costuma chamar de preguiça; além disso, muitas vezes se pode constatar que capacidades e interesses mais fracos do que o comum foram "inibidos". Em alguns casos, não se percebeu que tais características eram inibições verdadeiras e, já que inibições semelhantes fazem parte da personalidade de todo ser humano, não puderam ser rotuladas de neuróticas. Quando foram solucionadas pela análise, descobrimos que a base dessas inibições também estava num forte prazer primário que fora reprimido devido a seu caráter sexual – como Karl Abraham demonstrou no caso de neuróticos que sofrem de inibições motoras.[1] Descobriu-se que jogar bola, brincar com aros, patinar, andar de tobogã, dançar, fazer ginástica, nadar – em suma, jogos atléticos de todos os tipos – tinham um investimento libidinal e sempre envolviam um simbolismo genital. O mesmo se aplica ao caminho da escola, à relação com professores de ambos os sexos e também ao processo de ensino e aprendizagem em si. Também se constatou, é claro, que grande número de determinan-

---

1 Cf. Karl Abraham, "A Constitutional Basis of Locomotor Anxiety" [1914], in *Selected Papers on Psycho-Analysis*. London: Hogarth Press, 1927.

tes ativas e passivas, tanto heterossexuais como homossexuais, que variam de acordo com o indivíduo e são oriundas de pulsões parciais separadas, têm igualmente grande importância.

Assim como as inibições neuróticas, aquelas que podemos chamar de inibições "normais" obviamente estavam calcadas numa capacidade de prazer muito grande em termos constitucionais, assim como na sua significação simbólico-sexual. Uma ênfase maior, no entanto, deve ser dada à significação simbólico-sexual. É ela que, ao realizar um investimento libidinal, aumenta a um grau ainda a ser determinado a disposição original e o prazer primário. Ao mesmo tempo, é ela que atrai a repressão sobre si mesma, pois a repressão se dirige contra o tom de prazer sexual associado à atividade e provoca a inibição dessa atividade ou tendência.

Cheguei à conclusão de que na maioria dessas inibições – sejam ou não reconhecidas como tais – o trabalho de reverter o mecanismo foi realizado pela ansiedade, principalmente do "medo da castração"; só com a eliminação dessa ansiedade foi possível fazer algum progresso para vencer a inibição. Essas observações me deram algum insight sobre a relação entre ansiedade e inibição, que discutirei a seguir em mais detalhes.

A análise do pequeno Fritz forneceu um esclarecimento notável sobre essa conexão interna entre ansiedade e inibição.[2] Ao longo dessa análise, cuja segunda parte foi muito profunda, pude constatar que a ansiedade (que em certo momento era bem forte, mas foi diminuindo gradualmente após atingir determinado ponto) acompanhava de tal modo o curso da análise que sempre consistia numa indicação de que alguma inibição seria removida. Toda vez que a ansiedade era resolvida, a análise dava um grande passo adiante. A comparação com outras análises confirmou minha impressão de que nosso sucesso ao afastar as inibições era diretamente proporcional à clareza com a qual a ansiedade se manifestava como tal e podia ser resolvida.[3] Quando

---

2 Cf. "O desenvolvimento de uma criança", neste volume.
3 No caso de Fritz, ela se manifestava de forma violenta (e isso me parece muito importante), com todo o afeto que lhe é próprio. Em outras análises, isso nem sempre acontecia. Por exemplo, no caso de Felix, um menino de treze anos cuja análise também citarei diversas vezes neste trabalho, a ansiedade era reconhecida como tal, mas não era vivenciada com um afeto tão forte. No artigo "The Castration Complex in the Formation of Character" (*The International Journal of Psychoanalysis*, v. 4, 1923, pp. 11–42), o dr. Franz Alexander aponta para a importância dessa "vivência" afetiva. Era isso o que a psicanálise procurava atingir em sua infância, dando-lhe o nome de "ab-reação".

falo de remoção bem-sucedida, não quero dizer apenas que a inibição como tal deveria ser reduzida ou afastada, mas sim que a análise deve restabelecer o prazer primário da atividade. Isso sem dúvida é possível na análise de crianças pequenas e, quanto mais nova a criança, mais rápido isso ocorrerá, pois o caminho a ser percorrido para reverter o mecanismo da inibição não é tão comprido e complicado em crianças *pequenas*. No caso de Fritz, esse processo de remoção através da ansiedade às vezes era precedido pelo surgimento de sintomas transitórios.[4] Mais uma vez, estes eram resolvidos principalmente por meio da ansiedade. Se esses sintomas e inibições são removidos por meio da ansiedade, então não há dúvida de que a ansiedade é a origem deles.

Sabemos que a ansiedade é um dos afetos primários. "Eu disse que a transformação em ansiedade – ou melhor, a descarga sob a forma de ansiedade – é o destino imediato da libido sujeita à repressão".[5] Ao reagir com ansiedade, o ego reproduz o afeto que desde o nascimento tornou-se o protótipo de toda ansiedade, empregando-o como "a moeda universal corrente, pela qual são ou podem ser trocados todos os impulsos afetivos".[6] A descoberta de como o ego tenta se proteger do desenvolvimento da ansiedade em diversas neuroses fez com que Freud chegasse à conclusão de que "Em sentido abstrato, portanto, não nos pareceria incorreto dizer que os sintomas se formam apenas para escapar ao desenvolvimento, de outro modo inevitável, da ansiedade".[7] Assim, nas crianças, a ansiedade sempre precederia a formação dos sintomas e seria a manifestação neurótica mais primária, abrindo caminho, por assim dizer, aos sintomas. Ao mesmo tempo, nem sempre é

---

4 Cf. Sándor Ferenczi, "Sintomas transitórios no decorrer de uma psicanálise" [1912], in *Obras completas*, v. 1, trad. Álvaro Cabral. São Paulo: WMF Martins Fontes, 1991.
5 Sigmund Freud, *Conferências introdutórias à psicanálise* [1916–17], in *Obras completas*, v. 13, trad. Sergio Tellaroli. São Paulo: Companhia das Letras, 2014, p. 543 (trad. modif.).
6 Ibid., p. 534.
7 Em diversas análises, pude constatar que as crianças muitas vezes escondem daqueles à sua volta grandes montantes de ansiedade, como se inconscientemente tivessem noção de seu significado. No caso dos meninos, há também o fato de considerarem a ansiedade uma covardia e de terem vergonha dela – e, de fato, em geral deparam com esse tipo de censura quando a confessam. Esses provavelmente são os motivos pelos quais se esquece a ansiedade da infância de forma tão rápida e por completo. Podemos ter certeza de que uma ansiedade primária sempre se esconde por trás da amnésia da infância e que esta só pode ser reconstituída por uma análise bastante profunda.

possível dizer por que num estágio muito inicial a ansiedade muitas vezes não se manifesta ou não é percebida.

De qualquer maneira, provavelmente não há uma única criança que nunca tenha sofrido de terror noturno e não seria errado afirmar que todos os seres humanos já sentiram em algum momento a presença da ansiedade neurótica, em maior ou menor grau.

> Recordamos que o motivo e o propósito da repressão eram tão somente evitar o desprazer. Segue-se que o destino do montante afetivo da representante é bem mais importante que o da ideia, e que isso é decisivo para o julgamento do processo de repressão. Se uma repressão não consegue impedir o surgimento de sensações de desprazer ou de ansiedade, então podemos dizer que ela fracassou, ainda que tenha alcançado sua meta na parte ideativa.[8]

Se a repressão não é bem-sucedida, o resultado é a formação de sintomas. "Nas neuroses atuam processos que buscam vincular esse desenvolvimento da ansiedade e que, por caminhos diversos, de fato conseguem fazê-lo."[9]

E o que acontece com uma quantidade de afeto que é suprimida sem levar à criação de sintomas – ou seja, o que acontece nos casos em que a repressão é bem-sucedida? No que diz respeito ao destino dessa soma de afeto, condenada à repressão, Freud afirma:

> O destino do fator quantitativo da representante pulsional pode ser triplo, como nos ensina um rápido exame das experiências reunidas na psicanálise. A pulsão é inteiramente suprimida, de modo que dela nada se encontra, ou aparece como um afeto, qualitativamente nuançado de alguma forma, ou é transformado em ansiedade.[10]

Mas como é possível que a carga de afeto seja suprimida numa repressão *bem-sucedida*? Aparentemente, pode-se dizer que sempre quando ocorre a repressão (incluindo os casos em que é bem-sucedida), o afeto é descarregado sob a forma de ansiedade, cuja primeira fase às vezes não é perceptível, ou é ignorada. Esse processo é muito frequente na histeria de ansiedade e também presumimos sua existência em

---

[8] S. Freud, "A repressão" [1915], in *Obras completas*, v. 12, trad. Paulo César de Souza. São Paulo: Companhia das Letras, 2010, p. 93 (trad. modif.).
[9] Id., *Conferências introdutórias sobre à psicanálise*, op. cit., p. 543 (trad. modif.).
[10] Id., "A repressão", op. cit., p. 92 (trad. modif.).

situações nas quais esse tipo de histeria não se desenvolveu. Nesse caso, a ansiedade estaria presente de forma inconsciente durante algum tempo: "vemos como inevitável até mesmo a insólita junção 'consciência de culpa inconsciente' ou a paradoxal 'ansiedade inconsciente'".[11] É verdade que ao discutir o uso do termo "afetos inconscientes", Freud ainda diz:

> Assim, não se pode negar a coerência desse modo de falar; mas existe, em relação à ideia inconsciente, a importante diferença de que esta, após a repressão, continua existindo como formação real no sistema *Ics*, enquanto ao afeto inconsciente corresponde, no mesmo lugar, apenas uma possibilidade incipiente, que não pôde se desenvolver.[12]

Podemos ver, então, que a carga de afeto suprimida pela repressão bem-sucedida sem dúvida também passou por uma transformação em ansiedade. No entanto, quando a repressão é totalmente bem-sucedida, às vezes a ansiedade não se manifesta, ou surge apenas com pouquíssima força, permanecendo como uma disposição em potencial no *Ics*. O mecanismo mediante o qual a "ligação" e a descarga dessa ansiedade, ou disposição para a ansiedade, torna-se possível seria o mesmo que leva à inibição. Ora, as descobertas da psicanálise nos ensinam que a inibição participa em maior ou menor grau do desenvolvimento de todo indivíduo normal; mais uma vez, é apenas o fator quantitativo que determina se esse indivíduo deve ser considerado são ou doente.

Surge, então, uma questão: por que uma pessoa saudável pode descarregar sob a forma de inibições aquilo que no neurótico provocou a neurose? Ofereço as afirmações a seguir como características que distinguem as inibições que estamos examinando: (1) certas tendências do ego recebem forte investimento libidinal; (2) uma quantidade de ansiedade é distribuída entre essas tendências, de modo que ela não apareça mais sob a forma de ansiedade, mas sim de "dor",[13] sofrimento

---

11 Id., "O inconsciente" [1915], in *Obras completas*, v. 12, trad. Paulo César de Souza. São Paulo: Companhia das Letras, 2010, p. 115 (trad. modif.).
12 Ibid., p. 116.
13 Ao escrever sobre a conexão entre a "dor" e a ansiedade nos sonhos, Freud diz o seguinte: "É lícito supor que o que afirmamos acerca dos sonhos não deformados de ansiedade valha também para aqueles sonhos que sofreram deformação parcial, assim como para todos os sonhos que nos causam desprazer e cujas sensações incômodas provavelmente correspondem a apro-

mental, inépcia etc. A análise, porém, mostra que essas manifestações representam uma ansiedade que só se diferencia em termos de intensidade e que não se manifesta como tal. Assim, a inibição indicaria que certa quantidade de ansiedade foi tomada por uma tendência do ego que já tinha um investimento libidinal anterior. A base da repressão bem-sucedida seria, então, o investimento libidinal das pulsões do ego, acompanhado dessa forma bipartida por uma saída rumo à inibição.

Quanto maior a perfeição com que o mecanismo da repressão bem-sucedida realiza seu trabalho, mais difícil é reconhecer a ansiedade como tal, mesmo sob a forma de aversão. Nas pessoas saudáveis, aparentemente livres de inibições, ela aparece apenas sob a forma de inclinação enfraquecida ou parcialmente enfraquecida.[14]

Se considerarmos que a capacidade de empregar a libido supérflua num investimento de tendências do ego equivale à capacidade de *sublimar*, talvez possamos presumir que o indivíduo que permanece saudável seja capaz de fazer isso devido à maior capacidade de sublimação num estágio bastante inicial do desenvolvimento de seu ego.

A repressão, então, agiria sobre as tendências do ego selecionadas com esse propósito e assim surgiriam as inibições. Em outros casos, os mecanismos da neurose entrariam em ação com maior ou menor intensidade, provocando a formação de sintomas.

Sabemos que o complexo de Édipo ativa a repressão com muita força e, ao mesmo tempo, libera o medo da castração. Talvez também possamos partir do princípio de que essa grande "onda" de ansiedade é reforçada por uma ansiedade já existente (talvez apenas sob a forma de disposição em potencial) em consequência de repressões mais antigas – a ansiedade posterior pode ter agido diretamente como ansiedade de castração oriunda das "castrações primárias".[15] Constatei diversas vezes na análise que a ansiedade do nascimento na verdade

---

ximações à ansiedade" (*Conferências introdutórias à psicanálise*, op. cit., p. 293; trad. modif.).

14 Mesmo nessa forma de repressão bem-sucedida, na qual a transformação por que passa a ansiedade a torna irreconhecível, sem dúvida é possível realizar a supressão de grande quantidade de libido. Durante a análise de vários casos, descobri que o desenvolvimento de hábitos e peculiaridades individuais tinha sido influenciado por ideias libidinais.

15 Cf. id., "Sobre transformações dos instintos, em particular no erotismo anal" [1917], in *Obras completas*, v. 14, trad. Paulo César de Souza. São Paulo: Companhia das Letras, 2010; August Stärcke, *Psychoanalyse und Psychiatrie*. Leipzig: Internationaler Psychoanalytischer Verlag, 1921; F. Alexander, "The Castration Complex in the Formation of Character", op. cit.

é a ansiedade de castração reavivando materiais mais antigos e que, quando a ansiedade de castração é solucionada, a do nascimento se dissipa. Por exemplo, já deparei com o caso de uma criança que tinha medo de que o gelo se partisse quando ela passasse por cima ou medo de cair por um buraco na ponte – duas óbvias manifestações da ansiedade do nascimento. Descobri em vários casos que esses medos eram ativados pelo desejo bem menos óbvio de forçar a passagem de volta para dentro da mãe por meio da relação sexual –, desejo acionado pelo significado simbólico-sexual da ponte, do ato de patinar etc. –, o que teria despertado o medo da castração. Desse modo, fica mais fácil compreender como a procriação e o nascimento frequentemente são vistos no inconsciente como uma relação sexual da parte da criança, a qual, mesmo com a ajuda do pai, assim penetraria na vagina da mãe.

Não seria um passo desproporcional, portanto, encarar o terror noturno que ocorre na idade de dois ou três anos como a ansiedade liberada no primeiro estágio de repressão do complexo de Édipo, cuja ligação e descarga depois prossegue de várias maneiras.[16]

O medo da castração que se desenvolve quando o complexo de Édipo é reprimido agora se dirige às tendências do ego que já receberam investimento libidinal e, por sua vez, é ligado e descarregado por meio desse investimento.

Em minha opinião, é evidente que na proporção em que as sublimações efetuadas até então são quantitativamente abundantes e qualitativamente fortes, a ansiedade com que são agora investidas será distribuída de forma completa e imperceptível entre elas, sendo assim descarregada.

Nos casos de Fritz e Felix, pude provar que as inibições do prazer no movimento estavam muito ligadas às do prazer no aprendizado e a vários interesses e tendências do ego (que não especificarei neste momento). Em ambos os casos, o que possibilitou esse *deslocamento da inibição* ou ansiedade de um grupo de tendências do ego para o outro foi obviamente o investimento principal de caráter simbólico-sexual comum aos dois.

---

16 O resultado da repressão aparece de forma marcante um pouco depois (na idade de três ou quatro anos, ou ainda mais tarde) em certas manifestações, algumas das quais são sintomas completamente desenvolvidos – efeitos do complexo de Édipo. Assim, é esperado (mas o fato ainda precisa de comprovação) que, se fosse possível iniciar a análise da criança na época do *terror noturno* ou logo depois, resolvendo-se essa ansiedade, os fundamentos da neurose seriam eliminados e se abririam possibilidades de sublimação. Minhas próprias observações me levam a concluir que não é impossível conduzir uma investigação analítica com crianças dessa idade.

No caso de Felix, um menino de treze anos cuja análise usarei para ilustrar meus comentários um pouco mais adiante neste ensaio, a forma como esse deslocamento se manifestou foi a alternância de suas inibições entre os jogos esportivos e as aulas. Ele era um bom aluno nos primeiros anos da escola, porém era tímido e desajeitado em todos os tipos de esporte. Quando voltou da guerra, seu pai costumava lhe bater e dar broncas por causa da covardia do menino, e com esses métodos obteve os resultados que desejava. Felix passou a ter bom desempenho nos esportes, dedicando-lhes um interesse apaixonado, mas ao mesmo tempo desenvolveu aversão à escola e a todo tipo de aprendizado e conhecimento. Essa aversão acabou se tornando uma antipatia indisfarçável, a qual Felix trouxe para a análise. O investimento simbólico-sexual em comum criou um elo entre os dois grupos de inibições e foi em parte a intervenção do pai, que fez com que o filho considerasse os jogos a sublimação mais adequada ao próprio ego, que possibilitou a Felix deslocar toda a inibição dos esportes para as aulas.

O fator de "consonância com o ego", creio, também é de grande importância para determinar a tendência libidinalmente investida contra a qual será dirigida a libido reprimida (descarregada sob a forma de ansiedade) e qual tendência sucumbirá à inibição em maior ou menor grau.

Parece-me que esse mecanismo de deslocamento de uma inibição para outra apresenta analogias com o mecanismo das fobias. No entanto, enquanto nesta o conteúdo ideacional simplesmente dá lugar a uma formação substitutiva por meio do deslocamento, sem que a soma de afeto desapareça, na inibição também parece ocorrer ao mesmo tempo a descarga da soma de afeto.

> Como sabemos, o desenvolvimento da ansiedade é a reação do ego ao perigo e o sinal para o início da fuga. É natural, pois, que entendamos que, na ansiedade neurótica, o ego empreende semelhante tentativa de fuga diante da demanda de sua libido e que trata esse perigo interior como se fosse exterior. Assim se cumpriria nossa expectativa de que, onde se manifesta a ansiedade, também há algo que causa ansiedade. Mas essa analogia poderia ser levada adiante. Assim como a tentativa de fuga ante o perigo exterior dá lugar ao enfrentamento e a medidas que visam à defesa, também o desenvolvimento da ansiedade neurótica cede lugar à formação do sintoma, o que produz uma vinculação da ansiedade.[17]

---

17 S. Freud, *Conferências introdutórias à psicanálise*, p. 536 (trad. modif.).

Creio que, de forma semelhante, podemos encarar a inibição como uma restrição compulsória, que agora surge de dentro, de um excesso perigoso de libido – restrição que em determinado período da história tomou a forma de compulsão externa. Logo de início, portanto, a primeira reação do ego diante do perigo de uma obstrução da libido seria a ansiedade: "o sinal para a fuga". Mas o impulso para a fuga dá lugar à tentativa de "enfrentamento e a medidas que visam à defesa", o que corresponde à formação de sintomas. Outra medida defensiva seria a submissão, mediante a restrição, das tendências libidinais, ou seja, a inibição; mas isso só seria possível se o indivíduo conseguisse desviar a libido para as atividades das pulsões de autopreservação, transferindo para o âmbito das tendências do ego o conflito entre a energia pulsional e a repressão. Daí a inibição como resultado da repressão bem-sucedida ser a condição básica e, ao mesmo tempo, a consequência da civilização. Dessa maneira, o homem primitivo, cuja vida mental é em tantos aspectos semelhante à do neurótico,[18] teria chegado ao mecanismo da neurose, pois, não tendo uma capacidade de sublimação forte o suficiente, ele também não tinha acesso ao mecanismo da repressão bem-sucedida.

Tendo atingido um nível de civilização condicionado pela repressão, mas de modo geral incapaz de atingir a repressão a não ser pelo mecanismo da neurose, ele não consegue avançar além desse nível cultural infantil específico.

Gostaria, então, de chamar a atenção para a conclusão que surge da argumentação que expus até este ponto: a presença ou a ausência de certas capacidades (ou até mesmo o grau em que elas estão presentes), apesar de ser aparentemente determinada apenas por fatores constitucionais e de fazer parte do desenvolvimento das pulsões do ego, também é determinada por outros fatores, de caráter libidinal, e pode ser modificada pela análise.

Um desses fatores básicos é a presença do investimento libidinal como preliminar necessária para a inibição. Essa conclusão se ajusta a fatos observados diversas vezes na psicanálise. No entanto, podemos perceber que existe um investimento libidinal da tendência do ego mesmo quando não há inibição. Esse é um componente constante de todo talento e interesse (como se pode ver com especial clareza na análise de bebês). Se é assim, devemos partir do princípio de que para uma tendência do ego se desenvolver não basta haver disposição constitucional, e que as considerações a seguir também são importantes: como, em

---

18 Cf. id., *Totem e tabu* [1912-13], in *Obras completas*, v. 11, trad. Paulo César de Souza. São Paulo: Companhia das Letras, 2012.

que período e em que quantidade – ou seja, em que condições – ocorre a aliança com a libido. Assim, o desenvolvimento da tendência do ego também depende do destino da libido a que está associado, isto é, do sucesso do investimento libidinal. No entanto, isso reduz o papel do fator constitucional nos talentos e – como Freud provou em relação às doenças – o fator "acidental" passa a ter grande importância.

Sabemos que no estágio narcísico as pulsões do ego e as pulsões sexuais ainda estão unidas, pois logo de início as pulsões sexuais ocupam uma posição no território das pulsões de autopreservação. O estudo das neuroses de transferência nos ensinou que mais tarde os dois grupos se separam, passam a operar como duas formas distintas de energia e se desenvolvem de maneiras diferentes. Apesar de aceitarmos a diferenciação entre as pulsões do ego e as pulsões sexuais, sabemos a partir de Freud que parte das pulsões sexuais permanece pelo resto da vida associada às pulsões do ego, fornecendo-lhes componentes libidinais. Aquilo que chamei até aqui de investimento simbólico-sexual de uma tendência ou atividade pertencente às pulsões do ego corresponde a esse componente libidinal. Damos o nome de "sublimação" a esse processo de investimento com libido e explicamos sua gênese ao dizer que ele oferece à libido supérflua, para a qual não há satisfação adequada, a possibilidade de descarga, permitindo que a obstrução de libido seja reduzida, ou mesmo eliminada. Essa noção também está de acordo com a afirmação de Freud de que o processo de sublimação abre caminho para a descarga de excitações excessivamente poderosas que emanam das diversas fontes componentes da sexualidade, permitindo que elas sejam aplicadas em outras direções. Assim, segundo ele, quando o indivíduo tem uma disposição constitucional anormal, a excitação supérflua pode encontrar escoamento não só na perversão ou na neurose, mas também na sublimação.[19]

Ao estudar as origens sexuais da fala, Hans Sperber mostra que os impulsos sexuais desempenharam papel importante na evolução dessa atividade: os primeiros sons falados consistiam em chamados que visavam atrair um companheiro, e essa fala rudimentar acabou se tornando um acompanhamento rítmico para o trabalho, que assim passou a ser associado ao prazer sexual.[20] Ernest Jones chega à conclusão de que a sublimação é uma repetição ontogenética do processo

---

19 Cf. id., *Três ensaios sobre a teoria da sexualidade* [1905], in *Obras completas*, v. 6, trad. Paulo César de Souza. São Paulo: Companhia das Letras, 2016.
20 Cf. Hans Sperber, "Über den Einfluss sexueller Momente auf Entstehung Entwicklung der Sprache". *Imago*, v. 1, n. 5, 1912.

descrito por Sperber.²¹ Ao mesmo tempo, porém, os fatores que condicionam o desenvolvimento da fala estão presentes na gênese do simbolismo. Sándor Ferenczi afirma que a base da identificação, um estágio preliminar do simbolismo, é o fato de que, numa etapa inicial do desenvolvimento, a criança tenta redescobrir, em cada objeto com os quais depara, os órgãos de seu corpo e as atividades desses órgãos. Ao estabelecer uma comparação semelhante dentro de seu próprio organismo, a criança provavelmente encontra na parte superior do corpo um equivalente para cada detalhe imbuído de importância afetiva na parte inferior. De acordo com Freud, a orientação primária para o corpo do próprio indivíduo também é acompanhada pela descoberta de novas fontes de prazer. Talvez seja isso que torne possível comparar diferentes órgãos e regiões do corpo. A essa comparação se seguiria o processo de identificação com outros objetos – processo em que, segundo Jones, o princípio de prazer nos permite comparar dois objetos muito diferentes considerando a semelhança do tom prazeroso ou do interesse.²² Contudo, provavelmente não seria um equívoco afirmar que esses objetos e atividades, que não são fontes de prazer por si só, adquirem essa característica através dessa identificação: um prazer sexual é deslocado para eles, assim como Sperber acredita ter ocorrido com o trabalho do homem primitivo. Depois, quando a repressão entra em ação e se passa da identificação para a formação de símbolos, é esse processo que oferece oportunidade para que a libido seja deslocada a outros objetos e atividades das pulsões de autopreservação que originalmente não tinham tom prazeroso. Aqui chegamos ao mecanismo de sublimação.

Assim, podemos ver que a *identificação* é um estágio preliminar não só da formação de símbolos, mas também da evolução da fala e da sublimação. Ela ocorre por meio da formação de símbolos, processo em que as fantasias libidinais são fixadas de forma simbólico-sexual sobre determinados objetos, atividades e interesses. Posso ilustrar tal afirmação da seguinte maneira. Nos casos de prazer no movimento – como jogos e atividades atléticas, que mencionei antes –, foi possível reconhecer a influência do significado simbólico-sexual do campo de jogo, da pista etc. (simbolizando a mãe), enquanto andar, correr e movimentos atléticos de todos os tipos representam a penetração

---

21 Cf. Ernest Jones, "The Theory of Symbolism" [1916], in *Papers on Psycho-Analysis*. London: Baillière, 1918. Cf. também Otto Rank e Hanns Sachs, *Die Bedeutung der Psychoanalyse für die Geisteswissenschaften*. Wiesbaden: Bergmann, 1913.
22 Cf. E. Jones, "The Theory of Symbolism", op. cit.

na mãe. Ao mesmo tempo, os pés, as mãos e o corpo – que executam essas atividades e, em consequência da identificação inicial, são equiparados ao pênis – atraem para si mesmos algumas das fantasias originalmente ligadas ao pênis e às situações de gratificação associadas a esse órgão. O elo de ligação provavelmente era o prazer no movimento ou o prazer do órgão em si. É nesse ponto que a sublimação diverge da formação de sintomas histéricos, apesar de ambas seguirem até então o mesmo caminho.

Para estabelecer com mais clareza as analogias e diferenças entre os sintomas e a sublimação, gostaria de chamar a atenção para a análise de Freud a respeito de Leonardo da Vinci. Freud toma como ponto de partida a lembrança de Leonardo – ou melhor, a fantasia – de que, quando ainda estava no berço, um abutre pousou perto dele, abriu-lhe a boca com o rabo e apertou a cauda várias vezes contra os lábios dele. O próprio Leonardo comenta que desde muito cedo isso determinou seu interesse profundo pelos abutres e Freud demonstra como essa fantasia foi muito importante na arte de da Vinci e em sua inclinação para as ciências naturais.

Na análise de Freud, descobrimos que o conteúdo real de lembrança na fantasia é a situação da criança sendo amamentada e beijada pela mãe. A ideia da cauda do pássaro na boca (que corresponde a uma felação) é, obviamente, uma transformação da fantasia num molde homossexual passivo. Ao mesmo tempo, vemos que representa uma condensação das teorias sexuais infantis de Leonardo, que o levaram a acreditar que a mãe possuía um pênis. Constatamos várias vezes que, quando a pulsão epistemofílica é associada bem cedo aos interesses sexuais, o resultado é a inibição, ou a neurose obsessiva, e a ruminação. Freud demonstra que Leonardo escapou desse destino por meio da sublimação dessa pulsão parcial, que dessa forma não caiu vítima da repressão. Agora gostaria de perguntar: como Leonardo escapou da histeria? Creio que a raiz da histeria pode ser detectada, na fantasia, no elemento condensado da cauda do abutre – elemento encontrado muitas vezes em histéricos como uma fantasia de felação, expresso, por exemplo, na sensação de bolo na garganta. Segundo Freud, na sintomatologia da histeria há uma reprodução da capacidade de deslocamento das zonas erógenas que se manifesta na orientação e na identificação inicial da criança. Assim, podemos constatar que a identificação também é um estágio preliminar para a formação dos sintomas histéricos, e é essa identificação que permite ao histérico realizar o deslocamento característico de baixo para cima. Se partirmos do princípio de que a situação de gratificação por meio da felação, que em

Leonardo se tornou fixada, foi atingida pelo mesmo caminho (identificação – formação de símbolos – fixação) que leva à conversão histérica, creio que o ponto de divergência ocorre na fixação. Em Leonardo, a situação prazerosa não ficou fixada como tal: ele a transferiu para as tendências do ego. Talvez ele tivesse a capacidade, desde muito cedo, de estabelecer uma ampla identificação com os objetos do mundo à sua volta. Talvez essa capacidade decorresse de um precoce e vasto desenvolvimento da libido narcísica para a libido objetal. Outro fator que teria contribuído para esse fato seria a capacidade de manter a libido em estado de suspensão. Entretanto, podemos supor que existe ainda outro fator importante para a capacidade de sublimação – e que talvez forme boa parte do talento de que um indivíduo é dotado constitucionalmente. Refiro-me à facilidade com que a atividade ou a tendência do ego toma um investimento libidinal e até que ponto ela apresenta esse tipo de receptividade; no plano físico, há uma analogia com a facilidade com que uma área específica do corpo recebe uma inervação e a importância desse fator no desenvolvimento de sintomas histéricos. Tais fatores, que podem constituir o que chamamos de "disposição", formariam uma série complementar, como aquelas com as quais já estamos familiarizados na etiologia das neuroses. No caso de Leonardo, estabeleceu-se não só uma identificação entre o mamilo, o pênis e a cauda do pássaro, mas essa identificação se fundiu a um interesse no movimento desse objeto, no pássaro em si, no voo e no espaço em que voava. As situações prazerosas, vividas de fato ou fantasiadas, permaneceram inconscientes e fixadas, mas foram entretidas por uma tendência do ego e assim puderam ser descarregadas. Quando recebem esse tipo de representação, as fixações são despidas de seu caráter sexual; elas se tornam consonantes com o ego e, caso a sublimação seja bem-sucedida – isto é, caso as fixações se fundam a uma tendência do ego –, não são reprimidas. Quando isso acontece, fornecem à tendência do ego a soma de afeto que age como estímulo e força motriz do talento. Uma vez que a tendência do ego lhes oferece total liberdade para se exercitarem de uma maneira consonante com o ego, elas permitem que a fantasia se desenvolva sem entraves e, assim, também são descarregadas.

Na fixação histérica, por sua vez, a fantasia se prende com tanta força à situação de prazer que, antes que a sublimação possa ser efetuada, ela sucumbe à repressão e à fixação; dessa maneira, estando presentes os outros fatores etiológicos, é forçada a encontrar sua representação e descarga nos sintomas histéricos. A maneira como se desenvolveu o interesse de Leonardo pelo voo dos pássaros mostra que a fixação na fantasia, com todos os seus determinantes, continua atuante também na sublimação.

Freud fez um resumo abrangente das características essenciais dos sintomas histéricos.[23] Se experimentarmos aplicar essa descrição feita por Freud à sublimação de Leonardo vista em conexão com a fantasia do abutre, veremos a analogia entre os sintomas e a sublimação. Creio, também, que essa sublimação corresponde à fórmula de Freud em que o sintoma histérico muitas vezes expressa uma fantasia sexual inconsciente de caráter masculino, de um lado, e feminino, do outro. No caso de Leonardo, o lado feminino é expresso pela fantasia passiva da felação; a fantasia masculina pode ser percebida, na minha opinião, numa passagem das anotações de Leonardo que Freud cita como uma espécie de profecia: "O grande pássaro levantará seu primeiro voo do dorso de seu grande Cisne, enchendo o universo de assombro, enchendo de sua fama todas as escrituras, e glória eterna ao ninho onde nasceu".[24] Isso não significa fazer com que a mãe reconheça suas realizações genitais? Creio que essa fantasia, que também expressa um antigo desejo infantil, estava representada no estudo científico do voo dos pássaros e da aeronáutica, assim como a fantasia do abutre. Assim, a atividade genital de Leonardo, que desempenhava papel tão reduzido na gratificação real de suas pulsões, estava completamente incorporada às suas sublimações.

Segundo Freud, a crise histérica é simplesmente uma pantomima de fantasias, traduzidas em termos de movimento e projetadas na motilidade. Pode-se fazer afirmação semelhante a respeito das fantasias e fixações que, como no artista, são representadas por inervações motoras em relação ao próprio corpo do indivíduo ou algum outro meio. Essa afirmação está de acordo com o que Ferenczi e Freud escreveram sobre as analogias e relações entre a arte e a histeria, por um lado, e a crise histérica e a relação sexual, por outro.

Como o material usado pela crise histérica é uma condensação peculiar de fantasias, o desenvolvimento de um interesse pela arte ou de um *talento* criativo dependeria em parte da quantidade e intensidade das fixações e fantasias representadas na sublimação. Além da quanti-

---

23 Cf. S. Freud, "As fantasias histéricas e sua relação com a bissexualidade" [1908], in *Obras completas*, v. 8, trad. Paulo César de Souza. São Paulo: Companhia das Letras, 2015.
24 Leonardo da Vinci apud S. Freud, "Uma recordação de infância de Leonardo da Vinci" [1910], in *Obras completas*, v. 9, trad. Paulo César de Souza. São Paulo: Companhia das Letras, 2013, p. 202.

dade de fatores constitucionais e acidentais presentes no processo, e da harmonia que se estabelece entre eles, também é importante a porção de atividade genital que pode ser desviada para a sublimação. De forma semelhante, a primazia da área genital sempre é atingida na histeria.

A diferença entre o gênio e o talento não é só quantitativa, mas também qualitativa. Mesmo assim, podemos atribuir ao gênio as mesmas condições genéticas do talento. A existência do gênio só parece possível quando todos os fatores envolvidos estão presentes numa abundância tal que dê origem a grupamentos únicos, configurados com base em unidades que apresentam uma semelhança essencial entre si – isto é, as fixações libidinais.

Ao discutir a questão da sublimação, sugeri que um dos fatores determinantes para seu sucesso era que as fixações destinadas à sublimação não fossem submetidas à repressão cedo demais, pois isso eliminaria a possibilidade de desenvolvimento. Assim, teríamos de postular uma série complementar entre a formação de sintomas e a sublimação bem-sucedida – essa série também incluiria a possibilidade de sublimações menos bem-sucedidas. Em minha opinião, a fixação que dá origem ao sintoma já estaria a caminho da sublimação, mas foi impedida pela repressão. Quanto mais cedo isso acontece, mais a fixação retém o caráter propriamente sexual da situação de prazer e sexualiza a tendência à qual outorgou seu investimento libidinal, em vez de fundir-se a ela. Essa tendência ou interesse também será mais instável, pois estará perpetuamente sob o ataque da repressão.

Gostaria de acrescentar algumas palavras sobre a diferença entre a repressão malsucedida e a inibição, e as relações entre ambas. Mencionei algumas inibições que considerei normais e que surgiram quando a repressão foi bem-sucedida; quando elas foram resolvidas pela análise, constatou-se que se baseavam em parte em sublimações muito fortes. Estas chegavam a se formar, mas eram inibidas, pelo menos até certo ponto. Não tinham características de uma sublimação malsucedida, que oscila entre a formação de sintomas, traços neuróticos e sublimações. Apenas na análise foram reconhecidas como inibições; elas se manifestavam de forma negativa, como falta de inclinação ou capacidade, ou então apenas como redução de ambas. As inibições se formam (como procurei mostrar na p. 114) por meio da transferência da libido superficial, descarregada como ansiedade, para as sublimações. Assim, a sublimação é diminuída ou destruída pela repressão sob a forma de inibição, mas a formação de sintomas é evitada, pois a ansiedade é descarregada de forma semelhante à encontrada na formação de sintomas histéricos. Desse modo, podemos supor que o homem normal atinge seu estado saudável por inibições, auxiliadas pela repressão bem-sucedida. Se a quantidade de ansiedade que investe as inibições excede a de sublimação, o resultado é a inibição neurótica, pois o cabo de guerra entre a libido e a repressão deixa de ser decidido no campo das tendências do ego e, portanto, são postos em movimento os mesmos processos empregados nas neuroses para ligar a ansiedade. Enquanto na sublimação malsucedida as fantasias encontram a repressão a meio caminho da sublimação e se tornam fixadas, podemos supor que, para uma sublimação ser inibida, ela já deve ter surgido antes como sublimação. Mais uma vez podemos propor a existência de uma série complementar entre os sintomas, de um lado, e a sublimação bem-sucedida, de outro. No entanto, podemos presumir que na medida em que as sublimações são bem-sucedidas e uma quantidade pequena de libido permanece represada no ego, pronta para ser descarregada sob a forma de ansiedade, menor é a necessidade de inibição. Também não há dúvida de que, quanto mais bem-sucedida for a sublimação, menos ela estará exposta à repressão. Aqui podemos propor de novo uma série complementar.

Conhecemos a importância de fantasias de masturbação em crises e sintomas histéricos. Gostaria de dar um exemplo do efeito de fantasias de masturbação sobre a sublimação. Felix, de treze anos, apresentou a fantasia a seguir durante a análise. Ele brincava com belas meninas nuas, e acariciava os seios delas. Não conseguia ver a parte de baixo do corpo. Elas estavam jogando futebol. Ao longo da análise, essa única fantasia sexual, que para Felix servia como substituta para o onanismo, foi seguida de várias outras fantasias, algumas sob a forma de devaneios, outras como sonhos, substituindo o onanismo. E todas envolviam algum tipo de jogo esportivo. Essas fantasias mostravam como algumas das fixações do menino estavam elaboradas em interesse por jogos. Na primeira fantasia sexual, que era apenas fragmentária, a relação sexual já tinha sido substituída pelo futebol.[25] Esse e outros jogos lhe absorviam completamente o interesse e a ambição, pois essa sublimação era reforçada por meio de uma reação que funcionava como proteção contra outros interesses reprimidos e inibidos, menos consonantes com o ego.

É possível que esse reforço reativo ou até mesmo obsessivo seja um fator determinante na destruição de sublimações que às vezes ocorre durante a análise, apesar de nossa experiência demonstrar que

---

[25] Descobri na análise de meninos e meninas que esse significado do futebol – e, na verdade, de todos os jogos de bola – é típico. Ilustrarei essa afirmação em outro ponto; por enquanto, basta dizer que cheguei a essa conclusão.

em geral a análise só estimula a sublimação. Acaba-se desistindo do sintoma, que é uma formação substitutiva onerosa, quando as fixações são resolvidas e outros canais são abertos para a descarga da libido. No entanto, quando se traz para o consciente as fixações que formam a base da sublimação, o resultado costuma ser diferente: muitas vezes a sublimação é reforçada, pois se mantém como canal substitutivo mais eficaz (e provavelmente mais antigo) para a descarga da libido, que deve permanecer insatisfeita.

Sabemos que a fixação em cenas ou fantasias "primárias" é muito forte na gênese da neurose. Darei agora um exemplo da importância das fantasias primárias no desenvolvimento das sublimações. Fritz, que na época tinha quase sete anos, relatava muitas fantasias sobre o "General Pipi" (o órgão genital) que conduzia os soldados, os "pingos de pipi", pelas ruas; Fritz fazia uma descrição exata da disposição dessas ruas e as comparava ao formato das letras do alfabeto. O general liderava os soldados até uma aldeia, onde ficavam aquartelados. O conteúdo dessas fantasias era a relação sexual com a mãe, os movimentos do pênis que acompanhavam esse ato e o caminho que ele tomava. Levando em conta o contexto do menino, aparentemente também se tratava de fantasias de masturbação. Descobrimos que agiam nas sublimações do menino juntamente com outros elementos, cujo desenvolvimento não posso descrever agora. Quando Fritz andava de "patinete", dava atenção especial às curvas,[26] semelhantes às que descrevia em várias fantasias sobre o pipi. Por exemplo, uma vez disse que tinha inventado uma patente para o [General] Pipi. A patente consistia em ser capaz, sem tocá-lo com a mão, de fazer o pipi aparecer na abertura das calças ao torcer e girar o corpo todo.

Fritz tinha fantasias frequentes em que inventava um tipo especial de motocicleta ou carro. O objetivo dessas construções de sua fantasia[27]

---

26 Seu grande prazer e sua habilidade nesse passatempo tinham sido precedidos pela falta de jeito e pela repulsa. Durante a análise, ocorreu primeiro uma oscilação entre o gozo e a repugnância – o que também acontecia em relação aos outros jogos de movimento e os esportes. Mais tarde, o prazer e a habilidade tomaram o lugar da inibição, que tinha sido determinada pelo medo da castração. O mesmo motivo estava por trás da inibição (e depois prazer) em andar de tobogã. Aqui ele dava mais uma vez grande importância às posições assumidas durante o jogo. Descobrimos que tinha atitude semelhante em todos os jogos de movimento e no atletismo.

27 Era óbvio que a origem dos aparelhos e construções que fantasiava era sempre os movimentos e as funções do pipi, os quais suas invenções tinham o objetivo de aperfeiçoar.

era sempre atingir uma habilidade especial em fazer curvas para dentro e para fora. "As mulheres", costumava dizer, "podem até saber dirigir, mas não conseguem virar tão rápido". Uma de suas fantasias era que todas as crianças, meninos e meninas, tinham uma pequena motocicleta logo que nasciam. Cada criança podia levar mais três ou quatro crianças na garupa e deixá-las onde quisesse. As malvadas caíam da moto durante uma curva fechada e as outras saltavam no ponto final (nasciam). Ao falar da letra "S", em torno da qual tinha muitas fantasias, disse que seus filhos, os "s" minúsculos, sabiam atirar e dirigir quando ainda eram crianças de colo. Todos tinham motocicletas com as quais podiam cobrir, em quinze minutos, uma distância maior do que um adulto numa hora inteira. Fora isso, as crianças corriam e saltavam melhor do que os adultos, além de terem habilidade física bem maior. Fritz também tinha muitas fantasias sobre os diversos tipos de veículos que gostaria de ter e que usaria para ir à escola assim que os ganhasse, levando consigo a mãe ou a irmã. Uma vez, demonstrou ansiedade em relação à ideia de pôr gasolina no tanque do carro, por causa do perigo de explosão; descobrimos mais tarde que, na fantasia de encher o tanque de uma motocicleta grande ou pequena, a gasolina representava a "água do pipi", ou sêmen, que o menino presumia ser necessária para a relação sexual. Ao mesmo tempo, a destreza no manuseio da motocicleta e a habilidade de fazer curvas constantes simbolizavam a perícia na relação sexual.

Foi só no início de sua vida que o menino tinha dado algum sinal dessa forte fixação pela estrada e de todos os interesses relacionados a isso. No entanto, quando tinha cerca de cinco anos, demonstrava forte aversão a sair para dar um passeio. Na mesma idade, era marcante sua incapacidade de entender a noção de distância no tempo e no espaço. Assim, depois de viajar algumas horas, pensava que ainda estava em sua cidade natal. Ao lado da relutância em sair para andar, havia total falta de interesse em se familiarizar com o lugar para onde viajava e também ausência de qualquer senso de direção.

O forte interesse em veículos tomou a forma do hábito de ficar horas na janela ou na entrada de casa para ver os carros passarem, além da paixão por dirigir. Sua ocupação principal consistia em fingir ser um cocheiro ou um chofer, juntando algumas cadeiras para servir de veículo. O menino se dedicava de forma tão exclusiva a esse jogo – que na verdade se resumia a ficar sentado lá, muito quieto – que o passatempo parecia tomar o caráter de compulsão, principalmente se levarmos em conta a total aversão de Fritz por qualquer outro tipo de brincadeira. Foi nessa época que iniciei sua análise e depois de alguns meses houve grande mudança, não só a esse respeito, mas também em termos mais gerais.

Até então, o menino estivera livre da ansiedade, mas durante a análise veio à tona uma ansiedade intensa, que foi resolvida analiticamente. No último estágio dessa análise, surgiu uma fobia aos meninos da rua. Isso estava associado ao fato de ter sido várias vezes molestado por essas crianças. Fritz passou a demonstrar medo delas e por fim não havia mais como convencê-lo a ir à rua sozinho. Não pude chegar a essa fobia analiticamente, pois devido a motivos externos foi necessário interromper a análise. Descobri, porém, que pouco depois de pararmos o tratamento a fobia tinha desaparecido por completo, substituída por um prazer peculiar em perambular pelas ruas.[28]

Ao mesmo tempo, Fritz desenvolveu um senso de direção mais vívido. No início, o interesse dele se voltava principalmente às estações, às portas dos vagões de trem e às entradas e saídas dos lugares logo que botava o pé neles. Começou a exibir grande interesse nos trilhos do bonde e nas ruas por onde passavam. A análise removera sua aversão à brincadeira, que tinha vários fatores determinantes. Seu interesse em veículos, que se desenvolvera cedo e tinha caráter obsessivo, agora se manifestava em diversos jogos que, ao contrário da monótona brincadeira de chofer, eram desenvolvidos com muita fantasia. Também passou a demonstrar interesse apaixonado por elevadores e gostava muito de andar neles. Mais ou menos na mesma época, ficou doente e precisou ficar de cama; nessa ocasião, inventou as seguintes brincadeiras. Ele se enfiava embaixo dos lençóis e dizia: "O buraco está ficando maior, está ficando maior, eu vou sair logo". Ao dizer isso, levantava devagar os lençóis no outro extremo da cama, até que a abertura fosse grande o suficiente para que conseguisse passar. Depois, fingia que ia fazer uma viagem por baixo dos lençóis; às vezes, saía de um lado, às vezes, do outro, e quando aparecia dizia estar "sobressolo", querendo indicar o oposto de uma estação subterrânea do metrô. Ficara extremamente impressionado com a visão de um trem do metrô saindo do chão num terminal para prosseguir a viagem na superfície. Na brincadeira dos lençóis, tomava muito cuidado para que eles não se

---

28 Quando tinha dois anos e nove meses, Fritz fugiu de casa e atravessou ruas movimentadas sem o menor sinal de medo. Essa inclinação para fugir durou cerca de seis meses. Mais tarde, o menino passou a exibir grande cuidado com veículos (a análise revelou que se tratava de uma ansiedade neurótica); além disso, o desejo de fugir, assim como o prazer de caminhar, pareciam ter desaparecido por completo.

levantassem em nenhum dos dois lados durante sua viagem, de modo que só ficava visível quando aparecia na outra ponta, que chamava de "estação final". Em outra ocasião, criou um jogo diferente com os lençóis; consistia em entrar sob eles e sair de baixo deles em diversos pontos. Uma vez, disse à mãe, enquanto brincava: "Estou entrando na sua barriga". No mesmo período, produziu a seguinte fantasia: estava descendo no metrô. Havia muita gente lá. O cobrador subia e descia rapidamente alguns degraus e dava os bilhetes para as pessoas. Fritz estava andando no metrô embaixo da terra, até as linhas se encontrarem. Então, apareceu um buraco onde havia um pouco de grama. Em outro desses jogos na cama, fazia um carro de brinquedo com um chofer andar sobre os lençóis, que enrolava num montinho. Então dizia: "O chofer sempre quer subir na montanha, mas esse caminho é ruim"; depois, fazendo o chofer passar por baixo dos lençóis, corrigia: "Esse é o caminho certo". Tinha especial interesse por parte da ferrovia onde havia apenas uma linha, que terminava numa curva sobre si mesma. Disse a esse respeito que era preciso existir a curva, para que outro trem não viesse no sentido oposto e houvesse uma colisão. Ilustrou esse perigo para a mãe: "Olhe, se duas pessoas chegam uma de cada lado" (ao dizer isso, correu na direção da mãe) "elas acabam batendo e é a mesma coisa com dois cavalos, se vierem assim". Uma de suas fantasias frequentes era imaginar como a mãe seria por dentro: ela teria todo tipo de aparelhos ali, principalmente no estômago. A isso se seguia a fantasia de um balanço ou carrossel onde apareciam diversas pessoas pequenininhas, que entravam uma atrás da outra e depois saíam pelo outro lado. Havia alguém que apertava alguma coisa e as ajudava.

O novo prazer de Fritz em perambular e os novos interesses duraram algum tempo, mas após alguns meses foram substituídos pela velha aversão a sair para passear. Essa tendência ainda estava presente quando retomei a análise do menino recentemente. Nessa ocasião, tinha quase sete anos.[29]

Durante a nova etapa da análise, que agora ia muito fundo, essa aversão cresceu e se revelou de forma clara como inibição, até que a ansiedade por trás dela veio à tona e pôde ser resolvida. Era o *caminho da escola*, em particular, o que provocava essa grande ansiedade. Descobrimos que um dos motivos pelos quais não gostava das estradas

---

29 O menino teve uma recaída, causada em parte pelo fato de eu não ter levado a análise muito a fundo, no afã de ser cuidadosa. Parte dos resultados obtidos, porém, foram duradouros.

que tomava para ir à escola era que elas tinham árvores. No entanto, achava muito bonitas as estradas cercadas de campos por todos os lados, pois era possível fazer caminhos por ali e transformar tudo num jardim, caso se plantassem e regassem as flores.[30] A antipatia de Fritz pelas árvores, que durante algum tempo tomou a forma de medo dos bosques, era determinada em parte por fantasias envolvendo uma árvore que é derrubada e que poderia cair sobre ele. Para o menino, a árvore representava o grande pênis do pai, que ele queria cortar fora e que, portanto, temia. Por meio de várias fantasias, pudemos descobrir o que tanto o amedrontava no caminho da escola. Uma vez, Fritz me falou de uma ponte que ficava no caminho do colégio (e que só existia em sua imaginação).[31] Se ela tivesse um buraco, ele poderia cair. Em outra ocasião, foi um pedaço de barbante grosso, jogado no meio do caminho, que lhe causou ansiedade por lembrar uma cobra. Na mesma época, o menino tentou pular de um pé só durante parte do caminho, explicando que o outro pé tinha sido cortado. Tinha fantasias, relacionadas a uma figura que vira num livro, a respeito de uma bruxa que aparecia no caminho da escola e entornava um jarro de tinta em cima dele e da mochila. Nesse caso, o jarro representava o pênis da mãe.[32] Então, acrescentou espontaneamente que tinha medo disso, mas que ao mesmo tempo era bom. Outra vez, fantasiou que encontrava uma bruxa muito bonita e olhava com atenção para a coroa que ela usava na cabeça. Por olhar [*kuckte*] assim para a bruxa, ele era um cuco [*Kuckuck*]. Então, ela tirou a mochila dele com um feitiço e o transformou de cuco em pomba (i.e., uma criatura feminina, como acreditava o menino).

Apresentarei a seguir um exemplo de fantasia que surgiu pouco mais adiante na análise, em que fica muito claro o significado prazeroso original da estrada. Uma vez, Fritz me disse que até gostaria de ir à escola, se não fosse pela estrada. Então, fantasiou que, para evitar a estrada, estendia uma escada da janela de seu quarto até o da professora. Assim, ele e a mãe poderiam ir juntos, pulando de degrau em degrau. Depois, me falou de uma corda, também esticada de uma

---

30 Associado ao ato de plantar flores estava o hábito de urinar em certos pontos específicos do caminho.
31 Ver S. Ferenczi, "O simbolismo da ponte" [1921], in *Obras completas*, v. 2, trad. Álvaro Cabral. São Paulo: WMF Martins Fontes, 1993, pp. 105-08.
32 Ao fato de ficar sujo de tinta, Fritz associava o óleo e o leite condensado – fluidos que, como a análise revelou, para o menino representavam o sêmen. Para ele, havia uma mistura de sêmen e fezes no pênis da mãe e do pai.

janela à outra, através da qual ele e a irmã eram puxados até a escola. Havia um criado que ajudava atirando a corda, e as crianças que já estavam na escola também ajudavam. Ele mesmo atirava a corda de volta: ele "mexia a corda", disse.[33]

Durante a análise, Fritz ficou bem mais ativo e, um dia, contou-me a história a seguir, que chamou de "assalto de estrada": um cavalheiro muito rico e feliz, apesar de ainda ser novo, queria se casar. Foi à rua e lá viu uma mulher muito bonita e perguntou seu nome. Ela respondeu: "Isso não é da sua conta". Então, ele perguntou onde a moça morava. Ela respondeu de novo que não era da conta dele. Os dois faziam cada vez mais barulho ao conversar. Então, veio um policial, que ficara observando de longe, e levou o homem até uma grande carruagem – o tipo de carruagem que um grande cavalheiro como ele teria. O homem foi levado para uma casa com grades de ferro na frente das janelas – uma prisão. Foi acusado de um assalto de estrada. "É assim que se chama."[34]

Seu prazer original pelas estradas correspondia ao desejo de ter relações sexuais com a mãe e, por isso, não podia entrar em vigor total até que a ansiedade de castração fosse resolvida. Da mesma maneira, vemos que, ligado a isso, o amor de explorar estradas e ruas (que estava na base de seu senso de direção) se desenvolveu com a libertação da curiosidade sexual, que também havia sido reprimida por causa do medo da castração. Darei alguns exemplos a seguir. Uma vez, o menino me disse que ao urinar precisava pisar no freio (o que fazia apertando o pênis), senão a casa inteira poderia desabar.[35] Quanto a isso, várias

---

33 Isso fazia parte de uma fantasia muito longa e abundantemente determinada, que forneceu material para várias teorias sobre a procriação e o nascimento. O menino também ofereceu outras associações sobre uma máquina que ele mesmo teria inventado, com a qual podia atirar a corda a diferentes partes da cidade. Essa fantasia mais uma vez revelava a noção de ter sido procriado pelo pai, misturada a ideias sobre relações sexuais de sua própria parte.

34 Essa fantasia mostra o que tinha determinado sua fobia dos garotos da rua, que desaparecera temporariamente. A primeira análise, que não fora fundo o suficiente, não conseguira resolver em definitivo as fixações por trás da fobia e das inibições do menino. Por isso surgiu a possibilidade de uma recaída. Esse fato, somado a outras experiências com a análise de crianças, mostra que a análise de bebês, assim como a análise mais tardia, deve ir tão fundo quanto for necessário.

35 Já deparamos com essas ideias em sua primeira análise (cf. "O desenvolvimento de uma criança", neste volume). Como a análise não foi fundo o bastante, as fantasias ligadas a essas ideias não puderam ser libertadas. Elas só foram aparecer na segunda análise.

fantasias mostravam que ele estava sob a influência da imagem mental do interior do corpo da mãe e, através de uma identificação com ela, de seu próprio corpo. Fritz o imaginava como uma cidade, muitas vezes até como um país, e mais tarde como o mundo, entrecortado por linhas de trem. Imaginava que essa cidade tinha tudo o que era necessário para as pessoas e os animais que moravam lá, e estava equipada com todo tipo de aparelho moderno.

Havia telégrafos e telefones, diversos tipos de ferrovias, elevadores e carrosséis, anúncios etc. As ferrovias eram construídas de modos diferentes. Às vezes existia uma via circular com diversas estações e às vezes eram como uma linha urbana, com dois terminais. Dois tipos de trem andavam nessas ferrovias: um era o trem "pipi", conduzido por um pingo de "pipi", enquanto o outro era um trem "caca", dirigido por uma "caca" (fezes). Muitas vezes, o trem "caca" era representado como um trem de passageiros comum, enquanto o trem "pipi" era um expresso ou um trem elétrico. Os dois terminais eram a boca e o "pipi". Nesse caso, havia um lugar onde o trem precisava atravessar uma via que descia um morro, com encostas escarpadas em ambos os lados. Depois, havia um acidente, pois o trem que corria sobre essa via e carregava as crianças – as crianças "caca" – batia num outro. As crianças feridas eram levadas para a torre de sinalização.[36] Essa torre era o buraco da "caca", que mais tarde apareceria em várias outras fantasias como a plataforma de chegada ou de partida. Também ocorria uma colisão quando o trem vinha do outro lado, isto é, quando entravam pela boca. Isso representa a fecundação por meio da comida, e o nojo do menino por alguns alimentos era determinado por essas fantasias. Em outras fantasias, Fritz dizia que as duas ferrovias tinham a mesma plataforma de partida. Os trens então corriam sobre as mesmas linhas, que se ramificavam mais adiante, levando ao buraco do "pipi" e ao da "caca". A força com que era influenciado pela ideia da fecundação pela boca pode ser percebida numa fantasia que o forçava a parar sete vezes quando urinava. A ideia das sete interrupções tinha se originado do número de gotas do remédio que estava tomando na época – remédio pelo qual tinha grande repugnância, pois, como a análise demonstrou, ele o identificava com a urina.

Há apenas mais um detalhe que eu gostaria de mencionar a respeito da imagística extraordinariamente rica que veio à luz com essas

---

36 Gostaria de mencionar novamente uma fantasia relatada em "O desenvolvimento de uma criança", neste volume, pp. 57–58. Nessa fantasia, as crianças "caca" desciam correndo os degraus da varanda para o jardim (a saleta).

fantasias sobre uma cidade, as ferrovias,³⁷ as estações e as estradas. Outra fantasia frequente era a de uma estação, à qual Fritz dava diversos nomes e que chamarei de A. Havia mais duas estações, B e C, coladas à primeira. Muitas vezes, ele imaginava essas duas como uma única grande estação. A era muito importante, pois dela saía todo tipo de mercadoria e às vezes também alguns passageiros – como funcionários da ferrovia, que o menino representava com o dedo. A era a boca, a partir da qual a comida seguia seu caminho. Os funcionários da ferrovia eram o "pipi" e isso remetia novamente às ideias de fecundação pela boca. B e C eram utilizadas para descarregar mercadorias. Em B, havia um jardim sem nenhuma árvore, mas com caminhos que se entrecruzavam, para o qual havia quatro entradas – não se tratava de portas, mas apenas de buracos. Estes representavam a abertura dos ouvidos e do nariz. C era o crânio, e B e C juntos formavam a cabeça inteira. Fritz dizia que a cabeça estava apenas colada na boca, ideia determinada em parte por seu complexo de castração. O estômago também era muitas vezes uma estação, mas esse arranjo mudava com frequência. Os elevadores e os carrosséis desempenhavam um papel importante nisso tudo e eram usados exclusivamente para transportar a "caca" e as crianças.

À medida que essa e outras fantasias foram interpretadas, o senso de direção de Fritz foi ficando cada vez mais forte, como se podia ver com clareza em seus jogos e interesses.

Assim, descobrimos que seu senso de direção – que antes fora extremamente reprimido, mas agora se desenvolvia de forma marcante – era determinado pelo desejo de penetrar no corpo da mãe e examiná-lo por dentro, incluindo as passagens que levam para dentro e para fora, e os processos de fecundação e nascimento.³⁸

---

37 A ferrovia circular que aparecia nas fantasias dele também estava presente em todas as brincadeiras. O menino construía trens que corriam em círculo e também andava de patinete em círculos. Seu interesse crescente pelo sentido e pelo nome das ruas tinha se desenvolvido como interesse por geografia. Ele fingia estar fazendo viagens no mapa. Tudo isso mostra que o avanço de suas fantasias – partindo de sua casa para a cidade, o país e o mundo (avanço que começou a se manifestar quando as fantasias foram libertadas) – estava afetando os interesses dele também, pois sua esfera se expandia cada vez mais. Aqui, gostaria de chamar a atenção para a importância das inibições na brincadeira, desse ponto de vista. A inibição e restrição de interesses na brincadeira levam à redução de potencialidades e interesses relacionados tanto ao aprendizado como ao desenvolvimento da mente como um todo.

38 No debate que ocorreu durante a reunião da Sociedade de Berlim sobre meu artigo não publicado, "Über die Hemmung und Entwicklung des

Descobri que essa determinação libidinal do senso de direção é típica e que um desenvolvimento favorável depende dela (ou então a inibição do senso de direção por causa da repressão). A inibição parcial dessa faculdade – i.e., o interesse por geografia e pela capacidade de orientação, trazendo uma falta de habilidade maior ou menor – dependia de fatores que considero essenciais para a formação das inibições em geral. Refiro-me ao período da vida em que a repressão começa a agir sobre as fixações destinadas à sublimação, ou já sublimadas, e à intensidade com que ela ocorre. Por exemplo, se o interesse pela capacidade de orientação não é reprimido, mantêm-se o prazer e o interesse nesse campo, e o desenvolvimento da faculdade de direção é proporcional ao sucesso obtido na busca de conhecimentos de ordem sexual.

Gostaria de chamar a atenção para a enorme importância dessa inibição, que se alastra pelos mais diversos interesses e campos de estudo, e não apenas no caso de Fritz. Fora o interesse por geografia, descobri que ela é um dos fatores determinantes da capacidade de desenhar,[39]

Orientierungssinnes" (maio de 1921), Karl Abraham observou que o interesse na orientação em relação ao corpo da mãe é precedido, num estágio muito inicial, pelo interesse na orientação em relação ao corpo do próprio indivíduo. Isso sem dúvida é verdade, mas essa orientação inicial aparentemente só é submetida à repressão quando o interesse na capacidade de orientação com referência ao corpo da mãe é reprimido, o que obviamente ocorre por causa dos desejos incestuosos a que ele está ligado; pois, no inconsciente, a tão desejada volta ao útero e sua exploração só é possível por meio da relação sexual. Por exemplo, Fritz fez um cachorrinho (que em suas fantasias várias vezes representava o *filho*) deslizar pelo corpo da mãe. Ao fazer isso, tinha fantasias sobre os países que estava percorrendo. Nos seios havia as montanhas e perto da zona genital, um grande rio. Mas de repente o cachorrinho é interceptado por alguns criados – figuras de brinquedo – que o acusam de crime e dizem que ele danificou o carro de seu mestre; a fantasia terminava com uma briga. Em outra ocasião, teve ainda outras fantasias sobre as viagens do cachorrinho. Fritz tinha encontrado um lugar muito bonito, onde gostaria de se instalar etc. No entanto, mais uma vez tudo sai errado, pois o menino de repente anunciou que fora obrigado a dar um tiro no cachorro, pois ele queria roubar sua cabana de madeira. Já havia antes algumas indicações dessa "geografia do corpo da mãe". Quando ainda não tinha completado cinco anos, chamava todas as extremidades do corpo, assim como a junta do joelho, de "beira"; também disse que a mãe era "uma montanha que ele estava escalando".
39 Fritz, por exemplo, fez nessa épcoa as primeiras tentativas de desenhar, apesar de não demonstrar o menor sinal de talento. Os desenhos representavam ferrovias com estações e cidades.

do interesse por ciências naturais e de tudo o que se relaciona à exploração da terra.

No caso de Fritz, também descobri uma ligação íntima entre a falta de orientação no espaço e no tempo. Ao lado do interesse reprimido do menino pelo lugar onde se desenrolou sua vida intrauterina, havia a total ausência de interesse por detalhes sobre o tempo que estivera lá. Assim, foram reprimidas as perguntas "Onde eu estava antes de nascer?" e "Quando eu estava lá?".

A equivalência inconsciente entre o sono, a morte e a vida intrauterina ficou clara em muitas das frases e fantasias do menino. Relacionada a isso, vinha a curiosidade sobre a duração desses estados e sua sucessão no tempo. Aparentemente, a mudança da vida intrauterina para a vida extrauterina, como protótipo de toda periodicidade, está na base do conceito de tempo e da orientação temporal.[40]

Há algo mais que gostaria de mencionar, por ter me mostrado que a inibição do senso de direção é de grande importância. No caso de Fritz, descobri que a resistência a qualquer tipo de esclarecimento, intimamente ligada à inibição do senso de direção, originava-se da manutenção, por parte do menino, da teoria sexual infantil da "criança anal". A análise mostrou, porém, que ele se prendia a essa teoria anal em consequência da repressão provocada pelo complexo de Édipo. A resistência ao esclarecimento não se devia à incapacidade de compreender o processo genital, justificada pelo fato de o menino não ter atingido ainda o nível de organização genital. Pelo contrário: era essa resistência que lhe impedia avançar para esse nível, fortalecendo a fixação no nível anal.

Quanto a isso, é preciso voltar mais uma vez ao significado da resistência ao esclarecimento. A análise de crianças veio confirmar diversas vezes minha opinião a esse respeito. Fui obrigada a encarar tal resistência como um sintoma importante, um sinal das inibições que determinam todo o desenvolvimento posterior.

No caso de Fritz, descobri que a atitude do menino em relação ao aprendizado também era determinada pelo mesmo investimento simbólico-sexual. A análise demonstrou que a aguda aversão ao aprendizado era uma inibição muito complexa, determinada em relação a cada matéria escolar conforme a repressão de diferentes componentes pulsionais. Assim como a inibição do prazer em andar, dos jogos e do

---

40 Nesse aspecto, concordo com Stephan Hollós ("Über das Zeitgefühl". *Internationale Zeitschrift für Psychoanalyse*, v. 8, 1922, pp. 421–39), que chegou à mesma conclusão partindo de outro ponto.

senso de direção, o determinante principal nesse caso era a repressão, baseada na ansiedade de castração, do investimento simbólico-sexual comum a todos esses interesses: a ideia de penetrar na mãe por meio da relação sexual. Ao longo da análise, esse investimento libidinal, acompanhado de inibição, avançou dos movimentos e jogos de movimento mais iniciais para o caminho da escola, o colégio em si, a professora e as atividades da vida escolar.

Nas fantasias do menino, as linhas do caderno de exercícios eram estradas, o livro em si era o mundo e as letras corriam sobre ele montadas numa motocicleta, i.e., na caneta. Mais uma vez, a caneta era um barco e o caderno de exercícios, um lago. Descobrimos que os vários erros de Fritz (que durante algum tempo pareciam irremediáveis, até serem resolvidos pela análise e desaparecerem sem dificuldade) eram determinados pelas diversas fantasias do menino sobre as letras do alfabeto – que eram amigas, ou então brigavam, e passavam por todo tipo de experiência. Geralmente, ele considerava as letras minúsculas filhas das maiúsculas. Para ele, o "S" maiúsculo era o imperador dos longos "s" alemães; ele tinha dois ganchos nas pontas para diferenciá-lo da imperatriz, o "s" final, que tinha apenas um gancho.

Descobrimos também que para Fritz a palavra falada era idêntica à escrita. A palavra representava o pênis ou a criança, enquanto o movimento da língua e da caneta simbolizava a relação sexual.

Gostaria de observar rapidamente o que a análise de crianças me revelou sobre o papel desempenhado pelo investimento libidinal no desenvolvimento da fala infantil e suas peculiaridades, ou até mesmo da fala como um todo. No discurso oral,[41] fixações canibalescas e sádico-anais são sublimadas com maior ou menor sucesso, de acordo com o grau em que as fixações dos níveis de organização anteriores são abarcadas na primazia das fixações genitais. Creio que a presença desse processo, por meio do qual fixações perversas são descarregadas, é demonstrável em todas as sublimações. Devido à operação dos complexos, surgem diversas intensificações e deslocamentos, que têm a natureza de regressão ou reação. Esses oferecem um número ilimitado de possibilidades para o indivíduo, tanto no que diz respeito às próprias peculiaridades de fala como ao desenvolvimento das línguas em geral (para nos atermos apenas ao exemplo da fala).

---

41 Gostaria de mencionar um interessante artigo da dra. S. Spielrein ("Die Entsehung der kindlichen Worte Papa und Mama". *Imago*, n. 8, 1922), no qual ela atribui, de forma bastante esclarecedora, a origem das palavras infantis "papá" e "mamã" ao ato de sugar.

No caso de Fritz, percebi que a fala, que sem dúvida é uma das primeiras sublimações, estava inibida desde o início. Ao longo da análise, essa criança – que começara a falar muito tarde e que sempre pareceu muito calada – acabou se transformando num rapazinho bastante tagarela. Fritz não se cansava de contar histórias que ele próprio inventava, nas quais se percebia um desenvolvimento da fantasia para o qual o menino não apresentava a menor tendência antes da análise. Entretanto, também era óbvio que sentia grande prazer no ato de falar em si e tinha uma relação especial com as palavras. Ao mesmo tempo, começou a demonstrar forte interesse pela gramática. Como ilustração, citarei de forma breve o que a gramática significava, na opinião dele. Fritz me disse que "a raiz da palavra não se mexe, só a terminação". Queria dar de presente de aniversário à irmã um caderno em que escreveria tudo o que uma coisa faz. O que uma coisa faz? "Uma coisa pula, uma coisa corre, uma coisa voa" etc. O que desejava escrever no caderno era a representação daquilo que o pênis podia fazer e que ele também gostaria de fazer dentro da mãe.

O significado da fala como atividade genital, conforme Karl Abraham relatou num caso de pseudologia, apareceu em maior ou menor grau em todos os meus casos. Na minha opinião, tanto esta como a determinação anal são típicas. Isso ficou particularmente claro para mim no caso de uma menina gaga que tinha fortes fixações homossexuais. Essa menina, Grete, que tinha nove anos, encarava a fala e o canto como atividades masculinas e igualava o movimento da língua ao do pênis. Tinha prazer especial em recitar certas frases em francês quando estava deitada no divã. Dizia que era "tão gostoso quando a voz subia e descia, que nem alguém numa escada". A associação apresentada com essa afirmação era de que a escada estava montada dentro de um caracol. Mas haveria espaço para a escada dentro de um caracol? ("Caracol", no entanto, era a palavra que usava para se referir aos órgãos genitais.) A vírgula e o ponto-final, assim como a pausa correspondente a esses sinais na fala, significavam que se tinha "subido e descido", para logo começar outra vez. Uma palavra isolada simbolizava o pênis; a frase, a arremetida do pênis na relação sexual, além da relação sexual como um todo.

Em vários casos, ficou claro que o teatro e o concerto – ou melhor, toda apresentação em que há algo a ser visto ou ouvido – sempre representam a relação sexual entre os pais. Ouvir e olhar simbolizam a observação real ou fantasiada, enquanto a cortina significa os objetos que impedem a observação, como lençóis, o pé da cama etc. Citarei um exemplo. A pequena Grete certa vez me falou de uma peça no teatro. Primeiro, ficara aflita porque seu lugar não era muito bom e fora obrigada a ficar afastada do palco. Mas logo chegou à conclusão de que podia ver melhor do que as pessoas que estavam perto, pois estas não conseguiam ver o palco inteiro. Suas associações então levaram à posição da cama das crianças no quarto dos pais: estava tudo arrumado de maneira tal que seu irmão mais novo dormia perto da cama dos pais. As costas da cama, porém, dificultavam a visão dele. A cama da menina, porém, ficava mais longe e ela podia enxergar os pais com perfeição.

No caso de Felix, que tinha treze anos e ainda não apresentara nenhum talento musical, gradualmente se desenvolveu um grande amor pela música ao longo da análise. Isso ocorreu quando a análise começou a tornar consciente sua fixação nas primeiras observações infantis da relação sexual. Descobrimos que os sons, alguns provenientes da cama dos pais e outros criados pela fantasia do menino, tinham formado a base de um forte interesse pela música (reprimido desde muito cedo) – interesse que foi novamente liberado na análise. Também constatei essa determinação para o interesse e a habilidade na música em outros casos (ao lado da determinação anal) e creio que ela seja típica.

No caso da sra. H., percebi que uma forte apreciação artística de cores, formas e imagens era determinada de modo semelhante, com a seguinte diferença: suas observações e fantasias infantis estavam mais ligadas ao que era *visto*. Por exemplo, certo tom azulado nas imagens representava diretamente o elemento masculino; tratava-se de uma fixação da analisanda pela cor do pênis na ereção. Essas fixações eram um resultado da observação da relação sexual, que levou a comparações com a cor e a forma do pênis quando não estava ereto, além de novas observações em torno das mudanças de cor e forma numa luz diferente, do contraste com os pelos pubianos etc. Nesse caso, o fundo anal do interesse pelas cores estava sempre presente. Pode-se constatar em diversos exemplos a presença desse investimento libidinal das imagens como símbolo do pênis ou da criança (o mesmo se aplica às obras de arte em geral). Da mesma maneira, pintores, intérpretes e artistas criadores muitas vezes surgem como representantes do pai.

Darei apenas mais um exemplo de imagens que assumem o significado da criança ou do pênis – significado que constatei inúmeras vezes na análise. Fritz, aos cinco anos e meio, disse que gostaria de ver a mãe nua e acrescentou: "Eu queria ver sua barriga e o desenho lá dentro". Quando ela perguntou: "Você quer dizer o lugar onde você estava antes?", ele respondeu: "É, eu queria olhar na sua barriga e ver se tem uma criança lá dentro". Nessa época, sob a influência da análise, a curiosidade sexual do menino estava se manifestando mais livremente e sua teoria da "criança anal" veio à tona com mais clareza.

Resumindo o que afirmei antes, descobri que as fixações artísticas e intelectuais, assim como aquelas que acabam levando à neurose, têm na cena primária (ou nas fantasias criadas em torno dela) um de seus fatores determinantes mais poderosos. Uma questão importante é qual dos sentidos é mais excitado: o interesse pode se aplicar mais àquilo que é visto ou àquilo que é ouvido. Isso provavelmente também determina a maneira como as ideias se apresentam ao indivíduo em termos visuais ou auditivos – ao mesmo tempo que, no entanto, depende desse fator. Não há dúvida de que fatores constitucionais desempenham um papel importante nesse processo.

No caso de Fritz, a fixação se dava no movimento do pênis; no de Felix, nos ruídos que tinha ouvido; em outros casos, nos efeitos de cor. Para que o talento ou a inclinação se desenvolvam, é preciso, obviamente, que entrem em ação os fatores especiais que examinei em detalhes antes. Na fixação na cena (ou fantasia) primária, *o grau de atividade*, tão importante para a própria sublimação, sem dúvida também determina se o indivíduo desenvolverá um talento para a criação ou para a reprodução, pois o grau de atividade sem dúvida influencia o modo de identificação. A questão é se ele será consumido na admiração, no estudo e na imitação das obras-primas alheias, ou se haverá uma tentativa de superá-las por meio dos esforços do próprio indivíduo. No caso de Felix, constatei que o primeiro interesse pela música a se manifestar na análise dirigia-se apenas à crítica de compositores e maestros. À medida que sua atividade foi sendo liberada, ele começou a tentar imitar o que ouvia. Um pouco mais adiante, ao entrar num estágio de atividade ainda maior, surgiram fantasias em que o jovem compositor era comparado aos mais velhos. Apesar de aparentemente não haver uma questão de talento criativo nesse caso, a maneira como a atividade do menino, à medida que foi ficando mais livre, influenciou sua atitude em todas as sublimações me trouxe um insight a respeito da importância da atividade no desenvolvimento do talento. A análise de Felix me mostrou o que outros casos confirmaram: a crítica sempre tem origem na observação e na apreciação da atividade genital paterna. No caso de Felix, ficou claro que ele era ao mesmo tempo observador e crítico, e que em sua fantasia também participava, como membro de uma orquestra, daquilo que via e escutava. Só mais tarde, num estágio posterior de atividade liberada, é que pôde assumir o papel paterno – isto é, só nesse ponto é que teria coragem de se tornar um compositor, caso tivesse o talento necessário.

Em suma: a fala e o prazer no movimento sempre têm um investimento libidinal que também é de natureza simbólica-genital. Esse investimento é obtido pela identificação inicial do pênis com o pé, a mão, a língua, a cabeça e o corpo, depois é transferido para a atividade desses membros, a qual assim adquire o significado da relação sexual. Depois das pulsões de autopreservação ligadas à função de nutrição, as atividades do ego utilizadas pelas pulsões sexuais são a fala e o prazer no movimento. Assim, pode-se dizer que a fala não só auxiliou a formação dos símbolos e da sublimação, mas também que ela é fruto de uma dessas sublimações mais antigas. Parece-me, então, que quando as condições necessárias para a capacidade de sublimação estão presentes, as fixações, partindo das sublimações mais primárias e sempre em conexão com elas, encaminham continuamente um investimento simbólico-sexual de novos interesses e atividades do ego. Freud demonstra que aquilo que parece um impulso rumo à perfeição nos seres humanos é o resultado da tensão criada pela disparidade entre o desejo de satisfação (que não pode ser saciado por nenhum tipo de formação substitutiva reativa nem pela sublimação) e a satisfação que a pessoa realmente obtém. Creio que podemos atribuir a esse motivo não só aquilo que Georg Groddeck chama de compulsão de criar símbolos,[42] mas também o desenvolvimento constante desses símbolos. Desse modo, a força motriz do desenvolvimento cultural da humanidade seria o impulso constante de realizar, através de fixações, um investimento libidinal de novos interesses e atividades do ego, ligados geneticamente uns aos outros (i.e. por meio do simbolismo sexual), criando também novas atividades e interesses. Isso também explica como é possível encontrar símbolos agindo em invenções e atividades cada vez mais complexas, assim como a criança deixa para trás símbolos, jogos e atividades primitivos originais, avançando para outros.

Além disso, neste artigo também tentei chamar atenção para a grande importância das inibições que não podem ser consideradas neuróticas. Algumas não parecem ter nenhuma importância prática por si só e são reconhecidas como inibições apenas na análise (sendo que suas implicações só podem ser percebidas como um todo quando se recorre à *análise de bebês*). É o caso da aparente falta de determinados interesses, de algumas aversões insignificantes – em suma, trata-se das inibições da pessoa saudável, que assumem as formas mais variadas.

---

42 Cf. Georg Groddeck, "Der Symbolisierungszwang". *Imago*, v. 8, 1922, pp. 67–81.

No entanto, não há como deixar de lhes atribuir maior importância quando percebemos a quantidade de energia pulsional sacrificada para que o homem normal conquiste sua saúde.

No entanto, se não cuidarmos de uma ampliação do conceito de impotência psíquica, mas das gradações de sua sintomatologia, não poderemos fugir à percepção de que o comportamento amoroso do homem, no mundo civilizado de hoje, traz geralmente a marca da impotência psíquica.[43]

Há uma passagem nas *Conferências introdutórias à psicanálise* em que Freud discute as possibilidades de profilaxia ao alcance dos educadores. Ele chega à conclusão de que mesmo a rígida proteção da infância (por si só muito difícil) provavelmente é inútil contra o fator constitucional, mas que ela também poderia ser perigosa se atingisse por completo seus objetivos. Essa afirmação é confirmada pelo caso do pequeno Fritz. Desde o início, o menino recebeu uma educação cuidadosa de pessoas influenciadas pelos ideais da análise, mas isso não impediu o surgimento de inibições e de traços de caráter neuróticos. Contudo, sua análise me revelou que as próprias fixações que levaram às inibições poderiam criar os alicerces de enormes capacidades.

Não podemos, portanto, dar valor exagerado à chamada educação analítica, apesar de termos a obrigação de fazer tudo ao nosso alcance para evitar danos mentais à criança. No entanto, o argumento apresentado neste trabalho mostra a necessidade da análise na primeira infância como um auxílio para toda a educação. Não podemos alterar os fatores que levam ao desenvolvimento da sublimação ou da inibição e da neurose, mas a análise precoce torna possível influenciar de modo fundamental a direção desse desenvolvimento numa época em que ele ainda está se desenrolando.

Tentei mostrar que as fixações libidinais determinam a gênese da neurose e da sublimação, e que durante algum tempo as duas seguem o mesmo caminho. É a força da repressão que determinará se esse caminho levará à sublimação ou seguirá a trilha da neurose. É nesse ponto que a análise precoce oferece grandes possibilidades, pois é capaz de substituir, em grande parte, a repressão pela sublimação e desviar o caminho da neurose para aquele que leva ao desenvolvimento dos talentos.

---

43 S. Freud, "Sobre a mais comum depreciação na vida amorosa (Contribuições à psicologia do amor II)" [1912], in *Obras completas*, v. 9, op. cit., p. 355.

1925
Uma contribuição à psicogênese dos tiques

Este estudo do caso de um menino de treze anos que sofre de um tique associado a outras dificuldades é muito diferente do tortuoso artigo que o precede. Com nova precisão, Melanie Klein traça e resolve o tique na análise em termos de identificações e fantasias de masturbação. É a primeira vez que estuda a identificação com um objeto – neste caso, os pais na relação sexual – como um fenômeno de importância central. De agora em diante, sempre considerará as identificações no mundo interior como algo da maior importância. De fato, o próximo artigo apresenta um trabalho a respeito de uma das identificações mais essenciais: o superego. Apesar de nunca ter escrito especificamente sobre fantasias de masturbação, Melanie Klein obviamente as considerava fundamentais; ela declara isso numa nota de rodapé no próximo artigo (p. 179), e o mesmo se pode perceber ao longo de todo o livro *A psicanálise de crianças* (1932).

Neste estágio, Melanie Klein ainda parte da concepção de Freud de uma fase narcísica primária. No que diz respeito à questão específica do tique, porém, ela discorda da opinião de Sándor Ferenczi de que se trata de um símbolo narcísico primário inanalisável, afirmando, assim como Karl Abraham, que para o tique ser analisado é preciso compreender as relações de objeto em que ele está baseado. Essa primeira descoberta das relações de objeto por trás de um fenômeno aparentemente narcísico aponta para a direção tomada por seu trabalho posterior sobre a psicose e as relações de objeto primárias. Seus motivos para depois rejeitar a ideia de uma fase narcísica primária serão encontrados em "As origens da transferência" (1952).

> Um exemplo da abordagem empírica de Melanie Klein à técnica da análise de crianças é o relato de sua interferência quando, ao contrário do que costumava fazer, proibiu dois relacionamentos na vida do paciente. Dois anos depois, ela apresentaria fortes argumentos contra esse tipo de procedimento diretivo em "Simpósio sobre a análise de crianças" (1927).

Neste artigo, que é o resumo de um longo relato de caso, pretendo examinar basicamente os fatores que influenciam a psicogênese do tique.[1] Nesse caso, o tique parecia um sintoma secundário e por longo período de tempo praticamente não entrou no material. Apesar disso, o papel que desempenhava na personalidade do paciente como um todo, no desenvolvimento de sua sexualidade, de sua neurose e de seu caráter era tão importante que, quando a análise conseguiu curá-lo, o tratamento já estava perto do fim.

Quando Felix, treze anos, foi entregue aos meus cuidados para ser analisado, ele era o exemplo perfeito daquilo que Franz Alexander chama de "caráter neurótico". Apesar de não apresentar sintomas neuróticos verdadeiros, seus interesses intelectuais e suas relações sociais estavam muito inibidos. Tinha boa habilidade mental, mas não mostrava interesse por nada, a não ser esportes. Mantinha-se afastado dos pais, do irmão e dos colegas de escola. Sua falta de emoções também era impressionante. Sua mãe mencionou apenas de passagem que alguns meses antes ele tinha desenvolvido um tique, que aparecia apenas ocasionalmente e ao qual ela – e eu também, pelo menos durante algum tempo – não dera muita importância.

Como Felix só vinha à análise três vezes por semana e o tratamento foi interrompido diversas vezes, a análise de 370 horas se estendeu por mais de três anos e três meses. Quando entrei em contato com o menino, ele ainda estava no estágio pré-pubescente e a longa duração do tratamento me permitiu observar como todas as dificuldades dele foram intensificadas com o início da puberdade.

Relato a seguir alguns pontos essenciais de seu desenvolvimento. Na idade de três anos, o menino foi submetido à ablação do prepúcio, e a ligação entre esse procedimento e a masturbação lhe foi inculcada de forma marcante. O pai também lhe tinha feito várias advertências e chegara a ameaçá-lo; como consequência dessas ameaças, Felix estava

---

1 Quero agradecer à srta. D. J. Barnett pela ajuda que me prestou na tradução deste trabalho. [N. A., 1947]

decidido a deixar de lado a masturbação. No entanto, mesmo durante o período de latência, ele só conseguira manter-se fiel a essa decisão ocasionalmente. Aos onze anos, teve que fazer um exame nasal, o que reativou o trauma ligado à intervenção cirúrgica sofrida aos três anos e levou a retomar a luta contra a masturbação, desta vez com sucesso. A volta do pai depois da guerra e suas ameaças renovadas contribuíram muito para esse resultado. A ansiedade de castração e a consequente luta contra a masturbação dominaram o desenvolvimento do menino. Uma circunstância muito importante é que Felix dormiu no quarto dos pais até os seis anos e suas observações da relação sexual entre os pais lhe deixaram uma impressão permanente.

O trauma da intervenção cirúrgica aos três anos – idade em que a sexualidade infantil atinge o clímax – fortaleceu o complexo de castração e fez com que o menino passasse da atitude heterossexual para a homossexual. Mas até mesmo a situação edipiana invertida foi prejudicada pela ansiedade de castração. Seu desenvolvimento sexual foi lançado de volta ao nível sádico-anal e apresentava tendência de regressão ainda maior para o narcisismo. Assim, estavam instaladas as condições para a rejeição do mundo externo – atitude que se tornou cada vez mais clara em sua postura antissocial.

Quando era bem pequeno, Felix gostava de cantar, mas parou com cerca de três anos. Foi só depois de iniciar a análise que seu talento musical e o interesse pela música voltaram à tona. Uma exagerada agitação física já se manifestava nessa tenra idade e a tendência piorou. Na escola, não conseguia ficar com as pernas paradas; remexia-se na cadeira sem parar, fazia caretas, esfregava os olhos etc.

Quando tinha sete anos, o nascimento de um irmão mais novo aumentou suas dificuldades de várias maneiras. Sua ânsia de carinho ficou mais forte, porém a aparente indiferença em relação aos pais e ao ambiente em que vivia também se intensificou.

Durante os primeiros anos de escola, Felix era bom aluno. No entanto, o esporte e a ginástica despertavam forte ansiedade no menino, que demonstrava grande aversão a tais atividades. Quando estava com onze anos, seu pai, recém-chegado da guerra, ameaçou puni-lo pela covardia física. O menino conseguiu vencer a ansiedade. Na verdade, passou para o extremo oposto,[2] tornando-se um fervoroso jogador de futebol, além de fazer ginástica e natação – apesar

---

2 Quanto à alternância entre o amor pelo esporte e o amor pelo estudo – que também encontrei em outros casos, ainda que de forma menos saliente –, ver o texto "Análise precoce", neste volume.

de às vezes ainda ocorrerem algumas recaídas. Entretanto, reagiu à insistência do pai em supervisionar-lhe o dever de casa perdendo o interesse pelas tarefas escolares. Uma aversão crescente ao aprendizado foi transformando a escola em tortura. Nesse período, a luta contra a masturbação foi retomada com grande energia. A análise de sua paixão pelo esporte – que, ao lado da aversão às tarefas escolares, ficara muito marcada na primeira parte do tratamento – mostrou claramente que os esportes e outras atividades físicas eram para ele substitutos da masturbação. No início da análise, a única fantasia de masturbação da qual ainda conseguia lembrar alguns fragmentos era a seguinte: *ele está jogando com algumas meninas; acaricia os seios delas e joga futebol com elas. Durante o jogo, fica incomodado por uma cabana que pode ser vista atrás das meninas.*

A análise revelou que essa cabana era um lavatório e simbolizava a mãe, além de expressar uma fixação anal na mãe e de servir como meio de degradá-la. O jogo de futebol era a atuação [*acting out*] de suas fantasias sobre a relação sexual e tomava o lugar da masturbação como forma permissível de liberar a tensão sexual – forma incentivada ou até mesmo exigida pelo pai. Ao mesmo tempo, os jogos esportivos lhe davam a oportunidade de pôr em uso a mobilidade excessiva que estava intimamente ligada à luta contra a masturbação. Essa sublimação, porém, foi apenas parcialmente bem-sucedida.[3]

A identificação dos jogos com as relações sexuais, submetida à pressão da ansiedade de castração, tinha sido a causa da antiga inibição do amor ao esporte. Como consequência das ameaças do pai, o menino conseguiu deslocar parte dessa ansiedade para as tarefas da escola, que também tinham uma ligação inconsciente com as relações sexuais e agora se tornavam uma atividade proibida, como os jogos algum tempo antes. No artigo "O papel da escola no desenvolvimento libidinal da criança", expliquei essa conexão de forma mais específica, no que diz respeito não só a esse caso, mas também às aplicações mais amplas. Nesse ponto, gostaria apenas de observar que para Felix era impossível lidar de forma bem-sucedida com a ansiedade por meio dos jogos, do estudo ou de qualquer outra sublimação. A ansiedade sempre voltava à tona. Ao longo da análise, foi ficando cada vez mais claro para o menino que o esporte era uma supercompensação fracassada pela ansiedade, um substituto falho da masturbação; consequentemente,

---

3 Em "Análise precoce" (neste volume), fiz uma contribuição à teoria da sublimação, além de discutir esse mesmo caso e apontar os fatores por trás do abandono de uma sublimação fracassada como essa.

seu interesse pelo esporte foi diminuindo. Ao mesmo tempo, ele foi desenvolvendo – também de modo gradual – um interesse por várias matérias da escola, e seu *Berührungsangst* (medo de tocar os órgãos genitais) foi se abrandando até chegar a um ponto em que, depois de várias tentativas sem sucesso, o menino conseguiu vencer o velho medo da masturbação.

Também foi possível observar um aumento na frequência do tique nessa época. Ele aparecera pela primeira vez alguns meses antes da análise e o fator que o precipitou foi o fato de Felix observar escondido a relação sexual entre os pais. Logo depois, apareceram os sintomas a partir dos quais o tique se desenvolveu: uma contorção do rosto e um movimento da cabeça para trás. O tique tinha três fases. No início, Felix tinha a sensação de que a depressão da nuca estava sendo rasgada. Como consequência dessa sensação, ele se via obrigado a atirar a cabeça para trás e depois girá-la da direita para a esquerda. O segundo movimento era acompanhado pela sensação de que alguma coisa dava um estalo alto. A última fase consistia num terceiro movimento, em que o queixo era apertado com toda a força para baixo. Isso dava a Felix a sensação de estar perfurando alguma coisa. Durante algum tempo, ele executava esses três movimentos três vezes seguidas. Um dos significados do "três" (como discutirei em maiores detalhes mais adiante) é que Felix desempenhava três papéis no tique: o papel passivo da mãe, o papel passivo de seu próprio ego e o papel ativo do pai. Os papéis passivos eram representados predominantemente pelos dois primeiros movimentos – apesar de a sensação do "estalo" também conter o elemento sádico que representa o papel ativo do pai, elemento que se expressava com mais clareza no terceiro movimento, em que o menino parecia perfurar alguma coisa.

A fim de trazer o tique para o escopo da análise, foi necessário obter as associações livres do paciente a respeito das sensações ligadas ao tique e às circunstâncias que lhe deram origem. Depois de algum tempo, ele se tornou um sintoma que ocorria com frequência crescente, mas no início em intervalos irregulares. Só quando a análise penetrou nas camadas mais profundas da homossexualidade reprimida do menino – indicada pelo material contido nos relatos que fazia dos jogos esportivos e nas fantasias associadas a eles – é que seu significado começou a ficar claro. Mais tarde, sua homossexualidade encontrou um meio de expressão num interesse até então inédito por concertos, principalmente por maestros e músicos individuais. Surgiu então um grande amor pela música, que deu origem a um autêntico e duradouro conhecimento musical.

Aos três anos, Felix já revelara uma identificação com o pai através do canto. Depois do trauma, esse interesse foi reprimido, em consonância com o resto de seu desenvolvimento desfavorável. Seu ressurgimento na análise foi precedido por lembranças encobridoras da primeira infância. O menino se lembrava de acordar de manhã quando era pequeno e ver o rosto refletido na superfície polida do grande piano; percebia então que era uma imagem distorcida e ficava com medo. Outra lembrança encobridora era a de ouvir o pai roncar durante a noite e ver chifres crescendo da testa dele. As associações partiram de um piano escuro, que vira na casa de um amigo, para a cama dos pais e mostraram que os sons que ouvira saindo da cama tinham contribuído muito para seu interesse nos sons e na música – além de ser a causa de sua inibição posterior. Depois de ir a um concerto, Felix reclamou na análise que o grande piano tinha escondido completamente o artista e apresentou uma lembrança relacionada a isso: seu berço estava posicionado de tal forma no quarto dos pais que o pé da cama impedia que ele visse o que estava acontecendo, mas permitia que ouvisse e fizesse observações. Foi ficando cada vez mais claro que o interesse nos maestros era determinado pela identificação do maestro com o pai no ato da cópula. O desejo de participar ativamente naquilo que estava acontecendo, ao mesmo tempo que se mantinha apenas como observador, veio à tona na associação a seguir: o menino queria saber como o maestro faz para que os músicos sigam seu compasso com tanta precisão. Para Felix, isso parecia extremamente difícil, pois enquanto o maestro tem uma batuta bastante grande, os músicos usam apenas os dedos.[4] A fantasia de ser músico e tocar no mesmo compasso do maestro era parte essencial de suas fantasias de masturbação reprimidas. A progressiva sublimação de suas fantasias de masturbação num interesse pelos elementos rítmicos e motores da música foi interrompida pela presença prematura e violenta da repressão. Nessa conjuntura, o trauma da intervenção cirúrgica aos três anos foi muito importante. A necessidade de atividade motora, portanto, foi descarregada na agitação excessiva e, durante o desenvolvimento do menino, também foi expressa de outras maneiras, das quais falarei mais adiante.

No caso de Felix, a fantasia de tomar o lugar da mãe em relação ao pai, isto é, a atitude homossexual passiva, era mascarada pela

---

4 Esse desejo de acompanhar um determinado ritmo também se manifestava de outras maneiras; por exemplo, sua reação emocional quando um menino maior conseguia andar mais rápido do que ele.

fantasia homossexual ativa de tomar o lugar do pai na relação sexual com um menino. Essa fantasia era expressão de sua escolha de objeto homossexual num nível narcísico; ele escolheu a si mesmo como objeto de amor. Foi a ansiedade de castração originária do trauma que determinou o desenvolvimento narcísico de sua homossexualidade. Além disso, a rejeição da mãe e depois do pai como objetos amados foi resultado da regressão narcísica e estava na base do comportamento antissocial do menino. No entanto, por trás do conteúdo homossexual de suas fantasias de masturbação, era possível discernir em vários detalhes (por exemplo, o interesse no grande piano e nas partituras de música) a identificação original de Felix com o pai, ou seja, a fantasia heterossexual de ter relações sexuais com a mãe. Aos três anos, Felix exprimiu essa identificação através do canto, que depois abandonou.

Os componentes anais das fantasias de masturbação também ficaram claros. Por exemplo, o desejo de saber se a música soava abafada no teatro porque a orquestra fica posicionada abaixo do palco era determinado pela interpretação anal dos sons que emanavam da cama dos pais. A crítica que fez a um jovem compositor por usar demais os instrumentos de sopro nos remeteu novamente a seu interesse infantil pelos sons do flato. O próprio Felix, cuja sensibilidade musical era tão influenciada por componentes anais, era o jovem compositor que se acreditava capaz apenas da realização anal, em comparação com a realização genital do pai. É significativo que seu interesse intensificado pelos sons tenha se originado em parte da repressão do interesse pela esfera visual. Num estágio muito inicial do desenvolvimento do menino, a escopofilia, intensificada pela experiência da cena primária, foi submetida à repressão. Isso também ficou claro durante a análise. Depois de uma ida à ópera, Felix apresentou uma fantasia baseada nos pontos e linhas negras da partitura do maestro, que tentara decifrar da cadeira onde estivera sentado, perto do palco. (Mais uma vez, foi possível estabelecer uma ligação com desejos heterossexuais, pois Felix identificava a música diante do regente com os órgãos genitais da mãe.) Entenderemos isso melhor quando discutirmos os sintomas transitórios caracterizados pelos gestos de piscar e esfregar os olhos.

Quando começou a análise, Felix tinha a tendência muito acentuada de não ver as coisas que estavam mais perto dele. A aversão ao cinema,[5] que na sua opinião só tinha valor para propósitos científicos, estava ligada à repressão da escopofilia, agravada pela cena primária.

---

5 Da mesma maneira, em outro caso de tique – o de um menino de quinze anos cujo tique também parecia um sintoma sem importância – a aversão ao

Na admiração de Felix pelo maestro – que, sem se deixar afetar pela plateia e pelos aplausos, conseguia "reger e ao mesmo tempo virar as páginas da partitura com tanta rapidez, que fazia um barulho como se estivesse rasgando (*herumreissen*)" – podemos encontrar um exemplo de sua concepção sádica da relação sexual. Felix afirmava que mesmo do lugar onde estava sentado conseguia ouvir o barulho das páginas sendo viradas – barulho que lhe despertou um grande interesse e lhe trouxe à mente ideias de revolução e violência –, mas duvidava de que isso fosse possível àquela distância. A impressão de ter ouvido esse som se ligava à situação original da infância inicial. Esse ruído violento de algo sendo rasgado, que para o menino representava dilaceramento e penetração forçada, era um importante elemento sádico de suas fantasias de masturbação. Lidaremos com esse aspecto mais tarde, ao analisar o tique.

O interesse crescente que na mesma época Felix começou a demonstrar por poetas, escritores e compositores estava relacionado à admiração mais antiga pelo pai, que mais tarde foi profundamente reprimida. Associado a isso, sentiu pela primeira vez um interesse homossexual direto, depois de ler um livro que continha a descrição do amor de um homem por um menino. Desenvolveu uma "paixão" romântica por um colega de escola. Esse menino, além de ser adorado por grande número dos alunos, era o favorito de um dos professores e a turma toda acreditava, aparentemente com razão, que havia um caso de amor entre os dois. Foi sobretudo essa relação com o professor que determinou a escolha de objeto de Felix. A análise demonstrou que esse menino, A., representava, por um lado, uma idealização do próprio Felix e, por outro lado, algo entre o homem e a mulher, a mãe com pênis. A relação de A. com o professor simbolizava a realização do anseio frustrado de Felix de ser amado como filho pelo pai, além de tomar o lugar da mãe na relação com ele. Seu amor por A. estava baseado acima de tudo numa identificação e correspondia a uma relação de objeto narcísica. Esse amor não foi correspondido. Verdade seja dita, Felix mal se atrevia a se aproximar do menino que

---

cinema estava ligada à repressão da escopofilia estimulada pela observação da relação sexual. Além disso, ele sofria de um grande medo de ter os olhos danificados. Não pude analisar esse menino de forma satisfatória, pois depois de uma melhora inicial sua análise foi interrompida. Seu tique – que também consistia em movimentos da cabeça – não chegou a entrar na análise. Mesmo assim, obtive alguns dados condizentes com o material discutido neste trabalho.

amava. Acabou por compartilhar esse amor infeliz com outro colega de escola, B., escolhendo-o então como objeto amado. O material mostrou que B., pelo tom de pele, além de outros elementos, lembrava o pai de Felix e sua função seria substituí-lo. Essa relação levou à masturbação mútua e, tendo em consideração todas as complicações, achei que no interesse da análise era melhor dar um fim ao relacionamento entre os dois meninos.

Simultaneamente a esses acontecimentos – o novo despertar de seu interesse pela música, a homossexualidade manifesta e a retomada da masturbação –, houve uma sensível diminuição na frequência do tique e, quando às vezes ele aparecia, conseguíamos entender seu significado inconsciente. Quando Felix me contou que acreditava ter superado seu amor por A. e B., o tique reapareceu com mais vigor. Isso evidenciou o que o tique estava substituindo: os impulsos homossexuais reprimidos, ou melhor, a descarga desses impulsos na forma de fantasias ou masturbação. Na época dos conflitos da primeira infância, Felix se sentiu obrigado pela ansiedade de castração a reprimir os desejos que dirigia ao pai e à mãe. Agora, em parte por um pedido meu, ele repetia esse processo ao se afastar de A. e B. Assim, o tique apareceu como substituto, da mesma maneira que a agitação física excessiva tomara o lugar da masturbação e das fantasias de masturbação. Foi possível, então, fazer uma análise mais detalhada de suas tendências homossexuais. A homossexualidade direta sofreu uma redução drástica e surgiram novas sublimações. Particularmente, Felix começou a travar amizade com outros meninos nesse período.

A análise mais aprofundada do tique constantemente nos levava de volta às suas origens, na primeira infância. Em certa ocasião, quando estava fazendo o dever de casa com um amigo, Felix decidiu ser o primeiro a resolver um problema de matemática, mas o colega encontrou a solução antes e o tique apareceu. As associações revelaram que essa derrota na rivalidade com o amigo trouxe de novo à tona a superioridade do pai e reativou o complexo de castração de Felix. Como consequência, ele voltou a adotar um papel feminino em relação ao pai. Em outra ocasião, o tique surgiu quando se viu obrigado a admitir ao professor de inglês que não conseguia acompanhar o ritmo dos estudos e queria ter aulas particulares para compensar o atraso. Para ele, isso também era uma admissão de derrota em relação ao pai.

O incidente a seguir foi particularmente característico. Felix tentara conseguir entradas para um concerto que já estava lotado; ele estava na entrada do local com várias outras pessoas, quando no meio da confusão um homem quebrou uma vidraça e foi preciso chamar um policial. No mesmo momento, o tique apareceu. A análise revelou que essa situação específica representava uma repetição da cena na primeira infância em que o menino observara os pais escondido, sendo intimamente ligada à origem do tique. Felix se identificou com o homem que quebrara a vidraça, pois, assim como ele, na situação inicial também quisera forçar sua entrada num "concerto", i.e., a relação sexual entre os pais. O policial simbolizava o pai que desmascara essa tentativa.

A redução do tique continuou a se desenvolver em duas linhas: o tique ficou menos frequente e os três movimentos deram lugar a apenas dois, e por fim a um. Primeiro, a sensação de alguma coisa se rasgando na nuca, que provocava o primeiro movimento, deixou de existir; depois, a sensação de um estalo alto, que gerava o segundo, também desapareceu. Tudo o que restou foi a sensação de perfurar alguma coisa, que tinha o duplo significado de pressão no sentido anal e de penetração com o próprio pênis. A essa sensação estavam associadas fantasias de destruir o pênis do pai, assim como o da mãe, perfurando-os com o seu. Nesse estágio, os movimentos do tique estavam condensados num só, em que traços dos dois primeiros ainda podiam ser detectados.

O desaparecimento das sensações de dilaceramento e do estalo, que eram determinadas por fatores homossexuais passivos, foi acompanhado por uma modificação semelhante das fantasias de masturbação; seu conteúdo homossexual passou de passivo para ativo. Contudo, o ritmo da relação sexual também estava implícito no dilaceramento, no estalo e no ato de perfurar. Quando evitava os movimentos do tique, apesar da insistência dessas sensações, Felix sentia uma tensão: a intensificação e o subsequente enfraquecimento dessas sensações. Primeiro predominou a sensação de dilaceramento, depois a do estalo e, enfim, apenas a de perfuração. Com o tempo, o tique desapareceu por completo, mas em seu lugar surgiu um movimento que consistia em empurrar os dois ombros para trás. O significado desse gesto foi revelado pelo incidente a seguir: enquanto falava com o diretor da escola, Felix sentiu de repente a necessidade de coçar as costas, seguida por uma irritação no ânus e uma contração do esfíncter. Também ficou claro que ele tivera o desejo reprimido de insultar o diretor com uma linguagem coprofílica e de sujá-lo com fezes. Isso mais uma vez nos levou de volta à cena primária, quando o mesmo desejo surgira em relação ao pai, sendo expresso pelo menino por meio de defecação e choro.

Num estágio posterior da análise, o gesto de piscar e esfregar os olhos surgiu como substituto do tique, uma transformação explicável da seguinte maneira: uma inscrição medieval estava escrita na lousa da escola e Felix teve a sensação – completamente injustificada – de que não sabia decifrá-la de forma correta. Então, começou a esfregar os olhos com gestos violentos e a piscar. As associações revelaram que a lousa[6] e a escrita em sua superfície significavam – como em várias outras ocasiões durante a análise – o órgão genital da mãe como o elemento desconhecido e incompreensível da relação sexual que tinha observado. Há uma analogia entre essa inscrição na lousa e a partitura do maestro, cujos traços negros Felix tentara decifrar de sua cadeira no teatro. Em ambos os casos, tudo indica que a escopofilia reprimida provocou a necessidade de piscar e que, principalmente no gesto de esfregar os olhos, o desejo de se masturbar – surgido no mesmo momento – encontrou expressão no deslocamento. Durante a análise, também conseguimos compreender de forma plena a conexão entre essas situações e os estados de retraimento que com frequência tomavam conta do menino na escola. O hábito de olhar para o vazio estava associado a fantasias como a do exemplo a seguir: ele está vendo e ouvindo uma tempestade e se lembra de outra tempestade que testemunhara na primeira infância; quando esta havia terminado, ele se debruçara na janela para ver se o senhorio e a esposa, que antes estavam no jardim, tinham se ferido. Essa lembrança, porém, era uma lembrança encobridora que mais uma vez remetia à cena primária.

Novos progressos foram realizados na análise do tique e suas formações substitutivas, de modo que depois de algum tempo até o gesto de piscar e esfregar os olhos foi abandonado e era apenas o pensamento sobre o tique que voltava a ocupar a mente do menino em ocasiões especiais. Quando estas também revelaram sua ligação com os desejos de masturbação reprimidos e a cena primária, Felix deixou de pensar no tique, que agora estava curado, de modo total e permanente. Ao mesmo tempo, houve uma mudança notável em outros aspectos da análise. Pela primeira vez, desejos heterossexuais apareceram e tomaram a forma da admiração por uma atriz. Essa escolha de objeto se enquadrava na maneira como Felix identificava[7] o teatro, os concertos etc. com a relação sexual, e os artistas com os pais. Como já demonstrei, ele próprio aparecia como observador e

---

6 Quanto a esse significado simbólico da mesa, da carteira, da caneta, da escrita etc., ver o texto "O papel da escola no desenvolvimento libidinal da criança", neste volume.
7 Descobri que a identificação do teatro, do concerto, do cinema e de todo tipo de apresentação com a cena primária é típica de todas as análises de crianças. Ela é descrita em "Análise precoce", neste volume.

ouvinte, ao mesmo tempo que, mediante a identificação com os pais, também desempenhava os diversos papéis.

Certa vez, depois de ter que esperar por mim no consultório algum tempo, Felix me informou que olhara pela janela para o prédio do outro lado e tivera uma sensação peculiar. Vira sombras e formas nas diversas janelas e tentara imaginar o que estavam fazendo. Foi como se estivesse num teatro onde se vê vários papéis sendo representados e ao mesmo tempo se tem a impressão de participar do que está acontecendo.

A primeira escolha de objeto heterossexual de Felix foi muito influenciada por sua atitude homossexual. Para ele, a atriz possuía atributos masculinos, ela era a mãe com pênis. Essa atitude ainda se fazia presente na relação com seu segundo objeto de amor heterossexual. Ele se apaixonou por uma menina mais velha que tomara a iniciativa no relacionamento. Ela personificava a imagem, construída na primeira infância, da mãe como prostituta e, ao mesmo tempo, da mãe com pênis superior ao dele. A transferência foi forte o bastante para que eu impusesse uma interrupção temporária nesse relacionamento,[8] mesmo porque Felix já tivera o insight de que sensações de ansiedade estavam associadas a essas relações. Essa escolha de objeto tinha o propósito de fugir dos desejos e fantasias dirigidos a mim, que só nesse estágio passavam a ocupar o primeiro plano na análise. Agora era fácil perceber que a tentativa de se afastar da mãe originalmente amada, mas proibida, contribuíra para o fortalecimento da atitude homossexual e das fantasias sobre a apavorante mãe castradora.

A mudança de tendências homossexuais para heterossexuais e as transformações que estas sofreram também foram expressas no desenvolvimento e na modificação das fantasias de masturbação de Felix. A análise nos levou de volta às fantasias de masturbação mais antigas, diretamente ligadas à observação da relação sexual dos pais. A seguir, descreverei em linhas gerais o desenvolvimento dessas fantasias em ordem cronológica.

Quando era pequeno, enquanto ainda dormia no quarto dos pais (o que aconteceu até completar seis anos), Felix imaginou diante de si o tronco de uma grande árvore que apontava para o sentido contrário da cama dos pais. Um homenzinho deslizava pela árvore na direção dele. Era metade velho e metade criança – uma condensação do pai e do próprio Felix –, isso era uma expressão de sua escolha de objeto

---

[8] Ao contrário da minha prática usual, tive que impor uma proibição nesse caso, assim como na relação anterior, para tornar possível a continuação da análise.

homossexual narcísica. Mais tarde, eram cabeças de homem, principalmente de heróis gregos, que via voando em sua direção e que na sua mente também eram projéteis e objetos pesados. Esse já era o material de suas fantasias posteriores sobre o futebol e o método de supercompensar o medo do pai castrador pela habilidade no futebol.

Com o início da puberdade psíquica, novo esforço para realizar uma escolha de objeto heterossexual apareceu nas fantasias de masturbação envolvendo as meninas com quem jogava futebol. Nessa fantasia, ele também mudou as cabeças (das meninas) – assim como antes introduzira as cabeças dos heróis – para tornar irreconhecíveis os verdadeiros objetos amados. Ao longo da análise – e com a retomada gradual da masturbação, que aumentou à medida que o tique diminuía –, suas fantasias de masturbação se desenvolveram de modo gradual, assumindo o conteúdo a seguir: tinha fantasias com uma mulher deitada em cima dele, depois com uma mulher deitada em cima e às vezes embaixo, para por fim se deter na última posição. Vários detalhes de fantasias associadas sobre a relação sexual correspondiam às diferentes posições.

No caso de Felix, a análise das fantasias de masturbação foi um fator decisivo na cura do tique. A desistência da masturbação levou à descarga motora em outras direções, que tomaram a forma, como já vimos, do ato de fazer caretas, piscar e esfregar os olhos, da mobilidade excessiva em suas manifestações mais diversas, dos jogos esportivos e, finalmente, do tique.

No entanto, se considerarmos as vicissitudes das fantasias de masturbação específicas que foram reprimidas, descobrimos que elas estavam ligadas em parte a essas descargas motoras, além de estarem contidas em parte em todas as tentativas de sublimação de Felix. Na base de seu amor pelo esporte estavam as mesmas fantasias de masturbação associadas ao tique: a identificação, calcada na cena primária, com ambos os pais na relação sexual, quando em sua mente o menino participava como observador e como objeto amado. Uma vez que o interesse pelo esporte e pelo relato de jogos desempenhavam importante papel na análise, tive acesso a um amplo material para comprovar que a mesma identificação estava por trás de suas fantasias relacionadas aos jogos. Seu oponente no futebol etc., era sempre o pai, que ameaçava castrá-lo e contra o qual tinha que se defender. No entanto, o gol onde é preciso atirar a bola e o campo representavam a mãe. A análise também tornou possível ver, de outras maneiras, a figura da mãe por trás até mesmo das tendências homossexuais, da mesma forma como aconteceria mais tarde com as fantasias associadas ao tique. Os jogos e o excesso de mobilidade também funcionavam como fuga do tique, ou melhor, da masturbação. Foi devido ao reaparecimento constante da ansiedade de castração, basicamente, que essa sublimação só foi atingida de forma imperfeita e a relação do menino com os jogos permaneceu instável. Constatamos, porém, que essas fantasias de masturbação também eram a causa de sua atitude ambivalente em relação ao aprendizado, estando intimamente ligadas a essa atividade.

Um dia, quando o professor se apoiou na mesa durante a aula, veio a Felix o desejo de que o professor a derrubasse, quebrando-a e se ferindo. Para Felix, isso representava uma nova versão da cena em que o pai tinha relações sexuais com a mãe enquanto ele próprio observava. Sua relação com o professor, desde o início, era uma repetição de sua relação com o pai e era determinada da mesma maneira pela homossexualidade reprimida. Toda resposta que dava em aula, todo trabalho que fazia na escola, tinham o significado de uma relação homossexual com o pai. Mas aqui também, assim como no relacionamento com o parceiro ou o oponente nos jogos, a relação original com a mãe – por mais oculta que fosse – aparecia por trás da tendência homossexual. O banco em que se sentava na escola, a mesa em que o professor se apoiava e a lousa onde escrevia, a sala de aula, o prédio da escola: tudo isso representava, no que diz respeito ao professor, a mãe com a qual o professor (pai) tem relações sexuais, da mesma maneira que o gol onde cai a bola, o pátio de recreio, a quadra de esportes etc. A ansiedade de castração estava por trás de sua inibição tanto nos jogos como no aprendizado. Pode-se então entender como Felix, apesar de certas inibições, foi um bom aluno nos primeiros anos de escola, pois esse período correspondeu à ausência do pai por causa da guerra, o que reduziu a ansiedade associada ao aprendizado. Foi com a volta do pai que surgiu a aversão à escola. No entanto, Felix passou a sublimar durante algum tempo suas fantasias de masturbação nas atividades físicas exigidas pelo pai – em parte, é verdade, numa supercompensação de sua ansiedade.

O mesmo conteúdo em mudança das fantasias de masturbação podia ser encontrado, como já mostrei, no amor de Felix pela música – uma sublimação reprimida com mais força ainda, mas liberada gradualmente ao longo da análise. Mais uma vez, foi devido à ansiedade gerada pelas fantasias de masturbação que se desenvolveu essa inibição ainda mais forte e antiga.

No caso de Felix, ficou claro que havia uma ligação íntima do tique com toda a personalidade do paciente, com sua sexualidade e sua neurose, com o destino de suas sublimações, com o desenvolvimento de seu caráter e com sua atitude social. Essa conexão estava calcada nas fantasias de masturbação; e no caso de Felix tornou-se particularmente óbvio que essas fantasias influenciaram de forma profunda suas sublimações, sua neurose e sua personalidade.

Da mesma maneira, descobri no caso de outro paciente que o desenvolvimento do tique era determinado pelo significado e pela estrutura das fantasias de masturbação. Não se tratava de um tique pronunciado, mas de descargas motoras que, em vários aspectos importantes, eram bem semelhantes a um tique. Werner, trazido aos meus cuidados quando tinha nove anos, era um menino neurótico. Na idade de um ano e meio, já apresentava excessiva agitação física, que ia crescendo cada vez mais. Aos cinco anos, criou o hábito estranho de mexer as mãos e os pés a fim de imitar os movimentos de um motor. A partir desse jogo, desenvolveu-se aquilo que o próprio menino e as pessoas em volta chamavam de "agitação". Esse movimento foi dominando aos poucos todas as brincadeiras do menino. O motor original logo deixou de ser o único conteúdo de seu brincar. Aos nove anos, ele muitas vezes se agitava por horas a fio. Werner costumava dizer: "Se agitar é divertido, mas nem sempre, você não consegue parar quando quer – por exemplo, quando deveria ir fazer a lição".

Durante a análise, ficou claro que a supressão do movimento não trazia ansiedade, mas uma sensação de tensão (era nesse ponto que ele sempre tinha que pensar em se agitar) – exatamente o mesmo que acontecia com Felix quando procurava suprimir o tique. Outras semelhanças importantes podem ser encontradas no conteúdo das fantasias. Durante a análise, consegui descobrir o que Werner chamava de "pensamentos de agitação". Ele me contou que os animais de *Tarzan* deixavam-no agitado.[9] Os macacos estão andando pela selva; na fantasia dele, o menino vai atrás dos animais e se adapta à maneira de andar deles. As associações evidenciavam a admiração do menino pelo pai que copula com a mãe (macaco = pênis) e seu desejo de participar como terceira pessoa. Essa identificação, mais uma vez com o pai e a mãe ao mesmo tempo, também estava por trás de vários outros "pensamentos de agitação", que podiam ser reconhecidos como fantasias de masturbação. Não deixa de ser significativo que, ao se agitar, Werner tinha sempre que girar um lápis ou uma régua entre os dedos da mão direita e também o fato de que não podia "se agitar direito" na presença de outras pessoas.

---

9   A referência é a um dos livros de Tarzan, cujo frontispício o menino havia visto e usado como tema de suas fantasias.

Descrevo a seguir outra das fantasias que acompanhavam o ato se agitar: ele se via diante de um barco construído de madeira particularmente dura e equipado com escadas muito resistentes, onde se podia subir e descer em perfeita segurança. Na parte de baixo, havia depósitos de mantimentos e um enorme balão cheio de gás. Hidroaviões podiam pousar nesse "barco salva-vidas" (como o menino o chamava) caso estivessem em perigo. Essa fantasia exprimia a ansiedade de castração decorrente da adoção de uma atitude feminina em relação ao pai, além de uma defesa contra essa atitude. Os hidroaviões em perigo representavam o próprio Werner, o casco do barco simbolizava a mãe – o balão e os depósitos de mantimentos, o pênis do pai. Nesse caso, assim como no de Felix, a ansiedade de castração provocou um retorno narcísico ao próprio self como objeto amado. Nas fantasias de Werner, um papel importante era desempenhado por um "Pequenininho" que age como aliado e concorrente de um "Grandão", ao qual acaba superando; por exemplo, um motor menor e principalmente um palhaço menor. O "Pequenininho" não é apenas o pênis, mas o próprio menino em comparação com o pai; a admiração por si mesmo, que Werner exibia dessa maneira, revelava o arranjo narcísico de sua libido.

Outra semelhança entre os dois casos era o papel importante que o som desempenhava nas fantasias de Werner. O menino ainda não tinha desenvolvido um forte sentimento pela música, mas demonstrava grande interesse pelos sons – interesse que, como a análise revelou, estava intimamente ligado às fantasias decorrentes da observação das relações sexuais entre os pais. Werner dormiu no quarto dos pais durante algum tempo quando tinha cinco meses. Não foi possível chegar a nenhuma conclusão a respeito de suas observações nessa idade tenra – pelo menos no atual estágio de sua análise.[10] Contudo, a análise provou sem sombra de dúvida a importância daquilo que o menino ouviu diversas vezes pela porta aberta do quarto dos pais quando tinha cerca de um ano e meio. Foi nesse período que surgiu o excesso de mobilidade. O relato a seguir ilustra a importância do fator auditivo em suas fantasias de masturbação: ele me contou que havia se agitado por conta de um gramofone que queria ganhar; como de costume, a agitação era a imitação de certos movimentos – nesse caso, o de dar corda no gramofone e o da agulha andando sobre o disco. Depois, passou para as fantasias sobre uma motocicleta que gostaria de possuir e mais uma vez agitou-se ao descrever os movimentos dela.

---

10 Quando escrevi este trabalho, a análise de Werner ainda estava em andamento; na verdade, ela tinha se iniciado apenas três meses antes. [N. A., 1947]

Ele fez desenhos de suas fantasias. A motocicleta tinha um motor enorme, claramente no formato de um pênis, e, assim como o balão do "barco salva-vidas", estava bem cheio, dessa vez de gasolina. No motor, uma mulher sentada punha a moto para funcionar. Os sons produzidos pela ignição caem, sob a forma de raios pontudos, sobre um "pobre homenzinho" que fica muito assustado com eles. Quanto a isso, Werner criou uma fantasia sobre uma banda de jazz cujos sons imitava e disse que a banda o deixava agitado. Ele me mostrou como o trompetista toca seu instrumento, como o condutor rege a banda e como se bate na bateria. Quando perguntei o que exatamente nessa associação estava causando a agitação, o menino respondeu que estava participando de todas essas atividades. Depois, desenhou num papel um gigante com olhos enormes e uma cabeça com antenas e aparelhos de rádio. Um ser minúsculo queria ver o gigante e para isso subiu na Torre Eiffel, que no desenho estava ligada a um arranha-céu. A admiração do menino pelo pai aqui se expressa por meio da admiração pela mãe; por trás da atitude homossexual passiva era possível discernir a atitude heterossexual.

No caso de Werner, assim como no de Felix, o forte interesse acústico que se vê obrigado a encontrar expressão rítmica estava associado à repressão da escopofilia. Logo depois das fantasias que acabei de descrever – sobre uma banda de jazz representada por um gigante –, Werner me falou dos cinemas a que tinha ido. É verdade que ele não tinha pelo cinema a mesma aversão que Felix, mas percebi alguns sinais de escopofilia reprimida quando tive a chance de observá-lo com outras crianças durante uma representação teatral. Ele desviava os olhos do palco por longos períodos de tempo e depois disse que era tudo muito chato e falso. Nesse meio tempo, porém, fixava os olhos no palco e parecia ficar encantado, antes de retomar a atitude anterior.

No caso de Werner, o complexo de castração também era extraordinariamente forte; a luta contra a masturbação tinha fracassado, mas o menino ainda procurava algum substituto em outras descargas motoras. As impressões traumáticas que teriam levado ao desenvolvimento de um complexo de castração tão forte e ao medo da masturbação ainda não foram reveladas pela análise. Não há dúvida de que a observação auditiva da relação sexual aos cinco anos – novamente pela porta aberta – assim como a observação visual desse ato entre os seis e sete anos, quando dormiu no quarto dos pais por breve período de tempo, serviu para intensificar todas as suas dificuldades, incluindo o hábito de se agitar, que já havia se desenvolvido nessa época. Não há como questionar a analogia entre a agitação e o tique. Talvez fosse possível encarar o sintoma motor como uma espécie de estágio preliminar no desenvolvimento do tique propriamente dito. No caso de Felix, um excesso de mobilidade difusa também se manifestara desde a primeira infância e só foi substituído pelo tique na puberdade, depois de uma experiência específica que serviu como elemento encadeador. Talvez muitas vezes o tique só se desenvolva na puberdade, quando tantas dificuldades atingem seu ponto crítico.

Agora compararei as conclusões do material à minha disposição com as publicações psicanalíticas a respeito do tique. Gostaria de remeter ao abrangente trabalho de Sándor Ferenczi, "Reflexões psicanalíticas sobre os tiques", e ao artigo que Karl Abraham apresentou à Sociedade Psicanalítica de Berlim, "A Contribution to a Discussion on Tic" [Uma contribuição à discussão sobre os tiques].[11] Uma das conclusões de Ferenczi – a de que o tique é um equivalente da masturbação – é confirmada nos dois casos que descrevi. A tendência de executar o tique em reclusão, também salientada por Ferenczi, podia ser observada no caso de Werner, no qual pudemos ver o tique em estágio de desenvolvimento: ficar sozinho era condição para que o menino pudesse se agitar. As conclusões de Ferenczi, de que o tique não desempenha na análise o mesmo papel que os outros sintomas e de que ele escapa – até certo ponto – à própria análise, também podem ser confirmadas pelos meus estudos, ainda que não por inteiro. Durante um período considerável da análise de Felix, também tive a impressão de que havia algo de diferente no tique em comparação a outros sintomas, que revelaram seu significado bem mais cedo e de forma mais clara. Também descobri que Felix não se importava com o tique, o que mais uma vez se encaixava nas conclusões de Ferenczi. Também concordo com Ferenczi ao afirmar que as causas dessas diferenças devem ser encontradas na natureza narcísica do tique.

Nesse ponto, porém, surge uma divergência essencial em relação a Ferenczi. Ele encara o tique como um sintoma narcísico primário, que tem as mesmas fontes das psicoses narcísicas. Minha experiência me convenceu de que o tique não é acessível à influência terapêutica enquanto a análise não for capaz de descobrir as relações de objeto em que está baseado. Descobri que por trás do tique havia impulsos genitais, além de sádico-anais e sádico-orais, dirigidos ao objeto.

---

11 Cf. Sándor Ferenczi, "Reflexões psicanalíticas sobre os tiques" [1921], in *Obras completas*, v. 3, trad. Álvaro Cabral. São Paulo: Martins Fontes, 1993; Karl Abraham, "A Contribution to a Discussion on Tic" [1921], in *Selected Papers on Psycho-Analysis*. London: Hogarth Press, 1927.

Para isso, a análise teve que penetrar nos estágios mais precoces da infância e o tique não desapareceu por completo até que as fixações que predispunham seu surgimento fossem cuidadosamente exploradas.[12] A afirmação de Ferenczi segundo a qual nenhuma relação de objeto parece se esconder por trás do tique não é confirmada pelos fatos. Nos dois casos que descrevi, as relações de objeto originais se tornaram muito claras ao longo da análise; no entanto, sob a pressão do complexo de castração, elas tinham sofrido uma regressão até o estágio narcísico.

As relações de objeto sádico-anais apontadas por Abraham também estavam presentes nos casos que estudei. Em Felix, a contração dos ombros que se seguiu ao tique era um substituto para a contração do esfíncter, que também formava a base do movimento rotativo no tique. Relacionado a isso surgiu a premência de xingar o diretor da escola. O movimento de "perfuração" no tique, correspondente à terceira fase, é compatível não só com uma perfuração para dentro, mas também para fora – a defecação.

Na época em que o tique era substituído por um excesso de mobilidade difusa, Felix tinha o costume de balançar os pés de tal maneira que vivia chutando o professor quando este passava. O menino era incapaz de abandonar esse hábito, apesar de todos os problemas que causava. Tal componente agressivo da agitação física, que foi representado novamente mais tarde por meio do tique, também se manifestava de forma marcante no caso de Werner, e apontava para uma conexão tão significativa que revelava de forma clara o significado básico dos impulsos sádicos nas descargas semelhantes ao tique. Durante as ses-

---

12 Na minha opinião, isso também explica por que, na análise de adultos, o tique, como observa Ferenczi, não parece se encaixar, quando a análise termina, na estrutura complexa da neurose (cf. "Reflexões psicanalíticas sobre os tiques", op. cit., pp. 82–83). No caso dos adultos, muitas vezes não é possível levar a análise à profundidade necessária para descobrir as fixações e relações de objeto mais iniciais que determinam o tique. Enquanto isso não acontece, o tique – devido àquilo que chamo de caráter seminarcísico – continua a fugir à análise. No caso de Felix, a análise conseguiu não só reconstituir os detalhes de seu desenvolvimento mais inicial que determinaram a forma tomada pelas fantasias de masturbação e o tique, mas também, com a ajuda de lembranças, torná-los de novo conscientes. É de supor que esse elemento narcísico do tique seja o responsável pela dificuldade de se ter acesso a esse sintoma na análise, dificuldade que aumenta com a idade do paciente. Conclui-se, então, que o tique deve ser tratado numa idade precoce, logo depois do aparecimento do sintoma.

sões de análise, uma série de perguntas insistentes e compulsivas, que expressavam a curiosidade relacionada à cena primária – cujos detalhes eram incompreensíveis para uma criança de um ano e meio –, era repetidas vezes seguida de violentos acessos de raiva. Nessas ocasiões, Werner sujava o peitoril da janela e a mesa com lápis de cor, tentava me sujar também, ameaçava-me com os punhos e uma tesoura, tentava me chutar, imitava o barulho do flato inchando as bochechas e soprando o ar para fora, ofendia-me de todas as maneiras possíveis, fazia caretas e assobiava; entrementes, enfiava muitas vezes o dedo no ouvido[13] e declarava que estava escutando um som estranho, que parecia vir de longe, mas não sabia o que era.

Mencionarei outro fato que prova de forma inequívoca que essa cena era uma repetição das descargas motoras agressivas provocadas pela cena primária. Durante os acessos de raiva, Werner costumava sair da sala para ver se conseguia me atingir com uma bola atirada do vestíbulo através da porta aberta – uma óbvia repetição da situação em que, com um ano e meio, queria maltratar e ferir os pais do outro lado da porta.[14]

Diversas fantasias relacionadas ao tique – como a dos instrumentos de sopro, com os quais Felix pretendia participar na relação sexual dos pais – são um indício da relação de objeto anal. Werner também se agitava para imitar o trompetista da banda de jazz – que representava o pai no ato da cópula –, além de expressar essa relação de objeto ao assobiar e reproduzir o som do flato.

Creio que a maneira como esses componentes sádico-anais não só participam da construção do tique, mas também se revelam como um de seus componentes mais importantes, confirma a opinião de Abraham de que o tique é um sintoma de conversão no nível sádico-anal. Em resposta a Abraham, Ferenczi concordou com esse ponto de vista, além de chamar atenção em seu artigo para a importância dos componentes sádico-anais do tique e sua conexão com a coprolalia.

---

13 No caso desse menino, assobiar, tampar os ouvidos etc. era um sinal recorrente de resistência na análise; no entanto, ele também empregava os mesmos recursos em casa.

14 Os pais do menino confirmaram que na época em que ocorreram essas observações auditivas – isto é, na idade de um ano e meio – Werner costumava perturbá-los à noite e de manhã muitas vezes era encontrado deitado sobre seus excrementos. Como já mencionei, no mesmo período surgiram os primeiros sinais de sua mobilidade excessiva, sob a forma de corrida de um lado para o outro carregando pedaços de madeira que pegava de um depósito de lenha adjacente.

Era fácil detectar relações de objeto genitais no material mencionado. As fantasias sobre a relação sexual associadas ao tique tinham se expressado originalmente como atividades masturbatórias. Isso se tornou claro quando, durante a análise, a escolha de objeto homossexual reapareceu em conexão com a masturbação, que fora por tanto tempo evitada sob pressão da ansiedade. A escolha de objeto heterossexual, a última a ser descoberta, foi acompanhada de novas modificações nas fantasias de masturbação, e com isso houve um claro restabelecimento da masturbação na primeira infância.

Gostaria de apontar aqui para uma passagem no artigo de Ferenczi que parece transpor a diferença entre seu ponto de vista e o meu. Ferenczi afirma:

> No tique do "narcisista constitucional", a primazia da zona genital não parece, em geral, muito firmemente estabelecida, de sorte que excitações ordinárias ou perturbações inevitáveis bastam para provocar tal deslocamento. O onanismo seria então uma atividade sexual ainda seminarcísica, a partir da qual a passagem para a satisfação normal com outro objeto seria tão possível quanto o retorno ao autoerotismo.[15]

Meu material demonstra que, por meio da masturbação, há um recuo das relações de objeto já estabelecidas para um narcisismo secundário; por certos motivos que discutirei em detalhes mais tarde, a masturbação se torna novamente uma atividade autoerótica. Creio, porém, que isso deixa clara a diferença entre o ponto de vista de Ferenczi e o meu. Segundo minhas descobertas, o tique não é um sintoma narcísico primário, mas sim um sintoma narcísico secundário. Como já indiquei, nos meus casos a ausência do tique não era seguida de ansiedade, mas de uma sensação de tensão – o que está de acordo com as afirmações de Abraham.

Minhas conclusões podem ser encaradas até certo ponto como um complemento às opiniões de Ferenczi e Abraham. Constatei que o tique era um sintoma narcísico secundário e foi a descoberta das relações de objeto sádico-anais e genitais em que ele estava baseado que me levou a essa conclusão. Além disso, tudo indicava que o tique não é apenas um equivalente da masturbação, mas sim que as fantasias de masturbação também estão ligadas a ele. A investigação analítica e a dissolução do tique só foram possíveis depois da análise mais profunda das fantasias de masturbação, cujas primeiras manifestações

---

15 S. Ferenczi, "Reflexões psicanalíticas sobre os tiques", op. cit., p. 110.

fui obrigada a reconstituir – o que significava trazer à tona todo o desenvolvimento sexual da infância. Assim, a análise das fantasias de masturbação tornou-se a chave para a compreensão do tique.

Ao mesmo tempo, percebi que o tique, que de início parecia um sintoma incidental e isolado, na verdade estava íntima e organicamente ligado a inibições muito graves e ao desenvolvimento antissocial do caráter. Já afirmei diversas vezes que no caso de uma sublimação bem-sucedida, todo talento e interesse se baseiam parcialmente em fantasias de masturbação. No caso de Felix, as fantasias de masturbação estavam ligadas ao tique de modo profundo. A desintegração e o desaparecimento do tique foram acompanhados pela sublimação das fantasias de masturbação em diversos interesses. O resultado final da análise foi uma ampla diminuição das inibições e dos defeitos caracterológicos. No caso de Werner, a análise também revelou a importância central da agitação e sua ligação com as severas inibições e o comportamento antissocial do menino. Apesar de a análise de Werner ainda não ter penetrado fundo o bastante para exercer um efeito terapêutico sobre o sintoma, já ficou claro até que ponto toda a rica vida de fantasia do paciente foi posta a serviço dele, sendo retirada, por consequência, de outros interesses. A análise do menino também demonstrou que a inibição de sua personalidade foi progressiva.

Esses fatos, creio, apontam para a necessidade de examinar a significação do tique a partir desse ângulo, i.e., descobrir até que ponto ele não é apenas a indicação de uma inibição ou de um desenvolvimento antissocial, mas também tem importância fundamental no desenvolvimento desses distúrbios.

Gostaria de indicar mais uma vez os fatores específicos por trás da psicogênese do tique, conforme se apresentaram a mim no material estudado. As fantasias de masturbação que sustentam o tique sem dúvida não são específicas, pois sabemos que elas têm a mesma importância para quase todo sintoma neurótico e, como já tentei mostrar diversas vezes, para a vida de fantasia e as sublimações. Mas nem mesmo o conteúdo particular das fantasias de masturbação presentes nos dois casos que estudei – a identificação simultânea com o pai e a mãe, enquanto o próprio self participa – parece ter um caráter específico por si só. Esse tipo de fantasia também pode ser encontrado em vários outros pacientes que não apresentam nenhum tique.

Na minha opinião, porém, pode-se detectar um fator bem mais específico no tipo de desenvolvimento que essa forma de identificação tomou nos dois casos. Primeiro, a identificação com o pai foi encoberta por uma identificação com a mãe (atitude homossexual passiva);

devido a uma ansiedade de castração particularmente forte, essa atitude foi substituída mais tarde pela retomada de uma atitude ativa. Criou-se novamente uma espécie de identificação com o pai, que, no entanto, não podia mais ser bem-sucedida, pois as características do pai estavam fundidas ao próprio ego do paciente. O ego do paciente, amado pelo pai, então surge como o novo objeto amado.

Contudo, há um fator específico que favoreceu tanto a regressão narcísica, originária do complexo de castração, como o tique baseado nessa regressão. No caso de Felix, assim como no de Werner, a observação das relações sexuais foi realizada de tal maneira que o principal interesse se dirigiu aos sons que a acompanhavam. Em Felix, esse interesse no som foi intensificado por uma repressão considerável da escopofilia. No caso de Werner, não há dúvida de que o fato de as observações terem sido feitas do aposento vizinho e, portanto, terem um caráter basicamente auditivo, levou ao desenvolvimento de seu interesse pelo som. Um aumento da mobilidade, provavelmente de origem constitucional,[16] parece estar ligado a esse interesse.[17] O menino imitava[18] aquilo que tinha ouvido, primeiro com uma representação por meio de movimentos rítmicos de masturbação. Quando a masturbação foi abandonada sob a pressão da ansiedade de castração, os sons tiveram que ser reproduzidos por outras descargas motoras. Por exemplo, em ambos os casos descrevi a fantasia de acompanhar o andamento da música juntamente com o maestro. Podemos supor que esse interesse acústico não foi influenciado apenas pelas circunstâncias, mas também derivava de um fator constitucional que nos dois casos estava ligado a fortes componentes sádico-anais. Esses componentes se manifestavam no interesse pelos ruídos do flato e na agressividade subjacente à mobilidade exagerada.

Só a experiência futura poderá indicar se os fatores específicos em ação nos casos que estudei também são importantes para a psicogênese dos tiques em outros casos.

---

16 Cf. ibid.
17 A ligação entre as impressões auditivas e sua reprodução nos movimentos é encarada como fenômeno normal no ímpeto de dançar que sentimos ao ouvir músicas de dança.
18 No caso de Felix e Werner, a questão era imitar o pai na relação sexual. Ferenczi também menciona a ânsia de imitar, de representar, nos pacientes que sofrem de tique.

APÊNDICE ACRESCENTADO DURANTE A CORREÇÃO DAS PROVAS TIPOGRÁFICAS (1925)

Depois de escrever este artigo, iniciei a análise de um menino, Walter, de cinco anos e meio, cujo sintoma principal era um movimento estereotipado. A juventude do paciente e os progressos feitos na análise (que durou seis semanas, até agora) tornou possível investigar em detalhes os fatores em interação por trás desse sintoma recente e influenciá-lo favoravelmente. Uma neurose obsessiva e uma incipiente deformação caracterológica no menino exigem a continuidade da análise profunda. Esse caso também revela a ação dos fatores que foram tão decisivos nos dois primeiros casos. Para poupar espaço, mencionarei apenas o de ouvir a relação sexual num aposento adjacente durante o segundo ano de vida. Nessa idade, surgiu uma mobilidade excessiva e o medo de sons de batidas. Semana após semana, Walter apresenta durante a análise uma repetição compulsiva, com variações, de um espetáculo de *Kasperle* (semelhante a um espetáculo de marionetes). Durante essas representações, começo como sendo o maestro e tenho que bater com uma vara ou algum objeto semelhante, gerando sons que deveriam ser música; acompanhando o som dessas batidas, o menino executa truques acrobáticos. Vários detalhes mostram que o espetáculo representa a relação sexual em que ele toma o lugar da mãe. O medo da masturbação, associado a um acontecimento traumático aos três anos, era óbvio no menino. Até agora, a exibição teatral sempre é seguida de um acesso de raiva, acompanhado de descargas motoras agressivas e uma representação do ato de se sujar com fezes e urina – tudo dirigido contra os pais na relação sexual. O fundamento sádico-anal dos sintomas motores podia ser percebido com clareza. Minhas conclusões são confirmadas por inteiro nesse terceiro caso. Também é importante observar que esses casos pertencem a diferentes e importantes períodos de desenvolvimento. Agora não parece haver dúvida de que o tique está calcado na agitação e na inquietação física observadas com tanta frequência na primeira infância e que, portanto, devem ser examinadas com cuidado. Só com outras experiências será possível constatar se essa mobilidade difusa e excessiva é condicionada pela observação auditiva da relação sexual, mesmo nos casos em que não se desenvolve num tique. De qualquer maneira, esse tipo de observação foi um fator fundamental nos três casos que analisei, nos quais a mobilidade excessiva de fato se transformou num tique ou em movimentos semelhantes ao tique. Em Walter, assim como em Werner, a condensação em sintomas motores ocorreu no sexto ano de vida. Refiro-me ao fato mencionado por Ferenczi de que no período de latência é comum aparecerem tiques como um sintoma transitório. Em dois dos três casos que estudei, sem dúvida as impressões traumáticas contribuíram para o fracasso das tentativas de superar os complexos de Édipo e de castração, enquanto o terceiro ainda não foi suficientemente analisado nessa direção. Depois do declínio do complexo de Édipo, isso criou uma luta intensa contra a masturbação, para a qual o sintoma motor tornou-se o substituto imediato. Podemos partir do princípio de que, em outros casos, os tiques (muitas vezes transitórios) e os movimentos estereotipados do período de latência também podem se transformar num tique verdadeiro quando um recrudescimento dos conflitos da primeira infância ou de experiências traumáticas – principalmente na puberdade, ou mesmo mais tarde – agem como elementos encadeadores.

1926
Os princípios psicológicos da análise precoce

Este artigo contém a primeira descrição de uma das descobertas iniciais mais importantes de Melanie Klein: o superego existe na criança bem mais cedo do que Sigmund Freud acreditava. Esse superego primitivo – de acordo com Melanie Klein, uma descoberta inesperada – é composto de várias identificações, é mais cruel do que sua forma posterior e é um fardo para o ego frágil da criança pequena. Essas descobertas colocam algumas dificuldades para a visão que Freud tinha do superego como resultado do complexo de Édipo; nesse estágio, Melanie Klein ainda tenta se enquadrar nesse ponto de vista. Ela desloca o começo do complexo de Édipo para o início do segundo ano de vida da criança, sugerindo que "logo que surge o complexo de Édipo, [as crianças pequenas] começam a elaborá-lo, desenvolvendo assim o superego" (p. 176). Mais tarde, ela se afasta de Freud e desliga o início do superego do complexo de Édipo; na verdade, Melanie Klein voltou várias vezes ao assunto do superego e o leitor encontrará um exame de seus principais escritos na nota explicativa de "O desenvolvimento inicial da consciência na criança" (1933).

Melanie Klein já empregava a técnica psicanalítica do brincar há seis ou sete anos. Aqui, ela apresenta seu princípio básico: a situação analítica e a abordagem ao tratamento são os mesmos presentes na análise dos adultos, mas ajustados ao modo de comunicação da criança por meio da brincadeira. Também discute esse princípio de forma mais completa e polêmica no próximo artigo, "Simpósio sobre a análise de crianças" (1927).

Neste artigo, pretendo examinar em detalhes certas diferenças entre a vida mental das crianças pequenas e a dos adultos. Essas diferenças nos obrigam a empregar uma técnica adaptada à mente da criança pequena, por isso tentarei demonstrar que existe uma técnica analítica do brincar que preenche esse requisito, a qual foi elaborada de acordo com certos pontos de vista que apresentarei com mais detalhes ao longo deste trabalho.

Como já sabemos, a criança estabelece relações com o mundo externo ao dirigir a libido originalmente ligada apenas ao seu próprio ego para objetos dos quais obtém prazer. Num primeiro momento, a relação da criança com esses objetos, sejam eles seres vivos, sejam eles inanimados, é puramente narcísica. É dessa maneira, porém, que as crianças criam suas relações com a realidade. Eu gostaria de ilustrar a seguir essa relação das crianças pequenas com a realidade através de um exemplo.

Trude, uma criança de três anos e um quarto, foi viajar com a mãe depois de uma única sessão. Após seis meses, a análise foi retomada. Foi só depois de um período de tempo considerável que a menina mencionou alguma coisa ocorrida nesse intervalo, por ocasião de um sonho que me relatara. Ela sonhou que estava novamente com a mãe na Itália, num restaurante conhecido. A garçonete não lhe deu xarope de framboesa porque tinha acabado. A interpretação desse sonho mostrou, entre outras coisas, que a criança ainda sofria com a privação do seio da mãe durante o desmame; além disso, também revelou a inveja que tinha da irmã menor. Geralmente, Trude me falava de inúmeras coisas aparentemente sem importância, além de mencionar diversas vezes detalhes de sua primeira sessão de análise seis meses antes. No entanto, foi só a ligação com a privação que sofrera que lhe fez pensar na viagem, que de outro modo não tinha o menor interesse para ela.

Já numa idade muito tenra, as crianças passam a se familiarizar com a realidade por meio das privações que lhes são impostas. Elas se defendem da realidade repudiando-a. No entanto, o ponto fundamental, que servirá de critério para toda capacidade posterior de adaptação à realidade, é o grau em que conseguem tolerar as privações resultantes da situação edipiana. Sendo assim, mesmo em crianças pequenas, um repúdio exagerado da realidade (muitas vezes oculto sob uma aparente "adaptabilidade" ou "docilidade") é um indício de neurose e só difere da fuga da realidade no neurótico adulto por meio das formas como se manifesta. Desse modo, um dos resultados finais a serem atingidos até mesmo na análise de crianças pequenas é a adaptação à realidade. Uma maneira como esse processo se manifesta nas crianças é a modificação das dificuldades encontradas na sua educação. Em outras palavras, essas crianças se tornam capazes de tolerar privações reais.

Podemos observar que já no início do segundo ano de vida a criança muitas vezes demonstra evidente preferência pelo genitor do sexo oposto, além de outros indícios de tendências edipianas incipientes. *Quando* os conflitos resultantes se iniciam, isto é, em que ponto a criança passa a ser dominada pelo complexo de Édipo, é menos notório; pois só podemos deduzir a sua existência a partir de certas transformações que percebemos na criança.

A análise de uma criança de dois anos e nove meses, de outra de três anos e um quarto, além de diversas crianças com cerca de quatro anos, levou-me à conclusão de que em todas elas o complexo de Édipo já exercia uma influência poderosa desde o tenro segundo ano de vida.[1] Exemplificarei essa afirmação com o desenvolvimento de uma pequena paciente. Rita demonstrava preferência pela mãe até o início do segundo ano de vida; a partir daí, passou a exibir forte preferência pelo pai. Por exemplo, aos quinze meses, pedia várias vezes para ficar sozinha no quarto com ele e folhear livros sentada em seu colo. Aos dezoito meses, porém, sua atitude voltou a se modificar e mais uma vez passou

---

1   Esta conclusão está ligada a uma segunda, que posso apenas esboçar aqui. Na análise de diversas crianças, descobri que a escolha do pai como objeto amoroso pela menina se seguiu ao desmame. Essa privação, seguida pelo treinamento dos hábitos de higiene (processo que a criança vê como uma nova e dolorosa retirada do amor), enfraquece a ligação com a mãe e ativa a atração heterossexual, reforçada pelos carinhos do pai, que agora são interpretados como uma sedução. Como objeto amoroso, o pai também serve em primeira instância aos propósitos da gratificação oral. No artigo que apresentei no Congresso Internacional de Psicanálise, em Salzburgo, em abril de 1924, citei exemplos que demonstram como no início as crianças imaginam e desejam a relação sexual como um ato oral.

Creio que essas privações têm ao mesmo tempo um efeito inibidor e estimulante no desenvolvimento do complexo de Édipo nos *meninos*. O aspecto *inibidor* desses traumas pode ser percebido no fato de que o menino reverte a eles sempre que tenta escapar da fixação materna e que eles reforçam a atitude edipiana invertida. Esses traumas, que abrem o caminho para o complexo de castração, procedem da mãe. Esse também é o motivo, como já observei, pelo qual nos estratos mais profundos do inconsciente em ambos os sexos, a mãe é a figura mais temida como castradora.

No entanto, a privação oral e anal de amor parece incentivar o desenvolvimento da situação edipiana nos meninos, pois os obriga a mudar sua posição libidinal e a desejar a mãe como objeto amoroso genital.

a preferir a mãe. Ao mesmo tempo, começou a sofrer de terror noturno e a ter medo de animais. Desenvolveu uma fixação excessiva na mãe e uma forte identificação com o pai. No início do terceiro ano de vida, Rita demostrava uma ambivalência crescente e era tão difícil de se educar que aos dois anos e nove meses foi submetida ao tratamento analítico. Por essa época, já apresentava há alguns meses considerável inibição no brincar, além de incapacidade de tolerar qualquer tipo de privação, sensibilidade exagerada à dor e grandes acessos de mau humor. As experiências a seguir contribuíram para o desenvolvimento desse quadro. Até praticamente os dois anos, Rita dormiu no quarto dos pais e os efeitos da cena primária se manifestaram com muita evidência durante sua análise. O evento que ocasionou a irrupção de sua neurose, contudo, foi o nascimento do irmão. Logo depois disso, dificuldades ainda maiores vieram à tona, crescendo rapidamente. Não há dúvidas de que existe uma íntima ligação entre a neurose e os efeitos profundos de um complexo de Édipo vivenciado numa idade tão tenra. Não posso determinar com certeza se o funcionamento precoce do complexo de Édipo afeta apenas as crianças neuróticas ou se as crianças se tornam neuróticas quando esse complexo começa a agir cedo demais. No entanto, é certo que experiências como as que foram mencionadas aqui tornam o conflito mais severo, intensificando a neurose ou provocando sua deflagração.

Agora selecionarei as características desse caso que a análise de crianças de diferentes idades mostrou serem típicas. Elas podem ser percebidas de forma mais direta na análise de crianças *pequenas*. Em vários casos em que analisei ataques de ansiedade em crianças muito novas, descobri que eles eram uma repetição do *pavor nocturnus* que surgira na segunda metade do segundo ano de vida e no início do terceiro. Esse medo era ao mesmo tempo um efeito e uma elaboração neurótica do complexo de Édipo. Existem diversas elaborações desse tipo e elas nos levam a certas conclusões inequívocas sobre os efeitos do complexo de Édipo.[2]

Entre essas elaborações, cuja conexão com a situação edipiana era bastante notória, devem ser incluídas a maneira como as crianças vivem caindo e se machucando, sua sensibilidade exagerada, sua incapacidade de tolerar privações, suas inibições no brincar, sua atitude altamente ambivalente em relação às festas e aos presentes e,

---

2 A íntima ligação entre essas elaborações e a ansiedade já foi demonstrada por mim em "Análise precoce" (neste volume), onde examinei a relação entre ansiedade e inibição.

finalmente, as diversas dificuldades de educação que muitas vezes aparecem surpreendentemente na mais tenra idade. No entanto, descobri que a causa desses fenômenos tão comuns é um sentimento de culpa particularmente forte, cujo desenvolvimento examinarei em detalhes a seguir.

Mostrarei, a partir de um exemplo, a força com que o sentimento de culpa age até mesmo no terror noturno. Trude, na idade de quatro anos e um quarto, constantemente brincava que era noite durante a sessão de análise. Nós duas tínhamos que ir dormir. Depois, ela saía do canto que dizia ser seu quarto, aproximava-se de mim silenciosamente e fazia todo tipo de ameaças. Dizia que cortaria minha garganta, me atiraria no quintal, me queimaria ou me entregaria para o policial. Tentava amarrar meus pés e minhas mãos, levantava o revestimento do sofá e dizia que estava fazendo "*po-kaki-kucki*".[3]

Descobriu-se que ela estava olhando para o "Popo" da mãe e procurando a caca, que para ela representava as crianças. Em outra ocasião, quis me bater na barriga e declarou que estava tirando as "a-as" (fezes) e me deixando pobre. Depois, pegou as almofadas, que costumava chamar de "crianças", e se escondeu com elas no canto do sofá, onde se agachou com nítidos sinais de medo, se cobriu, chupou o dedo e fez xixi. Essa situação sempre se repetia depois de seus ataques contra mim. Sua atitude, porém, era semelhante àquela que adotou na cama quando estava para completar dois anos, época em que começou a sofrer de um forte *terror noturno*. Naquele período, ela costumava correr para o quarto dos pais à noite, sem saber dizer o que queria. Trude tinha dois anos quando nasceu sua irmã e a análise conseguiu revelar o que passava pela sua mente até então, assim como as causas de sua ansiedade e do ato de molhar e sujar a cama. A análise também conseguiu afastar esses sintomas. Na época, já tinha o desejo de roubar os filhos da mãe, que estava grávida, de matá-la e de tomar seu lugar na relação sexual com o pai. Essas tendências de ódio e agressividade eram a causa de sua fixação na mãe (que, na idade de dois anos, estava se tornando particularmente forte) e de seus sentimentos de ansiedade e culpa. No período em que esses fenômenos ocupavam uma posição proeminente na sua análise, Trude quase sempre conseguia se machucar logo antes da sessão. Descobri que, para a menina, os objetos com os quais se machucava (mesas, armários, aquecedores etc.) significavam (de acordo com a identificação infantil primitiva) a mãe ou então o pai, que dessa forma a puniam. De modo geral, constatei que "estar

---

3 *Popo* = nádegas; *Kaki* = fezes; *kucki, kucken* = olhar.

em guerra", cair e se machucar estavam intimamente ligados ao complexo de castração e ao sentimento de culpa, principalmente no caso de crianças muito pequenas.

As brincadeiras das crianças nos permitem chegar a certas conclusões especiais sobre esse sentimento de culpa muito precoce. Já no segundo ano de vida de Rita, todos os que entravam em contato com a menina ficavam impressionados com seu remorso depois de qualquer travessura, por mais insignificante que fosse, e com sua sensibilidade exagerada a qualquer tipo de censura. Um dia, por exemplo, debulhou-se em lágrimas quando o pai ameaçou de brincadeira um urso num livro ilustrado. O que determinou sua identificação com o urso foi o medo de receber uma reprimenda de seu pai *real*. Mais uma vez, sua inibição em brincar era consequência do sentimento de culpa. Aos dois anos e um quarto, quando brincava de boneca (atividade em que não tinha muito prazer), costumava afirmar que não era a mãe da boneca. A análise revelou que ela não *ousava* brincar de ser a mãe porque a boneca em forma de bebê simbolizava, entre outras coisas, o irmãozinho que quisera tirar da mãe já durante a gravidez. Nesse caso, porém, a proibição do desejo infantil não vinha mais da mãe real, mas de uma mãe introjetada, cujo papel a menina representava diante de mim de diversas maneiras e que exercia sobre ela uma influência mais severa e cruel do que a mãe *real*. Aos dois anos, Rita desenvolveu um sintoma obsessivo que consistia em um cerimonial para dormir que desperdiçava grande quantidade de tempo. O ponto central dessa cerimônia era a exigência de que lhe enrolassem com cuidado nos lençóis, pois tinha medo de que "um rato ou um '*butty*' pudesse entrar pela janela e arrancar com uma mordida o seu *butty* (órgão genital).[4] Suas brincadeiras revelaram outros determinantes: a boneca tinha sempre que ser enrolada da mesma maneira que Rita, e numa ocasião foi colocado um elefante ao lado de sua cama, o qual deveria impedir que o bebê de brinquedo se levantasse, pois senão ele entraria escondido no quarto dos pais e os machucaria, ou então roubaria alguma coisa deles. O elefante (uma imago do pai) deveria assumir o papel de agente limitador. O pai introjetado já desempenhava esse papel dentro da menina desde que ela, entre quinze meses e dois anos, quis tomar o lugar da mãe junto ao pai, tirar dela o bebê

---

[4] O complexo de castração de Rita se manifestava em diversos sintomas neuróticos, assim como no desenvolvimento de seu caráter. Suas brincadeiras também colocavam em evidência sua forte identificação com o pai e o medo de fracassar no papel masculino – ansiedade que tinha sua origem no complexo de castração.

que estava em sua barriga, além de ferir e castrar ambos os genitores. As reações de raiva e ansiedade que se seguiam à punição da "criança" nessas brincadeiras demonstravam também que Rita assumia os dois papéis dentro de si: era ao mesmo tempo as autoridades que passam a sentença e a criança que é punida.

Um mecanismo essencial e universal da brincadeira de representar papéis serve para separar essas diversas identificações que agem dentro da criança e que tendem a formar um todo único. Através da divisão de papéis, a criança consegue expelir o pai e a mãe que absorvera para dentro de si mesma na elaboração do complexo de Édipo e que agora a atormentam com sua severidade. O resultado dessa expulsão é uma sensação de alívio, que contribui muito para o prazer despertado pela brincadeira. Apesar de essa brincadeira muitas vezes parecer bastante simples e aparentemente representar apenas identificações primárias, isso é apenas uma aparência superficial. Na análise de crianças, é muito importante penetrar por trás dessa aparência. No entanto, isso só pode ter efeito terapêutico satisfatório quando a investigação revela todas as identificações e determinações subjacentes, e sobretudo quando conseguimos ter acesso ao sentimento de culpa que age nesse quadro.

Nos casos que analisei, o efeito inibidor do sentimento de culpa já se manifestava de modo evidente numa idade muito tenra. O que encontramos aqui corresponde àquilo que conhecemos como superego nos adultos. Na minha opinião, o fato de partirmos do princípio de que o complexo de Édipo atinge seu auge em torno do quarto ano de vida e de vermos o superego como o resultado desse complexo não contradiz em nada essas observações. Os fenômenos bem definidos e característicos cuja forma desenvolvida com mais nitidez pode ser detectada quando o complexo de Édipo atinge seu clímax, e que precedem o desaparecimento desse complexo, são apenas a conclusão de um desenvolvimento que se estende ao longo de vários *anos*. A análise de crianças muito pequenas mostra que logo que surge o complexo de Édipo, estas começam a elaborá-lo, desenvolvendo assim o superego.

Os efeitos desse superego infantil sobre a criança são semelhantes aos que o superego exerce sobre o adulto. No entanto, eles são um fardo bem mais pesado para o ego infantil, mais fraco que o do adulto. Como nos ensina a análise de crianças, conseguimos fortalecer esse ego quando o procedimento analítico põe um freio nas exigências excessivas do superego. Não há dúvida de que o ego das crianças pequenas difere daquele das crianças maiores ou dos adultos.

Contudo, quando libertamos o ego da criança pequena da neurose, ele consegue enfrentar perfeitamente as exigências que encontra na realidade – exigências que ainda são bem menos sérias do que aquelas feitas aos adultos.[5]

Assim como a mente das crianças pequenas difere da mente das crianças mais velhas, a reação à análise na primeira infância não é a mesma do que mais tarde. Muitas vezes nos surpreendemos com a facilidade com que nossas interpretações são aceitas em algumas ocasiões: às vezes, as crianças chegam a expressar grande prazer nelas. O motivo desse processo ser diferente daquele que encontramos na análise de adultos é que em certos estratos da mente da criança há uma comunicação bem mais fácil entre o Cs e o Ics, sendo assim muito mais simples estabelecer uma ponte entre um e outro. Isso explica o efeito acelerado da nossa interpretação, que obviamente só é oferecida com base no material adequado. As crianças, porém, muitas vezes produzem esse tipo de material com uma velocidade surpreendente e em grande variedade. O efeito também pode ser espantoso, mesmo quando a criança não se mostra receptiva à interpretação. O brincar interrompido com o surgimento de resistências é retomado; ele altera, expande e expressa estratos mais profundos da mente; o contato entre criança e analista é restabelecido. O prazer no brincar que aparece de forma marcante depois que a interpretação é apresentada também se deve ao fato de não ser mais preciso gastar esforços na repressão. No entanto, logo depois nos deparamos com novas resistências durante algum tempo, e nesse ponto a situação não é tão simples quanto afirmei até aqui. De fato, nessas ocasiões, é preciso enfrentar enormes dificuldades. Isso ocorre principalmente quando entramos em contato com o sentimento de culpa.

Ao brincar, as crianças representam simbolicamente suas fantasias, desejos e experiências. Elas empregam então a mesma linguagem, o mesmo modo de expressão arcaico, filogeneticamente adquirido, que já conhecemos dos sonhos. Ela só pode ser entendida por completo

---

5   As crianças não podem mudar as circunstâncias de sua vida, como muitas vezes acontece com os adultos no final de uma análise. No entanto, já é de grande ajuda para a criança se, como resultado da análise, conseguimos deixá--la mais à vontade nas circunstâncias existentes e desenvolvê-la melhor. Além disso, a resolução da neurose da criança muitas vezes diminui as dificuldades de seu ambiente. Por exemplo, já demonstrei diversas vezes que as reações da mãe se tornam bem menos neuróticas quando ocorrem mudanças favoráveis em seus filhos depois da análise.

se for estudada com o mesmo método que Freud desenvolveu para desvendar os sonhos. O simbolismo é apenas parte dessa linguagem; se quisermos entender corretamente o brincar da criança em conexão com o resto de seu comportamento durante a sessão de análise, temos que levar em consideração não só o simbolismo que muitas vezes aparece com tanta evidência em suas brincadeiras, mas também todos os meios de representação e os mecanismos empregados no trabalho do sonho. Também não se pode jamais esquecer a necessidade de examinar toda a cadeia de fenômenos.[6]

Se empregarmos essa técnica, logo descobriremos que as crianças produzem o mesmo número de associações para cada aspecto de suas brincadeiras que os adultos produzem para os elementos de seus sonhos. Os detalhes do brincar apontam o caminho a ser seguido para o observador atento; ao mesmo tempo, a criança diz todo tipo de coisas a que se deve dar a devida importância enquanto associações.

Além desse modo de representação arcaico, as crianças empregam outro mecanismo primitivo, ou seja, substituem as palavras por ações (que são os precursores originais do pensamento): para as crianças, *representar uma ação* é muito importante.

Em *História de uma neurose infantil*, Freud afirma:

> A análise que realizamos na própria criança neurótica parecerá em princípio mais confiável, mas não pode ser muito rica de conteúdo; é preciso emprestar à criança muitas palavras e pensamentos, e mesmo

---

6 As análises que conduzo revelam repetidas vezes que coisas como bonecas, por exemplo, podem ter significados bastante diferentes no brincar. Às vezes elas representam o pênis; outras, a criança roubada da mãe, o próprio paciente etc. Só ao examinarmos os menores detalhes do jogo e sua interpretação é que as conexões se tornam compreensíveis para o uso e a interpretação se torna efetiva. O *material* que as crianças produzem durante a sessão de análise, ao passar do jogo com brinquedos para a dramatização com sua própria pessoa e, finalmente, para a brincadeira com água, recortes de papel ou desenho; a *maneira* como fazem isso; o *motivo* por que passam de um para o outro; os *meios* que escolhem para suas representações: toda essa mistura de fatores, que tantas vezes parece confusa e sem sentido, passa a ser vista como um todo coerente e cheio de significado. Assim, as fontes e os pensamentos subjacentes a essas atividades nos são revelados se as interpretarmos como sonhos. Além disso, ao brincar, a criança muitas vezes faz uma representação da mesma coisa que aparece num sonho narrado antes. Também apresenta associações com um sonho através do brincar que o segue e que é seu meio de expressão mais importante.

assim as camadas mais profundas serão talvez impenetráveis para a consciência.⁷

Se abordarmos as crianças com a técnica apropriada à análise de adultos, certamente não conseguiremos penetrar nas camadas mais profundas de sua vida mental. Contudo, são justamente essas camadas que têm uma importância central para o valor e o sucesso da análise. Se, no entanto, levarmos em consideração as diferenças psicológicas entre as crianças e os adultos, assim como o fato de que nas crianças encontramos o Ics em ação lado a lado com o Cs – as tendências mais primitivas lado a lado com os desenvolvimentos mais complexos que conhecemos, como o superego –, ou seja, se entendermos corretamente o modo de expressão da criança, todos esses pontos duvidosos e fatores desfavoráveis deixam de existir. Pois assim descobrimos que, no que diz respeito à profundidade e abrangência da análise, podemos esperar das crianças o mesmo que dos adultos. Mais do que isso, na análise de crianças podemos chegar a experiências e fixações que no caso de adultos só podem ser *reconstituídas*, enquanto nas crianças elas são representadas *diretamente*.⁸ Vejamos, por exemplo, o caso de Ruth, que quando era bebê passou fome durante algum tempo porque sua mãe tinha pouco leite para lhe dar. Com a idade de quatro anos e três meses, quando brincava com a pia, chamava a torneira de torneira de leite. Dizia que o líquido estava escorrendo para algumas bocas (os buracos do ralo), mas que só saía um pouquinho. Esse desejo oral insaciado aparecia em inúmeros jogos e dramatizações, além de se

---

7 Sigmund Freud, *História de uma neurose infantil ("O Homem dos Lobos")* [1914/1918], in *Obras completas*, v. 14, trad. Paulo César de Souza. São Paulo: Companhia das Letras, 2010, pp. 15–16.
8 No VIII Congresso Internacional de Psicanálise, realizado em Salzburgo, em 1924, demonstrei que a descarga de fantasias de masturbação era um mecanismo essencial no brincar das crianças e em todas as sublimações posteriores. Isso está por trás de toda brincadeira e serve como um estímulo constante ao brincar (compulsão à repetição). Inibições no brincar e no aprendizado têm sua origem numa repressão exagerada dessas fantasias e, junto a elas, de toda fantasia. As experiências sexuais são associadas às fantasias de masturbação e ao lado destas encontram sua representação e ab-reação no brincar. Entre as experiências dramatizadas, as representações da cena primária têm um papel proeminente e ocupam regularmente posição de destaque na análise de crianças pequenas. Só depois de um período considerável de análise, em que se revela parcialmente a cena primária e o desenvolvimento genital, é que chegamos a representações de experiências e fantasias pré-genitais.

manifestar na sua atitude como um todo. Por exemplo, ela afirmava que era pobre, só possuía um casaco e não tinha quase nada para comer – o que absolutamente não correspondia à realidade.

Outra paciente (que sofria de neurose obsessiva) era a pequena Erna, de seis anos, cuja neurose estava baseada em impressões recebidas durante o período de treinamento dos hábitos de higiene.[9] Ela dramatizava essas impressões para mim nos mínimos detalhes. Uma vez, colocou uma pequena boneca em cima de uma pedra, fingiu que ela estava defecando e espalhou em torno dela outras bonecas que supostamente a admiravam. Depois dessa dramatização, Erna levou o mesmo material para um jogo de representação. Queria que eu fosse um bebê de fraldas que se sujava, enquanto ela era a mãe. O bebê era uma criança mimada e alvo de grande admiração. A isso se seguiu uma reação de raiva em Erna e ela assumiu o papel de uma professora cruel que batia na criança. Desse modo, a menina representou diante de mim um dos primeiros traumas de sua experiência: o impacto recebido pelo seu narcisismo quando ela imaginou que as medidas tomadas para treiná-la significavam a perda da afeição excessiva que recebeu em sua infância inicial.

De modo geral, na análise de crianças não há como superestimar a importância da fantasia e de sua tradução em ações sob o comando da compulsão à repetição. As crianças *pequenas*, é evidente, utilizam-se muito mais do veículo da ação, mas até crianças mais velhas recorrem constantemente a esse mecanismo primitivo, principalmente quando a análise elimina algumas de suas repressões. A fim de levar adiante a análise, é indispensável que as crianças tenham o prazer que está ligado a esse mecanismo, mas este prazer deve ser sempre o meio para atingir um fim. É justamente aqui que vemos a predominância do princípio de prazer sobre o princípio de realidade. Não podemos apelar para o sentido de realidade dos pequenos pacientes, como fazemos com os mais velhos.

---

9 Esse treinamento que Erna percebera como um ato de coerção extremamente cruel, na verdade, foi realizado sem qualquer tipo de coerção e com tanta facilidade que quando tinha um ano a menina já era perfeitamente asseada. Um grande incentivo foi sua ambição surpreendentemente precoce, que no entanto fez ela encarar todas as medidas tomadas para treiná-la desde o início como um ultraje. Essa ambição precoce era a condição primária de sua sensibilidade a qualquer tipo de reprovação e do desenvolvimento acentuado e prematuro de seu sentimento de culpa. Porém, é comum ver esses sentimentos de culpa desempenhando um papel importante já no treinamento dos hábitos de higiene e podemos ver neles os primórdios do superego.

Assim como o meio de expressão das crianças não é o mesmo que o dos adultos, a situação analítica na análise de crianças também parece completamente diferente. No entanto, em ambos os casos ela é *essencialmente* a mesma. Interpretações consistentes, a solução gradual das resistências e o rastreamento persistente da transferência até as situações mais iniciais: tanto com as crianças quanto com os adultos, são esses os elementos que caracterizam a correta situação analítica.

Afirmei anteriormente que na análise de crianças pequenas constatei diversas vezes a rapidez com que as interpretações têm efeito. Trata-se de um fato impressionante que, apesar de haver várias indicações inequívocas desse efeito (o desenvolvimento do brincar, a consolidação da transferência, a diminuição da ansiedade etc.), mesmo assim, durante um longo período de tempo, a criança não elabore conscientemente as interpretações. No entanto, fui capaz de provar que essa elaboração ocorre mais tarde. Por exemplo, as crianças começam a distinguir a mãe "de mentira" da mãe verdadeira e o boneco de madeira do irmãozinho vivo. Então, afirmam com insistência que queriam fazer essa ou aquela maldade apenas com o boneco – o bebê de verdade, é óbvio, elas amam de todo coração. Só com a remoção de resistências poderosas e persistentes é que as crianças se dão conta de que sua agressividade se dirige aos objetos *reais*. O resultado dessa admissão, porém, costuma ser um grande passo adiante para a adaptação à realidade, até mesmo no caso de crianças muito pequenas. A minha impressão é que de início a interpretação é apenas inconscientemente assimilada. Só mais tarde sua relação com a realidade chega gradualmente à compreensão da criança. O processo de esclarecimento se desenvolve de forma análoga. Durante um bom tempo, a análise traz à luz apenas o material de teorias sexuais e de fantasias sobre o nascimento, interpretando-o sem qualquer "explicação". Assim, o esclarecimento vai se dando aos poucos, com a remoção das resistências inconscientes que agiam contra ele.

Desse modo, a primeira consequência da psicanálise é uma melhora na relação emocional com os pais; a compreensão consciente só vem depois que isso acontece. Essa compreensão é aceita sob a injunção do superego, cujas exigências são modificadas pela análise, de modo que ele passa a ser tolerado e obedecido por um ego bem menos oprimido e, portanto, mais forte do que antes. Assim, a criança não se confronta *de repente* com a necessidade de admitir uma nova visão de sua relação com os pais nem é obrigada a absorver de forma mais geral um conhecimento que é um fardo para ela. Minha experiência mostra que os efeitos desse conhecimento gradualmente elaborado é *aliviar* a criança e estabelecer uma relação mais favorável com os pais, aumentando, assim, sua capacidade de adaptação social.

Quando isso acontece, as crianças também conseguem substituir até certo ponto a repressão por uma objeção racional. Isso é confirmado pelo fato de que num estágio posterior da análise as crianças já se afastam tanto de vários desejos canibalescos e sádico-anais (ainda muito fortes num estágio anterior) que agora podem adotar às vezes uma atitude de crítica bem-humorada em relação a eles. Nesse ponto, já ouvi crianças muito pequenas fazerem piadas sobre o fato de que algum tempo antes elas realmente queriam comer a mãe ou cortá-la em pedaços. Depois que ocorre essa mudança, não só o sentimento de culpa inevitavelmente se reduz, mas ao mesmo tempo as crianças conseguem *sublimar* os desejos que antes eram totalmente reprimidos. Isso se manifesta na prática com o desaparecimento das inibições no brincar e com o surgimento de novos interesses e atividades.

Resumindo o que foi dito antes: as peculiaridades primitivas da vida mental das crianças exigem uma técnica especial que se adapte a elas e que consiste na análise de seu brincar. Por meio dessa técnica, podemos chegar às experiências e fixações mais profundamente reprimidas, o que nos permite influenciar o desenvolvimento da criança com fundamento.

Trata-se apenas de uma *técnica* diferente, e não de novos *princípios* de tratamento. Os critérios do método psicanalítico proposto por Freud – a saber, que devemos utilizar como ponto de partida os fatos da transferência e da resistência; que devemos levar em consideração os impulsos infantis, a repressão e seus efeitos, a amnésia e a compulsão à repetição; e que devemos, além disso, descobrir a cena primária, como ele exige em *História de uma neurose infantil*–; todos esses critérios são mantidos em sua integridade nas técnicas do brincar. O método do brincar mantém todos os princípios da psicanálise e leva aos mesmos resultados da técnica tradicional. A diferença é que ele emprega recursos técnicos adaptados à mente da criança.

1927
Simpósio sobre a análise de crianças

Em artigos anteriores, Melanie Klein estava preocupada apenas em relatar seu trabalho. Neste simpósio com Anna Freud, seu tom muda e ela passa a defender de forma direta seu ponto de vista. Há apenas um outro texto, a introdução de *A psicanálise de crianças* (1932), no qual Melanie Klein se refere às diferenças entre ela própria e Anna Freud.

O problema entre as duas é a natureza da análise de crianças. Trata-se de um equivalente da análise de adultos? Melanie Klein argumenta, como já fizera um ano antes, em "Os princípios psicológicos da análise precoce", que a analogia é perfeita: a criança forma uma neurose de transferência e apresenta, por meio de seu brincar, o equivalente das associações livres do adulto para o analista, cuja única função é analisar ao máximo tudo o que seu pequeno paciente lhe traz. Nessa época, Anna Freud tinha uma opinião contrária a respeito de todos esses pontos. A discordância entre as duas vinha das concepções divergentes que tinham da mente da criança e da natureza da ligação existente entre ela e os pais.

Igualmente importante é a discussão acerca do superego. Num artigo anterior, Melanie Klein apresenta uma concepção do superego em que ele surge numa idade bastante tenra com uma forma severa e cruel, desenvolvendo-se lentamente até se transformar numa consciência mais normal. Aqui ela oferece uma explicação para o fato de o superego primitivo ser tão cruel. Seu argumento é que a natureza rigorosa, punitiva e irreal do superego se origina dos impulsos sádicos e canibalescos da própria criança, opinião que Sigmund Freud, em uma de suas poucas referências publicadas a Melanie Klein, endossa em uma nota de rodapé de *O mal-estar na civilização*.[1] Melanie Klein parte desse ponto para chegar a uma conclusão de ordem terapêutica. A tarefa da análise de crianças não pode ser fortalecer um superego frágil, como acredita Anna Freud; ao contrário, ela deve reduzir a força excessiva do superego primitivo. Ao longo de todo o artigo, Melanie Klein enfatiza a importância fundamental de se analisar a ansiedade e a culpa. Um relato de seus escritos a respeito do superego está na nota explicativa de "O desenvolvimento inicial da consciência na criança" (1933).

Nessa época, Melanie Klein já tinha uma experiência de oito anos analisando crianças e ao longo deste simpósio apresenta suas descobertas sobre a técnica num exame que continua e amplia o relato do artigo anterior. Ela chama a atenção para a necessidade de se analisar não só a transferência positiva, mas também a transferência negativa, visando a uma maior eficácia da análise e protegendo os pais de atitudes negativas não analisadas. Discute os modos de comunicação da criança, a quantidade de material que ela apresenta e a relação do analista com os pais dos jovens pacientes. Melanie Klein também registra suas opiniões a respeito dos métodos a que se opõe. Avalia em particular os efeitos negativos da análise incompleta do material e do uso de técnicas introdutórias não analíticas, assim como de procedimentos educacionais ou diretivos. A descrição mais completa de sua técnica do brincar pode ser encontrada em *A psicanálise de crianças*. "A técnica psicanalítica do brincar" (1955) apresenta uma história dessa técnica e as anotações clínicas diárias de *Narrativa da análise de uma criança* (1961) mostram Melanie Klein trabalhando.

Este artigo também contém novas descobertas sobre o complexo de Édipo. Numa nota de rodapé de um artigo anterior (p. 172), Melanie Klein afirma que a mãe, ao desmamar e treinar o bebê para os hábitos de higiene, faz a criança se voltar para o pai. Agora, ela afirma explicitamente que o complexo de Édipo e, portanto, a formação do superego começam no desmame. Também coloca o auge do complexo de Édipo em outra época, de modo que ele não coincide mais com o fim da primeira infância e a aproximação do período de latência, como na teoria de Freud. Para ela,

---

1 Cf. Sigmund Freud, "O mal-estar na civilização" [1930], in *Obras completas*, v. 18, trad. Paulo César de Souza. São Paulo: Companhia das Letras, 2010, p. 101, nota de rodapé 27.

aos três anos a criança já atingiu a parte mais importante de seu desenvolvimento edipiano. Para um exame do trabalho de Melanie Klein a respeito do complexo de Édipo, o leitor deve consultar a nota explicativa de "O complexo de Édipo à luz das ansiedades arcaicas" (1945).

NOTA ADICIONADA EM 1947
O artigo a seguir representa minha contribuição numa discussão sobre os problemas da análise de crianças, em que se deu especial atenção ao livro Introduction to the Technique of the Analysis of Children *[Introdução à técnica de análise de crianças], de Anna Freud, publicado em 1927, em Viena. Numa versão ampliada, publicada em Londres, em 1946, sob o título de* O tratamento psicanalítico de crianças *(Imago Editora), Anna Freud se aproximou mais de minha maneira de ver no que diz respeito a alguns pontos. Essa mudança de opinião é discutida num pós-escrito no final deste artigo, que até hoje, porém, ainda é válido como exposição de minhas posições.*

Iniciarei meus comentários com um breve retrospecto do desenvolvimento da análise de crianças em geral.² Essa análise teve início no ano de 1909, quando Freud publicou a *Análise da fobia de um garoto de cinco anos*. Esse trabalho tem uma enorme importância teórica, pois confirmou na pessoa da criança estudada a validade daquilo que Freud, partindo da análise de adultos, descobrira estar presente nas crianças. O artigo, no entanto, também é importante em outro aspecto, cuja abrangência não foi reconhecida na época. Essa análise estava destinada a ser a pedra fundamental de toda a análise de crianças posterior, pois ela fez mais do que revelar a presença e a evolução do complexo de Édipo nas crianças e demonstrar as maneiras como este age nelas; ela também mostrou que essas tendências inconscientes podiam ser trazidas à mente consciente com segurança e de forma proveitosa. O próprio Freud descreve sua descoberta da seguinte maneira:

> Mas agora pergunto que dano causou a Hans o fato de virem à luz os complexos não só reprimidos pelos filhos, mas temidos pelos pais. O menino viu com seriedade as exigências relativas à mãe, ou as más intenções em relação ao pai deram lugar a maus feitos? *Sem dúvida, isso*

---

2 Apresentado à Sociedade Britânica de Psicanálise nos dias 4 e 18 de maio de 1927.

é o que temerão muitas pessoas que entendem mal a natureza da psicanálise, e acham que as más pulsões são fortalecidas quando são tornadas conscientes (meu grifo).[3]

E ainda, no parágrafo seguinte:

As únicas consequências da análise são, isto sim, que Hans está curado, não mais receia cavalos e trata seu pai em tom camarada, como este informa divertido. Mas o que o pai perde em respeito, ganha em confiança: "Eu achei que você soubesse tudo, porque sabia aquilo do cavalo". A análise não desfaz o *efeito* da repressão; as pulsões que naquele tempo foram reprimidas permanecem reprimidas, mas ela alcança esse efeito por outra via, substitui o processo de repressão, que é automático e excessivo, pelo controle moderado e adequado, com ajuda das mais elevadas instâncias psíquicas; numa palavra: *ela substitui a repressão pela condenação*. Ela nos parece fornecer a prova, há muito buscada, de que a consciência tem uma função biológica, que sua entrada em cena está ligada a uma significativa vantagem.[4]

Hermine Hug-Hellmuth, que tem a honra de ter sido a primeira a desenvolver uma análise sistemática de crianças, enfrentou essa tarefa com alguns preconceitos que manteve até o fim. No artigo intitulado "On the Technique of Child-Analysis" [Sobre a técnica da análise de crianças], de 1921, escrito depois de quatro anos de trabalho nesse campo e no qual podemos perceber com mais clareza seus princípios e sua técnica, ela deixa evidente que não aprova a ideia de analisar crianças muito pequenas, que considera necessário se contentar com um "sucesso parcial", e que não se deve ir muito fundo na análise de crianças, pois isso poderia despertar com muita força tendências e impulsos reprimidos, ou então criar exigências que seu poder de assimilação seria incapaz de absorver.

A partir desse artigo, assim como de suas outras obras, sabemos que ela era avessa a investigar profundamente o complexo de Édipo. Outra pressuposição que mantinha em seu trabalho era a de que no caso das crianças, além do tratamento analítico, o analista deveria exercer uma influência educativa bem definida.

---

3 S. Freud, *Análise da fobia de um garoto de cinco anos ("O Pequeno Hans")* [1909], in *Obras completas*, v. 8, trad. Paulo César de Souza. São Paulo: Companhia das Letras, 2015, p. 279 (trad. modif.).
4 Ibid., p. 280 (trad. modif.).

Já em 1921, quando publiquei meu primeiro artigo, "O desenvolvimento de uma criança", cheguei a conclusões bem diferentes. Ao analisar um menino de cinco anos e um quarto, descobri (como todas as minhas análises posteriores confirmaram) que era perfeitamente possível e até mesmo salutar investigar a fundo o complexo de Édipo. Ao se fazer isso, é possível obter resultados pelo menos tão satisfatórios quanto os da análise de adultos. No entanto, ao mesmo tempo descobri que numa análise conduzida dentro dessas linhas não só era desnecessário procurar exercer uma influência educativa sobre o paciente, mas que as duas coisas eram incompatíveis. Tomei essas descobertas como os princípios básicos de meu trabalho e passei a defendê-las em todos os meus escritos. Foi assim que tentei a análise de crianças bem pequenas, isto é, de três a seis anos, obtendo bons resultados e reconhecendo seu enorme potencial.

Agora, antes de mais nada, vamos pinçar do livro de Anna Freud aqueles que parecem seus quatro pontos básicos. Aqui nos deparamos novamente com a ideia fundamental que, como já vimos, é defendida por Hug-Hellmuth: a convicção de que a análise de crianças não deve ir longe demais. Como se pode perceber pelas conclusões mais imediatas desse postulado, com isso se quer dizer que a relação da criança com os pais não deve ser muito remexida, ou seja, o complexo de Édipo não deve ser examinado de forma muito pormenorizada. De fato, nos exemplos apresentados por Anna Freud, o complexo de Édipo não foi analisado.

A segunda ideia básica, mais uma vez, é que a análise de crianças deve ser combinada com uma influência educacional sobre elas.

É um dado impressionante – e uma questão a ser pensada – que, apesar de a análise de crianças ter sido tentada pela primeira vez há 18 anos, sendo praticada desde então, somos obrigados a encarar o fato de que seus princípios mais fundamentais ainda não foram enunciados com exatidão. Se compararmos esse fato com o desenvolvimento da psicanálise de adultos, descobriremos que mais ou menos no mesmo período todos os princípios básicos desse tipo de trabalho foram estabelecidos, testados empiricamente e comprovados de forma irrefutável. Além disso, desenvolveu-se uma técnica cujos detalhes ainda tiveram que ser aperfeiçoados, mas cujos princípios fundamentais permanecem inabalados.

Que explicação se pode dar para o fato de que apenas a análise de crianças teve um desenvolvimento tão desfavorável? O argumento tão comum em círculos analíticos segundo o qual as crianças não são objetos adequados para a análise não me parece válido. Hug-Hellmuth era muito cética quanto à possibilidade de se obter bons resultados com crianças. Segundo ela, foi preciso "se contentar com um sucesso parcial e enfrentar recaídas". Além disso, restringia o tratamento a um leque limitado de casos. Anna Freud também estabelece limites bem definidos à aplicabilidade da análise de crianças, no entanto, tem uma visão mais otimista de suas potencialidades. No final de seu livro, ela afirma: "Apesar de todas as dificuldades que enumerei, na análise de crianças conseguimos obter mudanças, melhoras e curas que não poderíamos sequer imaginar na análise de adultos".[5]

A fim de responder à pergunta que propus, gostaria de fazer algumas afirmações que provarei à medida que avançarmos. Creio que a análise de crianças se desenvolveu de forma bem menos favorável do que a análise de adultos porque não era abordada num espírito de investigação livre e sem preconceitos, como foi o caso com esta. Ao contrário, ela foi tolhida desde o início por certas preconcepções. Se voltarmos novamente nossa atenção para a primeira análise de uma criança, aquela que serve como fundamento para todas as outras (o caso do Pequeno Hans), veremos que ela não foi submetida a esse tipo de limitação. É claro que não havia ainda uma técnica especial: o pai da criança, que conduziu essa análise parcial sob a orientação de Freud, não era versado na prática analítica. Apesar disso, ele teve a coragem de levar a análise bem longe, obtendo bons resultados. No resumo a que me referi no início deste artigo, Freud diz que gostaria de ter ido ainda mais longe. Essa afirmação também mostra que ele não via nenhum perigo numa análise detalhada do complexo de Édipo. Ele, portanto, obviamente não acreditava que esse complexo deveria, por uma questão de princípios, deixar de ser analisado no caso de crianças. No entanto, Hug-Hellmuth, que durante tantos anos permaneceu praticamente sozinha nesse campo de trabalho, no qual sem dúvida era a autoridade mais importante, abordou-o desde o início com princípios que fatalmente o limitariam e, portanto, o tornariam menos fértil, não só no que diz respeito aos seus resultados práticos, ao número de casos em que a análise poderia ser aplicada etc., mas também no que diz respeito às suas descobertas teóricas. Durante todos esses anos, a análise de crianças, que sem dúvida poderia ter contribuído diretamente para o desenvolvimento da teoria psicanalítica, não fez nada nesse sentido digno de nota. Anna Freud, assim como

---

5   Anna Freud, *The Psychoanalytical Treatment of Children* [1927]. London: Imago, 1946, p. 86 [ed. bras.: *O tratamento psicanalítico de crianças*, trad. Marco Aurelio de Moura Matos. Rio de Janeiro. Imago, 1971].

Hug-Hellmuth, acredita que ao analisarmos as crianças não podemos descobrir mais sobre o período inicial da vida do que analisando os adultos – ao contrário, podemos descobrir *menos*.

Aqui nos deparamos com outro pretexto apresentado como motivo para o lento progresso no campo da análise de crianças. Costuma-se dizer que o comportamento da criança na análise é obviamente diferente do adulto e que, portanto, é preciso aplicar uma nova técnica. Creio que esse argumento está incorreto. Se me permitem adaptar o ditado "É o espírito que constrói o corpo", gostaria de dizer que é a atitude, a convicção interna que encontra a técnica necessária. É preciso reiterar aquilo que já afirmei antes: se abordarmos a análise de crianças com a mente aberta, descobriremos maneiras de sondar até mesmo os recessos mais profundos. Então, a partir dos resultados desse procedimento, será possível compreender a *verdadeira natureza* da criança e perceber que não é preciso impor nenhuma restrição à análise, seja no que diz respeito à profundidade em que deve penetrar ou aos métodos por meio dos quais deve funcionar.

Ao fazer essa afirmação, já toquei no ponto principal de minha crítica contra o livro de Anna Freud.

Vários recursos técnicos empregados por Anna Freud podem, creio eu, ser explicados a partir de dois pontos de vista: (1) ela parte do princípio de que é impossível estabelecer uma situação analítica com a criança; e (2) no caso das crianças, ela considera a análise pura, sem nenhum componente pedagógico, inadequada ou até mesmo questionável.

A primeira tese é uma consequência direta da pressuposição feita na segunda. Se compararmos isso com a técnica da análise de adultos, é fácil perceber que aceitamos de forma incondicional o pressuposto de que a verdadeira situação *analítica* só pode ser atingida por meios *analíticos*. Deveríamos considerar um grave erro a tentativa de assegurar uma transferência positiva a partir do paciente com os meios descritos por Anna Freud no primeiro capítulo de seu livro, ou a utilização de sua ansiedade para torná-lo submisso, ou mesmo intimidá-lo ou conquistá-lo por meio da autoridade. Deveríamos pensar que mesmo quando uma introdução desse tipo nos dá acesso parcial ao Ics do paciente, jamais poderíamos ter a esperança de estabelecer uma verdadeira situação analítica e conduzir uma análise completa, que penetrasse nas camadas mais profundas da mente. Sabemos que constantemente somos obrigados a analisar o fato de que os pacientes desejam nos encarar como uma autoridade – amada ou odiada – e que só ao analisarmos essa atitude temos acesso a essas camadas mais profundas.

Todos os meios que deveríamos considerar incorretos na análise de adultos são defendidos por Anna Freud na análise de crianças. O objetivo é essa introdução ao tratamento que ela crê ser necessária e que chama de a "entrada" da análise. Parece óbvio que depois dessa "entrada", ela jamais conseguirá estabelecer com sucesso uma verdadeira situação analítica. Na minha opinião, é surpreendente e ilógico que Anna Freud, que não emprega as medidas necessárias para criar a situação analítica, substituindo-as por outras completamente diferentes, refira-se constantemente à sua pressuposição (que tenta provar teoricamente) de que *não é possível* estabelecer uma situação analítica com a criança e nem, portanto, conduzir com ela uma análise pura, no sentido da análise de adultos.

Anna Freud apresenta diversos motivos para justificar os meios complicados e incômodos que julga necessário empregar com as crianças, a fim de criar uma situação que tornaria possível o trabalho analítico. Não creio que esses motivos sejam bem fundados. Ela se afasta das regras analíticas comprovadas porque acredita que as crianças são seres muito *diferentes* dos adultos. No entanto, o único propósito dessas medidas complexas é tornar a criança semelhante ao adulto em sua atitude quanto à análise. Isso me parece uma contradição que só poderia ser explicada pelo fato de, em suas comparações, Anna Freud pôr em primeiro lugar o Cs e o ego tanto da criança quanto do adulto, enquanto nós (apesar de darmos a devida atenção ao ego) sem dúvida devemos trabalhar antes de mais nada com o Ics. Contudo, no Ics a criança não é de modo algum tão diferente do adulto (e baseio essa afirmação num profundo trabalho analítico com ambos os grupos). A diferença é que na criança o ego não atingiu ainda seu desenvolvimento completo e, por isso, ela se encontra sob um domínio muito maior do Ics. É esse fato que devemos abordar e aceitar como o ponto central de nosso trabalho, se quisermos conhecer as crianças como elas realmente são e analisá-las.

Não dou nenhum valor especial ao objetivo que Anna Freud ardorosamente tenta atingir: criar nas crianças uma atitude em relação à análise semelhante à dos adultos. Acredito também que se ela de fato atinge esse objetivo com os meios que descreve (e isso só é possível num número limitado de casos), o resultado não é aquele para o qual se dirige seu trabalho, mas algo completamente diferente. O "reconhecimento da doença ou do mau comportamento" que ela consegue despertar na criança é uma consequência da ansiedade que mobiliza no paciente para seus próprios propósitos: a ansiedade de castração e o sentimento de culpa. (Aqui prefiro não entrar na questão de até que ponto o desejo consciente e sensato de melhorar, também nos adultos, é apenas uma fachada para esconder sua ansiedade.) No caso das crianças, não podemos esperar encontrar um alicerce duradouro para nosso trabalho analítico num propósito consciente que, como sabemos, nem nos adultos se manteria firme por muito tempo como único ponto de apoio para a análise.

É verdade que Anna Freud acredita que esse propósito seja necessário apenas numa primeira instância como preparação para o trabalho, mas ela também acredita que quando esse propósito é atingido, pode-se contar com ele ao longo da análise. Creio que essa ideia está equivocada e sempre que Anna Freud faz uso desse insight, na verdade está apelando para a ansiedade e o sentimento de culpa da criança. Por si só, não haveria nenhuma objeção a isso, pois sentimentos de culpa e ansiedade sem dúvida são fatores importantes para possibilitar nosso trabalho. Sou apenas da opinião de que é preciso ver com nitidez *quais* são os elementos de apoio com que estamos contando e *como* nos utilizamos deles. A análise não é um método suave: ela não pode poupar o paciente de *nenhum sofrimento* e isso é igualmente válido para as crianças. Na verdade, ela deve tornar o sofrimento consciente e provocar a ab-reação, para que os pacientes sejam poupados de um sofrimento permanente e mais grave depois. Minha crítica, portanto, não é que Anna Freud *ativa* a ansiedade e o sentimento de culpa, mas, pelo contrário, que ela não os *resolve de forma suficiente*. Penso ser de uma crueldade desnecessária com a criança tornar consciente sua ansiedade de enlouquecer, como Anna Freud descreve nas páginas 11-12 de seu livro, sem atacar imediatamente as raízes inconscientes dessa ansiedade, aliviando-a novamente da melhor maneira possível.[6]

No entanto, se é para sentimentos de culpa e ansiedade que devemos apelar no nosso trabalho, então por que não os encarar como fatores a serem levados em consideração e trabalhar com eles de forma sistemática desde o início?

Eu sempre faço isso e descobri que posso confiar plenamente numa técnica baseada no princípio de levar em consideração e trabalhar analiticamente com as quantidades de ansiedade e sentimento de culpa que são tão fortes em todas as crianças, e tão mais evidentes e fáceis de se captar do que nos adultos.

Anna Freud afirma que se a criança dirige a mim uma atitude hostil ou ansiosa, isso não me permite concluir imediatamente que uma transferência negativa está em ação, pois "quanto mais a criança

---

6 Cf. ibid., pp. 11–12.

pequena é apegada à mãe, menos impulsos amistosos reserva aos estranhos".[7] Não acho que seja possível, como ela faz, estabelecer uma comparação com bebês pequenos que rejeitam tudo o que lhes é estranho. Não sabemos muito a respeito de bebês pequenos, mas com a análise precoce podemos aprender muito sobre a mente de uma criança de três anos, por exemplo. Descobrimos, então, que apenas crianças neuróticas bastante ambivalentes demonstram medo ou hostilidade em relação aos estranhos. Minha experiência confirmou a convicção de que se eu aceitar imediatamente essa rejeição como ansiedade e sentimento negativo de transferência, interpretando-a como tal em conexão com o material que a criança ao mesmo tempo produz e rastreando-a de volta ao seu objeto original (a mãe), posso observar imediatamente que a ansiedade diminui. Esse fato se manifesta por meio do início de uma transferência mais positiva e de um maior entusiasmo pelo brincar. Com crianças mais velhas, a situação é semelhante, apesar de diferir em alguns detalhes. Meu método pressupõe, é claro, que desde o início eu esteja disposta a atrair a transferência negativa – e não só positiva –, além de investigar suas origens na situação edipiana. Essas duas medidas estão perfeitamente de acordo com os princípios analíticos, mas Anna Freud as rejeita por motivos que, na minha opinião, são infundados.

Creio, então, que existe uma diferença radical entre nossas atitudes em relação à ansiedade e ao sentimento de culpa nas crianças: Anna Freud recorre a esses sentimentos para que a criança se apegue a ela, enquanto eu os mobilizo desde o início a serviço do trabalho analítico. De qualquer maneira, não deve haver muitas crianças em que se possa despertar a ansiedade sem que ela se torne um elemento que perturbe ou impossibilite o curso do trabalho, a não ser que se tente logo resolvê-la analiticamente.

Pelo que entendi do livro de Anna Freud, ela emprega esse recurso apenas em casos especiais. De resto, ela tenta de todas as maneiras criar uma transferência positiva, a fim de cumprir a condição, que julga essencial para seu trabalho, de fazer a criança se apegar à própria personalidade.

Mais uma vez, esse método me parece infundado, pois sem dúvida poderíamos trabalhar com mais eficiência e segurança por meios puramente analíticos. Não é toda criança que desde o início reage a nós com medo e desagrado. Minha experiência mostra que se a criança mantém uma atitude amistosa e alegre conosco, então podemos ter

---
7 Ibid., p. 34.

certeza de que há uma transferência positiva e podemos utilizá-la imediatamente no nosso trabalho. Ainda temos acesso a uma arma excelente e de eficiência comprovada que empregamos de forma semelhante a que utilizamos na análise de adultos, apesar de nesse caso não termos uma oportunidade tão certa e imediata de interferir. Quero dizer que nós *interpretamos* essa transferência positiva; isto é, tanto na análise da criança quanto na do adulto podemos remetê-la de volta ao objeto original. De modo geral, provavelmente perceberemos a presença de uma transferência positiva e outra negativa, e teremos todas as oportunidades de conduzir um trabalho analítico se as tratarmos analiticamente desde o início. Ao resolver parte da transferência negativa, conseguiremos obter, assim como acontece com os adultos, um aumento da transferência positiva que, devido à ambivalência da infância, por sua vez logo será substituído por uma reemergência da transferência negativa. Este é o verdadeiro trabalho analítico, por meio do qual se estabelece de fato uma situação analítica. Além disso, teremos descoberto uma base sobre a qual poderemos construir dentro da própria criança e muitas vezes não precisaremos depender tanto de um conhecimento de seu meio. Em suma, teremos alcançado as condições necessárias para a análise, e não só teremos sido poupados das medidas trabalhosas, difíceis e pouco confiáveis descritas por Anna Freud, como também (o que é mais importante) teremos garantido para nosso trabalho o valor e o sucesso de uma análise equivalente em todos os sentidos à de um adulto.

Nesse ponto, porém, encontro uma objeção levantada por Anna Freud no segundo capítulo de seu livro, intitulado "The Means Employed in Child-Analysis" [Os meios empregados na análise de crianças]. Para trabalhar da maneira como descrevi, é preciso obter material a partir das associações da criança. Tanto Anna Freud quanto eu, assim como provavelmente todos que trabalham na análise de crianças, concordamos que elas não apresentam – nem podem apresentar – associações da mesma maneira que os adultos e, portanto, não é possível recolher material suficiente apenas pela fala. Entre os meios que Anna Freud sugere para preencher a falta de associações verbais estão alguns que também achei muito úteis na minha experiência. Se examinarmos esses meios com mais atenção – o desenho, ou a narrativa de devaneios, por exemplo –, veremos que seu objetivo é reunir material de maneira distinta da associação ditada pelas regras e que é essencial, no caso das crianças, incentivar e liberar sua fantasia. Em uma das afirmações de Anna Freud podemos encontrar uma pista, que deve ser examinada com cuidado, de como isso deve ser feito. Ela declara que "não há nada mais fácil do que fazer as crianças entenderem a interpretação dos sonhos". E ainda "Até crianças menos inteligentes, que em todos os outros pontos demonstravam uma total inaptidão à análise, não fracassavam na interpretação dos sonhos".[8] Creio que essas crianças talvez não fossem tão inadequadas à análise, caso Anna Freud empregasse com mais frequência a capacidade de entender o simbolismo que manifestavam com tanta compreensão, ao invés de limitá-la à interpretação dos sonhos. Minha experiência mostra que quando isso acontece, nenhuma criança, nem mesmo a menos inteligente, é inadequada à análise.

Essa é justamente a ferramenta que devemos empregar na análise de crianças. A criança nos fornecerá uma grande quantidade de fantasias se, ao segui-la por esse caminho, tivermos a convicção de que aquilo que ela conta tem um caráter simbólico. No capítulo 3, Anna Freud apresenta vários argumentos teóricos contra a técnica do brincar que elaborei, pelo menos quando é aplicada à análise, e não apenas à mera observação. Ela tem dúvidas de que seja possível dar ao conteúdo do drama representado no brincar uma interpretação simbólica e acredita que ele pode ter simplesmente se originado de observações ou experiências da vida cotidiana. Devo dizer que, pelas ilustrações que Anna Freud oferece de minha técnica, posso perceber que ela não a compreendeu bem. "Se a criança derruba um abajur ou um boneco, ela interpreta isso como um impulso agressivo contra o pai; a colisão proposital de dois carros, como indício da observação da união sexual entre os pais."[9] Eu jamais faria uma interpretação simbólica "desenfreada" desse tipo a partir do brincar da criança. Pelo contrário, fiz questão de enfatizar esse ponto com nitidez em meu último ensaio, "Análise precoce" (1923). Supondo-se que a criança expressa o mesmo material psíquico em várias repetições – muitas vezes por meios diferentes, i.e., brinquedos, água, desenhos, recortes etc. –, e supondo-se também, como pude observar, que essas atividades geralmente são acompanhadas de um sentimento de culpa, manifestado sob a forma de ansiedade ou pelas representações que implicam uma supercompensação, que são a expressão de formações reativas; supondo-se, portanto, que tive um insight de certas conexões: então interpreto esses fenômenos ligando-os ao Ics e à situação analítica. As condições práticas e teóricas para a interpretação são exatamente as mesmas que regem a análise de adultos.

---

8   Ibid., p. 19.
9   Ibid., p. 29.

Os pequenos brinquedos que uso são apenas um dos meios oferecidos por mim; papel, lápis, tesoura, barbante, bolas, blocos e principalmente água são outros. Eles estão à disposição da criança para usar se quiser e seu propósito é simplesmente criar um acesso à sua fantasia e liberá-la. Há algumas crianças que durante muito tempo se recusam a tocar num determinado brinquedo, ou que passam semanas a fio apenas recortando papel. No caso de crianças que sofrem uma total inibição no brincar, os brinquedos podem ser apenas um meio de estudar com mais cuidado os motivos dessa inibição. Algumas crianças, com frequência as menores, assim que têm a oportunidade de dramatizar algumas das fantasias ou experiências pelas quais são dominadas com os brinquedos, muitas vezes os deixam de lado completamente e passam para todo tipo de jogo imaginável, em que elas próprias, vários objetos na minha sala e eu mesma temos que participar.

Descrevi minha técnica com certo nível de detalhe porque queria deixar evidente o princípio que, de acordo com minha experiência, torna possível lidar com as associações da criança em maior abundância e penetrar nos estratos mais profundos do inconsciente.

Podemos estabelecer um contato mais rápido e seguro com o Ics das crianças se, partindo da convicção de que elas são mais dominadas pelo Ics e os impulsos pulsionais do que os adultos, cortarmos o caminho tomado pela análise de adultos e, ao invés de entrar em contato com o ego, *estabelecermos uma ligação direta com o Ics da criança*. É óbvio que, se essa preponderância do Ics existir de fato, seria de se esperar que o modo de representação por meio de símbolos que predomina no Ics seja bem mais natural para as crianças do que para os adultos, ou até mesmo que elas sejam dominadas por esse tipo de representação. Devemos segui-las nesta estrada, ou seja, devemos entrar em contato com seu Ics, utilizando sua linguagem ao longo da nossa interpretação. Se fizermos isso, teremos acesso às crianças em si. É claro que conseguir isso não é tão fácil e rápido quanto parece; se fosse, a análise de crianças pequenas levaria um tempo muito curto, e não é absolutamente isso o que acontece. Na análise de crianças, nos deparamos repetidas vezes com uma resistência tão forte quanto a do adulto. No caso das crianças, essa resistência muitas vezes toma a forma que lhes é mais natural: a ansiedade.

Este, então, é o segundo fator que me parece essencial para penetrar no Ics da criança. Se observarmos as mudanças na maneira como ela representa aquilo que está acontecendo dentro de si mesma (quer troque de brincadeira, desista dela, quer tenha uma manifestação direta de ansiedade) e tentarmos encontrar na cadeia do material algo que pudesse causar essas alterações, não há como fugir ao fato de que sempre nos depararemos com o sentimento de culpa e de que é preciso interpretá-lo por sua vez.

Esses dois fatores, que constatei serem os recursos mais confiáveis da técnica da análise de crianças, dependem um do outro e se complementam mutuamente. Só ao *interpretar* e assim *reduzir* a ansiedade da criança sempre que pudermos entrar em contato com ela é que teremos acesso ao seu Ics e poderemos levá-la à fantasia. Depois, se seguirmos o simbolismo contido em suas fantasias, logo teremos uma reaparição da ansiedade e poderemos garantir a continuidade do trabalho.

A maneira como apresentei minha técnica e a importância dada ao simbolismo embutido nas ações da criança podem dar a impressão errônea de que na análise de crianças é preciso trabalhar sem a ajuda da associação livre no verdadeiro sentido da palavra.

Numa passagem anterior do meu artigo, observei que Anna Freud e eu, assim como todos os que trabalham com a análise de crianças, concordamos que elas não conseguem fazer associações da mesma maneira que os adultos. Gostaria de acrescentar que provavelmente as crianças *não podem* fazer isso, não porque não tenham a capacidade de traduzir seu pensamento em palavras (isso só se aplicaria, até certo ponto, a crianças muito pequenas), mas porque a *ansiedade* resiste a associações verbais. Não cabe ao escopo deste trabalho discutir essa interessante questão em mais detalhes: mencionarei apenas alguns fatos retirados da experiência.

A representação com brinquedos – como, aliás, a representação simbólica em geral, estando de certa forma afastada da própria pessoa do indivíduo – está menos investida de ansiedade do que a confissão por meio da palavra. Então, se conseguirmos aliviar a ansiedade e obter, numa primeira instância, mais representações indiretas, não há dúvida de que poderemos trazer para a análise a mais completa expressividade verbal de que a criança é capaz. Depois disso, constatamos diversas vezes que, quando a ansiedade se torna mais forte, as representações indiretas ocupam novamente um lugar de destaque. Eu gostaria de dar um rápido exemplo. Quando já estava num estágio bastante avançado da análise de um menino de cinco anos, ele apresentou um sonho cuja interpretação foi muito profunda e trouxe excelentes resultados. Essa interpretação ocupou toda a sessão e as associações eram *exclusivamente verbais*. Nos dois dias seguintes, ele novamente trouxe sonhos que eram uma continuação do primeiro. No entanto, só foi possível obter associações verbais para o segundo sonho com muita dificuldade e uma de cada vez. A resistência era óbvia e a ansiedade muito maior do que no dia anterior. Mas então a criança se voltou para a caixa de brinquedos e com a ajuda de bonecos e outros objetos representou para mim suas associações, recorrendo novamente ao auxílio das palavras sempre que vencia uma resistência. No terceiro dia, a ansiedade era ainda maior, por causa do material que tinha vindo à tona nos dois dias anteriores. As associações praticamente só foram apresentadas por meio do brincar com água e brinquedos.

Se aplicarmos de forma lógica os dois princípios que enfatizei anteriormente, ou seja, a necessidade de acompanhar o modo de representação simbólica das crianças e levar em consideração a facilidade com que a ansiedade é despertada nelas, também poderemos contar com suas associações como um recurso muito importante na análise. No entanto, como já afirmei, isso só é possível algumas vezes e como um recurso entre vários outros.

A seguinte afirmação de Anna Freud, portanto, me parece incompleta: "De vez em quando, e com mais frequência do que as associações deliberadas e solicitadas, outras associações, que não são intencionais nem foram pedidas, vêm em nosso auxílio".[10] Se as associações aparecem ou não depende regularmente de certas atitudes específicas do analisando e de modo algum se devem ao acaso. Na minha opinião, podemos aproveitar esse recurso de modo mais amplo do que parece possível. Ele transpõe constantemente o abismo para a realidade e esse é um dos motivos pelos quais está mais associado à ansiedade do que o modo indireto e irreal da representação. Por isso, eu só consideraria encerrada a análise de uma criança, mesmo a de uma criança bem pequena, quando fizesse seu conteúdo ser expresso pela fala, dentro das capacidades da criança, ligando-a, assim, à realidade.

Temos, então, uma analogia perfeita com a técnica da análise de adultos. A única diferença é que no caso das crianças descobrimos que a predominância do Ics é bem maior e que, portanto, seu modo de expressão é bem mais preponderante do que nos adultos. Além disso, é preciso levar em consideração a maior tendência da criança para a ansiedade.

Contudo, isso também se aplica até certo ponto à análise durante o período de latência, da pré-puberdade, ou mesmo, até certo ponto, da puberdade. Na análise de diversos pacientes que se encontravam em uma ou outra dessas fases de desenvolvimento, fui obrigada a adotar uma forma modificada da mesma técnica que emprego com as crianças.

---
10 Ibid., p. 25.

Creio que o que acabo de dizer invalida as duas principais objeções de Anna Freud à minha técnica do brincar. Ela questionava (1) o pressuposto de que o conteúdo simbólico do brincar da criança fosse seu principal motivo e (2) que pudéssemos encarar esse brincar como o equivalente da associação verbal nos adultos. Segundo ela, o brincar não tem a ideia de propósito que o adulto traz para a análise e que "o permite excluir de suas associações o direcionamento e a influência consciente sobre sua cadeia de raciocínio".

Quanto à última objeção, gostaria de retrucar ainda que essas intenções do paciente adulto (que na minha experiência não são tão eficientes quanto Anna Freud acredita) são supérfluas no caso das crianças, e não me refiro apenas às crianças muito pequenas.

Pelo que já afirmei, ficou evidente que as crianças são tão dominadas por seu Ics que a exclusão deliberada de ideias conscientes é desnecessária.[11] A própria Anna Freud já levou em consideração essa possibilidade.[12]

Se dediquei tanto espaço ao problema da técnica a ser empregada é porque, na minha opinião, isso é fundamental para a questão da análise de crianças. Quando Anna Freud rejeita a técnica do brincar, seu argumento não se aplica apenas à análise de crianças pequenas, mas também, creio eu, ao princípio básico da análise de crianças mais velhas, como eu a entendo. A técnica do brincar nos oferece grande quantidade de material e nos dá acesso aos estratos mais profundos da mente. Se nós a utilizarmos, chegaremos inevitavelmente à análise do complexo de Édipo, e, uma vez lá, não poderemos impor limites à análise em qualquer direção. Assim, se realmente quisermos evitar a análise do complexo de Édipo, não devemos recorrer à técnica do brincar, nem mesmo em sua aplicação adaptada às crianças mais velhas.

Segue-se, portanto, que a questão não é saber se a análise de crianças *pode* ser tão profunda quanto a dos adultos, mas sim se ela *deveria* ser tão profunda. Para responder a essa pergunta, devemos examinar

---

11 Devo ainda avançar mais um passo. Na minha opinião, o problema não é convencer a criança a "excluir de suas associações o direcionamento e a influência consciente sobre sua cadeia de raciocínio" durante a sessão, e sim induzi-la a reconhecer tudo aquilo que existe fora de seu Ics, não só durante a sessão de análise, mas na vida em geral. A relação especial das crianças com a realidade – como demonstrei com mais detalhes em meu último artigo, já citado: "Os princípios psicológicos da análise precoce", neste volume – está calcada no fato de que elas procuram excluir e repudiar tudo o que não está de acordo com seus impulsos do Ics, o que inclui a realidade em seu sentido mais amplo.

12 A. Freud, *The Psychoanalytical Treatment of Children*, op. cit., p. 49.

os motivos que Anna Freud apresenta no capítulo 4 de seu livro *contra* essa tentativa de aprofundamento.

Antes de fazer isso, porém, eu gostaria de discutir as conclusões de Anna Freud sobre o papel da transferência na análise de crianças, apresentadas no capítulo 3 de seu livro.

Ela descreve certas diferenças essenciais entre a situação de transferência nos adultos e nas crianças. E chega à conclusão de que essas diferenças podem apresentar uma transferência satisfatória, não ocorrendo a produção de uma neurose de transferência. A fim de defender essa posição, ela cita o seguinte argumento teórico: as crianças, afirma, ao contrário dos adultos, não estão prontas para entrar numa nova edição de suas relações de amor, pois seus objetos de amor originais, os pais, ainda existem como objetos na realidade.

Para refutar essa afirmação, que acredito ser incorreta, eu teria que entrar numa discussão detalhada da estrutura do superego nas crianças. No entanto, como isso está contido numa passagem mais adiante, neste ponto farei apenas alguns comentários que serão confirmados pela argumentação posterior.

A análise de crianças muito pequenas me revelou que até mesmo uma criança de três anos já abandonou a parte mais importante do desenvolvimento de seu complexo de Édipo. Como consequência, ela já está muito afastada, por meio da repressão e do sentimento de culpa, dos objetos que desejava originalmente. Suas relações com eles já passaram por distorção e transformação, de modo que os objetos atuais são *imagos* dos objetos originais.

Daí, com referência ao analista, as crianças podem entrar numa nova edição de suas relações de amor no que diz respeito a todos os pontos fundamentais e, portanto, decisivos. Mas aqui encontramos uma segunda objeção teórica. Anna Freud acredita que, ao analisar crianças, ao contrário de quando o paciente é adulto, o analista não é "impessoal, sem substância, uma página em branco onde o paciente pode escrever suas fantasias", alguém que evita fazer proibições e permitir gratificações. Porém, de acordo com minha experiência, é exatamente assim que o analista da criança pode e deve se comportar depois de estabelecer a situação analítica. Sua atividade é apenas aparente, pois mesmo quando se atira por completo em todas as fantasias do brincar da criança, adaptando-se aos modos de representação peculiares à infância, ele faz exatamente o mesmo que o analista de adultos, que, como sabemos, segue de bom grado a fantasia de seus pacientes. Mas fora isso, não permito às crianças que analiso nenhuma gratificação pessoal, quer sob a forma de presentes, carinhos, encontros pessoais fora da análise, ou coisa semelhante. Em suma, mantenho de modo geral as regras já aprovadas da análise de adultos. O que ofereço ao paciente criança é auxílio analítico e alívio, que ele sente relativamente rápido, mesmo quando não tinha a sensação de estar doente antes. Além disso, em troca da confiança que deposita na minha pessoa, pode esperar de mim a mais completa sinceridade e honestidade.

No entanto, sou forçada a contestar a conclusão de Anna Freud tanto quanto suas premissas. De acordo com minha experiência, uma neurose de transferência completa de fato ocorre nas crianças de forma análoga àquela que se desenvolve nos adultos. Ao analisá-las, observo que seus sintomas mudam, acentuando-se ou atenuando-se de acordo com a situação analítica. Percebo que nelas a ab-reação dos afetos está intimamente ligada ao progresso do trabalho e à sua relação comigo. Observo que a ansiedade sempre vem à tona e que as reações das crianças se desenvolvem nesse terreno analítico. Pais que observam os filhos com cuidado já me contaram várias vezes que ficaram surpresos ao ver hábitos etc., desaparecidos há muito tempo, voltarem. As crianças não costumam dar vazão às suas reações em casa da mesma maneira como o fazem quando estão comigo: em sua maioria, essas reações são reservadas para a ab-reação durante a sessão de análise. Às vezes, é claro, quando afetos poderosos emergem de forma violenta, parte do distúrbio se torna perceptível para aqueles que convivem com a criança, mas esse é um fato temporário e que também não pode ser evitado na análise de adultos.

Nesse ponto, portanto, minha experiência contradiz totalmente as observações de Anna Freud. O motivo dessa divergência nas nossas descobertas é fácil de se perceber: está ligada à diferença na maneira como eu e ela lidamos com a transferência. Deixem-me fazer um resumo do que afirmei até agora. Anna Freud acredita que a transferência *positiva* é uma condição necessária para todo trabalho analítico com crianças. Ela considera indesejável uma transferência negativa. "Mas no caso da criança", observa, "impulsos negativos contra o analista – por mais reveladores que sejam em vários aspectos – são basicamente inconvenientes e devem ser tratados o mais rápido possível. O trabalho realmente produtivo sempre ocorre quando há uma ligação positiva".[13]

Sabemos que um dos principais fatores do trabalho analítico é manejar a transferência com rigor e objetividade, de acordo com os fatos, da maneira que nosso conhecimento analítico nos ensinou ser

---
13 Ibid., p. 31.

a mais correta. A solução total da transferência é encarada como um dos sinais de que a análise foi concluída de forma satisfatória. Com base nesse princípio, a psicanálise estabeleceu uma série de regras importantes que se mostram necessárias em todos os casos. Anna Freud deixa de lado a maior parte dessas regras no caso da análise de crianças. Desse modo, a transferência, cujo reconhecimento notório sabemos ser uma condição importante do nosso trabalho, torna-se um conceito incerto e duvidoso. Anna Freud afirma que o analista *"provavelmente* tem que compartilhar com os pais o amor e o ódio da criança". E eu não consigo entender o que se pretende por "demolir ou modificar" as tendências negativas inconvenientes.

Aqui, premissas e conclusões se movem num círculo. Se a situação analítica não é atingida por meios analíticos, se a transferência positiva e a negativa não são tratadas de forma lógica, então não haverá uma neurose de transferência nem se pode esperar que as reações da criança se desenvolvam numa relação com a análise e o analista. Tratarei desse ponto em detalhes mais adiante, mas por enquanto gostaria apenas de resumir de forma breve o que já foi dito antes ao afirmar que o método adotado por Anna Freud de atrair a transferência positiva para si mesma de todas as maneiras e de reduzir a transferência negativa dirigida contra ela, além de me parecer tecnicamente incorreto, acaba trabalhando mais contra os pais do que meu método. Isso porque, desse modo, o natural é que a transferência negativa permaneça dirigida contra aqueles com quem a criança convive em seu dia a dia.

Na sua quarta conferência, Anna Freud chega a uma série de conclusões que me parecem expor novamente esse círculo vicioso, dessa vez de forma particularmente clara. Como já expliquei em outra ocasião, o termo "círculo vicioso" significa que de determinadas premissas são tiradas certas conclusões, que por sua vez são utilizadas para confirmar essas mesmas premissas. Uma das conclusões de Anna Freud que, na minha opinião, estão equivocadas é a afirmação de que na análise de crianças é impossível vencer a barreira imposta pelo domínio imperfeito que a criança tem da língua. É verdade que ela faz algumas ressalvas: "Pelo menos no que minha experiência mostra até agora, com a técnica que descrevi". Mas a frase seguinte contém uma explicação de natureza teórica geral. Ela diz que aquilo que descobrimos sobre a primeira infância ao analisarmos adultos "é revelado exatamente por esses métodos de associação livre e interpretação das reações de transferência, i.e., pelos mesmos métodos que falham na análise de crianças". Em várias passagens de seu livro, Anna Freud dá ênfase à ideia de que a análise de crianças, adaptando-se à mente infantil, deve alterar seus métodos. No entanto, ela baseia suas dúvidas sobre a técnica que desenvolvi em várias considerações teóricas, sem submetê-la a um teste prático. Porém, já provei por meio da aplicação prática que essa técnica nos ajuda a obter as associações da criança numa abundância bem maior do que acontece na análise de adultos, o que nos permite penetrar bem mais fundo do que no último caso.

Assim, apoiada naquilo que minha própria experiência me ensinou, posso apenas combater enfaticamente a opinião de Anna Freud segundo a qual os dois métodos empregados na análise de adultos para investigar a primeira infância do paciente (a associação livre e a interpretação das reações de transferência) não funcionam na análise de crianças. Ao contrário, estou convencida de que a função especial da análise de crianças, principalmente no caso de crianças muito pequenas, é oferecer contribuições valiosas para nossa teoria, pois com as crianças a análise pode ir bem mais fundo e, portanto, trazer à luz detalhes que não aparecem tão perceptíveis no caso de adultos.

Anna Freud compara a situação do analista de crianças com a do etnólogo, "que também procura em vão um atalho para a pré-história estudando um povo primitivo, ao invés de uma raça civilizada".[14] Mais uma vez, isso me parece uma afirmação teórica que contradiz a experiência prática. Se for levada longe o bastante, a análise de crianças pequenas, assim como a de outras mais velhas, fornece uma imagem bastante nítida da enorme complexidade de desenvolvimento que encontramos até mesmo em crianças muito novas, mostrando que aos três anos, por exemplo, já passaram e ainda passam por sérios conflitos, justamente porque já são o produto da civilização. Para manter o exemplo de Anna Freud, eu diria que, justamente do ponto de vista da pesquisa, o analista de crianças se encontra numa posição privilegiada que nunca se oferece ao etnólogo: encontrar um povo civilizado intimamente ligado ao primitivo e, como consequência dessa rara união, obter informações preciosas sobre os tempos mais antigos e modernos.

Agora falarei com mais detalhes das concepções de Anna Freud sobre o superego da criança. No capítulo 4 de seu livro, há certas afirmações de especial interesse, não só pela importância da questão teórica a que estão relacionadas, mas também por causa das amplas conclusões a que Anna Freud chega a partir delas.

A análise profunda de crianças, principalmente das pequenas, levou-me a formar uma imagem do superego na primeira infância

---
14 Ibid., p. 39.

bem diferente daquela elaborada por Anna Freud basicamente a partir de considerações teóricas. Não há dúvida de que o ego das crianças não pode ser comparado ao dos adultos. Seu superego, contudo, está muito próximo ao do adulto e não é influenciado pelo desenvolvimento posterior de forma tão radical quanto o ego. A dependência das crianças em relação a objetos externos, obviamente, é muito maior do que a do adulto e esse fato produz resultados que são indiscutíveis. Creio, porém, que Anna Freud superestima esses resultados e, consequentemente, não os interpreta da forma correta. Isso porque esses objetos externos não são idênticos ao superego já desenvolvido da criança, apesar de numa determinada época terem contribuído para sua formação. Esse é o único modo pelo qual podemos explicar o fato surpreendente de encontrarmos em crianças de três, quatro ou cinco anos um superego cuja severidade muitas vezes é incongruente com os objetos de amor reais, ou seja, os pais. Gostaria de dar o exemplo de um menino de quatro anos que nunca foi punido ou ameaçado pelos pais, recebendo deles, ao contrário, uma rara quantidade de amor e atenção. O conflito entre ego e superego nesse caso (que tomo apenas como um exemplo dentre vários) mostra que o superego tem uma severidade fantástica. Devido à fórmula bem conhecida que prevalece no Ics, essa criança antevê, por causa de seus próprios impulsos canibalescos e sádicos, punições como ser castrado, cortado em pedaços, devorado etc., vivendo num medo constante de que sejam levadas a cabo. O contraste entre mãe carinhosa e punições ameaçadas pelo superego da criança chega a ser grotesco, e é um lembrete de que não devemos de modo algum identificar os objetos reais com aqueles introjetados pela criança.

    Sabemos que a formação do superego ocorre a partir de várias identificações. Os resultados obtidos em meu trabalho mostram que esse processo, que termina com o fim do complexo de Édipo – i.e., com o início do período de latência – começa num estágio muito inicial. Em meu último artigo, no qual baseei meus comentários nas descobertas que fiz na análise de crianças muito pequenas, observei que o complexo de Édipo se instala com a experiência de privação trazida pelo desmame, isto é, no fim do primeiro ou início do segundo ano de vida. Ao lado desse processo, vemos o começo da formação do superego. A análise tanto de crianças mais velhas quanto de crianças bem pequenas apresenta um retrato bastante nítido dos vários elementos a partir dos quais se desenvolve o superego e dos diversos estratos em que se dá esse desenvolvimento. É possível perceber quantos estágios existem nessa evolução, antes de ela se encerrar com o início do período de latência. Trata-se, de fato, de um *encerramento*, pois a análise de crianças me convenceu, ao contrário de Anna Freud, de que seu superego é um produto altamente resistente, no fundo inalterável, e que não difere essencialmente daquele dos adultos. A única diferença é que o *ego mais maduro* dos adultos está mais bem equipado para entrar em acordo com seu superego. Isso, no entanto, muitas vezes se dá apenas no nível da *aparência*. Além do mais, os adultos conseguem se defender melhor das autoridades que representam o superego no mundo exterior; as crianças dependem muito mais delas. No entanto, isso não significa, como conclui Anna Freud, que o superego da criança ainda é "muito imaturo, dependente demais de seu objeto, para controlar espontaneamente as exigências das pulsões depois que a análise consegue eliminar a neurose". Mesmo no caso das crianças, esses objetos – os pais – não são idênticos ao superego. Sua influência sobre o superego infantil é em tudo análoga àquela que, como se pode provar, age sobre os adultos quando a vida os coloca em situações semelhantes às da criança, i.e., numa posição de especial dependência. A influência de autoridades temidas nos testes, de oficiais no serviço militar, e assim por diante, é comparável ao efeito que Anna Freud detecta nas "constantes correlações dentro da criança entre superego e objetos de amor, que podem ser comparadas àquelas existentes entre dois recipientes com um canal de comunicação entre si". Sob a pressão de situações da vida como as que mencionei anteriormente, ou outras semelhantes a essas, os adultos, assim como as crianças, reagem com um aumento de suas dificuldades. Isso ocorre porque os velhos conflitos são reativados ou reforçados pelos rigores da realidade, e nesses casos o funcionamento intensificado do superego desempenha um papel preponderante. Ora, esse é exatamente o mesmo processo a que Anna Freud se refere, ou seja, a influência exercida sobre o superego (da criança) por objetos ainda presentes na realidade. É verdade que boas e más influências sobre o caráter e todas as outras relações dependentes da infância exercem uma pressão mais forte nas crianças do que nos adultos. No entanto, no caso dos adultos esses elementos também são importantes.[15]

---

15 Karl Abraham afirma: "Mas a dependência dos traços de caráter em relação ao destino geral da libido não se limita a um período específico, sendo válida de modo universal para a vida inteira. O provérbio '*Jugend kennt keine Tugend*' ('a juventude não conhece a virtude') expressa o fato de que, na tenra idade, o caráter é imaturo e não tem firmeza. Não devemos, porém, superestimar a estabilidade do caráter mesmo em anos mais maduros" ("Psycho-Analytical

Anna Freud cita um exemplo que acredita ilustrar particularmente bem a fraqueza e o caráter dependente das exigências do ideal de ego nas crianças.[16] Um menino que estava no período imediatamente anterior à puberdade descobriu que, quando sentia um impulso incontrolável de roubar, a instância que mais o influenciava era o medo do pai. Ela encara isso como prova de que nesse caso o superego ainda podia ser substituído pelo pai presente na realidade.

Acredito, porém, que é possível encontrar com frequência um desenvolvimento semelhante do superego nos adultos. Há várias pessoas que só conseguem controlar (muitas vezes durante toda a vida) suas pulsões antissociais com o medo de um "pai" disfarçado: a polícia, a lei, a perda de prestígio etc. Isso se aplica à "moral dupla" que Anna Freud observa nas crianças. Não é apenas a criança que mantém um código de moral para o mundo dos adultos e outro para si mesma e seus companheiros íntimos. Muitos adultos se comportam exatamente da mesma maneira, adotando uma atitude quando estão sozinhos ou com seus pares, e outra quando estão diante de superiores ou desconhecidos.

Creio que um dos motivos para haver uma divergência entre Anna Freud e eu num ponto tão importante é o seguinte. Entendo por superego (em total acordo com aquilo que Freud nos ensinou a respeito de seu desenvolvimento) a faculdade resultante do desenvolvimento do complexo de Édipo por meio da introjeção dos objetos edipianos e que, com o fim desse complexo, toma uma forma duradoura e inalterável. Como já expliquei, essa faculdade – não só durante sua evolução, mas mais ainda quando já está formada – difere essencialmente dos objetos que iniciaram esse desenvolvimento na realidade. A criança, portanto (mas também o adulto), estabelece todo tipo de ideal de ego, instalando assim vários "superegos". No entanto, esse processo sem dúvida ocorre nos estratos mais superficiais e no fundo é determinado por aquele superego que já está firmemente arraigado na criança, e cuja natureza é imutável. O superego que Anna Freud acredita estar operando na pessoa dos pais não é idêntico a esse superego interior em sentido mais restrito, apesar de eu não negar sua influência. Se quisermos chegar ao verdadeiro superego, reduzir sua força de ação e influenciá-lo, nosso único meio de fazer isso é a análise. Refiro-me, contudo, a uma análise que investigue a estrutura do superego e todo o desenvolvimento do complexo de Édipo.

Studies on Character Formation" [1921–25], in *Selected Papers on Psycho-Analysis*. London: Hogarth Press, 1927).
16 Cf. A. Freud, *The Psychoanalytical Treatment of Children*, op. cit., pp. 42–43.

Voltemos ao exemplo de Anna Freud que mencionei anteriormente. No menino cuja melhor arma contra o ataque de suas pulsões era o medo do pai, descobrimos um superego que sem dúvida ainda está imaturo. Prefiro não dizer que se trata de um superego tipicamente "infantil". Tomando outro exemplo: o menino de quatro anos que, como já expliquei, sofria a pressão de um superego castrador e canibalesco, em total oposição aos pais carinhosos e atenciosos, sem dúvida não possui apenas esse superego. Descobri nele certas identificações que correspondem de modo mais fiel aos pais reais, apesar de não serem idênticas a eles. Ele chamava essas figuras, que pareciam boas, prestativas e sempre prontas a perdoar, de "papai e mamãe fada". Quando sua atitude em relação a mim durante a análise era positiva, o menino me permitia desempenhar o papel da "mamãe fada", para quem tudo podia ser contado. Em outras ocasiões – sempre que a transferência negativa estava reaparecendo –, eu assumia o papel da mamãe má, de quem se esperava todas as coisas ruins já fantasiadas. Quando eu era a mamãe fada, ele fazia os pedidos mais extraordinários e satisfazia desejos que não poderiam ter gratificação na realidade. Eu devia ajudá-lo, trazendo-lhe à noite um objeto de presente que representava o pênis do pai e que depois seria cortado e devorado. Que ele e ela matassem seu pai juntos era um dos desejos que a "mamãe fada" deveria satisfazer. Quando eu era o "papai fada", nós fazíamos o mesmo tipo de coisa com a mãe, e, quando o próprio menino assumia esse papel e eu passava a representar o filho, ele não só me dava permissão para ter relações sexuais com a mãe como também me dava informações a esse respeito, além de me encorajar e mostrar como a relação sexual fantasiada com a mãe seria realizada pelo pai e o filho ao mesmo tempo. No caso dessa criança, toda uma série das mais variadas identificações em total oposição umas às outras, originárias de diversos estratos e períodos, e muito diferentes dos objetos reais, resultara num superego que dava a impressão de ser normal e bem desenvolvido. Outra razão para escolher esse caso específico entre tantos outros semelhantes é que a criança em questão seria considerada *perfeitamente normal*: ela estava sendo submetida ao tratamento analítico por motivos puramente profiláticos. Foi só depois de algum tempo de análise, quando o desenvolvimento do complexo de Édipo do menino já tinha sido profundamente estudado, que consegui perceber a estrutura completa e as diversas partes do superego dessa criança. Ele apresentava reações de sentimento de culpa num nível ético muito alto. Condenava tudo o que considerava errado ou feio de uma maneira que, apesar de adequada ao ego de uma criança, assemelhava-se ao funcionamento do superego de um adulto num alto nível ético.

O desenvolvimento do superego da criança – mas não menos o do adulto – depende de vários fatores que não precisam ser discutidos aqui em mais detalhes. Se por algum motivo esse desenvolvimento não é completo e as identificações não são totalmente bem-sucedidas, então a ansiedade, que é o ponto de partida para toda a formação do superego, passa a dominar seu funcionamento.

O caso citado por Anna Freud não me parece provar nada, a não ser a existência desses desenvolvimentos do superego. Não creio que se trate do caso de um desenvolvimento particularmente infantil, pois encontramos o mesmo fenômeno nos adultos cujo superego não é bem desenvolvido. Na minha opinião, portanto, as conclusões que Anna Freud tira desse caso estão equivocadas.

As afirmações de Anna Freud a esse respeito me dão a impressão de que ela acredita que o desenvolvimento do superego, com formações reativas e lembranças encobridoras, ocorre em grande parte durante o período de latência. Meu conhecimento analítico de crianças pequenas me obriga a discordar completamente dela nesse ponto. Minhas observações mostraram que todos esses mecanismos entram em funcionamento quando surge o complexo de Édipo e são por ele ativados. Quando este termina, eles já realizaram seu trabalho mais importante; os desenvolvimentos e as reações posteriores são na verdade a superestrutura montada sobre um substrato que assumiu uma forma fixa e se mantém inalterado. Em certas ocasiões e circunstâncias, as formações reativas são acentuadas e, quando a pressão externa se torna mais pesada, o superego passa a funcionar com mais força.

Esses fenômenos, porém, não se restringem à infância.

Aquilo que Anna Freud encara como uma expansão do superego e das formações reativas nos períodos de latência e pré-puberdade é apenas uma adaptação externa aparente às pressões e exigências do mundo exterior, e não tem nenhuma relação com o verdadeiro desenvolvimento do superego. À medida que vão amadurecendo, as crianças (assim como os adultos) aprendem a lidar com o "duplo código de moral" de forma mais habilidosa do que as crianças pequenas, que ainda são bem menos convencionais e mais honestas sobre as coisas.

Passemos agora às deduções que a autora faz a partir de suas afirmações sobre a natureza dependente do superego das crianças e seu duplo código de moral em relação às emoções de vergonha e repugnância.

Na página 45 de seu livro, Anna Freud argumenta que as crianças diferem dos adultos no seguinte aspecto: quando as tendências pulsionais da criança são trazidas à consciência, não se deve esperar que o superego por si só assuma a total responsabilidade pela direção que elas vão tomar.¹⁷ Ela acredita que as crianças, se deixadas soltas nesse ponto, descobrirão apenas "o caminho mais curto e conveniente: o da gratificação direta". Anna Freud tem uma grande relutância – e apresenta seus motivos para isso – em deixar que os responsáveis pelo treinamento da criança decidam a maneira como devem ser empregadas as forças pulsionais libertadas da repressão. Ela considera, então, que a única solução é permitir que o analista "guie a criança nesse ponto importante". Depois, apresenta um exemplo para ilustrar a necessidade da intervenção educacional por parte do analista. Vejamos o que ela diz. Se minhas objeções às suas afirmações teóricas são válidas, elas devem passar no teste de um exemplo prático.

O caso em questão é discutido por Anna Freud em várias passagens de seu livro: o de uma menina de seis anos que sofria de neurose obsessiva. Essa criança, que antes do tratamento apresentava inibições e sintomas obsessivos, passou a aprontar durante algum tempo e obviamente precisava de certos limites. Anna Freud concluiu, então, que nesse ponto deveria ter interferido na situação assumindo o papel de educadora. Na sua opinião, o fato de a criança satisfazer seus impulsos anais fora da análise, quando estes foram libertados da repressão, indicava que ela cometera um erro e tinha confiado demais na força do ideal de ego infantil. Sentia que esse superego ainda mal estabelecido precisava temporariamente da influência educadora do analista e, portanto, naquele ponto não era capaz de controlar os impulsos da criança sem ajuda.

Creio que eu também deveria escolher um exemplo para apoiar meu ponto de vista, que é oposto ao de Anna Freud. O caso que citarei a seguir era muito grave. Tratava-se de uma menina de seis anos que, no início da análise, sofria de neurose obsessiva.¹⁸

Erna, que apresentava fortes tendências antissociais em todas as suas relações e cujo comportamento em casa era insuportável, sofria de muita insônia, onanismo obsessivo exagerado, total inibição no aprendizado, acessos de depressão profunda, cismas obsessivas e vários outros sintomas graves. Ela foi submetida ao tratamento analítico durante dois anos e não há dúvida de que o resultado foi a cura, pois há mais de um ano a menina frequenta uma escola que só aceita "crianças

---

17 Cf. ibid., p. 45.
18 Discuti esse caso clínico em mais detalhes no Congresso de Psicanalistas Alemães de Wurtzburgo (outono de 1924) e em uma de minhas palestras em Londres, no verão de 1925. Pretendo publicar esse caso mais tarde. Com o prosseguimento da análise, descobri que a grave neurose obsessiva na verdade encobria uma paranoia.

normais" e suporta bem o teste da vida lá. É óbvio que, num caso grave de neurose obsessiva como esse, a criança sofria de enormes inibições e profundo remorso. Ela manifestava a típica divisão da personalidade entre "anjo e demônio", "princesa boa e princesa má" etc. Como era de se esperar, em seu caso a análise também liberou grandes quantidades de afeto e impulsos sádico-anais. Durante as sessões, extraordinárias ab-reações ocorriam: ela tinha acessos de raiva que eram desabafados em objetos de minha sala, como almofadas etc.; destruía e sujava os brinquedos; sujava papéis com água, massa de modelar, lápis, e assim por diante. No meio de tudo isso, a criança dava a impressão de estar livre de inibições e parecia ter um grande prazer nesse comportamento às vezes bastante turbulento. No entanto, descobri que não se tratava simplesmente de uma gratificação "desinibida" de suas fixações anais, mas sim que outros fatores desempenhavam um papel decisivo nesse processo. Ela não era de modo algum tão "feliz" quanto parecia à primeira vista e como acreditavam as pessoas que conviviam com a criança do caso citado por Anna Freud. Em grande parte, o que estava por trás da "falta de limites" de Erna era ansiedade, assim como a necessidade de punição que a impelia a repetir seu mau comportamento. Neste também havia evidentes sinais do ódio e da revolta que datavam do período em que a criança estava recebendo seu treinamento em hábitos de higiene. A situação mudou completamente quando analisamos essas fixações primárias, sua relação com o desenvolvimento do complexo de Édipo e o sentimento de culpa associado a ele.

Nos períodos em que impulsos sádico-anais estavam sendo liberados com tanta força, Erna apresentou uma tendência passageira de ab-reagi-los e satisfazê-los fora da análise. Cheguei à mesma conclusão de Anna Freud: o analista deve ter cometido algum erro. No entanto – e esta provavelmente é uma das divergências de opinião mais marcantes e fundamentais entre nós duas –, concluí que eu tinha falhado no lado *analítico* e não educacional. Ou seja, percebi que não tinha conseguido resolver completamente as resistências durante a sessão nem liberar a transferência negativa em sua totalidade. Descobri nesse e em todos os outros casos que, se quisermos permitir que as crianças controlem melhor seus impulsos sem entrar numa luta laboriosa contra eles, é preciso trazer à superfície o complexo de Édipo da forma mais completa possível por meio da análise, assim como investigar os sentimentos de ódio e culpa resultantes dele até suas origens mais remotas.[19]

---

19 A pequena paciente de Anna Freud também percebeu muito bem isso quando, após contar como saíra vitoriosa de uma luta contra seu demônio,

Se formos examinar em que ponto Anna Freud achou necessário substituir medidas analíticas por outras educacionais, veremos que a própria pequena paciente nos dá informações bastante precisas a esse respeito. Depois de Anna Freud lhe mostrar com clareza que as pessoas só podiam se comportar tão mal com alguém que elas odiavam, a criança perguntou qual era "o motivo daqueles sentimentos hostis contra a mãe, que aparentemente amava tanto".[20] A pergunta era justificada e exibe uma boa compreensão da essência da análise, coisa que muitas vezes encontramos até em pacientes bem pequenos de certo tipo obsessivo. Ela aponta para o caminho que a análise deveria ter tomado: deveria ter ido mais fundo. Anna Freud, porém, não seguiu esse caminho, pois declara: "Nesse ponto preferi não dar mais informações, pois eu também tinha chegado ao limite de meu conhecimento".[21] A pequena paciente, então, tentou ajudar a encontrar o caminho que as levaria mais adiante. Repetiu um sonho que já tinha mencionado e cujo significado era uma queixa contra a mãe por sempre ir embora quando a criança mais precisava dela. Alguns dias depois, apresentou outro sonho que apontava claramente para o ciúme que sentia de seus irmãos e suas irmãs mais novos.

Anna Freud então parou e deixou de levar a análise adiante, justamente no ponto em que deveria analisar o ódio da criança pela mãe, isto é, em que deveria começar a elucidar toda a situação edipiana. É verdade que ela havia liberado alguns dos impulsos sádico-anais e provocado sua ab-reação, mas não explorou a conexão desses impulsos com o desenvolvimento do complexo de Édipo; pelo contrário, limitou suas investigações a estratos superficiais do consciente ou do pré-consciente, pois a julgar por seu relato, ela também preferiu não rastrear o ciúme da criança pelos irmãos até seu desejo de morte inconsciente em relação a eles. Se Anna Freud tivesse feito isso, acabaria chegando ao desejo de morte da mãe. Além disso, deve ter evitado até então analisar a atitude de rivalidade com a mãe, pois caso contrário tanto a paciente quanto a analista já teriam uma noção das causas do ódio da criança por ela.

---

definiu o objetivo da análise da seguinte maneira: "Você tem que me ajudar a não ficar tão triste por ter que ser mais forte do que ele" (A. Freud, *The Psychoanalytical Treatment of Children*, op. cit., p. 13). Creio, porém, que esse objetivo só pode ser atingido satisfatoriamente quando conseguimos elucidar as fixações sádico-anais e orais mais iniciais, assim como o sentimento de culpa relacionado a elas.

20 Ibid., p. 25.
21 Ibid.

No quarto capítulo de seu livro, no qual Anna Freud cita esse caso como um exemplo da necessidade de uma interferência temporária do analista como educador, ela aparentemente está se referindo a esse ponto decisivo na análise que acabei de discutir. Mas imagino a situação da seguinte maneira: a criança passou a ter uma consciência parcial de suas tendências sádico-anais, mas não teve a oportunidade, por meio de uma análise mais profunda da situação edipiana, de se livrar delas de forma ampla e fundamental. Na minha opinião, não se tratava de levá-la a um domínio e controle custoso dos impulsos libertados da repressão. Ao invés disso, era preciso submeter a uma análise mais completa a força motriz por trás desses impulsos.

No entanto, tenho a mesma crítica a fazer em relação a alguns outros exemplos apresentados por Anna Freud. Ela se refere diversas vezes às confissões de onanismo que ouviu de seus pacientes. A menina de nove anos que fez admissões desse tipo em dois sonhos que relatou estava, na minha opinião, dizendo muito mais do que isso e apontava para uma coisa muito importante.[22] O medo do fogo e o sonho da explosão do gêiser – que ocorria devido a algo que a menina fazia de errado, pelo qual era castigada – parecem-me indicar claramente a observação da relação sexual entre os pais. Isso também fica óbvio no segundo sonho. Nele aparecem "dois tijolos de cores diferentes" e uma casa que "ia pegar fogo". Minha experiência na análise de crianças me permite afirmar que em geral essas imagens representam a cena primária. O fato de que isso se aplica ao caso dessa menininha, com seus sonhos sobre o fogo, é evidenciado por seus desenhos do monstro que chamava de "Mordida" (descritos por Anna Freud)[23] e a bruxa arrancando o cabelo do gigante. Anna Freud está certa ao interpretá-los como indicações da ansiedade de castração da criança, assim como de sua masturbação. Contudo, não tenho dúvida de que a bruxa, que castra o gigante, e o "mordedor" representam a relação sexual entre os pais, interpretada pela menina como um ato sádico de castração; mais ainda, quando recebeu essas impressões, ela própria alimentou desejos sádicos contra os pais (a explosão do gêiser que ela provoca no sonho); sua masturbação sem dúvida estava associada a esses desejos e, devido à sua ligação com o complexo de Édipo, envolvia um profundo sentimento de culpa que, por sua vez, gerava a compulsão à repetição e parte da fixação.

---

22 Cf. ibid., p. 20.
23 Cf. ibid., p. 23.

Então, o que ficou de fora da interpretação de Anna Freud? Tudo o que teria levado a uma investigação mais apurada da situação edipiana. Mas isso significa que ela deixou de explicar as causas mais profundas do sentimento de culpa e da fixação, que por isso não foi reduzida. Estou inclinada a postular a mesma conclusão a que cheguei no caso da pequena neurótica obsessiva: se Anna Freud tivesse submetido os impulsos pulsionais a uma análise mais cuidadosa, não haveria a necessidade de ensinar à criança como controlá-los. Ao mesmo tempo, a cura teria sido bem mais completa, pois sabemos que o complexo de Édipo é o complexo central das neuroses. Assim, se a análise evita examiná-lo, ela também não pode solucionar a neurose.

Quais são os motivos para Anna Freud fugir de uma análise mais meticulosa, que deveria investigar sem reservas a relação das crianças com os pais e com o complexo de Édipo? Deparamo-nos com inúmeros argumentos importantes em diversas passagens do livro. Façamos um resumo deles e vejamos a que conclusão podemos chegar.

Anna Freud acreditava que não devia se interpor entre criança e pais; também acreditava que a educação em casa seria ameaçada e surgiriam conflitos na criança se sua oposição aos pais fosse trazida à consciência.

Creio que é basicamente esse ponto que determina a divergência de opinião entre Anna Freud e eu, assim como a oposição dos nossos métodos de trabalho. Ela própria diz que se sente desconfortável em ter os pais da criança como seus empregadores se, em suas palavras, ela se coloca em oposição a eles.[24] No caso de uma babá que lhe era hostil, Anna Freud fez de tudo para voltar a criança contra ela e desviar o sentimento positivo para si mesma.[25] Ela hesita em fazer isso quando os pais estão envolvidos e acredito que com toda razão. A diferença entre nossos pontos de vista é a seguinte: eu nunca tento voltar a criança contra as pessoas com quem convive. No entanto, se os pais a confiaram a mim para conduzir a análise, seja para curar uma neurose, seja por qualquer outro motivo, creio que tenho razão em adotar a linha que acredito ser do melhor interesse da criança e que é a única possível: analisar sem reservas sua relação com aqueles à sua volta, principalmente os pais, os irmãos e as irmãs.

Anna Freud vê muitos perigos na análise da relação com os pais – perigos que, na sua opinião, surgiriam da fraqueza que caracterizaria o superego da criança. Deixem-me mencionar alguns. Quando a trans-

---

24 Cf. ibid., p. 8.
25 Cf. ibid., p. 13.

ferência é resolvida com sucesso, a criança não encontraria o caminho de volta para os objetos de amor adequados e poderia ser obrigada a "tomar mais uma vez o caminho da neurose ou, se este foi bloqueado com o sucesso do tratamento analítico, a saída oposta da rebelião explícita".[26] Ou ainda: se os pais jogam sua influência contra a do analista, o resultado seria, "uma vez que a criança tem uma ligação afetiva com os dois lados, uma situação semelhante àquela do casamento infeliz, em que a criança se torna um objeto de disputa".[27] E mais, "quando a análise da criança não se encaixa de forma orgânica no resto de sua vida, sendo inserida ao invés disso como um corpo estranho no meio de outras relações, o tratamento pode causar mais conflitos para a criança do que solucioná-los".[28]

A autora acredita que a criança ainda não possui um superego muito forte e por isso teme que quando for libertada da neurose ela não se adapte mais às exigências necessárias da educação e das pessoas com quem convive. Eu responderia a essa ideia da seguinte maneira:

Minha experiência me ensinou que, se analisarmos a criança *sem nenhum tipo de preconceito*, teremos uma imagem diferente dela, justamente porque seremos capazes de penetrar mais fundo no período crítico que antecede a idade de dois anos. Desse modo, a severidade do superego da criança revela-se com muito mais nitidez, característica que Anna Freud também já teve a oportunidade de descobrir. Percebemos, então, que ao invés de reforçar esse superego, é preciso atenuar sua força. Não devemos esquecer que influências educacionais e exigências culturais não são suspensas durante a análise, apesar de o analista, que age como uma terceira pessoa imparcial, não assumir a responsabilidade por esses aspectos. Se o superego foi forte o bastante para provocar o conflito e a neurose, ele sem dúvida manterá uma dose suficiente de influência, ainda que a análise o modifique gradualmente.

Nunca terminei uma análise com a sensação de que essa faculdade tinha se tornado fraca demais; no entanto, já houve muitas em cuja conclusão eu gostaria de que sua força exagerada tivesse sofrido uma redução ainda maior.

Anna Freud chama atenção, com razão, para o fato de que se conseguirmos estabelecer uma transferência positiva, a criança estará disposta a contribuir com sua cooperação e outros tipos de sacrifício. Na minha opinião, porém, isso mostra que, além do rigor do superego,

---

26 Ibid., p. 37.
27 Ibid., p. 46.
28 Ibid., p. 50.

esse anseio de amor é uma garantia de que a criança terá motivos fortes o suficiente para cumprir requisitos culturais razoáveis, desde que sua capacidade de amar seja liberada pela análise.

Não podemos nos esquecer de que as exigências impostas pela realidade sobre o ego adulto são bem mais pesadas do que as exigências menos rigorosas que confrontam o ego mais fraco da criança.

É possível, obviamente, que caso a criança seja obrigada a conviver com pessoas sem discernimento, neuróticas ou prejudiciais a ela, o resultado seja a resolução insatisfatória de sua neurose, ou seu recrudescimento causado pelo ambiente. Minha experiência mostra, porém, que mesmo nesses casos há muito que se pode fazer para reduzir esse tipo de problema e provocar um desenvolvimento mais favorável. De qualquer maneira, caso a neurose volte a se manifestar, ela terá menos força e será mais fácil de ser curada no futuro. Anna Freud teme que a criança, depois de analisada, permaneça num ambiente totalmente oposto ao da análise, pois o distanciamento que obteve em relação a seus objetos de amor pode fazê-la criar oposição a eles, o que geraria mais conflitos. Creio que esse receio está calcado em considerações teóricas refutadas pela experiência. Mesmo em casos desse tipo, descobri que a análise permitiu às crianças se adaptarem melhor, suportando, assim, o teste de um ambiente desfavorável e sofrendo bem menos do que antes de serem analisadas.

Além disso, já provei diversas vezes que quando a criança fica menos neurótica, ela se torna menos cansativa para as pessoas à sua volta que também sofrem de neuroses ou que têm menos discernimento. A análise, assim, também só exerceria uma influência positiva sobre seus relacionamentos.

Analisei um grande número de crianças nos últimos oito anos; minhas descobertas a respeito desse ponto, que é crucial para a questão da análise de crianças, foram sempre confirmadas. Gostaria de resumi-las ao afirmar que o perigo imaginado por Anna Freud – o de que a análise dos sentimentos negativos da criança para com os pais prejudique seu relacionamento com eles – não existe em nenhuma circunstância. Em vez disso, ocorre justamente o oposto. Assim como acontece com os adultos, a análise da situação edipiana não só libera os sentimentos negativos da criança em relação aos pais e irmãos, mas também os resolve parcialmente, tornando possível que os impulsos positivos sejam fortalecidos. É justamente a análise do período mais inicial que traz à tona as tendências hostis e o sentimento de culpa originários da privação oral arcaica, do treinamento em hábitos de higiene e da privação ligada à situação edipiana. Em grande parte, é a revelação desses sentimentos que liberta a criança deles. O resultado final é um relacionamento mais profundo e satisfatório com aqueles à sua volta, e não um distanciamento no sentido de um desapego. Isso se aplica à idade da puberdade, com a diferença de que nesse período a capacidade de distanciamento e transferência necessária nessa fase específica do desenvolvimento é bastante reforçada pela análise. Até agora nunca recebi nenhuma queixa das famílias de meus pacientes de que a relação da criança com aqueles à sua volta tenha piorado durante ou depois da análise. Isso é muito significativo, se nos lembrarmos do caráter ambivalente dessas relações. No entanto, já me afirmaram várias vezes que a criança tinha se tornado mais sociável e receptiva à educação. No fim, portanto, presto um grande serviço aos pais, e não só às crianças, justamente no sentido de *melhorar* o relacionamento entre eles.

Sem dúvida, é útil e desejável que os pais apoiem nosso trabalho durante e depois da análise. Devo dizer, porém, que esses exemplos gratificantes são a minoria: eles representam o *caso ideal* e não podemos basear neles nosso método. Para Anna Freud, "[as indicações para a análise] não incluem apenas o fato de a criança ter alguma enfermidade. A análise de crianças se encaixa basicamente no ambiente analítico e deve se limitar por enquanto aos filhos de analistas e de pessoas que foram analisadas, ou encaram a análise com certa confiança e respeito".[29]

Quanto a isso, eu diria que é preciso fazer uma distinção clara entre atitudes conscientes e inconscientes dos próprios pais. Descobri várias vezes que uma atitude inconsciente favorável não é de modo algum assegurada pelas condições postuladas por Anna Freud. Os pais podem estar convencidos teoricamente da necessidade da análise e conscientemente querer nos ajudar com todas as suas forças, mas ao mesmo tempo podem atrapalhar nosso trabalho inteiro por motivos inconscientes. No entanto, constatei que pessoas que não possuem o menor conhecimento sobre análise – às vezes uma simples babá que me procura em confiança pessoal – podem ser de grande ajuda devido a uma atitude inconsciente positiva. De acordo com minha experiência, entretanto, todos os que trabalham com a análise de crianças devem esperar certa hostilidade e ciúmes de babás, governantas, ou até mesmo das mães, e devem tentar levar adiante a análise apesar desse tipo de sentimento. À primeira vista, isso parece impossível e de fato representa uma dificuldade especial e muito considerável à análise

---

29 Ibid.

de crianças. De qualquer maneira, descobri na maioria dos casos que não se tratava de um obstáculo intransponível. Sem dúvida, parto do princípio de que não temos de "compartilhar com os pais o amor e o ódio da criança", mas sim de que é preciso lidar com a transferência positiva e a negativa de tal maneira que possamos estabelecer uma situação analítica e calcar nosso trabalho sobre ela. É impressionante como as crianças, até mesmo as bem pequenas, passam então a nos dar apoio com seu insight e sua necessidade de ajuda, e como conseguimos incluir no nosso trabalho as resistências causadas por aqueles com quem convivem os pequenos pacientes.

Minha experiência, portanto, fez eu gradualmente ir me emancipando o máximo possível dessas pessoas em meu trabalho. Por mais que suas informações às vezes possam ser úteis – quando nos falam, por exemplo, de mudanças importantes que estão ocorrendo com a criança e nos dão uma perspectiva da situação verdadeira –, é preciso que sejamos capazes de dispensar esse tipo de ajuda. Não quero dizer, evidentemente, que a análise nunca seja prejudicada pela falta das pessoas que convivem com a criança. Contudo, enquanto os pais mandam seus filhos para serem analisados, não vejo como seria impossível continuar a análise só porque sua atitude revela falta de discernimento ou é desfavorável em outros aspectos.

A partir de tudo o que afirmei anteriormente, pode-se perceber que minha posição no que diz respeito à conveniência da análise em diversas situações é em vários aspectos completamente diferente daquela de Anna Freud. Considero a análise útil não só em todos os casos de óbvios distúrbios mentais e de desenvolvimento problemático, mas também como meio de reduzir as dificuldades de crianças normais. O caminho pode ser apenas indireto, mas estou certa de que não é muito difícil nem muito custoso ou tedioso.

Nesta segunda parte do meu artigo, minha intenção era provar a impossibilidade de se combinar na pessoa do analista o trabalho analítico e educacional, e pretendia demonstrar por que isso de fato é assim. Anna Freud descreve essas funções como "duas funções difíceis e diametralmente opostas".[30] E acrescenta: "Analisar e educar significa dizer que [o analista] ao mesmo tempo deve permitir e proibir, soltar e prender novamente".[31] Posso resumir meus argumentos ao dizer que na verdade uma atividade cancela a outra. Se o analista, ainda que apenas temporariamente, torna-se representante das agên-

---

30 Ibid., p. 49.
31 Ibid.

cias educadoras, se assume o papel de superego, no mesmo momento ele bloqueia a passagem dos impulsos pulsionais para o Cs: ele se torna o representante das faculdades repressoras. Darei um passo mais adiante e afirmarei que, de acordo com minha experiência, no caso das crianças – assim como no dos adultos – não basta estabelecer a situação analítica atendendo a todos os meios analíticos disponíveis e evitar toda influência educativa *direta*; mais do que isso, se quiser ser bem-sucedido, o analista da criança deve ter a mesma atitude inconsciente que esperamos do analista de adultos. Ele deve estar disposto a *apenas analisar* a mente de seus pacientes, ao invés de tentar moldá-la ou direcioná-la. Se a ansiedade não barrar seu caminho, ele poderá aguardar calmamente o resultado adequado e, assim, esse resultado será atingido.

Ao fazer isso, contudo, provará a validez do segundo princípio que defendo em oposição a Anna Freud: devemos analisar de forma completa e sem reservas a relação da criança com os pais e seu complexo de Édipo.

Pós-escrito, maio de 1947

No prefácio e na parte 3 de seu novo livro, Anna Freud introduz várias modificações em sua técnica. Algumas dessas modificações abordam certos pontos que discuti no artigo anterior.

Uma de nossas divergências de opinião surgiu do uso que Anna Freud faz de métodos educacionais na análise de crianças. Segundo ela, essa técnica era necessária por causa do superego fraco e pouco desenvolvido das crianças, mesmo durante o período de latência (que na época acreditava ser a única idade em que as crianças deveriam ser analisadas). Ela agora afirma em seu prefácio que o trabalho do analista de crianças pode dispensar seu caráter educacional (uma vez que os pais e as autoridades educacionais já estão mais bem informados) e que o analista "agora pode, com raras exceções, concentrar suas energias no lado puramente analítico da tarefa".[32]

Quando publicou seu livro em 1926, Anna Freud não só criticava a técnica do brincar (que eu tinha criado para a análise de crianças pequenas), como também não concordava a princípio com a análise de crianças pequenas, que ainda não chegaram ao período de latência. Agora, como observa no prefácio, reduziu o limite "do período de latência, como eu sugeria originalmente, para os dois anos [...]" e

---

32 Ibid., p. XI.

parece ter aceitado, pelo menos até certo ponto, a técnica do brincar como parte necessária da análise de crianças. Além disso, ampliou o grupo de pacientes não só no que diz respeito à idade, mas também ao tipo de doença, e agora considera analisáveis as crianças "cujas anormalidades são de tipo esquizofrênico".[33]

A questão a seguir é mais complicada, pois ainda guardamos uma importante divergência nesse ponto, apesar de ter havido certa aproximação entre nós no que diz respeito ao tipo de abordagem. Ao falar de sua "fase introdutória" na análise de crianças, Anna Freud explica que o estudo dos mecanismos de defesa do ego levou-a a encontrar "maneiras de descobrir e vencer as primeiras resistências na análise de crianças, o que abreviou a fase introdutória do tratamento, tornando-a desnecessária em alguns casos".[34] Basta examinar minha contribuição ao Simpósio para ver que meu argumento básico contra a "fase introdutória" de Anna Freud era o seguinte: se o analista emprega desde o início meios analíticos para lidar com a ansiedade e a resistência imediata da criança, a situação de transferência se estabelece instantaneamente e não é preciso (nem aconselhável) adotar outras medidas além daquelas ditadas pela psicanálise. Nossas posições diante desse problema têm em comum agora o fato de que a fase introdutória não é necessária, caso se possam encontrar maneiras analíticas de vencer as primeiras resistências (apesar de Anna Freud aparentemente só aceitar isso em alguns casos). Em minha contribuição ao Simpósio, lidei com esse problema principalmente a partir do ângulo da forte ansiedade da criança pequena. No entanto, vários exemplos em meu livro *A psicanálise de crianças* mostram que, mesmo nos casos em que a ansiedade é menos severa, eu dou uma enorme importância à análise das defesas desde o início. De fato, é impossível analisar as resistências sem analisar as defesas. Porém, apesar de Anna Freud não se referir à análise da ansiedade aguda, preferindo dar mais ênfase à análise das defesas, nossos pontos de vista coincidem na possibilidade de conduzir a análise desde o início por meios psicanalíticos.

Essas mudanças na posição de Anna Freud, que apresento apenas como exemplos, na verdade equivalem – apesar de ela não afirmar isso – à redução de algumas divergências importantes entre nós duas no que diz respeito à psicanálise de crianças.

Há outro ponto que eu gostaria de mencionar, pois está intimamente ligado à minha abordagem dos princípios e das técnicas da

---

33 Ibid., p. x.
34 Ibid., pp. xi–xii.

análise precoce, que procuro ilustrar neste livro. Segundo Anna Freud, "Melanie Klein e seus seguidores expressam continuamente a opinião de que, com a ajuda da técnica do brincar, é possível analisar crianças de quase qualquer idade, desde a infância mais inicial".[35] Não sei em que se fundamenta esse comentário. O leitor deste volume, assim como de *A psicanálise de crianças*, não encontrará nenhuma passagem que possa corroborá-lo nem material de análise de crianças com menos de dois anos e três quartos. Dou, evidentemente, uma grande importância ao estudo do comportamento dos bebês, principalmente à luz de minhas descobertas sobre os processos mentais arcaicos, mas esse tipo de observação analítica é completamente diferente do tratamento psicanalítico.

Gostaria de chamar atenção para o fato de que, na nova edição de seu livro, Anna Freud repete a descrição errônea de minha técnica que apresentou há vinte anos, pois conclui que me baseio principalmente em interpretações simbólicas e uso muito pouco – se tanto – a fala da criança, devaneios, sonhos, histórias, o brincar imaginativo, desenhos, reações emotivas e relações com a realidade externa, i.e., seu lar.[36] Esse erro foi explicitamente corrigido por mim no texto apresentado ao Simpósio e é difícil entender como ele poderia ter sido repetido depois do surgimento de *A psicanálise de crianças* e de minhas outras publicações desde então.

---

35 Ibid., p. 71.
36 Cf. ibid., pp. 69–71.

1927
Tendências criminosas em crianças normais

Trata-se de um desenvolvimento das duas páginas seminais de Sigmund Freud sobre a criminalidade em "Os criminosos por sentimento de culpa", em que ele apresenta a tese de que a culpa não surge do crime, mas sim o crime da culpa.[1] Melanie Klein liga esse sentimento de culpa anterior à descoberta recente do superego primitivo. Sua tese, tão oposta ao senso comum quanto a de Freud, é que o criminoso não é destituído de consciência; ao contrário, ele possui uma consciência cruel demais: um superego primitivo que não foi modificado e funciona de forma diferente do normal, impelindo-o para o crime sob a pressão do medo e da culpa.

Este artigo discute o medo e a culpa, mas sem distinguir seu funcionamento dentro do superego. Em *A psicanálise de crianças*, Melanie Klein diferencia o superego primitivo do superego desenvolvido. Em seu conceito, o superego primitivo é percebido na psique como ansiedade ou medo e é o superego em desenvolvimento que desperta o sentimento de culpa, ponto de vista que apresenta com mais clareza em "O desenvolvimento inicial da consciência na criança" (1933). O único artigo em que voltou a tratar da criminalidade, "Sobre a criminalidade", um breve ensaio escrito às pressas em 1934, formula as conclusões do presente artigo a partir dessa diferenciação posterior. Também estabelece ligação entre criminalidade e psicose.

A própria Melanie Klein considera o ano em que escreveu esse artigo como o ano em que percebeu a importância da agressividade.

---

1 Cf. Sigmund Freud, "Alguns tipos de caráter encontrados na prática psicanalítica" [1916], seção III – "Os criminosos por sentimento de culpa", in *Obras completas*, v. 12, trad. Paulo César de Souza. São Paulo: Companhia das Letras, 2010.

Seu outro ensaio de 1927, "Simpósio sobre a análise de crianças", via nos impulsos agressivos da criança a explicação da crueldade de seu superego primitivo. O presente artigo ainda contém outra tese importante sobre o crime. Ele liga os atos criminosos às tendências criminosas das crianças normais, mostrando que os crimes são uma realização detalhada das fantasias sádicas arcaicas que fazem parte do desenvolvimento normal. De fato, Melanie Klein chama atenção para as diversas fantasias sádico-orais e sádico-anais da criança normal, que soma aos dois crimes inconscientes do incesto e do parricídio cometidos durante o complexo de Édipo genital, que Freud menciona em relação ao sentimento interior de culpa. Ela também afirma que, independentemente de experiências traumáticas, são as fantasias sádicas que criam concepções distorcidas e assustadoras da relação sexual. No próximo artigo, "Estágios iniciais do conflito edipiano" (1928), algumas dessas fantasias sádicas são descritas detalhadamente.

Por fim, ao longo de todo este artigo que lida com o conflito entre superego e id, o leitor perceberá o interesse de Melanie Klein em outro conflito, o conflito entre amor e ódio, que mais tarde se tornaria a ideia básica que guia seu trabalho. Quanto a isso, é interessante observar sua convicção de que, apesar de todas as aparências do contrário, o amor existe dentro de todos, incluindo os criminosos.

Um dos fundamentos da psicanálise é a descoberta feita por Freud de que podemos encontrar no adulto todos os estágios de desenvolvimento atravessados na primeira infância. Podemos encontrá-los no inconsciente, que contém todas as fantasias e tendências reprimidas. Como sabemos, o mecanismo da repressão é comandado principalmente pelas faculdades críticas do juízo – o superego. É óbvio que as repressões mais profundas são aquelas dirigidas contra as tendências mais antissociais.

Assim como o indivíduo repete biologicamente o desenvolvimento da humanidade, ele faz o mesmo em termos psíquicos. É possível encontrar, reprimidos e inconscientes, os estágios que ainda observamos em povos primitivos: canibalismo e tendências assassinas da mais ampla variedade. Essa parte primitiva da personalidade está em contradição direta com sua parte civilizada, que é de onde parte a repressão.

A análise de crianças e principalmente a análise precoce, pela qual se entende a análise de crianças entre três e seis anos, oferece um retrato bastante elucidativo de como se inicia a luta entre a parte civilizada da personalidade e seu lado primitivo. Os resultados que obtive em meu trabalho analítico com crianças pequenas provam que podemos encontrar o superego em funcionamento no tenro segundo ano de vida.

Nessa idade, a criança já passou pelos estágios mais importantes de seu desenvolvimento psíquico; já passou pelas fixações orais, que devem ser divididas entre fixação oral *de sugar* e fixação oral *de morder*. Esta se encontra muito ligada a tendências canibalescas. O fato muitas vezes observado de que os bebês mordem o seio da mãe é um dos indícios dessa fixação.

No primeiro ano de vida também ocorre uma boa parte das fixações sádico-anais. Esse termo, erotismo sádico-anal, refere-se ao prazer oriundo da zona erógena anal e da função excretora, aliado ao prazer da crueldade, domínio, posse etc., que já se descobriu estar intimamente ligado aos prazeres anais. Os impulsos sádico-orais e sádico-anais desempenham o papel mais importante nas tendências que pretendo examinar neste artigo.

Mencionei anteriormente que no tenro segundo ano de vida encontramos o superego em funcionamento, pelo menos em sua fase de desenvolvimento. O início desse processo é provocado pelo surgimento do complexo de Édipo. A psicanálise provou que o complexo de Édipo é o fator mais importante de todo o desenvolvimento da personalidade, tanto nas pessoas normais quanto naquelas que se tornarão neuróticas. O trabalho psicanalítico também demonstra cada vez mais que toda a formação do caráter também deriva do desenvolvimento do complexo de Édipo, e que todas as dificuldades de caráter, desde as ligeiramente neuróticas até as criminosas, são determinadas por ele. Nessa área, a do estudo do criminoso, foram dados apenas os primeiros passos, mas é um avanço que promete grandes progressos.[2]

O objetivo deste artigo é mostrar como podemos detectar a ação de tendências criminosas em toda criança e dar algumas sugestões a respeito do fator que determina se essas tendências se firmarão na personalidade ou não.

Agora devo voltar ao ponto de onde parti. Quando o complexo de Édipo se instala – o que, de acordo com os resultados do meu trabalho, ocorre no final do primeiro ou início do segundo ano de vida – os estágios iniciais que mencionei anteriormente, o sádico-oral e o sádico-anal,

---

2 Cf. ibid.; e Theodor Reik, *Geständniszwang und Strafbedürfnis*. Wien: Internationaler Psychoanalytischer Verlag, 1925.

estão em pleno funcionamento. Eles se ligam às tendências edipianas e se voltam para os objetos em torno dos quais se desenvolve o complexo de Édipo: os pais. O pequeno menino, que odeia o pai como um rival pelo amor da mãe, fará isso com raiva, agressividade e fantasias derivadas de suas fixações sádico-orais e sádico-anais. A fantasia de entrar no quarto e matar o pai está presente na análise de todo menino, mesmo no caso de uma criança normal. Eu gostaria de citar um em especial, o de um menino normal de quatro anos chamado Gerald, cujo desenvolvimento era plenamente satisfatório. Esse caso é muito elucidativo em vários aspectos. Gerald era uma criança ativa e aparentemente feliz, que nunca apresentara nenhum sinal de ansiedade e fora submetido à análise apenas por motivos de profilaxia.

Durante a análise, descobri que o menino passara por uma intensa ansiedade, que ainda exercia forte pressão sobre ele. Mostrarei mais adiante como é possível que uma criança esconda tão bem seus medos e suas dificuldades. Um dos objetos de ansiedade que descobrimos ao longo da análise era uma fera, que de animal tinha apenas o comportamento, pois na verdade era um homem. Essa fera, que fazia muito barulho num aposento adjacente, era de fato o pai, responsável pelos ruídos que vinham do quarto ao lado. O desejo de Gerald de entrar lá, cegar o pai, castrá-lo e matá-lo provocava o medo de que a fera fizesse a mesma coisa com ele. Certos hábitos passageiros, como um determinado movimento dos braços que a análise mostrou ser uma tentativa de empurrar a fera para longe, eram causados por essa ansiedade. Gerald tinha um pequeno tigre de brinquedo e a grande afeição que tinha por esse animal devia-se em parte à esperança de que ele o protegesse da fera. Às vezes, porém, esse tigre deixava de ser um protetor para se tornar um agressor. Gerald pretendia enviá-lo ao quarto ao lado para realizar seus desejos agressivos contra o pai. Também nesse caso o pênis do pai seria arrancado com uma mordida, cozinhado e devorado, desejo provocado em parte pelas fixações orais do menino, e em parte como meio de lutar contra o inimigo; pois a criança, não possuindo nenhuma outra defesa, usa os dentes de forma primitiva como arma. O lado primitivo da personalidade, nesse caso, era representado pelo tigre que, como verifiquei mais tarde, era o próprio Gerald, mas uma parte dele de que o menino preferia não estar ciente. No entanto, Gerald também tinha fantasias de cortar o pai e a mãe em pedaços, fantasias relacionadas a ações anais, de sujar o pai e a mãe com suas fezes. Um jantar que inventou depois de uma fantasia desse tipo era na verdade uma refeição em que ele e a mãe comiam o pai. É difícil dar uma ideia de como uma criança tão afetuosa como essa sofre com essas fantasias, que a parte civilizada de sua personalidade condena com toda a força. Esse menino fazia o máximo para demonstrar a maior afeição e consideração pelo pai; podemos ver aí um forte motivo para que ele reprimisse o amor pela mãe, que de certa forma é a causa dessas fantasias, permanecendo ligado ao pai numa fixação redobrada que poderia se tornar a base para uma atitude homossexual permanente mais adiante.

Gostaria de mencionar rapidamente o caso semelhante de uma pequena menina. A rivalidade pelo pai, o desejo de tomar o lugar da mãe em seu amor, também leva a fantasias sádicas dos tipos mais diversos. Aqui, o desejo de destruir a beleza da mãe, de mutilar seu rosto e seu corpo, de se apropriar do corpo da mãe – essa fantasia muito primitiva de morder, cortar, e assim por diante – está ligada a um poderoso sentimento de culpa, que reforça a fixação na mãe. Nessa idade, entre dois e cinco anos, é comum vermos meninas sendo excessivamente afetuosas com a mãe, mas essa afeição está parcialmente calcada na ansiedade e no sentimento de culpa, sendo seguida pelo distanciamento do pai. Assim, essa complexa situação psíquica se torna ainda mais complicada pelo fato de que, para se defender dessas tendências condenadas pelo superego, a criança apela para suas tendências homossexuais, fortalecendo-as e criando aquilo que chamamos de complexo de Édipo "invertido". Esse desenvolvimento se manifesta numa forte fixação da menina na mãe e do menino no pai. Basta dar mais um passo e chegamos à situação em que essa relação também não pode mais ser mantida e a criança se afasta de ambos. Esses sem dúvida são os alicerces de uma personalidade antissocial, pois a relação com o pai e a mãe determina todas as relações para o resto da vida. Há ainda outra relação que desempenha um papel essencial. Trata-se da relação com os irmãos e as irmãs; toda análise mostra que qualquer criança tem enorme ciúme dos irmãos e das irmãs mais novos, assim como dos mais velhos. Até mesmo a criança bem pequena, que aparentemente não sabe nada sobre o nascimento, tem certo conhecimento *inconsciente* do fato de que os bebês crescem na barriga das mães. Por causa de seu ciúme, a criança dirige forte ódio ao bebê na barriga da mãe. Surgem então desejos de mutilar o útero da mãe e desfigurar o bebê que se encontra lá dentro, mordendo-o e retalhando-o – fantasias típicas da criança durante a gestação de um irmão mais novo.

Desejos sádicos também são voltados contra o bebê recém-nascido. Além disso, esses desejos também são dirigidos contra irmãos mais velhos, pois a criança sente-se ignorada em comparação a eles, mesmo quando isso não ocorre na realidade. No entanto, sentimentos de ódio e ciúme também dão à criança um forte sentimento de culpa, que pode influenciar a relação com os irmãos e as irmãs para sempre. O pequeno Gerald, por exemplo, possuía um boneco do qual cuidava com muito carinho e no qual muitas vezes fazia curativos. Este representava seu irmão mais novo, que, segundo seu rigoroso superego, o menino tinha mutilado e castrado quando o bebê ainda se encontrava no útero da mãe.

Em todas essas situações, sempre que seus sentimentos são negativos, a criança reage com toda a força e intensidade do ódio que caracteriza os estágios sádicos iniciais do desenvolvimento. Contudo, uma vez que os objetos que odeia são os mesmos que ama, os conflitos resultantes logo se tornam um fardo insuportável para seu ego fraco; a única saída é a fuga através da repressão. Assim, toda essa situação de conflito, que nunca é resolvida, permanece ativa na mente inconsciente. Apesar de a psicologia e a pedagogia terem sempre defendido o ponto de vista de que a criança é um ser feliz e sem nenhum conflito, chegando à conclusão de que os sofrimentos do adulto são consequência dos encargos e dificuldades da realidade, deve-se dizer que *na verdade acontece o oposto*. O que aprendemos sobre a criança e o adulto por meio da psicanálise mostra que todos os sofrimentos posteriores da vida são em parte uma repetição desses sofrimentos iniciais, e que toda criança passa por um padecimento incalculável nos primeiros anos de vida.

Não se pode negar que as aparências se opõem a afirmações desse tipo. Mesmo que numa observação mais atenta possamos perceber sinais de dificuldades, a criança dá a impressão de superá-las com certa facilidade. A diferença entre as aparências e a verdadeira situação psíquica será explicada mais adiante, quando lidarmos com os diversos recursos empregados pela criança para superar suas dificuldades.

É preciso retornar ao ponto onde falei dos sentimentos negativos da criança. Eles se dirigem não só ao genitor do *mesmo* sexo, mas também aos irmãos e às irmãs. No entanto, como já mencionei, a situação se complica pelo fato de sentimentos negativos também se voltarem contra o genitor do sexo oposto, em parte por causa da frustração que este impõe, em parte porque ao tentar fugir do conflito a criança se afasta de seu objeto de amor, transformando o amor em aversão. Mas a situação se torna ainda mais complicada pelo fato de as tendências amorosas da criança serem tingidas por teorias sexuais e fantasias típicas dos estágios pré-genitais, assim como seus sentimentos negativos. Descobriu-se muito a respeito das teorias sexuais infantis por meio da análise de adultos; contudo, o analista que lida com *as próprias crianças* se depara com uma variedade impressionante de teorias sexuais. Falarei rapidamente da maneira como esse material é obtido da criança. Quando observamos o brincar da criança sob o ponto de vista psicanalítico e empregamos técnicas especiais para reduzir sua inibição, podemos trazer à tona essas fantasias e teorias, descobrir as experiências vividas pela criança, assim como ver todos os seus impulsos e as suas faculdades de crítica e reação em funcionamento. Essa técnica não é fácil: ela exige uma atitude especial em relação à criança e uma grande identificação com suas fantasias. No entanto, ela é extremamente produtiva, dando-nos acesso a profundidades do inconsciente que surpreenderiam até mesmo o analista de adultos. Ao interpretar para a criança o que seu brincar, seus desenhos e todo seu comportamento significa, o analista resolve gradualmente as repressões contra as fantasias por trás do brincar, liberando-as. Pequenos bonecos, homens, mulheres, animais, carros, trens, e assim por diante, permitem à criança representar várias pessoas: a mãe, o pai, os irmãos e as irmãs. Com os brinquedos, ela consegue representar seu material inconsciente mais reprimido. Não é possível discutir neste artigo os detalhes de minha técnica. Devo limitar-me a dizer que obtenho esse material por meio das mais diversas representações, e numa tal variedade que é impossível enganar-me a respeito de seu significado – o que é confirmado pelo efeito liberador e solucionador dessas interpretações. As tendências de juízo e de reação primitivas se tornam evidentes. Se, em um de seus jogos, a criança mostra um homem pequeno que luta contra outro maior e consegue vencê-lo, é comum o homem maior ser colocado numa carroça depois de morto e ser levado para um açougueiro que o corta em pedaços e o cozinha. O pequeno homem come a carne com prazer, chegando a convidar para o banquete uma senhora que às vezes representa a mãe. Ela aceita o pequeno assassino em lugar do pai morto. A situação, é claro, pode ser bem diferente. A fixação homossexual pode ocupar o primeiro plano e então vemos, por exemplo, a mãe ser cozinhada e devorada numa refeição compartilhada pelos dois irmãos. Como já mencionei, uma variedade incalculável de fantasias se manifesta, podendo diferir no caso da mesma criança ao longo dos diversos estágios da análise. A manifestação dessas tendências primitivas, entretanto, é sempre seguida de ansiedade e de atos que mostram como a criança procura oferecer compensação e reparar os danos que cometeu. Às vezes, ela tenta consertar os mesmos homens, trens e outros objetos que acabou de quebrar. Os atos de desenhar, construir, e assim por diante, também podem expressar as mesmas tendências reativas.

Quero deixar algo bem claro. Os jogos que descrevi, através dos quais a criança me fornece o material examinado por mim, são muito diferentes dos jogos que costumamos ver a criança brincar. Isso pode ser explicado da seguinte maneira: o analista obtém seu material de forma muito específica. Sua atitude diante dos jogos e associações da criança está livre de qualquer julgamento moral e ético. De fato, essa é uma das maneiras pelas quais é possível estabelecer uma transferência e iniciar a análise. Desse modo, a criança mostra ao analista aquilo que jamais revelaria à mãe ou à babá. E com razão: ficariam muito chocadas ao detectar justamente as tendências agressivas ou associais que a educação tem por objetivo eliminar. Além disso, é justamente o trabalho analítico que resolve as repressões e, assim, provoca as manifestações do inconsciente. Isso só se consegue lentamente, passo a passo: alguns dos jogos que mencionei só ocorreram quando a análise já estava em andamento há algum tempo, e não no início. É preciso acrescentar, porém, que os jogos das crianças, mesmo fora da análise, são muito reveladores e fornecem indícios de vários impulsos discutidos aqui. No entanto, é preciso um observador treinado, um bom conhecimento do simbolismo e o domínio dos métodos psicanalíticos para compreendê-los.

As teorias sexuais formam a base da maioria das fixações sádicas e primitivas. Freud nos ensinou que a criança obtém certo saber inconsciente, aparentemente de forma filogenética. Isso inclui o conhecimento sobre a relação sexual entre os pais, o nascimento das crianças etc.; contudo, trata-se apenas de um saber vago e confuso. Devido ao estágio sádico-oral e sádico-anal pelo qual está passando, a criança entende a relação sexual como uma ação em que comer, cozinhar, trocar as fezes e atos sádicos de todos os tipos (bater, cortar, e assim por diante) desempenham o papel mais importante. Gostaria de enfatizar o fato de *como a conexão entre essas fantasias e a sexualidade se torna importante num estágio posterior da vida*. Todas essas fantasias terão então aparentemente desaparecido, mas seu efeito inconsciente tem uma grande importância na frigidez, na impotência e em outros distúrbios sexuais. Isso salta à vista nas crianças pequenas que são analisadas. O pequeno menino que já demonstrou seus desejos a respeito da mãe, apresentando a esse respeito fantasias extremamente sádicas, tenta fugir escolhendo a imago do pai em vez do objeto materno; mais tarde, ele também se afastará da imago do pai, caso suas fantasias sádico-orais também estejam associadas a esse novo objeto de amor. Aqui vemos os alicerces de todas as perversões, cuja origem Freud descobriu no desenvolvimento inicial da criança. Fantasias em que o pai, ou o próprio menino, estraçalha a mãe, espancando-a, arranhando-a, cortando-a em pedaços, são exemplos de uma concepção infantil da relação sexual. Irei me referir aqui ao fato de que fantasias desse tipo realmente são postas em prática por criminosos: basta lembrar o caso de Jack, o Estripador. Na relação homossexual, essas fantasias envolvem castrar o pai, cortando ou arrancando-lhe o pênis com uma mordida, além de atos violentos de todos os tipos. O nascimento muitas vezes está ligado a fantasias de cortar o corpo em lugares diferentes e tirar de lá os bebês. Esses são apenas alguns exemplos da grande variedade de fantasias sexuais que podem ser encontradas *em toda criança normal* – ponto que faço questão de deixar bem claro. Posso afirmar isso com certeza, pois tive a sorte de receber várias crianças normais para análise, por motivos de profilaxia. Esse aspecto repulsivo da vida de fantasia da criança se modifica completamente quando nos familiarizamos com as profundezas de sua mente. A criança é totalmente dominada por seus impulsos, que, no entanto, podemos encarar como o fundamento de todas as suas tendências criativas mais atraentes e importantes do ponto de vista social. Devo dizer que a maneira como até mesmo uma criança bem pequena luta contra suas tendências antissociais é tocante e impressionante. Logo depois de testemunharmos os impulsos mais sádicos, nós nos deparamos com mostras de uma enorme capacidade de amar e com o desejo de fazer todos os sacrifícios possíveis para ser amada. Não podemos aplicar nenhum padrão ético a esses impulsos; temos que aceitar sua existência a princípio, sem nenhuma crítica, e ajudar a criança a lidar com eles; desse modo, diminuímos seu sofrimento, além de reforçarmos suas capacidades e seu equilíbrio mental, realizando assim um trabalho de grande importância social. É impressionante ver na análise como essas tendências destrutivas podem ser empregadas na sublimação quando as fixações são resolvidas – como as fantasias podem ser liberadas para um trabalho artístico e construtivo. Isso é obtido por meios puramente analíticos, e não de conselhos e encorajamentos dados à criança. De acordo com minha experiência, essa segunda alternativa, que é a da pedagogia, não pode se fundir ao trabalho analítico na figura do analista; contudo, a análise prepara o terreno para um trabalho pedagógico muito frutífero.

Numa comunicação apresentada há alguns anos diante da Sociedade Psicanalítica de Berlim, apontei para a analogia entre alguns crimes terríveis cometidos recentemente e fantasias semelhantes que eu encontrara na análise de crianças pequenas. Um dos casos era na verdade uma combinação de crime e perversão. Agindo de forma extremamente habilidosa – o que lhe permitiu ficar muito tempo sem ser descoberto –, um homem foi capaz de realizar os atos a seguir com um grande número de pessoas: o criminoso em questão, cujo nome era Harmann, criava intimidade com jovens, que primeiro utilizava para suas tendências homossexuais, depois cortava-lhes a cabeça, queimava ou jogava fora as outras partes do corpo de alguma maneira, e ainda vendia suas roupas. Outro caso terrível foi o de um homem que matou várias pessoas, utilizando partes de seus corpos para fabricar salsichas. As fantasias análogas em crianças que mencionei anteriormente tinham em todos os detalhes as mesmas características desses crimes. As pessoas contra as quais se dirigiam eram, por exemplo, o pai e o irmão de um menino entre quatro e cinco anos, aos quais este estava ligado por forte fixação sexual. Depois de expressar o desejo da masturbação mútua e de outras ações, ele cortou a cabeça de um bonequinho e vendeu o corpo para um açougueiro de faz de conta, que deveria trocá-lo por comida. O menino guardou a cabeça, que queria comer sozinho, pois aquele era o melhor pedaço. No entanto, ele também se apropriou dos pertences da vítima.

Discutirei esse caso em particular de forma mais extensa, pois creio que será mais elucidativo fornecer mais detalhes sobre um único caso do que citar novos exemplos. Quando esse pequeno menino, Peter, começou a fazer análise comigo, ele era uma criança extremamente inibida e apreensiva, muito difícil de se educar e totalmente incapaz de brincar; tudo o que conseguia fazer com seus brinquedos era quebrá-los. Sua inibição para brincar e sua ansiedade estavam intimamente ligadas a suas fixações sádico-orais e sádico-anais. Como fantasias são a verdadeira força motriz do brincar, ele não podia fazer isso, pois elas eram cruéis e tinham que permanecer reprimidas. Com medo daquilo que inconscientemente desejava fazer, ele sempre esperava que fizessem as mesmas coisas com ele. Os anseios sádicos ligados ao desejo pela mãe fizeram o menino se afastar dela e os dois passaram a ter uma relação bastante ruim. Sua libido então foi desviada para o pai, mas como Peter também tinha muito medo dele, a única relação de verdade que pôde manter foi com o irmão mais novo. Esta, evidentemente, também tinha um caráter muito ambivalente. A maneira como esse menino sempre esperava algum tipo de punição talvez possa ser demonstrada com mais clareza no exemplo a seguir: uma vez fez uma brincadeira com dois bonequinhos, representando ele e o irmão mais novo, em que esperavam ser punidos por terem aprontado com a mãe; ela chega, vê que os dois estão sujos, pune-os e vai embora. As duas crianças repetem mais uma vez seus atos sujos, são novamente punidas, e assim por diante. Finalmente, o medo da punição se torna tão forte que ambas resolvem matar a mãe e o menino executa uma bonequinha. Os dois então cortam e comem o corpo. Mas o pai aparece para ajudar a mãe e também é morto de forma extremamente cruel; seu corpo também é cortado e devorado. Agora as duas crianças parecem ficar felizes. Podem fazer o que quiserem. Pouco depois, porém, a ansiedade se manifesta novamente: os pais assassinados voltaram e estão vivos mais uma vez. Quando a ansiedade surgiu, o menino tinha escondido os dois bonecos embaixo do sofá para que os pais não os encontrassem. Então acontece o que ele chama de "ficar educado". Pai e mãe encontram os bonecos; o pai corta fora a cabeça *do menino* e a mãe a do irmão, e agora é a vez de eles serem cozinhados e comidos.

É um traço típico – e eu gostaria de chamar atenção para esse fato – que depois de pouco tempo os maus atos são repetidos novamente, talvez até em ações diferentes; a agressão contra os pais é retomada e as crianças são punidas outra vez. O mecanismo que se expressa nesse círculo receberá a nossa atenção mais tarde.

Gostaria apenas de dar algumas palavras sobre o resultado desse caso. Apesar de a criança ter sido obrigada a passar por experiências bastante dolorosas durante o período de análise, pois seus pais se separaram naquela época e ambos se casaram novamente em circunstâncias difíceis, sua neurose foi totalmente resolvida com o tratamento. O menino perdeu a ansiedade e a inibição de brincar, passou a ter um bom desempenho na escola e tornou-se socialmente bem adaptado e feliz.

Talvez seja levantada a seguinte questão: se o título do meu artigo promete tratar das crianças normais, por que discuti com tamanhos detalhes o caso de uma criança que obviamente sofre de neurose obsessiva? Como já mencionei diversas vezes, o mesmo material pode ser encontrado em crianças normais. A única diferença é que o neurótico mostra com mais clareza aquilo que aparece com menos intensidade na criança normal. Esse é um elemento importante para explicar o problema de como os mesmos traços psíquicos fundamentais podem provocar resultados tão diferentes. No caso do pequeno Peter, a intensidade da fixação sádico-oral e sádico-anal era tão grande que todo seu desenvolvimento foi dominado por ela. Certas experiências também agiram como um fator determinante para provocar sua neurose obsessiva. A criança passou por uma transformação impressionante com cerca de dois anos. Os pais a mencionaram sem conseguir explicá-la. Naquela época, o menino sofreu uma recaída no hábito de se sujar, parou de brincar, começou a quebrar seus brinquedos e se tornou difícil de controlar.

A análise revelou que no verão em que ocorreram as mudanças a criança dormiu no quarto dos pais e testemunhou a relação sexual entre os dois. A impressão que recebeu foi a de um ato extremamente oral e sádico, o que reforçou suas fixações. Nessa época, já tinha atingido até certo ponto o estágio genital, mas essa impressão o fez regredir aos estágios pré-genitais. Assim, todo seu desenvolvimento sexual permaneceu sob o domínio desses estágios. O nascimento de um irmão mais novo seis meses depois intensificou ainda mais seus conflitos, assim como sua neurose. Mas há ainda outro fator, que é da maior importância para o desenvolvimento da neurose obsessiva em geral e neste caso em particular. Trata-se do sentimento de culpa gerado pelo superego. Desde uma idade muito inicial, Peter possuía um superego tão sádico quanto suas próprias tendências. A intensidade dessa luta, insuportável para seu ego fraco, levou a uma repressão muito forte. Há ainda outro fator importante: há crianças que não suportam muita ansiedade ou sentimento de culpa. Esse menino suportava muito pouco; a disputa entre impulsos sádicos e um superego igualmente sádico, que o ameaçava com os mesmos atos a título de punição, era um fardo terrível para ele. No inconsciente, funciona o preceito bíblico do "olho por olho". Isso explica por que encontramos nas crianças ideias tão fantásticas sobre *aquilo que os pais podem fazer com elas*: matá-las, cozinhá-las, castrá-las, e assim por diante.

Como sabemos, os pais são a fonte do superego, na medida em que suas ordens, proibições etc. são absorvidas pela criança. No entanto, esse superego não é idêntico aos pais; em parte, ele é formado pelas próprias fantasias sádicas da criança. Essas fortes repressões, contudo, apenas estabilizam a luta, sem jamais lhe dar um fim. Além disso, ao bloquear as fantasias, a repressão torna impossível à criança submetê-las à ab-reação através do brincar nem permite que elas sejam empregadas na sublimação. Assim, todo o peso dessas fixações permanece fechado num círculo interminável. Trata-se de fato de um círculo, pois a repressão não dá fim a esse processo. O sentimento de culpa, que também é reprimido, não se torna mais leve; desse modo, a criança repete diversas vezes determinadas ações, que exprimem ao mesmo tempo seus desejos e a vontade de ser punida. O desejo de punição, que é um fator determinante nos casos em que a criança repete constantemente seu mau comportamento, encontra seu análogo nas infrações repetidas pelo criminoso, como mostrarei mais adiante neste artigo. Lembremos mais uma vez aquilo que o pequeno Peter fez no jogo em que representou a si mesmo e ao irmão como bonecos: eles aprontavam e eram punidos, matavam os pais e depois os pais os matavam, e tudo começava novamente. Vemos aqui uma compulsão à repetição derivada de várias causas, mas muito influenciada pelo sentimento de culpa que exige uma punição. Aqui já podemos perceber algumas diferenças entre criança normal e neurótica: a intensidade das fixações, a maneira e a época em que essas fixações se ligam às experiências, a severidade e o tipo de desenvolvimento do superego, que também depende de causas internas e externas, e, finalmente, a capacidade da criança para suportar a ansiedade e o conflito são alguns dos fatores mais importantes que determinam se haverá um desenvolvimento normal ou neurótico.

A criança normal, assim como a anormal, usa a repressão para lidar com seus conflitos, mas como estes são menos intensos, o círculo não é tão forte. Há ainda outros mecanismos que são empregados tanto pelas crianças normais quanto pelas neuróticas, e mais uma vez é a questão do grau que determinará a diferença entre as duas: um deles é a fuga da realidade. Muito mais do que aparenta na superfície, a criança ressente os desgostos da realidade e tenta *adaptá-la a suas fantasias*, ao invés de *adaptar suas fantasias à realidade*. Aqui temos a resposta da questão que coloquei anteriormente, ou seja, a de como é possível que as crianças não deem grandes mostras externas de seu sofrimento interno. Vemos que a criança muitas vezes se consola com facilidade depois de chorar amargamente; às vezes a vemos se divertir com as coisas mais insignificantes e concluímos que está feliz. Ela pode fazer isso porque possui um refúgio que é mais ou menos negado ao adulto: trata-se da fuga da realidade. Aqueles que conhecem a vida do brincar infantil sabem que ela diz respeito apenas aos desejos e à vida de impulsos da criança, que os representa e realiza por meio de suas fantasias. Da realidade, à qual parece estar mais bem ou mal adaptada, a criança toma apenas aquilo que é absolutamente essencial. Assim, podemos observar o surgimento de várias dificuldades nos períodos da vida da criança em que as exigências da realidade se tornam mais fortes – quando começa a escola, por exemplo.

Já indiquei que esse mecanismo, a fuga da realidade, pode ser encontrado em todo tipo de desenvolvimento e que a diferença é principalmente uma questão de gradação. Quando alguns dos fatores que apontei como determinantes no desenvolvimento da neurose obsessiva estão presentes, assim como outros fatores especiais, podemos observar que essa fuga da realidade se torna dominante, abrindo caminho para uma psicose. Às vezes podemos perceber esses fatores numa criança que, à primeira vista, dá a impressão de ser normal, apresentando apenas uma vida de fantasia e uma capacidade de brincar muito intensas. O mecanismo de fugir da realidade e voltar à fantasia está ligado a outro tipo de reação muito comum na criança: sua capacidade de se consolar constantemente pela frustração de seus desejos, provando a si mesma através de seu brincar e de sua imaginação que tudo está e sempre estará bem. Essa atitude dá facilmente aos adultos a impressão de que a criança está bem mais feliz do que é na verdade.

Voltemos ao pequeno Gerald. Sua alegria e vivacidade tinham em parte o propósito de esconder de si mesmo e dos outros sua ansiedade e infelicidade. Essa situação se modificou muito ao longo da análise, que ajudou o menino a se livrar da ansiedade e a trocar seu contentamento parcialmente artificial por outro mais bem fundamentado. É nesse aspecto que a análise de crianças normais se torna mais oportuna. Não existe *nenhuma* criança que não tenha suas dificuldades, medos e sentimento de culpa. Mesmo quando estes parecem sem importância, causam um sofrimento bem maior do que aparentam, além de serem uma indicação inicial de distúrbios mais fortes num estágio mais avançado da vida.

Observei que no caso de Peter o sentimento de culpa desempenha um papel importante na compulsão de repetir constantemente atos proibidos, apesar de esses atos assumirem um caráter diferente ao longo do tempo. Podemos encarar como regra o fato de que toda criança "malcomportada" é influenciada pelo desejo de ser punida. Eu gostaria de citar Nietzsche e lembrar aquilo que ele chamava de "pálido criminoso"; ele estava bastante familiarizado com o criminoso impelido por seu sentimento de culpa. Aqui chegamos à parte mais complicada do meu artigo: o problema do tipo de desenvolvimento que essas fixações terão que sofrer para criar um criminoso. Essa é uma questão difícil de resolver, pois a psicanálise ainda não estudou muito esse problema específico. Infelizmente, não tenho uma grande experiência a que recorrer nesse campo tão importante e interessante. No entanto, certos casos que se aproximam do tipo criminoso me deram alguma ideia da maneira como se dá esse desenvolvimento. Citarei um exemplo que me parece muito revelador. Um menino de doze anos que ia ser enviado para um reformatório foi trazido a mim para ser analisado. Suas delinquências consistiam em arrombar o armário da escola e uma tendência geral de roubar – mas principalmente quebrar – objetos, além de atacar sexualmente as meninas. Não possuía nenhuma relação que não tivesse caráter destrutivo; suas amizades com outros meninos geralmente também serviam a esse propósito. Não tinha nenhum interesse em particular e parecia indiferente a todo tipo de punição e recompensa. A inteligência dessa criança estava muito abaixo do normal, mas isso não foi impedimento para a análise, que estava correndo muito bem e prometia bons resultados. Depois de algumas semanas, me informaram que a criança estava passando por uma mudança favorável. Infelizmente, dois meses depois de iniciar a análise, fui obrigada a interromper o tratamento durante um longo período de tempo por motivos pessoais. Nesses dois meses, o menino deveria ter vindo ao consultório três vezes por semana, mas só pude vê-lo catorze vezes, pois sua mãe adotiva fazia o máximo possível para mantê-lo afastado de mim. Mesmo assim, ele não cometeu nenhum ato de delinquência durante essa análise tão conturbada, mas sofreu uma recaída durante o período do intervalo. Foi imediatamente enviado para o reformatório e todas as minhas tentativas de trazê-lo de volta para a análise depois do meu retorno fracassaram. Diante dessa situação, não tenho a menor dúvida de que ele enveredou por uma carreira criminosa.

Apresentarei agora um breve resumo das causas desse desenvolvimento do menino, a partir daquilo que pude descobrir durante a análise. Ele cresceu nas piores condições possíveis. A irmã mais velha forçou ele e um irmão mais novo a realizarem atos sexuais numa idade muito precoce. O pai morreu durante a guerra, a mãe ficou doente, a irmã dominava a família inteira; toda a situação se encontrava num estado lastimável. Quando a mãe morreu, o menino foi entregue aos cuidados de diversas mães adotivas e seu estado foi de mal a pior. O elemento fundamental de seu desenvolvimento parecia ser o medo e o ódio da irmã. Ele odiava a irmã, que representava o princípio do mal, não só por causa dessa relação sexual, mas também porque ela o maltratava, foi cruel com a mãe agonizante, e assim por diante. No entanto, estava ligado a ela por uma fixação dominadora que parecia estar calcada apenas no medo e na ansiedade. Mas ainda havia causas mais profundas para sua delinquência. Ao longo de toda sua infância, o menino dormiu no quarto dos pais e teve uma impressão extremamente sádica de suas relações sexuais. Como indiquei antes, essa experiência reforçou seu sadismo. O desejo de ter relações sexuais com o pai e a mãe permaneceu sob o domínio de suas fixações sádicas e estava associado à grande ansiedade. A brutalidade da irmã, sob essas circunstâncias, tomava o lugar do pai violento em seu inconsciente e, alternadamente, o da mãe. Em ambos os casos, ele esperava apenas castração e punição, e mais uma vez o castigo correspondia ao seu superego extremamente sádico e primitivo. Era óbvio que repetia com as pequenas meninas os ataques que ele próprio havia sofrido, mudando a situação apenas no sentido de que agora era ele o agressor. O arrombamento dos armários e o roubo de diversos artigos, assim como suas outras tendências destrutivas, tinham as mesmas causas inconscientes e significados simbólicos de seus ataques sexuais. O menino, sentindo-se esmagado e castrado, tinha que mudar a situação, provando a si mesmo que também podia ser o *agressor*. Um motivo importante para essas tendências destrutivas era provar a si mesmo que *ainda era um homem*, além de ab-reagir ao ódio pela irmã em outros objetos.

Contudo, não deixava de ser seu sentimento de culpa que o fazia repetir continuamente atos que seriam punidos por um pai ou uma mãe cruel, ou mesmo ambos. A aparente indiferença diante do castigo e a aparente ausência do medo eram totalmente enganosas. O menino vivia dominado pelo medo e pelo sentimento de culpa. Resta saber em que pontos seu desenvolvimento diferia do caso da criança neurótica que descrevi antes. Posso oferecer apenas algumas sugestões. É possível que, pela experiência com a irmã, seu superego cruel e primitivo tenha se fixado no estágio de desenvolvimento que tinha atingido na época; no entanto, ele permaneceu ligado a essa experiência e lidava constantemente com ela. Desse modo, o menino não podia deixar de ser mais dominado pela ansiedade do que o pequeno Peter. Em relação a isso, uma repressão ainda mais poderosa fechou todas as saídas para a fantasia e a sublimação, de modo que não restava nenhuma alternativa a não ser repetir o desejo e o medo continuamente *nos mesmos atos*. Ao contrário da criança neurótica, ele realmente teve a experiência de um superego esmagador, que a outra criança tinha desenvolvido apenas a partir de causas internas. O mesmo aconteceu com seu ódio, que em consequência de sua experiência *real* expressava-se por meio de atos destrutivos.

Já observei acima que nesse caso, e provavelmente em outros casos do mesmo tipo, o bloqueio das fantasias causado por uma repressão inicial muito forte impediu que o menino elaborasse suas fixações de outras maneiras e por outros meios, ou seja, através da sublimação. Também encontramos fixações sádicas e agressivas dos tipos mais variados participando de sublimações. Gostaria de apontar para um meio pelo qual boa parte da agressividade e do sadismo pode ser elaborada, inclusive fisicamente: o esporte. Desse modo, é possível realizar ataques contra o objeto de ódio numa forma permitida pela sociedade; ao mesmo tempo, o esporte serve como supercompensação para a ansiedade, pois prova ao indivíduo que ele não sucumbirá ao agressor.

No caso do pequeno criminoso, é interessante ver qual sublimação ocorreu quando a repressão foi enfraquecida pela análise. O menino, que tinha apenas o interesse destrutivo de quebrar e estragar as coisas, passou a demonstrar um novo interesse na construção de elevadores e todo tipo de trabalho de serralheiro. Presume-se que essa teria sido uma boa maneira de sublimar suas tendências agressivas e que a análise poderia tê-lo tornado um bom serralheiro, ao invés de um criminoso, como seria de se esperar agora.

Creio que uma das principais causas da diferença de desenvolvimento entre esse menino e a criança neurótica é a ansiedade mais acentuada provocada pela experiência traumática com a irmã. Vejo efeitos dessa ansiedade exagerada em várias direções. O medo mais forte causou uma repressão maior, num estágio em que a via para a sublimação ainda não estava aberta, bloqueando qualquer outra saída e eliminando a possibilidade de elaboração. Além disso, o medo exacerbado aumentou a crueldade do superego, fixando-o nesse ponto por meio dessa experiência.

Gostaria de apontar para outro efeito desse aumento da ansiedade, mas para explicá-lo terei que fazer uma rápida digressão. Quando falei das diferentes possibilidades de desenvolvimento baseadas nos mesmos elementos, mencionei o indivíduo normal, o neurótico obsessivo, o psicótico e tentei me aproximar do criminoso. Não disse nada a respeito do pervertido.

Sabemos que Freud chamava a neurose o negativo da perversão. Hanns Sachs fez uma colaboração importante para a psicologia das perversões, chegando à conclusão de que não é verdade que o pervertido se permita, por falta de consciência, àquilo que o neurótico reprime como consequência de suas inibições. Ele descobriu que a consciência do pervertido não é menos severa, mas sim que ela simplesmente funciona de outra maneira. Ela permite que algumas das tendências proibidas sejam mantidas, para fugir de outras que o superego considera ainda mais censuráveis. O que ele rejeita são desejos ligados ao complexo de Édipo, e aquilo que parece uma ausência de inibição no pervertido, na verdade, é o efeito de um superego tão rigoroso quanto qualquer outro, mas que funciona de forma diferente.

Cheguei a uma conclusão semelhante a respeito do criminoso há alguns anos no relatório citado no início deste artigo, no qual dei detalhes sobre a analogia entre atos criminosos e fantasias infantis.

No caso da criança que descrevi – assim como em outros casos menos acentuados, mas igualmente instrutivos – descobri que a tendência criminosa não se devia a um superego menos rigoroso, mas a um superego que trabalhava em outra direção. É justamente a ansiedade e o sentimento de culpa que empurram o criminoso para a delinquência. Ao cometer seus crimes, ele também tenta fugir da situação edipiana. No caso do meu pequeno criminoso, o arrombamento dos armários e o ataque às meninas eram substitutos do ataque à mãe.

Essas opiniões devem, é claro, ser examinadas com mais cuidado e mais bem elaboradas. Na minha opinião, tudo parece indicar que não é a ausência do superego, mas seu desenvolvimento em outras linhas – provavelmente sua fixação numa idade muito precoce – que seria o fator principal nesse caso.

Se essas suposições estiverem corretas, abrem-se diante de nós prospectos de grande importância prática. Se não é uma deficiência do superego e da consciência, mas um desenvolvimento diferente desses elementos que causa a formação do criminoso, a análise deveria ser capaz de modificá-lo, da mesma maneira que consegue afastar a neurose. Assim como no caso das perversões e das psicoses, talvez seja impossível encontrar uma maneira de abordar o criminoso adulto. Contudo, no que diz respeito à análise durante a infância, a situação é bastante diferente. A criança não precisa ter motivos especiais para ser analisada; bastam medidas técnicas para estabelecer a transferência e manter a análise em andamento. *Não acredito na existência de uma criança com a qual seja impossível obter esse tipo de transferência, ou cuja capacidade de amar não possa ser trazida à tona.* No caso do meu pequeno criminoso, ele aparentemente não possuía a menor capacidade para amar, mas a análise mostrou que isso não era verdade. Ele tinha uma boa transferência comigo, boa o suficiente para tornar possível a análise, apesar de não ter motivos para continuá-la, pois nem a ideia de ser mandado para o reformatório lhe dava uma aversão especial. Além disso, a análise mostrou que esse menino embrutecido tinha um amor sincero e profundo pela mãe. A mãe morreu de câncer em circunstâncias terríveis e no final da doença estava muito definhada. A filha não gostava de chegar perto dela, então foi *ele* quem cuidou da mãe. Quando ela morreu, a família começou a ir embora. Não conseguiram encontrá-lo durante algum tempo: ele tinha se trancado com a mãe morta dentro do quarto.

Pode-se objetar que durante a infância as tendências ainda não estão bem definidas, de modo que muitas vezes talvez não sejamos capazes de perceber quando a criança está em vias de se tornar um criminoso. Isso sem dúvida é verdade, mas é justamente essa afirmação que me leva aos meus comentários finais. Não se pode negar que é difícil saber se as tendências da criança darão num indivíduo normal, neurótico, psicótico, pervertido ou criminoso. Mas justamente porque não sabemos é preciso tentar descobrir. A psicanálise nos oferece os meios para fazer isso. E ainda faz mais: ela não só pode calcular o desenvolvimento futuro da criança, mas também pode modificá-lo, dirigindo-o para canais mais adequados.

1928
Estágios iniciais do conflito edipiano

Este é um dos artigos mais importantes de Melanie Klein. Há alguns anos ela já defendia a opinião de que o complexo de Édipo tinha início antes do que Sigmund Freud imaginava; em "Análise precoce" (1923), sugere que ele começa quando a criança está entre dois e três anos; numa nota de rodapé de "Os princípios psicológicos da análise precoce" (1926), dá a entender que na verdade ele começaria bem mais cedo – no primeiro ano de vida, durante o desmame, apresentando explicitamente esse conceito em "Simpósio sobre a análise de crianças" (1927). No entanto, as descobertas que fez a partir da análise de crianças pequenas vão além da simples datação desse complexo num período anterior; neste artigo relativamente curto, ela apresenta o equivalente de uma nova concepção do complexo de Édipo.

Em seu conceito, o complexo de Édipo tem início no período de desmame, numa situação confusa e instável de impulsos misturados. Apesar da emergência de sentimentos genitais, os impulsos sádico-orais e sádico-anais mantêm sua predominância no princípio; os impulsos genitais só passam a dominar a cena mais tarde, quando a criança atinge a situação edipiana clássica descrita por Freud. O complexo de Édipo positivo interage intimamente com o invertido, e tanto o mundo interior da criança quanto o exterior estão envolvidos nesse processo. Além disso, o fato de o complexo de Édipo começar tão cedo significa que isso ocorre quando o ego ainda não está muito desenvolvido e, de acordo com as novas pesquisas de Melanie Klein sobre o superego, se vê na presença de um superego primitivo extremamente severo. Esses dois fatos trazem consequências importantes. O bebê é exposto a uma avalanche de impulsos sádicos e sexuais contraditórios, aliados a uma forte curiosidade sexual, quando ainda não consegue compreender as coisas nem se expressar; Melanie Klein chama a atenção para a dor, o ódio e a ansiedade relacionados a essa situação, assim como para suas consequências no desenvolvimento sexual e epistemofílico. Além disso, a presença do superego significa que a culpa a respeito dos impulsos pré-genitais não é deslocada para trás a partir de um ego formado no nível genital, mas vem diretamente do severo superego primitivo.

Melanie Klein também acredita que a consciência arcaica do bebê a respeito do corpo da mãe e de seu conteúdo é de particular importância. Isso se aplica, em seu conceito, à fase de feminilidade. Apesar de não a ligar a suas ideias posteriores, a fase de feminilidade não perdeu sua importância a seus olhos; os aspectos de inveja e apropriação dessa relação com a mãe também foram estudados em "Inveja e gratidão" (1957), e o conceito posterior de identificação projetiva parece ser o mecanismo por trás da fase de feminilidade.

Neste artigo, Melanie Klein acompanha identificações sucessivas no início das relações edipianas num relato que apresenta ligações com as discussões de Freud em *O Eu e o Id*, mas num nível mais inicial. Ela descreve o desenvolvimento sexual do menino e da menina, e, apesar de não concordar com Freud a respeito da principal ansiedade nos dois sexos, vê seu trabalho como uma expansão das novas ideias de Freud sobre a ansiedade em *Inibição, sintoma e angústia*.[1] No ano seguinte, em "Situações de ansiedade infantil refletidas em uma obra de arte e no impulso criativo" (1929), ela dá exemplos das situações de ansiedade básicas descritas neste artigo. Em seu conceito, a ansiedade mais profunda de ambos os sexos vem de uma imago formada a partir de ataques contra o corpo da mãe: a imagem de uma mãe ameaçadora que possui um pênis hostil, a figura dos pais combinados, como ela viria a chamá-la mais tarde. Melanie Klein argumenta que a ansiedade de castração no menino deriva dessa ansiedade mais primária e que, no caso da menina, o medo da perda de amor é secundária ao medo de ter seu interior atacado por uma mãe hostil; também faz uma descrição da ansiedade de castração e da inveja do pênis na menina diferente daquela oferecida por Freud, e, apesar de falar da fase fálica num

---

1 Cf. Sigmund Freud, *Inibição, sintoma e angústia* [1926], in *Obras completas*, v. 17, trad. Paulo César de Souza. São Paulo: Companhia das Letras, 2014.

desejo manifesto de não criar divergências com Freud, não deixa de destacar a presença de uma consciência inicial da vagina.

Essas são as novas descobertas de Melanie Klein a respeito do complexo de Édipo. Não se pode esquecer de que nesse estágio de seu pensamento a ansiedade é um conceito genérico, não havendo ainda a distinção entre ansiedade persecutória e depressiva; mais importante do que isso, ela continua a se ater principalmente ao estudo do ódio. Melanie Klein muda de conceito a respeito de vários pontos em "O complexo de Édipo à luz das ansiedades arcaicas", escrito em 1945, quando já tinha estabelecido a distinção entre os dois tipos de ansiedade e atribuído ao impulso amoroso seu devido lugar ao lado do ódio. Essa e outras questões são examinadas na nota explicativa do artigo de 1945.

Durante minha experiência com a análise de crianças, principalmente aquelas entre três e seis anos, cheguei a diversas conclusões que apresentarei aqui de forma resumida.

Já me referi várias vezes à constatação de que o complexo de Édipo entra em ação mais cedo do que se costuma imaginar. No artigo "Os princípios psicológicos da análise precoce", examinei esse assunto em mais detalhes. A conclusão a que cheguei lá é que as tendências edipianas são liberadas como consequência da frustração sentida pela criança com o desmame, e que se manifestam no final do primeiro e início do segundo ano de vida; elas são reforçadas pelas frustrações anais sofridas durante o treinamento dos hábitos de higiene. O próximo elemento que influencia de forma determinante os processos mentais é a diferença anatômica entre os sexos.

O menino, quando se vê impelido a trocar a posição oral e anal pela genital, passa a ter o objetivo da *penetração* associado à posse do pênis. Assim, ele muda não só sua posição libidinal, mas também seu *objetivo*, o que permite manter o objeto de amor original. No caso da menina, porém, o objetivo *receptivo* passa da posição oral para a genital: ela muda sua posição libidinal, mas mantém o mesmo objetivo, que já levou à frustração em relação à mãe. Desse modo, a menina desenvolve a receptividade para o pênis e se volta para o pai como objeto de amor.

Desde o início, porém, os desejos edipianos ficam associados ao medo da castração e a sentimentos de culpa incipientes.

A análise de adultos, assim como a de crianças, já nos mostrou que os impulsos pulsionais pré-genitais carregam consigo um sentimento de culpa. Pensava-se de início que os sentimentos de culpa se desenvolviam mais tarde e eram deslocados para essas tendências, apesar de originalmente não estarem associados a elas. Sándor Ferenczi supõe que há uma "espécie de precursor fisiológico do superego" associado aos impulsos uretrais e anais, a que dá o nome de "moralidade esfincteriana".[2] Segundo Karl Abraham, a ansiedade aparece pela primeira vez no nível canibalesco, enquanto o sentimento de culpa surge na fase sádico-anal arcaica posterior.[3]

Minhas descobertas vão ainda mais longe. Elas mostram que o sentimento de culpa associado à fixação pré-genital já é efeito direto do conflito edipiano. Isso parece explicar de forma satisfatória a origem desse sentimento, pois sabemos que o sentimento de culpa na verdade é o resultado da introjeção (completa, ou – eu acrescentaria – ainda em andamento) dos objetos de amor edipianos: isto é, o sentimento de culpa é produto da formação do superego.

A análise de crianças pequenas revela que a estrutura do superego é montada a partir de identificações que datam de períodos e estratos muito diferentes da vida mental. Essas identificações têm caráter surpreendentemente contraditório: uma bondade excessiva pode conviver lado a lado com uma severidade desmedida. Podemos ver nelas, também, uma explicação para o rigor do superego, que se manifesta de forma muito nítida na análise desses bebês. Não parece claro que uma criança de quatro anos, por exemplo, deveria criar em sua mente uma imagem irreal e fantástica de pais que devoram, cortam e mordem. No entanto, é fácil explicar por que numa criança com cerca de *um ano* a ansiedade criada pelo início do conflito edipiano toma a forma do medo de ser devorada e destruída. A própria criança deseja destruir o objeto libidinal, mordendo-o, devorando-o e cortando-o em pedaços. Isso dá origem à ansiedade, pois o despertar das tendências edipianas é seguido pela introjeção do objeto, do qual agora se espera punição. A criança passa a temer um castigo que corresponda à ofensa: o superego se torna algo que morde, devora e corta.

A conexão entre formação do superego e fases pré-genitais do desenvolvimento é muito importante a partir de dois pontos de vista. Por um lado, o sentimento de culpa se prende às fases sádico-oral e sádico-anal, que ainda são as predominantes; por outro, o superego se forma quando essas fases ainda estão em ascendência, o que explica seu rigor sádico.

---

2 Sándor Ferenczi, "Psicanálise dos hábitos sexuais" [1925], in *Obras completas*, v. 3, trad. Álvaro Cabral. São Paulo: WMF Martins Fontes, 2011, p. 366.
3 Cf. Karl Abraham, "Psycho-Analytical Studies on Character Formation" [1921–25], in *Selected Papers on Psycho-Analysis*. London: Hogarth Press, 1927, p. 496.

Essas conclusões abrem uma nova perspectiva. Um ego ainda muito fraco só é capaz de se defender de um superego tão ameaçador por meio de forte repressão. Uma vez que as tendências edipianas de início se expressam sob a forma de impulsos orais e anais, a questão de quais fixações serão predominantes no desenvolvimento edipiano será resolvida, principalmente, pelo grau de repressão que ocorre nesse estágio inicial.

A conexão direta entre fase pré-genital do desenvolvimento e sentimento de culpa também é importante porque as frustrações orais e anais, que formam o protótipo de todas as frustrações posteriores para o resto da vida, ao mesmo tempo também significam *punição* e dão origem à ansiedade. Essa circunstância faz a frustração ser sentida de forma mais pungente e essa amargura colabora para a dificuldade de todas as frustrações posteriores.

Descobrimos que consequências importantes decorrem do fato de o ego ainda estar pouco desenvolvido quando é atacado pelo início das tendências edipianas e a incipiente curiosidade sexual relacionada a elas. O bebê, cujo intelecto ainda não está bem desenvolvido, é exposto a uma avalanche de problemas e indagações. Um dos grandes sofrimentos que encontramos no inconsciente é que essas perguntas esmagadoras – que parecem ser apenas parcialmente conscientes e, mesmo quando são conscientes, ainda não podem ser expressas em palavras – permanecem sem resposta. Outro problema vem colado a esse, e é o fato de a criança não entender as palavras. Assim, suas primeiras perguntas remontam a uma época em que ela não consegue compreender a fala.

Na análise, essas duas fontes de sofrimento dão origem a uma quantidade extraordinária de ódio. Sozinhas ou em conjunto, são a causa de diversas inibições do impulso epistemofílico: a incapacidade de aprender línguas estrangeiras e o ódio àqueles que falam outra língua, por exemplo. Também são responsáveis por distúrbios diretos da fala etc. A curiosidade que se manifesta com clareza mais tarde, geralmente no quarto ou quinto ano de vida, não é o início, mas sim o clímax e o encerramento dessa fase do desenvolvimento. Minhas descobertas indicam que isso se aplica ao conflito edipiano em geral.

A sensação inicial de *não saber* está ligada a vários elementos. Ela se une à sensação de ser incapaz, impotente, que logo resulta da situação edipiana. A criança também sente essa frustração de forma mais aguda porque *não possui um conhecimento* claro sobre os processos sexuais. Em ambos os sexos, o complexo de castração é acentuado por essa sensação de ignorância.

A conexão inicial entre impulso epistemofílico e sadismo é muito importante para todo o desenvolvimento mental. Essa pulsão, ativada pelo surgimento das tendências edipianas, volta-se de início principalmente para o corpo da mãe, visto como o palco de todos os processos e desenvolvimentos sexuais. Nesse ponto, a criança ainda está dominada pela posição libidinal sádico-anal, que a impele ao desejo de se *apropriar* do conteúdo do corpo. Ela então passa a sentir forte curiosidade sobre o conteúdo desse corpo, sua aparência etc. Assim, a pulsão epistemofílica e o desejo de posse do objeto estão intimamente ligados desde muito cedo e, ao mesmo tempo, associam-se ao sentimento de culpa criado pelo conflito edipiano incipiente. Essa conexão importantíssima dá início a uma fase de desenvolvimento que é essencial em ambos os sexos, mas que até agora não foi muito reconhecida. Trata-se de uma identificação muito inicial com a mãe.

O caminho percorrido por essa fase de "feminilidade" deve ser examinado separadamente nos meninos e nas meninas, mas antes de fazer isso gostaria de mostrar sua ligação com a fase anterior, que é comum a ambos os sexos.

No estágio sádico-anal arcaico, a criança sofre seu segundo trauma severo, que reforça a tendência de se afastar da mãe. Essa já havia frustrado seus desejos orais e agora interfere em seus prazeres anais. É como se nesse ponto as privações anais fundissem as tendências anais às tendências sádicas. A criança deseja tomar posse das fezes da mãe, penetrando em seu corpo, cortando-o em pedaços, devorando-o e destruindo-o. Sob a influência de seus impulsos genitais, o menino está começando a se voltar para a mãe como objeto de amor. Contudo, seus impulsos sádicos estão em pleno funcionamento e o ódio resultante das frustrações anteriores se opõe ferrenhamente a esse objeto de amor no nível genital. Um obstáculo ainda maior para seu amor é o medo de ser castrado pelo pai, que surge juntamente aos impulsos edipianos. O grau em que consegue atingir a posição genital depende em parte da capacidade de tolerar essa ansiedade. Aqui a intensidade das fixações sádico-orais e sádico-anais é fator muito importante. Ela afeta a quantidade de ódio que o menino sente pela mãe; isso, por sua vez, dificulta em maior ou menor grau que este assuma uma posição positiva em relação a ela. As fixações sádicas também exercem forte influência sobre a estruturação do superego, que está em processo de formação quando essas fases ainda estão em ascendência. Quanto mais cruel for o superego, mais aterrorizante será a figura do pai castrador e maior será a força com que a criança, tentando fugir de seus impulsos genitais, se prenderá aos níveis sádicos, a partir dos quais as tendências edipianas inicialmente tomam seu aspecto.

Nesses estágios iniciais, todas as posições do desenvolvimento edipiano são investidas numa rápida sucessão. Isso, porém, passa despercebido, pois o quadro ainda é dominado pelos impulsos pré-genitais. Além disso, não é possível estabelecer uma distinção clara entre atitude heterossexual ativa que se expressa no nível anal e estágio posterior de identificação com a mãe.

Agora chegamos àquela fase do desenvolvimento a que me referi antes com o nome de "fase de feminilidade". Ela está calcada no nível sádico-anal, ao qual empresta um novo conteúdo, pois as fezes passam a ser igualadas ao bebê que a criança espera ter. O desejo de roubar a mãe agora se aplica ao bebê, assim como às fezes. Aqui podemos perceber dois objetivos que se fundem um ao outro. Um é governado pelo desejo de ter filhos, e a intenção da criança é de apropriá-los; o outro objetivo é motivado pelo ciúme de futuros irmãos, cujo surgimento é esperado, e pelo desejo de destruí-los dentro da mãe. (Um terceiro objeto das tendências sádico-orais do menino dentro da mãe é o pênis do pai.)

Assim como no complexo de castração das meninas, no complexo de feminilidade dos meninos há no fundo o desejo frustrado de possuir um órgão especial. As tendências de roubar e destruir estão ligadas aos órgãos de fecundação, gravidez e parto que o menino presume existirem na mãe, assim como à vagina e aos seios, a fonte do leite, cobiçados como órgãos de receptividade e fartura desde o tempo em que a posição libidinal é puramente oral.

O menino teme ser punido pela destruição do corpo da mãe, mas além disso seu medo também tem um caráter mais geral – nesse ponto é possível estabelecer uma analogia com a ansiedade ligada aos desejos de castração da menina. Ele tem medo de que seu corpo seja mutilado e desmembrado, e esse pavor também significa a castração. Aqui temos uma contribuição direta para o complexo de castração. Nesse período inicial de desenvolvimento, a mãe que toma as fezes do menino também representa uma mãe que o desmembra e castra. Não é apenas por meio das frustrações anais impostas à criança que a mãe abre caminho para o complexo de castração: em termos de realidade psíquica, ela já *é* o *castrador*.

Esse medo da mãe é esmagador, pois combinado a ele vem o pavor de ser castrado pelo pai. As tendências destrutivas cujo objeto é o útero também são dirigidas com toda a sua intensidade sádico-oral e sádico-anal contra o pênis do pai, que estaria localizado lá. É nesse pênis que o medo de ser castrado pelo pai se concentra durante essa fase. Assim, a fase de feminilidade se caracteriza pela ansiedade relacionada ao útero e ao pênis do pai, e essa ansiedade submete o menino à tirania de um superego que devora, mutila e castra, formado a partir das imagens da mãe e do pai ao mesmo tempo.

Desse modo, as posições genitais incipientes misturam-se desde o início às diversas tendências pré-genitais. Quanto maior for a preponderância das fixações sádicas, mais a identificação do menino com a mãe corresponderá a uma atitude de rivalidade em relação à mulher, com sua mescla de inveja e ódio; pois, devido à vontade de ter um filho, ele se sente em desvantagem e numa posição inferior à mãe.

Vejamos agora por que o complexo de feminilidade dos homens parece bem mais obscuro do que o complexo de castração das mulheres, apesar de ambos terem a mesma importância.

A fusão do desejo de ter um filho com o impulso epistemofílico permite ao menino executar um deslocamento para o plano intelectual; a sensação de estar em desvantagem então é ocultada e supercompensada pela superioridade que deduz do fato de possuir um pênis, superioridade que também é reconhecida pelas meninas. Esse exagero da posição masculina provoca afirmações exageradas de masculinidade. No artigo "Über die Wurzel der Wissbegierde" [Sobre a raiz da ânsia de saber], Mary Chadwick também atribui o valor excessivo que o homem confere narcisicamente ao pênis, assim como sua atitude de rivalidade intelectual em relação às mulheres, à frustração do desejo de ter um filho e ao deslocamento desse desejo para o plano intelectual.[4]

A tendência dos meninos de exibir uma agressividade excessiva, coisa que ocorre com muita frequência, tem sua origem no complexo de feminilidade. Ela é acompanhada por uma atitude de desprezo e de "saber melhor", além de ser extremamente antissocial e sádica, sendo determinada em parte pela tentativa de ocultar a ansiedade e a ignorância que se encontram por trás dela. Também coincide em parte com o protesto do menino (resultante do medo da castração) contra o papel feminino, mas não deixa de estar calcada no medo da mãe, da qual o menino pretendia roubar o pênis do pai, os filhos e os órgãos sexuais femininos. Essa agressividade excessiva se une ao prazer em atacar decorrente da situação edipiana direta, genital, mas representa a parte dessa situação que é de longe o fator mais antissocial da formação do caráter. É por isso que a rivalidade do homem com

---

[4] Mary Chadwick, "Über die Wurzel der Wissbegierde". *Internationale Zeitschrift für Psychoanalyse*, v. 11, 1925, pp. 54-68.

as mulheres pode ser bem mais antissocial do que sua rivalidade com outros homens, que é provocada em grande parte pela posição genital. A quantidade de fixações sádicas, é claro, também vai determinar a relação do homem com outros homens quando eles são rivais. Se, ao contrário, a identificação com a mãe está calcada numa posição genital mais bem estabelecida, a relação com as mulheres terá um caráter positivo; além disso, o desejo de ter um filho e o componente feminino, que desempenham um papel tão importante no trabalho do homem, encontrarão condições mais favoráveis para a sublimação.

Em ambos os sexos, uma das principais raízes das inibições no trabalho é a ansiedade e o sentimento de culpa associados à fase de feminilidade. A experiência me ensinou, porém, que a análise cuidadosa dessa fase, também por outros motivos, é importante do ponto de vista terapêutico e pode ser de grande ajuda em casos obsessivos que parecem ter atingido um ponto onde não é possível fazer mais nada.

No desenvolvimento do menino, a fase de feminilidade é seguida de uma luta prolongada entre posições pré-genital e genital da libido. Quando atinge seu auge, no período que vai do terceiro ao quarto ano de vida, essa luta pode ser facilmente reconhecida como o conflito edipiano. A ansiedade associada à fase de feminilidade empurra o menino de volta à identificação com o pai; mas esse estímulo por si só não fornece alicerce seguro o bastante para a posição genital, pois ele leva principalmente à repressão e à supercompensação das pulsões sádico-anais, ao invés de superá-las. O medo de ser castrado pelo pai reforça a fixação nos níveis sádico-anais. O grau de genitalidade constitucional também desempenha um papel importante na solução favorável dessa situação, i.e., a conquista do nível genital. Muitas vezes, o resultado da luta permanece indefinido, o que dá origem a problemas neuróticos e distúrbios de potência.[5] Assim, a aquisição da potência total e a tomada da posição genital dependem em parte da solução favorável da fase de feminilidade.

Passarei agora para o desenvolvimento das meninas. Como consequência do processo do desmame, a menina se afasta da mãe, sendo impelida nesse sentido também pelas privações anais que sofreu. Tendências genitais começam agora a influenciar seu desenvolvimento mental.

Concordo plenamente com Helene Deutsch quando afirma que o desenvolvimento genital da mulher se completa com o desloca-

---

5 Cf. Wilhelm Reich, *A função do orgasmo* [1927], trad. Maria Glória Novak. São Paulo: Editora Brasiliense, 1975.

mento da libido oral para a zona genital.⁶ Os resultados de minhas observações mostram, porém, que esse deslocamento se inicia com as primeiras manifestações dos impulsos genitais, e que o objetivo oral e receptivo dos órgãos genitais exerce uma influência determinante sobre *a escolha do pai como objeto de amor pela menina*. Também fui levada a concluir que uma noção inconsciente da vagina, assim como sensações nesse órgão e no resto do aparelho genital, é despertada logo que surgem os impulsos edipianos. No caso das meninas, porém, o onanismo não oferece uma saída tão adequada para essas quantidades de excitação como acontece com os meninos. Assim, a falta de gratificação acumulada fornece mais um motivo para novas complicações e distúrbios no desenvolvimento sexual feminino. A dificuldade de obter a gratificação total por meio da masturbação pode ser mais uma causa, além daquelas apontadas por Freud, para que a menina repudie o onanismo. Talvez também possa explicar, em parte, por que durante a tentativa de abandoná-lo, a masturbação manual geralmente seja substituída pelo movimento de juntar com força as pernas.

Além do caráter receptivo do órgão genital, posto em ação pelo desejo intenso de encontrar uma nova fonte de gratificação, a inveja e o ódio da mãe, que possui o pênis do pai, também parecem ser mais um motivo para que a menina se volte para o pai no período em que seus primeiros impulsos edipianos estão se manifestando. As carícias do pai agora têm o efeito de uma sedução e são sentidas como "a atração do sexo oposto".⁷

No caso da menina, a identificação com a mãe é resultado direto dos impulsos edipianos: todo o conflito provocado no menino pela ansiedade de castração está ausente nela. Nas meninas, assim como nos meninos, essa identificação coincide com as tendências sádico-anais de roubar e destruir a mãe. Se a identificação com a mãe ocorre principalmente num estágio em que as tendências sádico-orais e sádico-anais estão muito acentuadas, o medo do superego materno primitivo leva à repressão e à fixação dessa fase, interferindo no desenvolvimento genital posterior. O medo da mãe também impele a menina a desistir de se identificar com ela. Tem início, então, a identificação com o pai.

---

6 Cf. Helene Deutsch, "The Psychology of Women in Relation to the Functions of Reproduction". *The International Journal of Psychoanalysis*, v. 6, 1925, pp. 405-18.
7 Muitas vezes nos deparamos com a queixa inconsciente de que a mãe seduziu a criança enquanto cuidava dela. Essa queixa remonta ao período em que os desejos genitais passam a ocupar o primeiro plano e as tendências edipianas estão despertando.

A jovem garota tem seu impulso epistemofílico despertado pelo complexo de Édipo; o resultado é a descoberta de que não possui um pênis. Ela sente essa falta como mais um motivo para odiar a mãe, mas ao mesmo tempo seu sentimento de culpa a faz encará-la como uma punição. Isso torna mais amarga sua frustração nesse sentido e, por sua vez, exerce uma influência profunda no complexo de castração como um todo.

O sofrimento inicial pela falta do pênis aumenta mais tarde, quando a fase fálica e o complexo de castração entram em plena atividade. Freud afirma que a descoberta da ausência do pênis provoca a troca da mãe pelo pai como objeto de amor. Minhas investigações mostram, porém, que essa descoberta age apenas como reforço nesse sentido: tudo isso ocorre num estágio muito inicial do conflito edipiano e a inveja do pênis toma o lugar do desejo de ter um filho, que por sua vez volta a substituir a inveja do pênis no desenvolvimento posterior. Acredito que a privação do seio seja a causa mais importante da opção pelo pai.

A identificação com o pai é menos carregada de ansiedade do que com a mãe; além disso, o sentimento de culpa em relação à mãe provoca a supercompensação por meio de uma nova relação de amor com ela. Em oposição a essa nova relação de amor, há ainda o complexo de castração, que torna difícil uma atitude masculina, e o ódio contra a mãe resultante das posições anteriores. O ódio e a rivalidade com a mãe, contudo, fazem mais uma vez a identificação com o pai ser abandonada e ele voltar a ser o objeto para amar e pelo qual ela deseja ser amada.

A relação da menina com a mãe leva sua relação com o pai a uma direção positiva e outra negativa. A frustração que sofre nas mãos deste tem suas raízes mais profundas na decepção já sofrida em relação à mãe; um forte motivo para o desejo de possuí-lo é o ódio e a inveja da mãe. Se as fixações sádicas permanecem preponderantes, esse ódio e sua supercompensação também afetarão profundamente a relação da mulher com os homens. No entanto, se há uma relação mais positiva com a mãe, calcada na posição genital, a mulher não só estará menos presa a um sentimento de culpa na relação com os filhos, mas seu amor pelo marido será altamente reforçado, pois este sempre representa o filho adorado e, ao mesmo tempo, a mãe que dá tudo aquilo que é desejado. A parte da relação que diz respeito exclusivamente ao pai está montada sobre esse alicerce tão importante. De início, ela se concentra na ação do pênis durante a relação sexual. Essa ação, que também promete a gratificação dos desejos agora deslocados para os órgãos genitais, parece à menina uma proeza insuperável.

Sua admiração é abalada pela frustração do complexo de Édipo, mas, caso não acabe se convertendo em ódio, torna-se uma das características fundamentais da relação da mulher com o homem. Mais tarde, quando a satisfação total dos impulsos amorosos é obtida, a essa admiração se soma a enorme gratidão pelo fim da privação acumulada. Essa gratidão se expressa por meio da grande capacidade feminina de se entregar de forma total e duradoura ao mesmo objeto de amor, principalmente no caso do "primeiro amor".

Um elemento que prejudica bastante o desenvolvimento da menina é o seguinte: enquanto o menino de fato *possui* o pênis, a partir do qual entra numa rivalidade com o pai, a menina tem apenas o desejo *insaciado* de ser mãe – a respeito do qual, aliás, tem apenas uma noção vaga e incerta, ainda que muito intensa. Não é apenas essa incerteza que perturba sua esperança de um dia ser mãe.

Ela é muito mais enfraquecida pela ansiedade e pelo sentimento de culpa, que podem danificar séria e permanentemente a capacidade materna da mulher. Por causa das tendências destrutivas que dirigiu contra o corpo da mãe (ou alguns de seus órgãos) e as crianças dentro do útero, a menina espera ser castigada com a destruição de sua própria capacidade de ter filhos, dos órgãos ligados a essa função ou de seus próprios bebês. Aqui também podemos encontrar uma explicação para a constante preocupação das mulheres (muitas vezes excessiva) com a própria beleza, pois temem que esta também seja destruída pela mãe. Por trás do impulso de se embelezar, sempre há a tentativa de *restaurar* a graça destruída, noção originária da ansiedade e do sentimento de culpa.[8]

É provável que esse medo profundo da destruição dos órgãos internos seja a causa psíquica de maior suscetibilidade das mulheres, em comparação com os homens, à histeria de conversão e às doenças orgânicas.

Essa ansiedade e esse sentimento de culpa são a principal causa da repressão dos sentimentos de orgulho e alegria no papel feminino, que originalmente são muito fortes. Essa repressão resulta na depreciação da capacidade de ser mãe, de início tão valorizada. Assim, a menina não possui o mesmo apoio que o menino encontra na posse do pênis e que ela também poderia descobrir na expectativa da maternidade.

---

8   Cf. o artigo de Jenö Hárnik, apresentado no x Congresso Internacional de Psicanálise, em Innsbruck: "Die ökonomischen Beziehungen zwischen dem Schuldgefühl und dem weiblichen Narzissmus". *Internationale Zeitschrift für Psychoanalyse*, v. 14, n. 2, 1928, pp. 175–79.

Pode-se demonstrar que a grande ansiedade da menina a respeito de sua feminilidade é análoga ao medo da castração no menino, pois ela sem dúvida colabora para refrear os impulsos edipianos. No entanto, a ansiedade de castração em torno do pênis que existe *de forma visível* no menino segue um curso diferente; ela pode ser considerada mais *aguda* do que a ansiedade mais crônica da menina a respeito de seus órgãos internos, com os quais necessariamente tem menos familiaridade. Além disso, o fato de a ansiedade do menino ser determinada pelo superego paterno e a da menina pelo materno não pode deixar de trazer certas diferenças.

Freud afirmava que o superego da menina se desenvolve por uma trilha diferente do superego do menino. Constantemente nos deparamos com indícios que confirmam o fato de que o ciúme desempenha um papel mais influente na vida das mulheres do que na dos homens, pois é reforçado por uma inveja desviada do homem por causa do pênis. No entanto, as mulheres possuem uma grande capacidade – que não se baseia apenas na supercompensação – de deixar de lado seus próprios desejos e se dedicar com autossacrifícios a tarefas éticas e sociais. Não podemos atribuir essa capacidade à mistura de traços masculinos e femininos que, devido à estrutura bissexual do ser humano, influencia a formação do caráter em certos casos, pois essa capacidade é de natureza claramente maternal. Creio que para explicar como a mulher vai desde o ciúme mais mesquinho até a bondade amorosa mais abnegada, temos que levar em consideração as condições peculiares em que se forma o superego feminino. A partir da identificação inicial com a mãe, que ocorre sob a forte preponderância do nível sádico-anal, a menina desenvolve o ódio e o ciúme, criando um superego cruel calcado na imago materna. O superego que se forma no mesmo estágio a partir da identificação com o pai também pode ser ameaçador e causar ansiedade, mas nunca parece atingir as mesmas proporções daquele criado a partir da identificação com a mãe. No entanto, quanto mais a identificação com a mãe vai se estabilizando na base genital, mais ela se caracteriza pela bondade dedicada de um ideal de mãe generosa. Assim, essa atitude afetiva positiva depende do grau em que o ideal de mãe maternal carrega as características do estágio genital ou pré-genital. Entretanto, quando se trata da conversão ativa da atitude emocional em ações sociais ou outras atividades, aparentemente é o ideal de ego paterno que está em funcionamento. A profunda admiração que a jovem garota sente pela atividade genital do pai leva à formação de um superego paterno que lhe impõe metas ativas que ela jamais atingirá plenamente. Se, devido a certos fatores de desenvolvimento, o incentivo para atingir essas metas for forte o bastante, sua própria impossibilidade pode dar ímpeto extraordinário aos esforços da menina que, somado à capacidade de autossacrifício derivado do superego materno, dá à mulher, em casos individuais, a capacidade de realizações excepcionais no plano intuitivo e em certos campos específicos.

O menino também deriva da fase feminina um superego materno que o impele, assim como a menina, a criar identificações cruéis primitivas e, ao mesmo tempo, bondosas. Contudo, depois de passar por essa fase, ele retoma (em diferentes graus, é verdade) a identificação com o pai. Por mais que o lado materno se faça sentir na formação do superego, ainda é o superego *paterno* que desde o início exerce influência decisiva sobre o homem. Ele também coloca diante de si a figura de um personagem sublime que possa lhe servir de modelo, mas como o menino é *de fato* "feito à imagem" de seu ideal, este não é inatingível. Essa circunstância contribui para o trabalho criativo mais constante e objetivo do homem.

O medo de ter sua feminilidade danificada exerce uma profunda influência sobre o complexo de castração da menina, pois a faz dar um valor excessivo ao pênis que ela própria não possui; esse exagero se torna, então, mais óbvio do que a ansiedade subjacente a respeito de sua própria feminilidade. Gostaria de mencionar aqui o trabalho de Karen Horney, que foi a primeira a examinar as fontes do complexo de castração das mulheres na situação edipiana.

Quanto a isso, é preciso mencionar a importância de certas experiências iniciais da infância para o desenvolvimento sexual. No trabalho que apresentei no VIII Congresso Internacional de Psicanálise de Salzburgo em 1924, afirmei que quando a observação da relação sexual se dá num estágio posterior do desenvolvimento, ela pode assumir o caráter de trauma. No entanto, quando essa experiência ocorre numa idade precoce, ela pode se fixar e se tornar parte do desenvolvimento sexual. Devo acrescentar que uma fixação desse tipo pode dominar não só um estágio específico do desenvolvimento, mas também o superego que está em processo de formação, prejudicando o resto de seu desenvolvimento. Se o superego atinge seu zênite no estágio genital, as identificações sádicas que participam de sua estrutura se tornam menos proeminentes, o que ajuda a assegurar a saúde mental e o desenvolvimento de uma personalidade de alto nível ético.

Há outro tipo de experiência na primeira infância que me parece característico e extremamente importante. Essas experiências muitas vezes se seguem à observação da relação sexual e são provocadas ou alimentadas pela excitação que esta desperta. Refiro-me às relações sexuais de crianças pequenas entre si, entre irmãos e irmãs ou amigos, que consistem nos atos mais diversos: olhar, tocar, defecar juntos, felação, cunilíngua e muitas vezes tentativas diretas de realizar a relação sexual. Elas são profundamente reprimidas e têm o investimento de um enorme sentimento de culpa. Esse sentimento é provocado principalmente pelo fato de que o objeto de amor, escolhido sob a pressão da excitação trazida pelo conflito edipiano, é visto pela criança como substituto do pai, da mãe, ou de ambos. Assim, essas relações, que parecem tão insignificantes e aparentemente são vividas por todas as crianças sob o estímulo do desenvolvimento edipiano, tomam o caráter de relação edipiana realizada e exercem influência decisiva sobre a formação do complexo de Édipo, o desligamento do sujeito desse complexo e suas relações sexuais posteriores. Além disso, uma experiência desse tipo forma um importante ponto de fixação no desenvolvimento do superego. Como consequência da necessidade de punição e da compulsão à repetição, essas experiências muitas vezes fazem com que a criança se submeta a traumas sexuais. A esse respeito, gostaria de remeter a Abraham, que demonstra que passar por traumas sexuais faz parte do desenvolvimento sexual das crianças. A investigação analítica dessas experiências durante a análise de adultos e crianças ajuda muito a elucidar a situação edipiana em relação às fixações iniciais e, portanto, é muito importante do ponto de vista terapêutico.

Resumindo minhas conclusões: antes de mais nada, gostaria de observar que, na minha opinião, elas não contradizem as afirmações do professor Freud. Creio que o ponto mais importante das considerações adicionais que apresentei é que atribuo esses processos a uma época anterior e que as diversas fases do desenvolvimento (principalmente nos estágios iniciais) se fundem com mais liberdade do que se acreditava antes.

Os estágios iniciais do conflito edipiano são tão dominados pelas fases pré-genitais do desenvolvimento que, quando a fase genital começa a entrar em atividade, ela permanece oculta e só mais tarde, entre o terceiro e o quinto ano de vida, pode ser detectada com clareza. Nessa idade, o complexo de Édipo e a formação do superego atingem seu clímax. No entanto, o fato de as tendências edipianas se iniciarem bem mais cedo do que pensávamos; a pressão do sentimento de culpa que, portanto, recai sobre os níveis pré-genitais; a influência inicial determinante exercida sobre o desenvolvimento do complexo de Édipo, por um lado, e, por outro, sobre o superego, assim como sobre a formação do caráter, a sexualidade e todo o resto do desenvolvimento do indivíduo – tudo isso me parece ter grande importância, ainda não reconhecida. Descobri o valor terapêutico desse conhecimento na análise de crianças, mas ele não se limita a essa área. Tive a oportunidade de testar as conclusões retiradas dessa prática na análise de adultos e constatei não só que sua validade teórica estava confirmada, mas também que sua importância terapêutica era inegável.

1929
A personificação no brincar das crianças

O objetivo de Melanie Klein é mostrar que os personagens ou as personificações nos jogos das crianças se originam de imagos internas por meio da cisão e da projeção. Ao longo deste artigo, ela mostra que a cisão e a projeção também são uma defesa contra a ansiedade. No ano seguinte, em "A importância da formação de símbolos no desenvolvimento do ego", examina particularmente essa importante defesa. Aqui, também há uma nova descrição da transferência como a cisão e a projeção de figuras internas para o analista.

Desde 1926, Melanie Klein via o superego como uma estrutura em constante modificação. Aqui ela apresenta pela primeira vez uma descrição de seus estágios sucessivos; este breve relato, porém, é uma reunião de ideias diversas e foi só em 1935, com a teoria da posição depressiva, que Melanie Klein passou a ter uma visão mais clara da transformação psíquica. Também sugere no presente artigo que a ansiedade mais intensa é oriunda do superego muito primitivo, e que na psicose esse superego primitivo está em ascensão – um complemento à descoberta de que o superego primitivo domina a mente do criminoso, apresentada em "Tendências criminosas em crianças normais" (1927).

Num artigo anterior, "Os princípios psicológicos da análise precoce" (1926), apresentei alguns mecanismos que durante a análise de crianças descobri serem fundamentais em seu brincar. Observei que o conteúdo específico de seu brincar, que se repete diversas vezes sob as formas mais variadas, é idêntico ao núcleo das fantasias de masturbação e que uma das funções principais do brincar da criança é oferecer descarga para essas fantasias. Além disso, examinei a grande analogia existente entre os meios de representação utilizados no brincar e nos sonhos, assim como a importância da realização de desejos nas duas formas de atividade mental. Também chamei a atenção para um dos principais mecanismos dos jogos em que a criança inventa "personagens" diferentes e distribui seus papéis. Meu objetivo neste trabalho é examinar esse mecanismo em mais detalhes, além de ilustrar com exemplos de vários tipos de doença a relação existente entre "personagens" ou personificações criados pela criança durante esses jogos e o elemento da realização de desejos.

Minha experiência até agora mostra que as crianças esquizofrênicas são incapazes de brincar no verdadeiro sentido da palavra. Elas executam apenas certas ações monótonas e é muito difícil penetrar no Ics por meio delas. Quando conseguimos fazer isso, descobrimos que a realização de desejos associada a essas ações é principalmente a recusa da realidade e a inibição da fantasia. Nesses casos extremos, não ocorre a personificação.

No caso de minha pequena paciente, Erna, que tinha seis anos quando iniciamos o tratamento, uma grave neurose obsessiva ocultava a paranoia que só foi revelada depois de algum tempo de análise. Em seu brincar, Erna muitas vezes me fazia desempenhar o papel de criança, enquanto ela era a mãe ou a professora. Eu tinha, então, que passar pelas torturas e humilhações mais fantásticas. Se alguém me tratava bem nesse jogo, geralmente logo se descobria que sua bondade era apenas simulada. Os traços paranoicos se manifestavam no fato de que eu era constantemente espionada, as pessoas adivinhavam meus pensamentos, e o pai ou a professora se aliavam à mãe contra mim – na verdade, eu vivia cercada de perseguidores. Eu mesma, no papel da criança, era constantemente obrigada a espionar e atormentar os outros. A própria Erna muitas vezes desempenhava o papel da criança. Nesse caso, o jogo geralmente terminava com a menina conseguindo fugir de seus perseguidores (nessas ocasiões, a "criança" era boa), ficando rica e poderosa, transformando-se numa rainha e realizando uma vingança cruel contra aqueles que a atormentavam. Depois de seu sadismo se dissipar nessas fantasias, aparentemente sem ser contido por nenhum tipo de inibição (isso tudo só aconteceu depois de já termos feito uma boa quantidade de análise), a reação se instalava sob a forma de profunda depressão, ansiedade e exaustão física. Seu brincar então refletia a incapacidade de suportar essa opressão enorme, que se manifestava numa série de sintomas graves.[1] Todos os personagens que participavam das fantasias dessa criança podiam se encaixar na mesma fórmula: havia dois papéis principais, o do superego perseguidor e o do id ou ego, dependendo da ocasião, que era ameaçado, mas nem por isso era menos cruel.

Nesses jogos, a realização de desejos encontrava-se principalmente na tentativa de Erna de se identificar com o lado mais forte, para dominar assim seu medo de perseguição. Pressionado, o ego tentava influenciar ou enganar o superego, a fim de impedir que este sobrepujasse o id, como ameaçava fazer. O ego procurava aliciar o id extremamente sádico da menina e colocá-lo a serviço do superego, fazendo os dois se combinarem na luta contra um inimigo comum. Isso exigia amplo uso de mecanismos de projeção e deslocamento. Quando Erna desempenhava o papel da mãe cruel, a criança travessa era o inimigo; quando ela própria era a criança perseguida, mas que logo se tornava poderosa, o inimigo era representado pelos pais malvados. Em cada caso havia um motivo, que o ego procurava tornar plausível ao superego, para se deixar levar por um sadismo irrefreado. De acordo com esse "contrato", o superego deveria agir contra o inimigo como se estivesse lutando contra o id. No entanto, o id continuava a buscar em segredo sua gratificação predominantemente sádica, voltada para os objetos primários. A satisfação narcísica obtida pelo ego ao derrotar inimigos internos e externos também ajudava a apaziguar o superego e conseguia reduzir consideravelmente a ansiedade. Esse pacto entre as duas forças pode ser relativamente bem-sucedido em casos menos extremos: ele pode passar despercebido pelo mundo externo e não provocar o surgimento de nenhuma doença. Mas no caso de Erna, ele entrava em colapso por causa do sadismo excessivo do id e do superego. Como consequência, o ego se aliava ao superego e tentava punir o id para obter certa gratificação, mas isso também redundava em fracasso. Era comum ocorrerem reações de profunda ansiedade e remorso, mostrando que a realização desses desejos contraditórios não podia ser mantida por muito tempo.

O próximo exemplo mostra como dificuldades semelhantes às de Erna foram trabalhadas de forma diferente em certos aspectos.

George, que na época tinha seis anos, apresentou para mim durante meses a fio uma série de fantasias em que ele, no papel do poderoso líder de um bando de caçadores ferozes e animais selvagens, lutava,

---

1 Espero publicar em breve um livro em que será apresentado um relato mais detalhado desse caso.

vencia e mandava matar cruelmente seus inimigos, que também possuíam feras para ajudá-los. Depois disso, os animais eram devorados. A batalha nunca chegava ao fim, pois sempre surgiam novos inimigos. Depois de um período considerável de análise, descobri nessa criança não só traços neuróticos, mas outros claramente paranoicos. George sempre se sentira conscientemente[2] cercado e ameaçado (por mágicos, bruxas e soldados), mas, ao contrário de Erna, procurava se defender com a ajuda de figuras que o ajudavam e que, na verdade, também eram criaturas absolutamente fantásticas.

A realização de desejos em sua fantasia era até certo ponto semelhante àquela que encontramos no brincar de Erna. No caso de George, o ego também tentava evitar a ansiedade aliando-se ao lado mais forte em fantasias nas quais se tornava poderoso. Além disso, ele também tentava transformar o inimigo num inimigo "mau" a fim de apaziguar o superego. No caso desse menino, porém, o sadismo não era um fator tão preponderante como no de Erna; por isso, o sadismo primário por trás de sua ansiedade não se ocultava de forma tão engenhosa. Seu ego se identificava mais facilmente com o id e estava menos disposto a se submeter ao superego. A ansiedade era evitada por meio de uma perceptível exclusão da realidade.[3] A realização de desejos claramente prevalecia ao reconhecimento da realidade – tendência que é um dos critérios de Freud para definir a psicose. O fato de surgirem *figuras auxiliadoras* na fantasia de George distinguia seu tipo de personificação daquele presente no brincar de Erna. Três papéis principais eram representados em suas brincadeiras: o do id e o do superego em seus aspectos persecutório e auxiliador.

O brincar de uma criança que sofre de severa neurose obsessiva pode ser exemplificada pelo jogo de minha pequena paciente, Rita, de dois anos e três quartos. Depois de um cerimonial que tinha óbvio caráter obsessivo, a boneca da menina era posta na cama e um elefante colocado ao seu lado. A ideia era que o elefante impedisse a "criança" de se levantar; caso contrário, esta entraria escondida no quarto dos pais e lhes faria mal ou então roubaria alguma coisa deles. O elefante (uma imago do pai) devia representar o papel da figura que *impede*. Na mente de Rita, o pai, por meio da introjeção, desempenhava o papel

---

2   Como tantas outras crianças, George mantinha o conteúdo de sua ansiedade escondido daqueles à sua volta. Mesmo assim, as marcas dessa ansiedade eram muito claras no menino.

3   Ao longo de seu desenvolvimento, George foi se afastando cada vez mais da realidade. Ele estava completamente emaranhado em suas fantasias.

de "impedidor" a partir do momento em que, entre um ano e um quarto e os dois anos, ela quisera usurpar o lugar da mãe junto a ele e roubar o bebê que esta estava esperando, além de ferir e castrar ambos os genitores. As reações de raiva e ansiedade que ocorriam quando a "criança" era punida nesses jogos mostravam que, em sua mente, Rita desempenhava os dois papéis: o das autoridades que infligiam a punição e o da criança que a recebia.

A única realização de desejos aparente nesse jogo era o fato de o elefante conseguir impedir durante algum tempo que a "criança" se levantasse. Havia apenas dois "personagens" principais: o da boneca, que simbolizava o id, e o do elefante impedidor, que representava o superego. A realização de desejos consistia na derrota do id pelo superego. Essa realização de desejos e a divisão da ação entre *dois* "personagens" são interdependentes, pois o jogo representa a luta entre superego e id, que nas neuroses graves praticamente domina os processos mentais. Nos jogos de Erna também encontramos as mesmas personificações, que consistiam na influência de um superego dominador e na ausência de qualquer imago auxiliadora. Mas enquanto no brincar de Erna a realização de desejos se encontrava no pacto com o superego, e na de George principalmente na revolta do id contra o superego (através do afastamento da realidade), no caso de Rita ela envolvia a derrota do id pelo superego. Essa precária supremacia do superego só foi possível porque algum trabalho analítico já tinha sido realizado. O rigor excessivo do superego de início impedia toda fantasia, e foi só quando ele se tornou menos severo que Rita começou a brincar com jogos de fantasia do tipo descrito anteriormente. Em comparação com o estágio anterior, em que o brincar estava completamente inibido, isso sem dúvida era um progresso, pois agora o superego não *se limitava a fazer ameaças* de forma aterrorizante e sem sentido; ao invés disso, tentava *impedir* as ações proibidas por meio de ameaças. O fracasso da relação entre superego e id deu lugar àquela supressão forçada da pulsão que consome toda a energia do indivíduo e que é típica de severa neurose obsessiva no adulto.[4]

---

4   Rita sofria de uma neurose obsessiva pouco comum em sua idade. Ela se caracterizava por um complicado cerimonial na hora de a criança dormir, além de outros graves sintomas obsessivos. Minha experiência mostra que, quando a criança pequena sofre de uma doença com as mesmas características da neurose obsessiva nos adultos, a situação é muito grave. No entanto, traços obsessivos isolados no quadro geral da neurose em crianças são, creio, um fenômeno comum.

Vejamos agora um jogo que surgiu numa fase menos aguda da neurose obsessiva. Num estágio mais avançado da análise de Rita (a menina acabara de completar três anos), um "jogo de viagem", que durara praticamente todo o tratamento, passou a ter a seguinte forma. Rita e seu ursinho de pelúcia (que na época representava o pênis) viajavam de trem para visitar uma boa mulher que os receberia e lhes daria presentes. No início dessa etapa da análise, esse final feliz geralmente não chegava a ser atingido. Rita queria dirigir o trem sozinha e se livrar do condutor. Este, contudo, recusava-se a ir embora, ou então voltava para ameaçar a menina. Às vezes, era uma mulher má que impedia a viagem, ou que os aguardava quando chegavam ao seu destino, ao invés da mulher boa. A diferença entre a realização de desejos nesse jogo (ainda muito conturbada) e nos exemplos já citados é óbvia. Nesse jogo, a gratificação libidinal é positiva e o sadismo não desempenha um papel tão importante quanto nos exemplos anteriores. Os "personagens", como no caso de George, estavam divididos em três papéis principais: o do ego ou id, o da figura que ajuda e o da figura que ameaça ou frustra.

As figuras auxiliadoras criadas dessa maneira geralmente são extremamente fantásticas, como mostra o exemplo de George. Na análise de um menino de quatro anos e meio, apareceu uma "mamãe fada" que vinha à noite e trazia coisas boas para comer, que ela compartilhava com o menino. A comida representava o pênis do pai, que ela tinha roubado em segredo. Em outra análise, a mamãe fada curava com uma varinha de condão todas as feridas que os pais cruéis infligiam ao menino; depois, os dois matavam os pais desalmados de alguma forma terrível.

Cheguei à conclusão de que a presença dessas imagens, com características fantásticas boas e más, é um mecanismo geral não só nas crianças, mas também nos adultos.[5] Essas figuras representam estágios intermediários entre o superego terrivelmente ameaçador, completamente dissociado da realidade, e identificações que se aproximam mais do real. Essas figuras intermediárias, cuja evolução gradual até chegar aos auxiliares maternos e paternos (mais próximos da realidade) pode ser constantemente observada na análise do brincar, parecem-me muito importantes para entendermos a formação do superego. Minha experiência mostra que na origem do conflito edipiano e no início de sua

---

5 Temos exemplo disso na crença fantástica em um Deus que ajudaria a perpetrar todo tipo de atrocidade a fim de destruir o inimigo e seu país (como tivemos a oportunidade de constatar na última guerra).

formação, o superego tem caráter tirânico, montado sobre o padrão dos estágios pré-genitais, que então se encontram em ascendência. A influência da organização genital já começa a se fazer sentir, mas de início ela mal pode ser percebida. A evolução posterior do superego em direção à genitalidade depende, em última instância, de qual é a fixação oral predominante: a de sugar ou a de morder. *A primazia da fase genital em relação à sexualidade e ao superego exige uma fixação forte o suficiente no estágio oral de sugar.* Quanto mais o desenvolvimento do superego e o desenvolvimento libidinal avançam em direção ao nível genital, deixando para trás os níveis pré-genitais, mais as identificações fantásticas e realizadoras de desejos (cuja fonte é a imagem de uma mãe que oferece gratificação oral)[6] se aproximam dos pais reais.

As imagos adotadas nessa fase inicial do desenvolvimento do ego carregam a marca dos impulsos pulsionais pré-genitais, apesar de estarem calcadas nos objetos edipianos reais. Esses níveis mais iniciais são responsáveis pelas imagos fantásticas que devoram, cortam em pedaços e dominam. Nelas podemos perceber uma mistura dos vários impulsos pré-genitais em ação. Com a evolução da libido, essas imagos são introjetadas sob a influência dos pontos de fixação libidinal. No entanto, o superego como um todo é composto das várias identificações adotadas nos diversos níveis de desenvolvimento, cuja estampa ele ainda carrega. Quando se instala o período de latência, o desenvolvimento do superego e da libido chega ao fim.[7] Já durante seu processo de construção, o ego emprega sua tendência para a síntese ao tentar formar um todo a partir dessas diversas identificações. Quanto mais extremas e contrastantes forem as imagos, maior será o fracasso dessa

---

6 Em dois artigos anteriores, cheguei à conclusão de que em ambos os sexos o abandono da mãe como objeto de amor oral resulta das frustrações orais que ela impõe. Além disso, a mãe frustradora permanece na vida mental da criança como a mãe que é temida. Gostaria de me referir aqui a Sándor Radó ("The Problem of Melancholia". *The International Journal of Psychoanalysis*, v. 9, 1928, pp. 420–38), que também vê nesse ponto a origem da cisão da imago da mãe numa mãe boa e outra má, tomando isso como base para suas opiniões sobre a gênese da melancolia.

7 Ao fazer um resumo de minhas contribuições ao problema da formação do superego, Otto Fenichel ("Über organlibinöse Begleiterscheinunger der Triebabwehr". *Internationale Zeitschrift für Psychoanalyse*, v. 14, 1928, p. 596) se engana ao supor que, na minha opinião, o desenvolvimento do superego termina no segundo ou terceiro ano de vida. Em meus trabalhos, sempre afirmei que a formação do superego e o desenvolvimento da libido terminam ao mesmo tempo.

síntese e mais difícil será mantê-la. A influência exagerada exercida por esses tipos extremos de imago, a grande necessidade de figuras bondosas em oposição às ameaçadoras, a rapidez com que os aliados se transformam em inimigos (que também é o motivo pelo qual a realização de desejos pelo brincar muitas vezes entra em colapso) – tudo isso indica que o processo de síntese das identificações fracassou. Esse fracasso se manifesta por meio da ambivalência, da tendência de ansiedade, da falta de estabilidade ou da rapidez com que esta é derrubada e da relação deficiente com a realidade que é típica das crianças neuróticas.[8] A necessidade de síntese do superego surge da dificuldade do indivíduo para chegar a um acordo com um superego composto de imagos de naturezas tão contraditórias.[9] Quando o período de latência se instala e as exigências da realidade aumentam, o ego faz esforço ainda maior para realizar a síntese do superego a fim de finalmente atingir um equilíbrio entre superego, id e realidade.

Cheguei à conclusão de que essa cisão do superego entre as identificações primárias introjetadas em diferentes estágios do desenvolvimento é um mecanismo semelhante à projeção, à qual está intimamente ligada. Creio que esses mecanismos (cisão e projeção) são um fator básico da tendência de personificação no brincar. Por meio deles, a síntese do superego, que só pode ser sustentada com certo esforço, pode ser temporariamente abandonada e, além disso, a tensão causada pela tentativa de manter uma trégua entre superego como um todo e id se reduz. Assim, o conflito intrapsíquico se torna menos violento e pode ser deslocado para o mundo externo. O prazer assim obtido fica ainda maior quando o ego descobre que esse deslocamento para o mundo externo oferece várias provas reais de que os processos psíquicos, com seus investimentos de ansiedade e culpa, podem ter uma solução favorável e a ansiedade pode sofrer uma grande redução.

Já observei que a atitude da criança em relação à realidade se revela pelo brincar. Gostaria agora de elucidar como a atitude diante

---

8 À medida que análise avança, a influência das figuras ameaçadoras se torna mais fraca e as figuras de realização de desejos aparecem com mais força e de forma mais duradoura no brincar; ao mesmo tempo, há um aumento proporcional do desejo de brincar e da satisfação no final dos jogos. Há uma redução do pessimismo e um crescimento do otimismo.

9 A criança muitas vezes tem um amplo leque de figuras paternas e maternas, que vai desde as aterrorizantes "Mamãe-gigante" e "Mamãe que esmaga" até a generosa "Mamãe-fada". Também já me deparei com uma "Mamãe-média" e uma "Mamãe três quartos", que representavam um compromisso entre os exemplos mais extremos.

da realidade está relacionada aos fatores de realização de desejos e personificação que empregamos até aqui como critério para avaliar a situação mental.

Na análise de Erna, durante muito tempo foi impossível estabelecer qualquer relação com a realidade. Não parecia haver nenhuma ponte que cobrisse o abismo entre a mãe carinhosa e bondosa da vida real e as perseguições e humilhações monstruosas que "ela" infligia à criança no brincar. Entretanto, quando a análise chegou ao ponto em que os traços paranoicos se tornaram mais proeminentes, começou a surgir um número crescente de detalhes que refletiam a mãe real de forma grotescamente distorcida. Ao mesmo tempo, foi possível revelar a atitude da criança diante da realidade, que obviamente tinha sofrido grande distorção. Dotada de aguçada capacidade de observação, Erna captava em detalhes as ações e os motivos de todos à sua volta, mas encaixava tudo isso *de forma irreal* no sistema em que era perseguida e espionada. Por exemplo, acreditava que a relação sexual entre os pais (que para ela acontecia sempre que estes ficavam sozinhos) e todos os sinais de sua afeição mútua serviam principalmente para satisfazer o desejo da mãe de provocar ciúmes na menina. Ela via os mesmos motivos por trás de todos os prazeres da mãe e, de fato, da satisfação de todas as pessoas à sua volta, principalmente no caso das mulheres. Elas usavam roupas bonitas só para humilhá-la, e assim por diante. No entanto, sabia que havia algo de estranho nessas ideias e tinha muito cuidado para mantê-las escondidas.

No brincar de George, como já observei, havia grande isolamento da realidade. O brincar de Rita também quase não mostrava nenhuma relação com a realidade na primeira fase da análise, quando as imagos ameaçadoras e punitivas estavam em ascendência. Vejamos agora como essa relação se apresentava na segunda parte da análise. Ela pode ser considerada típica de crianças neuróticas, até mesmo mais velhas do que Rita. Em seu brincar desse período, ao contrário da atitude da criança paranoica, surgia a tendência de reconhecer a realidade apenas na medida em que ela se relacionava às frustrações que a menina sofrera, mas nunca fora capaz de superar.

Podemos comparar esse fato ao grande afastamento da realidade revelado no brincar de George. Isso lhe dava grande liberdade em suas fantasias, que se viam livres do sentimento de culpa justamente por estarem tão distantes da realidade. Durante a análise desse menino, cada passo em direção à melhor adaptação à realidade envolvia a liberação de grandes quantidades de ansiedade e a repressão mais profunda das fantasias. Sempre havia grande avanço na análise[10] quando essa repressão era cancelada e as fantasias ficavam liberadas, além de se aproximarem mais da realidade.

Nas crianças neuróticas há um "compromisso": apenas uma pequena parte da realidade é reconhecida; o resto é recusado. Ao mesmo tempo, há uma grande repressão das fantasias de masturbação, que são inibidas pelo sentimento de culpa. O resultado é a inibição do brincar e do aprendizado, muito comum nas crianças neuróticas. O sintoma obsessivo em que se refugiam (de início, no brincar) reflete o acordo entre forte inibição da fantasia e relação deficiente com a realidade, permitindo apenas formas mais limitadas de gratificação.

O brincar da criança normal apresenta um equilíbrio melhor entre fantasia e realidade.

Agora farei um resumo das diversas atitudes diante da realidade reveladas no brincar de crianças que sofriam de vários tipos de doenças. Na parafrenia há a mais completa repressão da fantasia e afastamento da realidade. Nas crianças paranoicas, a relação com a realidade está subordinada ao funcionamento ativo da fantasia, e o equilíbrio entre as duas pende mais para o lado da *irrealidade*. As experiências que as crianças neuróticas representam por meio do brincar são tingidas de forma obsessiva pela necessidade de punição e o medo de um final infeliz. As crianças normais, porém, têm melhor domínio da realidade. Seu brincar mostra que elas são mais capazes de influenciar a realidade e viver dentro dela em conformidade com suas fantasias. No entanto, mesmo quando não há a possibilidade de alterar a situação em que se encontram, conseguem suportá-la melhor, pois a fantasia mais livre lhes oferece refúgio para onde fugir. Além disso, a descarga das fantasias de masturbação por meio de recursos egossintônicos (como o brincar e outras sublimações) lhes oferece mais oportunidades de gratificação.

Façamos agora uma revisão da relação entre atitude diante da realidade e processos de personificação e realização de desejos. No brincar da criança normal, esses processos demonstram a influência mais forte e duradoura das identificações criadas no nível genital.

---

10 Avanços desse tipo sempre vinham acompanhados de aumento considerável da capacidade de sublimação. As fantasias, livres do sentimento de culpa, podiam ser sublimadas de forma mais adequada à realidade. No que diz respeito à capacidade de sublimação, posso afirmar que a análise de crianças apresenta resultados bem mais satisfatórios do que a de adultos. Mesmo no caso de crianças bem pequenas, podemos ver que surgem novas sublimações quando o sentimento de culpa é afastado e aquelas que já existiam são reforçadas.

À medida que as imagos se aproximam dos objetos reais, uma boa relação com a realidade (típica das pessoas normais) se torna mais acentuada. As doenças (a psicose e a neurose obsessiva grave) que se caracterizam por uma relação deficiente ou deslocada com a realidade também são aquelas em que a realização de desejos é negativa e tipos extremamente cruéis são personificados no brincar. Tentei demonstrar a partir daí que nesses casos predomina um superego que ainda se encontra nas fases iniciais de sua formação, e cheguei à seguinte conclusão: a ascendência de um superego aterrador, introjetado nos primeiros estágios de desenvolvimento do ego, é um dos fatores básicos do distúrbio psicótico.

Neste artigo, examinei em detalhes a importante função desempenhada pelo mecanismo de personificação no brincar das crianças. Falta agora indicar o significado desse mecanismo na vida mental do adulto. Cheguei à conclusão de que ele está por trás de um fenômeno de importância universal, essencial para o trabalho analítico tanto com crianças quanto com adultos: a transferência. Se a fantasia da criança for livre o bastante, ela atribuirá ao analista os papéis mais variados e contraditórios durante a análise do brincar. Ela pode, por exemplo, fazer eu assumir o papel do id, pois por meio dessa forma projetada suas fantasias encontram um escape sem causar muita ansiedade. Assim, o menino Gerald, para quem eu representava a "mamãe-fada" que lhe trazia o pênis do pai, fazia-me desempenhar várias vezes o papel de um menino que entrava à noite na jaula de uma leoa, atacava-a, roubava seus filhotes e depois os matava e comia. O próprio menino era a leoa que me descobria e me matava da forma mais cruel. Os papéis se alternavam de acordo com a situação analítica e a quantidade de ansiedade latente. Num período posterior, por exemplo, o próprio menino assumia o papel do patife que entrava na jaula do leão e me obrigava a ser a leoa cruel. Nesse caso, porém, os leões logo eram substituídos por uma mamãe-fada cujo papel eu também tinha que desempenhar. Nessa época, o próprio menino já conseguia representar o id (o que indicava um avanço em sua relação com a realidade), pois sua ansiedade tinha diminuído até certo ponto, como se pode ver pelo surgimento da mamãe-fada.

Podemos ver, então, que a redução do conflito ou seu deslocamento para o mundo externo por meio dos mecanismos de cisão e projeção é um dos principais incentivos para a transferência e uma das forças motrizes do trabalho analítico. Além disso, uma maior atividade da fantasia e capacidade de personificação mais abundante e positiva são o pré-requisito para uma maior capacidade de transferência. É verdade que o paranoico possui uma vida de fantasia muito rica, mas o fato de as identificações cruéis, que inspiram ansiedade, predominarem na estrutura de seu superego faz ele inventar tipos predominantemente negativos e reduzíveis apenas às figuras rígidas de perseguidor e perseguido. No caso da esquizofrenia, na minha opinião, a capacidade de personificação e transferência fracassa, entre outros motivos, por causa do funcionamento deficiente do mecanismo de projeção. Isso interfere na capacidade de estabelecer ou manter uma relação com a realidade e o mundo externo.

Partindo da conclusão de que a transferência está baseada no mecanismo da representação de personagem, tive certa indicação a respeito da técnica a ser empregada. Já mencionei a velocidade com que o "inimigo" se transforma em "colaborador", a mãe "má" em "boa". Nos jogos que envolvem a personificação, essa mudança pode ser regularmente observada logo depois da liberação de grandes quantidades de ansiedade como consequência da interpretação. No entanto, quando o analista assume os papéis hostis exigidos pela situação do brincar, submetendo-os assim à análise, há um progresso constante no desenvolvimento das imagos ansiogênicas em direção a identificações mais suaves, mais próximas da realidade. Em outras palavras: um dos principais objetivos da análise – a modificação gradual do rigor excessivo do superego – é atingido quando o analista assume os papéis que lhe são atribuídos na situação analítica. Essa afirmação não faz mais do que colocar outra vez aquilo que já sabemos ser uma exigência da análise de adultos, ou seja, o analista deve ser apenas um meio em relação ao qual as diferentes imagos podem ser ativadas e as fantasias vividas, a fim de serem analisadas. Quando, durante o brincar, a criança lhe atribui diretamente certos papéis, a tarefa do analista é clara. Ele vai assumir os papéis que lhe são atribuídos, ou pelo menos dar uma indicação de que os incorporou;[11] caso contrário, interromperá o progresso do trabalho analítico. Contudo, é apenas em algumas fases da análise de crianças que chegamos a um tipo tão explícito de personificação (e, mesmo assim, isso nem sempre acontece). No caso das crianças, assim como no dos adultos, é bem mais comum termos que inferir os detalhes a respeito do papel negativo que nos é atribuído a partir da situação analítica e do material levantado, detalhes que o paciente indica por meio da transferência negativa.

---

11 Quando a criança me pede para desempenhar um papel que é muito difícil ou desagradável, eu faço sua vontade dizendo que estou "fingindo estar fazendo aquilo".

Constatei que aquilo que afirmei a respeito da personificação em sua forma mais explícita também é indispensável para o tipo mais disfarçado e obscuro de personificação que está por trás da transferência. O analista que pretende chegar às imagos mais antigas e ansiogênicas, i.e., cortar pela raiz a severidade do superego, não pode ter preferência por nenhum papel em particular; ele deve aceitar aquilo que lhe é oferecido na situação analítica.

Concluindo, gostaria de dar algumas palavras a respeito de terapia. Neste trabalho, procurei demonstrar que a ansiedade mais aguda se origina de um superego introjetado num estágio muito inicial do desenvolvimento do ego, e que a supremacia desse superego primitivo é um fator fundamental na gênese da psicose.

Minha experiência me convenceu de que com a ajuda da técnica analítica do brincar é possível analisar as fases iniciais da formação do superego não só nas crianças pequenas, mas também nas mais velhas. A análise desses estratos diminui a ansiedade mais intensa, abrindo o caminho para o desenvolvimento de imagos mais bondosas, originárias do nível oral de sugar, e tornando possível a obtenção da primazia genital na sexualidade e na formação do superego. Podemos ver nesse fato um prospecto favorável para o diagnóstico[12] e a cura das psicoses na infância.

---

12 Só nos casos mais extremos a psicose da criança apresenta o mesmo caráter da psicose do adulto. Nos casos mais brandos, geralmente só é revelada com uma análise minuciosa ao longo de um período de tempo considerável.

1929
Situações de ansiedade infantil refletidas em uma obra de arte e no impulso criativo

Este é o primeiro de três artigos em que Melanie Klein discute materiais literários – os outros dois são "Sobre a identificação" (1955) e "Algumas reflexões sobre a *Oresteia*" (1963). No presente trabalho, ela se utiliza do libreto escrito por Sidonie-Gabrielle Colette para uma ópera de Ravel, *Das Zauberwort* [A palavra mágica], e de um artigo de Karin Michaëlis chamado "The Empty Space" [O espaço vazio] para ilustrar as situações de ansiedade que descrevera no ano anterior em "Estágios iniciais do conflito edipiano".

Melanie Klein estabelece pela primeira vez uma ligação entre criatividade e profundas ansiedades arcaicas; ela vê a ânsia de criar como um resultado do impulso de restaurar e reparar o objeto ferido depois de uma crítica destrutiva. Alguns anos mais tarde, essa ideia ocuparia um lugar importante na teoria da posição depressiva e, de fato, esse artigo antecipa várias formulações posteriores. Para dar apenas um exemplo: na p. 276, a afirmação de que o medo da mãe ameaçadora é substituído, ao longo do desenvolvimento, pelo medo de perder a mãe real e carinhosa antecipa precisamente a descrição posterior da mudança de conteúdo de ansiedade, que passa da posição esquizoparanoide para a depressiva.

Num trabalho posterior, "Inveja e gratidão" (1957), Melanie Klein volta a abordar o problema da criatividade, mas a partir de outro ponto de vista. Ela afirma que o primeiro objeto visto como agente criador é o seio que dá alimento; também descreve o efeito prejudicial da inveja excessiva para a criatividade.

Meu tema primeiro é o interessantíssimo material psicológico subjacente a uma ópera de Ravel, que no momento está sendo reencenada em Viena. O relato que faço de seu conteúdo foi retirado quase que palavra por palavra de uma resenha escrita por Eduard Jakob para o *Berliner Tageblatt*.

Um menino de seis anos está sentado diante de seu dever de casa, mas não consegue estudar. Ele morde a caneta e dá sinais de se encontrar no estágio final da preguiça, em que o *ennui* [tédio] dá lugar ao *cafard* [desânimo]. "Não quero fazer esse dever bobo", lamenta num doce tom de soprano. "Quero ir passear no parque! O que eu mais queria era comer todos os bolos do mundo, ou então puxar o rabo do gato, ou arrancar as penas do papagaio! Eu queria dar 'bronca' em todo mundo! Mas o que eu mais queria mesmo era botar a mamãe de castigo no canto da sala!" A porta se abre. Todos os objetos no palco são muito grandes (a fim de enfatizar o pequeno tamanho da criança), portanto tudo o que vemos da mãe é a saia, o avental e a mão. Um dedo aponta e uma voz pergunta afetuosamente se o menino fez o dever. Ele se mexe desafiadoramente na cadeira e mostra a língua para a mãe. Ela vai embora. Tudo o que ouvimos é o arrastar das saias e as palavras: "Você vai comer pão seco e tomar chá sem açúcar!". A criança tem um acesso de raiva. Pula, bate na porta e derruba o bule de chá junto à xícara de cima da mesa, quebrando-os em mil pedaços. Sobe no banco da janela, abre a gaiola e tenta espetar o esquilo com a caneta. O esquilo foge pela janela aberta. A criança pula da janela e agarra o gato. Grita e sacode as tenazes da lareira, revolve o fogo furiosamente e atira a chaleira para o meio da sala com as mãos e os pés. Uma nuvem de cinzas e vapor se levanta. O menino sacode as tenazes como se fossem uma espada e começa a rasgar o papel de parede. Depois abre a caixa do relógio e arranca o pêndulo de cobre. Derrama tinta na mesa. Cadernos e livros voam pelo ar. Oba!...

As coisas que o menino maltratou ganham vida. Uma poltrona recusa-se a deixá-lo se sentar e não deixa que pegue as almofadas para dormir. A mesa, a cadeira, o banco e o sofá de repente levantam os braços e gritam: "Para fora com essa criaturinha nojenta!". O relógio tem uma terrível dor de barriga e começa a bater as horas como um louco. O bule se inclina sobre a xícara e os dois começam a falar chinês. Tudo sofre uma terrível transformação. O menino se encosta na parede, tremendo de medo e desolação. O aquecedor cospe uma chuva de fagulhas em cima dele. Ele se esconde atrás dos móveis. Os pedaços de papel de parede rasgado começam a balançar e se levantam, revelando pastoras e ovelhas. O pastor toca um triste lamento em sua flauta; o rasgo no papel, que separou Córidon de sua Amarílis, torna-se agora um rasgo no tecido do mundo! Mas a desconsolada balada acaba desvanecendo. Debaixo da capa de um livro, como se estivesse saindo de uma casa de cachorro, surge um velhinho. Suas roupas são feitas de números e seu chapéu tem a forma de um pi. Segura uma régua e pula de um lado para o outro com pequenos passos de dança. É o espírito da matemática e aplica um teste à criança: milímetro, centímetro, barômetro, trilhão – oito mais oito são quarenta. Três vezes nove é igual a duas vezes seis. O menino cai desmaiado!

Quase sufocado, resolve se refugiar no parque em torno da casa. Mas aqui o ar também está cheio de terrores: insetos, sapos (que fazem um lamento numa terça abafada), um tronco de árvore ferido, que solta resina em longas notas graves, libélulas e mosquitos, todos atacam o recém-chegado. Corujas, gatos e esquilos avançam em bandos. A disputa em torno de quem morderá a criança acaba se tornando uma luta física. Um esquilo é mordido e cai gritando ao lado do menino. Este, instintivamente, tira o cachecol e o amarra na pata da criaturinha. Há grande espanto entre os animais, que se reúnem hesitantes no fundo. O menino murmura: "Mamãe!". Ele é restituído ao mundo humano onde se oferece ajuda, onde se "é bom". "Essa é uma boa criança, uma criança muito bem-comportada", cantam os animais com seriedade, numa marcha suave, enquanto vão deixando o palco – é o final da obra. Alguns também não conseguem deixar de dizer "Mamãe".

Examinarei agora com mais cuidado os pontos em que o prazer de destruição da criança se expressa. Eles me parecem retratar a situação inicial infantil que descrevi, em meus trabalhos mais recentes, como algo de extrema importância para a neurose dos meninos, assim como para seu desenvolvimento normal. Refiro-me ao ataque contra o corpo da mãe e o pênis do pai que se encontra dentro dele. O esquilo dentro da gaiola e o pêndulo arrancado do relógio são símbolos claros do pênis dentro do corpo da mãe. O fato de que se trata do pênis do *pai* e de que este estava em pleno ato de relação sexual com a mãe é indicado pelo rasgo no papel de parede, "que separa Córidon de sua Amarílis", e a respeito do qual se diz que se tornou "um rasgo no tecido do mundo" para o menino. Que armas o menino emprega em seu ataque contra os pais? A tinta derramada na mesa e a chaleira entornada, de onde se levanta uma nuvem de cinzas e vapor, representam a única arma que as crianças muito pequenas têm à sua disposição: sujar tudo com seus excrementos.

Quebrar as coisas, rasgar, usar as tenazes como uma espada – tudo isso representa as outras armas do sadismo primário da criança, que usa os dentes, as unhas, os músculos etc.

Já descrevi essa fase inicial do desenvolvimento, que tem como conteúdo o ataque contra o corpo da mãe com todas as armas de que dispõe o sadismo da criança, no trabalho que apresentei durante o último Congresso,[1] assim como em outras ocasiões oferecidas pela nossa Sociedade. Agora, porém, posso levar adiante a afirmação anterior e apontar de forma mais precisa onde essa fase se insere no esquema de desenvolvimento sexual proposto por Karl Abraham. Os resultados obtidos em meu trabalho levam à conclusão de que a fase em que o sadismo atinge seu auge, em todos os campos de onde é derivado, precede o estágio anal mais arcaico e adquire um significado especial pelo fato de ser o estágio de desenvolvimento em que as tendências edipianas se manifestam pela primeira vez. Isso equivale a dizer que o conflito edipiano se inicia sob o total domínio do sadismo. Minha suposição de que a formação do superego segue de perto o início das tendências edipianas – e que, portanto, o ego fica sob a influência do superego já nesse período inicial – explica, creio, por que essa influência é tão poderosa. Quando os objetos são introjetados, o ataque feito contra eles com todas as armas do sadismo provoca no sujeito o medo de sofrer um ataque semelhante dos objetos externos e internalizados. Se voltei a esses conceitos que já tinha proposto é porque pretendo estabelecer uma ponte entre eles e um conceito de Freud: trata-se de uma das conclusões mais importantes que ele nos apresentou em *Inibição, sintoma e angústia* (1926), ou seja, a hipótese de que haveria uma situação infantil inicial de ansiedade ou perigo. Creio que isso coloca o trabalho analítico sobre uma base mais firme e bem definida, dando aos nossos métodos um direcionamento ainda mais claro. Em minha opinião, porém, também cria uma nova exigência para a análise. De acordo com a hipótese de Freud, haveria uma situação de perigo infantil que passa por uma transformação ao longo do desenvolvimento e que é a fonte da influência exercida por uma série de *situações de ansiedade*. A nova exigência feita sobre a análise é a seguinte: ela deve ir descobrindo essas situações de ansiedade até chegar àquela que se encontra mais no fundo. Essa exigência de uma análise *completa* se acopla àquilo que Freud aponta como nova necessidade na conclusão de *História de uma neurose infantil*, em que afirma que a análise só pode ser considerada *completa* quando revela a cena primária. Essa exigência só terá efeito total com aquilo que acabo de propor. Se o analista consegue descobrir as situações de perigo infantis, trabalhando em sua resolução e elucidando, em cada caso, a relação

---

[1] "Estágios iniciais do conflito edipiano", neste volume.

das situações de ansiedade com a neurose e com o desenvolvimento do ego – creio, então, que ele atingirá de forma mais completa o principal objetivo da terapia psicanalítica: a remoção da neurose. Sou da opinião, portanto, de que tudo que possa contribuir para a elucidação e a descrição exata das situações de perigo infantis tem enorme valor, não só do ponto de vista teórico, mas também terapêutico.

Freud acredita que a situação de perigo infantil pode ser reduzida em última instância à perda da pessoa amada (desejada). Para ele, no caso das meninas, a perda do objeto seria a situação de perigo que age com mais força; no dos meninos, seria a castração. Meu trabalho mostra que essas situações de perigo são uma modificação de outras ainda mais iniciais. Descobri que nos meninos o medo de ser castrado pelo pai está ligado a uma situação muito especial que, creio, é a mais antiga de todas as situações de ansiedade. Como já observei, o ataque contra o corpo da mãe, que em termos psicológicos ocorre no auge da fase sádica, também implica a luta contra o pênis do pai dentro da mãe. Essa situação de perigo adquire intensidade especial pelo fato de uma união entre pai e mãe estar em jogo. De acordo com o superego sádico primitivo, que já está formado, os pais unidos são agressores extremamente cruéis e muito temidos. Desse modo, a situação de ansiedade ligada à castração nas mãos do pai é uma modificação, que ocorre ao longo do desenvolvimento, da situação de ansiedade mais antiga que descrevi.

Creio que a ansiedade gerada por essa situação é representada com clareza no libreto da ópera que serviu como ponto de partida deste artigo. Ao falar do libreto, já discuti com algum detalhe *uma* fase – a do ataque sádico. Vejamos agora o que acontece depois que a criança dá rédeas soltas à sua ânsia de destruição.

No início da resenha, o autor observa que todos os objetos no palco são muito grandes, a fim de enfatizar o tamanho reduzido do menino. Mas a ansiedade da criança faz as coisas e as pessoas parecerem gigantescas – muito mais do que a verdadeira diferença de tamanho. Além disso, podemos ver novamente aquilo que descobrimos na análise de toda criança: as coisas representam seres humanos e, portanto, são objetos de ansiedade. O autor da resenha escreve o seguinte: "As coisas maltratadas começam a viver". A poltrona, a almofada, a mesa, a cadeira etc. atacam o menino, recusam-se a servi-lo e o expulsam para fora. Descobrimos que objetos feitos para se sentar e deitar, assim como as camas, aparecem regularmente na análise de crianças como símbolos da mãe protetora e carinhosa. As tiras do papel de parede rasgado simbolizam o interior ferido do corpo da mãe, enquanto o estranho velhinho de números que sai da capa do livro é o pai (representado pelo pênis), exercendo agora o papel de juiz e prestes a punir a criança, que desmaia de ansiedade, pelos danos que fez e o roubo que cometeu no corpo da mãe. Quando o menino foge para o mundo da natureza, este assume o papel da mãe que ele atacou. Os animais hostis representam a multiplicação do pai, que ele também atacou, junto às crianças que o menino acredita estarem dentro da mãe. Agora vemos os acontecimentos que ocorreram dentro da sala se reproduzirem em maior escala, num espaço mais amplo e com mais participantes. O mundo, transformado no corpo da mãe, está armado contra o menino e o persegue.

No desenvolvimento ontogênico, o sadismo é superado quando o indivíduo atinge o nível genital. Quanto maior a força com que essa fase se instala, maior é a capacidade da criança de criar um amor de objeto e de vencer seu sadismo por meio da pena e da compaixão. Essa etapa do desenvolvimento também está presente no libreto da ópera de Ravel: quando o menino sente pena do esquilo ferido e o ajuda, o mundo hostil se torna amigável. A criança aprendeu a amar e acredita nesse sentimento. Os animais então concluem: "Essa é uma boa criança – uma criança muito bem-comportada". O profundo insight psicológico de Colette, a autora do libreto, revela-se na maneira como a criança muda de atitude. Enquanto cuida do esquilo ferido, o menino murmura: "Mamãe". Os animais à sua volta repetem essa palavra. É essa palavra redentora que dá título à ópera: *Das Zauberwort* [A palavra mágica]. Também descobrimos no texto qual é o fator que acionou o sadismo do menino. Ele diz: "Quero ir passear no parque! O que eu mais queria era comer todos os bolos do mundo!". No entanto, a mãe ameaça lhe dar chá sem açúcar e pão seco. A frustração oral que transforma a indulgente "mãe boa" na "mãe má" estimula seu sadismo.

Creio que agora é possível entender por que a criança, ao invés de fazer seu dever sossegada, acabou se envolvendo numa situação tão desagradável. Isso *tinha* que acontecer, pois o menino foi empurrado até esse ponto pela velha situação de ansiedade que nunca conseguira superar. Sua ansiedade alimenta a compulsão à repetição. A necessidade de punição, por sua vez, intensifica a compulsão (agora bastante forte) de obter um castigo real, a fim de reduzir a ansiedade com uma punição menos rigorosa do que aquela que a situação de ansiedade lhe faz esperar. Não é novidade que as crianças aprontam porque desejam ser punidas, mas me parece muito importante descobrir o papel desempenhado pela ansiedade nessa busca do castigo, assim como o conteúdo ideacional por trás de uma ansiedade tão severa.

Agora ilustrarei com outro exemplo literário a ansiedade ligada à situação de perigo mais inicial do desenvolvimento da menina.

Num artigo intitulado "The Empty Space" [O espaço vazio], Karin Michaëlis faz um relato do desenvolvimento de sua amiga, a pintora Ruth Kjär. Ruth Kjär possuía uma impressionante sensibilidade artística, que empregou principalmente na decoração de sua casa, mas não apresentava nenhum talento criativo marcante. Bela, rica e independente, passou a maior parte da vida viajando, ausentando-se constantemente da casa a que dedicara tanto gosto e cuidado. Às vezes tinha acessos de profunda depressão, que Karin Michaëlis descreve da seguinte maneira:

> Havia apenas um ponto sombrio em sua vida. No meio da alegria que era seu estado normal, e que parecia sempre imperturbável, ela de repente mergulhava na melancolia mais profunda. Uma melancolia suicida. Quando tentava explicar isso, dizia algo como: "Existe um espaço vazio dentro de mim, que eu nunca vou conseguir preencher!"

Um dia, então, Ruth Kjär se casou. Ela parecia completamente feliz. No entanto, pouco tempo depois voltaram os acessos de melancolia. De acordo com as palavras de Karin Michaëlis: "O maldito espaço vazio estava vazio novamente". Deixarei a autora falar por si mesma:

> Já contei que a casa dela era uma verdadeira galeria de arte moderna? O irmão de seu marido era um dos pintores mais famosos do país e seus melhores quadros decoravam as paredes da sala. No entanto, pouco antes do Natal, esse cunhado levou embora um quadro que tinha apenas emprestado. O quadro foi vendido. Isso deixou um espaço vazio na parede, que parecia coincidir, de alguma forma inexplicável, com o espaço vazio dentro dela. Ruth caiu na mais profunda tristeza. O espaço em branco na parede a fez esquecer de sua belíssima casa, sua felicidade, seus amigos, tudo. Era possível, é claro, arranjar outro quadro, mas isso levaria tempo; era preciso procurar muito para encontrar a pintura certa.
>
> O espaço vazio continuava a escancarar seu sorriso horrendo para ela.
> Marido e mulher estavam sentados um diante do outro na mesa do café. Os olhos de Ruth estavam enevoados de desespero. Mas de repente seu rosto se transfigurou num sorriso: "Já sei o que eu vou fazer! Acho que vou tentar dar umas pinceladas na parede, até a gente arranjar um quadro novo!". "Faça isso, querida", respondeu o marido, certo de que nenhuma pincelada que ela pudesse dar seria monstruosamente feia.

Ele mal saiu da sala e ela, tomada de um frenesi, telefonou para a loja de pintura para encomendar as tintas que o cunhado costumava usar, além dos pincéis, da palheta e de todo o resto do "material". Pediu que entregassem tudo imediatamente. Não tinha a menor ideia de como começar. Nunca tinha espremido um tubo de tinta, passado pigmento na tela ou misturado as cores numa palheta. Enquanto as coisas não chegavam, ficou em pé diante da parede vazia com um pedaço de giz preto na mão e foi fazendo traços ao acaso, à medida que apareciam em sua cabeça. Será que deveria pegar o carro e sair correndo até a casa do cunhado para perguntar como se pintava? Não, preferia morrer!

No final da tarde, o marido chegou e ela foi ao seu encontro com um brilho ardente nos olhos. Ela não estava ficando doente, estava? Ruth arrastou o marido, dizendo: "Vem cá, você vai ver!". E ele viu. Não conseguia tirar os olhos daquela imagem; não entendia, não acreditava, não *podia* acreditar. Ruth se atirou no sofá num estado de total exaustão: "Você acha isso possível?".

Na mesma noite, chamaram o cunhado. Ruth estava muito ansiosa para ouvir o veredicto do especialista. Mas o artista exclamou na mesma hora: "Você acha que pode me convencer de que pintou isso?! Que mentira! Este quadro só pode ser de um pintor muito experiente. De quem é? Eu não conheço!"

Ruth não conseguiu convencê-lo. Ele achava que estavam lhe pregando uma peça. Quando foi embora, suas últimas palavras foram: "Se *você* pintou isso, então *eu* vou reger uma sinfonia de Beethoven na Capela Real amanhã, mesmo sem saber nenhuma nota de música!"

Naquela noite, Ruth não conseguiu dormir direito. O quadro na parede estava pintado, isso era certo – não se tratava de um sonho. Mas como isso tinha acontecido? E agora?

Ela parecia estar pegando fogo, devorada por um ardor que vinha de dentro. Era preciso provar a si mesma que aquela sensação divina, aquela felicidade indescritível que tinha sentido, podia ser repetida.

Karin Michaëlis acrescenta que depois dessa primeira tentativa, Ruth Kjär pintou vários quadros primorosos, exibindo-os para os críticos e o público.

Karin Michaëlis também antecipa parte de minha interpretação sobre a ansiedade relacionada ao espaço vazio na parede quando diz: "Na parede havia um espaço vazio, que parecia coincidir, de alguma forma inexplicável, com o espaço vazio dentro dela". Qual o significado desse espaço vazio dentro de Ruth, ou melhor, da sensação de que alguma coisa estava faltando em seu corpo?

Nesse ponto, tornou-se consciente uma das ideias ligadas àquela ansiedade que, em meu último artigo, já citado aqui ("Estágios iniciais do conflito edipiano", 1928), descrevi como a mais profunda ansiedade sentida pelas meninas. É o equivalente da ansiedade de castração dos meninos. A pequena menina tem o desejo sádico, originário dos estágios iniciais do conflito edipiano, de roubar o conteúdo do corpo da mãe, ou seja, o pênis do pai, as fezes e os bebês, além de destruir a própria mãe. Esse desejo desperta a ansiedade de que a mãe roube o conteúdo do corpo da menina (principalmente os bebês), para depois destruir ou mutilar esse corpo. Em minha opinião, essa ansiedade, que como já descobri na análise de meninas e mulheres, é a ansiedade mais profunda, representa a primeira situação de perigo da pequena menina. Percebi que o medo de ficar sozinha, da perda do amor e da perda do objeto de amor, que para Freud é a situação de perigo infantil básica para as meninas, é na verdade uma modificação da situação de ansiedade que acabei de descrever. Quando a pequena menina que tem medo de que a mãe ataque seu corpo não consegue *ver* a mãe, a ansiedade fica mais forte. A presença da mãe real e carinhosa reduz o medo da mãe aterrorizante, cuja imagem introjetada está na mente da criança. Num estágio posterior do desenvolvimento, o medo de sofrer o ataque da mãe agressora é substituído pelo temor de perder a mãe verdadeira, cheia de amor, e de ficar sozinha e abandonada.

Ao procurar uma explicação para essas ideias, é bastante revelador estudar o tipo de quadro que Ruth Kjär pintou desde sua primeira tentativa, quando preencheu o espaço vazio na parede com a imagem em tamanho natural de uma negra nua. Com a exceção de uma única pintura de flores, ela se limitou a fazer retratos. Pintou duas vezes a irmã mais nova, que posou para ela quando foi visitá-la durante algum tempo. Pintou também um retrato da mãe e outro de uma velha. Esses quadros são descritos por Karin Michaëlis da seguinte maneira:

> E agora Ruth não consegue parar. O próximo quadro representa uma velha, que carrega a marca dos anos e das desilusões. Sua pele está enrugada, o cabelo grisalho, os olhos amáveis e cansados estão tristes. Ela olha diante de si com a resignação desconsolada da idade, com uma expressão que parece dizer: "Não precisa mais se preocupar comigo. Já está chegando minha hora!"
>
> Essa não é a mesma impressão que recebemos da obra mais recente de Ruth – um retrato de sua mãe irlandesa-canadense. Essa senhora ainda tem muito tempo diante de si, antes de levar os lábios à taça da renúncia. Esbelta, altiva, desafiadora, ela se ergue com um xale da cor do

luar sobre os ombros: provoca o mesmo efeito de uma magnífica mulher dos tempos primitivos, capaz de lutar contra os filhos do deserto com as mãos nuas. Que queixo! Que força em seu olhar arrogante!

O espaço vazio foi preenchido.

É óbvio que o desejo de fazer reparação, de compensar a injúria psicológica feita à mãe e de se restaurar estava por trás do ímpeto irresistível de pintar esses retratos de parentes. O retrato da velha à beira da morte parece uma expressão do desejo sádico e primário de destruir. O desejo da filha de destruir a mãe, de vê-la envelhecida, cansada, marcada, é o que provoca a necessidade de representá-la em plena posse de sua força e beleza. Ao fazer isso, a filha pode reduzir sua ansiedade, ao mesmo tempo em que procura restaurar a mãe e torná-la jovem mais uma vez por meio do retrato. Na análise de crianças, quando a representação dos desejos destrutivos é seguida da expressão de tendências reativas, vemos constantemente que o desenho e a pintura são utilizados como um meio de restaurar as pessoas. O caso de Ruth Kjär deixa claro que essa ansiedade da menina é muito importante no desenvolvimento do ego das mulheres e age como um incentivo para a realização pessoal. No entanto, essa mesma ansiedade pode ser a causa de doenças graves e de muitas inibições. Como no caso do medo da castração nos meninos, o efeito da ansiedade no desenvolvimento do ego depende de certas condições favoráveis e de uma interação satisfatória de vários fatores isolados.

1930
A importância da formação de símbolos no desenvolvimento do ego

O material clínico apresentado neste artigo inaugura nova era. Em termos históricos, esse é o primeiro relato publicado da análise de uma criança psicótica, em que fica evidente que é possível estabelecer um contato analítico e despertar o desenvolvimento, mesmo quando a criança não tem fala, nenhuma emoção perceptível e apenas um simbolismo rudimentar. Melanie Klein já se convencera da ocorrência da psicose na infância há vários anos. Seus trabalhos anteriores contêm certas passagens que descrevem a maneira como a esquizofrenia se manifesta nas crianças, o brincar típico da criança psicótica e a natureza do superego na psicose. O presente artigo examina a questão geral da psicose na infância, além de apresentar as primeiras tentativas de Melanie Klein para especificar as origens da esquizofrenia. Ela sugere que o ego se defende de intensa ansiedade por meio da expulsão excessiva de seu sadismo. Desse modo, não resta nenhuma experiência de ansiedade, nenhuma exploração do mundo, nem a formação de símbolos. Consequentemente, o desenvolvimento normal é interrompido. A evolução das ideias de Melanie Klein a respeito da esquizofrenia é descrita em detalhes na nota explicativa de "Uma nota sobre a depressão no esquizofrênico" (1960).

Várias ideias se cristalizam no presente artigo. No início, Melanie Klein considerava a ansiedade principalmente como uma inibidora de capacidades. Entretanto, pouco depois, já em "Análise precoce" (1923), passou a ver a resolução da ansiedade como um elemento fundamental para o desenvolvimento. Em "Situações de ansiedade infantil refletidas em uma obra de arte e no impulso criativo", publicado em 1929, foi ainda mais longe e passou a conceber a ansiedade como o impulso que gera a criatividade. Agora, a partir da análise de processos psicóticos com seu pequeno paciente, demonstra que a ansiedade e sua elaboração são o pré-requisito do desenvolvimento – ideia que se torna crucial em suas teorias posteriores. Além disso, os conceitos que mais tarde se enquadrariam na teoria da posição esquizoparanoide sob o nome de identificação projetiva têm sua origem na descrição feita aqui da formação de símbolos e do primeiro método de defesa do ego. Melanie Klein demonstra que os modos iniciais de formação de símbolos, equações simbólicas e identificações são a base do fundamento da relação com o mundo externo. Também descreve o que acredita ser o primeiro método de defesa do ego: um mecanismo de expulsão que precede a repressão, do qual é completamente diferente. Trata-se de uma defesa contra a agressividade e a ansiedade que esta provoca: o sadismo é percebido como um perigo para o self, ao mesmo tempo em que se teme a retaliação dos objetos atacados, o que leva o ego a expelir seu sadismo para o objeto não só a fim de se defender, mas também para destruí-lo. O uso posterior que Melanie Klein faz dessas ideias é descrito na nota explicativa de "Notas sobre alguns mecanismos esquizoides" (1946).

A argumentação que desenvolvo neste artigo está baseada na suposição de que há um estágio inicial do desenvolvimento mental em que o sadismo se torna ativo em todas as fontes do prazer libidinal.[1] De acordo com minha experiência, o sadismo atinge seu auge nesta fase, que é introduzida pelo desejo sádico-oral de devorar o seio da mãe (ou a própria mãe) e se encerra com o início do estágio anal. No período a que me refiro, o principal objetivo do indivíduo é se apossar do conteúdo do corpo da mãe e destruí-la com todas as armas ao alcance do sadismo. Ao mesmo tempo, essa fase forma a introdução para o conflito edipiano. As tendências genitais já começam a exercer sua influência, mas isso não se torna evidente nesse momento, pois os impulsos pré-genitais ainda são mais fortes. Todo o meu argumento depende do fato de que o conflito edipiano se inicia num período em que o sadismo é predominante.

A criança espera encontrar dentro da mãe (a) o pênis do pai, (b) excrementos e (c) crianças, identificando todas essas coisas com substâncias comestíveis. De acordo com as fantasias (ou "teorias sexuais")

---
1 Cf. "Estágios iniciais do conflito edipiano", neste volume.

mais iniciais da criança a respeito da relação sexual entre os pais, o pênis do pai (ou seu corpo inteiro) se incorpora à mãe durante o ato sexual. Assim, os ataques sádicos da criança têm como objeto tanto o pai quanto a mãe, que são mordidos, despedaçados, cortados ou esmagados na fantasia. Os ataques dão origem à ansiedade de que o indivíduo seja punido pelos pais em conjunto. Essa ansiedade também é internalizada em consequência da introjeção sádico-oral dos objetos e, assim, já é dirigida para o superego primitivo. Minha experiência mostra que essas situações de ansiedade nas fases iniciais do desenvolvimento mental são as mais profundas e poderosas. Também descobri que o sadismo uretral e anal, que logo se soma ao sadismo oral e muscular, desempenha um papel importante no ataque fantasiado ao corpo da mãe. Na fantasia, os excrementos se transformam em armas perigosas: o ato de urinar é equiparado a cortar, furar, queimar e afogar, enquanto a massa fecal é encarada como armas e mísseis. Num estágio posterior da fase que acabo de descrever, esses modos violentos de ataque dão lugar a agressões ocultas pelos métodos mais refinados que o sadismo pode criar, e os excrementos passam a ser igualados a substâncias venenosas.

O excesso de sadismo dá origem à ansiedade e põe em movimento os métodos de defesa mais arcaicos do ego. Sigmund Freud afirma: "Pode ser que o aparelho psíquico, antes da nítida separação em ego e id, e antes da formação de um superego, pratique métodos de defesa diferentes dos adotados após atingir esses estágios de organização".[2] De acordo com o que descobri na análise, o primeiro tipo de defesa levantado pelo ego diz respeito a duas fontes de perigo: o sadismo do próprio sujeito e o objeto que é atacado. Essa defesa tem caráter violento, proporcional à quantidade de sadismo, e difere fundamentalmente do mecanismo posterior da repressão. Em relação ao sadismo do próprio sujeito, essa defesa implica a expulsão; no que diz respeito ao objeto, no entanto, ela implica a destruição. O sadismo se torna uma fonte de perigo, não só porque oferece uma oportunidade para a liberação de ansiedade, mas também porque o sujeito acredita que as armas empregadas para destruir o objeto também se voltam contra o self. O objeto do ataque se torna uma fonte de perigo porque o sujeito teme sofrer dele ataques semelhantes como retaliação. Assim, o ego em desenvolvimento se vê diante de uma tarefa que não está

---

2 Sigmund Freud, *Inibição, sintoma e angústia* [1926], in *Obras completas*, v. 17, trad. Paulo César de Souza. São Paulo: Companhia das Letras, 2014, p. 113 (trad. modif.).

ao alcance de suas possibilidades nesse estágio: a de dominar a mais aguda ansiedade.

Sándor Ferenczi acredita que a identificação, precursora do simbolismo, surge da tentativa do bebê de reencontrar em todo objeto seus próprios órgãos e o funcionamento deles. De acordo com Ernest Jones, o princípio de prazer torna possível que duas coisas bem diferentes sejam igualadas, por causa de uma similaridade calcada no prazer ou no interesse. Há alguns anos, escrevi um artigo, "Análise precoce" (1923), com base nesses conceitos, no qual cheguei à conclusão de que o simbolismo é o fundamento de toda sublimação e de todo talento, pois é por meio da igualdade simbólica que as coisas, as atividades e os interesses se tornam o conteúdo de fantasias libidinais.

Agora posso ir um pouco mais além e afirmar que, juntamente ao interesse libidinal, é a ansiedade que surge na fase que acabo de descrever que põe em movimento o mecanismo da identificação. Uma vez que a criança deseja destruir os órgãos (pênis, vagina, seios) que representam os objetos, estes passam a ser uma fonte de pavor. Essa ansiedade contribui para que a criança iguale os órgãos em questão com outras coisas; como resultado, estes também se tornam objetos de ansiedade e ela se vê obrigada a estabelecer constantemente novas equiparações, que formam a base do simbolismo e de seu interesse nos novos objetos.

Desse modo, o simbolismo se torna a base não só de toda a fantasia e sublimação, mas também da relação do indivíduo com o mundo externo e com a realidade em geral. Já observei que o objeto do sadismo, quando este está em seu auge, assim como do desejo de conhecimento que surge na mesma época, é o corpo da mãe com seu conteúdo fantasiado. As fantasias sádicas dirigidas contra o interior desse corpo constituem a primeira e mais básica relação com o mundo externo e a realidade. O grau de sucesso com que o indivíduo consegue passar por essa fase vai determinar até que ponto ele poderá ter acesso a um mundo externo que corresponda à realidade. Podemos ver, então, que a primeira realidade da criança é totalmente fantástica; ela se vê cercada de objetos de ansiedade e, nesse sentido, os excrementos, os órgãos, os objetos, coisas animadas e inanimadas de início são igualadas umas às outras. À medida que o ego se desenvolve, uma relação verdadeira com a realidade vai se estabelecendo a partir dessa realidade irreal. Assim, o desenvolvimento do ego e a relação com a realidade dependem da capacidade do indivíduo de tolerar a pressão das primeiras situações de ansiedade, já num período muito inicial. Como de costume, é preciso um equilíbrio ideal entre os fatores envolvidos. Certa quantidade de ansiedade é a base necessária para que a formação de símbolos e a fantasia ocorram em abundância; é essencial que o ego possua a capacidade adequada de tolerar a ansiedade, a fim de elaborá-la de forma satisfatória. Desse modo, essa fase básica terá uma conclusão favorável e o desenvolvimento do ego será bem-sucedido.

Cheguei a essas conclusões a partir de minha experiência analítica em geral, mas elas foram confirmadas de forma impressionante por um caso no qual havia uma extraordinária inibição do desenvolvimento do ego.

Esse caso, a respeito do qual darei alguns detalhes nas próximas linhas, era o de um menino de quatro anos que, levando em conta a pobreza de seu vocabulário e de suas realizações intelectuais, estava no mesmo nível de uma criança de quinze ou dezoito meses. Ele praticamente não apresentava nenhum sinal de adaptação à realidade nem de ter estabelecido relações emocionais com seu ambiente. Esse menino, Dick, não demonstrava muitos afetos e era indiferente à presença ou à ausência da mãe ou da babá. Desde o início, ele raramente exibia algum tipo de ansiedade e, quando isso ocorria, era numa quantidade excepcionalmente baixa. Não tinha quase nenhum interesse, com uma única exceção, a que voltarei mais tarde; tampouco brincava e não tinha nenhum contato com seu ambiente. Na maior parte do tempo, limitava-se a juntar alguns sons de forma desconcatenada e repetia constantemente determinados ruídos. Quando falava, geralmente empregava seu paupérrimo vocabulário de forma incorreta. Não se tratava apenas de uma incapacidade de se fazer entender: na verdade, não tinha a menor vontade de fazer isso. Mais ainda, a mãe de Dick às vezes conseguia sentir claramente no menino uma forte atitude negativa que se expressava no fato de com frequência fazer o *oposto* daquilo que se esperava dele. Por exemplo, quando ela conseguia fazer o menino repetir depois dela algumas palavras diferentes, ele muitas vezes as alterava por completo, apesar de pronunciá-las com perfeição em outras ocasiões. Outras vezes, ele pronunciava as palavras da maneira correta, mas continuava a repeti-las sem parar, de modo mecânico, até todos à sua volta simplesmente não aguentarem mais. Esses dois tipos de comportamento diferem daquele da criança neurótica. Quando a criança neurótica expressa oposição por meio do desafio, ou quando expressa obediência (ainda que acompanhada de excesso de ansiedade), ela faz isso com certo discernimento e com alguma referência à pessoa ou coisa envolvida. Mas a oposição e a obediência de Dick não incluíam nem afeto, nem discernimento.

Além disso, quando se machucava, apresentava forte insensibilidade à dor e não tinha o desejo, universal nas crianças pequenas, de ser reconfortado e receber um pouco de carinho. Sua inabilidade física também era impressionante. Não conseguia segurar facas ou tesouras, mas conseguia manejar normalmente a colher que usava para comer.

A impressão que tive de sua primeira visita foi que seu comportamento era diferente daquele que podemos observar em crianças neuróticas. Ele deixou a babá ir embora sem manifestar a menor emoção e me seguiu para o consultório com total indiferença. Uma vez lá dentro, começou a correr de um lado para o outro sem nenhum objetivo e muitas vezes se desviou de mim como se eu fosse um móvel – tudo isso sem mostrar qualquer interesse por nenhum objeto dentro da sala. Enquanto corria de um lado para o outro, seus movimentos pareciam totalmente descoordenados. A expressão de seus olhos e de seu rosto era fixa, distante e não deixava transparecer nenhum tipo de interesse. Compare mais uma vez esse comportamento com o de crianças que sofrem de uma neurose grave. Tenho em mente o tipo de criança que, mesmo sem ter uma crise de ansiedade, na primeira visita se recolheria tímida e rigidamente num canto da sala, ou ficaria sentada imóvel diante da mesinha cheia de brinquedos, ou então levantaria um ou outro objeto, apenas para colocá-lo de volta no lugar, sem brincar. Em todos esses tipos de comportamento, não há como deixar de perceber a presença de grande ansiedade latente. O canto da mesinha é um dos lugares mais procurados para se refugiar de mim. Mas o comportamento de Dick não tinha nenhum propósito ou significado, nem estava associado a algum afeto ou ansiedade.

Apresentarei agora alguns detalhes da história anterior do menino. Dick passara por tempos difíceis e de grande frustração quando ainda era um bebê de colo, pois a mãe tentara inutilmente amamentá-lo durante algumas semanas, deixando o bebê quase morrer de fome. Recorreu-se, então, a alimentos artificiais. Quando Dick tinha seis semanas de vida, finalmente encontrou uma ama de leite, mas nessa época a amamentação no seio já não surtia muito efeito para ele. Começou a sofrer de problemas digestivos, prolapso retal e, mais tarde, de hemorroidas. É possível que seu desenvolvimento tenha sido afetado pelo fato de, apesar de ser alvo de todo tipo de atenção, o menino nunca ter recebido amor verdadeiro, pois desde o início a atitude da mãe em relação a ele era de extrema ansiedade.

Além disso, como nem o pai, nem a babá lhe demonstravam grande afeição, Dick cresceu num ambiente escasso de amor. Quando tinha dois anos, foi entregue a uma nova babá, que era bastante habilidosa e afetuosa. Pouco depois, passou um tempo considerável com a avó, que lhe dava muito carinho. A influência exercida por essas mudanças pôde ser observada em seu desenvolvimento. O menino aprendera a andar na idade normal, mas houve certa dificuldade em ensiná-lo a controlar suas funções excretoras. Sob a influência da nova babá, ele adquiriu hábitos de higiene com uma facilidade bem maior. Com cerca de três anos, já os dominava por completo e nesse ponto chegou a demonstrar certo grau de ambição e receio. No quarto ano de vida, também se mostrou sensível à culpa em outro aspecto. A babá descobriu que ele tinha o hábito de se masturbar e lhe disse que ele estava "aprontando" e que nunca mais deveria repetir aquilo. Essa proibição claramente deu origem à apreensão e ao sentimento de culpa. Além disso, durante seu quarto ano de vida, Dick fez maiores esforços de adaptação, sobretudo no que dizia respeito às coisas externas. Isso se expressava principalmente no aprendizado mecânico de novas palavras. Desde seus primeiros dias de vida, a questão da alimentação sempre foi excepcionalmente difícil. Quando tinha ama de leite, não demonstrava o menor desejo de mamar, e essa aversão nunca desapareceu. Depois, não gostava de beber na mamadeira. Quando chegou a época de comer alimento mais sólido, ele se recusava a mastigá-lo e absolutamente rejeitava tudo o que não tivesse a consistência de papa; mesmo assim, quase era preciso obrigá-lo a comer. Outro efeito favorável da influência da nova babá foi a melhora da atitude de Dick quanto à comida, mas as principais dificuldades continuaram presentes.[3] Assim, apesar de a bondosa babá ter influenciado seu desenvolvimento em certos aspectos, os defeitos fundamentais permaneceram intocados. Dick não conseguiu estabelecer contato emocional com ela, assim como não conseguira com as outras pessoas. Desse modo, nem a afeição da babá, nem a da avó, puderam acionar a relação de objeto que estava ausente.

Descobri na análise de Dick que o motivo para a excepcional inibição em seu desenvolvimento foi o fracasso das etapas iniciais que mencionei no início deste artigo. No caso de Dick, havia uma total incapacidade do ego para suportar ansiedade, de ordem aparentemente constitucional. A zona genital entrara em ação muito cedo; isso causou uma identificação prematura e exagerada com o objeto atacado e contribuiu para a defesa igualmente prematura contra o sadismo.

---

3 No fim do primeiro ano de vida do menino, a babá começou a achar que a criança era anormal, e algum sentimento desse tipo pode ter afetado sua atitude em relação a ele.

O ego parou de desenvolver a vida de fantasia e de estabelecer uma relação com a realidade. Depois de um frágil começo, a formação de símbolos nessa criança foi imobilizada. As tentativas iniciais deixaram sua marca em um único interesse, que, isolado e sem relação com a realidade, não pôde formar a base de novas sublimações. A criança era indiferente à maioria dos objetos e brinquedos à sua volta e não conseguia sequer compreender seu propósito e significado. No entanto, tinha interesse em trens e estações, assim como em maçanetas e portas, e na maneira como estas se abriam e fechavam.

O interesse nessas coisas e ações tinha uma única fonte: estava ligado, na verdade, à penetração do pênis no corpo da mãe. As portas e fechaduras eram as entradas e saídas desse corpo, enquanto as maçanetas representavam o pênis do pai e o do próprio menino. Assim, o que imobilizara a formação de símbolos era o medo do que lhe seria feito (principalmente pelo pênis do pai) caso penetrasse no corpo da mãe. Além disso, a defesa contra seus próprios impulsos destrutivos também foi um impedimento fundamental para seu desenvolvimento. Dick era totalmente incapaz de qualquer ato de agressão, o fundamento dessa incapacidade se revelou com clareza já num período muito inicial com sua recusa em mastigar a comida. Aos quatro anos, não conseguia segurar tesouras, facas ou ferramentas, e seus movimentos eram extraordinariamente desajeitados. A defesa contra os impulsos sádicos dirigidos contra o corpo da mãe e seu conteúdo – impulsos ligados a fantasias de relação sexual – resultou na suspensão das fantasias e na interrupção da formação de símbolos. O resto do desenvolvimento de Dick foi prejudicado porque o menino não conseguia levar para a fantasia a relação sádica com o corpo da mãe.

A dificuldade extraordinária que fui obrigada a enfrentar durante a análise não era resultado da fala imperfeita do menino. Na técnica do brincar, que acompanha as representações simbólicas da criança e dá acesso à sua ansiedade e ao sentimento de culpa, podemos dispensar em grande parte as associações verbais. Contudo, essa técnica não se limita à análise do brincar da criança. Nosso material pode ser retirado do simbolismo revelado pelos detalhes de seu comportamento geral (como não pode deixar de acontecer com crianças que sofrem de inibições no brincar).[4] No caso de Dick, porém, o simbolismo não tinha se desenvolvido. Isso se devia em parte à falta de relação afetiva com

---

4 Isso se aplica apenas à fase introdutória da análise e a outras etapas limitadas em seu desenrolar. Quando se ganha acesso ao Ics e o grau de ansiedade é reduzido, as atividades do brincar, as associações de fala e todos os outros

as coisas à sua volta, às quais se mantinha praticamente indiferente. Ele quase não estabelecera relações especiais com objetos específicos, como costuma acontecer até mesmo com crianças extremamente inibidas. Uma vez que na mente do menino não existia relação afetiva ou simbólica com esses objetos, suas ações fortuitas diante deles não eram tingidas pela fantasia e, por isso, não era possível atribuir-lhes o caráter de representações simbólicas. Sua falta de interesse pelo ambiente em que vivia e a dificuldade de estabelecer contato com sua mente, como pude perceber a partir de certos pontos em que seu comportamento diferia do de outras crianças, eram apenas efeito dessa ausência de uma relação simbólica com as coisas. A análise, então, se viu obrigada a partir desse ponto, que era o obstáculo *fundamental* para se estabelecer contato com o menino.

Na primeira vez que veio ao meu consultório, como já relatei, Dick não demonstrou nenhum tipo de afeto quando a babá o entregou a mim. Quando lhe mostrei os brinquedos que tinha preparado, o menino olhou para eles sem o menor interesse. Peguei um trem grande e o coloquei ao lado de outro menor, chamando-os de "Trem-Papai" e "Trem-Dick". Então ele pegou o trem chamado "Dick", empurrou-o até a janela e disse "Estação". Expliquei: "A estação é a mamãe; o Dick está entrando na mamãe". Ele largou o trem, correu para o espaço entre porta externa e interna do consultório, fechou-se lá dentro, disse "escuro" e saiu correndo na mesma hora. Repetiu os mesmos movimentos diversas vezes. Então, eu lhe expliquei: "É escuro dentro da mamãe. O Dick está dentro da mamãe escura". Enquanto isso, o menino pegou o trem novamente, mas logo depois correu de volta para o espaço entre as portas. Quando expliquei que ele estava entrando na mamãe escura, Dick disse duas vezes, num tom questionador: "Babá?". Respondi: "A babá já vem", frase que ele repetiu, empregando as palavras mais tarde de forma correta, retendo-as em sua mente. Na consulta seguinte, comportou-se exatamente da mesma maneira. Mas dessa vez correu direto do consultório para o hall de entrada escuro. Também colocou o trem "Dick" lá dentro e insistiu em ficar lá. Não parava de repetir: "A babá vem?". Na terceira consulta analítica, ele se comportou da mesma maneira, com a diferença de que além de correr para o hall entre as duas portas, também se enfiou atrás da cômoda. Lá, teve um acesso de ansiedade e pela primeira vez chamou por mim. A maneira como chamava repetidas vezes pela babá revelava sua apreensão e,

---

modos de representação começam a vir à tona, juntamente ao desenvolvimento de ego que se torna possível com o trabalho analítico.

quando a sessão terminou, recebeu-a com uma alegria fora do comum. Podemos ver que quando a ansiedade se manifestou, surgiu também um senso de dependência, primeiro em relação a mim e depois à babá. Ao mesmo tempo, o menino começou a se interessar pelas palavras reconfortantes "a babá já vem" e, ao contrário de seu comportamento usual, repetiu-as e decorou-as. Durante a terceira sessão, entretanto, também olhou com interesse para os brinquedos pela primeira vez, de uma maneira que deixava evidente uma tendência agressiva. Apontou para uma pequena carroça de carvão e disse: "Cortar". Eu lhe dei um par de tesouras e ele tentou arranhar os pedacinhos de madeira preta que representavam o carvão, mas não conseguia segurar as tesouras. Agindo de acordo com o olhar que ele me dirigiu, cortei os pedaços de madeira. Dick, então, atirou a carroça danificada e seu conteúdo na gaveta e disse: "Foi embora". Eu lhe disse que isso significava que Dick estava cortando as fezes para fora da mãe. Ele então correu para o hall de entrada e arranhou um pouco as portas com as unhas, mostrando que identificava aquele espaço com a carroça e ambos com o corpo da mãe, que estava atacando. Logo saiu correndo do espaço entre as portas, encontrou o armário e se enfiou lá dentro. No início da próxima sessão, chorou quando a babá foi embora – algo extraordinário, no caso desse menino. No entanto, logo se acalmou. Dessa vez, evitou o espaço entre portas, armário e canto da sala, preferindo se concentrar nos brinquedos, examinando-os com mais cuidado, exibindo um princípio de curiosidade. Ao fazer isso, deparou-se com a carroça que fora danificada na sessão anterior e com seu conteúdo. Rapidamente empurrou-os para o lado e cobriu-os com outros brinquedos. Quando expliquei que a carroça danificada representava a mãe, ele a pegou juntamente aos pedacinhos de carvão e levou-a para o espaço entre as portas. À medida que a análise progredia, ficou claro que ao atirá-los para fora do quarto o menino estava indicando uma expulsão tanto do objeto danificado como de seu próprio sadismo (ou dos meios que este empregava), que assim era projetado para o mundo externo. Dick também descobriu que a bacia d'água simbolizava o corpo da mãe e tinha um medo extraordinário de se molhar. Enxugava ansiosamente a mão, assim como minha, que também mergulhara na água. Logo depois, passou a apresentar a mesma ansiedade ao urinar. Para ele, a urina e as fezes representavam substâncias prejudiciais e perigosas.[5]

---

5   Aqui pude encontrar a explicação para uma estranha apreensão que a mãe de Dick percebera no menino quando ele tinha cerca de cinco meses e que voltou a se manifestar de vez em quando em períodos posteriores. Ao

Ficou claro que na fantasia de Dick as fezes, a urina e o pênis representavam objetos que serviam para atacar o corpo da mãe sendo encarados pelo menino como fontes de dano também para si mesmo. Essas fantasias colaboravam para o medo do conteúdo do corpo materno e principalmente do pênis do pai, que ele fantasiou estar dentro do útero. Foi possível perceber a presença desse pênis fantasiado e de um crescente sentimento de agressividade dirigido contra ele sob várias formas, entre as quais se destacava o desejo de comê-lo e destruí-lo. Em certa ocasião, por exemplo, Dick levou um homenzinho de brinquedo até a boca, cerrou os dentes e disse "*Tea daddy*" [Chá papai], querendo dizer "*Eat daddy*" [Comer papai]. Depois pediu para beber água. A introjeção do pênis do pai estava associada ao medo do objeto em si, como o de um superego primitivo e agressivo, e também de ser punido pela mãe, que se via roubada – ou seja, medo dos objetos externos e daqueles que haviam sido introjetados. Nesse ponto, uma circunstância que já mencionei antes e que foi um fator determinante no desenvolvimento do menino passou a ocupar uma posição de destaque: a fase genital se ativou precocemente em Dick. Isso pode ser comprovado pelo fato de as representações que acabei de mencionar serem seguidas não só de ansiedade, mas também de remorso, de pena e da sensação de que era preciso oferecer algum tipo de compensação. Desse modo, o menino começou a colocar os homenzinhos de brinquedo no meu colo ou na minha mão, guardava tudo de volta na gaveta, e assim por diante. O funcionamento inicial das reações originárias do nível genital resultava de um desenvolvimento prematuro do ego, mas isso serviu apenas para inibir o resto desse desenvolvimento. Ainda não havia como relacionar à realidade essa identificação inicial com o objeto. Por exemplo, quando viu algumas aparas de lápis no meu colo, Dick disse: "Pobre sra. Klein". No entanto, numa situação semelhante, disse da mesma maneira: "Pobre cortina". Somada à incapacidade de tolerar a ansiedade, esta *empatia* prematura

---

defecar e urinar, a expressão da criança era de grande ansiedade. Uma vez que as fezes não estavam duras, o fato de o menino sofrer de prolapso retal e hemorroidas não era o bastante para explicar essa apreensão, mesmo porque ela se manifestava da mesma maneira quando ele estava urinando. Durante a sessão de análise, essa ansiedade chegava a tal ponto que, quando Dick me dizia que queria urinar ou defecar, só fazia isso depois de uma longa hesitação, com todos os sinais de uma profunda ansiedade e com lágrimas nos olhos. Depois que essa ansiedade foi analisada, sua atitude diante dessas duas funções se modificou muito e agora é quase normal.

tornou-se um fator decisivo para o afastamento de todo impulso destrutivo. Dick se isolou da realidade e imobilizou sua vida de fantasia ao se refugiar na fantasia do corpo escuro e vazio da mãe. Desse modo, aparentemente também conseguiu desviar sua atenção dos diversos objetos do mundo externo que representavam o conteúdo do corpo materno: o pênis do pai, as fezes, as crianças. Seu próprio pênis, que era o órgão do sadismo, e seus excrementos deviam ser jogados fora (ou recusados), pois eram perigosos e agressivos.

Na análise de Dick, consegui ter acesso ao inconsciente do menino ao entrar em contato com os rudimentos de fantasia e formação de símbolos que ele apresentava. O resultado foi uma diminuição de sua ansiedade latente, o que tornou possível que parte dessa ansiedade se manifestasse. Isso significava, porém, que a elaboração da ansiedade estava partindo do estabelecimento de uma relação simbólica com as coisas e os objetos. Ao mesmo tempo, os impulsos epistemofílicos e agressivos do menino entraram em ação. Cada avanço trazia a liberação de novas quantidades de ansiedade e fazia Dick se afastar, até certo ponto, das coisas com as quais já tinha estabelecido uma relação afetiva, mas que agora se tornavam objetos de ansiedade. Ao fazer isso, ele se voltava para novos objetos, e seus impulsos agressivos e epistemofílicos agora se dirigiam a essas novas relações afetivas. Assim, Dick passou a evitar o armário durante algum tempo, por exemplo, mas investigou cuidadosamente a bacia e o aquecedor elétrico, examinando-os em detalhes e manifestando novamente impulsos destrutivos contra esses objetos. Depois, desviou seu interesse para coisas novas, ou de volta para coisas que já conhecia, mas que deixara de lado antes. Mais tarde, voltou a se ocupar com o armário, mas dessa vez seu interesse veio acompanhado de atividade e curiosidade bem maiores, além de uma tendência mais forte para todo tipo de agressão. Batia no móvel com uma colher, arranhava-o e lascava-o com uma faca, além de respingar-lhe água. Examinava com atenção as dobradiças da porta, a maneira como se abria e se fechava, a fechadura etc. Entrava no armário e perguntava o nome de cada peça. Dessa maneira, à medida que seus interesses iam se desenvolvendo, ele ia expandindo seu vocabulário, pois agora tinha uma curiosidade cada vez maior não só pelas coisas em si, mas também por seus nomes. As palavras que antes ouvia e ignorava, ele agora lembrava e empregava corretamente.

Juntamente a esse desenvolvimento de seus interesses e de uma transferência cada vez maior em relação a mim, finalmente veio à tona as relações de objeto que até então estavam ausentes. Ao longo desses meses, a atitude do menino para com a mãe e a babá tornou-se afetuosa e normal. Ele agora deseja sua presença, quer que elas lhe deem atenção e fica triste quando vão embora. Seu relacionamento com o pai também dá mostras crescentes de estar seguindo a atitude edipiana normal e há uma relação cada vez mais firme com os objetos em geral. O desejo de se fazer entender, que antes estava ausente, agora age com toda a força. Dick tenta se fazer entender com seu vocabulário ainda bastante limitado, mas em expansão, e que ele diligentemente procura ampliar. Há também várias indicações de que o menino esteja começando a estabelecer certa relação com a realidade.

Até agora se passaram seis meses desde o início da análise. O desenvolvimento do menino, que começou a se manifestar em todos os pontos fundamentais ao longo desse período, aponta para um prognóstico favorável. Vários dos problemas específicos desse caso acabaram sendo solucionados. Foi possível entrar em contato com Dick através de apenas algumas palavras, capazes de ativar a ansiedade numa criança a que faltava todo interesse e afeto; também foi possível resolver e regular gradualmente a ansiedade liberada. Gostaria de enfatizar, porém, que no caso de Dick me vi obrigada a modificar minha técnica usual. Em geral, não interpreto o material até ele ter sido expresso em várias representações. Contudo, num caso em que a capacidade de representação era quase inexistente, fui obrigada a basear minhas interpretações em meu conhecimento geral, pois as representações que se manifestavam no comportamento de Dick eram relativamente vagas. Encontrando dessa maneira um acesso para seu inconsciente, consegui ativar a ansiedade e outros afetos. As representações então se tornaram mais completas e logo obtive alicerces mais sólidos para a análise, passando gradualmente para a técnica que costumo empregar na análise de crianças pequenas.

Já mostrei como consegui fazer a ansiedade se manifestar ao reduzi-la em seu estado latente. Quando isso aconteceu, pude resolver parte dela com a interpretação. Ao mesmo tempo, porém, foi possível trabalhá-la de forma mais vantajosa, ou seja, distribuindo-a entre novas coisas e interesses; desse modo, ela ficou bem mais moderada, tornando-se suportável para o ego. Só o resto do tratamento poderá indicar se, nos casos em que as quantidades de ansiedade são reguladas dessa forma, o ego será capaz de tolerar e resolver quantidades normais. No caso de Dick, portanto, a questão era modificar um fator fundamental de seu desenvolvimento por meio da análise.

A única coisa a fazer ao se analisar essa criança, que não conseguia se fazer entender e cujo ego não estava aberto a qualquer tipo de influência, era tentar ganhar acesso ao seu inconsciente e, diminuindo as dificuldades inconscientes, abrir caminho para o desenvolvimento do ego. No caso de Dick, assim como em qualquer outro, o acesso ao inconsciente só podia ser obtido, é claro, através do ego. Os acontecimentos mostraram que até mesmo esse ego de desenvolvimento tão imperfeito se prestava a estabelecer uma ligação com o inconsciente. Do ponto de vista teórico, é importante observar que, mesmo num caso tão grave de desenvolvimento deficiente do ego, é possível desenvolver tanto o ego quanto a libido apenas ao se analisar os conflitos inconscientes, sem exercer nenhuma influência educacional sobre o ego. Se até mesmo o ego mal desenvolvido da criança que não tinha nenhuma relação com a realidade pôde suportar a remoção das repressões com a ajuda da análise sem ser dominado pelo id, é óbvio que no caso de crianças neuróticas (bem menos grave) não é preciso ter medo de que o ego sucumba ao id. Também é preciso observar que, apesar de a influência educacional exercida pelas pessoas à sua volta não surtir nenhum efeito sobre Dick antes, agora que seu ego está se desenvolvendo por causa da análise, o menino se torna cada vez mais receptivo a essa influência, que consegue acompanhar os impulsos pulsionais mobilizados pela análise e é mais do que suficiente para lidar com eles.

Ainda resta a questão do diagnóstico. O dr. Forsyth diagnosticou o caso como uma *dementia praecox* e na sua opinião valia a pena tentar a análise. Esse diagnóstico parece ser corroborado pelo fato de o quadro clínico condizer em vários aspectos importantes com o da *dementia praecox* avançada nos adultos. Resumindo-o mais uma vez: ele se caracterizava por ausência quase total de afeto e ansiedade, considerável afastamento da realidade, inacessibilidade, falta de *ligações* emotivas, comportamento negativo em alternância com sinais de obediência automática, indiferença à dor, repetição – sintomas típicos da *dementia praecox*. Além disso, o diagnóstico também é confirmado pelo fato de se poder excluir a presença de qualquer doença orgânica, primeiro porque o exame do dr. Forsyth não revelou nenhuma e, segundo, porque o caso pôde ser influenciado pelo tratamento psicológico. A análise deixou claro para mim que a ideia de uma psiconeurose podia ser definitivamente descartada.

Contra o diagnóstico de *dementia praecox* havia o fato de a principal característica do caso de Dick ser a inibição do desenvolvimento, e não a regressão. Além disso, a *dementia praecox* é extremamente rara na primeira infância, a ponto de vários psiquiatras afirmarem que ela não ocorre nesse período.

Do ponto de vista da psiquiatria clínica, prefiro não me comprometer com a questão do diagnóstico, mas minha experiência na análise de crianças me permite fazer algumas observações de caráter geral sobre a psicose na infância. Estou convencida de que a esquizofrenia é muito mais comum na infância do que se supõe. Eis aqui alguns motivos pelos quais ela não costuma ser detectada: (1) os pais, principalmente nas classes desfavorecidas, geralmente só consultam o psiquiatra em casos extremos, isto é, quando não conseguem fazer mais nada pela criança. Assim, um grande número de casos não é submetido à observação médica. (2) Nos casos que chegam à atenção dos especialistas, muitas vezes é impossível diagnosticar a esquizofrenia num único exame rápido. Por isso, vários casos desse tipo são classificados com denominações indefinidas, como "desenvolvimento interrompido", "deficiência mental", "condição psicopática", "tendência associal" etc. (3) Acima de tudo, a esquizofrenia é menos óbvia na criança do que no adulto. É mais difícil detectar traços típicos dessa doença na criança, pois em menor intensidade eles são aspectos naturais do desenvolvimento das crianças normais. No caso das crianças, não consideramos extraordinário, por exemplo, um marcante afastamento da realidade, a falta de *ligações* emotivas, a incapacidade de se concentrar em qualquer tipo de ocupação, o comportamento tolo e a fala sem sentido, e não julgamos essas ocorrências da mesma maneira que no caso dos adultos. O excesso de mobilidade e a presença de movimentos estereotipados são muito comuns nas crianças, e só diferem da hipercinesia e da estereotipia típicas da esquizofrenia por uma questão de gradação. É preciso que a obediência automática seja muito acentuada para que os pais não a encarem apenas como mera "docilidade". O comportamento negativo costuma ser considerado "travessura" e a dissociação é um fenômeno que em geral simplesmente foge à observação na criança. O fato de a ansiedade fóbica das crianças com frequência conter ideias persecutórias de caráter paranoide,[6] além de temores hipocondríacos, exige uma observação muito cuidadosa e muitas vezes só pode ser revelado por meio da análise. (4) Ainda mais comum do que a psicose nas crianças é a presença de traços psicóticos que, em circunstâncias desfavoráveis, podem levar à doença num estágio posterior.

Na minha opinião, portanto, a esquizofrenia na infância – e principalmente a presença de traços esquizofrênicos, que é um fenômeno bem mais generalizado – é bem mais comum do que se supõe. Cheguei à conclusão (que só poderei justificar de forma detalhada em outra ocasião) de que é preciso expandir o conceito de esquizofrenia em particular e de psicose em geral no que diz respeito à sua ocorrência

---

6 Cf. meu artigo sobre "A personificação no brincar das crianças", neste volume.

na infância. Além disso, acredito que uma das principais tarefas da análise de crianças é a descoberta e a cura das psicoses durante a infância. O conhecimento teórico adquirido dessa maneira, sem dúvida, seria de grande valor para compreendermos a estrutura das psicoses e nos ajudaria a estabelecer um diagnóstico diferenciador mais preciso entre as várias doenças.

Se ampliarmos o uso desse termo da forma como propus, creio que poderíamos classificar a doença de Dick como esquizofrenia. É verdade que ela difere da esquizofrenia típica da infância, uma vez que nesse caso o problema era uma inibição do desenvolvimento, enquanto na maioria das vezes há uma regressão depois de determinado estágio do desenvolvimento ter sido atingido com sucesso.[7] Além disso, a gravidade do caso torna o quadro clínico ainda mais extraordinário. De qualquer maneira, tenho razões para acreditar que não se trata de um caso isolado, pois há pouco tempo me deparei com uma situação semelhante em duas crianças com mais ou menos a mesma idade de Dick. É de se esperar, portanto, que se abríssemos os olhos para uma observação mais cuidadosa, muitos outros casos desse tipo seriam do nosso conhecimento.

Farei agora um resumo de minhas conclusões teóricas. Elas foram elaboradas não só a partir do caso de Dick, mas também de outros casos menos graves de esquizofrenia em crianças entre cinco e treze anos, e também de minha experiência analítica geral.

Os estágios iniciais do conflito edipiano são dominados pelo sadismo. Eles ocorrem durante uma fase do desenvolvimento que é inaugurada pelo sadismo oral (ao qual se associa o sadismo uretral, muscular e anal) e se encerra com o fim da ascendência do sadismo anal.

É somente nos estágios finais do conflito edipiano que a defesa contra os impulsos libidinais entra em cena: nos estágios iniciais, a defesa se dirige apenas contra os impulsos *destrutivos* que os acompanham. A primeira defesa levantada pelo ego é dirigida contra o sadismo do próprio sujeito e contra o objeto atacado, ambos encarados como fontes de perigo. Essa defesa tem um caráter violento, diferente do

---

[7] No entanto, o fato de a análise conseguir estabelecer contato com a mente de Dick e provocar certos avanços num período relativamente curto aponta para a possibilidade de já ter havido algum desenvolvimento latente, além do leve desenvolvimento que se manifestou exteriormente. Contudo, mesmo que aceitássemos essa suposição, o desenvolvimento total era tão pequeno que a hipótese de uma regressão a partir de um estágio já atingido não se enquadraria nesse caso.

mecanismo da repressão. No caso do menino, essa forte defesa também se dirige contra o próprio pênis, como órgão executor do sadismo, e é uma das fontes mais profundas de todos os distúrbios da potência.

Essas são minhas hipóteses a respeito do desenvolvimento das pessoas normais e dos neuróticos; vejamos agora a gênese das psicoses.

Na primeira parte da fase em que o sadismo está no auge, imagina-se que os ataques serão feitos por meio da violência. Minhas observações indicam que esse é o ponto de fixação da *dementia praecox*. Na segunda parte dessa fase, acredita-se que os ataques serão feitos por envenenamento, e os impulsos uretrais e sádico-anais tornam-se dominantes. Acredito que esse seja o ponto de fixação da paranoia.[8] Karl Abraham afirmava que na paranoia a libido regredia para o início do estágio anal. Minhas conclusões estão de acordo com as hipóteses de Freud, segundo as quais os pontos de fixação da *dementia praecox* e da paranoia devem ser procurados no estágio narcísico, e o da *dementia praecox* antecede o da paranoia.

A defesa prematura e excessiva do ego contra o sadismo dificulta o estabelecimento da relação com a realidade e o desenvolvimento da vida de fantasia. A apropriação e a investigação sádica do corpo da mãe e do mundo externo (o corpo da mãe num sentido mais amplo) são interrompidas, o que causa a suspensão total ou parcial da relação simbólica com as coisas e os objetos que representam o conteúdo do corpo materno e, consequentemente, da relação do indivíduo com seu ambiente e a realidade. Esse retraimento se torna a base da ausência de afeto e da ansiedade, que é um dos sintomas da *dementia praecox*. Nessa doença, portanto, a regressão iria até a fase inicial do desenvolvimento em que a apropriação sádica e a destruição do interior do corpo materno, imaginadas pelo indivíduo em sua fantasia, são impedidas ou dificultadas por causa da ansiedade, juntamente ao estabelecimento da relação com a realidade.

---

8 Citarei em outra ocasião (*A psicanálise de crianças* [1932], trad. Liana Pinto Chaves. Rio de Janeiro: Imago, 1997) o material em que se baseia meu ponto de vista e darei motivos mais detalhados para adotá-lo.

1930
A psicoterapia das psicoses

> Melanie Klein apresentou este pequeno trabalho em um simpósio sobre o papel da psicoterapia nas psicoses. Trata-se de uma recapitulação, em dois pontos ipsis litteris, de algumas de suas descobertas sobre a esquizofrenia infantil e as situações de ansiedade na raiz das psicoses, descritas em "A importância da formação de símbolos no desenvolvimento do ego" (1930).

Quando se faz uma avaliação dos critérios em que os psiquiatras baseiam seus diagnósticos, fica-se espantado com o fato de que, apesar de parecerem muito complicados e abrangerem um amplo leque de casos clínicos, estes se concentram basicamente num ponto específico: a relação com a realidade. É óbvio, porém, que a realidade que o psiquiatra tem em mente é a realidade – tanto subjetiva quanto objetiva – do adulto normal. Ainda que isso se justifique do ponto de vista social da insanidade, desse modo se ignora o fato mais importante: os fundamentos da relação com a realidade na primeira infância são completamente diferentes. A análise de crianças pequenas, entre dois anos e meio e cinco anos, mostra claramente que para todas as crianças a realidade externa de início é antes de mais nada um espelho de sua própria vida pulsional. Ora, a primeira fase do estabelecimento de relações humanas é dominada por impulsos sádico-orais. Esses impulsos sádicos são acentuados por experiências de frustração e privação, e o resultado desse processo é que todos os outros instrumentos de expressão sádica que a criança possui – a que damos os nomes de sadismo uretral, sadismo anal e sadismo muscular – também são ativados e dirigidos contra os objetos. Nessa fase, a realidade externa é povoada na imaginação da criança por objetos que a tratarão com o mesmo sadismo com que é impelida a tratar esses objetos. Essa relação é, na verdade, a realidade primitiva da criança muito pequena.

No que diz respeito à primeira realidade da criança, não é exagero dizer que o mundo é um seio e uma barriga cheia de objetos perigosos – perigosos por causa do impulso da própria criança para atacá-los. Enquanto o desenvolvimento normal do ego consiste em avaliar gradualmente os objetos externos por meio de uma escala de valores calcada na realidade, no caso do psicótico, o mundo – e isso na prática significa os objetos – ainda é avaliado no nível original; ou seja, para o psicótico, o mundo ainda é uma barriga povoada por objetos perigosos. Assim, se me pedissem para fazer em poucas palavras uma generalização válida das psicoses, eu diria que os grupos mais importantes correspondem a defesas contra as principais fases de desenvolvimento do sadismo.

Um dos motivos pelos quais essas relações não costumam ser percebidas é que, apesar de haver obviamente certas semelhanças bastante próximas em alguns casos, a psicose na infância geralmente apresenta características de diagnóstico muito diferentes daquelas das psicoses convencionais. Por exemplo, eu diria que a característica mais prejudicial numa criança de quatro anos seria a permanência, com toda sua força, dos sistemas de fantasia típicos da criança de um ano; em outras palavras, uma fixação que, em termos clínicos, provoca a suspensão do desenvolvimento. Apesar de a fixação fantástica só poder ser descoberta pela análise, há vários indícios clínicos de atraso que raramente (ou nunca) são avaliados da forma adequada.

No caso de pacientes que chegam a ser levados à presença do médico, muitas vezes é impossível que este detecte a presença da esquizofrenia num único rápido exame. Assim, muitos casos desse tipo são classificados com denominações indefinidas, como "desenvolvimento interrompido", "condição psicopática", "tendência associal" etc. Acima de tudo, a esquizofrenia é menos óbvia na criança do que no adulto. É mais difícil detectar traços típicos dessa doença na criança, pois em menor intensidade eles são aspectos naturais do desenvolvimento das crianças normais. No caso das crianças, não consideramos extraordinário, por exemplo, um marcante afastamento da realidade, a falta de *ligações* emotivas, a incapacidade de se concentrar em qualquer tipo de ocupação, o comportamento tolo e a fala sem sentido e não julgamos essas ocorrências da mesma maneira que no caso dos adultos. O excesso de mobilidade e a presença de movimentos estereotipados são muito comuns nas crianças e só diferem da hipercinesia e da estereotipia típicas da esquizofrenia por uma questão de gradação. É preciso que a obediência automática seja muito acentuada para que os pais não a encarem apenas como mera "docilidade". O comportamento negativo costuma ser considerado "travessura" e a dissociação é um fenômeno que em geral simplesmente foge à observação na criança. O fato de a ansiedade fóbica das crianças muitas vezes conter ideias persecutórias de tipo paranoide, além de temores hipocondríacos, exige uma observação muito cuidadosa e muitas vezes só pode ser revelado por meio da análise. Ainda mais comum do que a psicose nas crianças é a presença de traços psicóticos que, em circunstâncias desfavoráveis, podem levar à doença num estágio posterior.[1]

Posso dar o exemplo de um caso em que ações estereotipadas estavam totalmente calcadas na ansiedade psicótica, mas que jamais teria levantado suspeitas desse tipo. Um menino de seis anos passava horas brincando de ser um policial comandando o tráfego. Nessa brincadeira, assumia repetidamente determinadas posições, permanecendo imobilizado em algumas delas por bastante tempo. Apresentava, portanto, certas indicações de catatonia, além de estereotipia. A análise revelou o mesmo medo avassalador que encontramos em casos de natureza psicótica. Nossa experiência mostra que esse medo psicótico avassalador é tipicamente bloqueado por meio de vários dispositivos a que os sintomas estão ligados.

Há também crianças que vivem na fantasia. É fácil perceber como elas se isolam da realidade em seu brincar e só conseguem sustentar suas fantasias ao manterem-na completamente excluída. Essas crianças consideram insuportável qualquer tipo de frustração, pois isso faz com que se lembrem da realidade; também não conseguem se concentrar em nenhuma ocupação relacionada à realidade. Por exemplo, um menino de seis anos desse tipo costumava brincar que era o poderoso líder de um bando de caçadores ferozes e animais selvagens; ele lutava, vencia e mandava matar cruelmente seus inimigos, que também possuíam feras para ajudá-los. Depois disso, os animais eram devorados. A batalha nunca chegava ao fim, pois sempre surgiam novos animais. Depois de um período considerável de análise, descobri nessa criança não só traços neuróticos, mas outros claramente paranoides. Ela sempre se sentira cercada e ameaçada por mágicos, bruxas e soldados. Como tantas outras crianças, esse menino mantinha o conteúdo de sua ansiedade escondido de todos à sua volta.

---

1 Cf. "A importância da formação de símbolos no desenvolvimento do ego", neste volume.

Também descobri, por exemplo, que no caso de um menino aparentemente normal, que acreditava obstinadamente na presença de fadas e figuras amigas como o Papai Noel à sua volta, essas entidades serviam para encobrir a ansiedade de estar sempre cercado de animais terríveis, que ameaçavam atacá-lo e engoli-lo.

Em minha opinião, portanto, a esquizofrenia na infância – e principalmente a presença de traços esquizofrênicos, que é um fenômeno bem mais generalizado – é bem mais comum do que se supõe. Cheguei à conclusão de que é preciso expandir o conceito de esquizofrenia em particular e de psicose em geral no que diz respeito à sua ocorrência na infância. Além disso, acredito que uma das principais tarefas do analista de crianças é a descoberta e a cura das psicoses durante a infância. O conhecimento teórico adquirido dessa maneira sem dúvida seria de grande valor para compreendermos a estrutura das psicoses e nos ajudaria a estabelecer um diagnóstico diferenciador mais preciso entre as várias doenças.

1931
Uma contribuição à teoria da inibição intelectual

A questão da inibição intelectual sempre interessou Melanie Klein. Suas apresentações iniciais em "O desenvolvimento de uma criança" (1921) e "O papel da escola no desenvolvimento libidinal da criança" (1923) seguem a teoria de Sigmund Freud, considerando a capacidade intelectual como uma sublimação libidinal que pode ser inibida pela ansiedade de castração. No entanto, já no segundo artigo, o material clínico analisado deixa claro que ela está ciente do efeito inibidor das fantasias agressivas. Em "Estágios iniciais do conflito edipiano" (1928), argumenta que a pulsão epistemofílica não é criada pela libido, mas sim pelo sadismo, o sadismo arcaico com o qual a criança ataca – e ao mesmo tempo conhece – o corpo da mãe. Assim, o corpo da mãe é o primeiro objeto de conhecimento. Em "A importância da formação de símbolos no desenvolvimento do ego" (1930), Klein apresenta outra descoberta. Demonstra que uma defesa maciça contra o sadismo, como aquela que encontramos na *dementia praecox*, causa uma inibição epistemofílica geral.

O presente artigo é o único que aborda diretamente a questão da inibição intelectual. Ele expõe de forma mais completa as opiniões apresentadas em 1928 e 1930, além de conter novas descobertas. Melanie Klein descreve dois grupos contrastantes de ansiedade que se seguem aos ataques sádicos e inibem o funcionamento intelectual. Ansiedades a respeito da condição perigosa do corpo da mãe e, por extensão, da realidade externa, interferem na livre exploração do mundo exterior, enquanto o medo de perigos no próprio self, principalmente a presença ameaçadora do superego sádico primitivo, impede a autoexploração. Ela também mostra que as defesas contra o sadismo podem provocar não só uma inibição epistemofílica generalizada, mas também inibições intelectuais específicas.

Até aqui, a contribuição original de Melanie Klein para o problema da inibição intelectual se dá por meio de um estudo do sadismo e suas consequências. No ano seguinte, porém, depois de aceitar a teoria de Freud sobre as pulsões de vida e de morte como um princípio fundamental, ela deixa de estudar o sadismo isoladamente, passando a examinar o amor e o ódio em interação. Falando em termos da divisão posterior das ansiedades entre persecutórias e depressivas, as ansiedades investigadas em relação à inibição intelectual até agora são de caráter persecutório. Em "Uma contribuição à psicogênese dos estados maníaco-depressivos" (1935), ela chama atenção para outro grupo de ansiedades, as ansiedades depressivas, mostrando como a capacidade de aprender e trabalhar pode ser prejudicada pela depressão e o desespero em torno dos objetos danificados.

O leitor que comparar este artigo com os primeiros exames a respeito da inibição intelectual, realizados um pouco mais de uma década antes, perceberá grandes mudanças. Esse parece ser um ponto adequado para que Melanie Klein apresente as ideias que vinha acumulando em forma de livro. De fato, o ano seguinte viu a publicação de *A psicanálise de crianças* (1932).

Neste artigo, pretendo discutir alguns mecanismos de inibição intelectual. Para isso, começarei com um trecho da análise de um menino de sete anos, que lida com os pontos principais de duas sessões seguidas. A neurose do menino consistia em sintomas neuróticos, dificuldades de caráter e graves inibições intelectuais. Quando ocorreram as duas sessões de que pretendo tratar aqui, a criança já estava em tratamento há dois anos e o material em questão já havia sido bastante analisado. As inibições intelectuais tinham diminuído gradualmente, até certo ponto, durante esse período; mas foi só nessas duas sessões que a conexão desse material com uma de suas dificuldades específicas de aprendizado se tornou clara. Isso provocou uma melhora extraordinária no que dizia respeito às suas inibições intelectuais.

O menino se queixou comigo de que não conseguia distinguir certas palavras em francês. Na escola havia figuras de vários objetos para ajudar as crianças a entendê-las. As palavras eram: *poulet*, galinha; *poisson*, peixe; *glace*, gelo. Sempre que lhe perguntavam o que queriam dizer essas palavras, o menino respondia com o significado de uma das outras duas – por exemplo, quando perguntavam sobre *poisson*, respondia gelo; *poulet*, peixe; e assim por diante. Ele achava que essa situação era irremediável e que jamais aprenderia essas palavras. Obtive o material para a análise por meio da associação comum, mas ao mesmo tempo o menino estava brincando distraidamente no consultório.

Primeiro pedi que me dissesse o que a palavra *poulet* lhe lembrava. Ele se deitou de costas na mesa e ficou sacudindo as pernas, enquanto desenhava num pedaço de papel com um lápis. Pensou numa raposa entrando no galinheiro. Perguntei quando isso acontecia e, ao invés de responder "à noite", ele disse: "Às quatro horas da tarde". Eu sabia que essa era a hora em que sua mãe costumava sair. "A raposa entra e mata um pintinho." Enquanto dizia isso, o menino recortou o que tinha desenhado. Perguntei o que era e ele respondeu: "Não sei". Quando examinamos o papel, vimos que era uma casa, da qual tinha cortado o telhado. O menino disse que foi assim que a raposa entrou na casa. Então percebeu que ele mesmo era a raposa, que o pintinho era seu irmão mais novo e que a hora em que a raposa atacava era exatamente aquela em que a mãe estava fora.

Já tínhamos trabalhado bastante com seus fortes impulsos agressivos e com as fantasias de atacar o irmão mais novo na barriga da mãe, ou mesmo depois de nascer, lidando também com o peso esmagador da culpa relacionada a isso.[1] Esse irmão agora tem quase quatro anos. Quando ele ainda era bebê, sempre fora uma tentação estarrecedora para meu pequeno paciente, John, ficar sozinho com o irmão, nem que fosse por um minuto. Até hoje, podemos ver que esses desejos ainda vêm à tona quando a mãe sai. Isso se deve em parte ao enorme ciúme que tinha do bebê por ainda gozar do seio da mãe.

Então perguntei sobre *poisson*. Ele começou a balançar as pernas com mais força, aproximou a tesoura dos olhos e tentou cortar o cabelo. Fui obrigada, então, a pedir que me entregasse a tesoura. Quanto a *poisson*, respondeu que peixe frito era bom e que ele gostava. Depois começou a desenhar de novo, dessa vez um hidroavião e um barco. Não consegui obter mais nenhuma associação ligada a peixe, então passamos para o gelo. Em relação a isso, ele disse: "Um pedaço grande de gelo é legal e é branco; depois fica cor-de-rosa e depois vermelho". Perguntei por que isso acontecia e John respondeu: "Ele derrete". "Como é isso?". "O sol brilhou em cima dele." Nesse ponto,

---

[1] Essas tendências em relação ao irmão mais novo prejudicaram seu relacionamento com o outro irmão, quatro anos mais velho, pois acreditava que este tinha as mesmas intenções para com ele.

o menino manifestou grande quantidade de ansiedade e não consegui ir mais adiante. Ele recortou o barco e o hidroavião e tentou ver se flutuavam na água.

No dia seguinte, John apresentou sinais de ansiedade e disse que tinha tido um sonho ruim. O peixe era um caranguejo. O menino estava num cais à beira-mar, onde já fora muitas vezes com a mãe. Devia matar um enorme caranguejo que saiu do mar e subiu no cais. Atirou no bicho com seu pequeno revólver e matou-o com a espada, que não era muito eficiente. Assim que matou o animal, foi obrigado a matar cada vez mais, pois não paravam de sair caranguejos da água. Perguntei por que tinha que fazer isso e ele respondeu que era para impedir que subissem para a terra, pois matariam o mundo inteiro. Assim que começamos a trabalhar com esse sonho, John retomou a mesma posição em cima da mesa que ocupara no dia anterior e chutou o ar com mais força do que nunca. Então perguntei por que estava chutando e ele respondeu: "Estou deitado na água e os caranguejos estão em volta de mim". No dia anterior, a tesoura tinha representado os caranguejos que beliscavam e cortavam o menino. Foi por isso que desenhou um barco e um hidroavião, que poderia usar para fugir. Lembrei que antes ele estava no cais e John respondeu: "É, mas eu caí na água há muito tempo". O que os caranguejos mais queriam era entrar num pedaço de carne que boiava na água e parecia uma casa. Era carneiro, a carne favorita do menino. John disse que ainda não tinham conseguido entrar, mas que poderiam fazer isso pelas portas e janelas. Toda a cena na água era o interior do corpo da mãe – o mundo. A casa de carne representava o corpo da mãe e o do menino. Os caranguejos simbolizavam o pênis do pai e eram de quantidade incalculável. Eram do tamanho de um elefante, pretos por fora e vermelhos por dentro. Eram pretos porque alguém os deixara assim; tudo tinha ficado preto dentro d'água. Tinham entrado na água pelo outro lado do mar. Foram jogados lá por alguém que queria deixar a água preta. Logo se descobriu que os caranguejos representavam não só o pênis do pai, mas também as fezes do próprio menino. Um deles era apenas do tamanho de uma lagosta, e era vermelho por fora e por dentro. Representava o pênis de John. Uma grande quantidade de material também mostrava que ele identificava suas fezes com animais perigosos que, sob seu comando (por uma espécie de mágica), entrariam no corpo da mãe para danificá-la e envenená-la, juntamente ao pênis do pai.

Esse material, creio, pode trazer novas explanações para a teoria da paranoia. Nesse momento, não poderei me deter nesse ponto; no entanto, devemos lembrar que Johan H. W. van Ophuijsen e August

Stärcke atribuem a origem do "perseguidor" à ideia inconsciente que o paranoico tem da massa fecal em seu intestino, que ele identifica com o pênis do perseguidor.² A análise de várias crianças e adultos, assim como a do caso em questão, levou-me à conclusão de que o medo das próprias fezes como um perseguidor está baseado em fantasias sádicas em que o sujeito emprega a urina e as fezes como armas venenosas e destrutivas em ataques contra o corpo da mãe. Nessas fantasias, ele transforma suas próprias fezes em coisas que perseguem seus objetos; recorrendo a uma espécie de magia (que, na minha opinião, é o fundamento da magia negra), ele as introduz secretamente no ânus ou em algum outro orifício dos objetos, alojando-as dentro de seus corpos. Ao fazer isso, passa a ter medo dos excrementos, que considera substâncias nocivas e perigosas para seu próprio corpo; também passa a ter medo dos excrementos dos objetos, pois espera que estes lhe ataquem de forma semelhante com suas fezes ameaçadoras, que introjetou para dentro de si. Esses medos dão origem ao pavor de possuir vários perseguidores dentro do próprio corpo e de ser envenenado, além de temores hipocondríacos. O ponto de fixação da paranoia situa-se, na minha opinião, no período de dominância do sadismo em que a criança ataca o interior da mãe e o pênis do pai, que acredita estar lá dentro, por meio das fezes transformadas em animais perigosos ou substâncias venenosas.³

---

2   Cf. Johan H. W. van Ophuijsen, "On the Origin of the Feeling of Persecution". *The International Journal of Psychoanalysis*, v. 1, n. 3, 1920, pp. 235–39; e August Stärcke, "Die Umkehrung des Libidovorzeichens beim Verfolgungswahn". *Internationale Zeitschrift für Psychoanalyse*, v. 5, n. 4, 1919, pp. 285–87.
3   Cf. meu artigo "A importância da formação de símbolos no desenvolvimento do ego", neste volume. O ponto de vista defendido naquele trabalho está de acordo com a teoria de Karl Abraham, segundo a qual a libido, no caso dos paranoicos, regressa ao estágio anal inicial; isso porque a fase de desenvolvimento em que o sadismo atinge seu auge começa, na minha opinião, com a emergência das pulsões sádico-orais e termina com o declínio do estágio anal inicial. O período descrito anteriormente – que, a meu ver, formaria a base da paranoia – ocorreria, portanto, numa época em que o estágio anal inicial estaria em ascendência. Desse modo, a teoria de Abraham seria ampliada em duas direções. Em primeiro lugar, podemos ver a intensidade com que os vários instrumentos do sadismo da criança se combinam nessa fase; mais ainda, podemos perceber a enorme importância, além do sadismo oral, das tendências sádico-uretrais no reforço e elaboração das tendências sádico-anais, fator que até hoje não foi muito reconhecido. Em segundo lugar, obtemos uma compreensão mais detalhada da estrutura das fantasias que dão expressão aos impulsos sádico-anais ligados ao estágio inicial.

Uma vez que, como resultado de seus impulsos sádico-uretrais, a criança encara a urina como algo que queima, corta e envenena, o caminho já está aberto para que considere o pênis algo perigoso e sádico. As fantasias da massa fecal como um perseguidor – fantasias formadas sob o domínio de tendências sádico-anais e, pelo que podemos constatar, anteriores à ideia do pênis como um perseguidor – tendem para a mesma direção, pois as fezes são igualadas ao pênis. Por causa dessa equiparação, as propriedades ameaçadoras das fezes servem para acentuar o caráter perigoso e sádico do pênis, e do objeto persecutório identificado com elas.

No caso em discussão, os caranguejos representavam uma combinação das perigosas fezes, do pênis do menino e do pênis do pai. Ao mesmo tempo, o menino se sentia responsável pelo emprego de todos esses instrumentos e fontes de destruição, pois foram seus próprios desejos sádicos, dirigidos contra os pais na relação sexual, que transformaram o pênis do pai e os excrementos em animais perigosos, de modo que a mãe e o pai destruíssem um ao outro. Em sua imaginação, John também tinha atacado o pênis do pai com suas próprias fezes, tornando-o assim mais perigoso do que antes; também tinha introduzido suas fezes perigosas no corpo da mãe.

Repeti a pergunta a respeito de *glace*, gelo, e o menino começou a falar sobre um copo [*glass*], foi até a pia e bebeu um copo d'água. Disse que era água de cevada – bebida de que gosta – e falou de um copo que tinha "uns pedacinhos" cortados, referindo-se a um copo de vidro lapidado. Disse que o sol tinha estragado esse copo, assim como tinha estragado o grande bloco de gelo que mencionara no dia anterior. Segundo o menino, o sol tinha atirado no copo e derramado a água de cevada. Quando perguntei como tinha atirado no vidro, ele respondeu: "Com o calor".

Enquanto dizia isso, pegou um lápis amarelo entre os vários outros que estavam à sua frente e começou a desenhar pontinhos num pedaço de papel. Em seguida, começou a fazer buracos com o lápis até reduzir o papel a tiras. Depois, foi cortando o lápis com uma faca, lascando seu revestimento amarelo. O lápis amarelo representava o sol, que simbolizava seu próprio pênis e a urina que queimava (por meio de uma associação verbal, a palavra "sol" [*sun*] também representava o filho [*son*], ou seja, o próprio John). Em muitas sessões, o menino queimava pedaços de papel, fósforos e caixas de fósforo na lareira; ao mesmo tempo (ou alternadamente) rasgava, molhava ou cortava em pedaços esses objetos, que representavam o seio da mãe ou a mãe inteira. Também costumava danificar os bonecos de

João-teimoso no quarto de brincar. Estes representavam o seio da mãe e o pênis do pai.

Além disso, o sol ainda simbolizava o pênis sádico do pai. Enquanto cortava o lápis, o menino disse uma palavra que na verdade era a combinação da palavra *go* [vai] com o primeiro nome do pai. Assim, o copo estava sendo destruído pelo filho e o pai ao mesmo tempo; ele significava o seio da mãe e a água de cevada era o leite. O grande bloco de gelo, que tinha o mesmo tamanho da casa de carne, representava o corpo da mãe; ele era derretido e destruído pelo calor do pênis e da urina do pai e do filho; o fato de ficar vermelho simbolizava o sangue da mãe ferida.

John me mostrou um cartão de Natal no qual aparecia um buldogue ao lado de uma galinha que obviamente acabara de ser morta. Os dois estavam pintados de marrom. Ele disse: "Eu sei, é tudo a mesma coisa: a galinha, o gelo, o copo e os caranguejos". Perguntei por que eram todos a mesma coisa e ele respondeu: "Porque eles são todos marrons, estão quebrados e morreram". É por isso que o menino não conseguia distinguir nenhuma dessas coisas: estavam todas mortas. Ele tinha matado os caranguejos, mas a galinha, que representava os bebês, assim como o gelo e o copo, que representavam a mãe, foram todos sujos e feridos ou então mortos.

Depois disso, ainda na mesma sessão, começou a desenhar linhas paralelas que iam se aproximando e afastando. Não podia haver um símbolo mais claro para a vagina. Então colocou uma pequena locomotiva em cima das linhas e conduziu-a até a estação. Estava muito aliviado e feliz. Percebia agora que podia ter uma relação sexual simbólica com a mãe; antes da análise, porém, o corpo dela era um museu de horrores. Isso parece apontar para aquilo que podemos ver confirmado na análise de todo homem: o medo do corpo da mulher como um lugar cheio de destruição pode ser uma das principais causas dos problemas de potência. Essa ansiedade também é um fator básico das inibições do desejo de conhecimento, uma vez que o interior do corpo da mãe é o primeiro objeto desse impulso; ele é explorado e investigado na fantasia, além de ser atacado com todo o armamento sádico, incluindo o pênis, que é visto como uma perigosa arma ofensiva. Aí temos outra causa da impotência nos homens: penetração e exploração são, em grande parte, sinônimas no inconsciente. Por esse motivo, quando foi analisada a ansiedade relacionada ao seu próprio pênis e ao pênis sádico do pai – o lápis amarelo que fura, igualado ao sol que queima –, John se tornou mais capaz de representar a si mesmo tendo uma relação sexual simbólica com a mãe e investigando seu corpo. No dia seguinte, olhou com atenção e interesse para as figuras na parede da escola e conseguiu distinguir as palavras com facilidade.

James Strachey mostrou que a leitura tem o significado inconsciente de retirar conhecimento do corpo da mãe e que o medo de a roubar é fator importante nas inibições dessa atividade.[4] Gostaria de acrescentar o seguinte: para que haja um desenvolvimento favorável do desejo de conhecimento, é essencial que a criança sinta que o corpo da mãe está bem e não foi ferido. No inconsciente, este representa o depósito de tudo aquilo que é mais desejado, e que só pode vir de lá; assim, se ele não é destruído, não é submetido a um perigo tão grande e, portanto, não se torna tão perigoso, o desejo de obter alimento para a mente a partir dessa fonte pode ser satisfeito com mais facilidade.

Quando descrevi a luta que, em sua fantasia, John travava dentro do corpo da mãe contra os pênis do pai (os caranguejos) – na verdade, um enxame deles –, observei que a casa de carne, que aparentemente não tinha sido invadida e que o menino tentava defender, representava não só o interior do corpo da mãe, mas também de seu próprio corpo. Nesse ponto, suas defesas contra a ansiedade se expressaram por meio de elaborados deslocamentos e inversões. De início, John comia um peixe frito de que gostava. Depois, o peixe se transformou num caranguejo. Na primeira versão da história, o menino estava num cais e tentava impedir que os caranguejos saíssem da água. Na verdade, porém, ele tinha a impressão de estar boiando na água e de que lá – dentro da mãe – estava à mercê do pai. Nessa versão, o menino ainda tentava se prender à ideia de que estava impedindo os caranguejos de entrar na casa de carne, mas seu medo mais profundo era de que eles *já* estivessem lá dentro, destruindo tudo. Seus esforços, então, eram para expulsá-los novamente. Tanto o mar quanto a casa de carne representavam o corpo da mãe.

Agora devo apontar para outra fonte de ansiedade, intimamente ligada àquela associada à destruição da mãe, e mostrar como ela influencia as inibições intelectuais e os distúrbios no desenvolvimento do ego. Ela está relacionada ao fato de a casa de carne simbolizar não só o corpo da mãe, mas o corpo do próprio menino. Aqui temos uma representação das situações iniciais de ansiedade que se manifestam em ambos os sexos, despertadas pelo impulso sádico-oral de devorar o conteúdo do corpo materno, principalmente os pênis que se imagina estarem lá dentro. O pênis do pai, que do ponto de vista oral de

---

4 Cf. James Strachey, "Some Unconscious Factors in Reading". *The International Journal of Psychoanalysis*, v. 11, 1930, pp. 322–31.

sugar equivale ao seio, torna-se um objeto de desejo.[5] Assim, ele é incorporado e, como consequência dos ataques sádicos que o menino move contra ele, logo se transforma num terrível agressor interno na fantasia da criança. Desse modo, passa a ser igualado a animais ou armas extremamente perigosas. Na minha opinião, é o pênis do pai introjetado que forma o núcleo do superego paterno.

O exemplo do caso de John mostra: (a) que a criança espera ter sofrido em seu próprio corpo a destruição que imagina ter ocorrido no corpo da mãe; e (b) a maneira como a criança tem medo de sofrer ataques dentro do próprio corpo pelos pênis internalizados do pai.

Da mesma maneira que o excesso de ansiedade ligado à destruição feita no corpo da mãe inibe a capacidade de ter uma *noção clara* de seu conteúdo, a ansiedade relacionada às coisas terríveis e perigosas que ocorrem dentro do corpo da própria criança também pode suprimir toda investigação a seu respeito; esse é mais um fator na inibição intelectual.[6] Tomando mais uma vez o caso de John como exemplo: no dia seguinte à análise do sonho do caranguejo, i.e., no dia em que descobriu que de repente era capaz de distinguir as palavras em francês, John começou a sessão dizendo que ia "esvaziar sua gaveta". Ele se referia à gaveta onde guardava os brinquedos que utilizava durante a análise; há meses o menino atirava todo tipo de lixo lá dentro: papel cortado, coisas sujas de cola, raspas de sabão, pedaços de barbante etc., e jamais se decidia a arrumar a bagunça.

Agora tinha resolvido separar suas coisas e jogou fora os artigos inúteis ou danificados. No mesmo dia, encontrou dentro de uma gaveta em casa uma caneta-tinteiro que procurava há meses. Desse

---

5   Pode-se perceber isso na associação do menino em torno do peixe frito de que gostava.
6   Num artigo publicado há alguns anos ("Análise precoce", neste volume), examinei uma forma específica de inibição da capacidade de criar uma imagem do interior do corpo materno, com suas funções especiais de fecundação, gravidez e parto: o distúrbio do senso de direção e do interesse pela geografia. Mais tarde, porém, observei que o efeito dessa inibição pode ir muito mais longe, afetando toda atitude do sujeito em relação ao mundo externo e prejudicando o senso de direção em seu sentido mais amplo e metafórico. Desde então, novas investigações me revelaram que essa inibição se deve ao medo do corpo da mãe, consequência de ataques sádicos contra ele. Essas investigações também demonstraram que as fantasias sádicas iniciais em torno do corpo da mãe e a capacidade de elaborá-las com sucesso agem como ponte para as relações de objeto e a adaptação à realidade, influenciando fundamentalmente a relação posterior do indivíduo com o mundo exterior.

modo, ele olhou simbolicamente para dentro do corpo da mãe e o restaurou, além de encontrar seu próprio pênis novamente. Mas a gaveta também representava seu próprio corpo. O impulso, agora menos inibido, de se familiarizar com seu conteúdo veio a se expressar, como demonstrou o curso da análise, numa cooperação bem maior com o trabalho analítico e num insight mais profundo de suas próprias dificuldades. Esse insight mais profundo era o resultado de um avanço no desenvolvimento de seu ego, que se seguiu à análise específica desse aspecto ameaçador do superego. Pois, como já sabemos a partir da nossa experiência com crianças, principalmente as bem pequenas, a análise dos estágios iniciais da formação do superego estimula o desenvolvimento do ego, reduzindo o sadismo do superego e do id.

No entanto, além desse fato, gostaria de chamar atenção para a conexão, tantas vezes observada na análise, entre diminuição da ansiedade do ego diante do superego e aumento da capacidade da criança para se familiarizar com seus próprios processos intrapsíquicos, controlando-os com mais eficiência por meio do ego. Nesse caso específico, o ato de arrumar significava fazer um exame da realidade intrapsíquica. Ao arrumar a gaveta, John estava arrumando o próprio corpo e separando suas posses das coisas que tinha roubado do corpo da mãe, além de distinguir as fezes "boas" das fezes "más" e os objetos "bons" dos objetos "maus". Ao fazer isso, John associava as coisas quebradas e sujas ao objeto "mau", às fezes "más" e às crianças "más" de acordo com a lógica do inconsciente, segundo a qual o objeto danificado se torna "mau" e perigoso.

Ao examinar os diferentes objetos e ver como poderiam ser utilizados (além de avaliar o dano que tinham sofrido), John mostrou que podia encarar a devastação imaginária criada pelo superego e o id; isto é, ele estava conduzindo um teste de realidade. Isso possibilitou que o ego tomasse decisões melhores a respeito das coisas, estabelecendo sua utilidade, decidindo se podiam ser reparadas ou deveriam ser jogadas fora, e assim por diante. Ao mesmo tempo, criou-se uma harmonia maior entre superego e id, que agora podiam ser suportados com mais facilidade por um ego fortalecido.

A esse respeito, gostaria de voltar mais uma vez à questão de o menino ter encontrado sua caneta-tinteiro. Até o momento, interpretamos esse fato como sinal de que John tinha perdido um pouco do medo das características perigosas e destrutivas do pênis – que representava, em última instância, seu sadismo – e agora era capaz de reconhecer que possuía esse órgão.

Essa linha de interpretação revela as causas por trás da potência sexual e da pulsão de conhecimento, pois descobrir as coisas e penetrá-las são atividades equivalentes no inconsciente. Além disso, a potência no homem (ou, no caso do menino, as condições psicológicas para ela) é a base para o desenvolvimento de um grande número de atividades, interesses e capacidades criativas.

No entanto – e esse é o ponto onde eu queria chegar –, esse desenvolvimento depende do fato de que o pênis se torne o representante do ego do indivíduo. Nos primeiros estágios de sua vida, o menino encara o pênis como o órgão executor de seu sadismo; consequentemente, esse se torna o veículo de seu sentimento inicial de onipotência. Por esse motivo – e porque, sendo um órgão externo, ele pode ser examinado e posto à prova de várias maneiras –, o pênis acaba adquirindo o significado do ego, das funções do ego e da consciência; ao mesmo tempo, o pênis internalizado do pai – o superego –, que é invisível e sobre o qual o menino não pode saber nada, torna-se o representante do inconsciente. Se o medo que a criança tem do superego e do id for grande demais, ela não só será incapaz de conhecer seus processos mentais e o conteúdo de seu corpo, como não conseguirá utilizar o pênis em seu aspecto psicológico como órgão regulador e executor do ego. Assim, suas funções do ego também sofrerão inibições ao longo dessas linhas.

No caso de John, encontrar a caneta-tinteiro significava não só que ele tinha aceitado a existência de seu pênis, bem como o orgulho e o prazer que obtinha desse órgão, mas também que havia reconhecido a existência do próprio ego – atitude que se expressou num maior avanço no desenvolvimento do ego e numa expansão das funções do ego, além da diminuição do poder do superego, que, até aquele momento, dominava toda a situação.

Resumindo tudo o que foi dito anteriormente: ao mesmo tempo em que a maior habilidade de John para compreender as condições no interior do *corpo da mãe* levou a mais capacidade de entender e avaliar o mundo exterior, a redução de sua inibição em conhecer o interior de seu *próprio* corpo levou a uma compreensão mais profunda e a um melhor controle de seus próprios processos mentais; assim, ele pôde impor uma ordem à sua própria mente. O primeiro processo resultou numa maior capacidade de absorver conhecimento; o segundo trouxe mais habilidade para elaborar, organizar e correlacionar o conhecimento obtido, além de pô-lo para fora novamente, i.e., devolvê-lo, formulá-lo ou expressá-lo – um avanço no desenvolvimento do ego. Esses dois conteúdos fundamentais da ansiedade (relacionada ao corpo da mãe e ao corpo do próprio indivíduo) se condicionam mutuamente e afetam um ao outro em seus mínimos detalhes. Da mesma maneira, a maior liberdade das duas funções de introjeção e extrojeção (ou projeção), resultante da redução da ansiedade oriunda dessas fontes, permite que ambas sejam empregadas de forma mais apropriada e menos compulsiva.

No entanto, quando o superego exerce domínio forte demais sobre o ego, este geralmente se fecha às influências do mundo e dos objetos exteriores, numa tentativa de manter o controle, por meio da repressão, sobre o id e os objetos internalizados, e desse modo ele se priva de todas as fontes de estímulo que formariam o alicerce dos interesses e realizações do ego, tanto aquelas originárias do id quanto do mundo externo.

Nos casos em que a realidade e os objetos reais mantêm o significado de reflexos do mundo interno temido e das imagos ameaçadoras, os estímulos do mundo externo podem causar quase tanto alarme quanto o domínio fantasiado dos objetos internalizados, que tomaram posse de toda iniciativa e aos quais o ego se sente obrigado a entregar a execução de todas as atividades e operações intelectuais – juntamente, é claro, à responsabilidade por elas. Em certos casos, graves inibições em torno do aprendizado se combinam a uma grande intratabilidade e a uma resistência generalizada à educação, ao mesmo tempo em que o indivíduo assume uma postura de superioridade intelectual. Descobri, porém, que o ego se sente oprimido e paralisado pela influência do superego, que lhe parece tirânico e perigoso, e pela falta de confiança em aceitar as influências dos objetos reais, ou porque estariam em oposição às exigências do superego, ou então (o que é mais comum) porque são identificadas com os temidos objetos internos. Então o ego (por meio da projeção para o mundo externo) tenta demonstrar sua independência em relação às imagos rebelando-se contra todas as influências que emanam dos *objetos reais*. O grau em que se consegue realizar uma redução do sadismo, da ansiedade e do funcionamento do superego, a fim de que o ego adquira um campo de ação mais amplo, determina até que ponto o paciente será mais acessível à influência do mundo externo, assim como a resolução gradual de suas inibições intelectuais.

Como já vimos, os mecanismos discutidos aqui levam a certos tipos específicos de inibições intelectuais. No entanto, quando entram num quadro clínico, eles assumem traços psicóticos. Já sabemos que o medo que John tinha dos caranguejos era de natureza paranoide. Essa ansiedade, além disso, fazia o menino se fechar às influências e objetos da realidade exterior – estado mental que costumamos encarar como indicação de um distúrbio psicótico, apesar de o principal resultado nesse caso ter sido a redução das capacidades intelectuais do paciente. As grandes mudanças que ocorrem em todo o ser do indivíduo e em seu caráter, assim como a diminuição de traços neuróticos que pode ser observada à medida que a análise vai avançando (principalmente se o paciente for criança ou jovem), mostram que mesmo em casos desse tipo a ação desses mecanismos não se limita à produção de inibições intelectuais.

No caso de John, por exemplo, pude constatar que a apreensão, a reserva, a falsidade e a desconfiança generalizada por todas as coisas, que faziam parte de sua constituição mental, desapareceram completamente durante a análise. Além disso, tanto seu caráter quanto o desenvolvimento de seu ego passaram por grande mudança para melhor. Nesse caso, os traços paranoides tinham se convertido, na maior parte, em certas distorções de caráter e inibições intelectuais; entretanto, como pude descobrir, eles também levaram ao surgimento de vários sintomas neuróticos.

Mencionarei aqui um ou dois mecanismos de inibição intelectual, dessa vez de caráter claramente neurótico-obsessivo, que surgem como resultado da ação exagerada de situações iniciais de ansiedade. Em alternância com o tipo de inibição descrito anteriormente, às vezes nos deparamos com o resultado oposto: uma ânsia de absorver tudo o que se apresenta ao indivíduo, acompanhada da incapacidade de distinguir o que é útil daquilo que não serve para nada. Percebi em vários casos que esses mecanismos começam a se fazer sentir quando a análise consegue reduzir a força dos mecanismos de tipo psicótico que acabamos de apresentar. Esse apetite pelo saber intelectual, que substitui a incapacidade anterior da criança de absorver qualquer tipo de conhecimento, aparece lado a lado de outros impulsos obsessivos, principalmente o desejo de colecionar coisas e acumulá-las, além da compulsão correspondente de dar tudo indiscriminadamente, i.e., de expeli-las. Esse tipo de absorção obsessiva muitas vezes é acompanhado de uma sensação de vazio no corpo, de empobrecimento etc. – sensação que John manifestava com muita força. Ela está calcada na ansiedade da criança, derivada dos níveis mais profundos de sua mente, de ter seu interior destruído ou preenchido por substâncias "más" e perigosas, ficando privada de substâncias "boas". O material causador dessa ansiedade sofre uma alteração bem maior com os mecanismos obsessivos do que com os psicóticos.

Minhas observações desse caso, assim como de outros neuróticos obsessivos, levaram-me a certas conclusões a respeito dos mecanismos obsessivos específicos que estão relacionados ao fenômeno de inibição intelectual sobre o qual nos debruçamos. Antes de apresentá-las de forma sucinta, gostaria de dizer que, em minha opinião (como brevemente mostrarei em mais detalhes), os sintomas e mecanismos obsessivos em geral servem ao propósito de ligar, modificar e evitar a ansiedade associada aos níveis mais arcaicos da mente; as neuroses obsessivas, portanto, estão montadas sobre a ansiedade das primeiras situações de perigo.

Voltando ao assunto: creio que o impulso compulsivo, quase voraz, da criança para colecionar e acumular várias coisas (inclusive o conhecimento) se baseia, entre outros fatores que não precisam ser mencionados aqui, na tentativa sempre renovada de (a) obter substâncias e objetos "bons" (em última instância, leite "bom", fezes "boas", pênis "bom" e crianças "boas") e com sua ajuda paralisar a ação das substâncias e objetos "maus" dentro do corpo; e (b) reunir reservas suficientes dentro de si mesma para resistir a ataques feitos por objetos externos e, se necessário, restaurar ao corpo da mãe, ou melhor, aos seus objetos, tudo aquilo que a criança roubou deles. Uma vez que as tentativas de fazer isso por meio de ações obsessivas são continuamente perturbadas por acessos de ansiedade oriundos de várias fontes opostas (por exemplo, a dúvida de se aquilo que absorveu é realmente "bom" e aquilo que jogou fora é "mau"; ou o medo de que ao colocar mais material dentro de si ela tenha roubado mais uma vez o corpo da mãe), podemos entender por que a criança está numa obrigação constante de repetir as mesmas tentativas e como essa obrigação é em parte responsável pelo caráter compulsivo de seu comportamento.

No caso que acabamos de estudar, vimos que à medida que a influência do superego feroz e fantástico da criança (ou seja, a de seu próprio sadismo) se reduzia, os mecanismos que identificamos como psicóticos e que deram origem às suas inibições intelectuais foram se debilitando. Esse tipo de diminuição da severidade do superego, creio, também enfraquece os mecanismos de inibição intelectual de tipo neurótico-obsessivo. Se isso for verdade, então ficaria provado que a presença de situações iniciais de ansiedade excessivamente fortes e a predominância de um superego ameaçador, derivado dos primeiros estágios de sua formação, são fatores fundamentais, não só na gênese das psicoses,[7] mas também na produção de distúrbios no desenvolvimento do ego e de inibições intelectuais.

---

7 Para uma exposição mais detalhada dessa teoria, cf. meus artigos "A personificação no brincar das crianças" e "A importância da formação de símbolos no desenvolvimento do ego", neste volume; ver também id., *A psicanálise de crianças* [1932], trad. Liana Pinto Chaves. Rio de Janeiro: Imago, 1997.

1933
O desenvolvimento inicial da consciência na criança

A obra clássica de Sigmund Freud sobre o superego, *O Eu e o Id*, foi publicada em 1923. Pouco depois, Melanie Klein começou a apresentar novas descobertas, obtidas principalmente por meio da análise de crianças. Deparou-se, então, com o fenômeno inesperado da culpa em crianças muito pequenas. Isso a levou a afirmar em "Os princípios psicológicos da análise precoce" (1926) que o superego passa a existir bem mais cedo do que supunha Freud. Em seu conceito, o superego não se formava apenas no fim do complexo de Édipo, como se fosse seu herdeiro; ao contrário, isso ocorria já no começo do complexo de Édipo, cujo início ela datava bem antes de Freud, ou seja, no desmame. Também apresentou sua primeira descrição do superego primitivo: formado pela introjeção das figuras edipianas arcaicas, ele se compõe de várias identificações, sendo bem mais cruel e primário do que em suas formas posteriores. Em "Simpósio sobre a análise de crianças" (1927) e, de forma mais completa, em "Estágios iniciais do conflito edipiano" (1928), Melanie Klein oferece uma explicação para a crueldade do superego primitivo, que excede com tanta intensidade a severidade dos pais reais. Sua tese era que as introjeções edipianas que formam o superego são distorcidas pelos impulsos sádicos da criança, transformando-se em figuras aterrorizantes. Em "Estágios iniciais do conflito edipiano", ela também chega a um corolário importante da hipótese de que o superego é formado no início, e não no final do complexo de Édipo: todo o desenvolvimento sexual, além do desenvolvimento do ego e da formação do caráter, ocorre na presença do superego. Mostra o domínio aterrorizante e deformador do superego primitivo sobre a psique do criminoso e do psicótico em "Tendências criminosas em crianças normais" (1927) e "A personificação no brincar das crianças" (1929), respectivamente, assim como o papel prejudicial do superego primitivo na inibição intelectual em "Uma contribuição à teoria da inibição intelectual" (1931). Em "A personificação no brincar das crianças", ela também afirma que a maior ansiedade da psique é causada pelo superego bastante primitivo.

A partir de 1927, Melanie Klein faz uma distinção entre medo e culpa como duas forças diferentes que emanam do superego. No entanto, não manteve essa distinção de forma coerente até a publicação de *A psicanálise de crianças* (1932), em que confirmou e explicou sua importância ao diferenciar o superego primitivo de sua forma desenvolvida em termos de uma passagem da ansiedade desse superego para a culpa da consciência desenvolvida. No mesmo trabalho, apesar de ainda ligar a formação do superego ao início do complexo de Édipo durante o desmame, ela faz um breve comentário que dá a entender contraditoriamente que o superego é uma estrutura anterior ao complexo de Édipo. Sugere, então, que o processo de incorporação se inicia logo depois do nascimento e que o objeto incorporado assume imediatamente a função de superego.[1]

Essas são, até agora, as principais etapas no desenvolvimento da concepção que Melanie Klein tem do superego. No presente artigo, ela apresenta seus conceitos com grande clareza, destacando a importância para o indivíduo e a sociedade da transformação do aterrorizante superego primitivo na benigna consciência moral. Curiosamente, apesar de defender desde 1927 o conceito de que a crueldade do superego primitivo derivava dos impulsos sádicos da criança, só neste texto foi empregar a expressão "projeção" para se referir a esse fato; antes disso, evocava a lei de talião ou utilizava expressões como a de que as imagos arcaicas "tomam a forma" dos impulsos sádicos da criança. Aqui, porém, de fato afirma que a criança projeta seus impulsos agressivos para os objetos e de agora em diante sempre se referirá a esse fenômeno dessa maneira, ou em termos do conceito posterior de identificação projetiva. Também repete de forma ampliada suas afirmações de 1932 sobre a formação do superego, dizendo que o superego se forma com uma divisão no id, como uma medida defensiva do ego, e que esse tem

---

1 Cf. Melanie Klein, *The Psycho-Analysis of Children*. London: Hogarth Press, 1932, p. 127 [ed. bras.: *A psicanálise de crianças*, trad. Liana Pinto Chaves. Rio de Janeiro: Imago, 1997].

início quando o bebê faz as suas primeiras introjeções orais. Isso coloca claramente a formação do superego antes do complexo de Édipo; no entanto, Melanie Klein escreve uma nota de rodapé contraditória na p. 319, afirmando que o superego começa em íntima ligação com os impulsos edipianos arcaicos, como se relutasse em romper com um princípio tão importante da teoria de Freud, que conecta a origem do superego ao complexo de Édipo. No entanto, em "Uma contribuição à psicogênese dos estados maníaco-depressivos" (1935), a formação original do superego finalmente é desligada do complexo de Édipo.

O trabalho de Melanie Klein a respeito do superego traz à tona com muita força o problema da transformação psíquica. Como ocorre a mudança do superego primitivo, percebido como ansiedade e cujos efeitos são antissociais, para a consciência desenvolvida, vista como culpa e que funciona a partir de um ponto de vista moral? Melanie Klein se referia muitas vezes a esse problema: "A personificação no brincar das crianças" contém uma discussão particularmente interessante sobre um dos aspectos da tarefa de desenvolvimento, ou seja, a sintetização das identificações polarizadas que formam o superego. Contudo, a dinâmica dessa mudança permaneceu em grande parte inexplicada até "Uma contribuição à psicogênese dos estados maníaco-depressivos", quando a distinção entre medo e culpa, que até então só tinha uma importância descritiva, torna-se uma diferenciação crucial numa nova teoria. Então a sintetização de figuras polarizadas, a assimilação crescente do superego pelo ego e a passagem do medo para a culpa podem ser compreendidas em termos dos processos da posição depressiva. Em "Algumas considerações psicológicas: um comentário" (1942), na seção final do volume *Inveja e gratidão*, pode-se encontrar uma breve descrição informal do desenvolvimento do superego. Mais tarde, em "Sobre a teoria da ansiedade e da culpa" (1948), Melanie Klein retifica a hipótese de que a culpa ocorre apenas na posição depressiva; afirma então que é possível senti-la temporariamente antes. Em "Inveja e gratidão" (1957), faz uma descrição do superego invejoso e da culpa prematura despertada pela inveja.

Seus pensamentos finais a respeito do superego podem ser encontrados em "Sobre o desenvolvimento do funcionamento mental" (1958). Melanie Klein se afasta de repente do princípio que defendia há quarenta anos, segundo o qual a base do superego é formada pelas figuras mais aterrorizantes e severas. Afirma ao invés disso que as figuras mais severas não fazem parte do superego, ocupando uma região que lhes é própria, excindida do resto da mente. Esta reclassificação radical das figuras internas é examinada em mais detalhes na nota explicativa do mesmo artigo.

Uma das contribuições mais importantes da pesquisa psicanalítica foi a descoberta dos processos mentais subjacentes ao desenvolvimento da consciência no indivíduo. No esforço de trazer à luz as tendências pulsionais inconscientes, Freud também reconhecia a existência das forças que servem como defesa contra elas. De acordo com suas descobertas, que a prática psicanalítica veio confirmar em todos os casos, a consciência do indivíduo é consequência, ou representante, da relação arcaica com os pais. Em certo sentido, o indivíduo internalizou os pais – colocou-os dentro de si. Com isso, eles se tornaram uma parte diferenciada de seu ego – o superego – que impõe ao resto do ego certas exigências, reprimendas e advertências, colocando-se em oposição aos impulsos pulsionais.

Freud demonstrou que o funcionamento desse superego não se limita à mente consciente. Ele não é apenas aquilo que costumamos chamar de consciência, pois também exerce uma influência inconsciente, e muitas vezes opressiva, que é um fator importante tanto na doença mental quanto no desenvolvimento da personalidade normal. Essa nova descoberta trouxe o estudo do superego e de suas origens cada vez mais para o centro das investigações psicanalíticas.

Durante a análise de crianças pequenas, à medida que comecei a ter conhecimento direto das bases em que o superego estava construído, deparei-me com alguns fatos que pareciam permitir a ampliação de certos aspectos da teoria de Freud a esse respeito. Não havia dúvida de que o superego já estava em pleno funcionamento há algum tempo em pacientes entre dois anos e três quartos e quatro anos. De acordo com a opinião geral, porém, o superego só poderia ser acionado com o desaparecimento do complexo de Édipo – i.e., em torno do quinto ano de vida. Além disso, meus dados mostram que esse superego primitivo é muito mais rigoroso e cruel do que o da criança mais velha ou do adulto, literalmente esmagando o frágil ego da criança pequena.

É verdade que no adulto encontramos um superego bem mais severo do que os pais do indivíduo foram na realidade e que não é de forma alguma idêntico a eles.[2] Mesmo assim, esse superego se

---

2 Em "Simpósio sobre a análise de crianças", neste volume, posições semelhantes, baseadas na análise de adultos e encaradas de outros ângulos, foram

aproxima deles de alguma maneira. Na criança pequena, porém, encontramos um superego da mais incrível e fantástica natureza. Quanto mais nova a criança, ou quanto mais profundo o nível mental em que penetramos, mais isso é verdade. Vemos que o medo de a criança ser devorada, cortada em pedaços ou despedaçada, ou então de ser cercada e perseguida por figuras ameaçadoras, é um componente comum de sua vida mental; também sabemos que o lobo devorador de homens, o dragão que cospe fogo e todos os monstros malignos dos mitos e contos de fada florescem, e exercem sua influência inconsciente, na fantasia de cada criança, que se sente perseguida e ameaçada por esses entes maléficos. Creio, porém, que nosso conhecimento pode ir além disso. Não tenho dúvidas, a partir de minhas observações analíticas, de que os objetos reais por trás dessas figuras imaginárias e aterrorizantes são os próprios pais da criança, e que esses seres apavorantes refletem de alguma maneira as características do pai e da mãe reais, por mais que essa semelhança seja distorcida e fantástica.

Se aceitarmos os fatos obtidos por meio da observação analítica precoce de crianças pequenas e reconhecermos que as coisas que elas temem são as feras selvagens e os monstros internalizados que elas identificam com os pais, chegaremos às seguintes conclusões: (1) o superego da criança não corresponde aos seus pais verdadeiros, sendo criado a partir das imagens ou imagos deles que a criança jogou para dentro de si mesma; (2) seu medo dos objetos reais – sua ansiedade fóbica – está calcado no medo que tem de seu superego irreal e dos objetos que são reais por si mesmos, mas que ela vê num prisma fantástico sob a influência do superego.

Isso nos leva àquilo que, na minha opinião, é o problema crucial de toda a questão da formação do superego. Como a criança cria uma imagem tão fantástica de seus pais – uma imagem tão afastada da realidade? A resposta pode ser encontrada nos dados obtidos por meio da análise precoce. Ao penetrar nas camadas mais profundas da mente da criança e descobrir essas enormes quantidades de ansiedade – o medo de objetos imaginários e de ser atacada de diversas maneiras –, também nos deparamos com uma quantidade correspondente de impulsos de agressão reprimidos. Podemos, então, observar a conexão causal existente entre medos da criança e suas tendências agressivas.

___
defendidas por Ernest Jones, Joan Riviere, Edward Glover e Nina Searl. Nina Searl também teve suas opiniões confirmadas por meio de sua experiência com a análise de crianças.

Em *Além do princípio de prazer*, Freud apresentou uma teoria segundo a qual, no início da vida do organismo humano, a pulsão de agressão, ou pulsão de morte, é combatida e presa pela libido, ou pulsão de vida – o Eros.[3] Ocorre, então, uma fusão das duas pulsões, que dá origem ao sadismo. Para evitar ser destruído por sua própria pulsão de morte, o organismo põe em ação sua libido narcísica, ou autorreferencial, a fim de jogá-la para fora e dirigi-la contra seus objetos. Freud considera esse processo essencial para as relações sádicas do sujeito com seus objetos. Eu acrescentaria que, ao lado desse desvio da pulsão de morte para os objetos externos, uma reação de defesa intrapsíquica se levanta contra a parte da pulsão que não pôde ser externalizada dessa maneira. Pois o perigo de ser destruído por essa pulsão de agressão estabelece, na minha opinião, uma tensão excessiva dentro do ego, percebida como ansiedade.[4] Desse modo, o ego enfrenta desde o início de seu desenvolvimento a tarefa de mobilizar a libido contra sua pulsão de morte. Contudo, ele só consegue cumprir essa tarefa de forma imperfeita, pois, como já sabemos, devido à fusão das duas pulsões, não consegue mais distingui-las. Ocorre então uma divisão no id – ou seja, nos níveis pulsionais da psique – por meio da qual uma parte dos impulsos pulsionais é dirigida contra a outra.

Aparentemente, essa é a primeira defesa criada pelo ego. Ela constitui, creio, a pedra fundamental do desenvolvimento do superego, cuja violência excessiva nesse estágio inicial seria explicada pelo fato de ele ser o resultado de pulsões destrutivas muito intensas, contendo, além de certa proporção de impulsos libidinais, grandes quantidades de impulsos agressivos.[5]

Desse ponto de vista, é mais fácil entender por que a criança forma imagens tão fantásticas e monstruosas dos próprios pais. Ela percebe a ansiedade originária de suas pulsões agressivas como medo de um objeto externo, não só porque fez desse objeto seu alvo exterior, mas

---

3 Cf. Sigmund Freud, *Além do princípio do prazer* [1920], in *Obras completas*, v. 14, trad. Paulo César de Souza. São Paulo: Companhia das Letras, 2010.
4 Essa tensão, é verdade, também é percebida como uma tensão libidinal, pois as pulsões destrutivas e libidinais estão fundidas; no entanto, o efeito de causar ansiedade, na minha opinião, deve ser atribuído aos componentes destrutivos.
5 Em *O mal-estar na civilização* [1930], Freud afirma: "[...] a severidade original do superego não é – ou não é tanto – a que experimentamos de sua parte ou atribuímos a ele, mas representa nossa própria agressividade para com ele" (in *Obras completas*, v. 18, trad. Paulo César de Souza. São Paulo: Companhia das Letras, 2010, p. 100; trad. modif.).

também porque projetou nele essas pulsões de tal forma que agora ele parece lhe dirigir os mesmos impulsos.[6]

Assim, ela desloca a fonte de sua ansiedade para fora e converte seus objetos em seres perigosos; em última instância, porém, esse perigo pertence às suas próprias pulsões agressivas. Por esse motivo, o medo que a criança tem dos objetos sempre será proporcional aos seus próprios impulsos sádicos.

Entretanto, não se trata apenas de converter certa quantidade de sadismo numa quantidade correspondente de ansiedade. Essa relação também se dá no nível do conteúdo. O medo que a criança tem de seu objeto e os ataques imaginários que sofrerá dele correspondem em todos os detalhes aos impulsos e fantasias agressivos específicos que fomenta contra seu ambiente. Dessa forma, cada criança desenvolve imagos dos pais que lhe são específicas; de qualquer maneira, elas sempre terão um caráter irreal e aterrorizante.

De acordo com minhas observações, a formação do superego se inicia ao mesmo tempo em que a criança faz a primeira introjeção oral de seus objetos.[7] Uma vez que as primeiras imagens que ela forma têm todos os atributos do intenso sadismo associado a esse estágio de desenvolvimento, e como mais uma vez estes serão projetados para os objetos do mundo exterior, a criança pequena é dominada pelo medo de sofrer ataques de uma crueldade inimaginável, tanto por parte dos objetos reais quanto de seu próprio superego. Essa ansiedade servirá para aumentar seus próprios impulsos sádicos, pois instiga a criança a destruir esses objetos hostis a fim de escapar de seus ataques. Forma-se então um círculo vicioso, no qual a ansiedade da criança a impele a destruir seu objeto, provocando aumento de ansiedade, o que por sua vez a impulsiona novamente contra o mesmo objeto. Isso constitui um mecanismo psicológico que, em minha opinião, está por trás das tendências criminosas e antissociais do indivíduo. Assim, devemos supor que é o rigor excessivo e a crueldade avassaladora do superego que são responsáveis pelo comportamento de pessoas

---

6   O bebê, aliás, tem certo motivo para temer a mãe, pois acaba percebendo que esta tem o poder de oferecer ou negar a gratificação de suas necessidades.

7   Essa opinião também está baseada na convicção de que as tendências edipianas da criança também têm início bem mais cedo do que se pensava, i.e., já no período de amamentação, muito antes dos impulsos genitais se tornarem preeminentes. Em minha opinião, a criança incorpora seus objetos edipianos durante o estágio sádico-oral, e é nessa época, em íntima ligação com os primeiros impulsos edipianos, que seu superego começa a se desenvolver.

antissociais e criminosas, e não sua ausência ou fraqueza, como se costuma acreditar.

Num estágio posterior do desenvolvimento, o medo do superego fará o ego se afastar do objeto causador de ansiedade. Esse mecanismo de defesa pode levar a uma relação de objeto deficiente por parte da criança. Como já sabemos, quando o estágio genital se estabelece, geralmente as pulsões sádicas da criança já foram vencidas e sua relação com os objetos adquiriu um caráter positivo. Em minha opinião, esse avanço de desenvolvimento acompanha certas alterações na natureza do superego, com as quais está em interação. Quanto mais o sadismo da criança é suavizado, menor será a influência de imagos irreais e assustadoras, pois estas são resultado de suas próprias tendências agressivas. À medida que os impulsos genitais vão ganhando força, surgem imagos benignas e prestativas, baseadas em fixações criadas no estágio oral de sugar em torno da mãe bondosa e generosa. Essas imagos estão mais próximas dos objetos reais; o superego, que antes era uma força despótica e ameaçadora, dando ordens sem sentido e contraditórias que o ego é incapaz de obedecer, começa a exercer um domínio mais suave e persuasivo, fazendo exigências que podem ser cumpridas. De fato, ele agora se transforma em consciência, no verdadeiro sentido da palavra.

Além disso, à medida que o caráter do superego se modifica, o mesmo acontece com seus efeitos sobre o ego e o mecanismo de defesa que ele aciona. Freud já demonstrou que a pena é uma reação à crueldade. No entanto, reações desse tipo não ocorrem até que a criança atinja alguma relação de objeto positiva – em outras palavras, até que sua organização genital ocupe o primeiro plano. Se considerarmos esse fato juntamente ao processo de formação do superego como o descrevi, chegaremos às seguintes conclusões: enquanto a função do superego for principalmente causar ansiedade, ele desperta no ego os violentos mecanismos de defesa que apresentei antes e cuja natureza é antiética e antissocial. No entanto, logo que o sadismo da criança se reduz e o caráter do superego se modifica de tal forma que este passa a gerar menos ansiedade e mais sentimento de culpa, os mecanismos de defesa que formam a base da atitude moral e ética são ativados. A criança passa, então, a ter mais consideração por seus objetos e se torna sujeita ao sentimento social.[8]

---

8   Na análise de adultos, foram principalmente essas funções e atributos posteriores do superego que chamaram a nossa atenção. Os analistas tinham a tendência, então, de considerá-los como os elementos que constituem o caráter específico do superego, chegando ao ponto de só reconhecer a presença do superego quando ele se apresenta sob esse caráter.

A análise de crianças de todas as idades confirma esse ponto de vista. Na análise do brincar, podemos acompanhar as fantasias dos nossos pacientes conforme elas são representadas em seus jogos e seu brincar, estabelecendo assim uma ligação entre essas fantasias e a ansiedade. À medida que analisamos o conteúdo de sua ansiedade, as tendências e fantasias agressivas que dão origem a elas vão ocupando cada vez mais o primeiro plano, atingindo proporções gigantescas, tanto em termos de quantidade quanto de intensidade. O ego da criança pequena corre o risco de ser esmagado por sua força e grande extensão e entra numa luta perpétua contra elas para poder subsistir. Recorre, então, aos seus impulsos libidinais, a fim de contê-las, apaziguá-las ou torná-las inócuas.

Esse quadro serve como exemplo da tese de Freud sobre a pulsão de vida (Eros) em luta contra a pulsão de morte, ou pulsão de agressão. No entanto, também podemos ver que existe íntima interação entre essas duas forças em todos os pontos, de tal forma que a análise só conseguirá revelar as fantasias agressivas da criança em todos seus aspectos, para então reduzir seus efeitos, ao estudar simultaneamente as fantasias libidinais e descobrir suas fontes mais iniciais – e vice-versa.

No que diz respeito ao conteúdo e objetivos dessas fantasias, Sigmund Freud e Karl Abraham demonstraram que nos primeiros estágios da organização libidinal, ainda no período pré-genital, quando ocorre a fusão da libido com a pulsão destrutiva, os impulsos sádicos da criança se tornam preeminentes. Como mostra a análise de todo adulto, no estágio sádico-oral, que se segue ao estágio oral de sugar, a criança pequena passa por uma fase canibalesca à qual está associada uma grande quantidade de fantasias canibais. Essas fantasias, apesar de ainda girarem em torno da vontade de comer o seio da mãe ou seu corpo inteiro, não dizem respeito apenas à gratificação do desejo primitivo de se alimentar. Elas também servem para satisfazer os impulsos destrutivos da criança. A fase sádica que se segue então – a fase sádico-anal – é caracterizada por um interesse dominador pelos processos de excreção – pelas fezes e pelo ânus; esse interesse também está aliado a tendências destrutivas extremamente fortes.[9]

Sabemos que a evacuação das fezes simboliza a expulsão forçada do objeto incorporado e é acompanhada por sentimentos de hostilidade e crueldade, além de vários tipos de desejos destrutivos. As nádegas ganham grande importância como objetos dessas atividades.

---

9 Além de Freud, os estudiosos que mais contribuíram para nosso conhecimento da influência que essa aliança exerce sobre a formação do caráter e a neurose no indivíduo foram Ernest Jones, Karl Abraham e Sándor Ferenczi.

Em minha opinião, porém, as tendências sádico-anais contêm metas e objetos ainda mais profundos e reprimidos. Os dados que consegui reunir a partir da análise precoce mostram que entre os estágios sádico-oral e sádico-anal ainda existe outro estágio, em que se fazem sentir tendências sádico-uretrais. Além disso, as tendências anais e uretrais seriam continuação direta das tendências sádico-orais, no que diz respeito à meta e ao objeto específico do ataque. Nas fantasias sádico-orais, a criança ataca o seio da mãe e os instrumentos que emprega são os dentes e a mandíbula. Nas fantasias uretrais e anais, ela procura destruir o interior do corpo materno, empregando as fezes e a urina para atingir esse propósito. Nesse segundo grupo de fantasias, os excrementos são encarados como substâncias que queimam e corroem, animais selvagens, armas de todos os tipos etc.; a criança entra numa fase em que concentra todos os instrumentos de seu sadismo no único propósito de destruir o corpo da mãe e seu conteúdo.

No que diz respeito à escolha do objeto, os impulsos sádico-orais da criança ainda são o fator subjacente, de modo que ela pensa em sugar e devorar o interior do corpo da mãe como se ele fosse o seio. Contudo, esses impulsos são ampliados pelas primeiras teorias sexuais da criança, que começam a se desenvolver durante essa fase. Já sabíamos que quando suas pulsões genitais despertam, ela formula teorias inconscientes sobre a relação sexual entre os pais, o nascimento dos bebês etc. Entretanto, a análise precoce mostra que na verdade essas teorias se desenvolvem muito mais cedo, numa época em que os impulsos pré-genitais ainda determinam o quadro geral, apesar de impulsos genitais ocultos já exercerem sua influência. De acordo com essas teorias, a mãe incorpora continuamente o pênis do pai pela boca durante a relação sexual, de modo que seu corpo fica repleto de pênis e bebês. A criança deseja comer e destruir todos eles.

Ao atacar o interior da mãe, portanto, a criança está atacando uma grande quantidade de objetos, enveredando por um caminho que traz diversas consequências. O útero primeiro representa o mundo; e a criança inicialmente se aproxima desse mundo com o desejo de atacá-lo e destruí-lo. Assim, está preparada desde o início para considerar o mundo externo e real como algo mais ou menos hostil, habitado por objetos prontos para atacá-la.[10] Minha experiência demonstrou que a convicção de que ao atacar o corpo da mãe a criança também

---

10 Em minha opinião, a intensidade exagerada com que essas situações iniciais de ansiedade às vezes se apresentam é fator decisivo na produção de desordens psicóticas.

atacou o pai, os irmãos e o mundo, num sentido mais amplo, é uma das causas subjacentes do sentimento de culpa e do desenvolvimento de sentimentos morais e sociais.[11] Pois quando o rigor excessivo do superego é suavizado, os castigos que impõe ao ego por causa desses ataques imaginários provocam sentimentos de culpa que, por sua vez, despertam na criança fortes tendências de consertar o dano imaginário que infligiu aos seus objetos. O conteúdo específico e os detalhes de suas fantasias destrutivas ajudam a determinar o desenvolvimento de suas sublimações, que servem indiretamente às suas tendências de restituição,[12] ou a produzir o desejo ainda mais direto de ajudar os outros.

A análise do brincar mostra que quando as pulsões agressivas da criança estão no auge, ela nunca se cansa de rasgar, cortar, quebrar, molhar e queimar todo tipo de coisa, incluindo papel, fósforos, caixas e pequenos brinquedos, que representam os pais e os irmãos, assim como o corpo e os seios da mãe. Essa ânsia de destruição se alterna com crises de ansiedade e sentimento de culpa. No entanto, à medida que a ansiedade vai diminuindo lentamente ao longo da análise, suas tendências construtivas começam a ocupar o primeiro plano.[13] Por exemplo, se antes um pequeno menino não fazia mais nada além de cortar pequenos pedaços de madeira, ele agora tenta transformar esses pedaços em um lápis. Pega fragmentos de grafite do lápis que cortou e os enfia numa rachadura da madeira, que depois forra com algum material para lhe dar melhor aparência. Esse lápis artesanal representa

---

11 Devido à crença da criança na onipotência do pensamento (cf. S. Freud, *Totem e tabu* [1912-13], in *Obras completas*, v. 11, trad. Paulo César de Souza. São Paulo: Companhia das Letras, 2012; Sándor Ferenczi, "Desenvolvimento do sentido das realidades e seus estágios" [1916], in *Obras completas*, v. 2, trad. Álvaro Cabral. São Paulo: WMF Martins Fontes, 2011) – crença que data de um estágio anterior do desenvolvimento –, ela confunde seus ataques imaginários com ataques verdadeiros; as consequências desse fato ainda podem ser sentidas na vida adulta.
12 No artigo "Situações de ansiedade infantil refletidas em uma obra de arte e no impulso criativo", neste volume, afirmei que o sentimento de culpa e o desejo de restaurar o objeto danificado são um fator universal e básico para o desenvolvimento das sublimações. No ensaio "Certain Aspects of Sublimation and Delusion [1930]" (in *Collected Papers on Psycho-Analysis*. London: Hogarth Press, 1950), Ella Sharpe chegou à mesma conclusão.
13 Na análise, a resolução da ansiedade se dá de forma gradual e num ritmo uniforme, de modo que ela é liberada aos poucos, juntamente com as pulsões agressivas.

o pênis do pai, que o menino destruiu em sua fantasia, além de seu próprio pênis, que teme ver destruído como retaliação. Isso se torna claro a partir do contexto geral do material que ele apresentou, além das associações que fez a esse respeito.

Quando, durante a análise, a criança começa a demonstrar tendências construtivas mais fortes através do brincar e de suas sublimações – pintando, escrevendo ou desenhando, ao invés de sujar tudo de cinzas, ou então costurando e desenhando roupas, ao invés de cortar ou rasgar em pedaços –, ela também exibe certas mudanças em sua relação com o pai e a mãe, ou com os irmãos e as irmãs; essas mudanças marcam o início de uma relação de objeto mais desenvolvida em geral e de um crescimento do sentimento social. Os canais de sublimação que se abrirão à criança, a força de seus impulsos de restituição, a forma que estes assumirão – tudo isso é determinado não só pela extensão de suas tendências agressivas primárias, mas também pela interação de vários outros fatores, que não podemos discutir dentro do escopo deste trabalho. Nosso conhecimento da análise de crianças, porém, permite-nos afirmar que a análise das camadas mais profundas do superego sempre leva à melhora considerável das relações de objeto da criança, de sua capacidade de sublimação e de seu poder de adaptação social – ela não só deixa a criança mais feliz e saudável, mas a torna mais capaz de sentimentos sociais e éticos.

Isso nos leva a uma óbvia objeção que pode ser feita à análise de crianças. Uma redução muito grande do rigor do superego – uma redução que passasse de determinado nível favorável – não poderia provocar o resultado oposto e levar à eliminação de sentimentos éticos e sociais na criança? A resposta para isso, em primeiro lugar, é que uma redução tão grande nunca ocorreu, pelo menos até onde vai meu conhecimento; em segundo lugar, há motivos teóricos para acreditar que isso nunca possa acontecer. A experiência concreta mostra que ao analisarmos as fixações libidinais pré-genitais só conseguimos converter parte das quantidades libidinais envolvidas para a libido genital, mesmo em circunstâncias favoráveis; o resto, que não é insignificante, continua a agir como libido pré-genital e sadismo – se bem que, agora que o nível genital já estabeleceu sua supremacia de forma mais firme, esses fatores podem ser tratados com mais eficiência pelo ego, sendo satisfeitos, contidos ou passando por modificações e sublimações. Da mesma maneira, a análise nunca pode eliminar por completo o núcleo sádico do superego, formado sob a primazia dos níveis pré-genitais; no entanto, pode suavizá-lo ao fortalecer o nível genital, ajudando a criar um ego mais poderoso, capaz de lidar com seu superego, assim como com seus impulsos pulsionais, de uma maneira mais satisfatória para o próprio indivíduo e o mundo à sua volta.

Até agora procuramos demonstrar o fato de que os sentimentos sociais e morais do indivíduo se desenvolvem a partir de um superego mais brando, governado pelo nível genital. Agora é preciso examinar as conclusões resultantes disso. Quanto mais a análise penetrar nos níveis mais profundos da mente da criança, maior será seu sucesso em suavizar o rigor do superego ao reduzir a ação de seus constituintes sádicos, originários dos primeiros estágios de desenvolvimento. Ao fazer isso, a análise abre o caminho não só para a adaptação social da criança mas também para o desenvolvimento de padrões éticos e morais no adulto; pois para haver um desenvolvimento desse tipo é preciso que, ao fim do período de expansão da vida sexual da criança,[14] o superego e a sexualidade tenham atingido o nível genital de forma satisfatória e, assim, o superego tenha desenvolvido o caráter e a função que formam a base da consciência – i.e., o aspecto do sentimento de culpa da pessoa que tem valor social.

A experiência prática já demonstra há algum tempo que a psicanálise, apesar de ter sido criada por Freud originalmente como um método para curar as doenças mentais, também pode servir a outro propósito. Ela corrige distúrbios na formação do caráter, principalmente no caso das crianças e dos adolescentes, em que consegue realizar alterações consideráveis. De fato, pode-se dizer que, depois de ser analisada, toda criança apresenta mudanças radicais de caráter; também não podemos fugir à convicção, baseada na observação dos fatos, de que a análise do caráter é tão importante como medida terapêutica quanto a análise das neuroses.

Diante desses fatos, não se pode deixar de imaginar se o âmbito de atuação da psicanálise não está destinado a ir além do indivíduo e influenciar a vida da humanidade como um todo. As diversas tentativas feitas até hoje para aperfeiçoar a humanidade – principalmente para torná-la mais pacífica – fracassaram porque ninguém entendeu a profundidade e a força das pulsões agressivas inatas de cada indivíduo. Esses esforços procuram apenas encorajar os impulsos positivos e benévolos de cada um, ao mesmo tempo em que recusam ou suprimem os de agressão. Assim, estão condenados ao fracasso desde o início. A psicanálise, contudo, dispõe de meios diferentes para uma

---

14 Isto é, quando tem início o período de latência – entre cinco e seis anos, aproximadamente.

tarefa desse tipo. Ela não pode, é verdade, eliminar por completo a pulsão agressiva do homem como tal; mas, ao diminuir a ansiedade que acentua essas pulsões, pode quebrar o reforço mútuo entre ódio e medo. Quando, no trabalho analítico, vemos como a resolução da ansiedade arcaica infantil, além de reduzir e modificar os impulsos agressivos da criança, leva a um emprego e uma gratificação mais valiosa desses impulsos do ponto de vista social; como a criança mostra cada vez mais o desejo profundo de amar e ser amada e de ficar em paz com o mundo à sua volta; como ela obtém prazer e benefícios com a realização desse desejo, chegando também à diminuição da ansiedade – quando vemos tudo isso, estamos prontos a acreditar que aquilo que hoje parece uma visão utópica poderá se realizar num dia distante, quando, espero, a análise de crianças se tornar parte tão integrante da educação do indivíduo quanto a escola é agora. Então, talvez, aquela atitude hostil que nasce do medo e da desconfiança, que está latente com maior ou menor força dentro de cada ser humano e que intensifica milhares de vezes seus impulsos destrutivos, dará lugar a sentimentos mais bondosos e confiantes para com seus semelhantes. As pessoas então poderão habitar o mundo juntas, com mais paz e boa vontade do que hoje.

1934
Sobre a criminalidade

Este artigo foi escrito às pressas como parte de um simpósio sobre o crime. Melanie Klein faz uma reapresentação rápida das conclusões sobre a criminalidade que formulou em "Tendências criminosas em crianças normais" (1927), mas em termos que levam em conta o trabalho que realizou desde então. A novidade está na breve afirmação da existência de uma base em comum entre psicose e crime.

Sr. Presidente, senhoras e senhores: quando seu secretário me convidou há alguns dias para falar no simpósio de hoje, respondi que faria isso com prazer, mas que não poderia escrever um artigo ou uma contribuição a esse tópico em tão pouco tempo. Faço essa ressalva, pois vou me limitar aqui a apresentar rapidamente algumas conclusões que formulei em outros trabalhos.[1]

Num artigo que apresentei a esta Seção em 1927,[2] procurei demonstrar que tendências criminosas também estão presentes em crianças normais e sugeri alguns fatores que estariam por trás do desenvolvimento antissocial ou criminoso. Descobri que quanto mais teme a retaliação cruel dos pais como punição pelas fantasias agressivas que dirige contra eles, mais a criança apresenta tendências criminosas e antissociais, expressando-as repetidas vezes em seus atos (de forma infantil, é claro). Crianças que, inconscientemente, esperam ser corta-

---

[1] Cf. M. Klein, *A psicanálise de crianças* [1932], trad. Liana Pinto Chaves. Rio de Janeiro: Imago, 1997; e "O desenvolvimento inicial da consciência na criança", neste volume.
[2] "Tendências criminosas em crianças normais", neste volume.

das em pedaços, decapitadas, devoradas, e assim por diante, sentem-se impelidas a se comportar mal para serem punidas, pois o castigo real, por mais que seja severo, sempre será tranquilizador em comparação com os ataques assassinos que esperam de pais fantasticamente cruéis. No artigo que acabo de citar, cheguei à conclusão de que não é a fraqueza ou a ausência do superego (como se costuma supor) – ou seja, a falta de consciência – a responsável pelo comportamento característico de pessoas criminosas e antissociais, mas sim a severidade avassaladora do superego.

Minha experiência posterior no campo da análise de crianças confirmou essas sugestões e me deu um insight mais profundo sobre os mecanismos que agem nesses casos. A criança pequena alimenta impulsos e fantasias agressivas contra os pais, que depois projeta neles. É assim que ela desenvolve uma imagem distorcida e fantástica das pessoas à sua volta. No entanto, o mecanismo da introjeção entra em ação ao mesmo tempo, de modo que essas imagos irreais são internalizadas. Como consequência, a criança se sente governada por pais cruéis e fantasticamente perigosos – o superego dentro de si mesma.

No início da fase sádica, pela qual todo indivíduo normalmente passa, a criança se protege do medo que sente de seus objetos violentos, introjetados ou externos, redobrando os ataques feitos contra eles em sua imaginação; seu objetivo em se livrar desses objetos dessa forma é, em parte, silenciar as ameaças intoleráveis do superego. Forma-se então um círculo vicioso, no qual a ansiedade da criança a impele a destruir seus objetos, provocando um aumento da ansiedade, o que por sua vez a empurra novamente contra os mesmos objetos. Esse círculo vicioso constitui o mecanismo psicológico que me parece estar por trás das tendências criminosas e antissociais do indivíduo.

Quando o sadismo e a ansiedade diminuem no curso normal do desenvolvimento, a criança encontra meios sociais mais adequados para dominar sua ansiedade. Uma melhor adaptação à realidade permite à criança obter mais apoio contra as imagos fantásticas por meio da relação com os pais reais. Se nos primeiros estágios de desenvolvimento as fantasias agressivas contra pais, irmãos e irmãs despertavam a ansiedade principalmente de que esses objetos se voltassem contra a própria criança, essas tendências agora se tornam a base do sentimento de culpa e do desejo de consertar aquilo que foi feito em sua imaginação. Mudanças semelhantes ocorrem como resultado da análise.

A análise do brincar mostra que quando as pulsões agressivas e a ansiedade da criança estão muito fortes, ela nunca se cansa de rasgar, cortar, quebrar, molhar e queimar todo tipo de coisa, incluindo papel, fósforos, caixas e pequenos brinquedos, que representam os pais e os irmãos, assim como o corpo e os seios da mãe. Também podemos constatar que essas atividades agressivas se alternam com forte ansiedade. No entanto, à medida que a ansiedade vai sendo resolvida gradualmente na análise e o sadismo diminui, o sentimento de culpa e as tendências construtivas começam a ocupar o primeiro plano. Por exemplo, se antes o pequeno menino não fazia mais nada além de cortar pequenos pedaços de madeira, ele agora começa a tentar transformar esses pedaços em um lápis. Pega fragmentos de grafite dos lápis que cortou e os enfia numa rachadura da madeira, que depois forra com algum material para lhe dar melhor aparência. O contexto geral do material que ele apresenta, aliado às associações que faz a esse respeito, deixa claro que esse lápis artesanal representa o pênis do pai, que o menino destruiu em sua fantasia, além de seu próprio pênis, que teme ver destruído como retaliação.

Quanto mais a tendência e a capacidade da criança para fazer uma restituição vão aumentando, juntamente com a confiança naqueles à sua volta, mais suave será a influência do superego, e vice-versa. Mas nos casos em que o sadismo muito forte e a ansiedade avassaladora (posso mencionar aqui apenas os fatores mais importantes) impedem que o círculo vicioso formado pelo ódio, pela ansiedade e pelas tendências destrutivas possa ser quebrado, o indivíduo continua submetido à tensão das situações iniciais de ansiedade e mantém os mecanismos de defesa que pertencem a esse estágio inicial. Se o medo do superego, por motivos externos ou intrapsíquicos, passa de certos limites, o indivíduo pode se sentir impelido a destruir as pessoas e essa compulsão pode se tornar o alicerce para o desenvolvimento de um comportamento de tipo criminoso, ou de uma psicose.

Assim, podemos ver que as mesmas raízes psicológicas podem se desenvolver em direção à paranoia ou à criminalidade. Certos fatores no segundo caso levarão a uma maior tendência no criminoso para suprimir as fantasias inconscientes e concretizá-las na realidade. Fantasias persecutórias são comuns nos dois casos; é porque se sente perseguido que o criminoso procura destruir os outros. É óbvio que quando a criança – não só na fantasia, mas também na realidade – sofre certo grau de perseguição por parte de pais cruéis e de um ambiente miserável, as fantasias serão muito reforçadas. Há uma tendência comum de exagerar a importância de um ambiente insatisfatório, no sentido de não reconhecer de forma adequada as dificuldades psicológicas internas, que são em parte resultado do meio. Vai depender, então, do grau de ansiedade intrapsíquica se a simples melhoria do ambiente da criança trará algum resultado.

Um dos grandes problemas a respeito dos criminosos, que sempre os tornou incompreensíveis para o resto do mundo, é a falta neles de bons sentimentos humanos naturais; mas essa falta é apenas aparente. Quando, por meio da análise, chegamos aos conflitos mais profundos, dos quais surgem o ódio e a ansiedade, também encontramos lá o amor. O amor não está ausente no criminoso, mas sim escondido e enterrado de tal maneira que apenas a análise pode trazê-lo à tona; já que para o bebê o objeto odiado e perseguidor era originalmente o objeto de todo seu amor e libido, o criminoso agora se encontra na posição de odiar e perseguir seu próprio objeto amado; como essa posição é insuportável, toda memória e consciência de amor por qualquer objeto deve ser suprimida. Se não há nada no mundo além de inimigos, e é assim que o criminoso se sente, então seu ódio e espírito destrutivo, em seu ponto de vista, estão em grande parte justificados – atitude que alivia até certo ponto seu sentimento de culpa inconsciente. O ódio muitas vezes é usado como disfarce mais eficiente para o amor; no entanto, não podemos nos esquecer de que para a pessoa que se encontra sob pressão contínua da perseguição, a segurança do próprio ego é a primeira e única consideração.

Resumindo: nos casos em que a função do superego for principalmente causar ansiedade, ele desperta violentos mecanismos de defesa no ego, de natureza antiética e antissocial; no entanto, logo que o sadismo da criança se reduz e o caráter do superego se modifica de tal forma que este passa a gerar menos ansiedade e mais sentimento de culpa, os mecanismos de defesa que formam a base de uma atitude moral e ética são ativados. A criança passa, então, a ter mais consideração por seus objetos e se torna sujeita a sentimentos sociais.

Todos sabem como é difícil se aproximar de um criminoso adulto e curá-lo, apesar de não haver motivos para sermos pessimistas demais a esse respeito; no entanto, nossa experiência mostra que é possível abordar e curar crianças criminosas ou psicóticas. Parece-me, então, que o melhor remédio contra a delinquência seria analisar crianças que mostram sinais de anormalidade numa ou noutra direção.

1935
Uma contribuição à psicogênese dos estados maníaco--depressivos

Este artigo dá início ao período de sua obra em que Melanie Klein montou uma nova estrutura teórica. Seu trabalho anterior já preparara o terreno para isso. Ao longo de cerca de quinze anos ela acumulou uma série de descobertas que não só alteraram sua concepção do complexo de Édipo e do superego, como também trouxeram uma modificação conceitual progressiva e fundamental. As noções de ansiedade, objeto interno, fantasia inconsciente, agressividade, introjeção e projeção passaram a ocupar o primeiro plano, mas de uma forma assistemática. Assim, em *A psicanálise de crianças*, publicado três anos antes do presente artigo, Melanie Klein aceita a descrição clássica do desenvolvimento como uma progressão por meio de estágios psicossexuais, ao mesmo tempo em que emprega uma terminologia e descreve fenômenos que exigem um outro tipo de abordagem: as diferentes relações do ego com seus objetos externos e internalizados e as flutuações das ansiedades psicóticas arcaicas. Duas coisas transformaram essa situação de transição na inauguração de uma nova teoria. Primeiro, Melanie Klein baseou totalmente seu trabalho na interação entre pulsões de vida e de morte, expressas por meio do amor e do ódio; isso não só retificava o relativo descaso anterior pelo amor e a ênfase exagerada na agressividade, como também lhe fornecia uma base para formulações. Em segundo lugar, o presente artigo contém o *sine qua non* de todas as novas teorias: novas concepções científicas. De fato, esse artigo apresenta uma grande quantidade de novas ideias importantes, em cujos termos propõe duas teorias interligadas: uma teoria do desenvolvimento inicial e uma teoria da origem da doença maníaco-depressiva.

Resumidamente, a teoria postula que no primeiro ano de vida, em torno dos quatro aos cinco meses, ocorre uma mudança significativa nas relações de objeto do bebê, uma mudança da relação com um objeto parcial para um objeto total. Essa mudança coloca o ego em uma nova posição, na qual consegue se identificar com seu objeto; assim, se antes as ansiedades do bebê eram de tipo paranoico e envolviam a preservação de seu ego, agora ele possui um conjunto mais complexo de sentimentos ambivalentes e ansiedades depressivas sobre a condição de seu objeto. Ele passa a ter medo de perder o objeto bom amado e, além das ansiedades persecutórias, começa a sentir culpa por sua agressividade contra o objeto, tendo o ímpeto de repará-lo por amor. A isso se relaciona uma mudança em suas defesas: ele passa a mobilizar as defesas maníacas para aniquilar os perseguidores e lidar com a nova experiência da culpa e do desespero. Melanie Klein deu a esse grupo específico de relações de objeto, ansiedades e defesas o nome de posição depressiva.

Nessa teoria, Melanie Klein estabelece pela primeira vez uma distinção entre as duas formas de ansiedade: a paranoide (que mais tarde chamaria com mais frequência de persecutória) e a depressiva. Trata-se de uma distinção fundamental. Traz ordem e clareza, e os conceitos que lhe estão relacionados se encaixam naturalmente em torno dela. Também introduz uma nova oposição nas relações de objeto: a diferença entre a relação com o objeto parcial e com o objeto total. De importância central é a nova ideia de posição como unidade de desenvolvimento, no lugar de fase ou estágio.

Melanie Klein dá um motivo para adotar o termo "posição" no prefácio de 1948 para a terceira edição de *A psicanálise de crianças*[1] e no último parágrafo da nota de fim 4 em "Algumas conclusões teóricas relativas à vida emocional do bebê" (1952) apresenta mais um motivo. O leitor pode perceber o múltiplo emprego do termo "posição" no presente artigo; além de uma posição depressiva, há também uma posição maníaca, uma posição obsessiva e uma posição paranoide. As expressões "posição maníaca" e "posição obsessiva" deixam de ser empregadas depois de 1940, e em "Notas sobre alguns mecanismos esquizoides" (1946), o artigo que completa sua teoria sobre o desenvolvimento inicial, Melanie Klein passou a chamar a posição paranoide de posição esquizoparanoide. A reparação,

---

[1] Cf. M. Klein, *The Psycho-Analysis of Children*. London: Hogarth Press, 1932, p. xiii [ed. bras.: *A psicanálise de crianças*, trad. Liana Pinto Chaves. Rio de Janeiro: Imago, 1997].

descrita pela primeira vez em "Situações de ansiedade infantil refletidas em uma obra de arte e no impulso criativo" (1929), aqui se torna um conceito-chave. Além disso, no lugar de estágios libidinais sucessivos, o curso e o resultado do desenvolvimento são expressos em termos de relações de objeto internas.

O resultado normal da posição depressiva, que para Melanie Klein é a posição central no desenvolvimento da criança, da qual dependem tanto a saúde mental quanto a capacidade de amar, é a firme internalização do objeto bom. Caso isso não aconteça, já surge uma situação anormal na criança, que se constitui num cenário psíquico para a doença depressiva. Essa é a segunda teoria do artigo. De acordo com o ponto de vista de Melanie Klein, o sofrimento e as ansiedades psicóticas da doença maníaco-depressiva reproduzem as lutas da posição depressiva infantil.

Antes disso, na década de 1920, Melanie Klein tinha descoberto as ansiedades infantis de tipo paranoide; aqui ela descobre uma nova categoria de ansiedades psicóticas infantis, as ansiedades depressivas. De fato, o artigo traz uma contribuição considerável à teoria geral da psicose. Apesar de o artigo se concentrar na posição depressiva infantil, ele elucida por meio do contraste a natureza geral da posição paranoica anterior como uma situação caracterizada pela ansiedade paranoide, relações com objetos parciais e uma cisão dos objetos e das emoções. Melanie Klein compara em detalhes a paranoia com a depressão, e sua teoria de que a posição paranoica infantil é sucedida pela posição depressiva infantil permite explicar a ligação clínica observada entre as duas doenças por meio de sua continuidade original e interação na mais tenra infância. Melanie Klein apresenta também uma nova descrição da doença maníaco-depressiva a partir do medo de conter objetos mortos ou agonizantes. Oferece sua concepção das defesas maníacas, enfatizando a onipotência e a recusa; mostra a conexão entre defesas maníacas e obsessivas; também demonstra que as defesas maníacas são empregadas não só contra a depressão, mas também contra as ansiedades paranoides. Nem todas as ramificações da teoria, é claro, são exploradas aqui. "O luto e sua relação com os estados maníaco-depressivos", publicado cinco anos mais tarde, é uma continuação deste artigo e estuda um outro processo importante na posição depressiva: o luto pelo objeto perdido. Ele também continua o trabalho do presente artigo no que diz respeito às defesas maníacas, à reparação e aos processos de integração no ego, chamando atenção para o fato de que a unificação dos objetos – e não

> sua contínua cisão em planos cada vez mais próximos da realidade, enfatizada nesse artigo – é o processo mais importante na posição depressiva. A conexão da posição depressiva com o complexo de Édipo é descrita em "O complexo de Édipo à luz das ansiedades arcaicas" (1945), com alguns acréscimos em "Algumas conclusões teóricas relativas à vida emocional do bebê" (1952). Nesse último, Melanie Klein também sugere que na posição depressiva há uma cisão entre objeto vivo e íntegro e objeto ferido e moribundo. Isso ocorre como uma defesa contra a ansiedade depressiva. A descrição da culpa apresentada no presente artigo é modificada em "Sobre a teoria da ansiedade e da culpa" (1948) e na descrição da depressão em "Uma nota sobre a depressão no esquizofrênico" (1960).

Minhas obras anteriores contêm a descrição de uma fase em que o sadismo está no auge, fase pela qual as crianças passam durante o primeiro ano de vida.[2] Já nos primeiros meses de existência, o bebê tem impulsos sádicos dirigidos não só contra o seio da mãe, mas contra o interior de seu corpo: desejos de esvaziá-lo, de devorar seu conteúdo e de destruí-lo com todos os meios que o sadismo pode imaginar. O desenvolvimento do bebê é governado por mecanismos de introjeção e projeção. Desde o início, o ego introjeta objetos "bons" e "maus", e o seio da mãe serve de protótipo para ambos – ele é um objeto bom quando a criança consegue obtê-lo e é mau quando ela o perde. Mas o bebê considera esses objetos "maus" por causa da agressão que projeta sobre eles, e não apenas porque frustram seus desejos: a criança os considera realmente perigosos – perseguidores que irão devorá-la, esvaziar o interior de seu corpo, cortá-la em pedaços, envenená-la –, em suma, promover sua destruição de todas as maneiras que o sadismo pode inventar. Essas imagos, que são uma imagem distorcida de forma fantástica dos objetos reais em que estão baseadas, se instalam não só no mundo externo, mas também dentro do ego, através do processo de incorporação. Assim, crianças muito pequenas passam por situações de ansiedade (e reagem a elas com mecanismos de defesa), cujo conteúdo pode ser comparado ao das psicoses nos adultos.

Um dos métodos mais remotos de defesa contra o medo de perseguidores, quer sejam considerados no mundo externo, quer estejam internalizados, é a escotomização, ou seja, *a recusa da realidade psíquica*; isso pode causar considerável restrição dos mecanismos de introjeção

---

[2] Cf. ibid., caps. 8 e 9.

e projeção, além da recusa da realidade externa. Esse processo forma a base das psicoses mais graves. Pouco depois, o ego também tenta se defender dos perseguidores internalizados por meio dos processos de expulsão e de projeção. Ao mesmo tempo, uma vez que o medo dos objetos internalizados não é eliminado com sua projeção, o ego reúne contra os perseguidores dentro de seu corpo as mesmas forças que emprega para combater aqueles que existem no mundo exterior. Esses conteúdos de ansiedade e mecanismos de defesa são o fundamento da paranoia. É possível detectar parte dessa ansiedade no medo infantil de mágicos, bruxas, feras malvadas etc., mas nesse caso ela já foi submetida à projeção e à modificação. Também cheguei à conclusão de que a ansiedade psicótica infantil, principalmente a ansiedade paranoide, é presa e modificada pelos mecanismos obsessivos, que aparecem muito precocemente.

Neste trabalho, pretendo examinar os estados depressivos em sua relação com a paranoia, de um lado, e com a mania, de outro. O material em que apoio minhas conclusões foi obtido por meio da análise de estados depressivos em casos de neuroses graves, em casos *borderline* e em pacientes, tanto adultos quanto crianças, que apresentavam uma mistura de tendências paranoicas e depressivas.

Estudei estados maníacos de vários graus e formas diferentes, incluindo os estados levemente hipomaníacos que ocorrem nas pessoas normais. A análise de características depressivas e maníacas em crianças e adultos normais também foi muito instrutiva.

De acordo com Sigmund Freud e Karl Abraham, o processo básico da melancolia é a perda do objeto amado. A perda verdadeira de um objeto real, ou uma situação semelhante que tenha o mesmo significado, resulta na instalação do objeto dentro do próprio ego. No entanto, devido a um excesso de impulsos canibalescos no indivíduo, essa introjeção fracassa e a consequência é a doença.

Mas por que o processo de introjeção seria específico à melancolia? Creio que a principal diferença entre a incorporação na paranoia e na melancolia está ligada a mudanças na relação do sujeito com o objeto, apesar de também estar relacionada a uma alteração na constituição do ego introjetor. Segundo Edward Glover, o ego, de início ainda mal organizado, consiste em um número considerável de núcleos de ego.[3] De acordo com seu ponto de vista, primeiro um núcleo de ego oral e depois um núcleo de ego anal predominam sobre os outros. Nessa fase

---

3 Cf. Edward Glover, "A Psycho-Analytic Approach to the Classification of Mental Disorders" [1932], in *On the Early Development of Mind*. London: Baillière, 1956.

muito inicial, em que o sadismo oral desempenha um papel proeminente e que, em minha opinião, é a base da esquizofrenia,[4] o poder do ego para se identificar com seus objetos ainda é pequeno, em parte porque o próprio ego está desorganizado e também porque os objetos introjetados são basicamente parciais, sendo igualados às fezes.

As defesas típicas da paranoia buscam principalmente eliminar os "perseguidores", ao mesmo tempo em que a ansiedade pelo próprio ego ocupa um lugar central. À medida que o ego se torna mais organizado, as imagos internalizadas vão se aproximando da realidade e ele se identifica de forma mais completa com os objetos "bons". O medo da perseguição, que de início era percebida como uma ameaça para o próprio ego, agora também se relaciona com o objeto bom. A partir desse momento, a preservação do objeto bom é encarada como um equivalente à sobrevivência do ego.

Juntamente a esse desenvolvimento ocorre uma mudança da maior importância: a passagem de uma relação de objeto parcial para a relação com um objeto total. Ao dar esse passo, o ego atinge nova posição, que serve de base para a situação chamada de perda do objeto amado. Só quando o objeto é amado *como um todo* é que sua perda pode ser sentida como um todo.

Com essa mudança na relação com o objeto, surgem novos conteúdos de ansiedade e ocorre uma transformação nos mecanismos de defesa. O desenvolvimento da libido também é influenciado de forma decisiva. A ansiedade paranoide de que os objetos destruídos com sadismo se tornem fonte de veneno e perigo dentro do corpo do próprio indivíduo faz, apesar da força de seus ataques sádico-orais, ele ter uma profunda desconfiança dos objetos, ao mesmo tempo em que os incorpora.

Isso leva ao enfraquecimento dos desejos orais. Uma manifestação desse fato pode ser observada na dificuldade que crianças muito pequenas apresentam de aceitar o alimento; em minha opinião, essa dificuldade é de origem paranoide. Quando a criança (ou o adulto) se identifica de forma mais completa com um objeto bom, as ânsias libidinais aumentam; ela desenvolve amor e desejo vorazes de devorar esse objeto, e o mecanismo de introjeção é reforçado. Além disso, ela se vê o tempo todo impelida a repetir a incorporação de um objeto

---

4 Gostaria de remeter o leitor à descrição que faço da fase em que a criança promove ataques ao corpo da mãe. Essa fase se inicia quando o sadismo oral entra em ação e, do meu ponto de vista, é a base da paranoia (cf. M. Klein, *A psicanálise de crianças*, op. cit., cap. 8).

bom (i.e., a repetição do ato tem o objetivo de testar a realidade de seus medos e refutá-los), em parte porque teme tê-lo perdido por causa de seu canibalismo e também porque tem medo dos perseguidores internalizados, precisando do objeto bom para ajudá-la a combatê-los. Nesse estágio, mais do que nunca, o ego é levado pelo amor e pela necessidade de introjetar o objeto.

Outro estímulo para um aumento da introjeção é a fantasia de que o objeto amado pode ser preservado com segurança no interior do próprio indivíduo. Nesse caso, os perigos do interior são projetados para o mundo externo.

No entanto, se há um aumento de consideração pelo objeto e o indivíduo passa a ter melhor noção da realidade psíquica, a ansiedade de que o objeto seja destruído durante o processo de introjeção leva – como Abraham demonstrou – a vários distúrbios na função de introjeção.

De acordo com minha experiência, também há uma profunda ansiedade a respeito dos perigos que aguardam o objeto dentro do ego. Ele não pode ser mantido lá com segurança, pois o interior do indivíduo é percebido como um lugar perigoso e venenoso no qual o objeto amado pereceria. Esse é um exemplo das situações que descrevi anteriormente como fundamentais para "a perda do objeto amado": ou seja, trata-se da situação em que o ego se identifica totalmente com os objetos bons internalizados e, ao mesmo tempo, percebe sua própria incapacidade de protegê-los e preservá-los do id e dos objetos persecutórios internalizados. Essa ansiedade se justifica psicologicamente.

Ao se identificar totalmente com o objeto, o ego não abandona seus antigos mecanismos de defesa. De acordo com a hipótese de Abraham, a aniquilação e a expulsão do objeto – processos típicos do nível anal anterior – dão início ao mecanismo depressivo. Se isso for verdade, minha noção de uma ligação genética entre paranoia e melancolia fica confirmada. Em minha opinião, o mecanismo paranoico de destruir os objetos (tanto no interior do corpo quanto no mundo exterior) com todos os meios derivados do sadismo oral, uretral e anal ainda persiste, mas numa intensidade bem menor e com certa modificação devida à mudança ocorrida na relação do sujeito com seus objetos. Como já afirmei, o medo de que o objeto *bom* seja expelido juntamente ao *mau* faz os mecanismos de expulsão e projeção irem perdendo seu valor. Sabemos que nesse estágio o ego recorre mais à introjeção do objeto *bom* como mecanismo de defesa. A este se associa outro mecanismo importante: o de fazer reparações ao objeto. Em alguns de meus trabalhos anteriores, examinei em detalhes a noção de restauração e mostrei que ela é muito mais do que uma simples formação reativa.[5] O ego se sente impelido (pela sua identificação com o objeto bom, posso acrescentar agora) a oferecer uma restituição por todos os ataques sádicos que lançou contra o objeto. Quando ocorre uma clivagem clara entre objetos bons e maus, o sujeito tenta restaurar os bons, redimindo, com essa restauração, todos os detalhes de seus ataques sádicos. O ego, entretanto, ainda não consegue acreditar completamente na benevolência do objeto nem em sua própria capacidade de restituição. No entanto, por meio da identificação com um objeto bom e com todos os avanços mentais que isso implica, o ego se vê obrigado a ter uma noção mais completa da realidade psíquica, o que o expõe a conflitos violentos. Alguns de seus objetos (um número indefinido) são perseguidores, prontos a devorá-lo e a cometer todo tipo de violência. Eles ameaçam o ego e o objeto bom de várias maneiras. Todo dano infligido aos pais pela criança em sua fantasia (em primeiro lugar por ódio e depois como autodefesa), todo ato de violência cometido por um objeto contra o outro (principalmente a relação sexual sádica e destrutiva entre os pais, que a criança encara como mais um resultado de seus próprios desejos sádicos) – tudo isso se desenrola no mundo externo e, ao mesmo tempo, como o ego está sempre absorvendo para dentro de si todo o mundo exterior, também dentro do próprio indivíduo. Agora, porém, todos esses processos são encarados como perpétua fonte de perigo não só para o objeto bom, mas também para o ego.

É verdade que, agora que os objetos bons e maus se diferenciam com mais clareza, o ódio do sujeito se dirige basicamente contra estes, enquanto seu amor e suas tentativas de reparação tendem a se concentrar sobre aqueles; no entanto, o excesso de sadismo e de ansiedade age como freio para esse avanço no desenvolvimento mental. Todo estímulo interno ou externo (i.e., toda frustração real) está repleto de grandes perigos: tanto os objetos maus quanto os bons são ameaçados pelo id, pois cada acesso de ódio ou ansiedade pode abolir temporariamente essa diferenciação, resultando numa "perda do objeto amado". Não é só a intensidade do ódio incontrolável do sujeito que põe o objeto em perigo: pode-se dizer o mesmo de seu amor. Nesse estágio de desenvolvimento, o amor pelo objeto e a vontade de devorá-lo estão muito interligados. A criança pequena que, quando a mãe desaparece, acredita que a devorou e a destruiu (quer por motivos de

---

5 Cf. "Situações de ansiedade infantil refletidas em uma obra de arte e no impulso criativo", neste volume; ver também id., *A psicanálise de crianças*, op. cit.

ódio, quer por motivos de amor) é atormentada por uma ansiedade que está relacionada não só a si mesma, mas também à mãe boa que absorveu para dentro de si.

Agora fica claro por que, nessa fase de desenvolvimento, o ego se vê constantemente ameaçado pela posse de objetos bons internalizados. Ele está cheio de ansiedade de que esses objetos morram. Tanto em crianças como em adultos que sofriam de depressão, pude encontrar o medo de guardar dentro de si objetos mortos ou agonizantes (principalmente os pais), assim como a identificação do ego com objetos nessa condição.

Desde o início do desenvolvimento psíquico há uma correlação constante entre objetos reais e aqueles que estão instalados dentro do ego. É por esse motivo que a ansiedade que acabei de descrever se manifesta na fixação exagerada da criança na mãe, ou na pessoa que toma conta dela.[6] A ausência da mãe desperta na criança a ansiedade de ser entregue a objetos maus, sejam externos, sejam internalizados. Isso poderia ocorrer por causa de sua *morte*, ou de sua volta sob a forma de uma mãe "*má*".

De qualquer maneira, para a criança isso significa a perda da mãe amada. Gostaria também de chamar atenção particularmente para o fato de que o medo de perder o objeto "bom" internalizado se torna a fonte perpétua da ansiedade de que a mãe verdadeira morra. No entanto, toda experiência que aponta para a perda do objeto amado real estimula o medo de também perder aquele que foi internalizado.

Já observei que, de acordo com minha experiência, a perda do objeto amado ocorre durante a fase de desenvolvimento em que o ego faz a transição de uma incorporação parcial do objeto para sua incorporação total. Agora que já descrevi a situação do ego nessa fase, posso falar de forma mais precisa a esse respeito. Os processos que mais tarde surgem claramente como "perda do objeto amado" são determinados pelo fracasso sentido pelo sujeito (durante o desmame, assim como nos períodos que o antecedem e o seguem imediatamente) em manter seu objeto *bom internalizado*, i.e., apossar-se dele. Um dos motivos para esse fracasso é sua incapacidade de vencer o medo paranoide dos perseguidores internalizados.

Neste ponto nos deparamos com uma questão de grande importância para toda nossa teoria. Minhas observações, assim como as de

---

6   Há anos defendo a opinião de que a fixação da criança na mãe não se deve apenas à sua dependência em relação a ela, mas também à sua ansiedade e ao seu sentimento de culpa, sentimentos ligados às agressões iniciais que comete contra a mãe.

vários colegas ingleses, levaram-nos à conclusão de que a influência direta dos processos iniciais de introjeção sobre o desenvolvimento normal e o patológico é muito mais importante do que se pensava, diferindo em certos aspectos daquilo que costumava ser aceito nos círculos psicanalíticos.

De acordo com a nossa opinião, os primeiros objetos incorporados já formam a base do superego e participam de sua estrutura. Não se trata de modo algum apenas de uma questão teórica. Ao estudarmos as relações do ego arcaico infantil com seus objetos internalizados e o id, e ao entendermos as mudanças graduais sofridas por essas relações, obtemos um insight bem mais profundo das situações de ansiedade específicas pelas quais passa o ego, assim como dos mecanismos de defesa que ele desenvolve à medida que vai ficando mais organizado. Encarando esses fatores desse ponto de vista, descobrimos que é possível obter um conhecimento mais completo das primeiras fases do desenvolvimento psíquico, da estrutura do superego e da gênese das doenças psicóticas. Pois ao lidarmos com a etiologia, parece essencial que não nos limitemos a encarar a disposição da libido apenas como tal. É preciso também estudá-la em conexão com as primeiras relações do sujeito com seus objetos externos e internalizados, reflexão que implica compreender os mecanismos de defesa desenvolvidos gradualmente pelo ego ao lidar com suas diversas situações de ansiedade.

Se aceitarmos essa explicação para a formação do superego, fica mais fácil entender sua severidade implacável no caso do melancólico. As perseguições e as exigências dos objetos maus internalizados; os ataques desses objetos uns contra os outros (principalmente aquele representado pela relação sexual sádica dos pais); a necessidade premente de cumprir as exigências rigorosas dos "objetos bons", além de protegê-los e apaziguá-los dentro do ego, com o resultante ódio ao id; a constante incerteza a respeito da "bondade" do objeto bom, o que faz ele rapidamente se transformar num objeto mau – todos esses fatores se combinam para produzir no ego a sensação de estar preso entre reivindicações contraditórias e impossíveis de se realizar, condição sentida como um peso na consciência. Em outras palavras: as primeiras manifestações da consciência estão associadas à perseguição de objetos maus. A própria expressão "ser mordido pela consciência" (*Gewissensbisse*) aponta para a "perseguição" implacável realizada pela consciência e para o fato de que ela é imaginada originalmente como algo que devora suas vítimas.

Entre as várias exigências internas responsáveis pela severidade do superego no melancólico, mencionei a necessidade premente de cumprir as reivindicações rigorosas dos objetos "bons". Esse aspecto do quadro – isto é, a crueldade dos objetos "bons", amados, que foram internalizados pelo ego – é o único reconhecido pelo saber analítico geral; ele fica muito claro na severidade implacável do superego do melancólico. A meu ver, porém, só ao examinarmos toda a relação do ego com seus objetos fantasticamente maus e também com seus objetos bons, só ao estudarmos toda a situação interna que procurei descrever em linhas gerais neste artigo – só assim poderemos entender a escravidão a que o ego se submete ao cumprir as exigências e advertências cruéis do objeto amado que se instalou dentro de si. Como já mencionei antes, o ego procura manter os objetos bons afastados dos maus, os reais afastados dos fantásticos. O resultado é uma ideia de objetos extremamente maus e outros *extremamente perfeitos*, ou seja, os objetos amados são em vários aspectos profundamente morais e exigentes. Ao mesmo tempo, como o bebê não consegue manter os objetos bons completamente afastados dos maus em sua mente,[7] parte da crueldade dos objetos maus e do id se liga aos objetos bons, o que aumenta ainda mais a severidade de suas exigências.[8] Essas exigências rigorosas servem ao propósito de apoiar o ego na luta contra seu ódio incontrolável e os objetos maus que atacam, com os quais o ego em parte se identifica.[9] Quanto mais forte a ansiedade de perder os objetos amados, mais o ego tentará salvá-los. Da mesma maneira, quanto mais árdua for a tarefa de restauração, mais rígidas serão as exigências associadas ao superego.

Procurei mostrar como as dificuldades experimentadas pelo ego ao passar para a incorporação de objetos totais se originam da capacidade imperfeita de dominar, por meio de seus novos mecanismos de defesa, os conteúdos de ansiedade trazidos por esse avanço em seu desenvolvimento.

---

7 Já expliquei antes que, ao unir e depois cindir os objetos bons dos maus, os fantásticos dos reais e os externos dos internos, o ego avança gradualmente em direção a uma concepção mais realista não só dos objetos externos mas também dos internos, obtendo uma relação mais satisfatória com ambos (cf. id., *A psicanálise de crianças*, op. cit.).
8 Em *O Eu e o Id* [1923] (in *Obras completas*, v. 16, trad. Paulo César de Souza. São Paulo: Companhia das Letras, 2011), Sigmund Freud demonstra que na melancolia o componente destrutivo se concentra no superego e é dirigido contra o ego.
9 É fato notório que algumas crianças exibem forte necessidade de serem mantidas sob a mais rígida disciplina, sendo impedidas de fazer algo errado por um agente externo.

Estou ciente de como é difícil traçar uma fronteira precisa entre sentimentos e conteúdo de ansiedade do paranoico e do depressivo, pois eles estão muito ligados entre si. No entanto, podemos distingui-los se adotarmos como critério de diferenciação o fato de a ansiedade persecutória estar relacionada principalmente à preservação do ego – caso em que é paranoica – ou à preservação dos objetos bons internalizados com os quais o ego se identifica como um todo. Nesse caso – o do depressivo –, a ansiedade e as sensações de sofrimento têm um caráter bem mais complexo. A ansiedade de que os objetos bons sejam destruídos, e o ego junto a eles, ou de que estejam num estado de desintegração, está entrelaçada a esforços contínuos e desesperados para salvar os objetos bons internalizados, bem como os externos.

Em minha opinião, só quando o ego introjeta o objeto como um todo e estabelece uma relação melhor com o mundo externo e as pessoas reais é que ele percebe o desastre criado por seu sadismo e principalmente por seu canibalismo. Só então ele sofre por causa disso. Esse sofrimento não se relaciona apenas ao passado, mas também ao presente, pois nesse estágio inicial do desenvolvimento o sadismo está no auge. É preciso uma identificação mais completa com o objeto amado e um reconhecimento mais completo de seu valor para que o ego perceba o estado de desintegração a que o reduziu, e continua a reduzir. O ego então se depara com a realidade psíquica de que seus objetos amados estão num estado de dissolução – em pedaços. O desespero, os remorsos e a ansiedade oriundos dessa constatação estão por trás de várias situações de ansiedade. Para citar apenas algumas: há a ansiedade de como juntar os pedaços da maneira correta e na ocasião adequada; de como escolher os pedaços bons e jogar fora os maus; de como dar vida ao objeto depois que este foi montado; e há a ansiedade de ser perturbado durante essa tarefa por objetos maus e por seu próprio ódio etc.

Descobri que situações de ansiedade desse tipo estão por trás não só da depressão, mas também de todas as inibições no trabalho. As tentativas de salvar o objeto amado, de repará-lo e restaurá-lo – tentativas que no estado de depressão se associam ao desespero, pois o ego não confia em sua capacidade de realizar essa restauração –, são fatores determinantes de todas as sublimações e de todo o desenvolvimento do ego. Quanto a isso, mencionarei apenas a importância específica para a sublimação dos fragmentos a que o objeto amado foi reduzido e do esforço de juntá-los num todo. Trata-se de um objeto "perfeito" que está em pedaços; assim, o esforço de reverter o estado de desintegração a que ele foi reduzido pressupõe a necessidade de torná-lo belo e "perfeito". Além disso, a ideia de perfeição também é atraente porque nega a ideia de desintegração. No caso de alguns pacientes que tinham se afastado da mãe com ódio ou aversão, ou que tinham empregado outros mecanismos para fugir dela, percebi que mesmo assim havia em suas mentes uma bela imagem da mãe, mas uma imagem que era percebida apenas como um *retrato*, não como seu self verdadeiro. O objeto real não era considerado atraente – na verdade, era visto como uma pessoa defeituosa, incurável e, portanto, ameaçadora. A imagem de beleza tinha se dissociado do objeto real, mas nunca fora abandonada, desempenhando um papel importante no caminho específico tomado pelas sublimações do indivíduo.

O desejo de perfeição aparentemente está calcado na ansiedade depressiva da desintegração, que, portanto, é muito importante em todas as sublimações.

Como já observei antes, ao mesmo tempo em que reconhece seu amor por um objeto bom, que é um objeto total e, além disso, um objeto real, o ego tem um profundo sentimento de culpa em relação a ele. A identificação total com o objeto baseada numa ligação libidinal – primeiro ao seio, depois à pessoa como um todo – vem acompanhada de ansiedade por esse objeto (pela sua desintegração), de culpa e remorso, do senso de responsabilidade de preservá-lo contra seus perseguidores e o id e da tristeza relacionada à expectativa de perdê-lo. Em minha opinião, essas emoções, sejam conscientes, sejam inconscientes, estão entre os elementos essenciais do sentimento que chamamos de amor.

A esse respeito, gostaria de acrescentar que já estamos familiarizados com as autocensuras do depressivo, as quais, na verdade, representam acusações contra o objeto introjetado. No entanto, o ódio do ego pelo id, que é fator dominante nessa fase, pode explicar ainda melhor os sentimentos de desmerecimento e desespero do que as censuras feitas contra o objeto. Percebi muitas vezes que essas acusações e o ódio contra os objetos maus são intensificados de forma secundária como defesa contra o ódio pelo id, que é ainda mais insuportável. Em última análise, é o conhecimento inconsciente por parte do ego de que o ódio também está lá, juntamente ao amor, e de que a qualquer momento ele pode se tornar o elemento mais poderoso (a ansiedade do ego de se deixar levar pelo id e destruir o objeto amado) que traz o sofrimento, o sentimento de culpa e o desespero subjacentes ao pesar. Essa ansiedade também é responsável pelas dúvidas a respeito da benevolência do objeto amado. Como Freud observou, a dúvida na verdade diz respeito à própria capacidade de amar do sujeito e "quem duvida de seu próprio amor não pode, não *deve* duvidar de tudo o mais, de tudo pequeno".[10]

O paranoico, devo acrescentar, também introjeta um objeto inteiro e real, mas não consegue se identificar totalmente com ele – ou, se chega a esse ponto, não consegue manter essa identificação. Para mencionar apenas alguns motivos desse fracasso: a ansiedade persecutória é forte demais; suspeitas e ansiedades de natureza fantástica ficam no caminho da introjeção total e estável de um objeto bom e real. Na medida em que este é introjetado, é muito difícil mantê-lo como um objeto bom, pois dúvidas e suspeitas de todos os tipos logo transformam o objeto amado novamente num perseguidor. Desse modo, a relação com os objetos totais e com o mundo real ainda é influenciada pela relação arcaica com os objetos parciais internalizados e com as fezes como perseguidores, podendo ser substituída novamente por esta.

Em minha opinião, um aspecto típico do paranoico é que, apesar de desenvolver um poder de observação extremamente aguçado do mundo externo e dos objetos reais (por causa da ansiedade persecutória e das suspeitas constantes), essa capacidade de observação e seu senso de realidade são distorcidos, pois a ansiedade persecutória faz o paranoico observar as pessoas principalmente no intuito de averiguar se são perseguidores ou não. Não é possível haver uma identificação completa e estável com outro objeto, no sentido de observá-lo e compreendê-lo como ele realmente é, nem uma capacidade total de amar, quando a ansiedade persecutória pelo ego está em ascendência.

Outro motivo importante pelo qual o paranoico é incapaz de manter uma relação com o objeto total é que, enquanto as ansiedades persecutórias e a ansiedade por si mesmo continuam muito fortes, ele não consegue suportar as ansiedades adicionais em torno do objeto amado nem os sentimentos de culpa e remorsos que acompanham essa posição depressiva. Além disso, nessa posição, ele não pode se utilizar tanto da projeção, pois tem medo de expelir seus objetos bons e perdê-los, além ferir os objetos bons externos ao expelir as coisas más que guarda dentro de si.

Podemos ver, então, que o sofrimento ligado à posição depressiva o joga de volta à posição paranoica. De qualquer maneira, apesar desse recuo, a posição depressiva é atingida e, portanto, a possibilidade da depressão sempre estará presente. Em minha opinião, isso explica

---

10 S. Freud, *Observações sobre um caso de neurose obsessiva* ("*O Homem dos Ratos*") [1909], in *Obras completas*, v. 9, trad. Paulo César de Souza. São Paulo: Companhia das Letras, 2013, p. 104.

por que com frequência encontramos a depressão não só na paranoia grave, mas também em casos mais amenos.

Se compararmos os sentimentos do paranoico com os do depressivo no que diz respeito à desintegração, podemos ver que o depressivo está cheio de pesar e ansiedade pelo objeto, que tenta juntar novamente num todo, enquanto para o paranoico o objeto desintegrado é principalmente uma multidão de perseguidores, pois cada pedaço se transforma em um deles.[11] Essa noção dos fragmentos perigosos aos quais o objeto é reduzido me parece estar de acordo com a introjeção de objetos parciais igualados às fezes (Abraham) e com a ansiedade em torno de uma multidão de perseguidores internos, criada, na minha opinião, a partir da introjeção de vários objetos parciais e de uma multidão de fezes perigosas.[12]

Já discuti a distinção existente entre paranoico e depressivo do ponto de vista de suas diferentes relações com os objetos amados. Examinemos agora as inibições e ansiedades envolvendo a comida sob o mesmo ponto de vista. Assim, a ansiedade de absorver substâncias que ameaçam o interior do próprio corpo seria paranoica, enquanto a ansiedade de destruir os objetos bons externos ao morder e mastigar, ou de pôr em perigo o objeto bom interno ao introduzir substâncias más, seria depressiva. Da mesma maneira, a ansiedade de pôr em risco o objeto bom externo dentro de si mesmo ao incorporá-lo também seria depressiva. No entanto, em casos com fortes características paranoicas, deparei-me com fantasias de atrair um objeto externo para o interior do indivíduo, encarado como uma caverna cheia de monstros perigosos etc. Aqui podemos ver um dos motivos para a intensificação do mecanismo de introjeção na paranoia, enquanto o depressivo emprega o mesmo mecanismo de forma muito característica, como já sabemos, com o objetivo de incorporar o objeto *bom*.

Estudando agora os sintomas hipocondríacos da mesma forma comparativa, são tipicamente paranoides as dores e outras manifestações que na fantasia resultam de ataques feitos contra o ego por objetos persecutórios internos.[13] No entanto, os sintomas derivados de ataques

---

11 Como Melitta Schmideberg já observou – cf. "The Rôle of Psychotic Mechanisms in Cultural Development". *The International Journal of Psychoanalysis*, v. 11, 1931, pp. 387–418.
12 Cf. M. Klein, *A psicanálise de crianças*, op. cit.
13 Durante as palestras sobre as psicoses que apresentou na Sociedade Britânica de Psicanálise, no outono de 1934, o dr. Clifford Scott observou que, de acordo com sua experiência, os sintomas hipocondríacos na esquizofrenia,

de objetos maus internos e do id contra os objetos bons – i.e., uma luta interna em que *o ego se identifica com o sofrimento dos objetos bons* – são tipicamente depressivos.

Por exemplo, o paciente X, a quem foi dito quando era criança que sofria de solitárias (que ele nunca viu), associava os vermes dentro de si à sua voracidade. Durante a análise, tinha fantasias de que uma solitária estava devorando seu corpo por dentro e uma forte ansiedade em torno de um suposto câncer veio à tona. O paciente, que sofria de ansiedades hipocondríacas e paranoides, desconfiava muito de mim e, entre outras coisas, suspeitava de que eu estava de conluio com pessoas que lhe eram hostis. Nessa época, sonhou que um detetive prendia uma pessoa hostil e perseguidora, mandando-a para a cadeia. Mas o detetive não era confiável e acabou se tornando cúmplice do inimigo. O detetive representava a mim mesma. Toda a ansiedade fora internalizada e estava ligada à fantasia da solitária. A prisão para onde foi enviado o inimigo era o interior do próprio paciente – na verdade, uma parte especial de seu interior onde o perseguidor ficaria confinado. Depois ficou claro que a ameaçadora solitária (de acordo com uma das associações do paciente, a solitária era bissexuada) representava os pais numa aliança hostil (na verdade, na relação sexual) contra ele.

Na época em que as fantasias em torno da solitária estavam sendo analisadas, o paciente desenvolveu uma diarreia que pensou erroneamente estar misturada com sangue. Isso o assustou muito; encarava aquilo como uma confirmação dos processos perigosos que ocorriam dentro de si. Essa sensação se calcava em fantasias em que atacava os pais maus unidos dentro dele com fezes venenosas. Para X, a diarreia significava essas fezes venenosas, além do pênis mau do pai. O sangue que pensava estar misturado às fezes representava a mim mesma (isso ficou claro por meio de associações em que eu aparecia ligada ao sangue). A diarreia, portanto, representava para ele as armas perigosas que empregava para lutar contra os pais maus internalizados, assim como fragmentos envenenados dos próprios pais – a solitária. Na primeira infância, o paciente tivera a fantasia de atacar os pais reais com fezes venenosas e de fato chegou a perturbar a relação sexual deles ao defecar. Sempre ficara muito assustado com as diarreias. Esses ata-

---

do ponto de vista clínico, são mais numerosos e bizarros, além de estarem ligados a perseguições e funções de objetos parciais. É possível perceber isso mesmo num exame rápido. Nas reações depressivas, em termos clínicos, os sintomas hipocondríacos são bem menos variados e sua expressão está mais relacionada às funções do ego.

ques contra os pais reais foram internalizados e, junto a eles, todos os conflitos do paciente, que agora ameaçavam destruir seu ego. Gostaria de mencionar que esse paciente lembrou, durante a análise, que com cerca de dez anos tinha a impressão de possuir um pequeno homem dentro da barriga que o controlava e lhe dava ordens, ordens que se via obrigado a executar, apesar de serem sempre perversas e erradas (tinha uma sensação semelhante a respeito dos pedidos de seu pai real).

Quando a falta de confiança em mim foi diminuindo com o progresso da análise, o paciente começou a ficar muito preocupado comigo. X sempre tinha se preocupado com a saúde da mãe; no entanto, nunca fora capaz de desenvolver um verdadeiro amor por ela, apesar de fazer o máximo para agradá-la. Agora, somados à preocupação comigo, vinham à tona fortes sentimentos de amor e gratidão, juntamente a sensações de desmerecimento, pesar e depressão. O paciente nunca fora realmente feliz. Pode-se dizer que a depressão se espalhara por sua vida inteira, mas ele nunca sofrera um verdadeiro estado depressivo. Durante a análise, passou por fases de depressão profunda, com todos os sintomas típicos desse estado mental. Ao mesmo tempo, as sensações e fantasias ligadas às suas dores hipocondríacas se modificaram. Por exemplo, o paciente sentia a ansiedade de que o câncer atravessasse a parede do estômago; agora, porém, pôde-se perceber que, apesar de temer por seu estômago, ele queria "me" proteger dentro de si (na verdade, tratava-se da mãe internalizada) dos ataques do pênis do pai e de seu próprio id (o câncer). Em outra ocasião, o paciente teve fantasias (ligadas a um mal-estar físico) sobre uma hemorragia interna da qual acabaria morrendo. Ficou claro que eu estava identificada com essa hemorragia, sendo representada pelo sangue bom. Não podemos nos esquecer de que, quando as ansiedades paranoides ainda eram dominantes, o paciente me via antes de mais nada como perseguidora e me identificava com o sangue *mau* misturado à diarreia (o pai mau). Agora o precioso sangue bom representava a mim – perdê-lo significava minha morte, o que por sua vez implicaria a dele. Ficou claro, então, que o câncer que o paciente responsabilizava pela morte de seu objeto amado, para não falar de sua própria morte, e que representava o pênis do pai mau, era percebido mais do que isso como seu próprio sadismo e principalmente sua voracidade. É por isso que se sentia tão desmerecedor e tão desesperado.

Enquanto as ansiedades paranoides eram predominantes e a ansiedade causada pelos pais maus em união mantinha-se firme, X sentia ansiedades hipocondríacas apenas por seu próprio corpo. Quando a depressão e o pesar se estabeleceram, o amor e a preocupação pelo objeto bom passaram a ocupar o primeiro plano, modificando os conteúdos de ansiedade, bem como os sentimentos e as defesas no geral. Nesse caso, assim como em outros, descobri que *os medos e as suspeitas paranoides foram reforçados como defesa contra a posição depressiva* que estes encobriam. Agora citarei um outro caso, o de Y, que apresentava fortes traços paranoicos e depressivos (com predomínio da paranoia) aliados à hipocondria. Suas queixas sobre inúmeros problemas físicos, que ocupavam boa parte das sessões, alternavam-se com fortes suspeitas a respeito das pessoas à sua volta e muitas vezes se relacionavam diretamente com elas, pois Y sempre encontrava uma maneira de torná-las responsáveis por seus males. Quando a suspeita e a desconfiança diminuíram, depois de um árduo trabalho analítico, sua relação comigo foi melhorando cada vez mais. Ficou claro que, sob as contínuas acusações, queixas e críticas paranoides dirigidas contra os outros, havia um amor muito profundo pela mãe, além de uma preocupação com os pais e outras pessoas. Ao mesmo tempo, o pesar e uma forte depressão foram ganhando destaque cada vez maior. Durante essa fase, as queixas hipocondríacas se modificaram, tanto no que diz respeito ao seu conteúdo adjacente quanto à maneira como o paciente as apresentava a mim. Por exemplo, ele se queixava de diversos problemas físicos e depois contava quais remédios tinha tomado – enumerando o que tinha feito pelo peito, garganta, nariz, ouvidos, intestinos etc. Era como se estivesse cuidando dessas partes do corpo e seus órgãos. Depois, falava de sua preocupação com alguns jovens que estavam sob seus cuidados (ele era professor) e da inquietação que sentia por alguns membros de sua família. Logo ficou claro que os diferentes órgãos que procurava curar se identificavam com irmãos e irmãs que tinha internalizado, em relação aos quais sentia-se culpado e perpetuamente na obrigação de mantê-los vivos. Foi a ânsia excessiva de consertá-los (por tê-los danificado em sua fantasia) e o sofrimento *exagerado* causado por isso que levaram a um aumento tão grande das ansiedades e defesas paranoides, a ponto de soterrar com ódio o amor e o interesse pelas pessoas, assim como sua identificação com elas. Também nesse caso, quando a depressão passou a ocupar o primeiro plano e as ansiedades paranoides diminuíram, as ansiedades hipocondríacas passaram a se relacionar primeiro com os objetos amados internalizados e só então com o ego, enquanto antes se ligavam exclusivamente ao ego.

Depois de tentar estabelecer as diferenças entre conteúdos de ansiedade, sentimentos e defesas que se encontram em ação na paranoia e aqueles que participam dos estados depressivos, é preciso deixar claro mais uma vez que, de acordo com meu ponto de vista, o estado depressivo está calcado no estado paranoide, do qual deriva geneticamente. Acredito que o estado depressivo seja o resultado da mistura da ansiedade paranoide com conteúdos de ansiedade, sensações de sofrimento e defesas ligadas à possível perda do objeto amado inteiro. Creio que a criação de um novo termo para essas ansiedades e defesas específicas seria útil para ampliar nossa compreensão a respeito da estrutura e da natureza da paranoia, além dos estados maníaco-depressivos.[14]

Em minha opinião, sempre que existe um estado de depressão, tanto no indivíduo normal, no neurótico, no maníaco-depressivo como em casos mistos, estará presente esse grupo específico de ansiedades, sentimentos de pesar e diversas variedades dessas defesas que acabo de descrever dando a ele o nome de posição depressiva.

Se esse ponto de vista estiver correto, poderemos entender os frequentes casos em que nos deparamos com um quadro de tendências paranoicas e depressivas misturadas, pois assim seria possível isolar os diversos elementos que o compõem.

As considerações sobre os estados depressivos que apresentei neste artigo podem nos levar, na minha opinião, a uma compreensão melhor da reação ainda enigmática do suicídio. De acordo com as descobertas de Abraham e James Glover, o suicídio se volta contra o objeto introjetado. Contudo, se ao cometer suicídio o ego pretende assassinar seus objetos maus, na minha opinião, ele procura ao mesmo tempo salvar seus objetos amados, internos ou externos. Em suma: em alguns casos, as fantasias por trás do suicídio procuram preservar os objetos bons internalizados e a parte do ego identificada com esses objetos, além de

---

14 Isso me leva a outra questão de terminologia.
Em meus trabalhos anteriores, descrevi as ansiedades e os mecanismos psicóticos da criança em termos de fases de desenvolvimento. A ligação genética entre eles, é verdade, é plenamente abordada nessa descrição, assim como a flutuação que ocorre entre eles sob a pressão da ansiedade, até que se obtenha uma estabilidade maior; mas como no desenvolvimento normal as ansiedades e os mecanismos psicóticos nunca são os únicos elementos predominantes (fato que fiz questão de enfatizar), o termo "fases psicóticas" não é satisfatório. Agora emprego o termo "posição" no que se refere às ansiedades e defesas psicóticas da criança no início de seu desenvolvimento. Creio que é mais fácil associar a esse termo (do que às palavras "mecanismos" ou "fases") as diferenças entre ansiedades psicóticas relacionadas ao desenvolvimento da criança e psicoses no adulto: i.e., a rápida reviravolta da ansiedade persecutória ou do sentimento depressivo para uma atitude normal – mudança que é típica da criança.

destruir a parte do ego identificada com os objetos maus e o id. Desse modo, o ego consegue se unir aos seus objetos amados.

Em outros casos, o suicídio parece ser determinado pelo mesmo tipo de fantasia, mas se volta ao mundo externo e aos objetos reais, que servem em parte como substitutos dos objetos internalizados. Como já observei, o sujeito não odeia apenas os objetos "maus", mas o id também, e com toda a sua força. Ao cometer suicídio, seu objetivo pode ser criar uma ruptura em sua relação com o mundo externo, pois deseja livrar um objeto real – ou o objeto "bom" que esse mundo inteiro representa e com o qual o ego se identifica – de si mesmo ou da parte do ego identificada com os objetos maus e o id.[15] No fundo, podemos perceber nesse ato uma reação contra os próprios ataques sádicos contra o corpo da mãe, que para a criança pequena é o primeiro representante do mundo externo. O ódio e a vingança contra os objetos (bons) reais também desempenham um papel importante nesse ato, mas é justamente de seu ódio perigoso e incontrolável, sempre crescendo dentro de si, que o melancólico procura preservar seus objetos reais ao cometer suicídio.

Freud afirma que a mania está calcada nos mesmos conteúdos da melancolia e é, na verdade, uma maneira de fugir desse estado. Gostaria de sugerir a hipótese, porém, de que na mania o ego procura fugir não só da melancolia, mas também de uma condição paranoica que ele não consegue dominar. A dependência torturante e perigosa em relação aos seus objetos amados impele o ego à busca de liberdade. No entanto, sua identificação com esses objetos é profunda demais para ser abandonada. No entanto, o ego é perseguido pelo medo de objetos maus e do id. Na tentativa de escapar de todo esse sofrimento, o ego recorre a vários mecanismos, alguns dos quais, originando-se de diferentes fases de desenvolvimento, são mutuamente incompatíveis.

O *sentimento de onipotência*, em minha opinião, é o elemento mais característico da mania. Além disso (como Helene Deutsch já declarou),[16] a mania se baseia no mecanismo de *recusa*. Entretanto, discordo de Helene Deutsch no que diz respeito ao seguinte ponto: ela afirma que essa "recusa" está ligada à fase fálica e ao complexo de castração (no caso das meninas, haveria uma recusa da falta do pênis). Minhas observações, porém, levaram-me à conclusão de que esse mecanismo

---

15 Esses motivos também são responsáveis em grande parte pelo estado mental em que o melancólico rompe todas as relações com o mundo externo.
16 Cf. Helene Deutsch, "Zur Psychologie der manisch-depressiven Zustände". *Internationale Zeitschrift für Psychoanalyse*, v. 19, n. 3, 1933, pp. 358–71.

de recusa se origina naquela fase muito inicial em que o ego em desenvolvimento procura se defender da mais séria e profunda de todas as ansiedades: o medo dos perseguidores internalizados e do id. Em outras palavras, *a primeira coisa a ser recusada é a realidade psíquica*; depois disso, o ego pode recusar boa parte da realidade externa.

Sabemos que a escotomização pode fazer o indivíduo ficar totalmente isolado da realidade e se tornar completamente inativo. Na mania, contudo, a recusa está associada a uma atividade excessiva, que, como Helene Deutsch indica, muitas vezes não tem nenhuma relação com os resultados concretos obtidos. Já expliquei que nesse estado a fonte do conflito está no fato de o ego não querer – nem poder – abandonar os objetos bons internalizados, ao mesmo tempo que procura fugir do perigo de depender deles e escapar dos objetos maus. Sua tentativa de se libertar de um objeto sem abandoná-lo completamente parece ser condicionada por um aumento da força do próprio ego. Ele consegue esse acordo ao *recusar a importância* dos objetos bons, juntamente com os perigos a que estes se veem submetidos pelos objetos maus e o id. Em simultâneo, ele procura incessantemente *dominar e controlar* todos os seus objetos. A indicação desse esforço é a hiperatividade.

O que, na minha opinião, é uma característica específica da mania é a *utilização* do sentimento de onipotência com o propósito de *controlar e dominar* os objetos. Isso é necessário por dois motivos: (a) para recusar o pavor que se tem deles e (b) para que o mecanismo (adquirido na posição anterior – a depressiva) de fazer reparação ao objeto seja levado a cabo.[17] Ao dominar seus objetos, o maníaco imagina que conseguirá impedi-los não só de ferirem a si mesmo, mas também de serem um perigo uns para os outros. Esse domínio permitiria principalmente evitar a relação sexual perigosa dos pais internalizados e sua morte dentro do sujeito.[18] A defesa maníaca assume tantas formas, que obviamente é muito difícil atribuir-lhe um mecanismo geral. Mas creio que podemos encontrar esse mecanismo (apesar deste apresentar infinitas variações) nesse domínio dos pais internalizados, ao mesmo tempo em que a existência do mundo interno é menosprezada e recusada. Descobri que, tanto em crianças como em adultos, sempre que a neurose obsessiva

---

17 Essa "reparação", devido à natureza fantástica dessa posição, quase sempre tem um caráter pouco prático ou irrealizável.
18 Bertram Lewin ("The Body as Phallus". *The Psychoanalytic Quarterly*, v. 2, 1933, pp. 24–47) fala de uma paciente que sofria de uma grave mania e se identificava com ambos os pais no momento da relação sexual.

se tornava o fator mais importante do caso, esse domínio representava a separação forçada de dois (ou mais) objetos; quando a mania estava em ascendência, o paciente recorria a métodos mais violentos. Isto é, os objetos eram mortos, mas como o sujeito era onipotente, ele acreditava ser capaz de chamá-los imediatamente de volta à vida. Um de meus pacientes falava desse processo como "mantê-los em animação suspensa". Essa matança corresponde ao mecanismo de defesa (mantido desde a fase anterior) de destruir o objeto; a ressurreição corresponde à reparação feita a esse objeto. Nessa posição, o ego chega a um acordo semelhante em relação aos objetos reais. A fome de objetos, tão típica da mania, indica que o ego manteve um dos mecanismos de defesa da posição depressiva: a introjeção de objetos bons. O sujeito maníaco *recusa* as diversas formas de ansiedade associadas a essa introjeção (ou seja, a ansiedade de introjetar objetos maus ou de destruir os objetos bons no processo de introjeção); essa recusa não se relaciona apenas aos impulsos do id, mas à sua própria preocupação com a segurança do objeto. Assim, podemos supor que o processo por meio do qual o ego e o ideal de ego acabam coincidindo (como Freud demonstrou acontecer na mania) se desenrola da seguinte maneira. O ego incorpora o objeto de forma canibalesca (o "banquete", no termo que Freud emprega ao falar da mania), mas nega sentir qualquer preocupação com ele. "Não há dúvida", argumenta o ego, "de que se esse objeto em particular for destruído, isso não tem muita importância. Existem tantos outros para serem incorporados." Essa *depreciação da importância do objeto e o desprezo por ele*, em minha opinião, é uma característica específica da mania e permite ao ego atingir a indiferença parcial que percebemos lado a lado com sua fome de objetos. Essa indiferença, que o ego não consegue atingir na posição depressiva, representa um avanço, um fortalecimento do ego em relação a seus objetos. Esse avanço, entretanto, é contraposto pelos mecanismos mais antigos descritos anteriormente, que o ego também emprega na mania.

Antes de fazer algumas sugestões sobre o papel que as posições paranoide, depressiva e maníaca desempenham no desenvolvimento normal, falarei de dois sonhos de um de meus pacientes, que ilustram alguns pontos que discuti em relação às posições psicóticas. Vários sintomas – dos quais mencionarei aqui apenas severos estados de depressão, além de ansiedades paranoides e hipocondríacas – levaram o paciente C a procurar a análise. Na época em que teve esses sonhos, sua análise já estava bem avançada. Sonhou que estava viajando com os pais num vagão de trem, que provavelmente não tinha teto, pois estavam ao ar livre. O paciente tinha a impressão de estar "cuidando de tudo", tomando conta dos pais, que eram bem mais velhos e necessitados de sua atenção do que na realidade. Os pais estavam deitados – não lado a lado, como costumavam fazer, mas com os pés das camas encostados um no outro. O paciente tinha dificuldades em mantê-los aquecidos. Então o paciente urinou diante dos pais, dentro de uma bacia com um objeto cilíndrico no meio. Parecia se tratar de uma operação bastante complicada, pois ele tinha que tomar cuidado para não urinar dentro da parte cilíndrica. Sentia que isso não teria importância se pudesse mirar exatamente dentro do cilindro e não espalhar tudo em volta. Quando terminou, percebeu que a bacia estava transbordando e que isso não era bom. Enquanto urinava, reparou que seu pênis era muito grande e se sentiu incomodado por causa disso – como se o pai não devesse ver aquilo, pois se sentiria derrotado pelo filho e o paciente não queria humilhá-lo. Ao mesmo tempo, tinha a sensação de estar poupando o pai de se levantar da cama para urinar também. Nesse ponto, o paciente se interrompeu e disse que os pais pareciam fazer parte dele próprio. No sonho, a bacia com o cilindro deveria ser um vaso chinês, mas isso não podia estar certo, pois a haste não se encontrava embaixo da bacia, como seria de se esperar: ela estava "no lugar errado", pois se encontrava em cima da bacia – ou melhor, dentro dela. O paciente então associou a bacia a uma redoma de vidro, como as que eram usadas nos bicos de gás da casa da avó; o cilindro lembrava-lhe uma camisa de lampião. Depois, pensou numa passagem escura, no fim da qual brilhava uma fraca luz de gás, e disse que essa imagem lhe despertava sentimentos tristes. Fazia-o pensar em casas pobres e dilapidadas, em que nada parece estar vivo a não ser essa tênue luz de lampião. Na verdade, bastava puxar a corda para que a chama queimasse com mais força. Isso o recordou de que sempre tivera medo de gás e de que as chamas do fogão lhe davam a impressão de pular em cima dele e de mordê-lo, como se fossem a cabeça de um leão. Outra coisa que o assustava no gás era o pequeno barulho que fazia quando o desligavam. Depois de minha interpretação de que a parte cilíndrica da bacia e a camisa de lampião eram a mesma coisa, e de que ele tinha medo de urinar lá dentro porque não queria apagar a chama por algum motivo, o paciente respondeu que era óbvio que não se podia apagar a chama do gás daquele jeito, pois senão o veneno ficaria no ar – o gás não era como uma vela que se podia simplesmente soprar.

Na noite seguinte, o paciente teve outro sonho: ouvia o som de alguma coisa fritando numa panela dentro do forno. Não conseguia ver o que era, mas pensou em alguma coisa marrom, provavelmente um rim sendo frito. O barulho que ouvia parecia o guincho ou o choro de uma voz fininha e teve a impressão de que estavam cozinhando alguma coisa viva. A mãe do paciente estava lá e ele tentou chamar sua atenção para esse fato, fazendo-a entender que fritar um ser vivo era a pior coisa que se podia fazer, pior do que fervê-lo ou cozê-lo. Era a tortura mais terrível, pois a gordura impedia que ele se queimasse totalmente, mantendo-o vivo enquanto sua pele era arrancada. Não conseguiu fazer a mãe compreender isso e ela não parecia se importar. O que o deixou preocupado, mas ao mesmo tempo tranquilo, pois aquilo não podia ser tão mau se ela não se importava. O forno, que nunca chegou a abrir durante o sonho – ele não viu o rim nem a panela –, lembrou-lhe uma geladeira. Confundia constantemente a porta da geladeira com a do forno na casa de um amigo. Perguntou-se, então, se o calor e o frio seriam, de certa forma, a mesma coisa para ele. A terrível gordura quente na panela o recordou de um livro sobre tortura que lera quando era criança; ficara particularmente excitado com as decapitações e as torturas com óleo quente. A decapitação lhe trazia a imagem do rei Carlos. Ficara muito interessado na história de sua execução e mais tarde desenvolveu uma espécie de devoção a essa figura histórica. Quanto às torturas com óleo quente, costumava pensar muito nelas, imaginando-se nessa situação (principalmente tendo as pernas queimadas) e tentando descobrir de que modo, se a tortura fosse necessária, ela poderia ser realizada com o mínimo de dor.

No dia em que me contou o segundo sonho, o paciente havia feito um comentário sobre a maneira como eu riscara o fósforo para acender um cigarro. Disse que era óbvio que eu não riscava o fósforo direito, pois um pedaço da cabeça do palito voara em sua direção. Ele queria dizer que eu não o riscava no ângulo correto e depois continuou: "Assim como meu pai, que não sacava direito as bolas quando jogava tênis". Ficou imaginando, então, quantas vezes a cabeça do fósforo voara em sua direção durante a análise (já comentara uma ou duas vezes que meus fósforos não prestavam, mas agora a crítica se dirigia à maneira como eu os riscava). Não estava muito disposto a falar, reclamando que tinha pegado uma gripe muito forte nos últimos dois dias; estava com a cabeça pesada e os ouvidos entupidos, e o catarro estava mais grosso do que nas outras vezes em que ficara gripado. Então me contou o sonho que já relatei e mencionou mais uma vez a gripe durante as associações, comentando que ela o deixava sem vontade de fazer nada.

A análise desses sonhos lançou nova luz sobre alguns pontos fundamentais do desenvolvimento do paciente. Estes já haviam surgido e sido elaborados antes na análise, mas agora apareciam em novas conexões, tornando-se claros e convincentes para ele. Destacarei apenas alguns que dizem respeito às conclusões propostas neste trabalho; é preciso observar, porém, que não terei espaço para mencionar todas as associações importantes que me foram apresentadas.

O ato de urinar, no sonho, remetia a fantasias agressivas arcaicas do paciente contra os pais, dirigidas principalmente contra sua relação sexual. Tivera fantasias nas quais os mordia e os devorava e nas quais, entre outros ataques, urinava no pênis do pai, a fim de queimá-lo e arrancar sua pele, de tal forma que ele incendiasse o interior do corpo da mãe durante a relação sexual (a tortura com óleo quente). Essas fantasias se estendiam aos bebês dentro do corpo da mãe, que deveriam ser mortos (queimados). O rim queimado vivo representava o pênis do pai – equiparado às fezes – e os bebês dentro do corpo da mãe (o forno que ele não abriu). A castração do pai foi expressa por meio das associações ligadas à decapitação. A apropriação do pênis do pai se manifestava na sensação de que seu próprio pênis era muito grande e de que estava urinando por si mesmo e pelo pai ao mesmo tempo (fantasias de ter o pênis do pai dentro de seu próprio órgão ou somado a ele já tinham vindo à tona muitas vezes na análise). O ato de urinar na bacia também simbolizava ter relações sexuais com a mãe (que era representada no sonho como uma figura real e outra internalizada pela bacia e sua imagem na cama). O pai impotente e castrado era obrigado a ver o paciente ter relações sexuais com a mãe – o oposto da situação pela qual o paciente tinha passado em sua fantasia de infância. O desejo de humilhar o pai se expressava na sensação de que não deveria fazer isso. Essas (e outras) fantasias sádicas deram origem a diversos conteúdos de ansiedade: a mãe não conseguia entender que era ameaçada pelo pênis que queimava e mordia dentro dela (a cabeça de leão que queimava e mordia, as chamas do fogão que o paciente tinha acendido) e que seus bebês corriam o risco de serem queimados, ao mesmo tempo em que eram um perigo para ela (o rim dentro do forno). A sensação do paciente de que a haste cilíndrica estava "no lugar errado" (dentro da bacia, ao invés de estar do lado de fora) exprimia não só o ódio e o ciúme arcaicos de que a mãe recebesse o pênis do pai dentro de si mesma, mas também a ansiedade relacionada a esse ato perigoso. A fantasia de manter o rim e o pênis vivos enquanto eram torturados revelava as tendências destrutivas contra o pai e os bebês, ao mesmo tempo em que apontava para certo desejo de preservá-los. A posição específica das camas em que os pais estavam deitados – diferente daquela no quarto real – manifestava não só o impulso primitivo de agressão e ciúme para separá-los durante a relação sexual, mas também a ansiedade de que eles fossem feridos ou mortos durante a relação, que o filho tinha tornado tão perigosa em suas fantasias. O desejo da morte dos pais causou uma ansiedade esmagadora a respeito da morte deles. Isso fica claro nas associações e nos sentimentos em torno da tênue luz de gás, da idade avançada dos pais no sonho (que estavam mais velhos do que na realidade), de seu desamparo e da necessidade de que o paciente os mantivesse aquecidos.

Uma das defesas contra o sentimento de culpa e a responsabilidade pelo desastre que o próprio paciente havia criado foi revelada pela associação de que eu riscava os fósforos e o pai sacava as bolas de tênis da maneira errada. Assim, o paciente tornava os pais responsáveis por sua relação sexual equivocada e perigosa. No entanto, o medo de retaliação baseado na projeção (a ameaça de que eu o queimasse) se manifesta no comentário a respeito de quantas vezes as cabeças dos fósforos teriam voado em sua direção, assim como em outros conteúdos de ansiedade relacionados a ataques feitos contra ele (a cabeça de leão, o óleo fervente).

O fato de o paciente ter internalizado (introjetado) os pais fica claro por meio dos seguintes elementos: (1) o vagão onde viajava com os pais, sempre tomando conta deles, "cuidando de tudo", representava seu próprio corpo; (2) o vagão estava aberto, em oposição à impressão, que representava a internalização, de que não podia se libertar dos objetos internalizados – o fato de o vagão estar aberto era uma recusa disso; (3) ele tinha que fazer tudo pelos pais, inclusive urinar pelo pai; (4) ele ter expresso claramente a sensação de que eles faziam parte de si mesmo.

No entanto, através da internalização dos pais, todas as situações de ansiedade que mencionei a respeito dos pais reais também foram internalizadas, multiplicadas, intensificadas e, em parte, alteradas. A mãe que contém o pênis que queima e as crianças agonizantes (o forno com a frigideira) se encontra dentro do paciente. Além disso, ainda há a relação sexual perigosa dos pais dentro dele e a necessidade de mantê-los separados. Essa necessidade tornou-se a fonte de várias situações de ansiedade e estava por trás de seus sintomas obsessivos, como descobrimos na análise. A qualquer momento, os pais poderiam realizar uma relação sexual perigosa, queimando e devorando um ao outro. Como o ego do paciente tinha se tornado o lugar onde todas essas situações de perigo se desenrolavam, isso poderia destruí-lo também. Assim, ele se via obrigado a suportar uma grande ansiedade não só por eles, mas também por si mesmo. Estava cheio de pesar pela morte iminente dos pais internalizados, mas ao mesmo tempo não se atrevia a trazê-los de volta para uma vida completa (não puxava a corda do bico de gás), pois isso levaria à relação sexual, o que resultaria na morte dos pais e do próprio paciente.

Há ainda os perigos oriundos do id. Se o ciúme e o ódio provocado por uma frustração real forem se acumulando dentro do indivíduo, em sua fantasia ele atacará novamente o pai internalizado com suas excretas que queimam, perturbando a relação sexual dos pais, o que dá origem a mais ansiedade. Estímulos internos ou externos podem aumentar as ansiedades paranoides em torno de perseguidores internalizados. Se ele mata o pai que se encontra dentro de si, este se torna um perseguidor especial. Podemos perceber isso no comentário do paciente (e em suas associações posteriores) de que se o gás for apagado por um líquido, o veneno fica no ar. Aqui a posição paranoide assume o primeiro plano e o objeto morto interno é igualado às fezes e ao flato.[19] No entanto, a posição paranoide, que era muito forte no início da análise, já estava atenuada e não aparecia muito nos sonhos do paciente.

O que domina os sonhos agora são sentimentos de pesar ligados à ansiedade pelos objetos amados e que, como já observei antes, são típicos da posição depressiva. Nos sonhos, o paciente lida com a posição depressiva de várias maneiras diferentes. Usa o controle maníaco e sádico sobre os pais, mantendo-os separados e impedindo-os de realizar tanto a relação sexual prazerosa como a perigosa. Ao mesmo tempo, a maneira como toma conta deles aponta para mecanismos obsessivos. Entretanto, a principal forma que o paciente encontrou para superar a posição depressiva é a reparação. No sonho, ele se dedica totalmente aos pais, a fim de mantê-los vivos e com conforto. Sua preocupação com a mãe remonta à mais tenra infância, e o impulso de restaurá-la juntamente ao pai e de deixar os bebês crescerem desempenha um papel importante em todas as suas sublimações. A ligação entre acontecimentos perigosos que ocorriam dentro do próprio paciente e suas ansiedades hipocondríacas pode ser percebida em seus comentários sobre a gripe que contraíra na época em que tivera os sonhos. O catarro, dessa vez extraordinariamente grosso, parecia estar identificado com a urina na bacia – ou a gordura na panela – e, ao mesmo

---

19 De acordo com minha experiência, a concepção paranoica de um objeto interno morto é a de um perseguidor secreto e estranho. Ele é visto como alguém que não está completamente morto e que pode reaparecer a qualquer momento de forma astuciosa e premeditada. Parece ainda mais perigoso e hostil porque o sujeito tentou se livrar dele ao matá-lo (o conceito de um fantasma perigoso).

tempo, com seu próprio sêmen. Na cabeça, que parecia tão pesada, ele carregava os órgãos genitais dos pais (a frigideira com o rim). O catarro preservaria o órgão genital da mãe do contato com o do pai, ao mesmo tempo em que implicava uma relação sexual com a mãe dentro de si mesmo. A sensação que tinha na cabeça era a de estar bloqueado, sensação que correspondia ao fato de o contato entre os órgãos genitais dos pais estarem bloqueados, o que significava uma separação de seus objetos internos. Um estímulo para o sonho foi uma frustração real que o paciente experimentara um pouco antes; apesar de essa experiência não ter levado à depressão, ela influenciou seu equilíbrio emocional de forma inconsciente: isso ficou claro nos sonhos. Lá, a força da posição depressiva parecia maior e a eficiência das poderosas defesas do paciente de certa forma fora reduzida. Isso não acontecia em sua vida real. O interessante é que outro estímulo para os sonhos tinha um caráter completamente diferente. Depois da experiência dolorosa que tinha sofrido, ele fizera recentemente uma pequena viagem com os pais da qual gostara muito. Na verdade, o sonho começava de uma maneira que lhe fazia lembrar essa viagem agradável, mas depois os sentimentos depressivos se sobrepuseram aos de gratificação. Como já observei antes, o paciente costumava se preocupar muito com a mãe, mas essa atitude se modificou ao longo da análise e ele agora tinha uma relação feliz e despreocupada com os pais.

Os pontos que destaquei em relação ao sonho parecem-me indicar que o processo de internalização, que se instala no primeiro estágio da infância, é essencial para o desenvolvimento das posições psicóticas. Como podemos ver, assim que os pais são internalizados, as fantasias agressivas arcaicas contra eles levam ao medo paranoide de perseguidores externos e, principalmente, internos. Elas produzem pesar em torno da morte iminente dos objetos incorporados, juntamente a ansiedades hipocondríacas, e provocam uma tentativa de dominar de forma maníaca e onipotente os insuportáveis sofrimentos internos impostos sobre o ego. Também podemos ver como o controle dominador e sádico sobre os pais internalizados se modifica à medida que as tendências de restauração vão aumentando.

O espaço de que disponho aqui não me permite examinar em detalhes a maneira como a criança normal passa pelas posições depressiva e maníaca, que em minha opinião fazem parte do desenvolvimento normal.[20] Me limitarei, então, a alguns comentários de natureza geral.

---

20 E. Glover ("A Psycho-Analytic Approach to the Classification of Mental Disorders", op. cit.) sugere a hipótese de que, durante seu desenvolvimento,

Em meus trabalhos anteriores, defendi o ponto de vista a que me referi no início deste artigo, ou seja, o de que nos primeiros meses de vida a criança passa por ansiedades paranoides relacionadas aos seios "maus" que se negam à criança, percebidos ao mesmo tempo como perseguidores externos e internalizados.[21] A partir dessa relação com objetos parciais e de sua equiparação com as fezes, surge nesse estágio a relação fantástica e irreal que a criança mantém com todos os objetos: com as partes de seu próprio corpo, as pessoas e as coisas à sua volta, de início percebidas de forma muito vaga. Pode-se dizer que o mundo de objetos da criança nos primeiros dois ou três meses de vida consiste em pedaços do mundo real que são hostis e perseguidores, ou então gratificantes. Em pouco tempo, a criança percebe cada vez mais a mãe como uma pessoa inteira, e essa percepção mais realista se estende ao mundo além da mãe. (O fato de uma boa relação com a mãe e com o mundo externo ajudar o bebê a superar suas ansiedades paranoides arcaicas lança nova luz sobre a importância dessas experiências iniciais. Desde sua criação, a psicanálise sempre deu muita importância às experiências iniciais da criança, mas creio que só ao sabermos mais sobre a natureza e o conteúdo de suas ansiedades arcaicas, e a interação constante entre suas experiências reais e sua vida de fantasia, poderemos compreender totalmente *por que* o fator externo é tão importante.) No entanto, quando isso acontece, suas fantasias e sentimentos sádicos, principalmente os de caráter canibalesco, estão no auge. Ao mesmo tempo, a criança passa a sentir uma mudança em sua atitude emocional em relação à mãe. Sua fixação libidinal no seio se transforma em sentimentos dirigidos a ela enquanto pessoa. Assim, surgem sentimentos destrutivos e amorosos voltados para o mesmo objeto, o que dá origem a conflitos profundos e perturbadores na mente da criança.

No curso normal dos acontecimentos, nesse ponto do desenvolvimento – em geral entre quatro e cinco meses – o ego se depara com a

---

a criança passa por fases que servem de alicerces para as desordens psicóticas da melancolia e da mania.

21 Em "Anxiety in the First Year of Life" (artigo não publicado, lido diante da Sociedade Britânica de Psicanálise em 1934), a dra. Susan Isaacs sugeriu que as primeiras experiências da criança com estímulos dolorosos externos e internos servem como fundamento para fantasias sobre objetos hostis internos e externos, contribuindo muito para o acúmulo dessas fantasias. No estágio mais inicial do desenvolvimento, todo estímulo desagradável parece estar relacionado aos seios "maus" que se negam à criança e a perseguem, enquanto todo estímulo agradável é associado aos seios "bons" que lhe trazem gratificação.

necessidade de reconhecer até certo ponto a realidade psíquica, além da realidade externa. Desse modo, ele se dá conta de que o objeto amado e o odiado são um só; também percebe que as figuras imaginárias e os objetos reais, tanto externos quanto internos, estão ligados entre si. Já observei em outra ocasião que as crianças muito pequenas possuem, ao lado de suas relações com objetos reais (mas num plano diferente, por assim dizer), relações com suas imagos irreais, figuras excessivamente boas ou excessivamente más;[22] além disso, esses dois tipos de relação de objeto se misturam e se matizam reciprocamente numa intensidade cada vez maior ao longo do desenvolvimento.[23] Na minha opinião, a criança dá os primeiros passos importantes nessa direção quando percebe a mãe como uma pessoa inteira e se identifica com ela como um ser completo, real e amado. É então que a posição depressiva – cujas características já descrevi neste artigo – assume o primeiro plano. Essa posição é estimulada e reforçada pela "perda do objeto amado", que o bebê sente sempre que o seio é afastado dele. Essa perda atinge seu clímax durante o desmame. Sandor Radó observou que "o ponto de fixação mais profundo da disposição depressiva deve ser encontrado na situação em que há a ameaça da perda amorosa (Freud), principalmente na situação de fome do bebê que ainda é amamentado".[24] Referindo-se à afirmação de Freud de que na mania o ego se funde mais uma vez com o superego, Radó chega à conclusão de que "esse processo é a fiel repetição intrapsíquica da experiência de fusão com a mãe que ocorre quando a criança bebe de seu seio". Concordo com essas afirmações, mas minhas opiniões divergem em alguns pontos importantes das conclusões propostas por Radó, principalmente no que diz respeito à maneira indireta e tortuosa como ele acredita que a culpa se liga a essas experiências iniciais. Em meu ponto de vista, como observei antes, já no período de amamentação, quando começa a ver a mãe como uma pessoa completa e passa da introjeção de objetos parciais para a introjeção do objeto total, o bebê experimenta alguns dos sentimentos de culpa e remorso, algumas das dores que resultam do conflito entre amor e ódio incontrolável, algumas das ansiedades em torno da morte iminente dos objetos amados externos e internalizados – ou seja, num grau suave e reduzido, os mesmos sofri-

---

22 Ver "Estágios iniciais do conflito edipiano" e "A personificação no brincar das crianças", neste volume.
23 Cf. id., *A psicanálise de crianças*, op. cit., cap. 8.
24 Sandor Radó, "The Problem of Melancholia". *The International Journal of Psychoanalysis*, v. 9, 1928, pp. 420-38.

mentos e sentimentos que encontramos totalmente desenvolvidos no adulto melancólico. É claro que esses sentimentos são experimentados em condições completamente diferentes. A situação como um todo e as defesas do bebê, que se vê constantemente reconfortado pelo amor da mãe, diferem radicalmente do caso do adulto melancólico. O ponto mais importante, porém, é que esses sofrimentos, conflitos e sentimentos de remorso e culpa que resultam da relação do ego com seu objeto internalizado já se encontram em ação no bebê. Isso se aplica, como já sugeri, às posições maníaca e paranoide. Se o bebê não consegue estabelecer seu objeto amado dentro de si mesmo nesse período – se a introjeção do objeto "bom" fracassa –, então a situação de "perda do objeto amado" já surge com o mesmo sentido encontrado no adulto melancólico. Essa primeira perda externa fundamental de um objeto amado real, sentida na perda do seio antes e durante o desmame, só resultará num estado depressivo posterior se nesse período inicial de desenvolvimento o bebê não conseguir estabelecer seu objeto amado dentro do ego. Em minha opinião, também é nesse estágio inicial de desenvolvimento que as fantasias maníacas – primeiro a de controlar o seio e, logo depois, a de controlar os pais internalizados, assim como os externos – surgem com todas as características da posição maníaca que já descrevi, sendo utilizadas para combater a posição depressiva. Sempre que a criança encontra o seio novamente depois de tê-lo perdido, o processo maníaco por meio do qual ego e ideal de ego coincidem (Freud) é posto em andamento; pois a gratificação da criança ao se alimentar não só é percebida como uma incorporação canibalesca de objetos externos (o "banquete" da mania, como diz Freud), mas também gera fantasias canibalescas relacionadas aos objetos amados internalizados, estando ligada ao controle desses objetos. Sem dúvida, quanto mais a criança conseguir desenvolver uma boa relação com sua mãe real nesse estágio, maior será a facilidade com que superará a posição depressiva. No entanto, tudo depende de sua capacidade de encontrar uma saída para o conflito entre amor e seu ódio e sadismo incontroláveis. Como já observei antes, na primeira fase de desenvolvimento os objetos persecutórios e os bons (seios) estão muito afastados na mente da criança. Quando – com a introjeção do objeto total e real – eles se aproximam, o ego recorre constantemente ao mecanismo que já foi mencionado antes e que é tão importante para o desenvolvimento da relação com os objetos: a cisão das imagos entre amadas e odiadas, ou seja, entre boas e perigosas.

Talvez se possa dizer que na verdade é nesse momento que surge a ambivalência – que, afinal, diz respeito às relações de objeto, isto é, a objetos totais e reais. A ambivalência, estabelecida por meio de uma cisão das imagos, permite à criança pequena ter mais confiança em seus objetos reais e, consequentemente, em seus objetos internalizados também – desse modo, ela consegue amá-los com mais força e desenvolver cada vez mais as fantasias de restaurar o objeto amado. Ao mesmo tempo, as ansiedades e defesas paranoides se voltam contra os objetos "maus". O apoio que o ego obtém do objeto "bom" real é ampliado por um mecanismo de fuga, que se alterna entre objetos bons externos e internos.

Tudo indica que nesse estágio de desenvolvimento a unificação entre objetos externos e internos, amados e odiados, reais e imaginários se dá de tal forma que cada etapa na unificação conduz a uma nova cisão das imagos. Contudo, à medida que vai aumentando a adaptação ao mundo externo, essa cisão ocorre em planos que vão se aproximando cada vez mais da realidade. Essa situação se mantém até que o amor pelos objetos reais e internalizados, assim como a confiança neles, esteja bem estabelecido. Então a ambivalência, que é em parte uma garantia contra o ódio da própria criança e contra os objetos odiados e aterrorizantes, também diminuirá em graus diferentes ao longo do desenvolvimento normal.

O aumento do amor pelos objetos bons e reais é acompanhado por uma maior confiança do indivíduo em sua própria capacidade de amar e por uma diminuição da ansiedade paranoide em torno dos objetos maus – mudanças que levam a uma redução do sadismo e a maneiras mais eficientes de dominar a agressividade e elaborá-la. As tendências de reparação, que desempenham um papel essencial nos processos normais de superação da posição depressiva infantil, são postas em movimento por métodos diferentes, dos quais mencionarei apenas dois, que são fundamentais: as defesas e os mecanismos maníacos e obsessivos.

A passagem da introjeção de objetos parciais para a de objetos amados totais, com todas suas implicações, aparentemente tem uma importância crucial para o desenvolvimento. Seu sucesso, é verdade, depende em grande parte da maneira como o ego conseguiu lidar com seu sadismo e sua ansiedade no estágio anterior do desenvolvimento, e da criação ou não de uma forte relação libidinal com os objetos parciais. Ao dar esse passo, porém, o ego chega, por assim dizer, à encruzilhada de onde partem os diversos caminhos que determinarão toda a constituição mental.

Já examinei com certa minúcia como a incapacidade de manter a identificação com os objetos amados reais e internalizados pode levar a desordens psicóticas, como os estados depressivos, a mania ou a paranoia.

Agora citarei uma ou duas outras maneiras pelas quais o ego tenta dar um fim a todos os sofrimentos ligados à posição depressiva:

a. Uma "fuga para o objeto 'bom' internalizado", mecanismo que Melitta Schmideberg destacou ao falar da esquizofrenia.[25] O ego introjeta um objeto amado completo, mas devido ao seu pavor imoderado de perseguidores internalizados (que são projetados para o mundo externo), ele se refugia numa crença exagerada na benevolência de seus objetos internalizados. O resultado dessa fuga pode ser a recusa das realidades externa e psíquica e uma psicose mais profunda.
b. Uma fuga para os objetos "bons" externos, como meio de refutar todas as ansiedades – tanto internas quanto externas. Esse mecanismo é típico da neurose e pode provocar uma forte dependência em relação aos objetos e a um enfraquecimento do ego.

Esses mecanismos de defesa, como já observei antes, fazem parte da elaboração normal da posição depressiva infantil. A incapacidade de superar essa posição com sucesso pode levar ao predomínio de um dos mecanismos de fuga mencionados anteriormente, provocando uma psicose ou uma neurose grave.

Neste artigo, dei ênfase ao fato de que, em minha opinião, a posição depressiva infantil ocupa um lugar central no desenvolvimento da criança. O desenvolvimento normal da criança e sua capacidade de amar parecem depender em grande parte da maneira como o ego passa por essa posição crucial. Isso, por sua vez, depende das modificações sofridas pelos mecanismos mais arcaicos (que permanecem ativos nas pessoas normais) em conformidade com as transformações ocorridas na relação do ego com seus objetos, e principalmente de uma interação eficiente entre posições e mecanismos depressivos, maníacos e obsessivos.

---

25 Cf. M. Schmideberg, "The Rôle of Psychotic Mechanisms in Cultural Development", op. cit.

1936
O desmame

Esta foi a contribuição de Melanie Klein para uma série de palestras públicas apresentadas por psicanalistas. Ela acrescentou o prefácio e o pós-escrito em 1952, na segunda edição do pequeno livro *On the Bringing Up of Children*, no qual as palestras foram publicadas.

Antes disso – em "Os princípios psicológicos da análise precoce" (1926), por exemplo –, Melanie Klein via o desmame como um trauma que dava origem ao complexo de Édipo: a frustração infligida pela mãe que dá o alimento faz o bebê se afastar dela e se voltar para o pai. No entanto, sua teoria posterior sobre a posição depressiva infantil, que apresentou em "Uma contribuição à psicogênese dos estados maníaco-depressivos" (1935), via o desmame de outra maneira. O desmame é entendido principalmente como a perda total do primeiro objeto bom externo do bebê, o que leva ao auge as emoções e os conflitos da posição depressiva. Ao mesmo tempo, quando o desmame é bem-sucedido, ele dá um impulso positivo para a aceitação de substitutos e à busca mais ampla de novas fontes de gratificação.

Melanie Klein faz uma apresentação vívida e pouco técnica desse novo ponto de vista. Como se trata de um guia prático de como cuidar das crianças, ela também inclui conselhos de ordem psicológica sobre os problemas da educação dos bebês. Faz uma rápida comparação da mamadeira com a amamentação no seio, assunto discutido de forma mais completa na primeira nota do capítulo "Sobre a observação do comportamento de bebês" (1952). A segunda nota do mesmo artigo discute novamente a questão do desmame.

Uma das descobertas mais importantes da história da humanidade é a constatação por parte de Sigmund Freud de que existe uma parte inconsciente da mente, e que o núcleo dessa mente inconsciente se desenvolve na mais tenra infância. Os sentimentos e as fantasias infantis deixam, por assim dizer, suas marcas na mente, marcas que ao invés de desaparecem com o tempo ficam armazenadas, permanecendo ativas e exercendo uma influência contínua e poderosa sobre a vida emocional e intelectual do indivíduo. Os primeiros sentimentos surgem em conexão com estímulos externos e internos. A primeira gratificação que a criança consegue do mundo externo é satisfação que obtém ao ser alimentada. A análise demonstrou que apenas parte dessa satisfação resulta do alívio da fome e que outra parte, igualmente importante, decorre do prazer que o bebê sente quando sua boca é estimulada ao sugar o seio da mãe. Essa gratificação é um elemento fundamental da sexualidade da criança – na verdade, é sua expressão inicial. Também se sente prazer quando o leite quente escorre pela garganta e enche o estômago.

O bebê reage a estímulos desagradáveis e à frustração de seu prazer com sentimentos de ódio e agressividade. Esses sentimentos de ódio se voltam contra os mesmos objetos que trazem prazer, ou seja, os seios da mãe.

O trabalho analítico demonstrou sem sombra de dúvida que bebês com poucos meses já se entregam à construção de fantasias. Creio que essa é a atividade mental mais primitiva e que as fantasias já estão na mente do bebê quase desde o nascimento. Aparentemente, todo estímulo recebido pela criança imediatamente gera a fantasia: os estímulos desagradáveis, incluindo a mera frustração, provocam fantasias agressivas; os gratificantes, fantasias concentradas no prazer.

Como afirmei antes, o objeto de todas essas fantasias é, de início, o seio da mãe. Pode parecer estranho que o interesse do bebê pequeno se limite apenas a uma parte da pessoa ao invés do todo, mas é preciso levar em conta, antes de mais nada, que nesse estágio a capacidade de observação da criança ainda não está desenvolvida nem física, nem mentalmente. Também não podemos nos esquecer de que o bebê só está interessado em sua gratificação imediata, ou na ausência dessa gratificação; Freud chamava isso de "princípio de prazer-dor". Assim, o seio da mãe que traz gratificação ou a nega adquire, na mente da criança, as características do bem e do mal. O que poderíamos chamar de seios "bons" se tornam o protótipo de tudo aquilo que é percebido pelo resto da vida como algo bom ou benévolo, enquanto os seios "maus" representam tudo o que é mau ou que tem o caráter de perseguidor. O motivo para isso pode ser explicado pelo fato de que ao voltar seu ódio contra o seio que se nega à criança – ou seja, o seio "mau" –, a criança atribui ao próprio seio todo o ódio ativo que dirige contra ele – processo que recebe o nome de *projeção*.

Mas ao mesmo tempo ocorre outro processo muito importante: a *introjeção*. Esse termo se refere à atividade mental da criança por meio da qual, na fantasia, ela absorve para dentro de si tudo o que percebe no mundo externo. Sabemos que nesse estágio a criança recebe sua maior satisfação pela boca, que com isso se torna a principal via pela qual ela toma não só o alimento, mas também, em sua fantasia, o mundo à sua volta. Não é só a boca, mas até certo ponto o corpo inteiro, com todos os seus sentidos e funções, que realiza esse processo de "absorção" – por exemplo, a criança traz o mundo para dentro de si com a respiração, os olhos, os ouvidos, o toque, e assim por diante. Logo de início, o seio da mãe é seu objeto constante de desejo e, portanto, é a primeira coisa a ser introjetada. Em sua fantasia, a criança suga o seio para dentro de si mesma, ela o mastiga e o engole; desse modo, sente-se como se realmente possuísse o seio da mãe em seu interior, tanto em seu aspecto bom quanto mau.

O apego e o interesse da criança numa parte da pessoa são típicos desse estágio inicial do desenvolvimento e pode ajudar muito a explicar sua relação fantástica e irreal com todas as coisas: por exemplo, com partes de seu próprio corpo, pessoas e objetos inanimados, que de início, é claro, são percebidos apenas de forma muito vaga. Pode-se dizer que o mundo de objetos da criança durante os primeiros dois ou três meses de vida consiste em partes gratificantes ou hostis e perseguidoras do mundo real. Em torno dessa idade, ela começa a ver a mãe e os outros à sua volta como "pessoas inteiras". Essa percepção realista se dá gradualmente: ela liga o rosto que olha para baixo com as mãos que a acariciam e o seio que a satisfaz, e a capacidade de perceber "totais" (depois que o prazer nas "pessoas totais" está assegurado e a criança confia nelas) se espalha para o mundo externo além da mãe.

Nessa época, outras mudanças também ocorrem na criança. Quando o bebê está com algumas semanas, pode-se observar que ele começa a gozar certos períodos de sua vida desperta; a julgar pelas aparências, há momentos em que ele se sente bastante feliz. Em torno da idade que acabei de mencionar, estímulos localizados muito fortes aparentemente diminuem (a defecação, por exemplo, muitas vezes é sentida como algo desagradável no início) e começa a haver uma melhor coordenação no exercício das diversas funções corporais. Isso leva a uma melhor adaptação aos estímulos externos e internos, não só em termos físicos, mas também mentais. Podemos supor que estímulos inicialmente considerados dolorosos perdem essa característica, e alguns se tornam até prazerosos. O fato de a falta de estímulos poder ser percebida nesse ponto como um gozo em si mesma indica que a criança não está tão dominada por sentimentos dolorosos, criados por estímulos desagradáveis, nem tão ávida das sensações prazerosas ligadas à total e imediata gratificação trazida pelo ato de se alimentar; a melhor adaptação aos estímulos torna menos premente a necessidade de gratificação intensa e imediata.[1]

Já mencionei as fantasias e o medo de perseguição arcaicos relacionados aos seios hostis e expliquei como estão ligados à fantástica relação de objeto da criança pequena. Suas primeiras experiências com estímulos externos e internos dolorosos oferecem um fundamento para várias fantasias sobre objetos externos e internos hostis e contribuem muito para o acúmulo dessas fantasias.[2]

No primeiro estágio do desenvolvimento mental, todo estímulo desagradável parece estar relacionado na fantasia do bebê aos seios "hostis" que se negam a ele, enquanto todo estímulo agradável estaria ligado aos seios "bons" que trazem gratificação. Tudo indica que existem dois círculos, um benévolo e outro vicioso, ambos calcados na interação de fatores ambientais ou externos e fatores psíquicos internos. Desse modo, qualquer redução na quantidade ou intensidade de estímulos dolorosos, assim como o aumento da capacidade de se ajustar a eles, ajudaria a suavizar a força das fantasias de natureza aterrorizante. A diminuição das fantasias assustadoras permite que a criança se encaminhe para uma melhor adaptação à realidade, o que por sua vez ajuda a reduzir essas fantasias.

Para que haja um desenvolvimento mental adequado, é importante que a criança caia sob a influência do círculo benévolo que acabei de descrever; quando isso acontece, ela tem uma facilidade bem maior de formar uma imagem da mãe enquanto pessoa; essa percepção crescente da mãe como um todo implica mudanças importantes em seu desenvolvimento intelectual e emocional.

---

1 A esse respeito, veio-me à mente um comentário feito há pouco tempo pelo dr. Edward Glover; ele observou que a passagem abrupta de uma sensação muito dolorosa para outra muito prazerosa pode por si só ser percebida como dor.
2 A dra. Susan Isaacs destaca a importância desse ponto num trabalho apresentando diante da Sociedade Britânica de Psicanálise em 1934 ("Anxiety in the First Year of Life", artigo não publicado).

Já observei que fantasias e sentimentos de natureza agressiva e gratificante, ou erótica, que se encontram em grande parte fundidos (fusão que recebe o nome de sadismo), desempenham um papel dominante na tenra vida da criança. De início, eles se centram nos seios da mãe, mas depois se estendem gradualmente para o resto de seu corpo. Fantasias e sentimentos vorazes, eróticos e destrutivos têm como objeto o interior do corpo da mãe. Em sua imaginação, a criança o ataca, roubando e devorando tudo o que ele contém.

No início, as fantasias destrutivas têm mais a natureza do ato de sugar. Pode-se perceber indícios disso na força com que algumas crianças sugam, mesmo quando há leite em abundância. Quanto mais a criança se aproxima da época em que nascem os dentes, mais as fantasias tomam a forma de morder, despedaçar, mastigar e assim destruir o objeto. Muitas mães descobrem que essas tendências de morder se manifestam bem antes de nascerem os dentes. A experiência analítica demonstrou que essas tendências são acompanhadas por fantasias de caráter claramente canibalesco. Como podemos perceber na análise de crianças pequenas, a propriedade destrutiva dessas fantasias e sentimentos sádicos está em plena atividade quando a criança começa a ver na mãe uma pessoa total.

Ao mesmo tempo, sua atitude emocional em relação à mãe se modifica. O apego prazeroso da criança ao seio acaba se convertendo em sentimentos dirigidos à mãe como pessoa. Assim, têm-se sentimentos de caráter destrutivo e amoroso pela mesma pessoa, o que causa conflitos profundos e perturbadores na mente da criança.

Em minha opinião, é muito importante para o futuro da criança que ela consiga progredir dos medos arcaicos de perseguição e da relação de objeto fantástica para uma relação com a mãe como pessoa total e como um ser amoroso. No entanto, quando consegue fazer isso, surgem sentimentos de culpa relacionados aos seus próprios impulsos destrutivos, que agora teme representarem um perigo para seu objeto amado. O fato de nesse estágio de desenvolvimento a criança ser incapaz de controlar seu sadismo, que brota novamente a cada frustração, agrava ainda mais o conflito e aumenta sua preocupação com a pessoa amada. Mais uma vez, é muito importante que a criança lide de forma satisfatória com os sentimentos conflitantes que surgem nessa nova situação: amor, ódio e culpa. Se os conflitos se tornam insuportáveis, a criança não consegue estabelecer uma boa relação com a mãe, o que abre caminho para muitos fracassos no desenvolvimento futuro. Mencionaria especificamente os estados de depressão exagerada ou anormal, que, em minha opinião, têm suas raízes mais profundas na incapacidade de lidar de forma satisfatória com esses conflitos iniciais.

Vejamos agora o que acontece quando se lida de forma adequada com o sentimento de culpa e o medo da morte da mãe (temido como resultado dos desejos inconscientes da criança de que ela morra). Esses sentimentos, creio, têm efeitos importantes no futuro bem-estar mental da criança, em sua capacidade de amar e em seu desenvolvimento social. É deles que surge *o desejo de restaurar*, que se expressa em diversas fantasias em que a criança salva a mãe e faz todo tipo de reparação. Descobri na análise de crianças pequenas que essas tendências de reparação são a força motriz de todos os interesses e atividades construtivas, assim como do desenvolvimento social. É possível perceber seu funcionamento nas primeiras brincadeiras e por trás da satisfação da criança com seus próprios feitos, mesmo que estes sejam muito simples, como colocar um bloco em cima do outro ou pôr de pé um bloco que fora derrubado – tudo isso deriva em parte da fantasia inconsciente de fazer algum tipo de restauração a uma ou mais pessoas que feriu em sua fantasia. Mais do que isso, até feitos bem anteriores do bebê, como brincar com os dedos, encontrar algum objeto que tinha rolado para longe, ficar em pé e todo tipo de movimento voluntário – todos esses atos, creio, estão ligados a fantasias em que o elemento de reparação já está presente.

A análise de crianças bem pequenas (recentemente, até crianças entre um e dois anos têm sido analisadas) mostra que bebês de alguns meses associam fezes e urina a fantasias em que essas substâncias são encaradas como presentes. Mais do que presentes – e, portanto, sinais de amor pela mãe ou babá –, eles são vistos como materiais capazes de realizar restauração. No entanto, quando os sentimentos destrutivos se tornam dominantes, o bebê defeca e urina com ódio em sua fantasia, utilizando os excrementos como agentes hostis. Assim, os excrementos produzidos com sentimentos amistosos são empregados, na fantasia, como meio de compensar os danos causados pelas fezes e pela urina em momentos de raiva.

No escopo deste trabalho, é impossível lidar de forma adequada com a ligação existente entre fantasias agressivas, medos e sentimento de culpa, de um lado, e desejo de fazer reparação, de outro; de qualquer maneira, só toquei nesse assunto porque queria mostrar que os sentimentos agressivos, que causam tanta perturbação na mentalidade da criança, são ao mesmo tempo de grande valor para seu desenvolvimento.

Já mencionei acima que a criança absorve mentalmente para dentro de si mesma (introjeta) o mundo externo à medida que pode percebê-lo.

Primeiro, introjeta o seio bom e o seio mau, mas acaba absorvendo gradualmente a mãe total (mais uma vez encarada como mãe boa e má). Ao mesmo tempo, o pai e as outras pessoas em volta da criança também são absorvidos, seguindo o mesmo padrão da relação com a mãe, ainda que numa intensidade menor no início; com o tempo, essas figuras ganham maior importância e se tornam independentes dentro da mente da criança. Se ela consegue estabelecer dentro de si mesma uma mãe boa e prestativa, essa mãe internalizada exercerá uma influência extremamente benéfica pelo resto de sua vida. Embora essa influência normalmente mude de caráter com o desenvolvimento da criança, ela é comparável ao papel essencial que a mãe verdadeira ocupa na existência da criancinha. Não quero dizer que os pais "bons" internalizados são conscientemente percebidos como tais (mesmo na criança pequena, a sensação de possuí-los dentro de si já é profundamente inconsciente): sua presença não é sentida conscientemente, mas sim como algo dentro da personalidade que tem a natureza da bondade e da sabedoria. Isso gera a confiança em si mesma e ajuda a combater e vencer o medo de carregar figuras más dentro de si, assim como a sensação de ser dirigida por seu próprio ódio incontrolável; além disso, cria-se assim a capacidade de confiar em pessoas do mundo externo fora do círculo familiar.

Como já observei, a criança sente qualquer frustração de forma muito profunda; apesar de normalmente ocorrer um contínuo processo de adaptação à realidade, a vida emocional da criança parece ser dominada pelo ciclo de gratificação e frustração; os sentimentos de frustração, porém, têm natureza muito complexa. O dr. Ernest Jones descobriu que a frustração é sempre percebida como uma privação: se a criança não pode obter aquilo que deseja, é porque isso está sendo retido pela mãe má, a cujo poder está submetida.

Entrando na questão central deste trabalho, constatamos que quando a criança quer o seio e ele não está lá, ela se sente como se o tivesse perdido para sempre; como a ideia que tem do seio se estende à mãe, a sensação de ter perdido o seio leva ao medo de ter perdido a mãe amada como um todo – não só a mãe real, mas a mãe boa dentro dela. De acordo com minha experiência, esse medo da perda total do objeto bom (internalizado ou externo) se mistura ao sentimento de culpa por tê-lo destruído (devorando-o). A criança, então, percebe sua perda como punição pelo ato terrível que cometeu; desse modo, sentimentos extremamente penosos e conflitantes acabam se associando à frustração, e é isso o que torna tão pungente a dor daquilo que parece uma simples contrariedade. A experiência do desmame reforça essas sensações dolorosas e tende a confirmar esses medos; no entanto, uma vez que o bebê nunca tem uma posse ininterrupta do seio, vendo-se repetidamente numa situação em que sente sua falta, pode-se dizer que, em certo sentido, ele está em constante estado de desmame, ou pelo menos num estado que leva ao desmame. De qualquer maneira, o ponto crítico é atingido no período real do desmame, quando a perda é completa e o seio ou a mamadeira desaparecem definitivamente.

Gostaria de citar um caso, retirado de minha prática clínica, em que os sentimentos ligados a essa perda surgiram com muita clareza. Rita, que tinha dois anos e nove meses quando iniciou sua análise, era uma criança muito neurótica, com medos de todos os tipos e muito difícil de se educar; suas depressões e seus sentimentos de culpa, atípicos em uma criança, eram impressionantes. Ela era muito presa à mãe, exibindo um amor exagerado em algumas ocasiões e antagonismo em outras. Quando foi entregue aos meus cuidados, ainda tomava uma mamadeira à noite. A mãe me contou que fora obrigada a fazer isso, pois a criança ficou muito aflita quando tentaram interromper esse hábito. O desmame de Rita fora muito difícil. Ela mamou no seio durante alguns meses e depois começaram a lhe dar mamadeiras que de início rejeitava; com o tempo, acostumou-se a elas, mas exibiu novamente grandes dificuldades quando foram substituídas pela comida comum. Quando, já durante a análise, foi desmamada de sua última mamadeira, a menina caiu num estado de desespero. Perdeu o apetite, começou a recusar a comida e se prendeu ainda mais à mãe, perguntando-lhe constantemente se a amava, se tinha se comportado mal, e assim por diante. Não podia ser um problema com a comida em si, pois o leite era apenas parte de sua alimentação. Além disso, ainda podia beber a mesma quantidade de leite, mas dentro de um copo. Aconselhei à mãe dar pessoalmente o leite a Rita, acompanhado de um ou dois biscoitos, sentando-se à cabeceira da cama ou pondo a criança no colo. Mas a menina não queria tomar o leite. A análise revelou que seu desespero se devia à ansiedade de que a mãe morresse ou a punisse cruelmente por sua maldade. O que via como "maldade" na verdade era o desejo inconsciente de que a mãe morresse, tanto no presente quanto no passado. Sentia uma ansiedade esmagadora de ter destruído a mãe e principalmente de tê-la devorado – a perda da mamadeira parecia uma confirmação de que tinha feito isso. Nem mesmo o ato de olhar para a mãe conseguia anular esses medos, que só foram resolvidos na análise. Nesse caso, os medos persecutórios arcaicos não foram completamente vencidos e a relação pessoal com a mãe nunca foi bem estabelecida. Esse fracasso se devia, por um lado, à incapacidade da criança de lidar com seus conflitos, que eram fortes demais, e, por outro – e isso também acabou se tornando parte do conflito interno –, à conduta da própria mãe, que era uma pessoa extremamente neurótica.

É óbvio que uma boa relação humana entre mãe e criança na época em que esses conflitos básicos se instalam e são em grande parte elaborados tem uma importância enorme. Não se pode esquecer que no período crítico do desmame a criança perde, por assim dizer, seu objeto "bom", isto é, perde aquilo que mais ama. Tudo o que torna a perda de um objeto bom externo menos dolorosa e diminui o medo de ser punida ajuda a criança a manter a confiança no objeto bom que guarda dentro de si. Ao mesmo tempo, isso abrirá o caminho para que a criança mantenha uma boa relação com a mãe, apesar da frustração, e estabeleça relações prazerosas com outras pessoas além dos pais. Assim, ela poderá obter outras satisfações que substituirão aquela que é tão importante, e que está prestes a perder.

O que podemos fazer para ajudar a criança numa tarefa tão difícil? Os preparativos para isso começam desde o nascimento. Desde o início, a mãe deve fazer todo o possível para auxiliar a criança a estabelecer uma boa relação com ela. Muitas vezes vemos que a mãe faz tudo o que está a seu alcance pelo bem-estar físico de seu filho; ela se concentra nesse aspecto como se a criança fosse uma coisa material que precisa de manutenção constante, mais como uma máquina valiosa do que como um ser humano. Essa é a atitude de muitos pediatras que se preocupam principalmente com o desenvolvimento físico da criança e só se interessam por suas reações emocionais na medida em que são uma indicação de seu estado físico ou intelectual. Muitas vezes, as mães não se dão conta de que o bebê pequeno já é um ser humano cujo desenvolvimento emocional é da maior importância.

Um bom contato entre mãe e filho pode ser ameaçado na primeira mamada (ou nas primeiras mamadas) se a mãe não souber como fazer o bebê pegar o mamilo; se, por exemplo, ao invés de lidar pacientemente com as dificuldades à medida que elas vão surgindo, ela enfiar violentamente o mamilo na boca do bebê, é possível que ele não consiga criar um forte apego ao mamilo e ao seio, alimentando-se apenas com dificuldade. No entanto, pode-se observar como bebês que apresentaram essa dificuldade inicial acabam se alimentando tão bem quanto os que não tiveram nenhum problema, se tratados com paciência.[3]

---

[3] Devo agradecer ao dr. D. W. Winnicott por vários detalhes elucidativos a esse respeito.

Há muitas outras ocasiões, além do contato com o seio, em que o bebê percebe e registra inconscientemente o amor, a paciência e a compreensão da mãe – ou seu oposto. Como já observei, os primeiros sentimentos estão ligados a estímulos internos e externos – agradáveis ou desagradáveis – e estão associados a fantasias. A maneira como o bebê é tratado desde a hora do parto pode deixar impressões permanentes em sua mente.

Ainda que no primeiro estágio de desenvolvimento o bebê não possa associar à mãe como uma "pessoa total" os sentimentos agradáveis que ela desperta com seus cuidados e sua paciência, é essencial que ele tenha acesso a esses sentimentos prazerosos e a uma sensação de segurança. Tudo o que faz o bebê sentir que está cercado de objetos amistosos (apesar de no início eles serem imaginados, em sua maior parte, como "seios bons") prepara o terreno para uma boa relação com a mãe e, mais tarde, com outras pessoas à sua volta.

É preciso manter um equilíbrio entre necessidades físicas e psíquicas. A regularidade na alimentação mostrou-se de grande valia para o bem-estar físico do bebê, o que por sua vez influencia o desenvolvimento psíquico; no entanto, há muitas crianças que, pelo menos nos primeiros dias de vida, não conseguem suportar grandes intervalos entre duas mamadas; nesses casos, é melhor não se deixar prender pelas regras e alimentar o bebê de três em três horas, ou menos, dando um pouco de água com endro ou açúcar nos intervalos, se necessário.

Em minha opinião, a chupeta também é bastante útil. É verdade que ela traz uma desvantagem – não de natureza higiênica, pois esta pode ser evitada, mas de natureza psicológica: o bebê se sente desapontado quando, ao sugar, o leite desejado não vem; de qualquer maneira, ele tem a gratificação parcial de poder sugar. Se não lhe derem a chupeta, ele provavelmente chupará os dedos; como o uso da chupeta pode ser regulado com mais facilidade do que o ato de chupar os dedos, é mais fácil desmamar o bebê da chupeta mais tarde. É possível desmamá-lo gradualmente, i.e., dar a chupeta à criança apenas na hora de dormir, quando ela não está se sentindo bem, e assim por diante.

Quanto à questão do desmame de chupar o dedo, a dra. Merrell P. Middlemore é da opinião que de modo geral não se deve desmamar a criança desse hábito.[4] Há alguns argumentos a favor desse ponto de vista. Não se deve impor à criança frustrações que podem ser evitadas. Além disso, é preciso levar em consideração o fato de que frustrações

---

4 Cf. Merrell P. Middlemore, "The Uses of Sensuality", in John Rickman (org.), *On the Bringing up of Children*. London: Kegan Paul, Trench, Trübner & Co., 1936.

excessivas na boca podem levar à maior necessidade de um prazer genital compensador, como a masturbação compulsiva. Não se pode esquecer também que parte das frustrações intrínsecas experimentadas na boca são transferidas para a zona genital.

Mas também há outros aspectos a serem considerados. O hábito descontrolado de chupar o dedo ou a chupeta apresenta o risco de criar uma fixação exagerada na boca (quero dizer com isso que o movimento natural da libido, da boca para os órgãos genitais, fica impedido), enquanto uma leve frustração na boca pode ter o efeito desejável de distribuir os ímpetos sexuais.

O hábito constante de sugar pode agir como inibição no desenvolvimento da fala. Além disso, quando o ato de chupar o dedo é exagerado, há mais uma desvantagem: a criança muitas vezes se machuca e, além de sentir dor física, pode estabelecer uma conexão entre prazer de sugar e dor nos dedos, associação prejudicial em termos psicológicos.

No que diz respeito à masturbação, eu diria que não se deve de modo algum interferir neste ato. A criança deve ter a liberdade de lidar com isso à sua maneira.[5] Quanto ao hábito de chupar o dedo, em muitos casos ele pode ser substituído gradualmente e sem nenhuma pressão por outras gratificações orais, como doces, frutas e principalmente alimentos da preferência da criança. Estes devem ser oferecidos *ad libitum*, ao mesmo tempo em que se suaviza o processo de desmame com a ajuda da chupeta.

Outro ponto que gostaria de destacar é o erro de se tentar fazer a criança adquirir cedo demais hábitos de higiene em relação às suas funções excretoras. Algumas mães têm muito orgulho de terem conseguido isso muito cedo, sem se darem conta dos efeitos psicológicos negativos que esse fato pode provocar. Não quero dizer que haja algum problema em segurar o bebê de vez em quando sobre o penico para ele ir se

---

5   Se a masturbação é realizada de forma chamativa ou excessiva (e isso se aplica ao hábito prolongado e exagerado de chupar o dedo), é provável que haja algo de errado na relação da criança com seu ambiente. Por exemplo, ela pode ter medo da babá, sem que isso nunca seja do conhecimento dos pais. Pode estar infeliz na escola porque se sente atrasada, não se dá bem com determinada professora ou tem medo de outra criança. Na análise, descobrimos que tudo isso pode causar um aumento de tensão na mente da criança, liberada numa gratificação sexual exagerada e compulsiva. A remoção de fatores externos, é claro, nem sempre aliviará essa tensão, mas no caso de crianças desse tipo uma reprimenda pelo excesso de masturbação apenas agravará as dificuldades subjacentes. Quando estas são muito grandes, só podem ser afastadas com o tratamento psicanalítico.

acostumando aos poucos. A questão é que a mãe não deve ficar muito ansiosa nem tentar impedir a criança de se sujar. O bebê percebe essa atitude em relação aos seus excrementos e fica muito perturbado, pois tem forte prazer sexual nas funções excretoras e gosta dos excrementos como uma parte e um produto de seu próprio corpo. No entanto, como já indiquei antes, ele vê as fezes e a urina como agentes hostis quando defeca e urina com sentimentos de raiva. Se a mãe tenta ansiosamente evitar que ele entre em contato com essas substâncias, o bebê vê nesse comportamento a confirmação de que seus excrementos são agentes maus e hostis dos quais a mãe tem medo: a ansiedade dela aumenta a dele. Essa atitude diante de seus próprios excrementos traz vários prejuízos psicológicos e desempenha um papel importante nas neuroses.

Não quero dizer, é claro, que se deve deixar o bebê sujo indefinidamente; o que deve ser evitado, na minha opinião, é que os hábitos de higiene sejam uma questão tão importante, pois assim a criança sente a ânsia da mãe a esse respeito. É preciso encarar tudo isso com calma e evitar qualquer sinal de nojo ou desaprovação ao se limpar o bebê. Creio que é melhor adiar o treinamento *sistemático* de hábitos de higiene até que o processo de desmame esteja encerrado. Esse tipo de treinamento sem dúvida cria forte pressão mental e física sobre o bebê, que deve ser evitada enquanto ele lida com as dificuldades do desmame. Mesmo mais tarde, esse treinamento não deve ser conduzido com severidade, como a dra. Isaacs demonstra no artigo "Habit".[6]

Uma grande vantagem para o futuro relacionamento entre mãe e filho é que, além de alimentar o bebê, a mãe também tome conta dele. Se as circunstâncias a impedirem de fazer isso, mesmo assim ela pode estabelecer uma forte ligação com o bebê, desde que consiga ter um insight de sua mentalidade.

O bebê pode aproveitar a presença da mãe de várias maneiras. Ele muitas vezes brinca um pouco com o seio da mãe depois de se alimentar, sente prazer quando ela olha ou sorri para ele, ou quando ela brinca e fala, mesmo antes de poder entender o significado das palavras. O bebê passa a reconhecer e gostar de sua voz, e o canto da mãe pode permanecer como uma memória prazerosa e estimulante no inconsciente. Ao tranquilizá-lo dessa maneira, quantas vezes ela evita a tensão e um estado mental infeliz, colocando o filho para dormir, ao invés de deixá-lo adormecer exausto de tanto chorar!

Uma relação verdadeiramente feliz entre mãe e filho só pode ser obtida quando cuidar do bebê e alimentá-lo não é uma obrigação, mas

---

6 Cf. Susan Isaacs, "Habit", in *On the Bringing up of Children*, op. cit.

um verdadeiro prazer para a mãe. Se ela consegue aproveitar tudo isso de forma completa, a criança perceberá inconscientemente seu prazer e essa felicidade recíproca levará a um total entendimento emocional entre mãe e filho.

Mas ainda há o outro lado da moeda. A mãe deve entender que o bebê não é uma posse sua e que, apesar de ser tão pequeno e depender completamente de sua ajuda, é uma entidade separada e deve ser tratado como um ser humano individual; ela não deve procurar prendê-lo demais a si mesma, mas sim ajudá-lo a atingir a independência. Quanto mais cedo ela assumir essa atitude, melhor; assim, além de ajudar a criança, poderá se poupar de decepções futuras.

Não se deve interferir indevidamente no desenvolvimento da criança. Uma coisa é observar com prazer e compreensão seu crescimento físico e mental, outra bem diferente é tentar acelerá-lo. É preciso deixar o bebê crescer à sua maneira. Como Ella Sharpe observou, o desejo de impor um ritmo de crescimento à criança, com o objetivo de fazê-la se adequar a um plano preestabelecido, é prejudicial à criança e à sua relação com a mãe.[7] O desejo de apressar esse processo muitas vezes se deve à ansiedade, que é uma das principais causas de perturbações no relacionamento entre mãe e filho.

Há outro ponto em que a atitude da mãe tem uma enorme importância. Trata-se do desenvolvimento sexual da criança, isto é, sua experiência de sensações sexuais físicas e dos desejos e sentimentos que as acompanham. Em geral, ainda não se percebeu que desde o nascimento o bebê possui fortes sentimentos sexuais, que se manifestam de início no prazer obtido com as atividades da boca e as funções excretoras, mas logo também se ligam aos órgãos genitais (masturbação); também não se costuma reconhecer que esses sentimentos sexuais são essenciais para o desenvolvimento adequado da criança nem que sua personalidade e seu caráter, além da presença de uma sexualidade adulta satisfatória, dependem do estabelecimento de sua sexualidade na infância.

Já observei que não se deve interferir na masturbação da criança nem a pressionar a parar de chupar o dedo, e que é preciso ser compreensivo com o prazer que ela obtém das funções excretoras e de seus excrementos. Mas isso não basta. A mãe deve ter uma atitude amistosa diante dessas manifestações da sexualidade. Muitas vezes ela demonstra nojo, aspereza ou desprezo, que são humilhantes e

---

7 Cf. Ellen Sharpe, "Planning for Stability", in *On the Bringing up of Children*, op. cit.

prejudiciais à criança. Como todas as suas tendências eróticas estão voltadas antes de mais nada para a mãe e o pai, a reação deles influenciará todo o desenvolvimento da criança nessa questão. No entanto, também se deve levar em conta o problema da tolerância exagerada. Apesar de não ser aconselhável interferir na sexualidade da criança, a mãe pode ser obrigada a refreá-la caso ela tente tomar liberdades grandes demais com sua pessoa – sempre, é claro, de forma amistosa. A mãe também não pode se deixar envolver na sexualidade da criança. A aceitação amistosa da sexualidade de seu filho constitui os limites impostos ao seu papel. Suas próprias necessidades eróticas devem ser controladas no que diz respeito à criança. Ela não deve se deixar excitar por nenhuma de suas atividades ao cuidar do filho. É preciso ter comedimento ao lavar, secar e pôr talco no bebê, principalmente no que diz respeito à zona genital. A falta de autocontrole da mãe pode facilmente ser percebida pela criança como sedução, o que traria complicações indevidas ao seu desenvolvimento. No entanto, a criança não deve de modo algum ser privada de amor. A mãe pode e deve beijá-la, acariciá-la e segurá-la no colo, coisas de que a criança necessita e que só lhe fazem bem.

Isso me leva a outra questão importante. É essencial que o bebê não durma no quarto dos pais nem esteja presente durante a relação sexual. As pessoas muitas vezes acreditam que isso não é prejudicial ao bebê, pois não percebem que seus sentimentos sexuais, sua agressividade e seus medos são atiçados por essa experiência. Também ignoram o fato de que o bebê absorve inconscientemente aquilo que parece incapaz de compreender intelectualmente. Muitas vezes, quando os pais pensam que o bebê está dormindo, na verdade ele está desperto ou semidesperto, e mesmo quando parece estar dormindo é capaz de sentir o que está ocorrendo à sua volta. Apesar de tudo ser percebido apenas de forma muito vaga, uma memória vívida, mas distorcida, permanece ativa em sua mente inconsciente, o que traz efeitos negativos para seu desenvolvimento. Essa experiência é particularmente nociva quando coincide com outras que também criam uma tensão na criança, como uma doença, operação ou – voltando ao assunto deste capítulo – o desmame.

Gostaria agora de dedicar algumas palavras ao processo de desmame do seio em si. Parece-me de grande importância que ele seja realizado de forma lenta e suave. Caso a intenção seja desmamar completamente o bebê, digamos, aos oito ou nove meses (que parece a idade adequada), aos cinco ou seis meses seria aconselhável amamentá-lo uma vez por dia com a mamadeira, substituindo mais uma amamentação no seio pela mamadeira a cada mês subsequente. Ao mesmo tempo, outros alimentos adequados deveriam ser introduzidos. Quando a criança se acostuma com isso, pode-se começar a desmamá-la da mamadeira, que seria então substituída por outros alimentos e pelo leite tomado no copo. O desmame será bem mais fácil caso se procure utilizar de paciência e delicadeza para acostumar a criança à nova alimentação. Ela não deve ser obrigada a comer mais do que deseja nem a comer alimentos de que não gosta – pelo contrário, deve receber apenas comida de que gosta muito. Também não se deve dar a menor importância a seus modos à mesa durante esse período.

Até agora não mencionei os casos em que o bebê não é amamentado no seio. Espero ter deixado clara a importância psicológica de a mãe alimentar o filho; examinemos agora a situação em que ela se vê impedida de fazer isso.

A mamadeira é um substituto para o seio da mãe, pois permite ao bebê ter o prazer de sugar e de estabelecer até certo ponto o relacionamento mãe–seio em conexão com a mamadeira oferecida pela mãe ou pela babá.

A experiência mostra que muitas crianças que nunca mamaram no seio se desenvolvem muito bem.[8] Mesmo assim, a análise dessas pessoas sempre revela um profundo anseio pelo seio, que nunca foi saciado; além disso, apesar de o relacionamento mãe–seio ter se estabelecido até certo ponto, não deixa de fazer uma grande diferença para o desenvolvimento psíquico o fato de a primeira e mais fundamental gratificação ter sido obtida por meio de um substituto, no lugar daquilo que realmente se desejava. Apesar de ser possível a criança se desenvolver bem sem ser amamentada no seio, pode-se dizer que seu desenvolvimento teria sido diferente e mais vantajoso caso tivesse sido alimentada no seio com sucesso. No entanto, minha experiência mostra que crianças que apresentam problemas de desenvolvimento apesar de terem mamado no seio estariam numa situação bem pior se não tivessem tido essa experiência.

---

8 Mais do que isso, até crianças que passaram por experiências muito difíceis nesse período inicial, como doença, desmame abrupto ou operação, muitas vezes apresentam um desenvolvimento bastante satisfatório, apesar de experiências desse tipo sempre trazerem alguma desvantagem, devendo ser evitadas se possível.

Resumindo: a amamentação bem-sucedida pelo seio sempre é uma grande vantagem para o desenvolvimento; algumas crianças, apesar de não terem tido essa influência fundamentalmente favorável, conseguem se desenvolver muito bem sem ela.

Aqui examinei os métodos que podem ajudar a tornar o período de mamar e o desmame bem-sucedidos; agora me vejo na difícil posição de dizer que aquilo que parece um sucesso não é necessariamente um sucesso absoluto. Apesar de algumas crianças aparentemente passarem muito bem pelo desmame, dando a impressão de progredir de forma satisfatória por algum tempo, no fundo foram incapazes de lidar com as dificuldades criadas por essa situação; o que aconteceu foi apenas uma adaptação externa. Essa adaptação externa é resultado do anseio da criança de agradar as pessoas à sua volta, das quais tanto depende, e de ter uma boa relação com elas. Esse impulso da criança já se manifesta até certo ponto no período de desmame; acredito que os bebês possuem uma capacidade intelectual bem maior do que se pensa em geral. Há outro motivo importante para essa adaptação externa: ela serve como uma fuga dos conflitos internos mais profundos com os quais a criança não consegue lidar. Em outros casos, há sinais mais óbvios do fracasso de uma verdadeira adaptação; por exemplo, em defeitos de caráter como ciúme, voracidade e rancor. A esse respeito, gostaria de mencionar o trabalho do dr. Karl Abraham sobre a relação entre dificuldades iniciais e formação do caráter.[9]

Conhecemos muitas pessoas que levam a vida com ressentimentos constantes. Por exemplo, elas se ofendem até com o mau tempo, como se fosse algo impingido especificamente a elas por uma sina cruel. Há também aquelas que rejeitam qualquer gratificação que não venha exatamente no momento em que é desejada; nas palavras de uma música popular de alguns anos atrás: "eu quero o que eu quero quando eu quero, senão não quero mais".

Procurei mostrar que o bebê tem muita dificuldade de suportar a frustração por causa dos profundos conflitos internos ligados a ela. O desmame realmente bem-sucedido não implica apenas que o bebê se acostumou com a nova alimentação, mas também que ele deu os primeiros passos fundamentais para lidar com seus medos e conflitos internos, ajustando-se à frustração no verdadeiro sentido da palavra.

---

9 Cf. Karl Abraham, "Psycho-Analytical Studies on Character Formation" [1921–25], in *Selected Papers on Psycho-Analysis*. London: Hogarth Press, 1927.

Se esse ajuste foi obtido, podemos usar a palavra "desmame" em seu sentido antigo. De acordo com minhas informações, a palavra "desmame" em inglês arcaico era empregada não só no sentido de "desmamar de", mas também no de "desmamar para".[10] Aplicando esses dois sentidos da palavra, podemos dizer que quando há uma verdadeira adaptação à frustração, o indivíduo não só é desmamado dos seios da mãe, mas também procura novos substitutos – fontes de gratificação que são necessárias para construir uma vida completa, rica e feliz.

Pós-escrito, 1952

Pesquisas recentes ampliaram bastante nosso conhecimento a respeito do primeiro estágio da infância – ou seja, os primeiros três ou quatro meses de vida –, e é a partir desse ponto de vista que escrevo este pós-escrito.

Como demonstrei em detalhes em meu artigo sobre o desmame, as emoções do bebê pequeno são particularmente fortes e dominadas por extremos. Há processos divisórios radicais entre os dois aspectos (bom e mau) de seu primeiro e mais importante objeto – a mãe – e entre as emoções (amor e ódio) que sente em relação a ela. Essas divisões lhe permitem lidar com seus próprios medos. Os primeiros medos derivam de seus próprios impulsos agressivos (que são facilmente atiçados por qualquer frustração ou desconforto) e tomam a forma da sensação de estar sendo abandonado, ferido, atacado – ou seja, intensamente perseguido. Esses medos persecutórios, que se concentram na mãe, dominam o bebê até ele desenvolver uma relação mais integrada com ela (e, consequentemente, com as outras pessoas), o que também implica uma integração de seu próprio ego.

Investigações mais recentes enfocam principalmente o estágio mais arcaico da infância. Descobriu-se que a clivagem entre amor e ódio, geralmente descrita como uma cisão de emoções, varia de intensidade e toma várias formas. Essas variações estão ligadas à força dos medos persecutórios no bebê. Se a cisão é excessiva, a relação fundamental com a mãe não fica bem estabelecida e o progresso normal em direção à integração do ego é prejudicado. Isso pode gerar doenças mentais mais tarde. Outra consequência possível é a inibição do desenvolvimento intelectual, o que pode contribuir para o atraso mental ou, em casos mais extremos, a deficiência mental. Mesmo no

---

10 A palavra inglesa para desmame, "*weaning*", denota não só desmame em si, mas a interrupção de qualquer hábito. [N. T.]

desenvolvimento normal há distúrbios temporários na relação com a mãe que se devem a estados de retraimento em relação a ela e à experiência emocional. Se esses estados forem muito frequentes ou prolongados, eles podem ser tomados como indicação de um desenvolvimento anormal.

Se as dificuldades da primeira fase são superadas dentro da normalidade, o bebê provavelmente conseguirá lidar com os sentimentos de depressão gerados no estágio crucial seguinte, que se estende aproximadamente dos quatro aos seis meses.

As descobertas teóricas a respeito do primeiro ano de vida, obtidas por meio da análise de crianças pequenas (de modo geral a partir dos dois anos), foram confirmadas pela análise de crianças mais velhas e de adultos. Elas vêm sendo aplicadas de forma crescente à observação do comportamento infantil, e nosso campo de estudo agora se estende até bebês bem pequenos. Desde a primeira edição deste livro, os sentimentos de depressão em crianças pequenas em geral vêm sendo mais observados e reconhecidos. Alguns dos fenômenos que agora são considerados típicos dos primeiros três ou quatro meses de vida também se tornaram observáveis até certo ponto. Por exemplo, os estados de retraimento, em que o bebê se isola das emoções, implicam uma ausência de resposta ao seu ambiente. Nesses estados, o bebê pode parecer apático e sem interesse pelo meio em que vive. Essa condição é ignorada com mais facilidade do que outros distúrbios, como o choro excessivo, a agitação e a recusa do alimento.

O maior conhecimento das ansiedades do bebê também pode ajudar a todos que cuidam de crianças pequenas a encontrar maneiras de reduzir essas dificuldades. É inevitável que haja certas frustrações e não há como erradicar por completo as ansiedades fundamentais que descrevi. Contudo, uma melhor compreensão das necessidades emocionais do bebê sem dúvida terá uma influência favorável na nossa atitude em relação aos seus problemas e poderá ajudá-lo a atingir maior estabilidade. Ao pôr em palavras essa esperança, estou resumindo o principal objetivo deste trabalho.

1937
Amor, culpa e reparação

Em 1936, Melanie Klein e Joan Riviere apresentaram uma série de palestras sob o título "The Emotional Life of Civilized Men and Women" [A vida emocional de homens e mulheres civilizados], que acabou se tornando a base de um pequeno volume chamado *Amor, ódio e reparação*, publicado no ano seguinte.[1] As duas dividiram o assunto de que tratavam: Joan Riviere falou de "Ódio, culpa e agressividade" e Melanie Klein de "Amor, culpa e reparação". Melanie Klein apresenta aqui as ideias ainda bastante recentes da teoria da posição depressiva, que formulara apenas dois anos antes. Fora da exposição pouco técnica, é de especial interesse o exame de um amplo leque de situações humanas, mais variado do que em qualquer outro de seus escritos.

Mais tarde, Melanie Klein mudaria de ideia a respeito de um ponto. Neste artigo, o fardo da reparação de um objeto danificado pelo ódio é colocado nos ombros do bebê desde o início. No entanto, de acordo com a teoria posterior da posição esquizoparanoide, a cisão se mantém dominante nos primeiros meses de vida e a necessidade de reparação só surge mais tarde, nos estados mais integrados da posição depressiva.

As duas partes deste livro[2] discutem aspectos muito diferentes das emoções humanas. A primeira, "Ódio, voracidade e agressividade",

---

1 Cf. M. Klein e Joan Riviere, *Amor, ódio e reparação* [1937], trad. Marie Helena Senise. Rio de Janeiro: Imago, 1975.
2 Cf. ibid., nota explicativa, p. 345.

trata dos fortes impulsos do ódio que são parte fundamental da natureza humana. A segunda, em que procuro fazer uma descrição da força igualmente poderosa do amor e do impulso de reparação, serve como complemento à primeira, pois a aparente divisão subentendida por esse tipo de apresentação na verdade não existe na mente humana. Ao separar nosso tópico dessa maneira, talvez não possamos comunicar com clareza a constante *interação* entre amor e ódio; mas era necessário dividir um assunto tão amplo, pois só ao estudar o papel desempenhado pelos impulsos destrutivos na interação entre amor e ódio seria possível mostrar como os sentimentos de amor e as tendências de reparação se desenvolvem em ligação com os impulsos agressivos ou apesar deles.

O capítulo de Joan Riviere deixou claro que essas emoções aparecem pela primeira vez na relação inicial da criança com os seios da mãe, e que elas estão fundamentalmente ligadas à pessoa desejada. É preciso voltar à vida mental do bebê para estudar a interação de todas as forças que formam a mais complexa de todas as emoções humanas: aquilo que chamamos de amor.

A situação emocional do bebê

O primeiro objeto de amor e ódio do bebê – a mãe – é ao mesmo tempo desejado e odiado com toda a intensidade e força características das ânsias arcaicas da criança. Muito no início, esta ama a mãe no momento em que ela satisfaz suas necessidades de alimentação, aliviando seus sentimentos de fome e lhe oferecendo o prazer sensual que obtém quando sua boca é estimulada ao chupar o seio. Essa gratificação é parte essencial da sexualidade da criança – na verdade, é sua expressão inicial. Mas quando o bebê está com fome e seus desejos não são satisfeitos, ou quando sente dor e desconforto físicos, a situação imediatamente se altera. Surgem sentimentos de ódio e agressividade, e ele é tomado por impulsos de destruir a mesma pessoa que é o objeto de todos seus desejos e que, em sua mente, está ligada a tudo aquilo que está sentindo – seja bom, seja ruim. Como Joan Riviere demonstrou em detalhes, no bebê o ódio e os sentimentos de agressividade também dão origem a estados dolorosos, como sufocamento, falta de ar e outras sensações desse tipo, as quais são sentidas como elementos capazes de destruir seu próprio corpo; assim, a agressividade, a infelicidade e o medo voltam a crescer.

O meio mais direto e primário pelo qual o bebê se alivia desses estados dolorosos de fome, ódio, tensão e medo é a satisfação de seus desejos pela mãe. A sensação temporária de segurança que se obtém ao receber gratificação aumenta muito a gratificação em si; desse modo, a sensação de segurança se torna um componente importante da satisfação obtida quando se recebe amor. Isso se aplica tanto ao bebê quanto ao adulto, tanto às formas simples de amor quanto às suas manifestações mais elaboradas. Como a mãe foi a primeira a satisfazer nossas necessidades de autopreservação e nossos desejos sensuais, além de nos dar segurança, ela desempenha um papel duradouro na nossa mente, apesar de as várias maneiras como se dá essa influência e as formas que ela toma nem sempre ficarem claras mais tarde. Por exemplo, uma mulher pode parecer ter se afastado da mãe, mas ainda buscar inconscientemente alguns traços de sua relação inicial com ela no relacionamento com o marido ou com o homem que ama. O papel essencial que o pai desempenha na vida emocional da criança também influencia todas as suas relações amorosas posteriores, assim como toda a sua ligação com outras pessoas. No entanto, a relação inicial do bebê com o pai, na medida em que este é percebido como uma figura gratificante, amistosa e protetora, é modelada em parte sobre a relação com a mãe.

O bebê, que vê a mãe basicamente como o objeto que satisfaz todos os seus desejos – o seio bom,[3] por assim dizer –, logo começa a

---

3 A fim de simplificar a descrição dos fenômenos complexos e pouco conhecidos que estou apresentando neste trabalho, quando falo da alimentação do bebê refiro-me apenas à amamentação no seio. A maior parte daquilo que afirmo a respeito da amamentação no seio e as conclusões que tiro a partir daí também se aplicam à amamentação com a mamadeira, apesar de haver algumas diferenças. Quanto a isso, gostaria de citar um trecho do meu artigo sobre "O desmame", p. 378 deste volume: "A mamadeira é um substituto para o seio da mãe, pois permite ao bebê ter o prazer de sugar e de estabelecer até certo ponto o relacionamento mãe–seio por em conexão com a mamadeira oferecida pela mãe ou pela babá. A experiência mostra que muitas crianças que nunca mamaram no seio se desenvolvem muito bem. Mesmo assim, a análise dessas pessoas sempre revela um profundo anseio pelo seio, que nunca foi saciado; além disso, apesar de o relacionamento mãe–seio ter se estabelecido até certo ponto, não deixa de fazer uma grande diferença para o desenvolvimento psíquico o fato de a primeira e mais fundamental gratificação ter sido obtida por meio de um substituto, no lugar daquilo que realmente se desejava. Apesar de ser possível a criança se desenvolver bem sem ser amamentada no seio, pode-se dizer que seu desenvolvimento teria sido diferente e mais vantajoso caso tivesse sido alimentada no seio com sucesso. No entanto, minha experiência mostra que crianças que apresentam problemas de desenvolvimento apesar de terem mamado no seio estariam numa situação bem pior se não tivessem tido essa experiência".

reagir a essas gratificações e ao seu carinho criando sentimentos de amor em relação a ela como pessoa. Contudo, esse primeiro amor já é perturbado em suas raízes por impulsos agressivos. O amor e o ódio lutam entre si na mente da criança; essa luta continua presente de certa forma pelo resto da vida e pode se tornar fonte de perigo nas relações humanas.

Os impulsos e sentimentos do bebê são acompanhados por um tipo de atividade mental que julgo ser a mais primitiva: a construção da fantasia ou, em termos mais coloquiais, o pensamento imaginativo. Por exemplo, o bebê que deseja o seio da mãe quando ele não está lá pode imaginar sua presença, i.e., pode imaginar a satisfação que obtém dele. Esse fantasiar primitivo é a forma mais arcaica da capacidade que mais tarde se transforma na atividade mais elaborada da imaginação.

As fantasias arcaicas que acompanham os sentimentos do bebê são dos tipos mais variados. Naquela que acabei de citar, ele imagina a gratificação que está ausente. Uma satisfação real, no entanto, também pode trazer consigo fantasias agradáveis; da mesma maneira, fantasias destrutivas acompanham a frustração e os sentimentos de ódio por ela inspirados. Quando o bebê se sente frustrado no seio, em sua fantasia ele ataca esse seio; mas se está sendo gratificado, ele passa a amá-lo e tem fantasias agradáveis a respeito desse objeto. Em suas fantasias agressivas, ele deseja morder e despedaçar a mãe e seus seios, além de destruí-la de outras maneiras.

Uma característica muito importante dessas fantasias destrutivas, que equivalem a verdadeiros desejos de morte, é que o bebê se sente como se aquilo que desejou em suas fantasias realmente tivesse acontecido; ou seja, ele se sente como se *realmente tivesse destruído* o objeto de seus impulsos destrutivos e continuasse a destruí-lo: isso tem consequências extremamente importantes para o desenvolvimento da mente. O bebê encontra apoio contra esses medos em fantasias onipotentes de natureza restauradora: isso também traz consequências importantíssimas para seu desenvolvimento. Se em suas fantasias agressivas o bebê feriu a mãe ao mordê-la e despedaçá-la, ele logo cria fantasias em que está juntando os pedaços novamente, reparando-a.[4] Isso, porém, não consegue eliminar completamente o medo de ter

---

4 A psicanálise de crianças pequenas, que também me permitiu traçar algumas conclusões sobre o funcionamento da mente num estágio anterior, deixou claro para mim que essas fantasias já estão presentes nos bebês. A psicanálise de adultos mostrou-me que os efeitos dessa vida de fantasia arcaica são duradouros e influenciam profundamente a mente do indivíduo adulto.

destruído o objeto que, como já sabemos, o bebê mais ama e do qual mais precisa, encontrando-se numa situação de total dependência. Em minha opinião, esses conflitos básicos afetam profundamente o desenvolvimento e a força da vida emocional do indivíduo adulto.

Sentimento de culpa inconsciente

Todos sabemos que, quando percebemos em nós mesmos impulsos de ódio contra alguém que amamos, ficamos preocupados ou culpados. Como diz S. T. Coleridge:

> [...] ter raiva de alguém que amamos
> É como loucura no cérebro.[5]

Nossa tendência é deixar esses sentimentos de culpa em segundo plano, por causa da dor que eles trazem. Entretanto, eles se manifestam de várias formas disfarçadas e são fonte de perturbação nas nossas relações pessoais. Por exemplo, algumas pessoas sofrem com facilidade quando não recebem apreço, mesmo daqueles que não têm muita importância para elas; isso acontece porque em sua mente inconsciente não se sentem dignas da atenção dos outros, impressão que é confirmada quando são recebidas com frieza. Outros se sentem insatisfeitos consigo mesmos (sem nenhuma razão objetiva) das maneiras mais diversas: por exemplo, não se sentem à vontade com sua aparência, seu trabalho ou suas habilidades em geral. Algumas manifestações desse tipo são percebidas com facilidade e receberam a denominação popular de "complexo de inferioridade".

As descobertas da psicanálise mostram que sensações desse tipo têm raízes mais profundas do que se supõe e estão sempre ligadas ao sentimento inconsciente de culpa. O motivo pelo qual algumas pessoas precisam tanto de elogios e da aprovação geral é a necessidade de ter provas de que são dignas de amor. Esse sentimento surge do medo inconsciente de ser incapaz de amar os outros de verdade ou de forma suficiente e, principalmente, de não conseguir dominar seus próprios impulsos agressivos: essas pessoas têm medo de ser um perigo para aqueles que amam.

---

5 Samuel Taylor Coleridge, *Christabel*, 1816. No original: "[...] to be wroth with one we love,/Doth work like madness in the brain". [N. T.]

Amor e conflitos em relação aos pais

Como procurei mostrar, a luta entre amor e ódio, com todos os conflitos que ela provoca, começa na mais tenra infância e continua ativa pelo resto da vida. Ela se origina da relação da criança com os pais. Na relação do bebê de colo com a mãe já estão presentes sentimentos sensuais, que se expressam por meio das sensações agradáveis na boca relacionadas ao processo de sugar. Logo, sensações genitais ocupam o primeiro plano e o desejo pelo mamilo da mãe diminui. No entanto, ele nunca chega a desaparecer por completo, permanecendo ativo no inconsciente e, em parte, também na mente consciente. No caso da menina, a preocupação com o mamilo é transferida para um interesse – em sua maior parte inconsciente – pelo órgão genital do pai, que se torna o objeto de seus desejos e fantasias libidinais. À medida que prossegue seu desenvolvimento, a menina passa a desejar ao pai mais do que à mãe. Ela passa a ter fantasias conscientes e inconscientes de tomar o lugar da mãe, conquistando o pai e se tornando sua mulher. Também tem muita inveja dos outros filhos que a mãe possui e deseja que o pai lhe dê bebês que possam ser seus. Esses sentimentos, desejos e fantasias são acompanhados de rivalidade, agressividade e ódio contra a mãe, somando-se ao ressentimento que sente contra ela, oriundo de frustrações anteriores no seio. Mesmo assim, fantasias e desejos sexuais em relação à mãe permanecem ativos na mente da menina. É sob sua influência que ela deseja tomar o lugar do pai ao lado da mãe – em alguns casos, esses desejos e fantasias podem se desenvolver com mais força do que aqueles relacionados ao pai. Assim, o amor que sente pelos dois se mescla a sentimentos de rivalidade, mistura que se estende à sua relação com os irmãos. Os desejos e fantasias associados à mãe e irmãs formam a base de relações homossexuais diretas mais tarde, assim como de sentimentos homossexuais que se manifestam indiretamente na amizade e no afeto entre duas mulheres. No curso normal dos acontecimentos, esses desejos homossexuais são relegados ao segundo plano, são desviados e sublimados, e a atração pelo sexo oposto torna-se predominante.

Um desenvolvimento correspondente ocorre no menino, que logo sente desejos genitais em relação à mãe e sentimentos de ódio contra o pai, encarado como rival. Entretanto, nele também surgem desejos genitais voltados para o pai, que são a raiz da homossexualidade nos homens. Essas situações geram muitos conflitos: a menina, apesar de odiar a mãe, também a ama; o menino ama o pai e gostaria de poupá-lo do perigo criado por seus impulsos agressivos. Além disso, o principal objeto de todos os desejos sexuais – no caso da menina, o pai, no do menino, a mãe – também provoca ódio e a vontade de vingança, pois esses desejos são frustrados.

A criança também tem um profundo ciúme dos irmãos, pois estes são rivais na disputa pelo amor dos pais. Ela, no entanto, também os ama, o que gera mais uma vez fortes conflitos entre impulsos agressivos e sentimentos de amor. Isso leva ao sentimento de culpa e ao desejo de oferecer compensações: uma vez que nossas relações com as pessoas em geral são moldadas a partir desse mesmo padrão, essa mistura de sentimentos é muito importante não só na nossa relação com nossos irmãos, mas também na nossa atitude social, nos sentimentos de amor e ódio e no desejo de fazer compensações pelo resto da vida.

Amor, culpa e reparação

Afirmei anteriormente que sentimentos de amor e gratidão surgem direta e espontaneamente no bebê como resposta ao amor e aos cuidados da mãe. O poder do amor – que é a manifestação das forças que tendem a preservar a vida – está presente no bebê ao lado dos impulsos destrutivos e encontra sua expressão fundamental no apego ao seio da mãe, que depois se transforma no amor por ela enquanto pessoa. Meu trabalho psicanalítico me convenceu de que, quando surgem conflitos entre amor e ódio na mente do bebê, e o medo de perder o objeto amado entra em ação, ocorre um avanço muito importante no desenvolvimento. Esses sentimentos de culpa e de sofrimento surgem como um novo elemento na emoção do amor. Eles se tornam parte integrante do amor, influenciando-o profundamente em termos de qualidade e quantidade.

Mesmo na criança pequena pode-se perceber uma preocupação com o objeto amado que não é, como se poderia pensar, simplesmente sinal de dependência em relação a uma pessoa amiga e prestativa. Tanto na mente inconsciente da criança quanto na do adulto, ao lado dos impulsos destrutivos, há uma profunda ânsia de fazer sacrifícios, a fim de ajudar e restaurar as pessoas amadas que foram feridas ou destruídas na fantasia. Nas profundezas da mente, o desejo de deixar as pessoas felizes está ligado à forte sensação de responsabilidade e de preocupação com elas, que se manifesta na solidariedade genuína com os outros e na habilidade de compreender como eles são e como se sentem.

Identificação e fazer reparação

Ser realmente atencioso implica se colocar no lugar dos outros: nós nos "identificamos" com eles. Essa capacidade de identificação com outra pessoa é um elemento extremamente importante das relações humanas em geral, além de ser uma condição básica para sentimentos de amor fortes e verdadeiros. Só conseguimos deixar de lado ou sacrificar até certo ponto nossos próprios sentimentos e desejos, pondo temporariamente os interesses e emoções do outro em primeiro lugar, se temos a capacidade de nos identificar com a pessoa amada. Se ao nos identificarmos com outras pessoas compartilhamos, por assim dizer, da ajuda ou da satisfação que nós mesmos lhes oferecemos, retomamos de um lado o que perdemos do outro.[6] Em última instância,

---

6   Como afirmei no início deste trabalho, há uma constante interação entre amor e ódio em todos nós. Meu tópico aqui, porém, diz respeito à maneira como os sentimentos de amor se desenvolvem, ficam mais fortes e se estabilizam. Como não estou entrando muito na questão da agressividade, gostaria de deixar claro que esse elemento também se encontra ativo, mesmo em pessoas que apresentam uma capacidade de amar extremamente bem desenvolvida. De modo geral, nessas pessoas a agressividade e o ódio (este reduzido e até certo ponto contrabalançado pela capacidade de amar) são muito utilizados de forma construtiva (ou "sublimados", como se costuma dizer). Na verdade, não existe nenhuma atividade produtiva em que não esteja presente de alguma maneira certa quantidade de agressividade. Tomemos como exemplo a ocupação da dona de casa: o trabalho de limpar, entre outros, sem dúvida é sinal de seu desejo de tornar a casa agradável para os outros e para si mesma. Sendo assim, é a manifestação de amor pelas outras pessoas e pelas coisas de que gosta. Ao mesmo tempo, porém, ela também expressa sua agressividade ao destruir o inimigo, a sujeira, que em sua mente inconsciente passou a representar coisas "más". O ódio e a agressividade arcaicos, oriundos das fontes mais arcaicas, podem vir à tona em mulheres cujo hábito de limpeza se torna obsessivo. Todos conhecemos o tipo de mulher que torna a vida da família um inferno ao "arrumar" as coisas sem parar; nesse caso, o ódio se volta de fato contra as pessoas que ama. Odiar pessoas e coisas que são vistas como dignas de ódio – sejam elas pessoas de que não gostamos, sejam princípios (políticos, artísticos, religiosos ou morais) de que discordamos – é uma maneira geral de dar vazão aos nossos sentimentos de ódio, agressividade e desprezo numa forma que nos parece permissível e que pode ser bastante construtiva, desde que não seja levada ao extremo. Essas emoções, apesar de serem empregadas de forma adulta, no fundo são as mesmas que experimentamos na infância quando odiávamos as pessoas que ao mesmo tempo amávamos – nossos pais. Mesmo naquela época, tentávamos reservar nosso amor para os pais e desviar o ódio para outras pessoas ou outras coisas – processo que é mais bem-sucedido quando nossa capacidade de amar já está desenvolvida e estabilizada e quando estendemos nossa gama de interesses, afetos e ódios na vida adulta. Para dar alguns outros exemplos: o trabalho dos advogados, políticos e críticos envolve combater determinados oponentes, mas de uma forma que é

ao fazer sacrifícios por alguém que amamos e ao nos identificarmos com essa pessoa, desempenhamos o papel de mãe boa ou de pai bom, comportando-nos com ela como nossos pais às vezes se comportaram conosco – ou como gostaríamos que eles tivessem se comportado. Ao mesmo tempo, também desempenhamos o papel da criança boa com os pais, coisa que gostaríamos de ter feito no passado e que agora realizamos no presente. Assim, ao reverter uma situação, ou seja, ao agir com outra pessoa como mãe boa ou pai bom, recriamos e aproveitamos na fantasia o amor e a bondade que tanto desejávamos dos pais. Mas agir como pais bons com outras pessoas também pode ser uma maneira de lidar com as frustrações e os sofrimentos do passado. Nossos ressentimentos contra os pais por nos terem frustrado, aliados aos sentimentos de ódio e vingança que estes despertaram em nós, juntamente aos sentimentos de culpa e desespero oriundos desse ódio e dessa vontade de vingança, que nos dão a impressão de ter ferido os pais que ao mesmo tempo amávamos – tudo isso podemos desfazer em retrospecto na fantasia (afastando alguns dos motivos de ódio), desempenhando simultaneamente o papel de pais e filhos amorosos. Ao mesmo tempo, em nossa fantasia inconsciente, compensamos os danos que fizemos em fantasia, e pelos quais ainda nos sentimos culpados inconscientemente. Em minha opinião, esse ato de *fazer reparação* é um elemento fundamental do amor e de todas as relações humanas; assim, me referirei muitas vezes a ele no decorrer deste trabalho.

O relacionamento amoroso feliz

Levando em conta o que afirmei a respeito das origens do amor, examinemos agora alguns relacionamentos específicos dos adultos, tomando primeiro como exemplo o relacionamento amoroso satisfatório e estável entre um homem e uma mulher, do tipo que podemos encontrar no casamento feliz. Isso implica forte apego, capacidade de sacrifícios

---

permitida e considerada útil; nesse caso, as conclusões precedentes também se aplicariam. Uma das várias maneiras pelas quais é possível expressar a agressividade de forma legítima, ou até mesmo louvável, são os jogos, em que o oponente é temporariamente (e o fato de esse oponente ser temporário também ajuda a diminuir o sentimento de culpa) atacado com sentimentos que mais uma vez são oriundos de situações emocionais arcaicas. Assim, há muitas maneiras – sublimadas e diretas – pelas quais a agressividade e o ódio são expressos por pessoas que, ao mesmo tempo, têm bom coração e uma enorme capacidade de amar.

mútuos e grande habilidade de compartilhar – de compartilhar a dor assim como o prazer, os interesses de cada um assim como o gozo sexual. Uma relação dessa natureza oferece a possibilidade das mais variadas manifestações de amor.[7] Se a mulher tem uma atitude maternal em relação ao homem, ela satisfaz (na medida do possível) os primeiros desejos de gratificação que este gostaria de ver realizados pela mãe. No passado, esses desejos nunca chegaram a ser completamente satisfeitos e nunca foram abandonados. Agora o homem tem a mãe só para si, por assim dizer, com relativamente pouco sentimento de culpa. (Examinarei os motivos para isso detalhadamente mais tarde.) Se a mulher leva uma vida emocional bem desenvolvida, ela também terá mantido, além desses sentimentos maternais, um pouco de sua atitude enquanto criança diante do pai, e alguns traços desse antigo relacionamento entrarão em sua relação com o marido; por exemplo, ela terá confiança nele e o admirará, vendo nele a mesma figura protetora e prestativa que antes via no pai. Esses sentimentos servirão de base a uma relação na qual os desejos e as necessidades da mulher adulta podem ser plenamente satisfeitos. Ao mesmo tempo, essa atitude da mulher dá ao homem a oportunidade de protegê-la e ajudá-la de várias maneiras – desempenhando, em sua mente inconsciente, o papel de marido bom para a mãe.

Se a mulher for capaz de fortes sentimentos de amor pelo marido e pelos filhos, pode-se deduzir que ela provavelmente teve uma boa relação com os pais e os irmãos durante a infância; ou, em outras palavras, que ela conseguiu lidar satisfatoriamente com os sentimentos arcaicos de ódio e vingança contra eles. Mencionei antes a importância do desejo inconsciente da menina de receber um bebê do pai e dos desejos sexuais dirigidos ao pai que estão relacionados a essa vontade. A frustração dos desejos genitais por parte do pai dá origem a intensas fantasias agressivas na criança, que exercem forte influência na capacidade de gratificação sexual durante a vida adulta. Assim, as fantasias sexuais da menina pequena se ligam ao

---

[7] Ao examinar as emoções e os relacionamentos dos adultos nesse trabalho, lidarei principalmente com a influência que os impulsos arcaicos da criança, seus sentimentos inconscientes e suas fantasias exercem sobre manifestações de amor posteriores. Estou ciente de que isso leva necessariamente a uma apresentação condensada e esquemática, pois dessa maneira não há como fazer jus aos múltiplos fatores que, na interação permanente entre influências originárias do mundo externo e forças internas do indivíduo, trabalham juntos para criar uma relação adulta.

ódio dirigido especificamente contra o pênis do pai, pois ela sente que este lhe nega a gratificação que oferece à mãe. O ciúme e o ódio lhe fazem desejar que o pênis fosse uma coisa má e perigosa – algo que também não trouxesse gratificação para a mãe. Em sua fantasia, portanto, ele adquire qualidades destrutivas. Por causa desses desejos inconscientes, que se concentram na gratificação sexual dos pais, a gratificação e os órgãos sexuais adquirem um caráter mau e perigoso em algumas de suas fantasias. A essas fantasias agressivas segue-se mais uma vez, na mente da criança, o desejo de fazer compensações – ou, mais especificamente, fantasias de curar o órgão genital do pai, que, em sua mente, ela feriu ou tornou mau. Essas fantasias de natureza curativa também estão ligadas a sentimentos e desejos sexuais. Todas essas fantasias inconscientes influenciam muito os sentimentos da mulher em relação ao marido. Se ele a ama e a gratifica sexualmente, as fantasias sádicas inconscientes dela vão perdendo força. Mas como estas nunca chegam a ser completamente eliminadas (apesar de numa mulher normal elas nunca se apresentarem num grau que iniba a tendência de se misturar a impulsos eróticos mais positivos e amistosos), elas estimulam a criação de fantasias do tipo restaurador; desse modo, o impulso de fazer reparação mais uma vez entra em ação. Além de lhe dar prazer, a gratificação sexual oferece à mulher apoio contra os medos e o sentimento de culpa resultantes de seus desejos sádicos arcaicos. Esse apoio aumenta a gratificação sexual e cria na mulher sentimentos de gratidão e ternura, além de intensificar seu amor. Como em algum lugar nas profundezas de sua mente se esconde a sensação de que seu órgão genital é perigoso e poderia ferir o órgão genital do marido – elemento derivado de suas fantasias agressivas contra o pai –, parte da satisfação que obtém vem do fato de ser capaz de dar prazer e felicidade ao marido e da constatação de que seu órgão genital é bom.

Como a menina tinha fantasias de que o órgão genital do pai era perigoso, estas ainda exercem certa influência sobre a mente inconsciente da mulher. No entanto, se tem uma relação feliz e sente gratificação sexual com o marido, ela passa a ver o órgão genital do homem como algo bom, o que serve de refutação para o medo do órgão genital mau. Assim, a gratificação sexual traz uma dupla reafirmação: a da natureza boa do marido e de si mesma. A sensação de segurança obtida dessa maneira se soma ao prazer sexual em si. O círculo de reafirmação criado dessa forma é ainda mais amplo. O ciúme e o ódio arcaicos da mulher contra a mãe, vista como rival pelo amor do pai, desempenharam um papel importante em suas fantasias agressivas.

A felicidade mútua trazida pela gratificação sexual e por uma relação feliz e amorosa com o marido, por sua vez, servirá em parte como indicação de que seus desejos sádicos contra a mãe não surtiram efeito, ou de que a reparação foi bem-sucedida.

A atitude emocional e a sexualidade do homem em sua relação com a esposa também são, é claro, influenciadas por seu passado. A frustração de seus desejos genitais por parte da mãe durante a infância gera fantasias em que o pênis do menino se torna um instrumento que poderia causar dor ou feri-la. Ao mesmo tempo, o ciúme e o ódio do pai, visto como rival pelo amor da mãe, provocam o surgimento de fantasias sádicas também contra o pai. Na relação sexual com sua parceira, as fantasias agressivas arcaicas do homem – que criaram o medo de que seu pênis tivesse caráter destrutivo – também entram em ação até certo ponto; e mediante uma transmutação semelhante àquela que ocorre na mulher, o impulso sádico, desde que numa quantidade manuseável, estimula a criação de fantasias de reparação. O pênis então passa a ser visto como um órgão bom e curativo, que dará prazer à mulher, curará seu órgão genital ferido e fará bebês dentro dela. Uma relação feliz e sexualmente gratificante com a mulher são um testemunho da boa natureza de seu pênis, além de lhe dar inconscientemente a sensação de que seus desejos de restaurá-la foram bem-sucedidos. Isso não só aumenta seu prazer sexual, além do amor e carinho que sente pela mulher, mas também cria sentimentos de gratidão e segurança. Além disso, esses sentimentos podem aumentar seus poderes criativos de outras maneiras e influenciar sua capacidade para o trabalho e outras atividades. Se sua mulher pode compartilhar de seus interesses (além de seu amor e de sua satisfação sexual), ela lhe dá provas do valor de seu trabalho. Dessas diversas maneiras, seu desejo arcaico de poder fazer o mesmo que o pai fazia pela mãe – não só em termos sexuais, mas também em outros aspectos – e de receber dela o mesmo que o pai recebia pode ser realizado na relação com a mulher. Uma boa relação com ela também tem o efeito de diminuir a agressividade contra o pai, muito estimulada pelo fato de não poder ter a mãe como esposa. Por sua vez, isso pode reassegurá-lo de que suas velhas e duradouras tendências sádicas contra o pai não surtiram efeito. Uma vez que o ressentimento e o ódio contra o pai vieram a influenciar seus sentimentos pelos homens que passaram a representá-lo, e o ressentimento contra a mãe afetou sua relação com as mulheres que a representam, uma relação amorosa satisfatória altera sua maneira de encarar a vida e sua atitude diante das pessoas e das atividades em geral. Possuir o amor e o apreço da mulher lhe dá a sensação de ser um adulto completo e, portanto, de ser igual ao pai. A hostil e agressiva rivalidade com ele se reduz e dá lugar a uma competição mais amistosa com o pai – ou melhor, com as figuras paternas que admira – em funções e feitos mais fecundos, o que provavelmente aumentará sua produtividade.

Da mesma maneira, a mulher que tem uma boa relação amorosa com um homem sente inconscientemente que pode tomar, por assim dizer, o lugar que a mãe ocupava ao lado do marido *dela*. Ela agora tem acesso às mesmas satisfações de que a mãe gozava e que lhe foram negadas quando criança – pode, portanto, sentir-se em pé de igualdade com a mãe, gozar da mesma felicidade, direitos e privilégios que ela, mas sem a ferir nem a roubar. Os efeitos de tudo isso sobre sua atitude e sobre o desenvolvimento de sua personalidade são semelhantes às mudanças que ocorrem no homem quando este se vê em pé de igualdade com o pai numa vida de casado feliz.

Assim, os dois parceiros verão na relação em que há amor e gratificação sexual mútua a feliz recriação da vida familiar inicial. Muitos desejos e fantasias nunca podem ser satisfeitos na infância,[8] não só

---

[8] No caso do menino, por exemplo, a criança deseja ter a mãe só para si 24 horas por dia, ter relações sexuais com ela, fazer-lhe bebês, matar o pai por ciúmes, privar os irmãos de tudo o que possuem e expulsá-los caso atravessem seu caminho. É óbvio que se esses desejos impraticáveis fossem realizados, eles provocariam o mais profundo sentimento de culpa. Mesmo a realização de desejos destrutivos bem menos graves pode gerar conflitos profundos. Por exemplo, muitas crianças se sentem culpadas quando se tornam o filho favorito da mãe, pois o pai e os irmãos seriam negligenciados. É a isso que me refiro quando falo de desejos contraditórios da mente inconsciente. Os desejos da criança são ilimitados, assim como os impulsos destrutivos relacionados a esses desejos. Ao mesmo tempo, porém, ela apresenta tendências opostas – consciente ou inconscientemente. Ela também deseja dar amor e fazer reparações. A própria criança quer que sua agressividade e seu egoísmo sejam refreados pelos adultos à sua volta, pois se eles pudessem se desenvolver sem nenhum tipo de limite, ela sofreria a dor dos remorsos e do desmerecimento; de fato, ela espera obter a ajuda dos adultos para isso, assim como para todas as coisas de que necessita. Portanto, é psicologicamente desaconselhável tentar resolver as dificuldades da criança evitando qualquer tipo de frustração. É óbvio que uma frustração desnecessária e arbitrária, que não mostra nada além da ausência de amor e compreensão, é muito prejudicial. É importante perceber que o desenvolvimento da criança depende de sua capacidade de descobrir uma maneira de suportar as frustrações inevitáveis e necessárias, assim como os conflitos de amor e ódio que são até certo ponto causados por elas (sendo em grande parte moldado por essa capacidade): ou seja, trata-se

porque são impraticáveis, mas porque são desejos contraditórios da mente inconsciente. Parece paradoxal que a realização de vários desejos infantis só seja possível, de certo modo, quando o indivíduo já se tornou adulto. Na relação feliz entre pessoas adultas, o desejo arcaico de ter a mãe ou o pai só para si continua ativo inconscientemente. A realidade, é claro, não permite que alguém se torne o marido da mãe ou a esposa do pai; e se isso fosse possível, sentimentos de culpa em relação a outras pessoas dificultariam a gratificação. Mas só quando se consegue desenvolver uma relação desse tipo com os pais na fantasia inconsciente e se supera até certo ponto o sentimento de culpa ligado a essas fantasias, ao mesmo tempo em que se desprende gradualmente dos pais sem chegar a romper com eles, é que se torna possível transferir esses desejos para outras pessoas, que passam a representar os objetos desejados do passado, apesar de não serem idênticas a eles. Ou seja, só quando o indivíduo cresce no verdadeiro sentido da palavra é que suas fantasias infantis podem ser realizadas no estado adulto. Mais ainda: a culpa ligada a esses desejos infantis é aliviada, pois a situação fantasiada na infância se torna real de uma forma permissível – de uma forma que prova que os danos associados a essa situação por meio da fantasia nunca foram infligidos na realidade.

Uma relação feliz entre dois adultos, nos moldes que acabo de descrever, pode significar, portanto, uma recriação da situação familiar arcaica, que se tornará mais completa – ampliando ainda mais o círculo de garantia mútua e segurança – com a relação do homem e da mulher com os filhos. Isso nos leva ao assunto da parentalidade.

Parentalidade: ser mãe

Examinaremos primeiro o desenrolar do relacionamento realmente amoroso entre uma mãe e seu bebê, nos casos em que a mulher atingiu uma personalidade maternal completa. Há muitos fios que servem de ligação entre o relacionamento da mãe com o filho e desta com sua própria mãe durante a primeira infância. As crianças pequenas possuem

---

de encontrar um caminho entre o ódio, que é alimentado pelas frustrações, e o amor e o desejo de reparação, que trazem junto consigo o sofrimento dos remorsos. A maneira como a criança se adapta a esses problemas em sua mente forma os alicerces de todas as suas relações sociais posteriores, de sua capacidade de amar quando adulta e de seu desenvolvimento cultural. Ela será muito ajudada na infância pelo amor e compreensão daqueles à sua volta, mas esses problemas profundos não podem ser resolvidos para ela nem eliminados.

um forte desejo consciente ou inconsciente de ter seus próprios bebês. Nas fantasias inconscientes da menina, o corpo da mãe está cheio de bebês. Ela imagina que eles foram colocados lá dentro pelo pênis do pai, que para ela é símbolo de toda criatividade, poder e bondade. A atitude preponderante de admiração no que diz respeito ao pai e seus órgãos sexuais, como ente criador e gerador de vida, acompanha o intenso desejo da menina de possuir seus próprios filhos e de ter bebês dentro dela, vistos como o mais precioso de todos os bens.

Pode-se observar todos os dias que as meninas pequenas brincam com bonecas como se estas fossem seus bebês. A criança muitas vezes demonstra uma devoção apaixonada pela boneca, que a seus olhos se torna um bebê real, uma companheira, uma amiga que faz parte de sua vida. Além de carregá-la consigo, a menina pensa sempre nela, começa o dia ao seu lado e a entrega a contragosto quando é obrigada a fazer alguma outra coisa. Esses desejos experimentados na infância permanecem até a idade adulta e contribuem muito para a força do amor que a mulher grávida sente pela criança que cresce dentro de si e pelo bebê que ela dá à luz. A gratificação de finalmente ter esse filho alivia a dor da frustração sentida na infância quando queria ter um bebê do pai e não pôde. A realização adiada de um desejo tão importante tende a torná-la menos agressiva e a aumentar sua capacidade de amar o filho. Além disso, o caráter indefeso da criança e sua grande necessidade dos cuidados da mãe exigem mais amor do que pode ser dado a qualquer outra pessoa, o que fornece um objetivo para todas as tendências carinhosas e construtivas da mãe. Algumas mães, como já sabemos, exploram esse relacionamento para a gratificação de seus próprios desejos, i.e., seu sentimento de posse e a satisfação de ter alguém que dependa totalmente delas. Essas mães querem que os filhos se prendam a elas e detestam quando eles crescem e adquirem sua própria individualidade. Em outros casos, o caráter indefeso da criança desperta fortes desejos de fazer reparação oriundos das mais diversas fontes e que agora podem ser voltados a esse bebê tão desejado, realização dos anseios mais arcaicos da mãe. A gratidão pela criança que dá à mãe o prazer de poder amá-la acentua ainda mais esses sentimentos e pode levar a uma atitude em que a preocupação primordial da mãe será com o bem do bebê, de modo que sua própria gratificação passe a estar ligada ao bem-estar do filho.

A natureza da relação da mãe com os filhos se altera, é claro, à medida que eles crescem. Sua atitude em relação aos filhos mais velhos será influenciada em maior ou menor grau pela atitude que tinha diante dos irmãos, das irmãs, dos primos etc. no passado. Certas dificuldades nessas relações do passado podem facilmente interferir nos sentimentos que ela nutre pelo próprio filho, principalmente se ele desenvolve traços e reações que tendam a despertar essas dificuldades nela. O ciúme e a rivalidade em relação aos irmãos davam origem a desejos de morte e fantasias agressivas em que ela os feria ou destruía em sua mente. Se o sentimento de culpa e os conflitos trazidos por essas fantasias não forem fortes demais, então a possibilidade de fazer reparação será mais ampla e seus sentimentos maternais poderão funcionar de forma mais completa.

Um dos elementos dessa atitude maternal aparentemente é a capacidade de se pôr no lugar da criança e encarar a situação de seu ponto de vista. A habilidade de fazer isso com amor e compreensão está intimamente ligada, como já vimos, ao sentimento de culpa e ao impulso de fazer reparação. Porém, se o sentimento de culpa for forte demais, essa identificação pode levar a uma atitude de total autossacrifício que é muito prejudicial à criança. Todos sabem que a criança criada pela mãe que despeja amor sobre ela sem esperar nada em troca muitas vezes se torna uma pessoa egoísta. A ausência da capacidade de amar e a falta de consideração na criança é, até certo ponto, um disfarce para sentimentos de culpa muito fortes. O excesso de indulgência da mãe tende a aumentar os sentimentos de culpa e não dá espaço para as tendências da própria criança de fazer reparação, de fazer sacrifícios e de desenvolver uma verdadeira consideração pelos outros.[9]

No entanto, se a mãe não se envolve demais nos sentimentos da criança e não se identifica com ela de forma excessiva, ela pode usar sua sabedoria para guiar a criança da maneira mais útil. Sua satisfação, então, virá da possibilidade de estimular o desenvolvimento da criança – satisfação que também será ampliada por fantasias de fazer pelo filho o que sua própria mãe fez por ela, ou que gostaria que a mãe tivesse feito. Ao conseguir isso, ela dá uma retribuição à mãe e compensa os danos causados, na fantasia, aos filhos de sua mãe, o que mais uma vez diminui os sentimentos de culpa.

A capacidade de amar e compreender os filhos é posta à prova principalmente quando eles chegam à adolescência. Nesse período, as crianças geralmente tendem a se afastar dos pais e a se libertar até

---

9   Um efeito prejudicial semelhante (mas que se efetua de outra maneira) é criado pela severidade e ausência de amor por parte dos pais. Esse ponto diz respeito ao importante problema de como o ambiente influencia o desenvolvimento emocional da criança de forma favorável ou desfavorável. Essa questão, porém, está fora do escopo do presente trabalho.

certo ponto de sua velha ligação com eles. A tentativa das crianças de encontrar novos objetos de amor cria situações que podem ser muito dolorosas para os pais. Se a mãe possui fortes sentimentos maternais, ela consegue se manter imperturbável em seu amor, oferece ajuda e dá conselhos sempre que necessário, mas permite que os filhos resolvam seus problemas sozinhos – ela pode fazer tudo isso sem pedir muito em troca. Isso só é possível, porém, se sua capacidade de amar se desenvolveu de tal modo que ela consegue ter uma forte identificação com o filho e, ao mesmo tempo, com uma mãe sábia que guarda dentro de sua própria mente.

A relação da mãe com os filhos se altera novamente – e seu amor passa a se manifestar de outras maneiras – quando eles se tornam adultos, passam a ter sua própria vida e se libertam dos velhos laços. A mãe pode descobrir, então, que não desempenha mais um papel tão importante em suas vidas. No entanto, pode encontrar alguma satisfação em manter seu amor pronto para eles sempre que for necessário. Desse modo, percebe inconscientemente que ainda pode oferecer-lhes segurança e será sempre a mãe dos primeiros dias, cujo seio lhes dava gratificação e que satisfazia seus desejos e suas necessidades. Numa situação desse tipo, a mãe se identifica com sua própria mãe prestativa, cuja influência protetora nunca deixou de agir em sua mente. Ao mesmo tempo, ela também se identifica com os próprios filhos: em sua fantasia, ela é mais uma vez criança, por assim dizer, e compartilha com os filhos a posse de uma mãe boa e prestativa. A mente inconsciente dos filhos muitas vezes corresponde à mente inconsciente da mãe e, quer recorram ou não a esse amor armazenado para eles, com frequência encontram um maior apoio e conforto interno a partir do conhecimento de que esse amor existe.

Parentalidade: ser pai

Apesar de os filhos, de modo geral, não terem tanta importância para o homem quanto para a mulher, eles desempenham um papel crucial em sua vida, principalmente se o homem está em harmonia com sua esposa. Voltando às raízes mais profundas desse relacionamento, já me referi à gratificação que o homem obtém ao dar um bebê à mulher, uma vez que isso significa compensar os desejos sádicos que tinha em relação à sua própria mãe e fazer-lhe uma restauração. Isso aumenta a satisfação real de criar um bebê e de realizar os desejos da mulher. Uma fonte adicional de prazer é a gratificação de seus desejos femininos ao compartilhar do prazer maternal da mulher. Quando era pequeno, possuía fortes desejos de ter filhos como a mãe, o que fortalecia suas tendências de roubar-lhe os bebês. Ao ficar adulto, ele pode *dar* filhos à mulher, pode vê-la feliz ao lado das crianças. Assim, pode se identificar sem se sentir culpado em relação à mulher, quando ela cuida e dá de comer ao bebê, assim como em sua relação com os filhos mais velhos.

Entretanto, ele também obtém muitas satisfações em poder ser um *pai bom* para os filhos. Todos os seus sentimentos protetores, estimulados por sentimentos de culpa relacionados ao início da vida familiar quando era criança, encontram agora sua expressão mais completa. Mais uma vez, há uma identificação com o pai bom, que pode ser o pai real ou seu ideal de pai. Um outro elemento em sua relação com os filhos é a forte identificação com eles, pois em sua mente compartilha de seus prazeres. Além disso, ao ajudá-los em suas dificuldades e estimular seu desenvolvimento, ele revive sua própria infância de forma mais satisfatória.

Muito do que disse a respeito da relação da mãe com os filhos em diversos estágios de desenvolvimento também se aplica ao pai. Ele desempenha um papel diferente daquele da mãe, mas suas atitudes se complementam; e se sua vida de casados estiver baseada no amor e na compreensão (como se imaginou em toda essa discussão), o marido também desfruta da relação da mulher com os filhos, ao mesmo tempo em que ela encontra prazer na compreensão e na ajuda do marido.

Dificuldades nas relações familiares

Como já sabemos, não encontramos todos os dias uma vida familiar harmoniosa como aquela subentendida na descrição feita anteriormente. Ela depende da feliz coincidência de circunstâncias e fatores psicológicos, principalmente de uma capacidade para o amor bem desenvolvida em ambos os parceiros. Podem surgir dificuldades de todos os tipos, tanto na relação entre marido e mulher como em sua relação com os filhos. Darei alguns exemplos dessas dificuldades a seguir.

A individualidade da criança pode não corresponder àquilo que os pais desejavam. Cada parceiro pode querer inconscientemente que a criança seja como um irmão ou uma irmã do passado; esse desejo, obviamente, não pode ser satisfeito no caso de ambos os pais – e, às vezes, nem mesmo no de um só. Além disso, se um dos parceiros sentiu forte rivalidade e ciúme em relação aos seus irmãos, isso pode se repetir no que diz respeito aos feitos e ao desenvolvimento de seus próprios filhos. Outra situação difícil surge quando os pais são muito ambiciosos e desejam se reafirmar e reduzir seus próprios medos por meio dos êxitos dos filhos. Algumas mulheres, por sua vez, não conseguem amar e aproveitar a posse dos filhos porque se sentem muito culpadas, em sua fantasia, por terem tomado o lugar da mãe. Uma mulher desse tipo pode ser incapaz de cuidar do próprio filho, deixando-o aos cuidados de babás ou outras pessoas – que em sua mente inconsciente representam a mãe, à qual devolve desse modo as crianças que desejava roubar dela. Esse medo de amar o filho, que obviamente prejudica o relacionamento com a criança, pode ocorrer tanto nos homens quanto nas mulheres e provavelmente afetará as relações mútuas entre marido e mulher.

Afirmei anteriormente que os sentimentos de culpa e a necessidade de fazer reparação estão intimamente ligados à emoção do amor. Se, no entanto, o conflito arcaico entre amor e ódio não for trabalhado de forma satisfatória, ou se a culpa for forte demais, isso pode levar a um afastamento da pessoa amada ou à sua rejeição. Em última análise, é o medo de que a pessoa amada – de início, a mãe – possa morrer por causa dos danos que lhe são infligidos na fantasia que torna intolerável a dependência em relação a essa pessoa. É fácil observar a satisfação que a criança pequena obtém de seus primeiros êxitos e de tudo aquilo que pode aumentar sua independência. Há vários motivos óbvios para isso, mas um dos mais importantes e profundos, de acordo com minha experiência, é o ímpeto da criança para enfraquecer sua ligação com essa pessoa tão importante: a mãe. Ela originalmente cuidava de toda a sua vida, satisfazia todas as suas necessidades, dava-lhe segurança e a protegia; passa a ser vista, então, como a fonte da vida e de toda a bondade; na fantasia inconsciente, ela se torna uma parte inseparável da própria criança; sua morte implicaria, portanto, a morte do próprio sujeito. Quando esses sentimentos e fantasias são fortes demais, a ligação com as pessoas amadas pode se tornar um fardo insuportável.

A saída que muitas pessoas encontram para essas dificuldades é reduzir sua capacidade de amar, *recusando-a* ou suprimindo-a, passando a evitar todas as emoções fortes. Outros encontram uma fuga dos perigos do amor deslocando-o das pessoas para qualquer outra coisa. O deslocamento do amor para outras coisas e interesses (que examinarei mais adiante em relação ao explorador e ao homem que luta contra as dificuldades impostas pela natureza) faz parte do desenvolvimento normal. No caso de algumas pessoas, porém, esse deslocamento para objetos inumanos se torna a principal maneira de lidar com os conflitos, ou melhor, de fugir deles. Todos conhecemos amantes de animais, colecionadores apaixonados, cientistas, artistas, e assim por diante, que são capazes de um grande amor, até mesmo em autossacrifício, pelos objetos de sua devoção ou por seu trabalho, mas que tem pouco interesse pelas outras pessoas.

As pessoas que se tornam completamente dependentes daqueles com quem têm uma ligação muito forte apresentam um desenvolvimento bastante diferente. Nesse caso, o medo inconsciente de que o ente amado morra leva à superdependência. A voracidade, intensificada por medos desse tipo, é um dos elementos que dão forma a essa atitude e se expressa por meio da necessidade de se usar ao máximo a pessoa da qual se depende. Outro elemento constituinte da atitude de superdependência é a tentativa de fugir à responsabilidade: é a outra pessoa que se torna responsável pelas ações do indivíduo, e às vezes até mesmo por suas opiniões e pensamentos. (Esse é um dos motivos pelos quais as pessoas aceitam sem a menor crítica as opiniões de um líder e seguem com uma obediência cega seus ditames.) No caso de pessoas tão dependentes, o amor é muito necessário como apoio contra o sentimento de culpa e medos de vários tipos. A pessoa amada deve provar, dando sinais de seu afeto, que elas não são más nem agressivas e que seus impulsos destrutivos não tiveram efeito.

Esses laços muito fortes são especialmente prejudiciais na relação da mãe com a criança. Como já indiquei antes, a atitude da mãe para com a criança tem muito em comum com seus sentimentos em relação à sua própria mãe durante a infância. Já sabemos que essa relação arcaica se caracteriza pelos conflitos entre amor e ódio. Os desejos de morte inconscientes que a menina alimenta contra a mãe são transferidos para o próprio filho quando ela se torna mãe. Esses sentimentos são intensificados pelas emoções conflitantes dirigidas para os irmãos e as irmãs durante a infância. Se conflitos mal resolvidos do passado fazem a mãe se sentir culpada demais em relação a seu próprio filho, ela pode precisar de seu amor de forma tão intensa que usa de vários artifícios para prendê-lo a si e torná-lo dependente; ela também pode se dedicar totalmente à criança, tornando-a o centro de sua vida.

Examinemos agora – ainda que partindo apenas de um de seus aspectos básicos – uma atitude mental muito diferente: a infidelidade. As diversas formas e manifestações da infidelidade (que é o resultado dos mais variados modos de desenvolvimento, exprimindo no caso de algumas pessoas principalmente o amor e no caso de outras principalmente o ódio, com todas as gradações entre os dois extremos) têm um fenômeno em comum: o repetido afastamento de uma pessoa (amada), oriundo em parte do medo da dependência. Descobri que, no fundo de sua mente, o Don Juan típico é assombrado pelo medo da morte das pessoas amadas, e que esse medo viria à tona e se manifestaria através de sentimentos depressivos e de grandes sofrimentos mentais caso ele não tivesse criado essa defesa em particular contra ele: sua infidelidade. Por esse recurso, ele prova a si mesmo que seu único grande objeto amado (originalmente a mãe, cuja morte era temida porque seu amor por ela era voraz e destrutivo) não é indispensável, pois sempre é possível encontrar outra mulher pela qual tem sentimentos ardentes, porém superficiais. Ao contrário daqueles que, movidos pelo pavor da morte da pessoa amada, rejeitam-na ou coíbem e recusam o amor, ele não consegue fazer isso, por vários motivos. Em sua relação com as mulheres, entretanto, chega inconscientemente a um compromisso. Ao abandonar e rejeitar algumas mulheres, ele se afasta inconscientemente da mãe, salvando-a de seus desejos ameaçadores e se libertando de uma dependência dolorosa. Ao mesmo tempo, ao procurar outras mulheres, dando-lhes amor e prazer, mantém em seu inconsciente a mãe amada, ou a recria.

Na verdade, ele é empurrado de uma pessoa para outra, pois cada uma acaba representando a mãe. Seu objeto de amor original, portanto, é substituído por uma sucessão de outros objetos. Na fantasia inconsciente, ele recria ou cura a mãe através das gratificações sexuais (que ele de fato dá às outras mulheres), pois sua sexualidade só é considerada perigosa num único aspecto; em outro, ela é considerada restauradora e capaz de torná-la feliz. Essa atitude dupla faz parte do compromisso inconsciente que resulta em sua infidelidade e é uma condição básica para esse tipo de desenvolvimento.

Isso me leva a outro tipo de dificuldade nas relações amorosas. O homem pode restringir seus sentimentos afetuosos, carinhosos e protetores a uma única mulher, que pode ser sua esposa, sem conseguir obter satisfação sexual nesse relacionamento. Ele se vê, então, obrigado a reprimir seus desejos sexuais ou dirigi-los a outra mulher. O medo da natureza destrutiva de sua sexualidade, o medo do pai como rival e os sentimentos de culpa relacionados a essa situação são os motivos profundos dessa divisão entre sentimentos afetuosos e os de caráter especificamente sexual. A mulher amada e altamente valorizada, que representa a mãe, tem de ser salva de sua sexualidade, considerada perigosa em sua fantasia.

Escolha do parceiro amoroso

A psicanálise demonstrou que há profundos motivos inconscientes que contribuem para a escolha do parceiro amoroso e que tornam duas pessoas atraentes e sexualmente satisfatórias uma para a outra. Os sentimentos do homem pela mulher são sempre influenciados por sua ligação inicial com a mãe. Mais uma vez, porém, esse elemento será mais ou menos inconsciente e se manifestará de forma muito disfarçada. O homem pode escolher como parceira amorosa uma mulher que possui características completamente opostas às da mãe – a aparência de sua amada pode ser completamente diferente, mas sua voz e algumas características de sua personalidade podem estar de acordo com as impressões arcaicas que ele tinha da mãe e se tornaram atraentes para ele. Ou então, justamente porque quer fugir de uma ligação forte demais com a mãe, ele pode escolher uma parceira que seja o oposto dela.

Muitas vezes, no decorrer do desenvolvimento, uma irmã ou uma prima toma o lugar da mãe nas fantasias sexuais e nos sentimentos de amor do menino. É óbvio que a atitude baseada nesses sentimentos será muito diferente daquela do homem que busca principalmente traços maternais na mulher; mesmo assim, o homem cuja escolha é influenciada por sentimentos relacionados à irmã também pode procurar traços maternais em sua parceira amorosa. A influência inicial de várias pessoas no ambiente da criança cria uma grande variedade de possibilidades: uma babá, uma tia ou uma avó podem desempenhar um papel importante nesse sentido. Ao levarmos em conta a influência exercida pelas relações iniciais numa escolha posterior, não podemos, é claro, esquecer que é a impressão que a criança teve da pessoa amada na época, e as fantasias que criou a seu respeito, que ela deseja reencontrar em seu relacionamento amoroso posterior. Além disso, a mente inconsciente associa as coisas a partir de critérios ignorados pela mente consciente. Por isso, impressões de vários tipos, completamente esquecidas (reprimidas), contribuem para tornar uma pessoa mais atraente do que outra (não só em termos sexuais) para o indivíduo em questão.

Fatores semelhantes estão por trás da escolha realizada pela mulher. Suas impressões acerca do pai, seus sentimentos em relação a ele – admiração, confiança, e assim por diante – podem exercer papel preponderante na escolha de um companheiro. No entanto, seu amor arcaico pelo pai pode ter sido abalado. Ela pode ter se afastado cedo dele por causa de conflitos fortes demais ou porque ele a decepcionou muito. Um irmão, um primo ou um amiguinho pode ter se tornado, então, uma pessoa muito importante para ela; é possível que ela tenha lhe dedicado desejos e fantasias sexuais, além de sentimentos maternais. Ela procuraria, então, um amante ou um marido que se adequasse a essa imagem de irmão, ao invés de alguém que tivesse características mais paternais. No relacionamento amoroso bem-sucedido, as mentes inconscientes dos parceiros se correspondem. No caso de uma mulher que possui principalmente sentimentos maternais e busca um parceiro que tenha a natureza de um irmão, as fantasias e os desejos do homem lhe são correspondentes se ele estiver procurando uma mulher predominantemente maternal. Se a mulher estiver muito ligada ao pai, então ela escolhe inconscientemente um homem que precisa de uma pessoa com quem possa desempenhar o papel de um bom pai.

Apesar de os relacionamentos amorosos na vida adulta estarem calcados em situações emocionais arcaicas relacionadas aos pais, irmãos e irmãs, os novos relacionamentos não são necessariamente simples repetições das situações familiares iniciais. Memórias, sentimentos e fantasias inconscientes entram na nova amizade ou relacionamento amoroso de formas muito disfarçadas. Mas além de influências primárias, muitos outros fatores estão envolvidos nos complicados processos que formam uma amizade ou um relacionamento amoroso. As relações normais entre adultos sempre contêm novos elementos derivados da situação presente – das circunstâncias e das personalidades das pessoas com as quais entramos em contato e de sua resposta às nossas necessidades emocionais e interesses práticos enquanto adultos.

A conquista da independência

Até o presente momento, falei principalmente das relações íntimas entre as pessoas. Agora passaremos às manifestações mais gerais do amor e às maneiras como ele participa de interesses e atividades de todos os tipos. O apego inicial da criança ao seio da mãe e ao seu leite forma os alicerces de todos os relacionamentos amorosos pelo resto da vida. Mas se considerarmos o leite da mãe simplesmente um alimento saudável e adequado, chegaremos à conclusão de que ele poderia facilmente ser substituído por outros alimentos igualmente apropriados. No entanto, o leite da mãe, que é a primeira substância a saciar as ânsias de fome do bebê e é oferecido pelo seio que ele passa a amar cada vez mais, adquire um valor emocional incalculável. O seio e seu produto, que são os primeiros a satisfazer a pulsão de autopreservação do bebê e seus desejos sexuais, passam a representar o amor, o prazer e a segurança na mente da criança. A capacidade de substituir *psicologicamente* esse primeiro alimento por outros é, portanto, uma questão de enorme importância. A mãe pode conseguir acostumar a criança a outros tipos de comida com maior ou menor dificuldade; porém, mesmo assim é possível que o bebê não tenha desistido do intenso desejo por seu primeiro alimento, é possível não ter superado o ressentimento e o ódio por ter sido privado dele nem ter se adaptado de fato a essa sensação de frustração – caso isso ocorra, ele pode se tornar incapaz de se adaptar realmente a qualquer outra frustração no futuro.

Se, ao explorar a mente inconsciente, conseguimos compreender a força e a profundidade dessa primeira ligação com a mãe e com o alimento que ela fornece – assim como a intensidade com que ela permanece na mente inconsciente do adulto –, podemos nos perguntar como é possível que a criança se desprenda cada vez mais da mãe, obtendo gradualmente sua independência. O bebê pequeno, é verdade, já apresenta um forte interesse pelas coisas que ocorrem à sua volta, uma curiosidade crescente, um gosto de conhecer novas coisas e pessoas, além de um grande prazer em seus próprios êxitos. Tudo isso parece oferecer à criança a oportunidade de descobrir novos objetos de amor e interesse. Esses fatos, contudo, não são o bastante para explicar sua habilidade de se desprender da mãe, pois em sua mente inconsciente ainda está muito ligada a ela. A própria natureza desse apego tão forte, entretanto, tende a fazer o bebê se afastar dela, pois dá origem ao medo de perder essa pessoa tão importante (uma vez que a voracidade frustrada e o ódio são inevitáveis). Consequentemente, a criança tem medo de depender da mãe. Assim, na mente inconsciente existe a tendência de desistir dela, à qual se contrapõe o desejo de mantê-la para sempre. Esses sentimentos conflitantes, somados ao crescimento emocional e intelectual da criança, que lhe permite encontrar novos objetos de interesse e prazer, resultam na capacidade de transferir o amor, substituindo a primeira pessoa amada por outras coisas e pessoas. É justamente porque sente tanto amor pela mãe que a criança pode mobilizar tantos recursos para suas ligações posteriores. Esse processo de deslocamento do amor é da maior importância para o desenvolvimento da personalidade e dos relacionamentos humanos – ou até mesmo, pode-se dizer, para o desenvolvimento da cultura e da civilização como um todo.

O processo de deslocar o amor (e o ódio) pela mãe para outras coisas e pessoas, distribuindo essas emoções pelo mundo, é acompanhado por uma outra maneira de lidar com os impulsos arcaicos. Os sentimentos sensuais da criança em relação ao seio da mãe se transformam num amor por ela como uma pessoa total; sentimentos amorosos se fundem desde o início a desejos sexuais. A psicanálise chamou a atenção para o fato de que sentimentos sexuais dirigidos a pais, irmãos e irmãs não só estão presentes, como podem ser observados até certo ponto nas crianças pequenas; é só ao investigar a mente inconsciente, porém, que se pode compreender a força e a importância fundamental desses sentimentos sexuais.

Como já sabemos, os desejos sexuais estão intimamente ligados a fantasias e impulsos agressivos, à culpa e ao medo da morte das pessoas amadas. Com isso, a criança procura reduzir seu apego aos pais. Ela também tem a tendência de reprimir esses sentimentos sexuais, i.e., eles se tornam inconscientes e permanecem, por assim dizer, enterrados nas profundezas da mente. A criança também separa seus impulsos sexuais das primeiras pessoas amadas, o que lhe dá a capacidade de amar algumas pessoas de forma predominantemente afetiva.

Os processos psicológicos descritos anteriormente – a substituição de uma pessoa amada por outras, a dissociação até certo ponto dos sentimentos sexuais daqueles puramente afetivos, a repressão dos impulsos e desejos sexuais – são parte integrante da capacidade da criança de estabelecer relações mais amplas. No entanto, para que haja um desenvolvimento completamente bem-sucedido, é essencial que a repressão dos sentimentos sexuais relacionados às primeiras pessoas amadas não seja excessiva[10] e que não haja um deslocamento total dos sentimentos da criança pelos pais para outras pessoas. Se resta uma boa quantidade de amor para aqueles que estão mais próximos da criança, se os desejos sexuais relacionados a eles não sofreram uma repressão exagerada, então o amor e os desejos sexuais podem ser reanimados e reconstituídos mais tarde, desempenhando um papel essencial no relacionamento amoroso feliz. No caso de uma personalidade realmente bem desenvolvida, sempre resta algum amor pelos pais, ao qual se acrescenta o amor por outras coisas e pessoas. Não se trata, porém, de uma simples extensão do amor, mas sim, como indiquei, de uma difusão de emoções, que reduz o fardo dos conflitos e da culpa da criança ligados ao apego e à dependência em relação às primeiras pessoas que ama.

---

10 Fantasias e desejos sexuais permanecem ativos na mente inconsciente e também se manifestam, até certo ponto, no comportamento da criança, em seu brincar e em outras atividades. Se a repressão for forte demais, se as fantasias e os desejos permanecerem escondidos e não encontrarem um meio de expressão, isso pode não só inibir o funcionamento da imaginação (juntamente a atividades de todos os tipos), mas também prejudicar seriamente a vida sexual posterior do indivíduo.

Quando se volta para outras pessoas, seus conflitos não são eliminados, pois ela os transfere, de forma atenuada, das primeiras pessoas, que são também as mais importantes, para os novos objetos de amor (e ódio) que representam em parte os mais antigos. Justamente porque os sentimentos por essas novas pessoas são menos intensos, o impulso de fazer reparação, que corre o risco de ser prejudicado quando o sentimento de culpa é forte demais, pode entrar em ação com maior liberdade.

É notório que o desenvolvimento da criança é favorecido quando ela tem irmãos e irmãs. O fato de crescer junto deles lhe permite se desprender um pouco mais dos pais e criar um novo tipo de relacionamento com os irmãos. Sabemos, contudo, que, além de amá-los, ela também dirige fortes sentimentos de rivalidade, ódio e ciúme contra eles. Por esse motivo, o relacionamento com primos, amigos e outras crianças ainda mais afastadas da situação familiar imediata permite o surgimento de divergências em relação ao relacionamento com os irmãos – divergências que mais uma vez são de grande importância como alicerce de futuros relacionamentos sociais.

Relacionamentos na vida escolar

A vida escolar oferece a oportunidade de desenvolver a experiência já obtida de se relacionar com outras pessoas, fornecendo um amplo campo para novas experiências nessa área. Em meio a um número maior de colegas, a criança pode encontrar um ou vários que respondam melhor à sua estrutura específica do que os irmãos ou irmãs. Essas novas amizades, entre outras satisfações, lhe dão a oportunidade de revisar e aperfeiçoar, por assim dizer, o relacionamento inicial com os irmãos, que pode ter sido insatisfatório. A criança pode ter sido agressiva com um irmão mais fraco ou mais novo, por exemplo; ou então pode ter sido principalmente o sentimento de culpa inconsciente por causa de seu ódio e ciúme que prejudicou a relação – problema que pode persistir até a vida adulta. Essa situação insatisfatória pode exercer uma influência profunda mais tarde em suas atitudes emocionais com as pessoas em geral. Como sabemos, algumas crianças não conseguem fazer amigos na escola. Isso acontece porque carregam para o novo ambiente seus conflitos antigos. No caso de outras, que conseguem se libertar suficientemente de seus primeiros embaraços emocionais e ficar amigas de seus colegas, percebe-se muitas vezes que há uma melhora em sua relação com os irmãos. As novas companhias provam à criança que ela é capaz de amar e ser amada, que o amor e a bondade *existem*. Inconscientemente, isso é percebido como prova de que ela pode reparar os danos feitos aos outros em sua imaginação ou na realidade. Assim, as novas amizades ajudam a solucionar dificuldades emocionais anteriores, sem que a pessoa tenha uma noção precisa desses problemas iniciais nem da maneira como estão sendo solucionados. Com esse processo, as tendências de fazer reparação ganham maior espaço, o sentimento de culpa é aliviado e se aumenta a confiança em si mesmo e nos outros.

A vida escolar também traz a oportunidade de se fazer uma melhor separação do amor e do ódio do que no pequeno círculo familiar. Na escola, é possível odiar algumas crianças, ou simplesmente lhes ter antipatia, enquanto se ama outras. Desse modo, as emoções reprimidas do amor e do ódio – reprimidas por causa do conflito em torno do ódio à pessoa amada – podem encontrar expressão mais completa em direções aceitas pela sociedade. As crianças possuem várias maneiras de formar alianças entre si e desenvolvem certas regras a respeito do ponto a que pode ir a expressão de seu ódio ou antipatia pelos outros. Os jogos e o espírito de equipe associados a eles agem como fator regulador nessas alianças e na exibição da agressividade.

O ciúme e a rivalidade pelo amor e a consideração do professor, apesar de poderem ser muito fortes, são vividos num ambiente muito diferente do de casa. Os professores, de modo geral, estão mais afastados dos sentimentos da criança, trazem para a situação menos emoção do que os pais e dividem seus sentimentos entre muitas crianças.

Relacionamentos na adolescência

Quando a criança atinge a adolescência, a tendência de adorar algum herói muitas vezes se expressa por meio da relação com alguns professores, ao mesmo tempo que detesta, despreza ou tem antipatia por outros. Esse é outro exemplo do processo de separação entre amor e ódio, processo que gera alívio, não só porque a pessoa "boa" é poupada, mas também porque traz satisfação odiar alguém que o indivíduo acredita ser merecedor desse sentimento. O pai amado e odiado, a mãe amada e odiada, como já observei, são originalmente objeto tanto de admiração quanto de ódio e depreciação. Mas esses sentimentos mistos – que, como já sabemos, são conflitantes e opressivos demais para a mente da criança pequena, sendo muitas vezes bloqueados ou submersos – encontram expressão parcial na relação das crianças com outras pessoas (babás, tias, tios e outros parentes, por exemplo). Mais tarde, na adolescência, a maioria das crianças apresenta forte tendência de se afastar dos pais; isso ocorre em grande parte porque conflitos e desejos sexuais relacionados a eles voltam a ganhar força. Os sentimentos arcaicos de ódio e rivalidade contra o pai ou a mãe, conforme for o caso, são revividos com toda a intensidade, apesar de seu motivo sexual permanecer inconsciente. Os jovens tendem a ser muito agressivos e desagradáveis com os pais, ou com outras pessoas que se prestam a isso, como empregados, professores mais fracos e colegas de quem se tem antipatia. Mas quando o ódio atinge tamanhas proporções, torna-se ainda mais necessário preservar o bem e o amor tanto por dentro quanto por fora. O jovem agressivo, então, é impelido a encontrar pessoas que ele pode respeitar e idealizar. Professores pelos quais se tem admiração servem muito bem a esse propósito. Os sentimentos de amor, admiração e confiança que se dirigem a eles aumentam a segurança interna, pois, entre outros fatores, parecem confirmar na mente inconsciente a existência de pais bons e de uma relação amorosa com eles, refutando o grande ódio, ansiedade e culpa que se tornam tão fortes nesse período da vida. Há crianças, é claro, que conseguem manter amor e admiração pelos pais mesmo ao passar por essas dificuldades, mas elas não são muito comuns. O que acabei de dizer talvez possa ajudar a explicar a posição peculiar que figuras idealizadas, como homens e mulheres famosos, escritores, atletas, aventureiros e personagens imaginários tirados da literatura, ocupam na mente das pessoas – figuras que se tornam alvo de amor e admiração, sem os quais tudo assumiria o aspecto sombrio do ódio e da ausência de amor, estado considerado perigoso para o próprio self e para os outros.

A idealização de certas pessoas é acompanhada pelo ódio a outras, que passam a ser encaradas da pior maneira possível. Isso se aplica principalmente a pessoas imaginárias, i.e., a certos tipos de vilões nos filmes e na literatura; ou a pessoas reais bastante afastadas do indivíduo, como líderes políticos do partido opositor. É mais seguro odiar essas pessoas, que são irreais ou distantes, do que odiar aqueles que estão mais perto – mais seguro para elas e para o próprio indivíduo. Isso também se aplica até certo ponto ao ódio contra alguns professores e diretores, pois a disciplina escolar e toda a situação do colégio tendem a levantar uma barreira maior entre professor e aluno do que aquela muitas vezes existente entre pai e filho.

Essa divisão entre amor e ódio por pessoas que não estão muito próximas também serve ao propósito de manter as pessoas amadas em maior segurança, tanto na realidade quanto na mente do indivíduo. Além de elas serem fisicamente remotas e, portanto, inacessíveis, a divisão entre as atitudes de amor e de ódio fomenta o sentimento de que é possível manter o amor intacto. Na mente inconsciente, a sensação de segurança oriunda da capacidade de amar está intimamente ligada à possibilidade de manter a salvo e longe de danos as pessoas amadas. A crença inconsciente parece ser a seguinte: consigo manter algumas pessoas amadas intactas, então na verdade não feri nenhuma das pessoas que eu amo e poderei guardá-las para sempre na minha mente. Em última análise, a imagem dos pais amados é preservada na mente inconsciente como a mais preciosa das posses, pois ela protege quem a detém contra a dor da desolação absoluta.

O desenvolvimento das amizades

As amizades arcaicas da criança mudam de caráter durante a adolescência. A presença de impulsos e sentimentos muito fortes, típica desse estágio da vida, cria amizades muito intensas entre os jovens, principalmente entre membros do mesmo sexo. Tendências e sentimentos homossexuais inconscientes estão subjacentes a esses relacionamentos e muitas vezes provocam atividades homossexuais concretas. Esses relacionamentos são em parte uma tentativa de fugir da pulsão que empurra o indivíduo para o sexo oposto, muitas vezes incontrolável nesse estágio, por diversos motivos internos e externos. Falando apenas dos fatores internos e tomando como exemplo o caso do menino: seus desejos e fantasias ainda estão muito ligados à mãe e às irmãs, e a luta para se afastar delas e encontrar novos objetos de amor está no auge. Tanto no caso dos meninos quanto no das meninas nesse estágio, os impulsos em direção ao sexo oposto são percebidos como um perigo tão grande que a pulsão que impele em direção a pessoas do mesmo sexo tende a ficar mais forte. O amor, a admiração e a adulação que podem tomar parte dessas amizades também são, como já observei antes, uma garantia contra o ódio. Por esses vários motivos, os jovens se prendem com muita força a esses relacionamentos. Nesse estágio do desenvolvimento, a intensificação das tendências homossexuais, quer conscientes, quer inconscientes, também desempenha um papel importante na adulação de professores do mesmo sexo. As amizades na adolescência, como já sabemos, geralmente são muito instáveis. Um motivo para isso é a força dos sentimentos sexuais (conscientes ou inconscientes) que participam delas e as perturbam. O adolescente ainda não se emancipou dos fortes laços emocionais da infância e ainda é dominado por eles – mais do que percebe.

Amizades na vida adulta

Uma característica da amizade na vida adulta é que, ao contrário de um relacionamento amoroso homossexual[11] (apesar de tendências homossexuais inconscientes fazerem parte da amizade entre pessoas do mesmo sexo), os sentimentos afetivos podem ser em parte dissociados daqueles de caráter sexual. Estes caem para o segundo plano e, apesar de permanecerem até certo ponto ativos na mente inconsciente, desaparecem para todos os efeitos práticos. Essa separação entre sentimentos afetivos e sexuais também se aplica à amizade entre homem e mulher, mas como o vasto tópico da amizade é apenas parte do assunto tratado neste trabalho, examinarei apenas a amizade entre pessoas do mesmo sexo. Mesmo assim, farei apenas alguns comentários de ordem geral.

Tomemos como exemplo a amizade entre duas mulheres que não dependem muito uma da outra. Uma ou outra talvez precise de vez em quando de proteção e ajuda, de acordo com as situações que forem surgindo. Essa capacidade de dar e receber emocionalmente é essencial para a verdadeira amizade. Nesse ponto, elementos de situações arcaicas se expressam de forma adulta. Nossas mães foram as primeiras a nos dar conselhos, proteção e ajuda. Quando crescemos emocionalmente e nos tornamos autossuficientes, deixamos de depender do apoio e do conforto materno. No entanto, o desejo de receber esse tipo de atenção sempre que surgem situações difíceis permanece pelo resto da vida. Na nossa relação com uma amiga, às vezes recebemos e às vezes oferecemos parte do cuidado e do amor de uma mãe. Uma mistura de atitude maternal com a atitude da filha parece ser uma das condições básicas para o surgimento de uma personalidade feminina emocionalmente rica e da capacidade de fazer amizades. (Uma personalidade feminina bem desenvolvida implica a capacidade de ter boas relações com os homens, no que diz respeito a sentimentos afetivos e sexuais; ao falar da amizade entre mulheres, porém, refiro-me às tendências e sentimentos homossexuais sublimados.) Na nossa relação com as irmãs, podemos ter tido a oportunidade de viver e expressar ao mesmo tempo o zelo da mãe e a reação da filha; mais tarde, podemos transpor facilmente essa experiência para as amizades adultas. No

---

[11] A questão dos relacionamentos amorosos homossexuais é muito ampla e complexa. Para examiná-la de forma adequada, seria preciso um espaço maior do que disponho no momento. Limito-me a observar, então, que uma grande quantidade de amor pode entrar nesse tipo de relacionamento.

entanto, pode ser que não tenha havido uma irmã nem ninguém que pudesse nos oferecer a oportunidade de viver esses sentimentos. Nesse caso, se desenvolvemos uma amizade com outra mulher, isso trará a realização de um forte e importante desejo da infância, modificado pelas necessidades da pessoa adulta.

Compartilhamos interesses e prazeres com a amiga, mas também podemos ser capazes de gozar sua felicidade e seu sucesso, mesmo quando estes nos escapam. Sentimentos de inveja e ciúme podem cair para o segundo plano se a nossa capacidade de nos identificarmos com ela for forte o suficiente, permitindo-nos compartilhar de sua felicidade.

O elemento de culpa e reparação nunca fica de fora dessa identificação. Só conseguimos nos identificar com outra mulher quando lidamos com o ódio, o ciúme, a insatisfação e o ressentimento que temos pela mãe, quando podemos ficar felizes ao vê-la feliz, quando percebemos que nunca a ferimos ou que podemos reparar os danos que lhe foram feitos em fantasia. O sentimento de posse e o ressentimento, que levam a exigências excessivas, são elementos que dificultam a amizade; na verdade, todo tipo de emoção exagerada pode arruiná-la. Quando isso acontece, descobrimos por meio da investigação psicanalítica que situações arcaicas de desejos insatisfeitos, ressentimento, voracidade e ciúme vieram à tona. Ou seja, apesar de episódios recentes poderem ter dado início ao problema, um conflito mal solucionado da infância desempenha um papel importante na quebra da amizade. Uma atmosfera emocional equilibrada, que não exclui de modo algum sentimentos fortes, é a condição básica para uma boa amizade. A amizade provavelmente não terá sucesso se esperarmos demais dela, i.e., se esperarmos que a amiga compense nossas privações arcaicas. Essas exigências descabidas são em sua maior parte inconscientes e portanto não podem ser tratadas de forma racional. Elas levam necessariamente à decepção, à dor e ao ressentimento. Se essas exigências inconscientes excessivas provocam distúrbios na nossa amizade, então há uma repetição exata de situações arcaicas – por mais que as circunstâncias exteriores sejam diferentes – em que a voracidade e o ódio intensos perturbaram nosso amor pelos pais e nos deixaram com sentimentos de insatisfação e solidão. Quando o passado não exerce uma influência tão forte sobre a situação atual, então conseguimos escolher melhor as amigas e nos satisfazer com aquilo que elas podem nos oferecer.

Muitas de minhas afirmações sobre a amizade entre as mulheres também se aplicam ao desenvolvimento da amizade entre os homens – apesar de haver algumas distinções importantes, devido às diferenças entre a psicologia do homem e da mulher. A separação de sentimentos afetivos daqueles de caráter sexual, a sublimação de tendências homossexuais e a identificação também formam a base da amizade entre os homens. Apesar de novas gratificações e elementos correspondentes à personalidade adulta penetrarem na amizade de um homem com outro, este também busca repetir a relação com o pai ou um irmão ou tenta encontrar uma nova afinidade que preencha desejos do passado, ou então procura aperfeiçoar relações insatisfatórias com aqueles que um dia lhe foram mais próximos.

Aspectos mais amplos do amor

Desde a mais tenra infância, o processo pelo qual deslocamos nosso amor pelos primeiros entes queridos para outras pessoas se expande para as coisas em geral. Desse modo, desenvolvemos interesses e atividades em que colocamos parte do amor que pertencia originalmente às pessoas. Na mente do bebê, uma parte do corpo pode representar outra; e um objeto, partes do corpo ou pessoas. Desse modo simbólico, qualquer objeto arredondado pode representar o seio da mãe na mente inconsciente da criança. Por meio de um processo gradual, tudo aquilo que parece emanar bondade e beleza, e que provoca prazer e satisfação num sentido físico ou mais amplo, pode tomar o lugar desse seio generoso ou da mãe total na mente inconsciente. Assim, falamos do nosso país como uma "mãe",[12] pois, na mente inconsciente, nosso país pode vir a representar nossa mãe, podendo ser amado com sentimentos tomados de empréstimo de nossa relação com ela.

Para mostrar como esse primeiro relacionamento participa de interesses que parecem muito distantes dele, tomemos como exemplo o caso dos exploradores que partem para novas descobertas, passando por enormes privações e se deparando com graves perigos, ou até mesmo com a morte, nessa tentativa. Além do estímulo das circunstâncias externas, há muitos elementos psicológicos que estão por trás do interesse pela exploração. Mencionarei apenas um ou dois fatores inconscientes específicos. Por causa de sua voracidade, o menino tem o desejo de atacar o corpo da mãe, percebido como uma extensão do seio bom. Também tem fantasias de roubar o conteúdo de seu corpo – representado, entre outras coisas, pelos bebês, que são vistos

---

12 A palavra original em inglês é "*motherland*", que seria traduzida como "pátria". A palavra "pátria", porém, obviamente não corresponde à correlação estabelecida por Melanie Klein. [N. T.]

como uma posse preciosa; ao mesmo tempo, seu ciúme faz também ter o desejo de atacá-los. Essas fantasias agressivas de penetrar no corpo da mãe logo se ligam ao desejo genital de ter relações sexuais com ela. O trabalho psicanalítico revelou que a fantasia de explorar o corpo da mãe, criada pela voracidade, pela curiosidade, pelo amor e pelos desejos sexuais agressivos da criança, contribui para o desejo do homem de explorar novos países.

Ao descrever o desenvolvimento emocional da criança pequena, observei que seus impulsos agressivos dão origem a fortes sentimentos de culpa e ao medo de que a pessoa amada morra. Tudo isso faz parte dos sentimentos de amor, reforçando-os e intensificando-os. Na mente inconsciente do explorador, um novo território representa uma nova mãe, aquela que substituirá a perda da mãe real. Ele busca a "terra prometida" – a "terra onde corre o leite e o mel". Já vimos que o medo da morte da pessoa mais amada faz a criança se afastar até certo ponto dela; ao mesmo tempo, ele gera o impulso de recriá-la e de encontrá-la novamente em cada novo projeto. Vemos aqui uma manifestação da tentativa de fugir da mãe e, simultaneamente, de manter o apego original a ela. A agressividade arcaica da criança estimula a pulsão de compensação e restauração, de colocar de volta dentro da mãe as coisas boas que roubou em fantasia. Esses desejos de fazer compensação mais tarde se fundem ao impulso exploratório, pois ao encontrar novas terras o explorador oferece algo ao mundo em geral e a algumas pessoas em particular. Em sua tarefa exploratória, ele expressa tanto sua agressividade quanto a pulsão de reparação. Ao se descobrir um novo país, a agressividade é utilizada na luta contra os elementos e na tentativa de vencer todo tipo de dificuldade. Às vezes, porém, a agressividade se manifesta de forma mais clara. Isso acontecia principalmente no passado, quando as populações nativas eram vítimas da crueldade impiedosa de pessoas que não se limitavam a fazer explorações, mas também conquistavam e colonizavam. Parte dos ataques fantasiosos arcaicos contra bebês imaginários dentro do corpo da mãe, assim como o ódio concreto contra irmãos recém-nascidos, encontrava sua expressão real na atitude contra os nativos. O desejo de restauração, porém, manifestava-se na tentativa de repovoar o país com pessoas de sua própria nacionalidade. Podemos ver, então, que no interesse pela exploração (quer a agressividade se manifeste abertamente, quer não) vários impulsos e emoções – como a agressividade, o sentimento de culpa, o amor e a pulsão de reparação – podem ser transferidos para outra esfera, muito distante da pessoa original.

A pulsão de explorações não se expressa necessariamente por meio de viagens concretas pelo mundo: ela pode se estender a outros campos, como o das descobertas científicas. Desejos e fantasias arcaicas de explorar o corpo da mãe fazem parte, por exemplo, da satisfação que o astrônomo obtém de seu trabalho. O desejo de redescobrir a mãe dos primeiros dias, perdida na realidade ou nos sentimentos do indivíduo, também é da maior importância na arte criativa e na maneira como as pessoas a apreciam.

A fim de ilustrar alguns dos processos que acabo de examinar, tomarei como exemplo o famoso soneto de Keats, "On First Looking into Chapman's Homer" [Ao ler pela primeira vez o Homero de Chapman].

Por uma questão de conveniência, citarei o poema inteiro, apesar de ele ser muito conhecido:

> Vi reinos de ouro, vislumbrei na mais obscura
> Face da terra impérios com diversa gente
> E me acerquei também das ilhas do ocidente:
> Que aos poetas brindou Apolo com brandura.
>
> Sabia das legiões perdidas na lonjura
> Dos tempos, de que outrora Homero foi regente;
> Porém seu ar sereno eu o aspirei somente
> Ouvindo Chapman, na versão altiva e pura:[13]

Keats fala aqui do ponto de vista de alguém que desfruta uma obra de arte. A poesia é comparada a "impérios" e "reinos de ouro". Ele próprio, ao ler o Homero de Chapman, é primeiro o astrônomo que observa o céu e "capta o resplendor de um novo astro". Mas logo Keats se transforma no explorador que descobre "numa estranha premonição" uma nova terra e um novo mar. No poema perfeito de Keats, o mundo representa a arte, e fica claro que o gozo e a exploração científica ou artística têm a mesma fonte: o amor pelas terras de grande beleza, os "reinos de ouro". A exploração da mente inconsciente (um

---

13 George Gordon Byron, *Byron e Keats: entreversos*, trad. Augusto de Campos. Campinas: Unicamp, 2009. No original: "Much have I travell'd in the realms of gold/And many goodly states and kingdoms seen;/Round many western islands have I been/Which bards in fealty to Apollo hold.//Oft of one wide expanse had I been told/That deep-brow'd Homer ruled as his demesne:/Yet did I never breathe its pure serene/Till I heard Chapman speak out loud and bold:". [N. T.]

continente desconhecido descoberto por Freud, aliás) mostra que, como já observei antes, as terras de grande beleza simbolizam a mãe amada, e o anseio com que essas terras são procuradas deriva do nosso anseio por ela. Voltando ao soneto, pode-se dizer – sem entrar numa análise detalhada – que o arguto Homero que governa a terra da poesia representa o pai poderoso e admirado, cujo exemplo é seguido pelo filho (Keats) quando este também entra no país de seu desejo (arte, beleza, o mundo – em última análise, a mãe).

Da mesma maneira, o escultor que dá vida a um objeto de arte, quer ele represente ou não uma pessoa, está restaurando e recriando inconscientemente as pessoas que amava no início da vida e que destruiu em fantasia.

> Então me vi como quem capta o resplendor
> De um novo astro no céu, em solidão tamanha
> Como a do audaz Cortez, com olhos de condor,
>
> Ante o Pacífico – seus homens numa estranha
> Premonição a entreolhar-se, com temor –,
> Silente, em Darién, do alto da montanha.¹⁴

Sentimento de culpa, amor e criatividade

Como procurei mostrar, o sentimento de culpa é um incentivo fundamental para a criatividade e o trabalho em geral (mesmo o mais simples). No entanto, se for intenso demais, ele pode ter o efeito de inibir interesses e atividades produtivas. Essas conexões complexas só começaram a ficar claras com a psicanálise de crianças pequenas. No caso das crianças, quando a psicanálise atenua medos de vários tipos, impulsos criativos que até então permaneciam dormentes começam a vir à tona, manifestando-se em diversas atividades, como o desenho, a brincadeira com massa de modelar, a construção de casinhas e a fala. Esses medos trouxeram um crescimento dos impulsos destrutivos; assim, quando os medos são aliviados, os impulsos destrutivos também se reduzem. Ao lado desses processos, também ocorre uma diminuição gradual do sentimento de culpa e da ansiedade em torno

---

14 Ibid. No original: "Then felt I like some watcher of the skies/When a new planet swims into his ken;/Or like stout Cortez, when with eagle eyes// He stared at the Pacific – and all his men/Look'd at each other with a wild surmise –/Silent, upon a peak in Darien". [N. T.]

da morte da pessoa amada, antes pesados demais para serem suportados pela mente da criança. Agora eles se tornam menos intensos e mais fáceis de se controlar. Isso tudo tem o efeito de aumentar a preocupação da criança com outras pessoas e de estimular a pena e a identificação com elas, o que por sua vez traz um aumento do amor. O desejo de fazer reparação, intimamente ligado à preocupação com a pessoa amada e à ansiedade em torno de sua morte, agora pode se expressar de forma criativa e construtiva. Na psicanálise de adultos também se pode observar processos e mudanças desse tipo.

Sugeri anteriormente que qualquer fonte de alegria, beleza e enriquecimento (seja interna, seja externa) é percebida na mente inconsciente como o seio amoroso e generoso da mãe ou o pênis criador do pai, que na fantasia possuem características semelhantes – ou seja, ela é percebida como os genitores bons e generosos. Uma relação com a natureza que desperte sentimentos tão fortes de amor, apreço, admiração e devoção tem muito em comum com a relação com a mãe, como os poetas já perceberam há muito tempo. As inúmeras dádivas da natureza são identificadas com aquilo que recebemos da nossa mãe no início da vida. Mas nem sempre ela nos satisfazia. Muitas vezes achávamos que ela era pouco generosa e nos frustrava; esse aspecto dos nossos sentimentos em relação a ela é retomado na nossa relação com a natureza, que muitas vezes não está disposta a nos dar nada.

A satisfação das nossas necessidades de autopreservação e a gratificação do nosso desejo de amor estão sempre ligadas entre si, pois ambas derivam originalmente da mesma fonte. Quem nos fornecia segurança era, antes de mais nada, a nossa mãe, que não só aplacava nossas ânsias de fome, mas também satisfazia nossas carências emocionais e aliviava a ansiedade. A segurança obtida com a satisfação das nossas necessidades básicas, portanto, está ligada à segurança emocional, e ambas se tornam ainda mais importantes como contraposição ao medo arcaico de perder a mãe amada. Ter nosso sustento garantido, na mente inconsciente, também implica a garantia de não sermos privados de amor e de não perdermos a mãe. O desempregado que luta para encontrar trabalho pensa antes de tudo em suas necessidades materiais mais imediatas. Não quero subestimar o sofrimento real, direto ou indireto, trazido pela pobreza; mas uma situação concreta que já é penosa torna-se ainda mais terrível com a dor e o desespero oriundos de situações emocionais mais arcaicas, quando, além de se sentir privado da comida porque a mãe não satisfazia suas necessidades, o menino também achava que ia perdê-la, juntamente de seu amor e sua proteção.¹⁵ Ficar sem trabalho também o priva de expressar suas tendências construtivas, que são uma maneira importante de lidar com os medos e o sentimento de culpa inconsciente – i.e., de fazer reparação. A dificuldade das circunstâncias tem algo em comum com o caráter inflexível dos pais terríveis que as crianças sob o peso da ansiedade acreditam realmente existir (apesar, é claro, de se poder atribuir em parte a um sistema social insatisfatório a situação descrita antes, o que dá certa razão às pessoas que vivem na miséria de culpar os outros por seus problemas). No entanto, a ajuda oferecida aos pobres ou aos desempregados (seja de ordem material, seja de ordem mental), fora seu valor concreto, é percebida inconscientemente como uma prova da existência de pais amorosos.

Voltemos à relação com a natureza. Em algumas regiões do mundo, a natureza é cruel e destrutiva, mesmo assim seus habitantes preferem desafiar os perigos dos elementos (sejam eles a seca, as inundações, o frio, o calor, os terremotos, sejam eles as pragas) a abandonar sua terra. Circunstâncias externas, é verdade, desempenham um papel importante nessa situação, pois essas pessoas obstinadas podem não ter a menor condição de se mudar do lugar onde nasceram. Não creio, entretanto, que isso seja o bastante para explicar o fato de às vezes ser possível suportar tamanhas dificuldades apenas para conservar a terra nativa. No caso de pessoas que vivem em condições naturais tão desfavoráveis, a luta pela sobrevivência também serve a outros propósitos (inconscientes). A natureza representa a mãe severa e mesquinha, cujos dons são obtidos com muito custo. Desse modo, fantasias violentas arcaicas são retomadas e encenadas (ainda que de forma sublimada e adaptada à sociedade); o sentimento de culpa inconsciente criado pelos impulsos agressivos contra a mãe leva o indivíduo a esperar que ela lhe trate com rispidez (inconscientemente, ele espera o mesmo da relação com a natureza). Esse sentimento de culpa age como um incentivo para

---

15 Na psicanálise de crianças, deparei-me diversas vezes – em graus diferentes, é claro – com o medo de ser expulso de casa como punição por alguma agressão inconsciente (o desejo de expulsar os outros) ou por algum dano cometido. Essa ansiedade surge muito cedo e pode atormentar com insistência a mente da criança. Uma manifestação especial desse tipo de ansiedade é o medo de ser órfão ou morador de rua e de não possuir nem casa, nem comida. Nos casos observados, esse medo de ser indigente não tinha nenhuma relação com a situação econômica dos pais. Mais tarde, medos desse tipo têm o efeito de aumentar as dificuldades reais criadas pela perda de dinheiro, uma demissão ou a necessidade de abrir mão de uma casa, por exemplo; eles trazem consigo mais um elemento de dor e aprofundam o desespero.

fazer reparação. A luta contra a natureza, portanto, é percebida em parte como uma luta para *preservá-la*, pois também exprime o desejo de fazer reparações a ela (a mãe). Assim, as pessoas que lutam contra as dificuldades impostas pela natureza não só cuidam de si mesmas, mas também servem à própria natureza. Ao não romper sua ligação com ela, mantêm viva a imagem da mãe dos primeiros dias. Preservam a si mesmas e a ela em sua fantasia ao continuarem junto da mãe – na verdade, ao não abandonarem seu país. O explorador, ao contrário, busca na fantasia uma nova mãe para substituir a verdadeira, da qual se sente afastado ou que inconscientemente tem medo de perder.

O relacionamento com nós mesmos e os outros

Nesta seção, tratei de alguns aspectos do amor do indivíduo e de sua relação com as outras pessoas. Não posso encerrar este trabalho, porém, sem antes tentar lançar alguma luz sobre o mais complicado de todos os relacionamentos: aquele que mantemos com nós mesmos. Mas o que somos nós? Tudo de bom e de mau pelo que passamos desde os nossos primeiros dias de vida; tudo o que recebemos do mundo externo e tudo o que sentimos no nosso mundo interno; experiências felizes e tristes; as relações com as pessoas; atividades, interesses e pensamentos de toda sorte – ou seja, tudo o que vivemos –; tudo isso faz parte de nós mesmos e ajuda a construir nossa personalidade. Se fosse possível apagar algumas das nossas relações do passado, com todas as memórias a que estão associadas, todos os sentimentos que despertaram, como nos sentiríamos empobrecidos e vazios! Quanto amor, confiança, gratificação, conforto e gratidão, que recebemos e retribuímos, estariam perdidos para sempre! Muitos de nós não gostariam nem de perder algumas de nossas experiências dolorosas, pois elas também contribuíram para enriquecer nossa personalidade. Várias vezes chamei atenção neste trabalho para a importante influência que os nossos relacionamentos mais antigos exercem sobre os posteriores. Agora eu gostaria de mostrar como essas situações emocionais mais arcaicas influenciam de forma fundamental nosso relacionamento *com nós mesmos*. Mantemos as pessoas que amamos num altar na nossa mente; em algumas situações difíceis, sentimos que somos guiados por elas e às vezes nos perguntamos como *elas* se comportariam, e se aprovariam ou não as nossas atitudes. A partir de tudo o que já afirmei antes, podemos concluir que essas pessoas que admiramos tanto representam em última análise os pais amados e venerados. Já vimos, contudo, que não é fácil para a criança estabelecer uma relação harmoniosa com eles, e sentimentos arcaicos de amor são seriamente inibidos e perturbados por impulsos de ódio e pelo sentimento de culpa inconsciente que estes despertam. Os pais, é verdade, podem ter oferecido pouco amor e compreensão, o que tenderia a aumentar todo tipo de dificuldade. Impulsos e fantasias destrutivos, medo e falta de confiança, sempre ativos na criança pequena mesmo nas circunstâncias mais favoráveis, são necessariamente intensificados por condições desfavoráveis e experiências desagradáveis. Além do mais – e isso também é muito importante –, quando a criança não é feliz no início de sua vida, ela terá dificuldades em criar uma atitude esperançosa, além de amar e confiar nas pessoas. Isso não significa que a capacidade da criança para amar e ser feliz se desenvolva em proporção direta com a quantidade de amor que ela recebe. De fato, há crianças que criam figuras extremamente severas e cruéis dos pais em sua mente inconsciente – o que perturba sua relação com os pais reais e com as pessoas em geral – mesmo quando estes lhe dão muito amor e carinho. No entanto, as dificuldades mentais da criança muitas vezes não são diretamente proporcionais ao tratamento desfavorável que recebe. Se, por motivos internos que variam de indivíduo para indivíduo, ela tem pouca capacidade de suportar frustrações e se a agressividade, o medo e o sentimento de culpa são muito fortes, as falhas dos pais, e principalmente os motivos por trás dos erros que cometem, podem ser exagerados e distorcidos na mente da criança, que passa a ver os pais e outras pessoas à sua volta como gente extremamente severa e cruel. Nosso próprio ódio, medo e desconfiança tendem a criar na nossa mente inconsciente figuras assustadoras e rigorosas dos pais. Esses processos estão ativos em diferentes graus dentro de cada um de nós, pois todos temos que lutar – de uma maneira ou de outra – com medos e sentimentos de ódio. Assim, pode-se perceber que a *quantidade* de impulsos agressivos, medo e sentimento de culpa (que surgem em parte por motivos internos) exerce uma influência importante sobre a atitude mental predominante que desenvolvemos.

Se, por um lado, há crianças que ao serem tratadas de forma desfavorável desenvolvem, na mente inconsciente, figuras severas e cruéis dos pais, o que afeta de forma desastrosa toda a sua atitude mental, por outro há aquelas que são afetadas de forma bem menos adversa pelos erros e pela falta de compreensão dos pais. Crianças que, por motivos internos, desde o início são bem mais capazes de suportar frustrações (inevitáveis ou não), ou seja, que conseguem fazer isso sem serem dominadas por seus próprios impulsos de ódio e desconfiança – essas crianças serão capazes de tolerar com muito mais facilidade os erros cometidos pelos pais ao lidar com elas. Ao ter mais confiança em seus próprios sentimentos amistosos, elas se sentem mais seguras e são menos perturbadas por aquilo que vem do mundo externo. Nenhuma criança tem a mente livre do medo e da desconfiança, mas se a nossa relação com os pais está calcada principalmente na confiança e no amor, podemos firmá-los em nossa mente como figuras prestativas que nos guiam e são uma fonte de conforto e harmonia, tornando-se o protótipo de todas as nossas relações de amizade pelo resto da vida.

Ao tentar explicar alguns dos nossos relacionamentos adultos, afirmei que nos comportamos com certas pessoas da mesma maneira como nossos pais se comportavam conosco – quando nos davam amor – ou como gostaríamos que eles tivessem se comportado – revertendo, desse modo, situações arcaicas. Ou então, com algumas pessoas, assumimos a mesma atitude de uma criança carinhosa diante dos pais. Essa relação intercambiável entre pai e filho que manifestamos na nossa atitude com as pessoas também é *experimentada dentro de nós mesmos em relação às figuras que guardamos em nossa mente, figuras que nos ajudam e nos orientam*. Sentimos inconscientemente que essas pessoas que fazem parte do nosso mundo interior são pais amorosos e protetores. Ao retribuirmos esse amor, sentimo-nos como pais em relação a elas. Esses relacionamentos fantasiosos, baseados em lembranças e experiências reais, fazem parte de nossa vida contínua e ativa de sentimentos e imaginação, contribuindo para nossa felicidade e vigor mental. No entanto, se as figuras dos pais que mantemos nos nossos sentimentos e na nossa mente inconsciente são predominantemente severas, então não conseguimos ficar em paz com nós mesmos. É fato notório que uma consciência rigorosa demais dá origem à preocupação e à infelicidade. Porém, é um fato menos notório, mas comprovado pela psicanálise, que a tensão criada por essas fantasias de conflitos internos e os medos ligados a elas estão por trás daquilo que chamamos de consciência vingativa. Essas tensões e medos também podem se manifestar em profundos distúrbios mentais e levar ao suicídio.

Empreguei anteriormente a estranha expressão "relação com nós mesmos". Eu gostaria de acrescentar que se trata de uma relação com tudo aquilo que amamos ou detestamos dentro de nós. Procurei deixar claro que parte daquilo que amamos em nós mesmos é formada por tudo o que acumulamos por meio de nossas relações com pessoas externas, pois essas relações – assim como as emoções ligadas a elas – acabaram se tornando uma posse interna. Odiamos em nós mesmos figuras severas e endurecidas que também fazem parte do nosso mundo interior e que são em grande medida o resultado de nossa própria agressividade contra os pais. No fundo, porém, nosso maior ódio está voltado contra o ódio dentro de nós mesmos. Temos tanto pavor desse ódio que somos levados a empregar uma das nossas defesas mais fortes, transferindo-o para outras pessoas – ou seja, projetando-o. No entanto, também deslocamos o amor para o mundo externo; e só podemos fazer isso de forma genuína se estabelecemos boas relações com as figuras amistosas dentro da nossa mente. Cria-se então um círculo benigno, pois primeiro ganhamos amor e confiança pelos nossos pais, depois os colocamos, por assim dizer, com todo esse amor e confiança dentro de nós mesmos; a partir daí, também podemos devolver parte dessa fartura de sentimentos amorosos para o mundo externo. Existe um círculo semelhante no que diz respeito ao nosso ódio; pois o ódio, como já vimos, faz estabelecermos figuras assustadoras na nossa mente, o que nos leva a atribuir a outras pessoas características desagradáveis e malévolas. Essa atitude mental às vezes tem o efeito concreto de tornar as outras pessoas desconfiadas e desagradáveis em relação a nós, enquanto uma atitude amistosa e confiante de nossa parte pode despertar a boa-fé e a benevolência dos outros.

Sabemos que algumas pessoas, principalmente ao envelhecer, ficam cada dia mais amargas; outras se tornam mais brandas, compreensivas e tolerantes. Também é fato notório que essas variações se devem a uma diferença de atitude e de caráter, não correspondendo simplesmente às experiências adversas ou favoráveis que se apresentam ao longo da vida. A partir de tudo o que já afirmei, podemos concluir que a amargura de sentimento, quer ela se volte contra as pessoas, quer contra o destino – ou ambos, como na maioria dos casos –, cria suas raízes principalmente durante a infância, podendo ser intensificada em estágios posteriores da vida.

Se o amor não foi sufocado pelo ressentimento e o ódio, mas, ao contrário, firmou-se com segurança na mente, a confiança nas outras pessoas e a crença do indivíduo em sua própria bondade são como uma rocha que suporta os golpes das circunstâncias. Quando ocorre alguma infelicidade, o indivíduo cujo desenvolvimento seguiu esse padrão é capaz de preservar dentro de si os pais bons, cujo amor é um auxílio infalível durante seu sofrimento; ele também encontra novamente no mundo exterior pessoas que, em sua mente, podem representá-los. A capacidade de inverter as situações por meio da fantasia e de se identificar com os outros, capacidade que é uma das grandes características da mente humana, possibilita ao indivíduo distribuir entre os outros a ajuda e o amor de que ele próprio necessita, obtendo desse modo conforto e satisfação para si mesmo.

Comecei este trabalho com uma descrição da situação emocional do bebê em sua relação com a mãe, que é a fonte original e mais importante de toda a bondade que ele recebe do mundo exterior. Depois, afirmei que era um processo extremamente doloroso para o bebê deixar de lado a satisfação suprema de ser alimentado por ela. No entanto, se sua voracidade e seu ressentimento ao se ver frustrado não forem grandes demais, ele é capaz de se desligar gradualmente da mãe e, ao mesmo tempo, de obter satisfação a partir de outras fontes. Os novos objetos de prazer estão ligados em sua mente inconsciente às primeiras gratificações recebidas da mãe; é por isso que pode aceitar outros prazeres como substitutos dos originais. Esse processo poderia ser descrito como uma retenção do bem original ao mesmo tempo em que este é substituído. Quanto maior o sucesso com que ele se realiza, menor é o espaço para a voracidade e o ódio na mente do bebê. Contudo, como já enfatizei várias vezes, o sentimento de culpa inconsciente relacionado à destruição fantasiada da pessoa amada desempenha um papel fundamental nesses processos. Já vimos que os sentimentos de culpa e pesar do bebê, criados como consequência das fantasias de destruir a mãe instigadas pela voracidade e pelo ódio, despertam a pulsão de curar esses danos imaginários e de fazer reparações. Essas emoções exercem uma influência importante sobre o desejo e a capacidade do bebê de aceitar substitutos para a mãe. O sentimento de culpa dá origem ao medo de depender dessa pessoa amada que a criança teme perder, pois logo que sua agressividade começa a brotar ela se sente como se a estivesse ferindo. Esse medo da dependência é um incentivo para se desligar da pessoa amada – para se voltar para outras coisas e pessoas, ampliando seu campo de interesses. Normalmente, a pulsão de fazer reparação pode manter afastado o desespero criado pelo sentimento de culpa; nesse caso, a esperança prevalece e o amor do bebê, assim como seu desejo de fazer reparação, são carregados inconscientemente para os novos objetos de amor e interesse. Como já sabemos, estes estão ligados, na mente inconsciente do bebê, à primeira pessoa amada, que ele descobre ou recria por meio de interesses construtivos e de sua relação com outras pessoas. Assim, o ato de fazer reparação – que é um componente essencial da habilidade de amar – tem seu alcance ampliado. Do mesmo modo, também aumenta a capacidade da criança de aceitar o amor e de receber dentro de si, de várias maneiras, o bem oriundo do mundo exterior. Esse equilíbrio satisfatório entre "dar" e "receber" é a condição primordial para a felicidade posterior.

Se, no início do nosso desenvolvimento, conseguimos transferir nosso interesse e amor pela mãe para outras pessoas e fontes de gratificação, então, e somente então, conseguiremos ter outras fontes de prazer mais tarde na vida. Isso nos permite compensar o desapontamento ou fracasso ligado a uma pessoa estabelecendo uma relação de amizade com outras, aceitando substitutos para as coisas que não conseguimos obter ou manter. Se a voracidade frustrada, o ressentimento e o ódio dentro de nós mesmos não perturbarem a relação com o mundo exterior, há inúmeras maneiras de absorver a beleza, o bem e o amor que vêm de fora. Ao fazer isso, adquirimos constantemente novas memórias felizes e montamos gradualmente um conjunto de valores por meio dos quais obtemos uma segurança que não pode ser facilmente abalada, além de um contentamento que evita a amargura do sentimento. Além do prazer que oferecem, todas essas satisfações têm o efeito de reduzir as frustrações (ou melhor, as sensações de frustração) do passado e do presente, afetando até mesmo as mais arcaicas e fundamentais. Quanto mais satisfação verdadeira experimentamos, menos nos ressentimos das privações e menor é o domínio que nosso ódio e nossa voracidade exercem sobre nós. Só então somos realmente capazes de aceitar o amor e a bondade dos outros e de retribuir esse amor, recebendo mais em troca. Em outras palavras, a capacidade essencial de "dar e receber" então terá se desenvolvido em nós de uma maneira que assegura nosso contentamento, ao mesmo tempo em que contribui para o prazer, o conforto e a felicidade dos outros.

Concluindo: ter uma boa relação com nós mesmos é uma condição essencial para o amor, a tolerância e a sabedoria para com os outros. Como procurei demonstrar, essa boa relação com nós mesmos se desenvolve em parte de uma atitude amistosa, compreensiva e amorosa para com as outras pessoas, ou seja, aquelas que tiveram muita importância para nós no passado. Nossa relação com essas pessoas se torna parte de nossa mente e personalidade. Se, no fundo da nossa mente inconsciente, conseguimos libertar do ressentimento, até certo ponto, os sentimentos que temos por nossos pais, se os perdoamos pelas frustrações que tivemos que sofrer, então podemos ficar em paz com nós mesmos e amar os outros no verdadeiro sentido da palavra.

1940
O luto e sua relação com os estados maníaco-depressivos

Assim como "Uma contribuição à psicogênese dos estados maníaco-depressivos" (1935), do qual forma uma espécie de continuação, este é um trabalho do mais alto nível. Ele coloca o luto entre os fenômenos da posição depressiva. Isso permite a Melanie Klein elucidar a natureza do luto, além de ligá-lo ao seu trabalho sobre os estados maníaco-depressivos. Sua hipótese principal é que a perda de uma pessoa amada reativa a posição depressiva infantil, e que a habilidade de entrar em luto e se recuperar dele depende da solução da posição depressiva na infância.

Melanie Klein descobre vários processos que antes não eram vistos como parte do luto. O principal é que a perda do objeto bom externo provoca uma sensação inconsciente de também ter perdido o objeto bom interno. Isso significa que o sofrimento da pessoa de luto e a natureza de sua tarefa são mais extensos do que se pensava; à dor da perda exterior se soma a da perda interior e o indivíduo se vê vítima da perseguição de objetos maus, i.e., as ansiedades arcaicas de caráter persecutório e depressivo da posição depressiva são despertadas mais uma vez. Melanie Klein também discute a importância especial da reparação para superar estados de luto.

Ao longo de todo o artigo ela liga seu trabalho ao de Freud. Contudo, não concorda com ele no que diz respeito à relação entre o luto e os estados maníaco-depressivos. Em seu conceito, o luto do adulto normal envolve estados maníacos e depressivos que, como demonstrou em 1935, ocorrem normalmente na posição depressiva. No presente trabalho, amplia seu trabalho sobre as defesas maníacas, principalmente na área do triunfo maníaco; mostra também como a mobilização excessiva de defesas maníacas interfere no seguro restabelecimento interno do objeto bom.

Do ponto de vista da teoria geral de Melanie Klein sobre o desenvolvimento, o artigo completa a exposição da posição depressiva iniciada em 1935. Demonstra que a posição depressiva inclui os processos de luto; o papel da reparação na superação da posição depressiva é descrito em mais detlahes e as duas formas autodestrutivas de reparação, a reparação obsessiva e a maníaca, são discutidas pela primeira vez. O artigo, como observado anteriormente, oferece grandes acréscimos à descrição das defesas maníacas apresentada em 1935. Além disso, apesar de a própria Melanie Klein não dar atenção explicitamente a esse fato, há uma mudança de ênfase em relação ao trabalho de 1935 no que diz respeito a um determinado ponto; nele, ela destacava a importância para a posição depressiva da cisão renovada em planos mais realistas depois de cada etapa da unificação das imagos (p. 362, citada novamente neste artigo, na p. 433). Agora, numa nota de rodapé de página, afirma que a unificação de aspectos opostos do objeto é "o processo essencial" (p. 432, nota 10). Em seu trabalho posterior, fica claro que o processo de unificação depende de uma cisão mais realista do objeto. No presente artigo, também aponta pela primeira vez para a mitigação do ódio pelo amor na posição depressiva.

Como Sigmund Freud observa em "Luto e melancolia", uma parte essencial do trabalho do luto é o teste de realidade. Segundo ele, "no caso do luto [...] tivemos a explicação de que é preciso tempo para a detalhada execução do mandamento do exame da realidade, e depois desse trabalho o ego tem liberada do objeto perdido a sua libido".[1] Ou ainda:

> Cada uma das lembranças e expectativas em que a libido se achava ligada ao objeto é enfocada e superinvestida, e em cada uma sucede o desligamento da libido. Não é fácil fundamentar economicamente por que é tão dolorosa essa operação de compromisso em que o mandamento da realidade pouco a pouco se efetiva. É curioso que esse doloroso desprazer nos pareça natural.[2]

---

1 Sigmund Freud, "Luto e melancolia" [1915/1917], in *Obras* completas, v. 12, trad. Paulo César de Souza. São Paulo: Companhia das Letras, 2010, p. 186 (trad. modif.).
2 Ibid., p. 174.

E em outra passagem:

> nem mesmo somos capazes de dizer por quais meios econômicos o luto realiza sua tarefa. Mas talvez uma conjectura possa ajudar quanto a isso. A cada uma das recordações e expectativas que mostram a libido ligada ao objeto perdido, a realidade traz o veredicto de que o objeto não mais existe, e o ego, como que posto diante da questão de partilhar ou não esse destino, é convencido, pela soma das satisfações narcísicas em estar vivo, a romper seu vínculo com o objeto eliminado. Podemos imaginar que esse rompimento ocorra de modo tão lento e gradual que, ao fim do trabalho, também o dispêndio que ele requeria foi dissipado.[3]

Em minha opinião, há uma íntima ligação entre teste de realidade no luto normal e processos arcaicos da mente. Afirmo, portanto, que a criança passa por estados mentais comparáveis ao luto do adulto, ou melhor, que o luto arcaico é revivido sempre que se sente algum pesar na vida ulterior. O teste de realidade, creio, é o método mais importante que a criança emprega para superar seus estados de luto; como Freud observou, porém, esse processo faz parte do trabalho do luto.

No artigo "Uma contribuição à psicogênese dos estados maníaco-depressivos" (1935),[4] introduzi o conceito da *"posição depressiva infantil"* e demonstrei a ligação existente entre essa posição e os estados maníaco-depressivos. Agora, a fim de deixar clara a relação entre posição depressiva infantil e luto normal, é preciso voltar rapidamente a algumas afirmações que fiz naquele artigo e que tentarei ampliar aqui. Ao longo desta argumentação, espero contribuir para uma melhor compreensão do elo existente entre luto normal, de um lado, e luto anormal e estados maníaco-depressivos, de outro.

Afirmei naquele artigo que o bebê possui sentimentos depressivos que atingem seu clímax pouco antes, durante e depois do desmame. É esse estado mental do bebê que chamei de "posição depressiva" e sugeri que se tratava de uma melancolia em *statu nascendi*. O objeto que desperta o luto é o seio da mãe, juntamente com tudo aquilo que o seio e o leite passaram a representar na mente do bebê: o amor, a bondade e a segurança. O bebê se sente como se isso tudo estivesse perdido como resultado de suas incontroláveis fantasias e impulsos

---

3 Ibid., p. 189 (trad. modif.).
4 Ver "Uma contribuição à psicogênese dos estados maníaco-depressivos", neste volume. O presente artigo é uma continuação desse trabalho e muito do que tenho a dizer aqui partirá das conclusões a que cheguei naquela ocasião.

destrutivos e vorazes contra os seios da mãe. Ao mesmo tempo, novas aflições em torno da perda (dessa vez de ambos os pais) surgem a partir da situação edipiana, a qual tem início muito cedo e está tão ligada às frustrações associadas ao seio que no princípio é dominada por medos e impulsos orais. O círculo dos objetos amados que são atacados na fantasia – e cuja perda, portanto, passa a ser temida – se amplia devido às relações ambivalentes da criança com os irmãos e as irmãs. A agressividade contra irmãos e irmãs fantasiosos, que são atacados dentro do corpo da mãe, também dá origem a sentimentos de culpa e de perda. De acordo com minha experiência, a preocupação e o pesar em torno da perda tão temida dos objetos "bons" – ou seja, a posição depressiva – é a fonte mais profunda dos dolorosos conflitos que ocorrem na situação edipiana, assim como na relação da criança com as pessoas em geral. No desenvolvimento normal, esses sentimentos de pesar e esses medos são superados por meio de vários métodos.

A relação da criança primeiro com a mãe e logo depois com o pai e as outras pessoas é acompanhada pelos processos de internalização a que dei tanto destaque em meu trabalho. O bebê, tendo incorporado os pais, sente como se eles fossem pessoas vivas dentro de seu corpo, da mesma maneira concreta que profundas fantasias inconscientes são vividas – em sua mente, eles são objetos "internos", como passei a chamá-los. Assim, se constrói um mundo interior na mente inconsciente da criança, mundo que corresponde às suas experiências reais e às impressões que recebe das pessoas e do mundo externo, que no entanto são alteradas por suas próprias fantasias e impulsos. Quando se trata de um mundo onde as pessoas estão predominantemente em paz umas com as outras e com o ego, o resultado é a harmonia, a segurança e a integração interna.

Há uma interação constante entre ansiedades relacionadas à mãe "externa" – como prefiro chamá-la a fim de diferenciá-la da mãe "interna" – e aquelas que estão ligadas à mãe "interna". Os métodos empregados pelo ego para lidar com esses dois grupos de ansiedade estão profundamente inter-relacionados. Na mente do bebê, a mãe "interna" está ligada à "externa", da qual é um "duplo" – duplo, porém, que passa por alterações em sua mente devido ao próprio processo de internalização; isto é, a imagem da mãe é influenciada pelas fantasias do bebê, além de experiências e estímulos internos de todos os tipos. Quando as situações externas que ele vive se tornam internalizadas – e acredito que isso ocorra desde os primeiros dias de vida do bebê –, elas também obedecem ao mesmo padrão: tornam-se "duplos" das situações reais e também são alteradas pelos mesmos motivos. Um dos elementos que colaboram muito para a natureza fantástica desse mundo interno é o fato de que, ao serem internalizados, os acontecimentos, as pessoas, as coisas e as situações – tudo aquilo que dá forma ao mundo interno em construção – tornam-se inacessíveis à observação e ao juízo preciso da criança, não podendo ser verificados pelos meios de percepção disponíveis em relação ao mundo tangível dos objetos. As dúvidas, incertezas e ansiedades que surgem como consequência disso agem como incentivo contínuo para que a criança pequena observe e se certifique do mundo externo dos objetos[5] que dá origem a esse mundo interno. Desse modo, ela poderá entender melhor o mundo interno. Assim, a mãe visível continuamente oferece provas de como é a mãe "interna": amorosa ou ríspida, prestativa ou vingativa. Até que ponto a realidade externa pode refutar as ansiedades e o sofrimento relacionado à realidade interna varia de indivíduo para indivíduo, mas esse fator pode ser tomado como um dos critérios da normalidade. É inevitável que surjam sérias dificuldades mentais no caso de crianças de tal forma dominadas por seu mundo interior que suas ansiedades não são refutadas nem pelos aspectos agradáveis de sua relação com as pessoas. No entanto, certa quantidade de experiências desagradáveis não deixa de ter seu valor no teste de realidade realizado pela criança, desde que ao superá-las ela perceba que pode manter seus objetos, assim como o amor que estes sentem por ela e ela sente por eles, preservando ou restabelecendo a vida e a harmonia interna diante dos perigos.

Para o bebê, todos os prazeres que sente junto à mãe servem como prova de que o objeto amado *interno* e *externo* não está ferido nem se transformou numa pessoa vingativa. O aumento de amor e confiança, acompanhado pela redução do medo através de experiências felizes, ajuda o bebê a vencer gradualmente sua depressão e sentimento de perda (luto). Ele permite que o bebê teste sua realidade interna por meio da realidade externa. Ao ser amado e sentir prazer e conforto junto a outras pessoas, sua confiança na bondade dos outros e de si mesmo é fortalecida. Aumenta a esperança de que os objetos "bons" e seu próprio ego possam ser salvos e preservados, ao mesmo tempo em que sua ambivalência e seus medos agudos da destruição interna diminuem.

---

5 Aqui só posso me referir de passagem ao grande ímpeto que essas ansiedades dão ao desenvolvimento de interesses e sublimações de todos os tipos. Se as ansiedades forem fortes demais, elas podem interferir no desenvolvimento intelectual, ou até bloqueá-lo (cf. "Uma contribuição à teoria da inibição intelectual", neste volume).

Na criança pequena, as experiências desagradáveis e a falta de experiências prazerosas, principalmente a falta de contato íntimo e feliz com pessoas amadas, aumentam a ambivalência, diminuem a confiança e a esperança e confirmam as ansiedades a respeito da aniquilação interna e a perseguição externa; além disso, retardam ou interrompem permanentemente os processos benéficos mediante os quais se atinge a segurança interna a longo prazo.

No processo de aquisição do conhecimento, é preciso encaixar cada nova experiência nos padrões fornecidos pela realidade psíquica que predomina no momento; ao mesmo tempo, a realidade psíquica da criança é gradualmente influenciada por cada passo dado rumo ao conhecimento da realidade externa. Em cada uma dessas etapas, os objetos internos "bons" se estabelecem com mais força, sendo utilizados pelo ego como meio de superar a posição depressiva.

Afirmei em outro contexto que todo bebê sente ansiedades de conteúdo psicótico[6] e que a neurose infantil[7] é o meio normal de se trabalhar e modificar essas ansiedades. Agora posso apresentar essa conclusão de forma mais precisa como resultado do meu trabalho sobre a posição depressiva infantil, que me levou a acreditar que ela é a posição central do desenvolvimento da criança. A posição depressiva arcaica é expressa, elaborada e gradualmente superada por via da neurose infantil; isso é um elemento importante do processo de organização e integração que, juntamente ao desenvolvimento sexual,[8]

---

6 Cf. id., *A psicanálise de crianças* [1932], trad. Liana Pinto Chaves. Rio de Janeiro: Imago, 1997, em particular o cap. 8.

7 No mesmo livro, ao apresentar, novamente, minha opinião de que toda criança passa por uma neurose que só difere em termos de gradação de um indivíduo para o outro, acrescentei: "Esta opinião, que já defendo há alguns anos, recebeu recentemente uma valiosa corroboração" (*The Psycho-Analysis of Children*. London: Hogarth Press, 1932, pp. 100–01, nota de rodapé). Em "A questão da análise leiga", Freud afirma: 'desde que aprendemos a observar mais agudamente, inclinamo-nos a dizer que a neurose infantil não é a exceção, mas a regra, como se dificilmente pudesse ser evitada no caminho que vai da disposição infantil inata à sociedade civilizada' (S. Freud, "A questão da análise leiga", in *Obras completas*, v. 17, trad. Paulo César de Souza. São Paulo: Companhia das Letras, 2014, p. 169)".

8 Os sentimentos, os medos e as defesas da criança estão ligados em todos os pontos aos seus desejos e às fixações libidinais, e o resultado de seu desenvolvimento sexual na infância está sempre numa relação de interdependência com os processos que descrevo neste artigo. Creio que o desenvolvimento libidinal da criança ficará mais claro se o estudarmos em conexão com a

caracteriza os primeiros anos de vida. Normalmente, a criança passa pela neurose infantil e, entre outras realizações, estabelece gradualmente uma boa relação com as pessoas e a realidade. Afirmo que essa relação satisfatória com os outros depende da vitória contra o caos interior (a posição depressiva) e do firme estabelecimento dos objetos internos "bons".

Agora vejamos mais de perto os métodos e mecanismos pelos quais se dá esse desenvolvimento.

Uma vez que, no bebê, os processos de introjeção e projeção são dominados pela agressividade e ansiedade, que se reforçam mutuamente, eles levam ao medo da perseguição por parte de objetos aterrorizantes. A isso se acrescenta o medo de perder os objetos amados; ou seja, surge a posição depressiva. Quando introduzi o conceito de posição depressiva pela primeira vez, sugeri que a introjeção do objeto amado total dá origem à preocupação e ao sofrimento em torno da possível destruição desse objeto (pelos objetos "maus" e o id). Esses medos e sentimentos de pesar, somados ao conjunto de medos e defesas paranoides, constituem a posição depressiva. Assim, há dois conjuntos de medos, sentimentos e defesas que, mesmo muito diferentes e profundamente interligados entre si, podem, na minha opinião, ser isolados por uma questão de clareza teórica. O primeiro conjunto de sentimentos e fantasias tem uma natureza persecutória, caracterizada por medos relacionados à destruição do ego por perseguidores internos. As defesas contra esses medos consistem principalmente na destruição dos perseguidores por meio de métodos violentos ou cheios de astúcia. Examinei detalhadamente esses medos e defesas em outros contextos. Já descrevi antes o segundo conjunto de sentimentos que forma a posição depressiva, sem lhe dar nenhum termo específico. Agora proponho chamar esses sentimentos de pesar e preocupação pelos objetos amados, o medo de perdê-los e o desejo de recuperá-los, com uma palavra simples, derivada da linguagem cotidiana: o "anseio" pelo objeto amado. Em suma, a perseguição (por parte de objetos "maus") e as defesas tipicamente empregadas contra ela, de um lado, e o anseio pelo objeto amado ("bom"), de outro, constituem a posição depressiva.

Quando surge a posição depressiva, o ego é obrigado a desenvolver (além das defesas anteriores) métodos de defesa que se voltam essencialmente contra o "anseio" pelo objeto amado. Eles são fundamentais

---

posição depressiva e as defesas empregadas contra ela. Trata-se, porém, de um assunto de tamanha importância que mereceria nossa total atenção, estando, portanto, fora do escopo deste trabalho.

para toda a organização do ego. Anteriormente chamei alguns desses métodos de *defesas maníacas*, ou de *posição maníaca*, por causa de sua relação com a doença maníaco-depressiva.[9]

As flutuações entre posição maníaca e depressiva são parte fundamental do desenvolvimento normal. Ansiedades depressivas (a ansiedade de que os objetos amados assim como o próprio ego sejam destruídos) levam o ego a criar fantasias onipotentes e violentas, em parte com o propósito de controlar os objetos "maus" e perigosos, e em parte para salvar e restaurar os objetos amados. Desde o início, essas fantasias onipotentes – tanto as destrutivas quanto as reparatórias – estimulam todos os interesses, atividades e sublimações da criança, tornando-se parte integrante deles. No caso do bebê, o caráter exagerado tanto das fantasias sádicas quanto das construtivas se adequa ao extremo pavor despertado pelos perseguidores – e, na outra ponta da escala, à extrema perfeição dos objetos "bons".[10] A idealização é uma parte essencial da posição maníaca e está ligada a outro elemento importante dessa posição: a recusa. Sem uma recusa parcial e temporária da realidade psíquica, o ego não consegue suportar o desastre de que se sente ameaçado quando a posição depressiva está

---

9 Cf. "Uma contribuição à psicogênese dos estados maníaco-depressivos", neste volume.

10 Já afirmei em vários contextos (a primeira vez foi em "Estágios iniciais do conflito edipiano", neste volume) que o medo de perseguidores fantasticamente "maus" e a crença em objetos fantasticamente "bons" estão interligados. A idealização é um processo fundamental na mente da criança pequena, pois ela ainda não consegue lidar de outra maneira com seus medos de perseguição (que são consequência de seu próprio ódio). Só quando as ansiedades arcaicas são aliviadas por meio de experiências que aumentam o amor e a confiança é que se torna possível estabelecer o processo essencial de juntar os vários aspectos dos objetos (externos e internos, "bons" e "maus", amados e odiados). Só então o ódio é realmente mitigado pelo amor – o que significa uma redução da ambivalência. Enquanto a separação entre esses *aspectos* contrastantes – percebidos no inconsciente como *objetos* contrastantes – mantém-se com toda sua força, os sentimentos de amor e ódio permanecem de tal forma separados que o amor não consegue mitigar o ódio.

Assim, a fuga para um objeto "bom" internalizado, que Melitta Schmideberg aponta como um mecanismo fundamental da esquizofrenia, também participa do processo de idealização a que normalmente recorre a criança pequena em suas ansiedades depressivas ("The Rôle of Psychotic Mechanisms in Cultural Development". *The International Journal of Psychoanalysis*, v. 11, 1930, pp. 387-418). Melitta Schmideberg também chamou atenção várias vezes para as conexões existentes entre idealização e falta de confiança no objeto.

no auge. A onipotência, a recusa e a idealização, intimamente ligadas à ambivalência, permitem que o ego primitivo se levante até certo ponto contra seus perseguidores internos e contra uma dependência submissa e perigosa em relação aos objetos amados, o que traz novos avanços em seu desenvolvimento. Citarei aqui uma passagem de um de meus artigos anteriores:

[...] na primeira fase de desenvolvimento os objetos persecutórios e os bons (seios) estão muito afastados na mente da criança. Quando – com a introjeção do objeto total e real – eles se aproximam, o ego recorre constantemente ao mecanismo que já foi mencionado antes e que é tão importante para o desenvolvimento da relação com os objetos: a cisão das imagos entre amadas e odiadas, ou seja, entre boas e perigosas.

Talvez se possa dizer que na verdade é nesse momento que surge a ambivalência – que, afinal, diz respeito às relações de objeto, isto é, a objetos totais e reais. A ambivalência, estabelecida por meio de uma cisão das imagos, permite à criança pequena ter mais confiança em seus objetos reais e, consequentemente, em seus objetos internalizados também – desse modo, ela consegue amá-los com mais força e desenvolver cada vez mais as fantasias de restaurar o objeto amado. Ao mesmo tempo, as ansiedades e defesas paranoides se voltam contra os objetos "maus". O apoio que o ego obtém do objeto "bom" real é ampliado por um mecanismo de fuga, que se alterna entre objetos bons externos e internos.

Tudo indica que nesse estágio de desenvolvimento a unificação entre objetos externos e internos, amados e odiados, reais e imaginários se dá de tal forma que cada etapa nela conduz a uma nova cisão das imagos. Contudo, à medida que vai aumentando a adaptação ao mundo externo, essa cisão ocorre em planos que vão se aproximando cada vez mais da realidade. Essa situação se mantém até que o amor pelos objetos reais e internalizados, assim como a confiança neles, esteja bem estabelecido. Então a ambivalência, que é em parte uma garantia contra o ódio da própria criança e contra os objetos odiados e aterrorizantes, também diminuirá em graus diferentes ao longo do desenvolvimento normal.[11]

Como já afirmei antes, a onipotência prevalece nas fantasias arcaicas (tanto destrutivas quanto reparatórias) e influencia as sublimações, assim como as relações de objeto. No entanto, a onipotência está tão

---

11 "Uma contribuição à psicogênese dos estados maníaco-depressivos", pp. 361–62 deste volume.

ligada no inconsciente aos impulsos sádicos a que estava associada de início que a criança acredita que suas tentativas de reparação fracassaram ou não terão sucesso no futuro. Ela pensa que poderá ser facilmente dominada por seus impulsos sádicos. A criança pequena – que, como já vimos, ainda não consegue confiar plenamente em seus sentimentos construtivos e reparatórios – recorre à onipotência maníaca. Por isso, num estágio inicial do desenvolvimento, o ego não dispõe de meios adequados para lidar de forma eficiente com a culpa e a ansiedade. Tudo isso faz a criança – e, até certo ponto, também o adulto – sentir a necessidade de repetir certas ações de forma obsessiva (na minha opinião, isso faz parte da compulsão à repetição);[12] ou – adotando-se o método oposto – recorra à onipotência e à recusa. Quando as defesas de natureza maníaca fracassam (defesas em que perigos originários de várias fontes são recusados ou minimizados de forma onipotente), o ego é simultânea ou alternadamente levado a combater o medo da deterioração e da desintegração com tentativas de reparação executadas de forma obsessiva. Já apresentei em outra ocasião a conclusão de que os mecanismos obsessivos são uma defesa contra as ansiedades paranoides, além de ser um meio de modificá-las.[13] Agora gostaria apenas de mostrar rapidamente a conexão existente entre mecanismos obsessivos e defesas maníacas em relação à posição depressiva no desenvolvimento normal.

O próprio fato de as defesas maníacas estarem tão ligadas àquelas de caráter obsessivo alimenta o medo do ego de que a reparação realizada por meios obsessivos também tenha fracassado. O desejo de controlar o objeto, a gratificação sádica de dominá-lo e humilhá-lo, de sobrepujá-lo, o *triunfo* sobre ele podem participar com tanta força do ato de reparação (realizado sob a forma de pensamentos, atividades ou sublimações) que o círculo "benigno" iniciado por esse ato se rompe. Os objetos que deveriam ser restaurados se transformam novamente em perseguidores e os medos paranoides voltam à tona. Esses medos reforçam os mecanismos de defesa paranoides (de destruir o objeto) assim como os mecanismos maníacos (de controlá-lo ou mantê-lo em animação suspensa, e assim por diante). A reparação em progresso então é prejudicada ou anulada – dependendo da intensidade com que esses mecanismos são ativados. Como consequência do fracasso do ato de reparação, o ego se vê obrigado a recorrer constantemente a defesas obsessivas e maníacas.

---

12 Cf. id., *A psicanálise de crianças*, op. cit., pp. 116 e 202.
13 Cf. ibid., cap. 9.

Quando se obtém um relativo equilíbrio entre amor e ódio durante o desenvolvimento normal, e os vários aspectos dos objetos se encontram mais unificados, então também há uma maior harmonia entre esses métodos contrastantes, mas intimamente relacionados, que começam a perder sua intensidade. A esse respeito, gostaria de marcar a importância do *triunfo*, profundamente ligado ao desprezo e à onipotência, como elemento da posição maníaca. Sabemos o papel desempenhado pela rivalidade no desejo ardente da criança de igualar os feitos dos adultos. Somando-se à rivalidade, o desejo – misturado ao medo – de "crescer" para além de suas dificuldades (em última análise, superar seu próprio caráter destrutivo e seus objetos internos maus, tornando-se capaz de controlá-los) é um incentivo para realizações de todos os tipos. De acordo com minha experiência, o desejo de reverter a relação pais-filho, de ter poder e triunfar sobre os pais, está sempre associado até certo ponto a desejos voltados para a obtenção do sucesso. Na fantasia da criança, haverá um dia em que ela será forte, alta e adulta, poderosa, rica e potente; o pai e a mãe terão se transformado em crianças indefesas ou, como acontece em outras fantasias, estarão muito velhos, fracos, pobres e rejeitados. Por causa da culpa que cria, o triunfo sobre os pais nessas fantasias muitas vezes prejudica esforços de todos os tipos. Algumas pessoas são obrigadas a serem sempre malsucedidas, pois para elas o sucesso implica a humilhação ou mesmo o dano de outra pessoa. Trata-se, em primeiro lugar, do triunfo sobre os pais, os irmãos e as irmãs. Os esforços dessas pessoas para conseguir alguma coisa podem ser altamente construtivos, mas o triunfo implícito e o dano feito ao objeto podem se sobrepor a esses propósitos na mente do sujeito, impedindo sua realização. Como consequência, a reparação aos objetos amados, que nas profundezas da mente são os mesmos sobre os quais o indivíduo triunfa, é mais uma vez prejudicada e a culpa permanece sem alívio. O triunfo do sujeito sobre seus objetos necessariamente implica que estes por sua vez tentarão triunfar sobre ele, o que gera desconfiança e sentimentos de perseguição. O resultado pode ser a depressão, ou um aumento das defesas maníacas, acompanhado por um controle mais violento dos objetos: uma vez que o sujeito não conseguiu reconciliá-los, restaurá-los ou melhorá-los, a sensação de ser perseguido por eles volta a ser dominante. Tudo isso exerce uma influência importante sobre a posição depressiva infantil e a habilidade do ego para superá-la. O triunfo sobre os objetos internos que o ego da criança pequena controla, humilha e tortura faz parte do aspecto destrutivo da posição maníaca que perturba a reparação e a recriação do mundo interno, assim como da paz e da harmonia interior; desse modo, o triunfo prejudica o trabalho do luto arcaico.

A fim de exemplificar esses processos de desenvolvimento, examinemos algumas características encontradas em pessoas hipomaníacas. Um aspecto típico da atitude do indivíduo hipomaníaco em relação a pessoas, princípios e eventos em geral é que ele tende a fazer avaliações exageradas: admiração excessiva (idealização) ou desprezo (desvalorização). A isso se soma a tendência de ver tudo em larga escala, de pensar em *números grandes*, tudo em harmonia com a grandeza de sua onipotência, por meio da qual se defende do medo de perder o único objeto que é insubstituível: a mãe, pela qual no fundo ainda está em luto. Há um forte contraste entre tendência de minimizar a importância dos detalhes e dos números pequenos – de tratá-los com casualidade e desprezar a meticulosidade – e métodos extremamente meticulosos, a atenção dada às menores coisas (Freud), que fazem parte dos mecanismos obsessivos.

Esse desprezo, porém, também está calcado até certo ponto na recusa. É preciso recusar o impulso de fazer uma ampla e detalhada reparação porque é preciso recusar a causa da reparação: o dano feito ao objeto, e o sofrimento e a culpa que são sua consequência.

Voltando à progressão do desenvolvimento inicial, pode-se dizer que cada etapa do crescimento emocional, intelectual e físico é empregada pelo ego como um meio de superar a posição depressiva. Os dons e as habilidades crescentes da criança aumentam sua crença na realidade psíquica de suas tendências construtivas, em sua capacidade de dominar e controlar não só seus impulsos hostis, mas também os objetos "maus" internalizados. Desse modo, ansiedades oriundas de várias fontes são aliviadas, o que gera uma diminuição da agressividade e, consequentemente, das suspeitas relacionadas a objetos "maus" externos ou internos. O ego fortalecido, dotado de uma maior confiança nas pessoas, então pode avançar ainda mais em direção à unificação de suas imagos – externas, internas, amadas e odiadas – e a uma maior mitigação do ódio através do amor, atingindo assim um processo geral de integração.

Quando, como consequência das constantes provas e contraprovas obtidas pelo teste de realidade externa, a criança ganha mais confiança em sua capacidade de amar, em seus poderes reparatórios e na integração e segurança de seu mundo interno bom, a onipotência maníaca diminui juntamente à natureza obsessiva dos impulsos voltados para a reparação. Em geral, esse é um sinal de que a neurose infantil chegou ao fim.

Resta ligar a posição depressiva infantil ao luto normal. No meu ponto de vista, a dor trazida pela perda da pessoa amada é muito ampliada pelas fantasias inconscientes do enlutado, que acredita ter perdido seus objetos *internos* "bons" também. Ele tem a impressão, portanto, de que os objetos internos "maus" tornaram-se dominantes e que seu mundo interno corre o risco de se desintegrar. Sabemos que a perda da pessoa amada cria o impulso no enlutado de reinstalar o objeto amado perdido dentro do ego (Freud e Abraham). A meu ver, porém, o indivíduo não só joga para dentro de si (reincorpora) a pessoa que acaba de perder, como também reinstala os objetos bons internalizados (em última análise, os pais amados), que se tornaram parte de seu mundo interno desde as etapas mais arcaicas de seu desenvolvimento. Tem-se a impressão de que estes também foram destruídos sempre que se passa pela morte de uma pessoa querida. Como consequência, a posição depressiva arcaica é reativada, juntamente às ansiedades, à culpa e aos sentimentos de perda derivados da situação da amamentação, da situação edipiana e de todas as outras fontes. No meio de todas essas emoções, o medo de ser roubado e punido por ambos os pais temidos – ou seja, a sensação de perseguição – também volta a ganhar força nas camadas profundas da mente.

Se, por exemplo, uma mulher perde o filho, sua dor e sofrimento são acompanhados pela reativação do medo arcaico de ser roubada por uma mãe "má" retaliadora, medo que agora é confirmado. Suas próprias fantasias agressivas arcaicas de roubar os bebês da mãe deram origem ao medo e à sensação de ser punida, o que fortalece a ambivalência e leva ao ódio e à desconfiança em relação aos outros. O reforço de sentimentos de perseguição no estado de luto torna-se ainda mais doloroso porque as relações amistosas com as pessoas, que nesse momento poderiam ser de grande ajuda, são obstruídas pelo crescimento da ambivalência e da desconfiança.

Assim, a dor associada ao lento processo do teste de realidade durante o trabalho do luto parece se explicar em parte pela necessidade não só de renovar os elos com o mundo externo e portanto reviver constantemente a perda, mas também de usar esse processo para reconstruir com agonia o mundo interno, que o indivíduo julga estar em perigo de decair e desmoronar.[14] Assim como a criança pequena que passa pela posição depressiva está lutando, em sua mente inconsciente,

---

14 Creio que esses fatos ajudam a responder à questão levantada por Freud, que citei no início desse artigo: "Não é fácil fundamentar economicamente por que é tão dolorosa essa operação de compromisso em que o mandamento

para estabelecer e integrar seu mundo interno, o enlutado também sofre a dor de restabelecê-lo e reintegrá-lo.

No luto normal, ansiedades psicóticas arcaicas são reativadas. O enlutado de fato está doente, mas como seu estado mental é comum e parece tão natural, não chamamos o luto de doença. (Por motivos semelhantes, até alguns anos atrás a neurose infantil da criança normal não era reconhecida como tal.) Colocando minhas conclusões de forma mais precisa: durante o luto, o indivíduo passa por um estado maníaco-depressivo modificado e transitório, vencendo-o depois de algum tempo; assim, ele repete – ainda que em circunstâncias diferentes e com outros tipos de manifestações – os processos que a criança normalmente atravessa em seu desenvolvimento inicial.

O maior perigo que o indivíduo corre durante o luto é o desvio de seu ódio para a própria pessoa que ele acaba de perder. Uma das maneiras por meio das quais o ódio se expressa na situação de luto é a sensação de triunfo sobre a pessoa morta. Mencionei anteriormente que o triunfo faz parte da posição maníaca no desenvolvimento infantil. Os desejos de morte infantis contra os pais, os irmãos e as irmãs se veem realizados quando uma pessoa querida morre, pois ela sempre é um representante, até certo ponto, das figuras importantes do início da vida da criança e atrai, portanto, alguns dos sentimentos originalmente relacionados a elas. Sua morte, por mais que tenha sido arrasadora por outros motivos, não deixa de ser percebida também como uma vitória. Isso dá origem à sensação de triunfo, que gera ainda mais culpa.

Nesse ponto, percebo que meus conceitos diferem dos de Freud, que afirmou:

> Em primeiro lugar, o luto normal também supera a perda do objeto e absorve, enquanto dura, todas as energias do ego. Por que então, uma vez decorrido, não há sequer indícios de se produzir a condição econômica para uma fase de triunfo? Acho impossível responder de imediato a essa objeção.[15]

De acordo com minha experiência, os sentimentos de triunfo estão inevitavelmente ligados até mesmo ao luto normal e têm o efeito de retardar o trabalho do luto, ou melhor, de contribuir para as dificuldades e a dor que o enlutado experimenta. Quando o enlutado é

---

da realidade pouco a pouco se efetiva. É curioso que esse doloroso desprazer nos pareça natural" (S. Freud, "Luto e melancolia", op. cit., p. 174).
15 Ibid., p. 189 (trad. modif.).

dominado pelas várias manifestações do ódio ao objeto amado perdido, a pessoa amada não só se transforma num perseguidor como também abala a crença do enlutado em seus objetos internos bons. A crença abalada nos objetos bons perturba de forma dolorosa o processo de idealização, que é uma etapa intermediária essencial para o desenvolvimento mental. No caso das crianças pequenas, a mãe idealizada funciona como uma proteção contra a mãe retaliadora ou morta e contra todos os objetos maus, representando a segurança e a própria vida. Como já sabemos, o enlutado obtém um grande alívio ao recordar a bondade e as boas qualidades da pessoa que acaba de perder. Isso se deve em parte ao conforto que sente ao manter seu objeto amado temporariamente idealizado.

Os estados passageiros de elação que ocorrem em meio ao sofrimento do luto normal são de caráter maníaco e se devem à sensação de possuir o objeto amado perfeito (idealizado) dentro de si.[16] A qualquer momento, porém, quando o ódio contra a pessoa amada perdida brota novamente no enlutado, sua crença nela se quebra, perturbando o processo de idealização. (O ódio contra a pessoa amada é ampliado pelo medo de que, ao morrer, ela estivesse tentando punir o sujeito e impor-lhe a privação. Da mesma maneira, no passado, sempre que a mãe não estava presente e ele a desejava, acreditava que ela tinha morrido a fim de puni-lo e privá-lo daquilo que queria.) Só gradualmente, retomando a confiança nos objetos externos e em valores de todos os tipos, é que o enlutado normal consegue fortalecer mais uma vez sua confiança na pessoa amada que perdeu. Então ele pode admitir novamente que esse objeto não era perfeito, sem perder a confiança e o amor que sente por ele nem temer sua vingança. Quando se atinge esse estágio, já se fez um avanço importante no trabalho de luto em direção à sua superação.

Apresentarei agora um exemplo a fim de ilustrar como um enlutado normal restabelece suas conexões com o mundo externo. A sra. A passou os primeiros dias depois da perda terrível de seu filho pequeno, que morreu de repente quando estava na escola, separando suas cartas. Guardou as que recebera dele e jogou outras fora. Desse modo,

---

16 Karl Abraham ("A Short Study of the Development of the Libido, Viewed in the Light of Mental Disorders" [1924], in *Selected Papers on Psycho-Analysis*. London: Hogarth Press, 1927) fala a respeito de uma situação desse tipo: "Basta inverter a afirmação (de Freud) de que 'a sombra do objeto de amor perdido cai sobre o ego' e dizer que, nesse caso, não é a sombra, mas a luz radiante da mãe amada que se derramou sobre o filho".

ela inconscientemente tentava restaurá-lo e mantê-lo seguro dentro de si, jogando no lixo o que lhe parecia sem importância, ou mesmo hostil – isto é, os objetos "maus", os excrementos perigosos e os sentimentos ruins.

Algumas pessoas de luto arrumam a casa e mudam a mobília de lugar, ações motivadas pela intensificação dos mecanismos obsessivos, que são uma repetição das defesas empregadas para combater a posição depressiva infantil.

Na primeira semana depois da morte do filho, a sra. A não chorou muito, e as lágrimas não lhe davam o mesmo alívio que trariam mais tarde. Ela se sentia entorpecida e fechada, fisicamente exausta. Ver uma ou duas pessoas mais íntimas, porém, lhe dava algum alívio. Nesse estágio, a sra. A, que costumava sonhar todas as noites, parou de sonhar completamente, por causa da profunda recusa inconsciente de sua perda.

No fim da semana, teve o seguinte sonho: *via duas pessoas, uma mulher com o filho. A mãe usava um vestido preto. A sra. A sabia que esse menino tinha morrido, ou então ia morrer. Não sentia nenhum pesar, mas havia certo traço de hostilidade em relação às duas pessoas.*

As associações trouxeram à tona uma lembrança importante. Quando a sra. A era pequena, seu irmão, que sentia dificuldades nos deveres da escola, ia ter aulas com um colega da própria idade (irei chamá-lo de B). A mãe de B viera visitar a mãe da sra. A para combinar como seria o estudo dos meninos, e a lembrança desse incidente despertava sentimentos muito fortes na sra. A. A mãe de B se comportava de forma condescendente e sua mãe parecia abatida. A sra. A teve a impressão de que uma terrível desgraça se abatera não só sobre o irmão que tanto amava e admirava, mas também sobre toda a família. Esse irmão, alguns anos mais velho do que ela, lhe dava a impressão de possuir enorme conhecimento, habilidade e força – em suma, era um exemplo de todas as virtudes. O ideal da menina foi despedaçado quando sua deficiência na escola ficou clara. No entanto, a intensidade de seus sentimentos, que deu a esse incidente o caráter de um desastre irreparável e o deixou marcado em sua memória, tinha sua origem no sentimento de culpa inconsciente da sra. A. Para ela, tudo o que acontecera era uma realização de seus próprios desejos nocivos. O irmão ficou muito envergonhado com toda aquela situação e expressou forte ódio e aversão pelo outro menino. Naquela época, a sra. A se identificou muito com ele e com esses sentimentos de ressentimento. No sonho, as duas pessoas que a sra. A via eram B e sua mãe, e o fato de o menino estar morto expressava os desejos de morte arcaicos que alimentava contra ele. Ao mesmo tempo, entretanto, os desejos de morte contra o irmão e o desejo de punir a mãe e impor-lhe uma privação por meio da morte do filho – desejos profundamente reprimidos – também faziam parte de seus pensamentos oníricos. Ficava claro agora que a sra. A, apesar de toda a sua admiração e amor pelo irmão, sentia ciúmes dele por vários motivos, invejando seu maior conhecimento, sua superioridade mental e física e até mesmo o fato de ele possuir um pênis. O ciúme que sentia da mãe amada por esta ter um filho como aquele contribuíra para seus desejos de morte contra ele. Um dos pensamentos oníricos, portanto, era o seguinte: "O filho de uma mulher morreu, ou vai morrer. É o filho dessa mulher desagradável, que magoou minha mãe e meu irmão, quem deveria morrer". Em camadas mais profundas, porém, o desejo de morte contra o irmão também foi reativado e esse desejo de morte tomava a seguinte forma: "O filho da minha mãe morreu, e não o meu". (Tanto a mãe quanto o irmão de fato já estavam mortos.) Nesse ponto, surge um outro tipo de sentimento: compaixão pela mãe e pesar por si mesma. Era assim que se sentia: "Uma morte desse tipo já é o bastante. Minha mãe perdeu o filho; ela não deveria perder também o neto". Quando seu irmão morreu, além de um grande pesar, ela também sentiu inconscientemente triunfo sobre ele, como consequência de seu ciúme e ódio arcaico, junto com o sentimento de culpa correspondente. Ela carregara parte dos sentimentos que tinha pelo irmão para sua relação com o filho. Em seu filho, ela também amava o irmão; ao mesmo tempo, porém, parte da ambivalência relacionada ao irmão, ainda que modificada por seus fortes sentimentos maternais, também foi transferida para o filho. O luto, o pesar, o triunfo e a culpa vividos em relação a ele participavam de seu sofrimento atual e se manifestaram no sonho.

Vejamos agora a interação entre as defesas, conforme elas apareceram nesse material. Quando ocorreu a perda, a posição maníaca foi reforçada, e a recusa em particular passou a agir com muita força. A sra. A rejeitou inconscientemente o fato de que seu filho havia morrido. Quando não conseguiu mais manter essa recusa com tanta intensidade – mas ainda não se via capaz de enfrentar a dor e o sofrimento –, o triunfo, um dos outros elementos da posição maníaca, foi reforçado por sua vez. Como é possível ver por meio das associações, ela parecia se agarrar ao seguinte raciocínio: "Não dói nada se só *um* menino morre. Isso é até satisfatório. Agora eu vou poder me vingar desse menino desagradável que feriu meu irmão". Só depois de árduo trabalho analítico pôde-se perceber como o triunfo sobre o irmão também foi revivido e fortalecido. No entanto, esse triunfo estava associado ao controle da mãe e do irmão *internalizados* e ao triunfo sobre eles. Nesse estágio, o *controle* sobre os objetos internos foi reforçado, o infortúnio e o pesar *deslocados* dela mesma para sua mãe internalizada. Aqui a recusa entra em ação mais uma vez – recusa da realidade psíquica em que ela e a mãe interna eram uma só e sofriam juntas. A compaixão e o amor pela mãe interna foram recusados, fazendo sentimentos de vingança e triunfo sobre os objetos internalizados e o controle sobre eles se reforçarem, em parte, porque tinham se tornado figuras persecutórias por causa dos sentimentos vingativos da própria sra. A. No sonho, havia apenas uma leve indicação de que a sra. A já possuía um maior conhecimento inconsciente de que *ela própria* havia perdido o filho (e que, portanto, a recusa estava se enfraquecendo). No dia anterior ao sonho, ela estava usando um vestido preto com colarinho branco. A mulher do sonho tinha alguma coisa branca em volta do pescoço, por cima do vestido preto.

Duas noites depois, ela teve outro sonho: *estava voando com o filho e ele desapareceu. Percebeu que isso significava sua morte – que ele tinha se afogado. Sentiu como se ela também fosse se afogar – mas então fez um esforço e se afastou do perigo, de volta para a vida.*

As associações mostraram que, no sonho, ela decidira não morrer com o filho, e sim sobreviver. Ficou claro que mesmo no sonho ela percebia que era bom estar viva e mau estar morta. Nesse sonho, o conhecimento inconsciente da perda é aceito com muito mais facilidade do que no de dois dias antes. O pesar e a culpa estavam mais próximos. O sentimento de triunfo aparentemente desaparecera, mas ficou claro que ele havia apenas diminuído. Ele ainda estava presente na satisfação de continuar viva – ao contrário do filho, que estava morto. Os sentimentos de culpa que já se faziam sentir deviam-se em parte a esse elemento de triunfo.

Lembrei-me aqui da passagem de "Luto e Melancolia", de Freud:

> A cada uma das recordações e expectativas que mostram a libido ligada ao objeto perdido, a realidade traz o veredicto de que o objeto não mais existe, e o ego, como que posto diante da questão de partilhar ou não esse destino, é convencido, pela soma das satisfações narcísicas em estar vivo, a romper seu vínculo com o objeto eliminado.[17]

Na minha opinião, essa "satisfação narcísica" contém de forma atenuada o elemento de triunfo que Freud aparentemente não acreditava estar presente no luto normal.

---

17 S. Freud, "Luto e melancolia", op. cit., p. 189 (trad. modif.).

Durante a segunda semana de seu luto, a sra. A encontrava algum conforto em olhar para casas bem situadas no campo, desejando possuir uma delas algum dia. Entretanto, seu conforto logo era interrompido por acessos de desespero e pesar. Agora ela chorava muito e as lágrimas lhe traziam alívio. O conforto que obtinha ao olhar para as casas vinha do fato de reconstruir em fantasia seu mundo interno por meio desse interesse, além da satisfação de saber que as casas e os objetos bons das outras pessoas ainda existiam. Em última análise, isso significava recriar seus pais bons tanto interna quanto externamente, unificando-os e tornando-os felizes e criativos. Em sua mente, a sra. A fazia uma reparação aos pais por ter matado seus filhos em fantasia, evitando assim sua ira. Desse modo, o medo de que a morte do filho fosse uma punição infligida pelos pais retaliadores foi perdendo a força, assim como a sensação de que seu filho a tinha frustrado e punido com sua morte. A diminuição do medo e do ódio permitiu que o pesar em si viesse à tona com toda a sua intensidade. O aumento da desconfiança e do medo avivara a sensação de ser perseguida e dominada pelos objetos internos, assim como a necessidade de subjugá-los. Tudo isso se expressou na forma de um endurecimento de seus relacionamentos e sentimentos internos – ou seja, de um aumento das defesas maníacas (como ficou claro no primeiro sonho). Quando estas voltam a diminuir por causa da crença do sujeito em sua bondade e na dos outros, e os medos perdem a força, o indivíduo de luto consegue se entregar completamente a seus sentimentos, chorando sua dor pela perda real que sofreu.

Tudo indica que os processos de projeção e expulsão, que estão intimamente ligados à extravasão dos sentimentos, são detidos em certos estágios do sofrimento por um controle maníaco excessivo e voltam a operar com mais liberdade quando esse controle relaxa. Ao chorar, o indivíduo de luto não só expressa seus sentimentos, aliviando a tensão, mas, como as lágrimas são identificadas no inconsciente com os excrementos, ele também expele os sentimentos e objetos "maus", o que aumenta o alívio obtido com o choro. Essa maior liberdade no mundo interior implica que os objetos internalizados, agora menos controlados pelo ego, também passam a ter mais liberdade: antes de mais nada, esses objetos passam a ter maior liberdade de sentimentos. No estado mental do enlutado, os sentimentos de seus objetos internos também são de pesar. Em sua mente, eles compartilham de seu sofrimento, assim como fariam os pais reais em sua bondade. O poeta nos diz que "A natureza chora com o enlutado". Creio que nesse caso a "Natureza" representa a mãe interna boa. No entanto, essa experiência de sofrimento e compaixão mútua nas relações internas também está ligada às relações externas. Como já indiquei, a maior confiança da sra. A nas coisas e nas pessoas reais, assim como a ajuda que recebeu do mundo externo, contribuíram para o relaxamento do controle maníaco sobre o mundo interno. Desse modo, a introjeção (assim como a projeção) pôde operar com muito mais liberdade e foi possível receber mais bondade e amor de fora, além de vivê-los com mais intensidade no mundo interior. A sra. A, que num estágio anterior do luto sentiu de certa forma que sua perda lhe fora impingida por vingança dos pais, agora podia em sua fantasia receber a compaixão desses mesmos pais (mortos há muito tempo) e aceitar seu desejo de lhe dar apoio e ajudá-la. Ela sentia que eles também tinham sofrido uma terrível perda e compartilhavam de seu sofrimento, como de fato teria acontecido se ainda fossem vivos. Em seu mundo interno, a severidade e a suspeita tinham diminuído, e o pesar aumentado. As lágrimas que agora chorava eram até certo ponto as lágrimas que seus pais internos derramavam, e ela queria reconfortá-los da mesma maneira que eles – em sua fantasia – também a reconfortavam.

Quando a segurança no mundo interno é gradualmente retomada, e os sentimentos e objetos internos voltam a ganhar vida, os processos de recriação têm início e a esperança surge novamente.

Como já vimos, essa mudança se deve a certos movimentos nos dois conjuntos de sentimentos que formam a posição depressiva: a perseguição se reduz e o anseio pelo objeto amado perdido é vivido com toda a sua intensidade. Em outras palavras: há um recuo do ódio e o amor se liberta. Uma característica inerente do sentimento de perseguição é o fato de ele ser alimentado pelo ódio ao mesmo tempo em que o alimenta. Além disso, a sensação de ser perseguido e vigiado por objetos internos "maus", que por sua vez provoca a necessidade de vigiá-los constantemente, leva a um tipo de dependência que reforça as defesas maníacas. Essas defesas, na medida em que se voltam principalmente contra os sentimentos persecutórios (e não tanto contra o anseio pelo objeto amado), têm um caráter extremamente sádico e violento. Quando a perseguição se reduz, a dependência hostil do objeto, somada ao ódio, também diminui, o que traz um relaxamento das defesas maníacas. O anseio pelo objeto amado perdido também implica dependência em relação a ele, mas um tipo de dependência que se torna um incentivo para a reparação e a preservação do objeto. Ela é criadora porque é dominada pelo amor, enquanto a dependência baseada na perseguição e no ódio é estéril e destrutiva.

Assim, quando o sofrimento é vivido ao máximo e o desespero atinge seu auge, o enlutado vê brotar novamente seu amor pelo objeto. Ele sente com mais força que a vida continuará por dentro e por fora, e que o objeto amado perdido pode ser preservado em seu interior. Nesse estágio do luto, o sofrimento pode se tornar produtivo. Sabemos que experiências dolorosas de todos os tipos às vezes estimulam as sublimações, ou até despertam novas habilidades nas pessoas, que começam a pintar, escrever ou iniciam outras atividades produtivas sob a pressão das frustrações e adversidades. Outras se tornam mais produtivas de uma maneira diferente: mais capazes de apreciar as coisas e as pessoas, mais tolerantes em sua relação com os outros, elas se tornam mais sábias. Em meu ponto de vista, obtém-se esse enriquecimento por meio de processos semelhantes às etapas do luto que acabamos de estudar. Isto é, qualquer dor trazida por experiências infelizes, qualquer que seja sua natureza, tem algo em comum com o luto. Ela reativa a posição depressiva infantil; a superação de qualquer tipo de adversidade envolve um trabalho mental semelhante ao do luto.

Aparentemente, todo avanço no processo do luto resulta num aprofundamento da relação do sujeito com seus objetos internos, na felicidade de reconquistá-los depois que eles foram considerados perdidos ("Paraíso Perdido e Reconquistado"), numa maior confiança e amor por esses objetos, pois eles se mostraram bons e prestativos no fim das contas. Isso se dá de forma semelhante à maneira como a criança pequena constrói gradualmente sua relação com os objetos externos, pois ela ganha confiança por meio não só das experiências agradáveis, mas também da forma como supera frustrações e experiências dolorosas, sempre mantendo seus objetos bons (internos e externos). As fases do trabalho de luto em que as defesas maníacas relaxam e há uma renovação da vida interior, com um aprofundamento dos relacionamentos internos, são comparáveis às etapas do desenvolvimento inicial que levam à maior independência dos objetos externos e internos.

Voltemos à sra. A. Seu alívio ao olhar para casas agradáveis se devia à esperança de poder recriar o filho e os pais; a vida tinha começado novamente dentro dela e no mundo exterior. Nessa época, ela conseguiu sonhar novamente e começou a encarar inconscientemente sua perda. Agora sentia um desejo mais forte de rever os amigos, mas apenas um de cada vez e por um breve período de tempo. Esse maior sentimento de conforto, porém, ainda se alternava com períodos de sofrimento. (No luto, assim como no desenvolvimento infantil, a segurança interior não surge de um movimento contínuo, mas em ondas.) Depois de algumas semanas de luto, por exemplo, a sra. A foi passear por ruas familiares com uma amiga, numa tentativa de restabelecer laços mais antigos. De repente, percebeu que o número de pessoas na rua parecia insuportável, as casas estranhas e a luz do sol artificial ou irreal. Foi obrigada a fugir para um restaurante tranquilo. Uma vez lá dentro, porém, sentiu como se o teto estivesse desabando e as pessoas fossem ficando vagas e desfocadas. Sua própria casa parecia o único lugar seguro do mundo. Durante a análise, ficou claro que a indiferença assustadora das pessoas era um reflexo de seus objetos internos, que em sua mente tinham se transformado numa multidão de objetos "maus" persecutórios. O mundo externo parecia artificial e irreal, pois a verdadeira confiança na bondade interna desaparecera temporariamente.

Muitos enlutados só conseguem restabelecer seus laços com o mundo externo muito lentamente, pois estão lutando contra o caos interior; por motivos semelhantes, o bebê parte de algumas pessoas queridas para desenvolver sua confiança no mundo dos objetos. Não há dúvida de que outros fatores – i.e., sua falta de maturidade intelectual – são responsáveis em parte por esse desenvolvimento gradual das relações de objeto no bebê, mas acredito que isso também se deva ao estado caótico de seu mundo interior.

Uma das diferenças entre posição depressiva arcaica e luto normal é que quando o bebê perde o seio da mãe ou a mamadeira (que passou a representar um objeto "bom", prestativo e protetor dentro dele), sendo então tomado pelo sofrimento, isso acontece mesmo quando a mãe está presente. No caso do adulto, contudo, o pesar é fruto da perda real de uma pessoa real; no entanto, o fato de ter estabelecido no início da vida uma mãe "boa" dentro de si o ajuda a superar essa perda avassaladora. A criança pequena, porém, encontra-se no auge de sua luta contra o medo de perder a mãe interna e externamente, pois ainda não conseguiu estabelecê-la com segurança dentro de si mesma. Nessa luta, a relação da criança com a mãe e a presença dela ao seu lado são de grande ajuda. Da mesma maneira, se o enlutado está próximo a pessoas que ama e que compartilham de seu sofrimento, se ele é capaz de aceitar sua compaixão, há um estímulo para a restauração da harmonia em seu mundo interior, e seus medos e sua dor se reduzem com mais rapidez.

Depois de descrever alguns dos processos que observei no luto e nos estados depressivos, gostaria agora de estabelecer um elo entre a contribuição que acabo de fazer e o trabalho de Freud e Abraham.

Baseando-se em suas próprias descobertas e nas de Freud sobre a natureza dos processos arcaicos envolvidos na melancolia, Abraham descobriu que esses processos também agem no trabalho de luto normal. Ele concluiu que nesse trabalho o indivíduo estabelece a pessoa amada que faleceu dentro do ego, enquanto o melancólico não consegue fazer isso. Abraham também descreveu alguns dos fatores fundamentais que determinam o sucesso ou o fracasso desse processo.

Minha experiência me leva a concluir que, apesar de a característica típica do luto normal ser o fato de o indivíduo instalar o objeto amado perdido dentro de si mesmo, ele não está fazendo isso pela primeira vez. Na verdade, por meio do trabalho de luto, ele está restaurando esse objeto, assim como todos os seus objetos amados *internos*, que acredita ter perdido. Portanto, está *recuperando* aquilo que já tinha obtido durante a infância.

Durante seu desenvolvimento inicial, como já sabemos, ele estabelece seus pais dentro do ego. (Foi a compreensão dos processos de introjeção na melancolia e no luto normal que, como já sabemos, levou Freud a reconhecer a existência do superego no desenvolvimento normal.) Contudo, no que diz respeito à natureza do superego e à história de seu desenvolvimento individual, minhas conclusões divergem das de Freud. Como já indiquei várias vezes, os processos de introjeção e projeção levam desde o início da vida ao estabelecimento de objetos amados e odiados dentro de nós mesmos. Esses objetos são considerados "bons" ou "maus", e estão interligados uns com os outros e com o self: ou seja, eles formam um mundo interior. Esse conjunto de objetos internalizados se organiza, acompanhando a organização do ego, e pode ser percebido nos estratos superiores da mente como o superego. Assim, de acordo com minhas descobertas, o fenômeno reconhecido por Freud, em termos gerais, como as vozes e a influência dos pais reais instalados dentro do ego é um complexo mundo de objetos, percebido pelo indivíduo, nas camadas profundas do inconsciente, como algo que tem uma existência concreta dentro de si. Eu e meus colegas damos a isso o nome de "objetos internalizados" e de "mundo interior". Esse mundo interior é formado por inúmeros objetos absorvidos pelo ego, que correspondem em parte à profusão de aspectos variáveis, bons e maus, em que os pais (e também as outras pessoas) apareceram na mente inconsciente da criança ao longo dos vários estágios de seu desenvolvimento. Também representam todas as pessoas reais que são continuamente internalizadas nas diversas situações oferecidas pelas experiências externas e fantasiadas. Além disso, todos esses objetos do mundo interior formam uma relação infinitamente complexa entre si e com o self.

Ao se aplicar esta descrição da organização do superego (em comparação ao superego de Freud) ao processo do luto, fica clara a natureza de minha contribuição para o entendimento desse processo. No luto normal, o indivíduo reintrojeta e reinstala não só a pessoa que realmente perdeu, mas também os pais amados, que são percebidos como seus objetos "bons" internos. Seu mundo interior, aquele que vinha construindo desde o início da vida, foi destruído em sua fantasia quando ocorreu a perda real. A reconstrução desse mundo interior caracteriza o trabalho de luto bem-sucedido.

Uma boa compreensão desse complexo mundo interior permite ao analista descobrir e resolver uma grande variedade de situações arcaicas de ansiedade que antes eram desconhecidas. A importância teórica e terapêutica desse fato é tão grande que ainda não pode ser totalmente avaliada. Também acredito que o problema do luto só pode ser entendido de forma mais completa ao se levar em consideração essas situações de ansiedade arcaica.

Agora darei um exemplo, ligado ao luto, de uma dessas situações de ansiedade que, como descobri, também têm uma importância fundamental nos estados maníaco-depressivos. Refiro-me à ansiedade ligada à relação sexual destrutiva entre os pais internalizados; tanto eles quanto o self estão sob o risco constante de sofrerem uma destruição violenta. No material a seguir, apresentarei trechos de alguns sonhos de um paciente, D, homem de uns quarenta e poucos anos, com fortes traços paranoides e depressivos. Não entrarei em detalhes sobre o caso como um todo, limitando-me a mostrar como esses medos e fantasias em particular vieram à tona com a morte da mãe do paciente. Esta já estava com a saúde abalada há algum tempo e na época a que me refiro se encontrava mais ou menos inconsciente.

Um dia, D falou da mãe durante a análise com ódio e amargura, acusando-a de ter feito seu pai infeliz. Também se referiu a um caso de suicídio e outro de loucura que tinham ocorrido na família da mãe. Segundo ele, a mãe já estava "perturbada" há algum tempo. Aplicou duas vezes o termo "perturbado" a si mesmo e depois disse: "Eu sei que você vai me deixar louco e depois me internar". Falou de um animal que era preso numa jaula. Interpretei isso como uma indicação de que D sentia que o parente louco e a mãe perturbada agora estavam dentro dele, e que o medo de ser preso numa jaula implicava em parte o medo mais profundo de manter essas pessoas malucas dentro de si e de enlouquecer também. Então me contou um sonho que tivera na noite anterior: *Via um touro deitado no terreiro de uma fazenda. Ele não estava bem morto, e parecia muito estranho e perigoso. O paciente estava de pé ao lado do touro e sua mãe estava do outro lado. Ele fugiu para dentro de uma casa, sentindo ao mesmo tempo que estava deixando a mãe em perigo e que não deveria fazer isso; mas torcia vagamente para que ela escapasse.*

Para surpresa do próprio paciente, a primeira associação que apresentou em relação ao sonho foram os melros que tanto o incomodaram ao acordá-lo de manhã. Depois falou dos búfalos dos Estados Unidos, país onde nascera. Sempre tivera um grande interesse por eles e sentia forte atração sempre que os via. Então disse que era possível usá-los como alimento, mas que estavam sendo exterminados e deveriam ser preservados. Depois, mencionou a história de um homem que foi obrigado a ficar deitado no chão embaixo de um touro durante horas, sem poder se mexer com medo de ser esmagado. Também surgiu uma associação sobre um touro real na fazenda de um amigo; vira esse touro há pouco tempo e disse que era aterrorizador. Essa fazenda trazia associações que a faziam representar sua própria casa. Passara a maior parte da infância numa grande fazenda de propriedade do pai. No meio disso tudo, surgiram associações sobre sementes de flor que vinham do campo e brotavam nos jardins da cidade. D viu o dono da fazenda novamente na mesma noite e lhe recomendou insistentemente que mantivesse o touro sob controle. (D soubera que o touro danificara há pouco tempo algumas construções da fazenda.) Na mesma noite, o paciente foi informado da morte da mãe.

Na sessão seguinte, D não mencionou de início a morte da mãe. Ao invés disso, expressou o ódio que tinha de mim: meu tratamento iria matá-lo. Então recordei-lhe o sonho do touro e ofereci a interpretação de que, em sua mente, a mãe tinha se misturado com o agressivo pai-touro – que também estava meio morto –, tornando-se estranha e perigosa. Naquele momento, eu e o tratamento representávamos essa figura dos pais combinados. Observei que o aumento recente do ódio contra a mãe era uma defesa contra o sofrimento e o desespero que sentia diante de sua morte, cada vez mais próxima. Mencionei as fantasias agressivas em que, em sua mente, tinha transformado o pai num touro perigoso que destruiria a mãe; daí seu sentimento de responsabilidade e culpa por esse desastre iminente. Também lembrei o comentário do paciente sobre a possibilidade de se comer os búfalos e expliquei que ele tinha incorporado a figura dos pais combinados, o que lhe fazia ter medo de ser esmagado internamente pelo touro. O material anterior da análise demonstrara seu pavor de ser controlado e atacado internamente por seres perigosos, medos que resultaram, entre outras coisas, no hábito de adotar às vezes uma postura muito rígida e imóvel. Interpretei a história do homem que corria o risco de ser esmagado pelo touro, e que se via imobilizado e controlado por ele, como uma representação dos perigos que o paciente acreditava estarem ameaçando-o internamente.[18]

Mostrei então ao paciente as implicações sexuais do ataque do touro contra a mãe, ligando-as à irritação que sentiu quando foi despertado pelos pássaros de manhã (uma vez que essa foi sua primeira associação para o sonho do touro). Recordei-lhe que em suas associações os pássaros muitas vezes representavam pessoas e que o barulho que faziam – barulho a que já estava acostumado – simbolizava para ele a perigosa relação sexual entre os pais, e que isso estava particularmente insuportável naquela manhã por causa do sonho do touro e do profundo estado de ansiedade em que o paciente se encontrava devido à agonia da mãe. Assim, a morte da mãe significava sua destruição pelo touro que se encontrava dentro do paciente, pois (uma vez que o trabalho do luto já tinha se iniciado) ele a internalizara nessa situação perigosa.

Também apontei para alguns aspectos auspiciosos do sonho. A mãe talvez se salvasse do touro. O paciente gostava de melros e de outros pássaros. Também mostrei as tendências de reparação e recriação presentes no material. O pai (os búfalos) deveria ser preservado, i.e., protegido contra a voracidade do próprio paciente. Lembrei-lhe, entre outras coisas, das sementes que queria espalhar do campo que tanto amava para a cidade e que representavam novos bebês criados por ele e o pai como reparação à mãe – e esses bebês cheios de vida também eram um meio de mantê-la viva.

Foi só *depois* dessa interpretação que ele conseguiu me contar que a mãe morrera na noite anterior. Então admitiu – o que era raro – ter entendido perfeitamente o processo de internalização que eu interpretara para ele. Disse que não passara bem depois de ser informado da morte da mãe e que, no mesmo momento, percebeu que não havia nenhum motivo físico para isso. Esse fato agora lhe parecia confirmar

---

18 Constatei várias vezes que processos internos percebidos inconscientemente pelo paciente são representados como algo que acontece em cima ou ao lado dele. Por meio do princípio bem conhecido da representação pelo oposto, um acontecimento externo pode representar um interno. É possível descobrir se a ênfase está na situação interna ou externa a partir de todo o contexto – dos detalhes das associações e da natureza e intensidade dos afetos. Por exemplo, certas manifestações muitos fortes de ansiedade e os mecanismos de defesa específicos empregados contra elas (principalmente o aumento da recusa da realidade psíquica) indicam que a situação interna é a predominante num determinado momento.

minha interpretação de que ele tinha internalizado a situação imaginária dos pais em luta e agonizantes.

Ao longo dessa sessão, ele demonstrou grande quantidade de ódio, ansiedade e tensão, mas quase nenhum pesar; no entanto, perto do fim, depois de minha interpretação, seus sentimentos se suavizaram, certa tristeza veio à tona e o paciente sentiu algum alívio.

Na noite seguinte ao funeral da mãe, D sonhou que X (uma figura paterna) e outra pessoa (que representava a mim) estavam tentando ajudá-lo, mas na verdade ele tinha que lutar por sua vida contra nós; em suas próprias palavras: "A morte estava me chamando". Nessa sessão, voltou a se queixar amargamente de que a análise estava desintegrando-o. Ofereci a interpretação de que, para ele, os pais externos que o ajudavam eram ao mesmo tempo os pais desintegradores em luta, que o atacariam e destruiriam – o touro meio morto e a mãe agonizante dentro dele. Eu mesma e a análise tínhamos passado a representar as pessoas e os acontecimentos perigosos que se desenrolavam dentro de si. O fato de que o paciente internalizara o pai como um pai morto ou agonizante foi confirmado quando ele me contou que durante o funeral da mãe chegara a se perguntar por um instante se seu pai também tinha morrido (na verdade, o pai ainda estava vivo).

Perto do fim da sessão, quando o ódio e a ansiedade já tinham sido reduzidos, ele voltou a ficar mais cooperativo. Mencionou que no dia anterior sentiu-se sozinho e, ao olhar para o jardim pela janela da casa do pai, não gostou de um gaio que viu pousado em um arbusto. Pensou que esse pássaro mau e destrutivo poderia mexer no ninho cheio de ovos de outro pássaro. Então, associou que algum tempo antes vira molhos de flores silvestres atirados no chão – provavelmente colhidos e depois abandonados por um grupo de crianças. Mais uma vez interpretei seu ódio e sua amargura como sendo em parte uma defesa contra o sofrimento, a solidão e a culpa. Como várias vezes antes, o pássaro destrutivo e as crianças destrutivas representavam o próprio paciente, que em sua mente tinha destruído o lar e a felicidade dos pais, matando a mãe ao aniquilar os bebês que se encontravam dentro dela. Nesse caso, seu sentimento de culpa estava relacionado aos ataques *diretos* que fizera em fantasia contra o corpo da mãe; no sonho do touro, no entanto, a culpa vinha dos ataques *indiretos* contra ela, ataques em que o pai foi transformado num touro perigoso que realizava os desejos sádicos do próprio paciente.

Na terceira noite depois do funeral da mãe, D teve outro sonho: *via um ônibus vir em sua direção de forma descontrolada – aparentemente andando sozinho. O veículo foi em direção a um galpão. O paciente não conseguiu ver o que acontecera com o galpão, mas sabia com certeza que "estava indo pelos ares". Então duas pessoas, vindas de trás dele, abriam o teto do galpão e olhavam para dentro. D não entendeu "para que fazer isso", mas elas pareciam acreditar que isso ajudaria em alguma coisa.*

Além de manifestar o medo de ser castrado pelo pai num ato homossexual que o paciente ao mesmo tempo desejava, esse sonho exprimia a mesma situação interna do sonho do touro: a morte da mãe dentro dele e sua própria morte. O galpão simbolizava o corpo da mãe, o próprio paciente e a mãe que existia dentro dele. Na mente de D, a perigosa relação sexual representada pelo ônibus que destrói o galpão se desenrolava com a mãe e com ele mesmo; mas além disso – e era daí que vinha a ansiedade predominante – se desenrolava com a mãe *dentro* dele.

O fato de o paciente não conseguir ver o que acontecia no sonho indicava que em sua mente a catástrofe era interna. Ele também sabia, mesmo sem poder ver, que o galpão estava "indo pelos ares". Além de representar a relação sexual e a castração pelo pai, o ônibus que vinha "em sua direção" também significava "isso está acontecendo dentro de mim".[19]

As duas pessoas que abriam o teto por trás (ele tinha apontado para minha cadeira) eram o próprio paciente e eu, olhando para seu interior e sua mente (psicanálise). As duas pessoas também representavam a mim mesma como uma figura dos pais "maus" combinados que continha o pai perigoso – daí as dúvidas de que olhar para dentro do galpão (a análise) seria de alguma ajuda. O ônibus descontrolado também representava o próprio D numa relação sexual perigosa com a mãe, exprimindo o medo e a culpa relacionados à natureza má de seus órgãos genitais. Antes da morte da mãe, numa época em que sua doença fatal já tinha se instalado, o paciente bateu acidentalmente com o carro num poste, sem nenhuma consequência grave. Tudo indica que isso foi uma tentativa inconsciente de suicídio, cujo objetivo era destruir os pais internos "maus". Esse acidente também representava os pais numa relação sexual perigosa dentro dele; era, portanto, a realização, assim como a externalização, de um desastre interior.

A fantasia dos pais combinados numa relação sexual "má" – ou melhor, o acúmulo de desejos, medos, culpa e emoções de vários

---

19 Um ataque ao exterior do corpo muitas vezes representa um ataque que se sente ser interno. Já observei que a representação de algo em cima ou muito perto do corpo muitas vezes tem o significado mais profundo de apontar para um elemento interno.

tipos que acompanhava essa fantasia – perturbara profundamente sua relação com ambos os pais, desempenhando um papel importante não só em sua doença, mas em todo seu desenvolvimento. Com a análise dessas emoções ligadas aos pais reais na relação sexual – e principalmente por meio da análise dessas situações internalizadas –, o paciente foi capaz de sentir um verdadeiro luto pela mãe. Durante toda a sua vida, porém, tinha evitado a depressão e o sofrimento de perdê-la, derivados de seus sentimentos depressivos infantis, recusando seu grande amor por ela. Tinha reforçado inconscientemente seu ódio e seus sentimentos de perseguição, pois não suportava o medo de perder a mãe *amada*. Quando as ansiedades a respeito de seu próprio caráter destrutivo diminuíram e a confiança em sua capacidade de restaurar a mãe e preservá-la ficou mais forte, a perseguição se reduziu e seu amor por ela foi ocupando gradualmente o primeiro plano. Ao mesmo tempo, porém, D começou a sentir cada vez mais o pesar e o anseio por ela que reprimira e recusara desde os primeiros dias de sua vida. Ao passar com sofrimento e desespero por esse luto, seu amor profundamente encoberto pela mãe tornou-se cada vez mais claro e sua relação com os pais se alterou. Em certa ocasião, ao falar de uma lembrança agradável da infância, referiu-se a eles como "meus pais queridos" – algo que nunca fizera antes.

Mostrei aqui e em meu artigo anterior os motivos profundos por trás da incapacidade do indivíduo para superar completamente a posição depressiva infantil. Esse fracasso pode causar doenças depressivas, a mania ou a paranoia. Também apontei para dois outros métodos pelos quais o ego procura escapar dos sofrimentos ligados à posição depressiva: a fuga para os objetos bons internos (que pode levar à psicose grave) e a fuga para os objetos bons externos (que pode provocar a neurose).[20] De acordo com minha experiência, porém, há várias estratégias, baseadas em defesas obsessivas, maníacas e paranoides que variam de pessoa para pessoa em sua proporção relativa, que servem ao mesmo propósito, ou seja, permitir ao indivíduo fugir dos sofrimentos ligados à posição depressiva. (Todos esses métodos, como já indiquei, também fazem parte do desenvolvimento normal.) Isso é fácil de se observar na análise de pessoas que não conseguem viver o luto. Sentindo-se incapazes de salvar e restaurar com firmeza seus objetos amados dentro de si, elas se afastam mais desses objetos e recusam seu amor por eles. Como resultado, suas emoções em geral

---

20 Cf. "Uma contribuição à psicogênese dos estados maníaco-depressivos", neste volume.

podem se tornar mais inibidas; em outros casos, são principalmente os sentimentos amorosos que são abafados e o ódio é estimulado. Ao mesmo tempo, o ego recorre a várias maneiras de lidar com os medos paranoides (que se tornam mais intensos à medida que o ódio é reforçado). Por exemplo, os objetos internos "maus" são subjugados de forma maníaca, imobilizados e ao mesmo tempo recusados, além de serem projetados para o mundo externo. Algumas pessoas que não conseguem viver o luto só conseguem escapar de uma crise maníaco-depressiva ou da paranoia por meio da severa restrição de sua vida emocional, que empobrece toda a sua personalidade.

A capacidade de pessoas desse tipo para manter o equilíbrio mental muitas vezes depende da maneira como esses vários métodos interagem entre si, e de sua capacidade de manter viva em outras direções parte do amor que negam a seus objetos perdidos. Relações com pessoas que na mente do sujeito não se aproximam muito do objeto perdido, assim como o interesse em várias coisas e atividades, podem absorver parte desse amor que pertencia ao objeto perdido. Apesar de essas relações e sublimações ainda guardarem alguns traços maníacos e paranoides, elas podem oferecer algum conforto e alívio da culpa, pois por meio delas o objeto amado perdido que fora rejeitado e, portanto, novamente destruído, é restaurado até certo ponto, podendo ser mantido na mente inconsciente.

Quando a análise diminui as ansiedades dos nossos pacientes ligadas a pais internos destrutivos e persecutórios, há uma redução do ódio e um novo decréscimo das ansiedades. Os pacientes conseguem então reexaminar sua relação com os pais – estejam eles vivos, estejam eles mortos – e reabilitá-los até certo ponto, mesmo quando têm motivos concretos de ressentimento. Essa maior tolerância torna possível estabelecer figuras "boas" dos pais com mais firmeza em sua mente, ao lado dos objetos internos "maus" – ou melhor, permite mitigar o medo dos objetos "maus" por meio da confiança nos objetos "bons". Isso significa que eles conseguem sentir emoções – pesar, sofrimento e culpa, além de amor e confiança – que lhes permitem passar pelo luto, vencê-lo, e finalmente superar a posição depressiva infantil, coisa que não conseguiram fazer na infância.

Concluindo. No luto normal, assim como no luto anormal e nos estados maníaco-depressivos, a posição depressiva infantil é reativada. As fantasias, ansiedades e sentimentos complexos englobados por esse termo são de tal natureza a justificar minha afirmação de que, em seu desenvolvimento inicial, a criança passa por um estado maníaco-depressivo transitório e por um estado de luto que são modificados pela neurose infantil. O fim da neurose infantil traz a vitória sobre a posição depressiva infantil.

A diferença fundamental entre luto normal, de um lado, e luto anormal e estados maníaco-depressivos, de outro, é a seguinte: o maníaco-depressivo e a pessoa que fracassa no trabalho do luto, apesar de poderem apresentar defesas completamente diferentes, têm em comum o fato de não terem conseguido estabelecer seus objetos "bons" internos na primeira infância e de não se sentirem seguros em seu mundo interior. Eles nunca chegaram a superar a posição depressiva infantil. No luto normal, porém, a posição depressiva arcaica, reativada com a perda do objeto amado, modifica-se novamente, sendo superada por meio de métodos semelhantes àqueles empregados pelo ego durante a infância. O indivíduo restaura o objeto amado que de fato acaba de perder; ao mesmo tempo, porém, restabelece dentro de si seus primeiros objetos amados – em última análise, os pais "bons" –, cuja perda ele também temia ao passar pela perda real. Ao restabelecer dentro de si os pais "bons" juntamente à pessoa que acaba de perder e ao reconstruir seu mundo interior, que fora desintegrado ou se encontrava em perigo, ele vence seu pesar, volta a ter segurança e conquista a verdadeira paz e harmonia.

1945
O complexo de Édipo à luz das ansiedades arcaicas

Este é o último trabalho em que Melanie Klein discute de forma extensa o complexo de Édipo. Antes, já abordara com profundidade este assunto em "Estágios iniciais do conflito edipiano" (1928) e *A psicanálise de crianças* (1932). Desde que essas obras foram escritas, houve dois avanços importantes em seu trabalho, um de caráter geral e o outro mais específico. O geral é a aceitação em *A psicanálise de crianças* da interação entre amor e ódio como a base do funcionamento mental. Nesse livro, porém, ela ainda estava começando a empregar esse princípio, de modo que seus escritos sobre o complexo de Édipo em *A psicanálise de crianças* não chegam a ser afetados por ele. A mudança mais específica é a nova teoria, formulada em "Uma contribuição à psicogênese dos estados maníaco-depressivos" (1935), da posição depressiva como o ponto crucial do desenvolvimento no primeiro ano de vida. O presente artigo é uma descrição revisada e ampliada do complexo de Édipo à luz dessas duas mudanças.

Sua concepção particular do complexo de Édipo permanece a mesma de 1928 – há estágios pré-genitais do complexo de Édipo além da situação edipiana descoberta por Sigmund Freud; fantasias arcaicas sobre o pênis do pai dentro do corpo da mãe e sobre o interior da própria criança fazem parte da situação edipiana; a culpa não é um resultado do complexo de Édipo, estando presente desde o início e afetando todo seu curso. A descrição do desenvolvimento sexual do menino e da menina apresentado em *A psicanálise de crianças* também permanece válida. Agora, porém, Melanie Klein vê de outra forma o início do complexo de Édipo e a causa de seu declínio, além de fazer acréscimos importantes à natureza do complexo de Édipo em si.

A hipótese de que o sadismo declina ao invés de crescer nos seis primeiros meses de vida, somada à opinião de que as relações de objeto estão presentes desde o nascimento, significa que as afirmações anteriores de que o complexo de Édipo começa na fase narcísica, como Melanie Klein declarou em 1932, ou quando o sadismo está no auge estão incorretas e devem ser abandonadas. Ela não acredita mais que a frustração oral do desmame libera os impulsos edipianos nem que o complexo de Édipo começa principalmente sob o impulso do ódio, como afirmou algumas vezes. Pelo contrário, agora sustenta que o início do complexo de Édipo coincide com o início da posição depressiva, quando a ansiedade persecutória diminui e os sentimentos amorosos passam a ocupar o primeiro plano. Apesar de a privação poder desempenhar um papel importante ao fazer a criança se afastar do seio, esse é um elemento secundário ao amor que a impulsiona para frente e à busca de novos objetos que é inerente à libido. Quanto ao declínio do complexo de Édipo, Melanie Klein acreditava em 1932 que a culpa era o fator principal; agora, porém, afirma que as emoções positivas, o amor da criança pelos pais e seu desejo de preservá-los também são motivos para que o complexo de Édipo perca a força.

Quando ligou o complexo de Édipo à posição depressiva em 1935, em "Uma contribuição à psicogênese dos estados maníaco-depressivos", Melanie Klein não foi além da afirmação de que o pesar e a preocupação com a perda temida dos objetos bons na posição depressiva eram a fonte dos conflitos edipianos mais dolorosos. No presente artigo, examina o entrelaçamento de desejos edipianos e ansiedades depressivas à medida que a criança luta para integrar seu amor ao ódio, e mostra como os impulsos sexuais ganham uma nova dimensão como um meio de reparar os efeitos da agressividade. Isso leva ao surgimento de fantasias sexuais reparadoras, de grande importância para a sexualidade futura. Essa imagem mais completa da situação edipiana é ilustrada pelo material de dois pacientes: Richard, o menino cuja análise é publicada por completo em *Narrativa da análise de uma criança* (1961),[1] e Rita, uma pequena menina cuja boa parte do material já aparecera em artigos anteriores.

Neste artigo, Melanie Klein faz uma útil descrição de suas divergências com Freud a respeito do complexo de Édipo. É interessante observar que, a não ser pelas concepções derivadas especificamente

---

1 M. Klein, *Narrativa da análise de uma criança* [1961], trad. Claudia S. Lima. São Paulo: Ubu Editora/Imago, 2025.

da conexão do complexo de Édipo com a posição depressiva, todas as divergências listadas aqui já estavam presentes no artigo de 1928; naquela época, porém, ela aparentemente preferiu evitar dar ênfase às suas discrepâncias com Freud.

O presente artigo também apresenta uma elucidação explícita de suas opiniões a respeito dos primeiros meses de vida. O ano seguinte viu a publicação de "Notas sobre alguns mecanismos esquizoides", em que Melanie Klein sugere que durante os primeiros meses o bebê ocupa a posição esquizoparanoide. Entretanto, isso não afeta as opiniões expressas aqui. No prefácio da terceira edição de *A psicanálise de crianças*, pode-se encontrar as afirmações da própria Melanie Klein sobre suas mudanças de concepção a respeito do complexo de Édipo desde 1932.

Melanie Klein faz acréscimos à sua descrição do complexo de Édipo em dois trabalhos posteriores. No esboço que traça do complexo de Édipo em "Algumas conclusões teóricas relativas à vida emocional do bebê" (1952), ela descreve a relação recíproca e benéfica entre complexo de Édipo e posição depressiva. O último texto em que discute o complexo de Édipo é "Inveja e gratidão" (1957), no qual descreve os efeitos prejudiciais da inveja na situação edipiana.

Resumindo: Melanie Klein expandiu o conhecimento que se tinha do complexo de Édipo de duas maneiras; primeiro, descobriu os estágios iniciais desse complexo – que, segundo Freud, forma o núcleo de todas as neuroses – e depois o conectou à posição depressiva, em sua concepção a posição central no desenvolvimento da criança.

INTRODUÇÃO

Tenho dois objetivos principais ao apresentar este trabalho. Pretendo escolher algumas situações típicas de ansiedade arcaica e mostrar sua ligação com o complexo de Édipo. Uma vez que essas ansiedades e defesas fazem parte da posição depressiva infantil, como eu vejo, espero lançar alguma luz sobre a relação entre posição depressiva e desenvolvimento libidinal. Meu segundo objetivo é comparar minhas conclusões sobre o complexo de Édipo com as opiniões de Freud a esse respeito.

Ilustrarei minha argumentação com pequenos exemplos retirados de dois históricos de caso. Poderia citar vários outros detalhes sobre as duas análises, as relações familiares dos pacientes e a técnica empregada. No entanto, me limitarei aos detalhes do material pertinentes ao assunto que pretendo examinar.

As crianças cujos históricos de caso utilizarei para ilustrar minha argumentação sofriam de graves dificuldades emocionais. Ao tomar esse material como base para minhas conclusões sobre o curso normal do desenvolvimento edipiano, estou seguindo um método muito empregado pela psicanálise. Freud justificou esse ângulo de abordagem em muitas de suas obras. Num determinado ponto, por exemplo, ele afirma: "a patologia sempre nos prestou o serviço de tornar reconhecíveis, isolando-as e exagerando-as, coisas que ficariam ocultas no estado da normalidade".[2]

TRECHOS DE UM HISTÓRICO DE CASO QUE ILUSTRA O DESENVOLVIMENTO EDIPIANO DO MENINO

O material que utilizarei como ilustração de minhas opiniões sobre o desenvolvimento edipiano no menino foi retirado da análise de um menino de dez anos. Seus pais se viram obrigados a procurar ajuda para o filho porque alguns de seus sintomas tinham se desenvolvido a ponto de impedi-lo de frequentar a escola. Tinha muito medo das outras crianças e por causa disso evitava cada vez mais sair sozinho. Além disso, uma inibição progressiva de suas capacidades e interesses já deixava os pais preocupados há alguns anos. Além desses sintomas, que tornavam impossível sua presença na escola, o menino se preocupava de forma exagerada com a saúde e ficava deprimido com frequência. Essas dificuldades se manifestavam na aparência do paciente, que parecia muito preocupado e infeliz. Às vezes, porém – e isso era impressionante durante as sessões –, sua depressão desaparecia e seus olhos de repente ficavam cheios de vida e brilho, alterando completamente seu rosto.

Richard era uma criança precoce e bem-dotada em vários aspectos. Tinha grande propensão para a música e já dava mostras disso numa idade muito tenra. Tinha grande amor pela natureza, mas apenas em seus aspectos agradáveis. Seus dons artísticos se manifestavam, por exemplo, na escolha de palavras e em um pendor para o drama que animava sua conversação. Não se dava bem com crianças e se sentia melhor na companhia de adultos, principalmente mulheres. Tentava impressioná-las com seus dons conversacionais e insinuar-se junto a elas de forma bastante precoce.

---

2   Sigmund Freud, *Novas conferências introdutórias à psicanálise* [1933], in *Obras completas*, v. 18, trad. Paulo César de Souza. São Paulo: Companhia das Letras, 2010, p. 275.

O período de amamentação de Richard foi breve e insatisfatório. O menino foi um bebê delicado e sofria de gripes e outras doenças desde que era bebê. Foi submetido a duas operações (circuncisão e tonsilectomia) entre o terceiro e o sexto ano de vida. A situação financeira da família era modesta, mas não desconfortável. A atmosfera da casa não era muito feliz. Havia certa falta de carinho e interesses em comum entre os pais, apesar de não ocorrer nenhum conflito em aberto. Richard era o segundo de dois filhos e seu irmão era alguns anos mais velho. A mãe, apesar de não ser doente no sentido clínico, era um tipo depressivo. Ficava muito preocupada com qualquer doença de Richard e não há dúvida de que sua atitude contribuiu para os medos hipocondríacos do menino. Sua relação com Richard não era satisfatória em certos aspectos; enquanto o irmão mais velho tinha grande sucesso na escola e absorvia a maior parte da capacidade de amor da mãe, Richard era uma decepção para ela. Apesar de ser muito dedicado à mãe, o menino era extremamente difícil de se lidar. Ele não possuía nenhum interesse ou passatempo para ocupá-lo. Era excessivamente ansioso e afetuoso com a mãe, agarrando-se a ela de forma persistente e exaustiva.

A mãe lhe dava muita atenção e de certa forma o mimava, mas não conseguia perceber os aspectos menos óbvios de seu caráter, como sua grande capacidade inerente para o amor e a bondade. Não entendia que a criança a amava muito e tinha pouca confiança em seu desenvolvimento futuro. Ao mesmo tempo, era de forma geral muito paciente ao lidar com o menino; por exemplo, não procurava lhe impor a companhia de outras crianças nem o obrigava a ir à escola.

O pai de Richard gostava muito do menino e lhe tratava com muita bondade, mas parecia deixar a responsabilidade de sua educação principalmente nas mãos da mãe. Como a análise revelou, Richard acreditava que o pai era tolerante demais com ele e exercia muito pouco sua autoridade no círculo familiar. O irmão mais velho era de forma geral amistoso e paciente com Richard, mas os dois meninos não tinham muito em comum.

O início da guerra aumentou muito as dificuldades de Richard. Ele foi evacuado juntamente com a mãe e se mudou com ela para fazer análise na cidadezinha onde eu morava na época, enquanto o irmão foi enviado para a escola. O fato de ter que sair de casa deixou Richard muito perturbado. Além disso, a guerra atiçava todas as suas ansiedades: em especial, ele tinha medo dos ataques aéreos e das bombas. Acompanhava as notícias com atenção e tinha um grande interesse pelas mudanças ocorridas na situação de guerra, preocupação que veio à tona repetidas vezes ao longo da análise.

Apesar de haver dificuldades na situação familiar – além de sérias dificuldades na história inicial de Richard –, na minha opinião essas circunstâncias não bastavam para explicar a gravidade de sua doença. Como em todos os casos, é preciso levar em consideração os processos internos resultantes de fatores constitucionais e ambientais, com os quais interagem; no entanto, não posso lidar aqui em detalhes com a interação de todos esses fatores. Me limitarei a mostrar a influência de certas ansiedades arcaicas sobre o desenvolvimento genital.

A análise ocorreu numa cidadezinha a alguma distância de Londres, numa casa cujos donos estavam viajando. Não era o tipo de sala de jogos que eu teria escolhido, pois não podia remover vários livros, quadros, mapas etc. Richard tinha uma relação peculiar, quase pessoal com esse aposento e o resto da casa, que ele identificava comigo. Por exemplo, muitas vezes falava com a casa e se referia a ela com carinho, dizia adeus a ela antes de ir embora no fim da sessão e às vezes tomava muito cuidado para arrumar a mobília de forma que, na visão dele, deixaria o aposento "feliz".

Ao longo da análise, Richard fez uma série de desenhos.[3] Uma das primeiras coisas que desenhou foi uma estrela-do-mar flutuando perto de uma planta submarina e ele me explicou que se tratava de um bebê com fome que queria comer a planta. Um polvo, bem maior do que a estrela-do-mar e com um rosto humano, começou a aparecer em seus desenhos um dia ou dois mais tarde. Esse polvo representava o pai e os órgãos genitais paternos em seus aspectos perigosos, sendo inconscientemente identificado mais tarde com o "monstro" que encontraremos em breve no material. A forma da estrela-do-mar logo levou a um padrão composto de diversas seções coloridas. As quatro cores principais desse tipo de desenho – preto, azul, roxo e vermelho – simbolizavam o pai, a mãe, o irmão e o próprio Richard, respectivamente. Em um dos primeiros desenhos em que utilizou essas cores, ele introduziu o preto e o vermelho fazendo os lápis marcharem até o desenho, com ruídos de acompanhamento. Explicou que o preto era o pai e acompanhou o movimento do lápis imitando o som de soldados marchando. Depois veio o vermelho e Richard disse que era

---

3 As reproduções apresentadas neste artigo foram copiadas dos originais num tamanho ligeiramente reduzido. Os desenhos originais foram feitos a lápis e coloridos com giz de cera. As diversas cores foram indicadas da melhor forma possível por meio de marcações diferentes. No desenho 3, no entanto, os submarinos deveriam ser pretos, as bandeiras vermelhas e os peixes e estrelas-do-mar amarelos.

ele mesmo; então cantou uma música alegre enquanto movia o lápis. Ao colorir as seções azuis, disse que aquilo era a mãe e, ao colorir as roxas, que seu irmão era bom e estava ajudando.

O padrão representava um império e cada seção um país diferente. É importante observar que o interesse do menino nos eventos relacionados à guerra desempenhava um papel considerável em suas associações. Muitas vezes Richard procurava nos mapas os países que Hitler tinha subjugado e a relação entre esses países e seus próprios desenhos era evidente. Os desenhos do império representavam a mãe, que estava sendo invadida e atacada. O pai geralmente aparecia como o inimigo; Richard e o irmão assumiam vários papéis nos desenhos, às vezes como aliados da mãe, outras como aliados do pai.

Esses desenhos de padrões, apesar de guardarem uma semelhança superficial, variavam muito em seus detalhes – na verdade, não havia dois que fossem exatamente idênticos. A maneira como Richard fazia esses desenhos – ou, de fato, praticamente qualquer outro – era bastante significativa. Ele não partia de um plano deliberado e muitas vezes ficava surpreso ao ver o resultado final.

Empregava vários tipos de material em seu brincar; por exemplo, os lápis e gizes de cera que usava para fazer os desenhos também representavam pessoas. Além disso, trazia para as sessões seu próprio conjunto de navios de brinquedo, e dois deles representavam sempre os pais, enquanto os outros apareciam em diversos papéis.

A fim de facilitar minha exposição, restringi a seleção de material a alguns exemplos, tirados principalmente de seis sessões. Nessas sessões – em parte devido a circunstâncias externas que examinarei mais tarde –, certas ansiedades vieram a ocupar temporariamente o primeiro plano. Elas foram reduzidas com a ajuda das interpretações e as mudanças resultantes lançaram alguma luz sobre as influências das ansiedades arcaicas relativas ao desenvolvimento genital. Essas mudanças, que eram apenas uma etapa do avanço em direção a uma estabilidade e genitalidade mais completa, já tinham sido prefiguradas na análise de Richard.

No que diz respeito às interpretações apresentadas neste artigo, não é preciso dizer que selecionei aquelas mais pertinentes ao assunto tratado aqui. Deixarei claro quais interpretações foram feitas pelo próprio paciente. Além das interpretações que ofereci a ele, este artigo contém diversas conclusões retiradas do material, e nem sempre farei uma distinção clara entre essas duas categorias. Uma demarcação consistente desse tipo exigiria grande quantidade de repetições e toldaria as questões principais.

Ansiedades arcaicas que impedem o desenvolvimento edipiano

Tomarei como ponto de partida a retomada da análise depois de uma interrupção de dez dias. Até então, a análise durara seis semanas. Durante esse intervalo, fui a Londres e Richard viajou de férias. Ele nunca estivera num ataque aéreo e seus medos apontavam Londres como o lugar sob o maior risco de um bombardeio. Para ele, então, ir a Londres significava ir em direção à destruição e à morte. Isso veio se somar à ansiedade provocada pela interrupção da análise.

Ao voltar, encontrei Richard muito preocupado e deprimido. Durante toda a primeira sessão, ele mal olhou para mim. Ficava rígido na cadeira sem levantar os olhos, ou então saía agitado para a cozinha ao lado e o jardim. Apesar dessa clara resistência, entretanto, conseguiu me fazer algumas perguntas: eu tinha visto a Londres "arrasada"? Houve algum bombardeio enquanto eu estive lá? Caiu alguma tempestade em Londres?

Uma das primeiras coisas que me contou foi que odiava ter que voltar à cidade onde fazia análise, chamando-a de "chiqueiro" e "pesadelo". Logo saiu para o jardim, onde parecia mais à vontade para olhar em volta. Viu alguns cogumelos, que mostrou a mim tremendo e dizendo que eram venenosos. De volta à sala, pegou um livro da estante e apontou especificamente para a figura de um pequeno homem lutando contra um "monstro horrível".

No segundo dia depois da minha volta, Richard me falou com muita resistência sobre uma conversa que tivera com a mãe enquanto eu estava fora. O menino lhe contara que estava muito preocupado com a possibilidade de vir a ter bebês mais tarde e perguntou se isso doía muito. Ela então explicou mais uma vez o papel que o homem desempenha na reprodução e ele declarou que não gostaria de pôr seu órgão genital dentro do órgão genital de outra pessoa, pois isso o deixaria assustado; toda a situação era uma grande fonte de preocupação para o menino.

Em minha interpretação, liguei esse medo à cidade "chiqueiro"; em sua mente, ela representava meu "interior" e o "interior" de sua mãe, que tinha se tornado mau por causa das tempestades e das bombas de Hitler. Estas representavam o pênis do pai "mau" entrando no corpo da mãe e transformando-o num lugar ameaçado e, ao mesmo tempo, ameaçador. O pênis "mau" dentro da mãe também era simbolizado pelos cogumelos venenosos que tinham crescido no jardim durante minha ausência, assim como pelo monstro contra o qual lutava o pequeno homem (que representava o próprio menino). A fantasia de que a mãe continha o órgão genital destrutivo do pai explicava em parte seu medo de ter relações sexuais. Essa ansiedade fora incitada e intensificada pela minha ida a Londres. Seus próprios desejos agressivos ligados à relação sexual entre os pais vieram a aumentar muito suas ansiedades e sentimentos de culpa.

O medo que Richard tinha do pênis do pai "mau" dentro da mãe tinha uma estreita ligação à sua fobia de crianças. Esses dois medos estavam intimamente ligados às fantasias em que o "interior" da mãe era um lugar perigoso. O menino acreditava ter atacado e ferido os bebês imaginários dentro do corpo da mãe, e que estes tinham se tornado seus inimigos. Boa parte dessa ansiedade foi transferida para as crianças do mundo externo.

A primeira coisa que Richard fez com sua frota de navios durante essas sessões foi encenar a colisão de um destróier, que ele chamava de *Vampire*, com o couraçado *Rodney*, que sempre representava a mãe. Imediatamente a resistência veio à tona e ele logo mudou a arrumação de sua frota. Mesmo assim, conseguiu responder – ainda que com grande relutância – quando perguntei quem o Vampire representava: era ele mesmo. A súbita resistência, que o obrigou a interromper a brincadeira, deixou mais clara a repressão de seus desejos genitais em relação à mãe. Constatou-se várias vezes durante a análise que a colisão de dois navios simbolizava a relação sexual. Uma das principais causas da repressão dos desejos genitais no menino era o caráter destrutivo da relação sexual, que para ele tinha uma natureza sádico-oral – como indica o próprio nome *Vampire* [vampiro].

Agora interpretarei o desenho 1, que ajuda a ilustrar as situações de ansiedade de Richard nesse estágio da análise. Nos desenhos padronizados, como já sabemos, o vermelho sempre representava Richard, o preto seu pai, o roxo seu irmão e o azul-claro sua mãe. Ao colorir as partes vermelhas, Richard disse: "Estes são os russos". Apesar de os russos terem se tornado nossos aliados, o menino não confiava neles. Portanto, ao se referir ao vermelho (ele próprio) como russos suspeitos, ele estava me dizendo que tinha medo de sua própria agressividade. Foi esse medo que o obrigou a interromper a brincadeira com a frota, assim que percebeu que era o *Vampire* na abordagem sexual junto à mãe. O desenho 1 expressa suas ansiedades em torno do corpo da mãe, atacado pelo pai-Hitler mau (bombas, tempestades, cogumelos venenosos). Como poderemos ver ao discutir as associações relacionadas ao desenho 2, o império inteiro representava o corpo da mãe, perfurado pelo órgão genital "mau" do próprio menino. No desenho 1, porém,

■ PRETO ▨ ROXO
☐ AZUL-CLARO ▦ VERMELHO

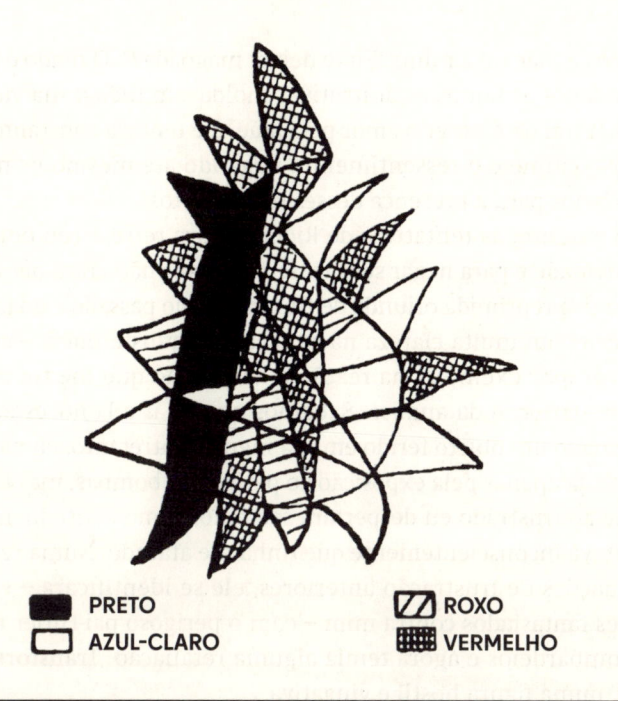

Desenho 1

o corpo da mãe era perfurado por três órgãos genitais, representando os três homens da família: o pai, o irmão e o próprio Richard. Já sabemos que durante essa sessão Richard expressou o horror que tinha da relação sexual. À fantasia de que a mãe seria destruída pelo pai "mau" somou-se o perigo da agressividade do próprio Richard, pois este se identificava com o pai "mau". O irmão também aparecia como um agressor. Nesse desenho, a mãe (azul-claro) contém os homens maus – ou, em última análise, os órgãos genitais maus deles. O corpo da mãe, portanto, está em perigo e é um lugar perigoso.

Algumas defesas arcaicas

A ansiedade de Richard em torno de sua agressividade e, principalmente, de suas tendências sádico-orais era muito grande, provocando uma luta acirrada dentro dele contra sua agressividade. Às vezes era possível perceber essa luta com muita clareza. É significativo que em momentos de raiva ele trincasse os dentes e movimentasse a mandíbula como se estivesse mordendo. Devido à intensidade de seus impulsos sádico-orais, ele se via em grande perigo de ferir a mãe. Muitas vezes perguntava, mesmo depois de comentários inofensivos dirigidos à mãe ou a mim: "Eu te deixei magoada?". O medo e a culpa relacionados às fantasias destrutivas moldavam toda a sua vida emocional. A fim de manter o amor pela mãe, ele tentava constantemente conter o ciúme e o ressentimento, negando até mesmo os motivos mais óbvios para a presença desses sentimentos.

No entanto, as tentativas de Richard para refrear seu ódio e sua agressividade e para negar seus ressentimentos não eram bem-sucedidas. A raiva reprimida oriunda de frustrações do passado e do presente apareceu com muita clareza na situação de transferência – como se pode ver, por exemplo, na reação à frustração que lhe foi imposta pela interrupção da análise. Sabemos que ao ir a Londres eu tinha me tornado um objeto ferido em sua mente. Entretanto, eu não tinha sido ferida apenas pela exposição ao perigo das bombas, mas também porque ao frustrá-lo eu despertara seu ódio; como consequência, ele acreditava inconscientemente que tinha me atacado. Numa repetição de situações de frustração anteriores, ele se identificara – em seus ataques fantasiados contra mim – com o perigoso pai-Hitler por trás dos bombardeios e agora temia alguma retaliação. Transformei-me, então, numa figura hostil e vingativa.

No caso de Richard, a cisão inicial da figura materna numa "mãe-seio" boa e outra má era muito forte e servia como uma maneira de lidar com a ambivalência. Essa divisão acabou se transformando numa divisão entre a "mãe-seio", que era "boa", e a "mãe genital", que era "má". Nesse estágio da análise, a mãe real do menino representava a "mãe-seio boa", enquanto eu tinha me tornado a "mãe genital má". Desse modo, eu despertava nele a agressividade e os medos relacionados a essa figura. Eu tinha me tornado a mãe que fora ferida pelo pai durante a relação sexual, ou que estava unida ao pai-Hitler "mau".

Podia-se perceber que os interesses genitais de Richard estavam ativos na época por sua conversa com a mãe sobre a relação sexual, por exemplo. Nessa conversa, porém, ele expressava principalmente seu horror diante desse ato. Foi esse horror que o levou a se afastar de mim, enquanto mãe "genital", e fez se voltar para a mãe real, vista como o objeto bom. Ele conseguiu fazer isso por meio de uma regressão para o estágio oral. Enquanto eu estava em Londres, Richard ficou mais apegado à mãe do que nunca. Como ele próprio me disse, ele era o "pintinho da Mamãe", e os "pintinhos ficam correndo atrás da Mamãe". Essa fuga para a mãe-seio como defesa contra a ansiedade em torno da mãe genital não foi bem-sucedida. Pois Richard acrescentou: "Mas depois os pintinhos têm que ficar sem elas, porque as galinhas param de cuidar deles e não dão mais atenção para eles".

A frustração vivida na situação de transferência com a interrupção da análise reavivou frustrações e ressentimentos anteriores, principalmente a mais arcaica privação sofrida em relação ao seio da mãe. Por isso, a crença na mãe boa não podia mais ser mantida.

Logo depois da colisão que descrevi na seção anterior entre *Vampire* (o próprio menino) e *Rodney* (a mãe), Richard colocou lado a lado os couraçados *Rodney* e *Nelson* (a mãe e o pai), e depois arrumou numa fileira, no sentido do comprimento, alguns navios representando o irmão, ele próprio e o cachorro, dispostos – como o menino explicou – em ordem. Nesse ponto, o jogo com a frota expressava o desejo de restaurar a paz e a harmonia na família, permitindo que os pais ficassem juntos e cedendo um lugar para a autoridade do pai e do irmão. Isso implicava a necessidade de conter o ciúme e o ódio, pois só então, como o menino acreditava, seria possível evitar uma luta contra o pai pela posse da mãe. Dessa forma, evitava o medo da castração e ainda preservava o pai e o irmão bons. Acima de tudo, também salvava a mãe de ser ferida na luta entre ele e o pai.

Assim, Richard era dominado não só pela necessidade de se defender do medo de ser atacado pelos rivais (o pai e o irmão), mas também pela preocupação com seus objetos bons. Os sentimentos de amor e a premência de reparar os danos feitos em fantasia – danos que poderiam se repetir caso cedesse ao ódio e ao ciúme – vieram à tona com mais força.

No entanto, só ao reprimir seus desejos edipianos é que Richard poderia assegurar a paz e a harmonia da família, conter o ciúme e o ódio e preservar seus objetos amados. A repressão dos desejos edipianos implicava uma regressão parcial aos primeiros estágios da vida, mas essa regressão estava ligada a uma *idealização* da relação entre mãe e bebê. Richard queria se transformar num bebê livre da agressividade, livre, principalmente, de impulsos sádico-orais. A idealização do bebê pressupõe uma idealização correspondente da mãe e, em primeiro lugar, de seus seios: um seio ideal que nunca traz frustrações, uma mãe e um filho que guardam entre si uma relação puramente amorosa. O seio mau, a mãe má, era mantido muito afastado da mãe ideal em sua mente.

O desenho 2 ilustra alguns dos métodos empregados por Richard para lidar com a ambivalência, a ansiedade e a culpa. Ele indicou para mim a seção vermelha "que atravessa todo o império da Mamãe", mas logo depois se corrigiu: "Não é o império da Mamãe, é só um império onde todos nós temos alguns países". Interpretei que ele tinha medo de perceber que aquele era o império de sua mãe, pois sendo assim a

■ PRETO   ▨ ROXO
☐ AZUL-CLARO   ▦ VERMELHO

Desenho 2

seção vermelha estaria perfurando o interior dela. Então Richard olhou novamente para o desenho e disse que a seção vermelha "parecia um órgão genital", observando também que ela dividia o império em dois: no oeste ficavam os países que pertenciam a todos, enquanto a parte do leste não continha nada da mãe – mas apenas o próprio menino, o pai e o irmão.

O lado esquerdo do desenho representava a mãe boa numa íntima ligação com Richard, pois havia muito pouco do pai e relativamente pouco do irmão nessa área. No lado direito (o "perigoso leste" que eu já encontrara antes na análise do menino), ao contrário, apareciam apenas os homens (ou melhor, seus órgãos genitais maus) lutando entre si. A mãe desaparecera desse lado do desenho porque, como Richard acreditava, ela fora incapaz de suportar os homens maus. Esse desenho expressava a divisão entre mãe má ameaçada (a mãe genital) e mãe amada e segura (a mãe-seio).

No primeiro desenho, que utilizei como ilustração de certas situações de ansiedade, já podemos perceber um pouco dos mecanismos de defesa que surgem com mais clareza no desenho 2. Apesar de no desenho 1 a mãe azul-clara se espalhar por toda a área, e a cisão entre "mãe genital" e "mãe-seio" não aparecer com tanta clareza como no desenho 2, pode-se perceber uma tentativa de divisão desse tipo se isolarmos a seção na extrema direita.

É altamente elucidativo que no desenho 2 essa divisão seja feita por uma seção particularmente pontiaguda e alongada que Richard interpretou como um órgão genital. Desse modo, ele expressava sua crença de que o órgão genital masculino era perfurante e perigoso. Essa seção parecia um longo dente afiado ou uma adaga e, na minha opinião, possuía ambos os significados: o primeiro simbolizava o perigo dos impulsos sádico-orais para o objeto amado; o segundo, apontava para o perigo que o menino relacionava à função genital em si por causa de seu caráter de penetração.

Esses medos contribuíam para a fuga constante em direção à mãe-seio. Richard só conseguia obter uma estabilidade relativa num nível predominantemente pré-genital. O avanço da libido estava impedido, pois a ansiedade e a culpa eram grandes demais e o ego não conseguia desenvolver defesas adequadas. Desse modo, a organização genital não atingia a estabilidade adequada,[4] o que implicava uma forte tendência à regressão. Era possível observar a interação entre os fenômenos de fixação e regressão em cada etapa de desenvolvimento do menino.

A diminuição da repressão de desejos edipianos

A análise das diversas situações de ansiedade que descrevi teve o efeito de trazer os desejos e ansiedades edipianas de Richard para o primeiro plano de forma mais completa. No entanto, seu ego só conseguia manter esses desejos pelo uso reforçado de certas defesas (que examinarei nesta seção). Essas defesas, contudo, só se tornaram eficientes porque parte da ansiedade já tinha sido aliviada anteriormente pela análise, o que também implicava uma redução das fixações.

Quando a repressão dos desejos genitais de Richard foi anulada até certo ponto, seu medo da castração pôde ser analisado de forma mais profunda e passou a se manifestar de várias maneiras, acompanhado

---

4   Em "A organização genital infantil" [1923] (in *Obras completas*, v. 16, trad. Paulo César de Souza. São Paulo: Companhia das Letras, 2011), Sigmund Freud descreve a organização genital infantil como uma "fase fálica". Um de seus principais motivos para introduzir esse termo era a hipótese de que durante a fase genital infantil o órgão genital feminino ainda não foi descoberto ou reconhecido, e que todo o interesse da criança está concentrado no pênis. Esse ponto de vista não é confirmado pela minha experiência; não creio também que o termo "fálico" possa cobrir o material estudado neste artigo. Prefiro me ater, então, ao termo utilizado originalmente por Freud: "fase genital" (ou "organização genital"). Darei meus motivos para essa escolha de forma mais detalhada na síntese teórica geral que se encontra no fim deste trabalho.

de uma modificação correspondente em seus métodos de defesa. Na terceira sessão depois da minha volta, Richard foi para o jardim e falou de seu desejo de escalar montanhas, principalmente Snowdon, que já tinha mencionado antes na análise. Enquanto falava, percebeu que havia nuvens no céu e disse que uma tempestade perigosa estava se formando. Em dias como esse, afirmou, tinha pena das montanhas, que passavam por maus bocados quando uma tempestade caía sobre elas. Isso expressava seu medo do pai mau, representado por bombas e tempestades no material anterior. O desejo de escalar Snowdon, que simbolizava o desejo de ter relações sexuais com a mãe, evocou imediatamente o medo de ser castrado pelo pai mau. Assim, a tempestade em formação significava um perigo para ele e para a mãe.

Na mesma sessão, Richard anunciou que ia fazer cinco desenhos. Contou que vira um cisne com quatro "doces" filhotinhos. Ao brincar com a frota, Richard ficou com um navio e entregou outro para mim; nós dois partiríamos num cruzeiro marítimo. De início, ele foi afastando seu barco, mas logo fez uma curva e o trouxe para perto do meu. No material anterior, o toque dos dois navios costumava simbolizar a relação sexual – principalmente entre pai e mãe. Nessa brincadeira, portanto, Richard expressava seus desejos genitais, assim como sua esperança de se tornar potente. Os cinco desenhos que prometera me dar representavam a si mesmo (o cisne) dando a mim – ou melhor, à mãe – quatro bebês (os filhotinhos).

Alguns dias antes, como já vimos, houve um incidente parecido no jogo da frota: o *Vampire* (Richard) tocou no *Rodney* (a mãe). Naquele momento, isso provocou uma abrupta mudança de brincadeira, causada pelo medo de Richard de que seus desejos genitais fossem dominados por impulsos sádico-orais. Nos dias seguintes, porém, a ansiedade se reduziu até certo ponto, houve uma diminuição da agressividade e alguns métodos de defesa foram reforçados. Daí ser possível ocorrer um incidente semelhante na brincadeira do cruzeiro (o encontro entre seu navio e o meu), sem que houvesse surgimento da ansiedade e a repressão de seus desejos genitais.

A crescente fé de Richard em sua potência futura estava ligada à maior esperança de que sua mãe pudesse ser preservada. Agora o menino conseguia se permitir à fantasia de que ela viria amá-lo como homem, consentindo que tomasse o lugar do pai. Isso por sua vez gerou a esperança de que ela se tornasse sua aliada e o protegesse de todos os seus rivais. Por exemplo, Richard pegou o giz de cera azul e o vermelho (a mãe e ele próprio) e colocou-os de pé lado a lado sobre a mesa. Então fez o giz de cera preto (o pai) marchar até eles, sendo expulso pelo giz de cera vermelho, enquanto o azul afastava o roxo (o irmão). Essa brincadeira expressava o desejo de Richard de que a mãe, juntamente a ele próprio, expulsasse o pai e o irmão perigosos. A mãe como figura forte, lutando contra os homens maus e seus órgãos genitais ameaçadores, também apareceu numa associação ao desenho 2: Richard disse que a mãe azul no oeste estava se preparando para lutar contra o leste e reconquistar os países que possuía lá. Como já sabemos, no lado direito do desenho 2 ela não conseguira suportar os ataques genitais dos três homens (o pai, o irmão e o próprio Richard). No desenho 4, que descreverei pouco mais adiante, Richard estendeu o azul por quase todo o desenho, expressando a esperança de que a mãe retomasse todo seu território perdido. Então, restaurada e revivida, ela poderia ajudá-lo e protegê-lo. Por causa dessa esperança de restaurar e reviver seu objeto bom, que implicava a convicção de que seria capaz de lidar de forma mais eficiente com sua agressividade, Richard pôde viver seus desejos genitais com mais intensidade. Além disso, como sua ansiedade tinha se reduzido, podia voltar essa agressividade para fora e encarar em fantasia a luta contra o pai e o irmão pela posse da mãe. Na brincadeira com a frota, arrumou os navios de modo a formar uma longa fileira, com o barco menor na frente. O significado desse jogo é que tinha anexado os órgãos genitais do pai e do irmão, somando-os ao seu próprio. Acreditava que com essa vitória fantasiada sobre os rivais havia alcançado a potência.

O desenho 3 faz parte de uma série em que plantas, estrelas-do-mar, navios e peixes aparecem em várias combinações. Essa série surgia com frequência durante a análise. Assim como no tipo de desenho que representava o império, havia uma grande variedade de detalhes, mas certos elementos sempre representavam os mesmos objetos e situações. As plantas embaixo d'água simbolizavam os órgãos genitais da mãe; geralmente apareciam duas plantas com um espaço no meio. As plantas também representavam os seios da mãe, e quando uma estrela-do-mar aparecia entre elas, isso invariavelmente significava que a criança tinha posse dos seios ou estava tendo relações sexuais com a mãe. As pontas dentadas na forma da estrela-do-mar representavam dentes e simbolizavam os impulsos sádico-orais do bebê.

Ao iniciar o desenho 3, Richard fez primeiro os dois navios, depois o peixe grande e alguns dos peixinhos à sua volta. À medida que desenhava estes, foi ficando cada vez mais ansioso e animado, enchendo os espaços vazios com filhotinhos de peixe. Então chamou minha atenção para um dos filhotes, coberto por uma barbatana do "peixe--mamãe", e disse: "Este é o bebê mais novo". O desenho dá a entender

Desenho 3

que o filhote de peixe estava sendo alimentado pela mãe. Perguntei a Richard se ele estava entre os peixinhos, mas o menino respondeu que não. Também me disse que a estrela-do-mar entre as plantas era uma pessoa adulta e que a estrela menor era meio adulta; explicou que este era seu irmão. Também observou que o periscópio do *Sunfish* estava "espetado no *Rodney*". Sugeri que o *Sunfish* representava ele próprio (o sol [*sun*] simbolizando o filho [*son*]) e que o periscópio enfiado no *Rodney* (a mãe) significava a relação sexual com ela.

A afirmação de que a estrela-do-mar no meio das plantas era uma pessoa adulta implicava que ela representava o pai, enquanto Richard era representado pelo *Sunfish*, que era maior ainda do que o *Rodney* (a mãe). Desse modo, ele expressava uma inversão da relação entre pai e filho. Ao mesmo tempo, indicava seu amor pelo pai e o desejo de fazer reparação ao colocar a estrela-do-mar entre as plantas, oferecendo-lhe a posição de uma criança gratificada.

O material apresentado nessa seção mostra que a situação edipiana positiva e a posição genital agora ocupavam o primeiro plano de forma mais completa. Como já vimos, Richard conseguiu isso por meio de vários métodos. Um deles foi transformar o pai no bebê – um bebê que não era privado de sua gratificação e que, portanto, seria "bom" – enquanto ele próprio anexava o pênis do pai.

Até então, Richard, que aparecia em vários papéis nesse tipo de desenho, nunca deixara de se reconhecer também no papel da criança. Sob a pressão da ansiedade, ele recuava para o papel idealizado do bebê gratificado e amoroso. Agora, afirmava pela primeira vez que não estava entre os bebês do desenho. Isso me parecia outra indicação do fortalecimento de sua posição genital. O menino sentia que podia crescer e atingir a potência sexual. Em fantasia, portanto, podia ter filhos com a mãe e não precisava mais se colocar no papel do bebê.

Esses desejos e fantasias genitais, contudo, deram origem a várias ansiedades. Além disso, a tentativa de solucionar os conflitos edipianos tomando o lugar do pai sem ter que lutar com ele teve apenas sucesso parcial. Ao lado dessa solução relativamente pacífica, encontramos indícios, no desenho, do medo de Richard de o pai suspeitar de seus desejos genitais em relação à mãe e observar o menino de perto com o intuito de castrá-lo. Quando interpretei para Richard a inversão da situação entre pai e filho, ele me disse que o avião na parte de cima do desenho era inglês e estava fazendo uma patrulha. Não se pode esquecer que o periscópio do submarino enfiado no *Rodney* representava o desejo de ter relações sexuais com a mãe. Isso implicava que o menino estava tentando tomar o lugar do pai e, portanto, esperava que este tivesse suas suspeitas. Sugeri então que para ele o pai não tinha apenas se transformado numa criança: ele também estava presente no papel do superego paterno, o pai que o observava, tentava impedi-lo de ter relações sexuais com a mãe e o ameaçava com punições (o avião de patrulha).

Também ofereci a interpretação de que o próprio Richard estava "patrulhando" os pais, pois não só tinha uma grande curiosidade a respeito de sua vida sexual, como também desejava interferir nela e separar os dois.

O desenho 4 ilustra o mesmo material de forma diferente. Enquanto coloria as seções azuis, Richard cantava o Hino Nacional. Depois, explicou que a mãe era a rainha e ele era o rei. Richard tinha se tornado o pai e adquirido seu órgão genital potente. Quando terminou e olhou

■ PRETO   ⁄⁄ ROXO
☐ AZUL-CLARO   ▦ VERMELHO

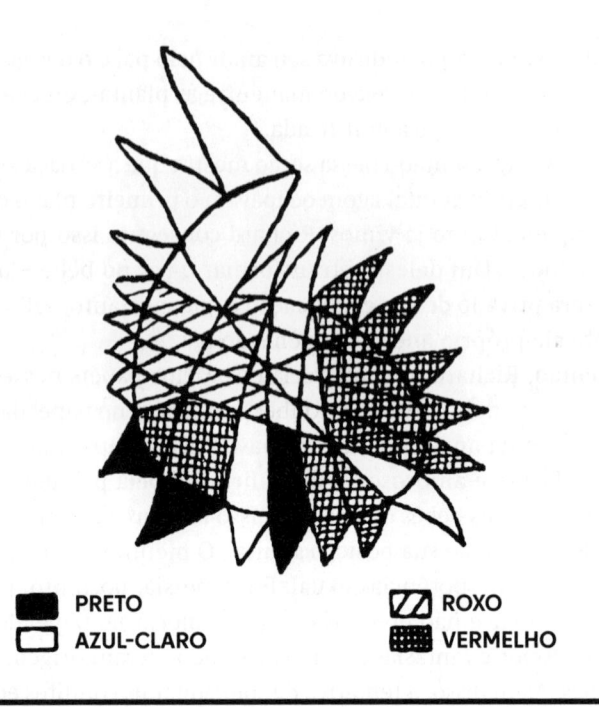

Desenho 4

para o resultado, disse que havia "muito da Mamãe" e de si mesmo no desenho, e os dois "realmente podiam derrotar o Papai". Mostrou então que havia muito pouco do pai mau no desenho (preto). Como o pai tinha se transformado num bebê inofensivo, não parecia haver a menor necessidade de derrotá-lo. No entanto, Richard não confiava muito nessa solução onipotente, como se pode ver por sua afirmação de que aliado à mãe poderia derrotar o pai, caso necessário. A redução da ansiedade permitiu-lhe encarar a rivalidade com o pai e até mesmo lutar contra ele.

    Enquanto coloria as seções roxas, Richard cantou os hinos da Noruega e da Bélgica, e disse: "Ele é legal". O tamanho reduzido das seções roxas (em comparação com as azuis e vermelhas) mostra que o irmão também tinha se transformado num bebê. O fato de o menino cantar os hinos de pequenos países aliados deixou claro para mim que "ele é legal" se referia ao pai e ao irmão, que tinham se tornado crianças inofensivas. Nesse ponto da análise, o amor reprimido pelo pai tinha se tornado mais óbvio.[5] Entretanto, Richard sentia que não

---

5 É importante observar que, ao mesmo tempo, o desejo libidinal pelo pênis do pai, que fora profundamente reprimido, também veio à tona em sua forma

podia eliminar o pai em seus aspectos perigosos. Além disso, suas próprias fezes – na medida em que eram inconscientemente identificadas com o pai – pareciam-lhe uma fonte de perigo e também não podiam ser eliminadas. Pode-se perceber esse reconhecimento de sua própria realidade psíquica no fato de o preto não ter ficado fora do desenho, ainda que Richard se consolasse dizendo que havia muito pouco do pai-Hitler lá.

Por meio das várias estratégias que ajudaram a fortalecer a posição genital de Richard, podemos perceber alguns dos compromissos que o ego procura firmar entre as exigências do superego e do id. Ao mesmo tempo em que os impulsos do id eram satisfeitos pela fantasia de ter relações sexuais com a mãe, evitava-se o impulso de assassinar o pai, reduzindo assim as censuras do superego. No entanto, as exigências do superego eram satisfeitas apenas em parte, pois apesar de o pai ter sido poupado, ele fora expulso de sua posição junto à mãe.

Compromissos desse tipo são parte essencial de cada etapa do desenvolvimento normal da criança. Sempre que ocorrem grandes flutuações entre as posições libidinais, as defesas são perturbadas e é preciso estabelecer novos compromissos. Por exemplo, na seção anterior mostrei que quando suas ansiedades orais diminuíram, Richard tentou lidar com o conflito entre seus medos e desejos ao assumir em fantasia o papel de um bebê ideal, que não perturbaria a paz familiar. Entretanto, quando houve um fortalecimento da posição genital e Richard conseguiu encarar um pouco mais seu medo da castração, um novo compromisso foi firmado. Richard manteve seus desejos genitais, mas evitou a culpa ao transformar o pai e o irmão nos bebês que teria com a mãe. Compromissos desse tipo, em qualquer estágio do desenvolvimento, só podem trazer relativa estabilidade quando a quantidade de ansiedade e culpa não for excessiva em relação à força do ego.

A razão pela qual examinei com tantos detalhes a influência da ansiedade e das defesas no desenvolvimento genital é que não creio ser possível compreender o desenvolvimento sexual sem levar em conta as flutuações entre os diferentes estágios da organização libidinal, assim como as ansiedades e defesas específicas que caracterizam esses estágios.

---

mais primária. Ao olhar novamente para a imagem do monstro contra o qual o homenzinho estava lutando, Richard disse: "O monstro é muito feio, mas *sua carne pode ser uma delícia* de se comer".

Ansiedades relacionadas aos pais internalizados

Antes de apresentar os desenhos 5 e 6, é preciso fazer uma introdução. Richard sentira dor de garganta e tivera um pouco de febre na noite anterior, mesmo assim veio à análise, pois era um dia quente de verão. Como já observei antes, dores de garganta e gripes faziam parte de seus sintomas, e, mesmo quando não eram fortes, provocavam grande ansiedade hipocondríaca no menino. No início da sessão em que fez os desenhos 5 e 6, Richard estava extremamente ansioso e preocupado. Ele me contou que sua garganta estava muito quente e que tinha algum tipo de veneno atrás do nariz. Sua próxima associação, produzida com muita resistência, foi o medo de estar comendo comida envenenada – medo de que tinha consciência há anos, apesar de só conseguir trazê-lo para a análise, nessa e em ocasiões anteriores, com enorme dificuldade.

Durante a sessão, Richard olhou repetidas vezes pela janela com um ar desconfiado. Quando viu dois homens conversando, disse que eles estavam lá para espioná-lo. Esse era um dos vários sinais de seus medos paranoides, relacionados não só ao pai e ao irmão que o espionavam, mas sobretudo ao pai e à mãe, que teriam formado uma aliança secreta e hostil contra ele. Em minha interpretação, liguei essa suspeita ao medo de perseguidores internos que o espionavam e conspiravam contra ele – ansiedade que já surgira antes na análise. Pouco depois, Richard enfiou de repente o dedo no fundo da garganta, parecendo muito preocupado. Explicou que estava procurando germes. Propus então a interpretação de que os germes também representavam os alemães (o pai-Hitler preto unido a mim), que em sua mente estavam ligados aos dois homens que o espionavam e que em última análise simbolizavam os pais. Assim, o medo dos germes estava intimamente ligado ao medo de ser envenenado – medo que se relacionava inconscientemente aos pais, apesar de Richard não ter nenhuma suspeita consciente contra eles. A gripe despertara esses medos paranoides.

Durante essa sessão, Richard foi trabalhando nos desenhos 5 e 6, mas a única associação que consegui obter naquele dia foi a de que o 6 era o mesmo império do 5. De fato, os dois desenhos foram feitos na mesma folha de papel.

No dia seguinte, Richard já tinha se recuperado completamente da dor de garganta e estava com um estado de espírito muito diferente. Contou com muita animação como tinha gostado do café da manhã, principalmente dos flocos de trigo, e me mostrou como os tinha mastigado. (Comera muito pouco nos dois dias anteriores.) Segundo o menino, seu estômago tinha ficado muito pequeno, magro e chupado, e os "ossos grandes dentro dele" ficaram aparecendo até a hora de tomar o café. Esses "ossos grandes" simbolizavam o pai internalizado – ou o órgão genital do pai – representado no material anterior como o monstro, ou às vezes como o polvo. Eles expressavam o aspecto mau do pênis do pai, enquanto a "carne deliciosa" do monstro representava seu aspecto desejável. Sugeri que os flocos de trigo simbolizavam a mãe boa (o seio e o leite bons), pois em outra ocasião Richard os comparara ao ninho de um passarinho. Uma vez que sua convicção na mãe internalizada boa tinha crescido, ele já não tinha tanto medo dos perseguidores internos (os ossos e os monstros).

A análise do significado inconsciente da dor de garganta provocara uma diminuição da ansiedade, com uma consequente transformação dos métodos de defesa. O humor de Richard e suas associações durante a sessão expressavam claramente essa mudança. O mundo de repente lhe parecia muito bonito: admirou o campo, meu vestido, meus sapatos e disse que eu estava linda. Também falou da mãe com muito amor e admiração. Assim, quando o medo de perseguidores internos se reduziu, o mundo externo passou a parecer bem melhor e mais confiável, e a capacidade do menino para aproveitá-lo aumentou. Ao mesmo tempo, podia-se perceber que sua depressão fora substituída por um humor hipomaníaco em que ele recusava o medo de perseguição. De fato, foi a redução da ansiedade que permitiu o surgimento da defesa maníaca contra a depressão. O humor hipomaníaco de Richard, é óbvio, não durou muito tempo, e a depressão e a ansiedade voltaram a surgir repetidas vezes no decorrer da análise.

Até agora me referi principalmente à relação de Richard com a mãe como objeto externo. Em estágios anteriores da análise, contudo, já tinha ficado claro que o papel que ela desempenhava como objeto externo estava interligado a seu papel como objeto interno. Por uma questão de clareza, preferi deixar que esse ponto fosse ilustrado pelos desenhos 5 e 6, que mostram de forma marcante o papel dos pais internalizados na vida mental de Richard.

Nessa sessão, Richard pegou os desenhos 5 e 6, que tinha feito no dia anterior, e apresentou associações livres relacionadas a eles. Agora que sua depressão e suas ansiedades hipocondríacas tinham diminuído, o menino pôde encarar as ansiedades que estavam por trás de sua depressão. Ele observou que o desenho 5 parecia um pássaro, um pássaro "muito horrível". A seção azul-clara em cima era uma coroa, o pedaço roxo era o olho e o bico estava "escancarado". Esse bico, como se pode ver, era formado pelas seções vermelhas e roxas à direita, ou seja, as cores que sempre representavam o próprio Richard e o irmão.

■ PRETO ☒ ROXO
☐ AZUL-CLARO ▦ VERMELHO

Desenhos 5 e 6

Propus a interpretação de que a coroa azul-clara indicava que o pássaro era a mãe – a rainha, a mãe ideal do material anterior –, que agora parecia voraz e destrutiva. O fato de seu bico ser formado por seções vermelhas e roxas expressava a projeção dos impulsos sádico- -orais do próprio Richard (e do irmão) para a mãe.

Esse material indicava que Richard tinha feito grandes progressos no sentido de encarar sua realidade psíquica, pois agora era capaz de expressar a projeção de seus impulsos sádico-orais e canibalescos para a mãe. Além disso, como se pode ver no desenho 5, também permitiu que os aspectos "bons" e "maus" da mãe ficassem mais próximos. Os protótipos desses dois aspectos, geralmente mantidos muito afastados, eram o seio bom e amado, e o seio mau e odiado. Na verdade, também se pode perceber que as defesas de cisão e isolamento estão presentes nesse desenho, pois o lado esquerdo da imagem é completamente azul. No lado direito do desenho 5, porém, a mãe aparece ao mesmo tempo como o pássaro "horrível" (bico aberto) *e* a rainha (coroa azul-clara). Ao não recusar tanto sua realidade psíquica, Richard também conseguiu enfrentar melhor a realidade externa, pois isso lhe permitiu admitir que sua mãe de fato o tinha frustrado e, portanto, provocado seu ódio.

Depois de minhas interpretações a respeito do desenho 5, Richard repetiu enfaticamente que o pássaro era "horrível" e ofereceu algumas associações para o desenho 6. Segundo ele, este também parecia um pássaro, mas sem cabeça; a seção preta embaixo era uma "grande caca" caindo dele. Para Richard, tudo era "muito horrível".

Em minha interpretação do desenho 6, lembrei a Richard que ele me dissera no dia anterior que os dois impérios eram o mesmo. Sugeri que o desenho 6 representava o próprio menino e que ao internalizar o "pássaro horrível" (desenho 5), Richard acreditava ter se tornado como ele. O bico aberto representava a boca voraz da mãe, mas também expressava desejos que o menino tinha de devorá-la, pois era formado pelas cores que simbolizavam o próprio Richard e o irmão (os bebês vorazes). Em sua mente, Richard tinha devorado a mãe, que assumira os contornos de um objeto destrutivo e devorador. Quando internalizou a mãe boa ao comer o café da manhã, sentiu que ela estava protegendo-o do pai mau internalizado, os "ossos no estômago". Ao internalizar a "horrível" mãe-pássaro, teve a impressão de que ela tinha se unido ao pai-monstro e em sua mente essa aterrorizante figura dos pais combinados o atacava e devorava por dentro, além de atacá-lo e castrá-lo por fora.[6]

Desse modo, Richard sentia-se mutilado e castrado pelos pais maus internos e externos, que se vingavam dos ataques do menino contra eles. Esses medos são expressos no desenho 6, no qual o pássaro aparece sem cabeça. Como consequência dos impulsos sádico-orais voltados contra os pais no processo de internalização, Richard os transformara em inimigos vorazes e destrutivos em sua mente. Além disso, acreditando que ao devorar os pais *ele* os tinha transformado num monstro e num pássaro, o menino não só tinha medo desses perseguidores internalizados, como também se sentia culpado, pois temia que isso pudesse expor a boa mãe interna aos ataques desse

---

6   É importante lembrar aqui que o menino foi circuncidado aos três anos e desde então passou a ter forte medo consciente de médicos e operações.

THIS ENCLOSED BACKGROUND AREA WAS CHALKED RED IN THE ORIGINAL

[Esta área de fundo demarcada estava colorida de vermelho no original]

■ PRETO
☐ AZUL-CLARO
▨ ROXO
▦ VERMELHO

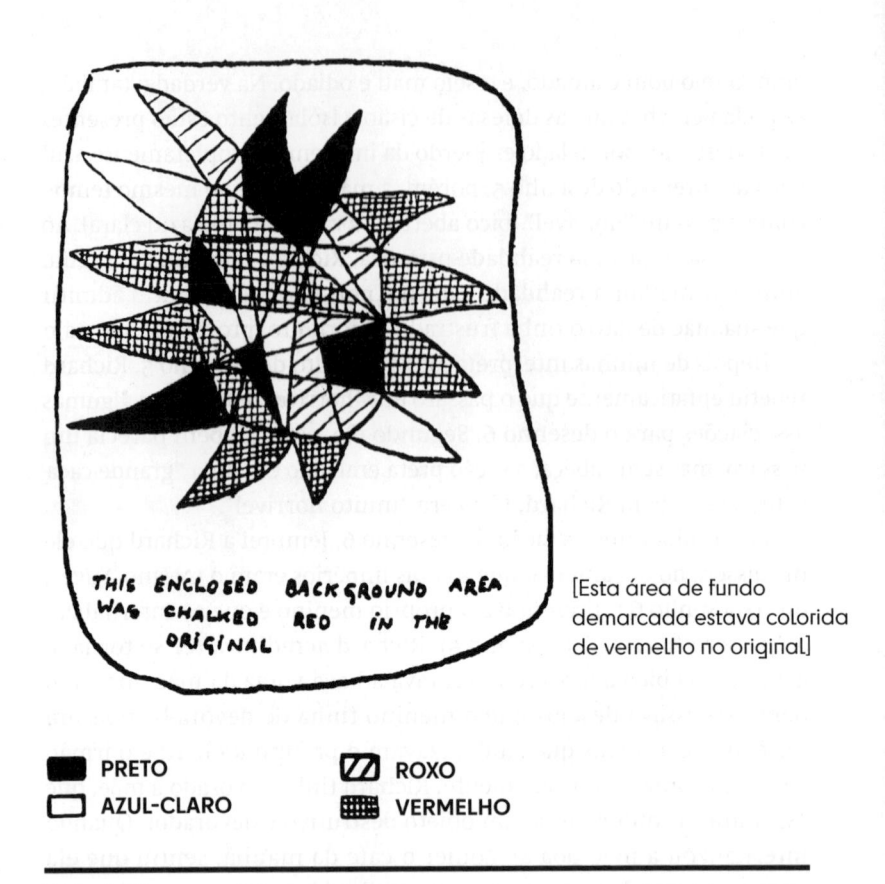

Desenho 7

monstro interno. Sua culpa também estava ligada aos ataques anais contra os pais externos e internos, expressos pela "horrível caca grande" caindo do pássaro.[7]

Na sessão da véspera, quando fez os desenhos, Richard estava tão dominado pela ansiedade que não conseguia associar nada a eles; agora, porém, certo alívio dessa ansiedade lhe permitia fazer algumas associações.

Um desenho anterior (7) expressa a internalização dos objetos de forma ainda mais clara do que os desenhos 5 e 6, e é de grande interesse aqui. Quando terminou esse desenho padronizado, Richard fez uma linha em torno dele e coloriu o fundo de vermelho. Descobri que isso representava seu "interior", contendo o pai, a mãe, o irmão e o próprio menino em relação uns com os outros. Nas associações a

---

7 Impulsos e ansiedades uretrais também eram muito importantes nas fantasias de Richard, mas não entram especificamente neste material.

esse desenho, ele expressou sua satisfação com o aumento das seções azul-claras, i.e., a mãe. Também falou da esperança de que o irmão se tornasse seu aliado. Seus ciúmes muitas vezes o deixavam desconfiado, com medo do irmão como rival. Nesse momento, contudo, Richard deu mais destaque à sua aliança com ele. Além disso, observou que uma das seções pretas estava completamente cercada pela mãe, o irmão e ele próprio. Era uma indicação de que se aliara à mãe interna amada contra o perigoso pai interno.[8]

À luz do material apresentado nessa seção, tudo indica que o papel desempenhado na vida emocional de Richard pela mãe boa, tantas vezes idealizada, dizia respeito tanto à mãe interna quanto à externa. Por exemplo, quando o menino expressava a esperança de que a mãe azul no oeste expandisse seu território (cf. desenho 2), isso se aplicava tanto ao mundo interno quanto ao externo. A fé na boa mãe interna era seu maior amparo. Sempre que essa fé se fortalecia, sua esperança, confiança e sensação de segurança interna também cresciam. Quando essa sensação de confiança sofria algum abalo – por causa de uma doença ou qualquer outro fator –, havia um aumento da depressão e das ansiedades hipocondríacas.[9] Além disso, quando crescia o medo dos perseguidores, da mãe e do pai maus, Richard também acreditava que não conseguiria proteger os objetos internos amados dos perigos da destruição e da morte; a morte desses objetos, por sua vez, significaria inevitavelmente o fim de sua própria vida. Chegamos assim à ansiedade fundamental do indivíduo depressivo, que, de acordo com minha experiência, deriva da posição depressiva infantil.

Um detalhe significativo de sua análise pode ilustrar o medo que Richard tinha da morte de seus objetos externos e internos. Como já afirmei antes, sua relação quase pessoal com a sala de jogos era uma das características peculiares da situação de transferência. Em algumas das sessões que se seguiram à minha viagem a Londres – viagem que despertara com muita força o medo que Richard tinha dos bombardeios e da morte –, o menino só permitia que o aquecedor elétrico fosse desligado no momento em que saíssemos da casa. Em uma

---

8 Esse desenho também representava o "interior" da mãe, no qual a mesma luta se desenrolava. Richard e o irmão apareciam no papel dos objetos internos que a protegiam, enquanto o pai era seu objeto interno ameaçador.

9 Não restam muitas dúvidas de que essas ansiedades, por sua vez, podem provocar gripes e outras doenças físicas, ou pelo menos reduzir a resistência a elas. Isso significa que nos confrontamos aqui com um círculo vicioso, pois essas doenças reforçavam todos os medos do menino.

das sessões que descrevi ao discutir a análise dos desenhos 3 e 4, essa obsessão desapareceu. Nessas sessões, ao lado do fortalecimento de seus desejos genitais e da diminuição da ansiedade e da depressão, a fantasia de que ele poderia dar crianças "boas" para mim e para a mãe, somada ao seu amor por bebês, foi desempenhando um papel cada vez mais importante em suas associações. A insistência obsessiva de manter o aquecedor ligado o máximo de tempo possível servia como medida de sua depressão.[10]

Resumo do histórico de caso do menino

O fracasso de Richard ao tentar estabelecer com firmeza a posição genital se devia em grande parte à sua incapacidade de lidar com a ansiedade nos estágios iniciais de seu desenvolvimento. O importante papel que o seio mau desempenhava em sua vida emocional estava ligado ao seu insatisfatório período de amamentação e aos impulsos e fantasias sádico-orais, sádico-uretrais e sádico-anais que este estimulou. O medo que Richard tinha do seio mau era contrabalançado de certa forma pela idealização do seio bom, o que lhe permitia manter parte de seu amor pela mãe. As qualidades más do seio e os impulsos sádico-orais que o menino voltava contra ele foram em grande parte transferidos para o pênis do pai. Além disso, Richard sentia fortes impulsos sádico-orais em relação ao pênis do pai, derivados do ciúme e do ódio oriundos da situação edipiana positiva arcaica. Em sua fantasia, o órgão genital do pai se transformou num objeto perigoso e venenoso, que atacava os outros com mordidas. O medo do pênis como perseguidor externo e interno era tão forte que era impossível desenvolver a confiança nas qualidades boas e produtivas desse órgão. Desse modo, a posição feminina arcaica de Richard foi perturbada desde o início por medos persecutórios. Essas dificuldades, vividas na situação edipiana invertida, interagem com o medo da castração estimulado pelos desejos genitais relacionados à mãe. O ódio pelo pai, que surgia ao lado desses desejos e se expressava no impulso de arrancar o pênis do pai com uma mordida, provocava o medo de ser castrado da mesma maneira, o que por sua vez aumentava a repressão dos desejos genitais.

Uma das características da doença de Richard era uma crescente inibição de todas as suas atividades e interesses. Isso estava ligado à profunda repressão de suas tendências agressivas, particularmente

---

10 Manter o aquecedor ligado também tinha o significado inconsciente de provar a si mesmo que nem ele nem o pai tinham sido castrados.

forte no que dizia respeito à mãe. Quanto ao pai e aos outros homens, a agressividade não era tão reprimida, apesar de ser muito contida pelo medo. A atitude predominante de Richard diante dos homens era a de apaziguar possíveis atacantes e perseguidores.

A agressividade de Richard era bem menos reprimida no que dizia respeito às outras crianças, apesar de o menino ter medo demais para expressá-la diretamente. Seu ódio pelas crianças, assim como o medo que sentia delas, derivava em parte de sua atitude diante do pênis do pai. Em sua mente, o pênis destruidor estava intimamente ligado à criança voraz e destrutiva que acabaria por exaurir a mãe e finalmente destruí-la. Inconscientemente, ele mantinha viva com toda a força a equação "pênis = criança". Acreditava, também, que o pênis *mau* só poderia produzir crianças *más*.

Outro fator determinante em sua fobia de crianças era o ciúme que sentia do irmão e de qualquer outro filho que a mãe pudesse ter no futuro. Seus ataques sádicos inconscientes contra os bebês dentro do corpo da mãe ligavam-se ao ódio pelo pênis do pai, que também se encontrava dentro dela. Em apenas um aspecto seu amor pelas crianças às vezes vinha à tona: sua atitude amistosa em relação aos bebês.

Já sabemos que Richard só pôde manter sua capacidade de amar ao idealizar a relação entre mãe e bebê. No entanto, por causa do medo e da culpa inconscientes relacionados aos seus próprios impulsos sádico-orais, o menino via os bebês predominantemente como seres sádico-orais. Esse era um dos motivos pelos quais não conseguia realizar em fantasia o desejo de dar filhos à mãe. Mais importante ainda, a ansiedade oral no início de seu desenvolvimento aumentara o medo associado aos aspectos agressivos da função genital e de seu próprio pênis. O medo de que impulsos sádico-orais acabassem dominando os desejos genitais e de que seu pênis fosse um órgão destrutivo era uma das principais causas da repressão de seus desejos genitais. Assim, era-lhe negado um meio essencial de deixar a mãe feliz e de fazer reparação pelos bebês que ele acreditava ter destruído. Essas eram as maneiras como suas fantasias, seus medos e seus impulsos sádico-orais interferiam constantemente em seu desenvolvimento genital.

Nas seções anteriores, referi-me diversas vezes à regressão para o estágio oral como defesa contra as ansiedades adicionais que surgiram na posição genital; entretanto, é importante não se esquecer do papel desempenhado pela fixação nesses processos. Devido ao excesso de ansiedades sádico-orais, sádico-uretrais e sádico-anais, a fixação nesses níveis era muito forte; como consequência, a organização genital era fraca e a tendência à repressão muito marcada. No entanto, apesar de suas inibições, Richard tinha desenvolvido alguns traços genitais sublimados. Além disso, na medida em que seus desejos se voltavam predominantemente para a mãe, e seus sentimentos de ciúme e ódio para o pai, também tinha atingido algumas das principais características da situação edipiana positiva e do desenvolvimento heterossexual. Contudo, esse quadro era enganador em certos aspectos, pois seu amor pela mãe só podia ser mantido com o reforço dos elementos orais em sua relação com ela e com a idealização da "mãe-seio". Nos desenhos de Richard, como já vimos, as seções azuis sempre representavam a mãe; a escolha dessa cor estava relacionada ao amor do menino pelo céu azul sem nuvens e expressava o desejo de um seio farto ideal, que jamais o frustraria.

O fato de Richard conseguir manter vivo de certa forma seu amor pela mãe lhe deu a pouca estabilidade que possuía, além de permitir o desenvolvimento de suas tendências heterossexuais até certo ponto. Era óbvio que a ansiedade e o sentimento de culpa tinham uma participação importante em sua fixação pela mãe. Richard era muito dedicado a ela, mas de uma maneira infantil. Mal suportava perdê-la de vista e dava poucos sinais de desenvolver uma relação independente e viril com ela. Sua atitude diante das outras mulheres – ainda que longe de verdadeiramente independente e viril – oferecia um contraste impressionante ao grande amor, ou até mesmo admiração cega, que dedicava à mãe. Seu comportamento com mulheres era muito precoce, em alguns pontos semelhante ao de um Don Juan adulto. Richard tentava se insinuar de várias maneiras, recorrendo até mesmo à mais rasgada bajulação. Ao mesmo tempo, guardava uma postura crítica e desdenhosa para com as mulheres, achando muita graça quando eram enganadas por suas lisonjas.

Aqui podemos ver duas atitudes contrastantes diante das mulheres, o que me faz lembrar de algumas conclusões de Freud. Ele fazia a seguinte afirmação ao falar da "desunião entre as correntes amorosas e sensuais do sentimento erótico" no caso de alguns homens que sofrem de "impotência psíquica" – i.e., que só conseguem ser potentes em determinadas circunstâncias: "A vida amorosa de tais pessoas fica cindida em duas direções, que a arte personifica em amor celestial e amor terreno (ou animal). Quando amam, não desejam, e quando desejam, não podem amar".[11]

---

11 S. Freud, "Sobre a mais comum depreciação na vida amorosa (Contribuições à psicologia do amor II)" [1912], in *Obras completas*, v. 9, trad. Paulo César de Souza. São Paulo: Companhia das Letras, 2013, p. 352.

Há uma forte analogia entre descrição oferecida por Freud e atitude de Richard em relação à mãe. Era a mãe "genital" que ele temia e odiava, enquanto voltava todo seu amor e carinho para a "mãe-seio". Essa divisão entre as duas correntes se tornou clara no contraste entre sua atitude com a mãe e com as outras mulheres. Enquanto seus desejos genitais pela mãe eram profundamente reprimidos e ela permanecia como um objeto de amor e admiração, esses mesmos desejos podiam se tornar ativos até certo ponto com outras mulheres. Essas mulheres, porém, eram objetos de crítica e desprezo para o menino. Elas representavam a mãe "genital", e o horror de Richard pela genitalidade e seu ímpeto de reprimi-la pareciam ser refletir no desprezo pelos objetos que despertavam seus desejos genitais.

Entre as ansiedades que explicavam a fixação e a regressão à "mãe-seio", destaca-se o papel desempenhado pelo medo que Richard tinha do "interior" da mãe como um lugar repleto de perseguidores. A mãe "genital", que para ele era a mãe na relação sexual com o pai, também continha o órgão genital do pai "mau" – ou melhor, uma multidão de seus órgãos genitais –, formando assim uma aliança perigosa com o pai contra o filho; ela também continha os bebês hostis. Além disso, havia a ansiedade acerca de seu próprio pênis como um órgão que poderia ferir a mãe que tanto amava.

As ansiedades que perturbavam o desenvolvimento genital de Richard estavam intimamente ligadas à sua relação com os pais como figuras internalizadas. A imagem do "interior" da mãe como um lugar perigoso correspondia aos sentimentos que tinha a respeito de seu próprio "interior". Em seções anteriores, vimos que a mãe boa (i.e., o bom café da manhã) o protegia internamente contra o pai, "os longos ossos que apareciam" em seu estômago. Essa imagem da mãe defendendo-o do pai internalizado correspondia à figura materna que Richard se via obrigado a proteger do pai mau – uma mãe ameaçada pelos ataques orais e genitais do monstro interior. Em última análise, porém, o menino sentia que ela era ameaçada por seus próprios ataques sádico-orais. O desenho 2 mostrava os homens maus (o pai, o irmão e o próprio menino) subjugando e engolindo a mãe. Esse medo se originava do sentimento fundamental de culpa por ter destruído (devorado) a mãe e seus seios com os ataques sádico-orais envolvidos no processo de internalizá-la. Além disso, no desenho 6, Richard também expressava a culpa por ataques sádico-anais, pois chamou atenção para a "horrível caca grande" despencando do pássaro. A identificação de suas próprias fezes com o pai-Hitler preto já tinha se tornado aparente na análise, quando ele começou a fazer os desenhos do império:

nos primeiros desenhos, o preto representava o próprio Richard, mas o menino logo resolveu que o vermelho simbolizava a si mesmo, e o preto o pai; depois manteve esse arranjo em todos os desenhos. Essa identificação também era ilustrada por algumas das associações relacionadas aos desenhos 5 e 6. No desenho 5, a seção preta representava o pai mau. No desenho 6, ela representava a "horrível caca grande" caindo do pássaro mutilado.

O medo de Richard a respeito de seu próprio caráter destrutivo correspondia ao medo da mãe como objeto perigoso e retaliador. O "pássaro horrível" com o bico aberto era uma projeção para a mãe de seus próprios impulsos sádico-orais. As frustrações reais impostas pela mãe não bastavam para explicar o fato de Richard ter criado em sua mente a imagem aterrorizante de uma mãe interna devoradora. No desenho 6, fica claro como ele acreditava que a mãe-pássaro "horrível" era perigosa: o pássaro sem cabeça representava o próprio menino e correspondia ao medo de ser castrado por essa mãe ameaçadora que se unira ao pai-monstro, ambos encarados como inimigos externos. Além disso, ele se sentia ameaçado em situações internas pela aliança entre a "horrível" mãe-pássaro internalizada e o pai-monstro. Essas situações internas de perigo eram a principal causa de seus medos hipocondríacos e persecutórios.

Quando Richard conseguiu encarar na análise o fato psicológico de que seu objeto amado também era objeto de ódio, e que a mãe azul-clara, a rainha com a coroa, estava ligada em sua mente ao pássaro horrível com o bico, ele pôde estabelecer seu amor pela mãe com mais firmeza. Seus sentimentos amorosos estavam mais próximos dos sentimentos de ódio, e suas experiências felizes com a mãe não eram mantidas tão isoladas das experiências de frustração. Desse modo, não era mais obrigado a idealizar tanto a mãe boa nem a formar uma imagem tão aterrorizante da mãe má. Sempre que Richard se permitia unir os dois aspectos da mãe, isso fazia o aspecto mau ser mitigado pelo bom. Essa mãe boa mais segura podia, então, protegê-lo do pai "monstro". Isso implicava que nessas ocasiões o menino sentia que ela não fora ferida de forma tão profunda por sua voracidade oral e pelo pai mau, o que por sua vez significava que tanto ele quanto o pai tinham se tornado menos perigosos. A mãe boa podia voltar à vida mais uma vez, diminuindo a depressão de Richard.

O aumento da esperança de manter a analista e a mãe vivas como objetos internos e externos estava ligado ao fortalecimento de sua posição genital e à maior capacidade de sentir os desejos edipianos. A reprodução, a criação de bebês bons, que Richard acreditava inconscientemente ser o instrumento mais importante para combater a morte e o medo da morte, agora não era tão impossível em sua fantasia. Com menos medo de ser dominado por impulsos sádicos, Richard acreditava que seria capaz de produzir bebês bons: o aspecto criativo e produtor do órgão genital masculino (do pai, assim como do próprio menino) tinha passado com mais força para o primeiro plano. A confiança em suas próprias tendências construtivas e reparatórias, assim como em seus objetos internos e externos, tinha aumentado. A fé na mãe boa e também no pai bom tinha se fortalecido. O pai não era mais um inimigo perigoso a ponto de impedir que Richard enfrentasse a luta contra ele como rival odiado. Assim, o menino pôde dar um passo importante em direção ao fortalecimento de sua posição genital e ao enfrentamento dos medos e conflitos ligados aos seus desejos genitais.

TRECHOS DE UM HISTÓRICO DE CASO QUE ILUSTRA O DESENVOLVIMENTO EDIPIANO DA MENINA

Examinei acima algumas das ansiedades que perturbam o desenvolvimento genital do menino. Agora apresentarei parte do histórico de caso de uma pequena menina, Rita, que já apresentei de vários ângulos em publicações anteriores.[12] Esse material tem certas vantagens para a apresentação, pois é simples e direto. Sua maior parte já foi publicada antes; no entanto, acrescentarei alguns detalhes que não foram publicados até agora, além de novas interpretações que eu não poderia ter feito na época, mas que em retrospecto parecem justificadas pelo material.

Minha paciente, que no início da análise tinha dois anos e nove meses, era uma criança muito difícil de se criar. Ela sofria de vários tipos de ansiedade, não conseguia suportar a frustração e caía em frequentes estados de infelicidade. Apresentava características obsessivas salientes, que já vinham crescendo há algum tempo, e insistia na realização de complicados cerimoniais obsessivos. Alternava uma "bondade" exagerada, acompanhada de sentimentos de remorso, com estados de "mau comportamento" em que tentava dominar todos à sua volta. Também tinha dificuldades em se alimentar, era cheia de "capri-

---

12 Cf. "Os princípios psicológicos da análise precoce", "A personificação no brincar das crianças", "O desmame" e "O complexo de Édipo à luz das ansiedades arcaicas", neste volume; e id., *A psicanálise de crianças* [1932], trad. Liana Pinto Chaves. Rio de Janeiro: Imago, 1997.

chos" a respeito da comida e sofria de constantes perdas de apetite. Apesar de ser uma criança muito inteligente, o desenvolvimento e a integração de sua personalidade eram refreados pela força da neurose.

Chorava muitas vezes, aparentemente sem motivo, e quando a mãe perguntava por que estava chorando, respondia: "Porque estou muito triste". No entanto, quando perguntavam: "Por que está tão triste?", ela respondia: "Porque estou chorando". Seus sentimentos de culpa e infelicidade se expressavam em constantes perguntas feitas à mãe: "Eu sou boa?", "Você me ama?", e assim por diante. Não suportava nenhum tipo de censura e, quando levava alguma reprimenda, caía no choro ou assumia uma postura desafiadora. A sensação de insegurança em relação aos pais se manifestou, por exemplo, no incidente a seguir, que ocorreu em seu segundo ano de vida. Contaram-me que uma vez começou a chorar porque o pai fez uma ameaça brincalhona a um urso num livro de figuras, com o qual ela obviamente se identificara.

Rita sofria de forte inibição no brincar. A única coisa que fazia com as bonecas, por exemplo, era lavá-las e trocar sua roupa de forma compulsiva. Assim que introduzia algum elemento imaginativo, tinha uma crise de ansiedade e parava de brincar.

Apresento a seguir alguns fatos relevantes de sua história. Rita foi amamentada durante alguns meses; depois passou para a mamadeira, que de início teve grandes dificuldades em aceitar. O desmame da mamadeira para alimentos sólidos também foi problemática e a menina ainda sofria de dificuldades na alimentação quando comecei a análise. Além disso, naquela época ainda tomava uma mamadeira toda noite. A mãe me contou que tinha desistido de desmamar essa última mamadeira de Rita, pois toda tentativa nesse sentido trazia grande sofrimento para a criança. Quanto ao treinamento da menina nos hábitos de higiene – completado muito cedo, em seu tenro segundo ano de vida –, tenho motivos para acreditar que a mãe conduziu esse processo com muita ansiedade. Ficou claro mais tarde que a neurose obsessiva da menina estava intimamente ligada a esse treinamento precoce.

Rita dormiu no quarto dos pais até ter quase dois anos, testemunhando várias vezes a relação sexual entre os dois. Seu irmão nasceu quando tinha dois anos e foi nessa época que sua neurose se manifestou com toda a força. Outra circunstância que contribuiu para essa situação foi o fato de a mãe também ser neurótica e ter uma clara atitude ambivalente em relação a Rita.

Os pais me contaram que a menina gostava muito mais da mãe do que do pai até o fim do primeiro ano de vida. No início do ano seguinte, passou a apresentar uma clara preferência pelo pai, juntamente com forte ciúme da mãe. Aos quinze meses, Rita muitas vezes se sentava nos joelhos do pai e expressava com clareza o desejo de ficar sozinha com ele no aposento. Já conseguia dizer isso com palavras. Quando tinha cerca de dezoito meses, houve uma mudança surpreendente, que se manifestou numa alteração de sua relação com ambos os pais, além de vários sintomas como pavores noturnos e fobias de animais (principalmente cachorros). A mãe tornou-se novamente a favorita, mas a relação da criança com ela apresentava forte ambivalência. Ela se apegava tanto à mãe que mal suportava perdê-la de vista. Junto a isso vinham tentativas de dominá-la, assim como um ódio muitas vezes mal disfarçado contra ela. Ao mesmo tempo, Rita desenvolveu uma clara antipatia pelo pai.

Esses fatos foram claramente observados na época e relatados a mim pelos pais. No caso de outras crianças, é comum que o relato dos pais sobre os primeiros anos de vida dos filhos seja pouco confiável, pois à medida que o tempo passa, os fatos tendem a ser falseados em suas lembranças. No caso de Rita, os detalhes ainda estavam frescos na memória dos pais e a análise confirmou todos os pontos essenciais de seu relato.

Relações iniciais com os pais

No início de seu segundo ano de vida, alguns elementos importantes da situação edipiana de Rita eram facilmente observáveis, como a preferência pelo pai e o ciúme da mãe, ou até mesmo o desejo de tomar o lugar da mãe ao lado do pai. Ao avaliar o desenvolvimento edipiano de Rita em seu segundo ano de vida, é preciso levar em consideração alguns fatores externos importantes. A criança dormia no quarto dos pais e teve amplas oportunidades de testemunhar a relação sexual entre os dois; havia, portanto, um estímulo constante para seus desejos libidinais e também para o ciúme, o ódio e a ansiedade. Quando Rita tinha quinze meses, a mãe ficou grávida e a criança compreendeu inconscientemente seu estado; como consequência, o desejo de receber um bebê do pai e a rivalidade com a mãe foram muito reforçados. Isso fez sua agressividade, juntamente à ansiedade e aos sentimentos de culpa, crescer a tal ponto que não era mais possível manter seus desejos edipianos.

Esses estímulos externos, porém, não são o bastante para explicar as dificuldades no desenvolvimento de Rita. Muitas crianças são expostas a experiências semelhantes, ou até mesmo mais desfavoráveis, sem ficarem seriamente doentes. É preciso, portanto, levar em consideração

os fatores internos que, ao interagir com as influências de fora, levaram à doença de Rita e aos distúrbios em seu desenvolvimento sexual.
Como a análise revelou, os impulsos sádico-orais de Rita eram muito fortes, e sua incapacidade de tolerar qualquer tipo de tensão, extraordinariamente baixa. Essas são algumas das características constitucionais que determinaram sua reação às frustrações iniciais que sofreu e que desde o início afetaram sua relação com a mãe. Quando os desejos edipianos positivos de Rita passaram para o primeiro plano no fim de seu primeiro ano de vida, essa nova relação com os pais reforçou seus sentimentos de frustração, ódio e agressividade, junto com a ansiedade e a culpa que lhes são concomitantes. Ela era incapaz de lidar com esses vários conflitos e, portanto, não pôde manter seus desejos genitais.

A relação de Rita com a mãe era dominada por duas grandes fontes de ansiedade: medo persecutório e ansiedade depressiva. Em um aspecto, a mãe representava uma figura aterrorizante e retaliadora. Em outro, ela era o objeto bom amado indispensável para Rita, que via a própria agressividade como um perigo para essa mãe que amava tanto. Assim, a menina vivia subjugada pelo medo de perdê-la. Foi a força dessas ansiedades e sentimentos de culpa arcaicos que determinou em grande parte a incapacidade de Rita para tolerar a ansiedade e a culpa adicionais geradas pelos sentimentos edipianos – rivalidade e ódio pela mãe. Como defesa, ela reprimiu o ódio e o supercompensou com um amor excessivo, o que implicou necessariamente uma regressão a estágios anteriores da libido. A relação de Rita com o pai também foi fundamentalmente influenciada por esses fatores. Parte do ressentimento que sentia pela mãe foi desviado para o pai, reforçando o ódio que a menina sentia dele por causa da frustração de seus desejos edipianos. No início de seu segundo ano de vida, esse ódio superou de forma surpreendente o amor que antes sentia por ele. A incapacidade de estabelecer uma relação satisfatória com a mãe foi reproduzida em sua relação oral e genital com o pai. Fortes desejos de castrá-lo (derivados em parte da frustração na posição feminina e em parte da inveja do pênis na posição masculina) ficaram claros ao longo da análise.

As fantasias sádicas de Rita, portanto, estavam intimamente ligadas ao ressentimento causado pela frustração em diversas posições libidinais, vivida tanto na situação edipiana invertida como na positiva. A relação sexual entre os pais desempenhava um papel importante em suas fantasias sádicas, tornando-se na mente da criança um evento perigoso e assustador, em que a mãe aparecia como vítima da extrema crueldade do pai. Como consequência, o pai passou a ser visto não só como uma pessoa perigosa para a mãe, mas também – uma vez que os desejos edipianos de Rita se mantinham numa identificação com a mãe – como alguém perigoso para a própria menina. A fobia que Rita tinha dos cachorros estava ligada ao medo do pênis ameaçador do pai, que a morderia como retaliação por seus próprios impulsos de castrá-lo. Toda a sua relação com o pai foi profundamente prejudicada pelo fato de ele ter se transformado num "homem mau". Ele era ainda mais odiado por ter se tornado a encarnação dos desejos sádicos da própria menina pela mãe.

O episódio a seguir, que me foi relatado pela mãe, ilustra muito bem esse ponto. No início de seu terceiro ano de vida, Rita foi passear com a mãe e viu um cocheiro bater cruelmente nos cavalos. A mãe ficou extremamente indignada, e foi prontamente ecoada pela jovem garota. No mesmo dia, porém, surpreendeu a mãe ao dizer: "Quando é que a gente vai sair de novo para ver o homem mau bater nos cavalos?", revelando assim que tirara um prazer sádico daquela experiência e desejava repeti-la. Em seu inconsciente, o cocheiro representava o pai e os cavalos a mãe: o pai realizava na relação sexual fantasias sádicas que a criança dirigia contra a mãe. O medo do órgão genital mau do pai, aliado à fantasia em que a mãe era ferida e destruída pelo ódio de Rita e pelo pai mau (o cocheiro), interferia tanto nos desejos edipianos positivos como nos invertidos. Rita não conseguia se identificar com a mãe destruída nem se permitia desempenhar na posição homossexual o papel do pai. Por isso, nenhuma das duas posições podia se estabelecer de forma satisfatória nesses estágios iniciais.

Alguns exemplos retirados do material analítico

As ansiedades que Rita sentiu ao testemunhar a cena primária podem ser percebidas no material a seguir.

Em certa ocasião durante a análise, a menina colocou um bloco triangular de um lado e disse: "Isso é uma pequena mulher". Depois pegou um "pequeno martelo", como chamava o bloco oblongo, e começou a bater na caixa dos blocos, dizendo: "Quando o martelo bateu com força, a pequena mulher ficou *muito* assustada". O bloco triangular representava a própria menina, o "martelo" o pênis do pai e a caixa a mãe; a situação como um todo representava o fato de ter testemunhado a cena primária. É importante observar que ela bateu na caixa exatamente num ponto em que ela estava colada apenas com um papel, fazendo um buraco. Essa foi uma das ocasiões em que Rita demonstrou de forma simbólica o conhecimento inconsciente que tinha da vagina e do papel que ela desempenhava em suas teorias sexuais.

Os dois exemplos a seguir estão relacionados ao complexo de castração e à inveja do pênis. Rita brincou que viajava com seu ursinho de pelúcia para a casa de uma mulher "boa", onde receberia "um presente maravilhoso". Essa viagem, porém, não correu como planejado. Rita se livrou do maquinista e tomou seu lugar. Mas ele voltava constantemente para ameaçá-la, causando grande ansiedade. Um dos objetos de disputa entre os dois era o ursinho, que ela acreditava ser essencial para o sucesso da viagem. O ursinho, nesse ponto, representava o pênis do pai, e a rivalidade entre este e a menina se expressava nessa luta pelo pênis. Rita tinha roubado o pênis do pai em parte por sentimentos de inveja, ódio e vingança, e em parte para tomar seu lugar junto à mãe. Assim, com o pênis potente do pai, poderia reparar os danos feitos à mãe em fantasia.

O outro exemplo está ligado ao seu ritual para ir dormir, que foi se tornando cada vez mais complicado e compulsivo com a passagem do tempo, e envolvia um cerimonial equivalente com a boneca. O ponto mais importante é que a menina (e a boneca também) ficasse bem apertada debaixo dos lençóis, pois senão – como ela dizia – um rato ou um "*Butzen*" (palavra inventada por ela) entraria pela janela e arrancaria seu próprio "*Butzen*" com uma mordida. O "*Butzen*" representava tanto o órgão genital do pai como o da própria menina: o pênis do pai arrancaria o pênis imaginário dela, assim como *ela* desejava castrar *o pai*. Examinando o caso em retrospecto, vejo que o receio de que a mãe atacasse o interior de seu corpo também alimentava o medo de que alguma coisa entrasse pela janela. O quarto também representava o corpo da menina e o assaltante era a mãe retaliando ataques que a criança fizera contra ela. A necessidade obsessiva de ser aconchegada na cama com tanto cuidado era a defesa contra todos esses temores.

O desenvolvimento do superego

As ansiedades e os sentimentos de culpa descritos nas duas seções anteriores estavam ligados ao desenvolvimento do superego de Rita. Descobri na menina um superego cruel e severo, do tipo que se encontra por trás das neuroses obsessivas graves nos adultos. Na época da análise, remeti a origem desse desenvolvimento ao início do segundo ano de vida. À luz de minha experiência posterior, sou levada à conclusão de que a formação do superego de Rita na verdade teve início em seus primeiros meses de vida.

No jogo de viagem que descrevi acima, o maquinista representava tanto o superego como o pai real. Também vemos o superego em ação no brincar obsessivo de Rita com a boneca, em que realizava um ritual semelhante ao cerimonial que ela própria executava antes de dormir, botando a boneca na cama e aninhando-a com muito cuidado sob lençóis. Em certa ocasião durante a análise, Rita colocou um elefante ao lado da cama da boneca. Como explicou, a função do elefante era impedir que a "criança" (a boneca) se levantasse, pois senão ela entraria no quarto dos pais para "machucá-los ou roubar alguma coisa deles". O elefante representava o superego (o pai e a mãe), e os ataques que ele deveria evitar eram expressão dos impulsos sádicos da própria Rita, centrados na relação sexual entre os pais e na gravidez da mãe. O superego impediria a menina de roubar o bebê que se encontrava dentro da mãe, de ferir ou destruir o corpo dela e de castrar o pai.

Um detalhe significativo de sua história é que, no início de seu terceiro ano de vida, ao brincar de boneca, Rita afirmava repetidas vezes que *não era a mãe das bonecas*. No contexto da análise, ficou óbvio que ela não se permitia ser a mãe da boneca, pois esta representava o pequeno irmão que a menina tanto queria e temia roubar da mãe. Sua culpa também estava relacionada às fantasias agressivas que alimentou durante a gravidez da mãe. A inibição que impedia Rita de brincar de ser a mãe da boneca se originava de seus sentimentos de culpa, assim como do medo da figura materna cruel, muito mais severa do que a mãe *real* jamais fora. Rita não só via sua mãe real de forma distorcida, como também se sentia constantemente ameaçada por uma aterrorizante figura materna *interna*. Já me referi aos ataques fantasiados de Rita contra o corpo da mãe e à ansiedade correspondente de que a mãe a atacasse e roubasse seus bebês imaginários, assim como ao medo de ser atacada e castrada pelo pai. Agora gostaria de avançar um pouco mais nas minhas interpretações. Aos ataques fantasiados dos pais, enquanto figuras externas, contra o corpo da menina correspondia o medo de ataques internos, realizados pelas figuras persecutórias dos pais internalizados que formavam a parte cruel de seu superego.[13]

---

[13] Na síntese teórica geral que apresento mais adiante, discutirei o desenvolvimento do superego das meninas e o papel fundamental que o pai bom internalizado desempenha nesse processo. No caso de Rita, esse aspecto da formação do superego não apareceu durante a análise. No entanto, podia-se perceber um avanço nesse sentido na relação mais satisfatória que começou a estabelecer com o pai no final do tratamento. Olhando em retrospecto, vejo que a ansiedade e a culpa ligadas à mãe dominavam de tal forma sua vida

O rigor do superego de Rita muitas vezes se fazia sentir em seu brincar durante a análise. Por exemplo, ela costumava punir a boneca com muita crueldade; a isso se seguia um acesso de raiva e medo. Ela se identificava ao mesmo tempo com os pais severos, que infligiam punições terríveis, e com a criança que é punida de forma cruel e tem um acesso de raiva. Era possível perceber isso não só em seu brincar, mas também em seu comportamento geral. Em algumas ocasiões, ela parecia ser a porta-voz da mãe severa e implacável; em outras, um bebê incontrolável, voraz e destrutivo. Parecia haver muito pouco de seu ego para ligar esses dois extremos e modificar a intensidade do conflito. O processo gradual de integração de seu superego foi profundamente prejudicado, impedindo-a de desenvolver uma individualidade própria.

Ansiedades depressivas e persecutórias que perturbam o desenvolvimento edipiano

Os sentimentos depressivos de Rita eram uma característica marcante da neurose. Seus estados de tristeza, seu choro sem motivo, indagações constantes sobre o amor da mãe – tudo isso eram indicações de suas ansiedades depressivas. Essas ansiedades brotavam da relação com os seios da mãe. Como consequência de suas fantasias sádicas, em que teria atacado o seio e a mãe como um todo, Rita vivia dominada por medos que influenciavam profundamente sua relação com a mãe. Por um lado, amava-a como objeto bom indispensável e se sentia culpada porque a tinha posto em perigo por meio de suas fantasias agressivas; por outro, odiava-a e a temia como mãe persecutória e má (de início, o seio mau). Esses medos e sentimentos complexos, relacionados à mãe como objeto externo e interno, constituíam sua posição depressiva infantil. Rita era incapaz de lidar com essas profundas ansiedades e não conseguia superar a posição depressiva.

Quanto a isso, parte do material do estágio inicial de sua análise é bastante significativo.[14] Rita fez alguns rabiscos num papel e pintou tudo de preto com muita energia. Depois, rasgou o papel e atirou os pedaços num copo cheio d'água, que levou à boca como se fosse beber. Nesse momento parou e disse baixinho: "Mulher morta". Esse material, com as mesmas palavras, repetiu-se em outra ocasião.

---

emocional que tanto a relação com o pai externo quanto com a figura paterna internalizada foram prejudicadas.
14 Esse material em particular não foi publicado antes.

O papel pintado de preto, rasgado e atirado n'água representava a mãe destruída por meios orais, anais e uretrais. A imagem da mãe morta relacionava-se não só à mãe externa quando fora da vista, mas também à mãe *interna*. Rita foi obrigada a desistir da rivalidade com a mãe na situação edipiana porque o medo inconsciente de perder o objeto interno e externo agia como barreira para todo desejo que aumentasse o ódio pela mãe e, portanto, causasse sua morte. Essas ansiedades, derivadas da posição oral, estão por trás da forte depressão que Rita sentiu quando sua mãe tentou desmamá-la da última mamadeira. A menina não queria tomar o leite no copo. Caiu num estado de desespero; perdeu o apetite, passou a recusar comida e apegou-se mais do que nunca à mãe, perguntando repetidas vezes se ela a amava, se tinha aprontado, e assim por diante. A análise revelou que o desmame representava uma punição cruel por seus desejos agressivos e os desejos de morte contra a mãe. Como a perda da mamadeira simbolizava a perda final do seio, Rita acreditava que tinha de fato destruído a mãe quando a mamadeira foi levada embora. Mesmo a presença concreta da mãe só conseguia afastar esses temores temporariamente. Pode-se deduzir, então, que, enquanto a mamadeira ausente representava o seio bom perdido, o copo de leite que Rita recusava no estado de depressão que se seguiu ao desmame representava a mãe morta e destruída, da mesma maneira que o copo d'água com o papel rasgado tinha representado a "mulher morta".

Como já sugeri, as ansiedades depressivas de Rita acerca da morte da mãe estavam ligadas a medos persecutórios relacionados a ataques contra seu próprio corpo, realizados por uma mãe retaliadora. Na verdade, qualquer menina vê ataques desse tipo não só como um perigo para seu corpo, mas também como uma ameaça a tudo de precioso que acredita conter em seu "interior": seus filhos em potencial, e a mãe boa e o pai bom.

A incapacidade de proteger esses objetos amados de perseguidores externos e internos faz parte da situação de ansiedade mais fundamental das meninas.[15]

A relação de Rita com o pai era determinada em grande parte pelas situações de ansiedade centradas na mãe. Muito de seu ódio e medo do seio mau fora transferido para o pênis do pai. O excesso de culpa e

---

15 Essa situação de ansiedade surgiu até certo ponto na análise de Rita, mas na época eu não percebia totalmente a importância dessas ansiedades nem sua íntima ligação com a depressão. Isso só se tornou mais claro para mim à luz da minha experiência posterior.

o medo da perda relacionado à mãe também tinham sido transferidos para o pai. Tudo isso – somado à frustração imposta diretamente pelo pai – tinha interferido no desenvolvimento do complexo de Édipo positivo da menina.

O ódio pelo pai era reforçado pela inveja do pênis e pela rivalidade com ele na situação edipiana invertida. As tentativas de Rita para lidar com a inveja do pênis levaram à crença reforçada em seu pênis imaginário. No entanto, ela acreditava que esse pênis estava ameaçado pelo pai mau que a castraria como retaliação por seus próprios desejos de castrá-lo. O temor de que o *"Butzen"* do pai entrasse no quarto e arrancasse seu próprio *"Butzen"* com uma mordida era um exemplo do medo da castração de Rita.

Seus desejos de anexar o pênis do pai e de desempenhar seu papel junto à mãe eram indicações claras da inveja do pênis. Isso pode ser ilustrado pelo material do brincar que já citei: ela viajava com o ursinho de pelúcia, representando o pênis, até a "boa mulher" que lhes daria um "presente maravilhoso". No entanto, como a análise da menina demonstrou, o desejo de possuir seu próprio pênis reforçava bastante as ansiedades e a culpa relacionadas à morte da mãe amada. Essas ansiedades, que inicialmente vieram a abalar a relação com a mãe, contribuíram muito para o fracasso no desenvolvimento do complexo de Édipo positivo. Também tiveram o efeito de reforçar os desejos de possuir um pênis, pois Rita sentia que só poderia reparar o dano feito à mãe e compensar os bebês que roubara dela em fantasia se possuísse um pênis que pudesse gratificar a mãe e dar-lhe novos filhos.

As enormes dificuldades de Rita para lidar com seu complexo de Édipo invertido e positivo estavam, portanto, calcadas em sua posição depressiva. Com a redução dessas ansiedades, ela foi capaz de tolerar seus desejos edipianos e atingir cada vez mais uma atitude feminina e maternal. Perto do fim da análise, que foi interrompida devido a circunstâncias externas, a relação de Rita com os pais e com o irmão já tinha melhorado. A aversão pelo pai, que até então fora muito marcante, foi substituída pelo afeto; a ambivalência em relação à mãe se reduziu, ao mesmo tempo em que uma relação mais amistosa e estável foi se desenvolvendo.

A nova atitude de Rita diante do ursinho de pelúcia e da boneca mostrava até que ponto seu desenvolvimento libidinal tinha avançado, assim como suas dificuldades neuróticas e a severidade de seu superego tinham se reduzido. Em uma ocasião, perto do fim da análise, enquanto beijava e abraçava o ursinho ao mesmo tempo em que lhe dava nomes carinhosos, a menina disse: "Não estou mais nem um pouco triste, porque agora eu tenho um bebezinho tão fofo". Agora ela já se permitia ser a mãe de seu filho imaginário. Essa mudança não era uma ocorrência completamente nova, sendo de certa forma um retorno para a posição libidinal anterior. Durante o segundo ano de vida, o desejo de Rita de receber o pênis do pai e ter um filho com ele fora perturbado pela ansiedade e pela culpa relacionadas à mãe; seu desenvolvimento edipiano positivo foi rompido e houve forte agravamento de sua neurose. Ao afirmar enfaticamente que não era a mãe da boneca, Rita demonstrava claramente estar lutando contra seus desejos de ter um filho. Sob a pressão da ansiedade e da culpa, não conseguiu manter a posição feminina e foi impelida a reforçar a posição masculina. Desse modo, o ursinho passou a representar principalmente o pênis desejado. Rita só se permitiu o desejo de ter um filho com o pai e conseguiu estabelecer uma identificação com a mãe na situação edipiana quando houve uma redução de suas ansiedades e culpas relacionadas a ambos os pais.

SÍNTESE TEÓRICA GERAL

a) Estágios iniciais do complexo de Édipo em ambos os sexos

Os quadros clínicos dos dois casos que apresentei neste artigo diferem em vários aspectos. No entanto, ambos têm importantes características em comum, como a presença de fortes impulsos sádico-orais, um excesso de culpa e ansiedade e uma baixa capacidade do ego de tolerar tensões de qualquer tipo. De acordo com minha experiência, esses são alguns dos fatores que, ao interagir com circunstâncias externas, impedem que o ego construa gradualmente defesas adequadas contra a ansiedade. Como resultado, a elaboração das situações de ansiedade arcaicas se torna mais difícil, prejudicando o desenvolvimento emocional e libidinal da criança, assim como o de seu ego. Devido ao domínio da ansiedade e da culpa, há uma fixação exagerada nos estágios iniciais da organização libidinal e, em interação com esse fator, uma tendência excessiva de regredir a esses estágios. Como consequência, o desenvolvimento edipiano é prejudicado e a organização genital não se estabelece com firmeza. Nos dois casos descritos neste artigo, assim como em outros pacientes, o complexo de Édipo começou a se desenvolver normalmente quando essas ansiedades arcaicas foram reduzidas.

O efeito da ansiedade e da culpa no curso do desenvolvimento edipiano pode ser ilustrado até certo ponto pelos dois breves históricos de caso que apresentei aqui. No entanto, o resumo que faço a seguir de minhas conclusões teóricas a respeito de certos aspectos do desenvolvimento edipiano se baseia em todo o meu trabalho analítico com crianças e adultos, abrangendo desde indivíduos normais até doentes graves.

Uma descrição completa do desenvolvimento edipiano teria que incluir um exame das influências e experiências externas em cada uma de suas etapas, e de seus efeitos ao longo da infância. Sacrifiquei deliberadamente a descrição exaustiva de fatores externos pela necessidade de elucidar as questões mais importantes.[16]

Minha experiência me leva a crer que a libido se mistura à agressividade desde o início da vida, e que cada etapa do desenvolvimento da libido é profundamente afetada pela ansiedade oriunda da agressividade. A ansiedade, a culpa e os sentimentos depressivos às vezes empurram a libido para novas formas de gratificação, mas também podem frear seu desenvolvimento ao reforçar a fixação em objetos e finalidades anteriores.

Em comparação com as fases posteriores do complexo de Édipo, o quadro de seus primeiros estágios é necessariamente mais obscuro, uma vez que o ego do bebê é imaturo e completamente dominado pela fantasia inconsciente; além disso, sua vida pulsional está em sua fase mais polimorfa. Esses estágios iniciais se caracterizam por súbitas flutuações entre diferentes finalidades e objetos, que trazem flutuações correspondentes na natureza das defesas. De acordo com meu ponto de vista, o complexo de Édipo começa durante o primeiro ano de vida e de início segue as mesmas linhas em ambos os sexos. A relação com o seio da mãe é um dos fatores essenciais que determinam todo o desenvolvimento emocional e sexual. Por isso, para a descrição a seguir, tomo a relação com o seio como ponto de partida do início do complexo de Édipo em ambos os sexos.

Aparentemente, a busca de novas fontes de gratificação é inerente ao avanço da libido. A gratificação obtida no seio da mãe permite ao

---

16 Meu principal objetivo ao elaborar esta síntese teórica é fazer uma apresentação clara de minhas opiniões sobre alguns aspectos do complexo de Édipo. Também pretendo comparar minhas conclusões com algumas afirmações de Freud a esse respeito. É impossível, portanto, citar outros autores ou fazer alusões à vasta literatura que lida com este assunto. Quanto ao complexo de Édipo na menina, contudo, eu gostaria de chamar atenção para o capítulo 9 de meu livro *A psicanálise de crianças* (op. cit.), em que citei o ponto de vista de vários autores a esse respeito.

bebê voltar seu desejo para novos objetos, antes de mais nada para o pênis do pai. No entanto, esse novo desejo recebe um ímpeto especial pela frustração na relação com o seio. É importante lembrar que a frustração depende tanto de fatores internos quanto de experiências reais. É inevitável que haja alguma frustração no seio, mesmo sob as condições mais favoráveis, pois aquilo que o bebê realmente quer é a gratificação *ilimitada*. A frustração sentida no seio da mãe faz tanto o menino como a menina se afastarem dele e estimula na criança o desejo de obter gratificação oral com o pênis do pai. O seio e o pênis são, portanto, os objetos primários dos desejos orais do bebê.[17]

A frustração e a gratificação moldam desde o início a relação do bebê com um seio bom amado e um seio mau odiado. A necessidade de lidar com a frustração e a agressividade que ela provoca é um dos fatores que levam à idealização do seio bom e da mãe boa, intensificando ao mesmo tempo o ódio e o medo do seio mau e da mãe má, que se tornam o protótipo de todos os objetos persecutórios e assustadores.

As duas atitudes conflitantes diante do seio da mãe são transportadas para a nova relação com o pênis do pai. A frustração sofrida na primeira relação aumenta as exigências e as esperanças na nova fonte e estimula o amor pelo novo objeto. A inevitável decepção na nova relação reforça o recuo para o primeiro objeto; isso contribui para a instabilidade e a fluidez das atitudes emocionais e dos vários estágios da organização libidinal.

Além disso, impulsos agressivos estimulados e reforçados pela frustração transformam, na mente da criança, as vítimas de suas fantasias agressivas em figuras feridas e retaliadoras, que a ameaçam com os mesmos ataques sádicos que ela comete contra os pais em fantasia.[18] Como consequência, o bebê sente uma necessidade crescente de ter

---

17 Ao examinar a relação fundamental do bebê com o seio da mãe e o pênis do pai, assim como as situações de ansiedade e as defesas que se seguem a essa fase, não tenho em mente apenas a relação com objetos parciais. Na verdade, esses objetos parciais estão associados desde o início à mãe e ao pai na mente do bebê. As experiências cotidianas com os pais e a relação inconsciente que se estabelece com eles enquanto objetos internos vão se concentrando em torno desses objetos parciais primários, aumentando sua proeminência no inconsciente da criança.

18 É preciso levar em conta a grande dificuldade de expressar os sentimentos e fantasias da criança pequena numa linguagem adulta. Toda descrição das fantasias arcaicas do inconsciente – ou melhor, de todas as fantasias inconscientes em geral – só pode, portanto, ser considerada uma indicação dos conteúdos, e não da forma dessas fantasias.

um objeto que possa amar e pelo qual possa ser amado – um objeto perfeito, ideal – a fim de satisfazer sua ânsia de auxílio e segurança. Cada objeto, portanto, pode se tornar às vezes bom e às vezes mau. Esse movimento de ida e volta entre os vários aspectos das imagos primárias implica uma íntima interação entre os estágios iniciais do complexo de Édipo invertido e positivo.

Uma vez que, sob o domínio da libido oral, o bebê introjeta seus objetos desde o início, as imagos primárias possuem seu equivalente no mundo interior da criança. As imagos do seio da mãe e do pênis do pai se estabelecem dentro do ego e formam o núcleo do superego. À introjeção do seio e da mãe bons e maus corresponde a introjeção do pênis e do pai bons e maus. Eles se tornam os primeiros representantes das figuras internas protetoras e auxiliadoras, de um lado, e das figuras internas persecutórias e retaliadoras, de outro. Essas são as primeiras identificações que o ego desenvolve.

A relação com as figuras internas interage de diversas maneiras com a relação ambivalente da criança com ambos os pais como objetos externos. A cada etapa da introjeção de objetos externos corresponde a projeção de figuras internas para o mundo externo, e essa interação subjaz não só à relação com os pais reais como também ao desenvolvimento do superego. Como consequência dessa interação, que implica uma orientação para dentro e para fora, há uma flutuação constante entre objetos e situações internos e externos. Essas flutuações estão ligadas ao movimento da libido entre as diferentes finalidades e objetos. Desse modo, o curso tomado pelo complexo de Édipo e o desenvolvimento do superego estão intimamente interligados.

Apesar de ainda serem dominados pela libido oral, uretral e anal, desejos genitais logo se misturam aos impulsos orais da criança. Desejos genitais arcaicos se voltam para a mãe e o pai, juntamente com desejos orais. Isso se encaixa na minha pressuposição de que há um conhecimento inconsciente da existência do pênis e da vagina inerente a ambos os sexos. No bebê do sexo masculino, sensações genitais são a base da expectativa de que o pai possua um pênis, que o menino deseja de acordo com a equação "seio = pênis". Ao mesmo tempo, suas sensações e impulsos genitais também implicam a busca de uma abertura onde inserir o pênis, i.e., estão voltados para a mãe. Do mesmo modo, as sensações genitais do bebê do sexo feminino são um preparatório para o desejo de receber o pênis do pai dentro da vagina. Tudo indica, portanto, que os desejos genitais pelo pênis do pai, misturados a desejos orais, estão na raiz dos estágios iniciais do complexo de Édipo positivo na menina e do invertido no menino.

O curso do desenvolvimento libidinal é influenciado em cada estágio por ansiedade, culpa e sentimentos depressivos. Nos dois artigos anteriores, referi-me diversas vezes à posição depressiva infantil como a posição central do desenvolvimento inicial. Agora gostaria de propor a seguinte formulação: o núcleo dos sentimentos depressivos infantis, i.e., o medo que a criança tem de perder seus objetos amados como consequência de seu ódio e agressividade, participa de suas relações de objeto e de seu complexo de Édipo desde o início.

Um corolário fundamental da ansiedade, da culpa e dos sentimentos depressivos é a premência de reparação. Dominado pela culpa, o bebê é levado a anular o efeito de seus impulsos sádicos por meios libidinais. Desse modo, sentimentos amorosos, que convivem com impulsos agressivos, são reforçados pela pulsão de reparação. Fantasias reparatórias representam, às vezes nos menores detalhes, o anverso das fantasias sádicas; da mesma forma, ao sentimento de onipotência sádica corresponde o de onipotência reparatória. Por exemplo, a urina e as fezes representam agentes de destruição quando a criança sente ódio, e presentes quando sente amor; mas quando se sente culpada e é impelida a fazer reparação, os excrementos "bons" se tornam em sua mente os meios pelos quais poderá curar os danos feitos pelos excrementos "perigosos". Mais uma vez, tanto o menino quanto a menina acreditam – ainda que de formas diferentes – que o pênis que danificou e destruiu a mãe em suas fantasias sádicas se torna o meio de restaurá-la e curá-la nas fantasias de reparação. Assim, o desejo de dar e receber gratificação libidinal é aumentado pelo impulso de reparação. O bebê sente que desse modo o objeto ferido poderá ser restaurado, e que o poder de seus impulsos agressivos diminui, seus impulsos de amor se libertam e a culpa se reduz.

O curso do desenvolvimento libidinal, portanto, é estimulado e reforçado a cada passo pela pulsão de reparação e, em última análise, pelo sentimento de culpa. No entanto, a culpa que gera a pulsão de reparação também inibe os desejos libidinais. Quando a criança sente que sua agressividade é o fator predominante, ela vê seus desejos libidinais como um perigo para seus objetos amados – como algo, portanto, que deve ser reprimido.

b) O desenvolvimento edipiano do menino

Até aqui, fiz um esboço geral dos estágios iniciais do complexo de Édipo em ambos os sexos. Agora, discutirei especificamente o desenvolvimento do menino. Sua posição feminina – que influencia de forma essencial sua atitude diante de ambos os sexos – é atingida sob o domínio de impulsos e fantasias orais, uretrais e anais, estando intimamente ligada à relação do menino com o seio da mãe. Se o menino consegue transferir parte de seu amor e desejos libidinais do seio da mãe para o pênis do pai, ao mesmo tempo em que mantém o seio como objeto bom, o pênis do pai aparecerá em sua mente como um órgão bom e criador, que lhe trará a gratificação libidinal, além de lhe dar filhos, como fez à mãe. Esses desejos femininos são sempre uma característica inerente do desenvolvimento do menino. Eles estão no fundo de seu complexo de Édipo invertido e constituem a primeira posição homossexual. A imagem tranquilizadora do pênis do pai como órgão bom e criador também é uma precondição para que o menino possa desenvolver seus desejos edipianos positivos. Pois só ao acreditar firmemente na "bondade" do órgão genital masculino – tanto do pai quanto de si mesmo – o menino se permite sentir desejos genitais pela mãe. Quando o medo do pai castrador é mitigado pela confiança no pai bom, ele consegue encarar o ódio e a rivalidade oriundos da situação edipiana. Assim, as tendências edipianas invertidas se desenvolvem ao mesmo tempo que as positivas, e há uma forte interação entre elas.

Há bons motivos para se supor que o medo da castração é ativado assim que surgem as primeiras sensações genitais. De acordo com a definição de Freud, o medo da castração no homem é o medo de ter o órgão genital atacado, ferido ou removido. No meu ponto de vista, esse medo é sentido pela primeira vez sob o domínio da libido oral. Os impulsos sádico-orais do menino em relação ao seio da mãe são transferidos para o pênis do pai; além disso, a rivalidade e o ódio oriundos da situação edipiana inicial se expressam no desejo do menino de arrancar o pênis do pai com uma mordida. Isso provoca o medo de que seu próprio órgão genital seja arrancado da mesma maneira pelo pai como retaliação.

Há várias ansiedades arcaicas, oriundas de diversas fontes, que alimentam o medo da castração. Os desejos genitais do menino em relação à mãe são cheios de perigo fantástico desde o início, por causa de suas fantasias orais, uretrais e anais de ataques contra o corpo da mãe. O menino acredita que o "interior" dela está danificado, envenenado e venenoso; em sua fantasia, o corpo da mãe também contém o pênis do pai, que – por causa de seus próprios ataques sádicos contra ele – é percebido como um objeto hostil e castrador, e que ameaça destruir seu próprio pênis.

A essa imagem assustadora do "interior" da mãe – que convive com a imagem da mãe como fonte de tudo o que é bom e gratificante – correspondem os medos acerca do interior de seu próprio corpo. Dentre esses se destaca o medo do bebê de um ataque interno por parte de uma figura perigosa – a mãe, o pai ou uma combinação dos dois – como retaliação por seus próprios impulsos agressivos. Esses medos persecutórios influenciam decisivamente as ansiedades do menino a respeito de seu próprio pênis. Qualquer dano feito ao seu "interior" pelos perseguidores internalizados significa para o menino um ataque ao seu próprio pênis, que ele teme ser mutilado, envenenado ou devorado por dentro. No entanto, não é apenas seu pênis que ele acredita ter que preservar, mas também o conteúdo bom de seu corpo, as fezes e urina boas, os bebês que deseja ter na posição feminina e os bebês que – identificado com o pai bom e criador – deseja produzir na posição masculina. Ao mesmo tempo, ele se sente impelido a proteger e preservar os objetos amados que internalizou junto com as figuras persecutórias. Desse modo, o medo de ataques internos contra seus objetos amados está intimamente ligado ao medo da castração, reforçando-o.

Outra ansiedade que alimenta o medo da castração deriva das fantasias sádicas em que os excrementos se tornam venenosos e perigosos. O pênis do próprio menino, identificado com essas fezes perigosas e cheio de urina má na mente da criança, torna-se um órgão de destruição nas fantasias de relação sexual. Esse medo é ampliado pela convicção do menino de que contém dentro de si o pênis mau do pai, i.e., por meio de uma identificação com o pai mau. Quando essa identificação ganha força, ela é vista como uma aliança com o pai interno mau contra a mãe. Como consequência, a crença do menino na qualidade produtiva e reparatória de seu próprio órgão genital é reduzida; ele sente que seus próprios impulsos agressivos foram reforçados e que a relação sexual com a mãe seria cruel e destrutiva.

Ansiedades desse tipo exercem uma influência importante sobre o medo da castração e a repressão dos desejos genitais, e também sobre a regressão a estágios anteriores. Se esses medos são excessivos e a premência de reprimir os desejos genitais é forte demais, é provável que surjam dificuldades de potência mais tarde. Normalmente, esses medos do menino são contrabalançados pela imagem do corpo da mãe como fonte de toda a bondade (leite e bebês bons) e pela introjeção dos objetos amados. Quando os impulsos amorosos são predominantes, os produtos e o conteúdo do corpo da própria criança tomam o significado de presentes; seu pênis se torna o meio de dar gratificação e filhos para a mãe, além de fazer reparação. Ademais, se a sensação de conter o seio bom da mãe e o pênis bom do pai for a mais forte, o menino tem uma confiança reforçada em si mesmo, que lhe permite dar mais liberdade a seus impulsos e desejos. Unido e identificado com o pai bom, ele sente que seu pênis adquire qualidades criadoras e reparatórias. Todas essas emoções e fantasias lhe permitem enfrentar o medo da castração e estabelecer com firmeza a posição genital. Elas também são o pré-requisito da potência sublimada, que exerce uma influência importante sobre as atividades e os interesses da criança; ao mesmo tempo, formam-se os alicerces para se obter a potência num estágio posterior da vida.

c) O desenvolvimento edipiano da menina

Já descrevi os estágios iniciais do desenvolvimento edipiano da menina, na medida em que este se coaduna com o do menino. Agora indicarei algumas características essenciais que são específicas do complexo de Édipo da menina.

Quando as sensações genitais ganham força no bebê do sexo feminino, aumenta-se o desejo de receber o pênis, em conformidade com a natureza receptiva de seu órgão genital.[19] Ao mesmo tempo, a menina sabe inconscientemente que seu corpo contém crianças em potencial, que ela vê como sua posse mais preciosa. O pênis do pai, enquanto um criador de crianças – às quais também é identificado –, torna-se o objeto do desejo e da admiração da menina pequena. Essa relação com o pênis como fonte de felicidade e presentes bons é ampliada pela relação grata e amorosa com o seio bom.

Ao lado do conhecimento inconsciente de que contém bebês em potencial, a pequena menina tem sérias dúvidas a respeito de sua capacidade de ter filhos no futuro. Comparada à mãe, ela se sente em desvantagem em vários aspectos. No inconsciente da criança, a mãe possui um poder mágico, pois toda a bondade brota de seu seio e ela ainda contém o pênis do pai e os bebês dentro de si. A menina pequena – ao contrário do menino, cuja esperança de se tornar potente um dia ganha força com a posse de um pênis que pode ser comparado ao do pai – não tem como se assegurar de sua futura fertilidade. Além disso, suas dúvidas são aumentadas por todas as ansiedades relacionadas ao conteúdo de seu corpo. Essas ansiedades intensificam os impulsos de roubar crianças dentro do corpo da mãe, assim como o

---

19 A análise de crianças pequenas não deixa dúvida de que a vagina tem uma representação no inconsciente da criança. A masturbação vaginal na primeira infância é bem mais frequente do que se acredita, fato que é corroborado por diversos autores.

pênis do pai que também se encontra lá, o que por sua vez reforça o medo de que seu próprio interior seja atacado e tenha seu conteúdo "bom" roubado por uma mãe externa e interna retaliadora.

Alguns desses elementos também estão presentes no menino, mas o fato de o desenvolvimento genital da menina estar centrado no desejo feminino de receber o pênis do pai e de sua principal preocupação inconsciente ser com seus bebês imaginários é uma característica específica do desenvolvimento da menina. Como consequência, suas fantasias e emoções são construídas principalmente em torno de seu mundo e objetos interiores; sua rivalidade edipiana se manifesta essencialmente no impulso de tirar da mãe os bebês e o pênis do pai; o medo de ter seu corpo atacado e seus objetos internos bons feridos ou levados embora por uma mãe retaliadora má desempenha um papel proeminente e duradouro em suas ansiedades. No meu ponto de vista, essa é a principal situação de ansiedade da menina.

Além disso, enquanto no menino a inveja da mãe (por esta conter o pênis do pai e os bebês) é um elemento do complexo de Édipo invertido, na menina ela faz parte de sua situação edipiana positiva. Essa inveja permanece um fator essencial ao longo de todo seu desenvolvimento sexual e emocional, tendo um efeito importante em sua identificação com a mãe na relação sexual com o pai e no papel maternal.

No caso da menina, o desejo de possuir um pênis e de ser um menino é uma expressão de sua bissexualidade. Trata-se de uma característica tão inerente das meninas quanto o desejo de ser mulher dos meninos. O desejo de ter o próprio pênis é secundário ao desejo de receber o pênis, e é bastante reforçado pelas frustrações sofridas na posição feminina e pela ansiedade e culpa sentidas na situação edipiana positiva. A inveja do pênis na menina encobre até certo ponto o desejo frustrado de tomar o lugar da mãe junto ao pai e de receber crianças dele.

Aqui só posso mencionar por alto os fatores específicos que estão por trás da formação do superego da menina. Por causa do papel preponderante que o mundo interior desempenha em sua vida emocional, ela tem um forte ímpeto de povoá-lo com objetos bons. Isso contribui para a intensidade de seus processos introjetivos, que também são reforçados pela natureza receptiva de seu órgão genital. O pênis internalizado e admirado do pai forma uma parte intrínseca de seu superego. Ela se identifica com o pai na posição masculina, mas essa identificação se apoia na posse de um pênis imaginário. A principal identificação com o pai é vivida em relação ao pênis do pai internalizado, e essa relação se baseia tanto na posição feminina quanto na masculina. Na posição feminina, ela é impelida a internalizar o pênis do pai por causa de seus desejos sexuais e do anseio de ter um filho. É capaz de uma total submissão a esse pai internalizado a quem tanto admira, enquanto na posição masculina deseja se igualar ao pai em todas as suas aspirações e sublimações masculinas. Assim, a identificação masculina com o pai se mistura à sua atitude feminina. É essa combinação que caracteriza o superego feminino.

Na formação do superego da menina, ao pai bom e admirado corresponde de certa forma o pai mau castrador. O principal objeto de ansiedade da menina, porém, é a mãe persecutória. Se a internalização de uma mãe boa, com cuja atitude maternal ela pode se identificar, serve de contrapeso a esse medo persecutório, sua relação com o pai bom internalizado é fortalecida por sua própria atitude maternal diante dele.

Apesar de o mundo interior ser predominante na vida emocional da menina, sua necessidade de amor e sua relação com as pessoas demonstram uma grande dependência do mundo externo. Trata-se, porém, apenas de uma contradição aparente, pois essa dependência do mundo externo é reforçada pela necessidade de se tranquilizar a respeito do mundo interior.

d) Algumas comparações com o conceito clássico de complexo de Édipo

Agora me proponho a comparar meus pontos de vista acerca de certos aspectos do complexo de Édipo com aqueles de Freud, explicando algumas divergências a que fui levada pela minha experiência. Vários aspectos do complexo de Édipo em que meu trabalho confirma as descobertas de Freud estavam até certo ponto subentendidos na descrição que fiz da situação edipiana. Diante da magnitude desse assunto, porém, vejo-me impedida de examinar esses aspectos em detalhes, limitando-me a elucidar algumas das divergências. O resumo a seguir representa, em minha opinião, a essência das conclusões de Freud a respeito de certas características fundamentais do desenvolvimento edipiano.[20]

---

20 Esse resumo foi extraído principalmente das seguintes obras de Freud: *O Eu e o Id* [1923], "A organização genital infantil" [1923], "A dissolução do complexo de Édipo" [1924], "Algumas consequências psíquicas da distinção anatômica entre os sexos" [1925] (in *Obras completas*, v. 16, op. cit.), "Sobre a sexualidade feminina" [1931] e *Novas conferências introdutórias sobre psicanálise* (in *Obras completas*, v. 18, op. cit.).

Segundo Freud, o surgimento dos desejos genitais e a escolha do objeto ocorrem durante a fase fálica, que vai de cerca dos três anos até os cinco e é contemporânea ao complexo de Édipo. Ao longo dessa fase, "apenas *um genital*, o masculino, entra em consideração. Não há, portanto, uma primazia genital, mas uma primazia do *falo*".[21]

No caso do menino, "a organização genital fálica da criança sucumbe devido a essa ameaça de castração".[22] Além disso, o superego, o sucessor do complexo de Édipo, é formado pela internalização da autoridade dos pais. A culpa é expressão da tensão entre ego e superego. O uso do termo "culpa" só se justifica depois que o superego se desenvolve. Freud dá um peso preponderante ao superego do menino como a autoridade internalizada do pai; e, apesar de reconhecer até certo ponto a identificação com a mãe como um fator na formação desse superego, ele não chegou a expressar seu ponto de vista sobre esse aspecto do superego de forma detalhada.

Quanto à menina, para Freud seu longo "apego pré-edipiano" à mãe cobre o período anterior à sua entrada na situação edipiana. Freud também caracteriza esse período como "a fase de exclusiva ligação à mãe, que podemos chamar de *pré-edípica*".[23] Mais tarde, durante a fase fálica, os desejos fundamentais da menina em relação à mãe, mantidos ainda com grande intensidade, concentram-se na vontade de receber um pênis dela. Na mente da menina, o clitóris representa o pênis e a masturbação do clitóris é uma expressão de seus desejos fálicos. A vagina ainda não foi descoberta e só passará a desempenhar seu papel na vida adulta. Quando a menina percebe que não possui um pênis, seu complexo de castração passa a ocupar o primeiro plano. Nesse momento, o apego à mãe é rompido pelo ressentimento e o ódio por esta não ter lhe dado um pênis. A menina também descobre que nem mesmo a mãe possui um, o que contribui para que ela se afaste da mãe e se volte para o pai. De início, ela se aproxima do pai com o desejo de receber um pênis; só depois surge o desejo de receber um filho dele, "ou seja, quando a criança, conforme uma velha equivalência simbólica, toma o lugar do pênis".[24] Desse modo, seu complexo de Édipo é ativado pelo complexo de castração.

A principal situação de ansiedade da menina é a perda do amor, e Freud liga esse medo ao temor da morte da mãe.

---

21 Id., "A organização genital infantil", op. cit., p. 171.
22 Id., "A dissolução do complexo de Édipo", op. cit., p. 207.
23 Id., "Sobre a sexualidade feminina", op. cit., p. 379.
24 Id., *Novas conferências introdutórias sobre psicanálise*, op. cit., p. 284.

O desenvolvimento do superego da menina difere em vários pontos daquele do menino, mas eles guardam uma característica essencial em comum: o superego e o sentimento de culpa são herdeiros do complexo de Édipo.

Freud se refere a sentimentos maternais da menina derivados da relação arcaica com a mãe na fase pré-edipiana. Também se refere à identificação da menina com a mãe, oriunda do complexo de Édipo. Entretanto, não liga essas duas atitudes nem mostra como a identificação feminina com a mãe na situação edipiana afeta o curso tomado pelo complexo de Édipo na menina. Em seu ponto de vista, enquanto a organização genital da menina está se formando, o que ela mais valoriza na mãe é o aspecto fálico.

Agora farei um resumo dos meus conceitos a respeito dessas questões essenciais. De acordo com meu ponto de vista, o desenvolvimento sexual e emocional tanto do menino quanto da menina inclui, *desde a mais tenra infância*, sensações e tendências genitais, que constituem os primeiros estágios do complexo de Édipo positivo e invertido; elas são vividas sob a primazia da libido oral e se misturam a desejos e fantasias uretrais e anais. Os estágios libidinais se sobrepõem desde os primeiros meses de vida. As tendências edipianas positivas e invertidas interagem entre si desde o início. É durante o estágio da primazia genital que a situação edipiana positiva atinge seu clímax.

A meu ver, bebês de ambos os sexos possuem desejos genitais voltados para a mãe e para o pai, e têm um conhecimento inconsciente tanto da vagina quanto do pênis.[25] Por esses motivos, o termo "fase genital", empregado anteriormente por Freud, parece-me mais adequado do que o conceito posterior de "fase fálica".

Em ambos os sexos, o superego passa a existir durante a fase oral. Sob o domínio da vida de fantasia e de emoções conflitantes, a criança introjeta seus objetos – antes de mais nada, os pais – em cada estágio de sua organização libidinal, construindo o superego a partir desses elementos.

Assim, apesar de o superego corresponder em vários aspectos às pessoas reais no mundo da criança pequena, ele inclui vários componentes e características que refletem as imagens fantásticas em sua mente. Todos os fatores que exercem uma influência sobre as relações de objeto da criança participam desde o início da construção do superego.

---

25 Esse conhecimento coexiste com o conhecimento inconsciente – e até certo ponto consciente – da existência do ânus, que desempenha um papel observado com muito mais frequência nas teorias sexuais infantis.

O primeiro objeto introjetado, o seio da mãe, forma a base do superego. Assim como a relação com o seio da mãe precede e influencia profundamente a relação com o pênis do pai, do mesmo modo a relação com a mãe introjetada afeta de várias maneiras todo o curso do desenvolvimento do superego. Algumas das características mais importantes do superego – sejam de natureza amorosa e protetora, sejam de natureza destrutiva e devoradora – derivam dos componentes maternos arcaicos do superego.

Os primeiros sentimentos de culpa em ambos os sexos são oriundos dos desejos sádico-orais de devorar a mãe, principalmente seus seios (Abraham). Portanto, é na mais tenra infância que surge o sentimento de culpa. A culpa não aparece apenas quando o complexo de Édipo chega ao fim; ao contrário, ela é um dos fatores que, desde o início, moldam seu desenvolvimento e afetam seu resultado.

Nesse ponto, gostaria de examinar especificamente o desenvolvimento do menino. Em meu ponto de vista, o medo da castração surge na mais tenra infância, logo que aparecem as primeiras sensações genitais. Os impulsos arcaicos do menino para castrar o pai tomam a forma do desejo de arrancar seu pênis com uma mordida. Consequentemente, o medo da castração é percebido de início pelo menino como o medo de que seu próprio pênis também seja decepado com uma mordida. Esses medos de castração arcaicos são dominados no princípio por ansiedades oriundas de várias outras fontes, dentre as quais um papel importante é desempenhado por situações internas de perigo. À medida que o desenvolvimento vai se aproximando da primazia genital, mais o medo da castração passa a ocupar o primeiro plano. Assim, enquanto eu concordo plenamente com Freud quando ele afirma que *o medo da castração é a principal situação de ansiedade no homem*, não posso concordar com o postulado de que ele é o único fator que determina a repressão do complexo de Édipo. Ansiedades arcaicas de várias fontes contribuem o tempo todo para o papel crucial que o medo da castração desempenha no clímax da situação edipiana. Além disso, o menino sente pesar pelo pai, enquanto objeto amado, por causa de seus impulsos para castrá-lo e assassiná-lo. Em seus aspectos positivos, o pai é fonte indispensável de força, um amigo e um ideal, no qual o menino procura proteção e orientação – e que, portanto, sente-se impelido a preservar. O sentimento de culpa a respeito de seus impulsos agressivos contra o pai aumenta a necessidade premente de reprimir os desejos genitais. Percebi diversas vezes na análise de homens e meninos que o sentimento de culpa em relação ao pai amado era um elemento integrante do complexo de Édipo, influenciando de forma crucial seu resultado. A sensação de que a mãe também é ameaçada pela rivalidade do filho com o pai, e que a morte do pai seria uma perda irreparável para ela, também ajuda a reforçar o sentimento de culpa do menino e, portanto, a repressão de seus desejos edipianos.

Freud, como já sabemos, chegou à conclusão teórica de que o pai, assim como a mãe, é objeto dos desejos libidinais do filho (cf. o conceito de complexo de Édipo invertido). Além disso, em algumas de suas obras (entre os históricos de caso, merece destaque a "Análise de uma fobia em um garoto de cinco anos" [1909]), Freud levou em consideração o papel desempenhado pelo amor ao pai no conflito edipiano positivo do menino.[26] No entanto, não deu a importância necessária ao papel crucial desses sentimentos amorosos, nem no desenvolvimento do conflito edipiano nem na superação do conflito. De acordo com minha experiência, a situação edipiana perde a força não só porque o menino teme a destruição de seu órgão genital pelo pai vingativo, mas também porque é impelido por sentimentos de amor e culpa a preservar o pai como figura interna e externa.

Agora apresentarei rapidamente minhas conclusões a respeito do complexo de Édipo na menina. Em meu ponto de vista, a fase em que, segundo Freud, a menina se apega exclusivamente à mãe já inclui desejos voltados para o pai e cobre os estágios iniciais do complexo de Édipo positivo e invertido. Assim, apesar de considerar essa fase como um período de flutuação entre os desejos voltados para a mãe e para o pai em todas as posições libidinais, não tenho dúvidas a respeito da influência abrangente e duradoura que cada faceta da relação com a mãe exerce sobre a relação com o pai.

A inveja do pênis e o complexo de castração desempenham um papel importante no desenvolvimento da menina. Contudo, eles são reforçados pela frustração de seus desejos edipianos positivos. Apesar de em um determinado estágio a menina supor que a mãe possua um pênis como atributo masculino, essa ideia não desempenha um papel tão importante em seu desenvolvimento como sugere Freud. De acordo com minha experiência, a teoria inconsciente de que a mãe contém dentro de si o pênis admirado e desejado do pai está por trás de vários dos fenômenos que Freud descreve como a relação da menina com a mãe fálica.

---

26 Cf. id., *Análise da fobia de um garoto de cinco anos ("O Pequeno Hans")* [1909], in *Obras completas*, v. 8, trad. Paulo César de Souza. São Paulo: Companhia das Letras, 2015.

Os desejos orais da menina pelo pênis do pai se misturam aos seus primeiros desejos genitais de receber esse pênis. Esses desejos genitais implicam a vontade de receber filhos do pai, que também é corroborada pela equação "pênis = criança". O desejo feminino de internalizar o pênis e receber um filho do pai sempre precede o desejo de possuir o próprio pênis.

Apesar de concordar com Freud a respeito da proeminência do medo da perda de amor e da morte da mãe entre as ansiedades da menina, acredito que o temor de ter o corpo atacado e os objetos amados internos destruídos contribui de forma fundamental para sua principal situação de ansiedade.

COMENTÁRIOS FINAIS

Ao longo dessa descrição do complexo de Édipo, procurei demonstrar a interdependência de certos aspectos importantes do desenvolvimento. O desenvolvimento sexual da criança está ligado de forma inextricável às suas relações de objeto e a todas as emoções que moldam desde o início sua atitude diante da mãe e do pai. Ansiedade, culpa e sentimentos depressivos são elementos intrínsecos da vida emocional da criança e, portanto, permeiam suas relações de objeto iniciais, que consistem na relação com pessoas reais e com seus representantes no mundo interior. O superego se desenvolve a partir dessas figuras introjetadas – as identificações da criança – influenciando, por sua vez, a relação com os pais e todo o desenvolvimento sexual. Desse modo, o desenvolvimento emocional e sexual, as relações de objeto e o desenvolvimento do superego estão em interação desde o início.

A vida emocional do bebê, as defesas arcaicas construídas sob a pressão do conflito entre amor, ódio e culpa e as vicissitudes das identificações da criança – todos esses são tópicos que poderão manter ocupada a pesquisa analítica durante muito tempo. Novos trabalhos nessas direções devem nos levar a uma compreensão mais completa da personalidade, o que implica uma compreensão mais profunda do complexo de Édipo e do desenvolvimento sexual como um todo.

Índice remissivo

abnegação 251-52, 397, 401
ABRAHAM, Karl 13, 19, 63, 101, 113, 137, 140, 145, 162-65, 204, 242, 253, 271, 294, 303, 321, 335-37, 345, 349, 379, 437-39, 446-47, 509
ab-reação 114, 179, 191, 200, 210, 231, 235
adaptação 40, 43, 171, 181-82, 207, 263, 282-84, 307, 324-25, 328, 362, 366-67, 370, 379-80, 433
admiração 79, 89, 100, 108-09, 142, 152, 155, 159-61, 180, 250-51, 394-96, 403, 408-10, 416-17, 436, 440-41, 477, 484-85, 504-06, 510
afeto 34, 40, 43, 51-53, 56, 61-63, 74-76, 80, 101, 114-17, 120, 123-25, 180, 209, 213, 223-24, 251, 263, 282-86, 289-91, 294, 387, 401, 406, 460, 496
agressividade 16-19, 37, 40, 43, 60, 67, 73, 79-81, 89-91, 99, 103, 106, 112, 163, 167, 174, 181, 194, 220, 223, 230, 235, 246, 279, 285-89, 317-18, 321, 325-26, 331-34, 356, 362, 365, 368, 377, 382-83, 387-90, 393-96, 407-09, 414, 418-23, 428, 431, 436, 449, 457, 464-67, 470-71, 483, 489-90, 495, 498-501
ALEXANDER, Franz 108, 114, 118, 146
alimentação 35-39, 44, 56, 61-62, 67, 70-72, 104, 135-36, 180-82, 227-29, 260, 268-69, 273, 283-85, 306, 321-22, 336, 345, 364-66, 371-73, 378-84, 399, 404-05, 417-18, 449, 461, 475-76, 479, 488, 495
amamentação 124, 283-84, 319, 360, 364, 378-79, 384, 437, 460, 482, 488; *desmame* 171-72, 184, 203, 239-41, 247, 313-14, 339, 360-61, 364, 370-80, 384, 427, 457, 487-88, 495; *leite* 62, 72, 133, 179, 245, 283-84, 305, 312, 365, 368, 371-73, 378, 404, 414, 427, 477, 495, 503; *na mamadeira* 284, 364, 371, 378, 384, 446, 488, 495;

no seio 283, 364, 378, 384
ambição 85, 128, 180, 284, 400
ambiente 12, 17, 23, 26, 30, 39-40, 50, 54-56, 80, 83, 92, 147, 177, 214-15, 282-83, 286, 294, 319, 329-30, 374, 381, 397, 403, 407-08
ambivalência 17-19, 41-42, 71-72, 158, 173, 193, 215, 229, 262, 361-62, 429-33, 437, 441, 466-67, 488-89, 496, 500
amizade 153, 233, 387, 404, 408-13, 421, 424
amor 12, 17-18, 27, 40, 43, 62, 76-77, 80, 87-89, 104, 134, 141, 144, 147-49, 152-53, 157-58, 172, 199-203, 214-16, 221-25, 228, 237, 240-41, 244, 249-50, 273, 276, 283, 300, 326, 330-33, 336-39, 343-44, 347-48, 360-63, 368-73, 377, 380, 383-429, 432-36, 439-45, 453-60, 466-67, 473-74, 477, 482-86, 490, 494, 499-502, 506, 510-11; *de objeto* 273; *e ódio* 221, 360, 380, 383, 387-89, 394, 400-01, 408-09, 432, 435, 456; *perda do* 276, 507
anal 72-73, 101, 105-06, 138-42, 148, 151, 154, 164, 172, 208-09, 222-23, 241-48, 271, 279-80, 293-94, 303, 322, 335-37, 480, 495, 500-02, 508; *ânus* 154, 303, 321, 508; *erotismo* 37, 63, 222; *prolapso retal* 283, 288; *sádico--anal* ver *sadismo*
análise precoce 13-16, 24, 53, 78-83, 101, 106-08, 111-15, 121, 134, 138-39, 143-46, 170-73, 176, 179-204, 211, 214-21, 228, 233, 241-42, 254, 264-66, 272, 277, 290, 293-95, 313, 316-17, 321-28, 368-69, 381, 487, 504
analista 13, 16, 36, 83, 177, 183-86, 199-202, 208-18, 225-28, 255, 265-67, 271, 298, 320, 448, 486
animais 34, 39, 66-72, 82, 104, 124-26, 135, 159, 173, 223, 226, 257-58, 270, 273, 297-98, 302-04, 307, 322, 400, 448-51, 477-80, 484-86, 489

aniquilamento 332, 451
ansiedade 13, 17–19, 31, 68–75, 81–83, 91–94, 97, 108–09, 112–21, 127–34, 139, 147–48, 151–53, 156–60, 165–67, 173–76, 181, 184, 189–97, 200, 207–11, 217–18, 220, 223–26, 229–37, 240–52, 255–59, 262–68, 271–99, 302, 305–23, 326–49, 352, 355–57, 362, 371, 375–76, 409, 416–18, 428, 431–34, 448–52, 457–60, 463–77, 480–511; *depressiva* 300, 332–34, 432, 457, 490, 494–95; *persecutória* 19, 241, 332, 342–44, 349, 457
antissocialidade 77, 147, 151, 166, 224, 246–47, 320, 327, 330
apetite 56, 311, 371, 488, 495; *falta de* 82
aprendizagem 89, 92, 98, 108–10, 113, 119–20, 136–38, 148, 158, 179, 208, 264, 284, 300, 310
arcaico 14, 17, 177–78, 185, 214, 219–21, 240–44, 268, 271, 280, 299, 312–16, 326, 331, 334, 340, 344, 355, 358–59, 363, 367–68, 371, 380, 383–85, 389–96, 400–05, 409–21, 424–27, 430–33, 436–41, 446–48, 455–58, 461–67, 482, 487, 490, 497–502, 508–11
arte 59, 67, 78, 108, 124–26, 141–42, 150, 155, 228, 240, 274–75, 278, 333, 338, 389, 400, 415–16, 459, 484; *poesia* 87–88, 415–16
associação livre 13–15, 45, 57, 70–73, 95, 99, 102, 105, 133–34, 141, 149–50, 153–55, 159, 178, 183, 193–98, 201–02, 227, 285, 304, 308, 324, 329, 346, 349, 353–57, 373, 440–42, 449–51, 462–64, 477, 479–82, 486
atuação [*acting out*] 148, 325
autoanálise 13
autoerotismo 165

bissexualidade 251, 505
boca 25, 35, 64–66, 72, 95, 104, 124, 135–36, 179, 288, 322, 365–66, 372–76, 383, 387, 479, 494
borderline 335
BRAUN, Lily 76, 89

brincar 15, 23–24, 29, 43, 56, 59–60, 65–68, 71–73, 77, 81–83, 95–96, 106–10, 113, 120, 123, 128–32, 136–39, 143, 148–49, 157–59, 170–84, 192–99, 219, 226–33, 255–67, 272, 278, 283–85, 297, 305, 312–15, 321, 324, 360, 369, 390, 406–08, 416, 461–64, 467, 470–71, 481, 487–88, 493–96; *análise do* 13, 260, 265, 285, 321–23, 328; *boneca* 175, 178–81, 194, 197, 225–26, 230–31, 258–59, 304, 396, 488, 492–97; *brinquedo* 15, 39–43, 132, 137, 175, 178, 194–97, 209, 223, 226, 229–30, 283–88, 307, 323, 329, 462; *desenhar* 99–100, 103, 106, 137, 141, 161, 178, 193–94, 211, 219, 226, 277, 301, 304–05, 416, 461–86; *esporte* 108, 113, 120, 128–29, 139, 146–49, 157–58, 235; *técnica do* 91, 184, 194, 198, 217–19, 285

caráter 24–25, 53–54, 75–79, 82, 86, 108, 131, 144–46, 158, 163, 175, 204–05, 220–22, 246, 251, 254, 258, 300, 313, 321, 325, 330, 376, 379, 396, 410, 422, 460
CARLOS MAGNO 44
castração 78, 98–99, 101–03, 107–08, 119, 160–61, 169, 175, 203, 211, 225, 234–35, 240, 244–49, 252, 272, 355, 452, 470, 479, 482, 486, 493, 502, 507–09; *ansiedade de* 91, 118–19, 134, 139, 147–48, 151–53, 158–60, 167, 190, 211, 240, 248, 251, 276, 299; *complexo de* 78, 101, 107–09, 136, 147, 153, 161–63, 167, 172, 175, 243–46, 249, 252, 350, 492, 507, 510; *medo da* 92–93, 101–02, 105–09, 114, 118–19, 129, 134, 241, 246, 251, 277, 467–69, 475, 482, 496, 502–04, 509
cena primária 142, 151, 154–57, 164, 173, 179, 182, 211, 271, 491
CHADWICK, Mary 246
cisão 9, 17, 255, 261–62, 265, 333–34, 338, 341, 361–62, 380–82, 426, 433, 466–68, 479, 484; *excisão* 9, 72, 316

ciúme 87, 210, 215, 224–25, 245, 251, 263, 301, 355–57, 379, 388, 392–94, 397–99, 407–08, 412–14, 441, 466–67, 481–84, 489
clitóris 507
COELHO DA PÁSCOA 27–28, 35, 39–40, 44
COLERIDGE, Samuel Taylor 386
COLETTE, Gabrielle 268, 273
complexo de Édipo 16–18, 45, 63, 78, 82–83, 87–89, 101, 108–09, 112, 118–19, 138, 147, 169–73, 176, 184–88, 192, 198–99, 203–14, 217, 221–24, 236–53, 260–61, 268, 271, 276, 279, 290, 293, 299, 313–16, 319, 331, 334, 360, 364, 428, 437, 456–59, 463, 467–69, 473, 482–84, 487–90, 494–511; *invertido* 147, 172, 482, 490, 496; *pré-edipiano* 507–08
complexo de inferioridade 45, 386
compulsão 36, 42, 55, 60, 66, 79, 121, 130, 143, 168, 310–12, 329, 374, 488, 492; *à repetição* 179–82, 211, 232–33, 253, 273, 434
condensação 100, 124–26, 154–56, 168
conflito 18, 42, 48, 57, 86, 90, 109–11, 121, 153, 169, 172–73, 202–04, 212–14, 221, 225, 231–32, 242–44, 247–49, 253, 260–62, 265, 268, 271, 276, 279, 291–93, 299, 330, 338, 347, 351, 359–61, 364, 368–69, 372, 379, 386–88, 394, 397, 400–03, 406–09, 412, 421, 428, 457, 460, 473–75, 487, 490, 494, 510–11
confusão 89, 153, 178, 227, 239
CONGRESSO INTERNACIONAL DE PSICA-NÁLISE 53, 63, 94, 172, 179, 250–52
consciente 19, 36–37, 41, 45, 53–55, 58, 63, 68, 75–80, 87–89, 96, 108–09, 117, 129, 141, 163, 170, 177–86, 190–91, 198, 207, 210–12, 215–17, 220, 236–37, 240–43, 276, 309, 314–16, 320, 325–30, 340, 370, 421, 343, 387, 394–96, 403, 410, 476, 479, 508; *pré-consciente* 68, 210
consideração 40, 45, 58, 79, 110, 153, 178–79, 182, 191, 197–98, 224, 251,
320, 330, 337, 373, 397, 408, 448, 461, 489, 507, 510
contos de fada 35, 69, 73–74, 83, 317; *bruxa* 70–72, 133, 211, 258, 297, 335; *magia* 106, 133, 258, 297, 302–03, 335, 504; *mitologia* 87–88, 317
criatividade 20, 268, 279, 396, 416
criminalidade 86, 137, 220–22, 228–38, 255, 313–14, 319–20, 327–30; *delinquência* 233–34, 237, 330
crueldade 66, 170, 175, 180, 183, 191, 220–22, 229–30, 234–36, 244, 251–52, 256–57, 260, 265–66, 272, 313–16, 319–21, 327–29, 341, 379, 414, 418–20, 491–95, 503
culpa 3, 14, 19, 89, 97, 109, 117, 174–77, 180–84, 190–96, 199, 206, 209–14, 220–21, 224–25, 231–37, 240–44, 247–50, 253, 262–64, 284–85, 301, 313–15, 320, 323–25, 328–34, 339, 343–44, 348, 356, 360–61, 368–71, 386–402, 406–09, 412–20, 423, 428, 434–42, 449–57, 464–69, 475, 479–80, 483–85, 488–98, 501, 505–11
cultura 45, 49, 53, 75, 78, 81, 87, 90, 121, 143, 213–14, 395, 405
curiosidade 15–17, 33, 46–48, 53–58, 61, 83, 88, 134, 138, 142, 164, 240, 243–44, 287–89, 405, 414, 426, 438, 473

---

dependência 49, 203–04, 287, 339, 350, 363, 386–88, 400–02, 406, 423, 433, 444, 506; *independência* 48–49, 310, 376, 400, 404–05, 445
depressão *ver* posição depressiva
desejo 15–17, 25–27, 36–37, 40–41, 51, 56–60, 67–68, 72–75, 79–88, 93–98, 109, 119, 126, 131, 134–36, 143, 150–59, 172–79, 182, 191, 206, 211, 223–24, 227–36, 244–51, 256–63, 276–84, 288–90, 301, 304–07, 311, 321–23, 326–28, 334–38, 343, 355–56, 366, 371, 376, 383–84, 387–99, 402–06, 409–19, 423, 430–31, 434–35, 440–41, 444–45, 451–52, 457, 464, 467–75, 479, 482–91, 495–511; *de morte* 43, 210, 385, 397, 401, 438–41,

495; *de reparar* 277, 369, 395–96, 417, 423, 473; *edípico* 79–80, 137, 241, 457, 467–69, 486, 489–91, 496, 502, 510; *realização de* 256–65, 394
desespero 274, 300, 332, 342–43, 347, 371, 390, 417–18, 423, 443–45, 449, 453, 495
deslocamento 100, 119–20, 124, 155, 165, 246–48, 257, 262, 265, 400, 405–06
desprezo 89, 246, 352, 376, 389, 435–36, 485
destrutividade 14, 18–19, 51, 103, 106, 154, 224, 228, 233–36, 242, 245, 248–50, 260, 268, 276–77, 280–81, 285, 289, 293, 303, 308, 318–23, 326–30, 337–38, 341–47, 350–52, 355, 359, 368–69, 383–85, 388–89, 392–94, 401–02, 416–20, 423, 428, 432–35, 444, 448–54, 464–66, 478–79, 483, 486, 493–94, 502–03, 509
DEUS 27–32, 37, 44, 50–52, 260; *divindade* 14, 31–32, 50
DEUTSCH, Helene 247–48, 350–51
diabo 27, 44, 59, 67–70, 73
dinheiro 37–38, 418
dissociação 48, 292, 297, 406
dor 27, 80, 88, 95, 117, 173, 240, 269, 283, 291, 354, 367, 370, 374, 383, 386, 391–96, 410–12, 417–18, 425, 437–38, 441–46, 476–77
dormir 56, 65, 69–70, 73, 138, 174–75, 259, 269, 275, 373–75, 492–93

educação 23–25, 30–31, 49, 52–54, 74–84, 89, 144, 172–74, 212–15, 227, 310, 326, 364, 460; *escola* 18, 30, 76, 85, 89–100, 104, 107–13, 120, 130–34, 138–39, 146–49, 152–55, 158, 163, 208, 230–33, 300, 306, 326, 374, 407–09, 439–40, 459–60
ego 14, 17–19, 41, 88, 107–09, 115–22, 125, 128, 143, 149, 167, 170–71, 176–77, 181, 190, 195, 203–06, 214, 225, 231, 239–40, 243, 256–62, 265–67, 271–72, 277–96, 303, 306–24, 330–52, 356–63, 380, 426–39, 442–43, 447,

453–55, 469, 475, 494, 497–500, 507; *defesas do* 14–16, 19, 26–27, 42, 120–21, 157, 160, 183, 199, 204, 218, 223–24, 243, 255, 258, 279–80, 284–85, 293–96, 299, 306, 314–20, 329–37, 340–43, 348–52, 356–58, 361–63, 402, 422, 425–26, 430–35, 440–45, 449–55, 458, 465–70, 475–79, 483, 490–92, 497–99, 511
elaboração 35–36, 59, 173, 176, 181, 236, 279, 289, 303, 309, 363, 497–98
epistemofilia 17, 25, 42, 46–49, 61, 101, 150–51, 243–46, 249, 281, 289, 305–06, 309–12
ereção 64, 93, 141
esclarecimento sexual 23–24, 28, 37, 52–58, 71, 74–76, 83, 89, 114, 138, 181
escopofilia 100, 151–52, 155, 161, 167
escotomização 334, 351
esperança 24, 78, 189, 223, 250, 381, 420, 423, 429–30, 444–45, 470–71, 481, 486, 504
excisão *ver* cisão

fálico 18, 240, 249, 350, 469, 507–10
fantasia [*phantasy*] 13–19, 23, 36, 44, 51, 58–73, 79–83, 87–88, 91–106, 123–42, 145, 148–67, 177–81, 193–96, 199, 203, 221–36, 242, 255–61, 263–66, 279–82, 285–89, 294–307, 312, 317–24, 327–31, 334, 337–38, 341, 344–51, 355–62, 365–69, 373, 385–406, 410–23, 427–29, 431–37, 443–44, 448–57, 464–67, 470–75, 480–83, 487, 490–99, 501–05, 508
felicidade 13, 134, 209, 223–25, 230–33, 260, 274–75, 305, 324, 347, 358, 366, 375–76, 380, 388–95, 399, 402, 406, 412, 419–24, 429–30, 443–45, 451, 460–61, 483, 486, 504
feminino 18, 71–72, 79, 92–93, 101, 108, 126, 133, 153, 160, 240, 244–52, 411, 469, 496, 500, 504–08, 511; *posição feminina* 482, 490, 497, 501–06
FERENCZI, Sándor 13–15, 45, 50, 63, 94, 106, 113–15, 123, 126, 133, 145, 162–69, 242, 281, 321–23

fezes 33–34, 61, 66–68, 78, 98–99, 105,
   133–36, 154, 164, 168, 174, 223, 227,
   244–45, 270, 276, 279–81, 287–89,
   302–04, 308, 312, 321–22, 336,
   344–46, 355–59, 369, 375–76, 440,
   443, 475, 479–80, 485–86, 501–03;
   defecação 154, 163, 253, 288, 346, 366
figuras auxiliadoras 258–60, 372, 500
fixação 19, 88, 92, 100, 107, 125–30,
   134, 137–44, 148, 163, 172–74, 179,
   182, 209–12, 222–37, 242–49, 252–53,
   261, 294–96, 303, 320, 324, 339,
   359–60, 374, 430, 469, 483–85,
   497–98; *materna* 172–74, 224
fobia 52, 73–75, 82, 120, 131, 134, 185,
   292, 297, 317, 464, 483, 489, 491, 510
fome 179, 283, 352, 360, 365, 383, 404,
   417, 461
formação de compromisso 39, 51,
   262–64, 402, 426, 437, 475
formação reativa 79, 128, 143, 194,
   207, 226, 277, 338, 425, 445
FREUD, Anna 13, 183–19
FREUD, Sigmund 10, 13–18, 23, 26,
   36, 47, 50–52, 82, 86–87, 92, 101,
   108, 115–17, 120–26, 143–45, 170,
   178–79, 182–94, 198, 200–07, 210–12,
   218–21, 227, 236, 239–41, 248–53,
   258, 271–72, 276, 280, 294, 299–300,
   313–25, 335, 341–44, 350–52, 360–61,
   365, 416, 425–27, 430, 436–39, 442,
   446–48, 456–59, 469, 484–85, 498,
   502, 506–11
FREUND, Anton 58, 81
frustração 152, 225, 233, 241–46,
   249–50, 273, 283, 295–97, 338,
   357–58, 364–65, 368–74, 379–80,
   385, 390–96, 405, 423–24, 443, 457,
   466–67, 479, 486–87, 490, 496, 499,
   505, 510
fusão 125–27, 228, 246, 318, 321,
   360, 368

generosidade 251, 262, 320, 413, 417
genital 92–93, 100–01, 105–10, 113,
   126–29, 137–43, 149–51, 155, 162,
   165, 172, 175, 179, 221, 231, 239, 241,
   244–52, 264, 267, 273, 279, 284, 288,
   319–25, 358, 374–77, 387, 391–93,
   414, 452, 461–77, 482–87, 490–92,
   497, 500–11; *pré-genital* 16, 100, 179,
   225, 231, 240–47, 251–53, 261, 279,
   321–24, 456, 469
GLOVER, James 317, 335, 349, 358, 367
gratidão 24, 240, 250, 347, 388,
   392–93, 396, 419, 458, 504
gratificação 124–26, 172, 199, 206–09,
   215, 248–49, 257, 260–61, 264,
   319–21, 326, 358–61, 364–70, 373–74,
   378–80, 383–85, 391–98, 419, 434,
   473, 496–503
GRODDECK, Georg 143
GROSS, Otto 45

heterossexualidade 114, 147, 151,
   155–57, 161, 165, 172, 245, 484
higiene 34, 67, 172, 180, 184, 209, 214,
   241, 284, 373–75, 389, 488
hiperatividade 351
hipocondria 348, 476
histeria 116–17, 124–27, 250; *conversão
   histérica* 125
HOMERO 415–16
homossexualidade 69, 72–73, 94, 109–
   10, 114, 124, 140, 147–58, 161, 165–66,
   224–29, 387, 410–13, 452, 491, 502
HORNEY, Karen 252
HUG-HELLMUTH, Hermine 13, 52–53,
   186–89

id 221, 240, 257–62, 265, 280, 291,
   308–14, 318, 337–43, 346–47, 350–52,
   357, 431, 475, 487
ideal 144, 205, 208, 215, 251–52, 281,
   352, 361, 399, 440, 475, 484, 500,
   509; *de ego* 205, 208, 251, 352, 361;
   idealização 152, 409, 432–33, 436,
   439, 467, 482–84, 499; *mãe* 251, 439,
   467, 478; *pai* 399; *seio* 467
identificação 100, 113, 123–25, 135,
   142–45, 148–52, 155–59, 166–67, 170,
   173–76, 206–07, 226, 240–52, 260–66,
   279–81, 284, 288, 313–15, 338–39,
   342–44, 348–50, 362, 388, 397–99,

412-13, 417, 485-86, 491, 497, 500, 503-08, 511; *projetiva* 113, 240, 279, 314
ilusão/desilusão 40, 276
imago 16, 71-72, 80, 99, 175, 199, 227, 240, 251, 255, 258-67, 310, 314, 317-20, 328, 334-36, 360-62, 426, 433, 436, 500; *cisão da* 71, 261; *da mãe* 71, 80, 251, 261; *do pai* 99, 175, 227, 258
impulso 17, 20, 26, 37, 42, 46-48, 53-57, 75-80, 83, 108, 115, 121-22, 143, 153, 162-63, 182-83, 186, 192-95, 198-200, 203-05, 208-14, 217, 221-22, 226-28, 231-32, 239-45, 248-51, 261, 268, 278-79, 285, 289-96, 301-08, 311-28, 333-35, 338, 352, 356-57, 364, 368, 379-80, 383-88, 391-94, 397, 401, 405-07, 410, 414-20, 427-28, 434-37, 457, 465-71, 475, 478-79, 482-83, 486-87, 490-93, 497-99, 500-05, 509
inconsciente 13, 18, 23-24, 33, 36, 43, 54-58, 63-67, 76-81, 86-89, 94-96, 101, 105-06, 109, 115-19, 125-26, 137-38, 148, 153, 172, 177-81, 185, 189-91, 194-98, 203, 210, 215-17, 221, 224-31, 234-35, 243, 248, 256, 285, 289-91, 303-09, 316-17, 322, 327-31, 343, 358, 365, 369-73, 375-77, 384-25, 428, 432-34, 437, 440-54, 461, 466, 475-77, 482-83, 486, 489-92, 495, 498-500, 504-05, 508-10
inibição 17-18, 24, 37, 46-53, 65, 76-78, 83, 88-93, 96-21, 124, 127-29, 132-40, 143-44, 148-50, 158, 166, 173-75, 182, 195, 208-09, 226, 229-30, 236, 243, 247, 256, 259, 264, 277, 282, 285, 288, 291-93, 299-300, 305-14, 342, 345, 374, 380, 406, 416, 429, 459, 482-84, 488, 493; *intelectual* 91, 299-300, 306-07, 310-14
insight 49, 114, 142, 156, 191, 194, 216, 273, 308, 328, 340, 375
integração 14, 32, 333, 380, 428-30, 436-38, 457, 488, 494; *desintegração* 166, 342-45, 434, 437, 455
intelectual 15, 18, 25, 32, 36-38, 45-49, 52-57, 68, 75-77, 90-92, 142, 146, 194, 246, 282, 299-300, 306-07, 310-14, 365-67, 372, 379-80, 405, 429, 436, 446, 488; *inibição* ver *inibição*
interpretação 13, 58-65, 68-74, 81, 92-93, 98-100, 104-05, 151, 171, 177-78, 181, 194-96, 201-02, 212, 219, 226, 266, 275, 290, 309, 353, 449-51, 462-63, 473, 476-79, 487, 493
introjeção 17, 52, 126, 175, 203-05, 242, 258, 261-62, 265-67, 271, 276, 280, 288, 307-10, 313-15, 317-21, 328, 331-52, 355-63, 366, 370, 428-33, 436-37, 441-44, 447-53, 476-80, 485-86, 493-94, 500, 503-11
inveja 171, 240, 246-51, 268, 315, 387, 412, 441, 458, 490-92, 496, 505; *do pênis* 240, 249, 490-92, 496, 505, 510
investimento [*cathexis*] 10, 95, 99-100, 105-07, 113-14, 117-22, 125-27, 138-43, 196, 253
irmãos 12, 26-29, 32-34, 37-39, 43-44, 59-61, 65-70, 74, 79, 87-88, 94, 101, 104, 130, 134, 140-41, 146-47, 171-74, 210-14, 224-26, 229-31, 234-36, 245, 253, 274-76, 301, 323-24, 328-29, 348, 387-88, 391, 394-407, 410-14, 428, 435, 438-41, 460-68, 471-85, 488, 493, 496
ISAACS, Susan 359, 367, 375

JACK, O ESTRIPADOR 228
JAKOB, Eduard 269
JONES, Ernest 8, 13, 18, 95, 122-23, 281, 317, 321, 370

KJÄR, Ruth 274-77

latência 48, 147, 169, 184, 197, 203-04, 207, 217, 261-62, 325
lembranças encobridoras 95, 150, 155, 207
libido 17-18, 69, 91-92, 95, 100, 105-07, 110, 113-29, 137-44, 148, 160, 171-72, 204, 229, 241-48, 260-61, 279-81, 291-94, 303, 318, 321, 324,

330, 333, 336, 340, 343, 359, 362,
374, 387, 426–27, 430, 442, 457–58,
469, 474–75, 489–90, 496–502,
508–10
língua 36, 68, 95, 104, 139–40, 143,
201, 243, 269
linguagem 154, 177–78, 195, 431, 499
luto 14, 18, 333, 425–29, 436–50,
453–55

mãe *atitude maternal* 93–94, 250–51,
391, 395–398, 403–04, 411, 441, 496,
505–08; *boa* 261, 273, 339, 370, 390,
398, 466–68, 477–81, 484–87, 495,
499, 506; *corpo da* 17, 27–28, 55, 62,
72, 135–37, 224, 240, 244–45, 250,
270–73, 276, 279–81, 285–88, 294,
299, 302–09, 312, 322, 336, 350,
355, 368, 396, 413–15, 428, 451–52,
456, 463–65, 481–83, 493, 502–04;
esvaziar o corpo da 307, 334; *imago
da* ver imago; *má* 235, 257, 273, 370,
467–68, 486, 493, 499; *relacionamento
mãe–seio* 378, 384; *seio da* ver *seio*;
útero da 94, 106, 137, 224–25, 245–46,
250, 288, 322
mania 18, 300, 315, 331–35, 349–52,
357–63, 425–27, 432–44, 448, 453–
57; *defesas maníacas* 14, 332–33, 351,
425–26, 432–35, 443–45, 477; *depressão maníaca* 18, 300, 315, 331–33, 349,
364, 425–27, 432, 438, 448, 454–57;
triunfo maníaco 425, 434–38, 441–42
masculino 72, 101, 105, 108–10, 126,
141, 175, 246, 249, 469, 487, 500–02,
506–07, 510; *posição masculina* 246,
490, 497, 503–06
masturbação 78, 89, 96–97, 146–69,
211, 229, 248, 284, 374–76, 504, 507;
fantasias de 128–29, 145–60, 163–66,
179, 255, 264
mau comportamento 38, 71, 175,
190, 208, 209, 231–33, 257, 284, 292,
297, 487
medo 19, 46, 49, 67–73, 83, 92–93, 97,
101–02, 105–09, 114, 118–19, 129–34,
149–52, 157, 161, 168, 173–75, 192,

203–06, 211, 220, 223, 229, 233–36,
240–52, 257, 264, 268–72, 276–77,
285–88, 291–92, 297–99, 303–20,
326–39, 344, 348, 350–53, 356–58,
367–80, 383–88, 392–93, 400–02,
405–06, 414–23, 428–39, 443, 446–49,
452–54, 459–60, 463–70, 473–87,
490–96, 499–11
MICHAËLIS, Karin 268, 274–76
MIDDLEMORE, Merrell P. 373
moralidade 13–14, 49, 97, 205–07,
227, 242, 314–15, 320, 323–25, 330,
341, 389
mundo *externo* 17, 49, 147, 171, 204,
207, 219, 257, 262, 265–66, 279–81,
287–89, 294–95, 299, 307–10, 319,
322, 334–38, 342–44, 350–51, 359–66,
369–70, 391, 419–24, 428–30, 433,
437–39, 444–46, 454, 464, 477–79,
500, 506; *interno* 16–17, 145, 239,
245, 310, 334, 337–38, 342, 351, 360,
419–21, 428, 429–32, 436–38, 442–50,
455, 475, 478–81, 500, 505–06, 511
música 93, 141–42, 147–53, 158–60,
167–68, 275, 379, 459, 462

narcisismo 107, 122, 125, 145–47,
151–52, 157, 160–67, 171, 180, 257,
294, 318, 427, 442, 457
nascimento 26–27, 32–33, 35, 53–55,
71–74, 87, 94, 115, 118–19, 134–36,
147, 173, 181, 224, 227–28, 231, 314,
322, 365, 372, 376, 457; *fecundação* 58,
72, 135–36, 245, 307; *gravidez* 76, 89,
174–75, 245, 293, 307, 396, 461, 489,
493; *parto* 245, 307, 373
neurose 19, 52–57, 74–78, 81–82,
86–87, 100, 107, 113–31, 142–46, 158–
59, 163, 166, 171–83, 192, 199–201,
204, 212–14, 222, 230–32, 235–38,
247, 258–59, 262–64, 270–72, 282–83,
291, 294, 297, 300, 311–12, 321, 325,
335, 349, 363, 371–72, 375, 430–31,
436–38, 453–55, 458, 488, 492–97;
obsessiva 124, 168, 180, 208–09,
230–32, 256–60, 265, 351, 488

normalidade 14, 20, 24-25, 56-57,
  74-77, 80-82, 86-87, 114, 117, 127-28,
  144, 165-67, 183, 206, 209, 216, 220-
  23, 228-37, 264-65, 270, 274, 278,
  284, 288-98, 314-16, 327-28, 333-35,
  340, 349, 352, 358-59, 362-63,
  380-81, 387, 392, 400, 404, 425-39,
  442, 446-48, 453-55, 459, 475, 498;
  anormalidade 14, 74, 86, 122, 232, 284,
  330, 333, 368, 381, 427, 454-55

objeto *amado* 14, 151-53, 157, 160, 167,
  330, 337-50, 357, 360-63, 368, 388,
  402, 428-33, 437-39, 444-47, 453-55,
  467-69, 486, 495, 501-03, 509-11;
  anseio pelo 431, 444; *bom* 333-52,
  362-64, 370-72, 425-26, 433, 437-39,
  443-45, 453, 457, 466-67, 471, 490,
  494, 502, 505; *de amor* 109, 151-56,
  199, 203-04, 213-14, 225-27, 241-44,
  248-50, 253, 261, 383, 398, 402,
  405-07, 410, 423, 439, 485; *escolha de*
  151-52, 155-57, 165; *mau* 14, 338-43,
  346, 349-52, 362, 425, 439; *parcial*
  17, 332-33, 344-46, 359-62, 499;
  perda do 272, 276, 332, 335-39, 349,
  360-61, 388, 425, 438, 455, 495; *primário* 257, 499; *relação de* 17-19, 145,
  152, 162-65, 284, 289, 307, 320, 324,
  332-33, 336, 360-61, 367-68, 433,
  446, 457, 501, 508, 511; *total* 332, 336,
  341-44, 360-62, 433; *unificação do*
  333, 362, 426, 433-36, 443
obsessão 128, 131, 175, 208-12, 230,
  236, 247, 258-59, 264, 311-12,
  332-35, 356-57, 362-63, 389, 426,
  434-36, 440, 453, 482, 487, 492-93;
  neurose obsessiva ver *neurose*
ódio 17-19, 89, 174, 189, 201, 209-10,
  216, 224-25, 234-35, 240-51, 300,
  326, 329, 330-31, 338-43, 348-50,
  355-57, 360-62, 365-70, 382-95,
  401, 405-14, 420-26, 432-33,
  436-44, 447-54, 457, 466-67, 479,
  482-92, 495-96, 499-02, 507, 511;
  amor e ver *amor*
onipotência *ver* potência

OPHUIJSEN, Johan H. W. van 302-03
oral 105, 139, 172, 179, 210, 214,
  222-23, 227, 231, 241-45, 248, 261,
  267, 273, 280, 303, 306, 315, 319-22,
  335-36, 374, 428, 457, 465-66, 475,
  478, 482-86, 490, 495, 499, 500-02,
  508, 511; *canibalesco* 105, 182-83,
  203, 206, 221, 242, 321, 335-37, 342,
  359, 368, 478; *chupar/sugar* 139,
  174, 222, 261, 267, 307, 320-22, 365,
  368, 373-76, 378, 383-84, 387, 476;
  devorar 206, 223, 226, 230, 242-46,
  258, 261, 275, 279, 297, 306, 317, 322,
  328, 334-40, 346, 355-56, 368-71,
  479, 485-86, 503, 509; *felação* 124-26,
  253; *morder* 37, 222-24, 261, 345, 368,
  385; *sádico-oral* ver *sadismo*

pai *bom* 96, 390, 399, 487, 493-95,
  502-06; *mau* 347, 470, 474, 479-81,
  485-86, 491, 496, 503, 506; *imago do*
  ver *imago*; *pênis do* 133, 154, 160,
  206, 223, 245-48, 260, 265, 270-72,
  276, 279-80, 285, 288-89, 302-07,
  322-24, 329, 347, 355, 392, 396, 456,
  463-64, 473-74, 477, 482-83, 491-92,
  495-506, 509-11
pais combinados 240, 449, 452, 479
PAPAI NOEL 28, 44, 298
paranoia *ver* posição esquizoparanoide
pena 13, 273, 288, 291, 320, 417, 470
penetração 45-47, 95, 119, 123, 136,
  139, 149, 152-54, 163, 166, 176, 179,
  189, 195, 202, 213, 241, 244, 256, 285,
  305, 309, 317, 325, 413-14, 469
pênis 34, 72, 93-108, 124-25, 129, 133-
  34, 139-143, 152-56, 159-61, 178, 206,
  223, 228, 240-41, 245-52, 260, 265,
  270-73, 276, 279-81, 285, 288-89,
  294, 302-09, 312, 322-24, 329, 346-
  47, 350, 353-56, 392-93, 396, 417,
  441, 456, 463-64, 469, 473-74, 477,
  482-85, 491-92, 495-511; *circuncisão*
  460; *do pai* ver *pai*; *inveja do* ver *inveja*;
  sêmen 95, 105-07, 130, 133, 358
PEQUENO HANS 13, 16, 52, 82, 185-88

PEQUENO POLEGAR 59

perigo 25, 31, 45, 48–50, 79, 120–21, 130–32, 144, 160, 188, 214, 271–76, 279–80, 287–89, 293, 296, 299, 302–12, 318–19, 328, 334–38, 345–46, 350–51, 355–57, 361, 368, 385–87, 392, 402, 409–10, 432–33, 437–38, 440–42, 448–52, 455, 461, 464–71, 475, 481–82, 485–87, 490–91, 494–95, 501–03, 509

perseguição 14, 19, 256–58, 263, 266, 292, 297, 300, 303–04, 329–40, 343–46, 351, 357–63, 367–68, 371, 380, 425, 430–39, 442–46, 453–54, 476–86, 490, 493–95, 499–500, 503, 506

personificação 256–58, 262–67, 312–15, 360, 487

perturbação 369, 386

perversão 46, 122, 139, 228, 236, 347

posição depressiva 14–15, 18–20, 255, 268, 315, 332–34, 344, 348–49, 352, 357–64, 382, 425–37, 440, 444–46, 453–58, 481, 494–96, 501; *depressão* 14, 18–19, 67, 149, 208, 241, 256, 268, 274, 278, 300, 315, 332–39, 342–52, 357–64, 368, 381, 402, 425–32, 435–37, 446–48, 453–60, 463, 477, 481–82, 486, 494–95, 498, 501, 511; *melancolia* 261, 274, 335–37, 340–41, 350, 359, 361, 426–27, 438, 442, 447

posição esquizoparanoide 14, 268, 279, 332, 382, 458; *paranoia* 208, 256–58, 263–66, 294, 302–03, 329, 332–37, 342–45, 348–50, 357, 363, 453–54; *paranoide* 14, 19, 93, 292, 297, 310–11, 332–36, 345–49, 352, 357–62, 431–34, 448, 453–54, 476

possuir 97, 105, 160, 222, 241, 244–46, 250, 277, 303, 308–10, 339, 347, 371, 376, 396–400, 410–14, 418, 421, 439–43, 467, 471, 496, 504–05, 511

potência 94, 97, 108, 247, 294, 305, 309, 470–73, 503–04; *impotência* 106, 144, 227, 305, 484; *onipotência* 26, 31, 36, 39–43, 50–51, 106, 309, 323, 333, 350–52, 358, 385, 432–36, 474, 501

prazer 16, 28–29, 34, 39, 45–48, 53–60, 63–65, 75–80, 83–87, 94–96, 99, 107, 111–15, 119, 122–34, 137–40, 143, 171, 175–77, 180, 209, 222, 226, 244–46, 262–63, 270, 279–81, 309, 326–27, 357, 365–68, 372–78, 383–84, 391–93, 396–99, 402–05, 412–13, 423–24, 429–30, 491; *princípio de* 39, 42, 51, 123, 180, 281, 318, 365

premência [*urge*] 17, 42, 56, 147, 163, 167, 246, 252, 268, 272, 277, 311, 323, 332, 336, 340, 348, 374–75, 383, 388, 400, 404, 417, 429, 467, 485, 499–505, 509

privação 33, 66–67, 171–73, 203, 214, 249–50, 295, 311, 370, 377, 394, 405, 417, 439–41, 457, 467, 473

profilaxia 53–54, 74, 144, 206, 223, 228

projeção 9, 14–16, 67, 126, 255–57, 262, 265–66, 287, 310, 314, 319, 331, 334–37, 344, 356, 363, 366, 431, 443–44, 447, 454, 478, 486, 500; *identificação projetiva* ver *identificação*

psicose 17–19, 145, 162, 220, 232, 236–38, 255, 258, 265–67, 278–79, 292–98, 310–12, 322, 327–35, 340, 345, 349, 352, 358–59, 363, 430, 438, 453; *delírio* 14, 40; *esquizofrenia* 218, 266, 278, 291–99, 334–36, 345, 363, 432

puberdade 24, 85–89, 146, 157, 162, 169, 197, 205–07, 215

pulsões 9, 17–18, 45–46, 53, 57, 79, 83, 87–88, 92, 100, 105–07, 114–18, 121–26, 138, 143–44, 186, 195, 204–08, 212, 217, 241, 244, 247, 259–61, 291, 295, 299–300, 303, 309, 316–28, 331, 404, 410, 414–15, 423, 498, 501; *de vida e de morte* 9, 18, 300, 318, 321, 331; *do ego* 118, 121–22; *parciais* 87, 100, 107, 114, 124

punição 53, 71, 176, 203, 209, 229, 231–34, 242–45, 249, 253, 257–59, 264, 273, 280, 288, 327, 370–72, 418, 437–39, 441–43, 494–95

RADÓ, Sandor 261, 360
realidade *princípio de* 36, 39, 42, 51, 180; *sentido de* 36, 39, 42, 46, 48–51, 180, 344; *teste de* 308, 426–29, 436–37
recusa 48, 68, 89, 256, 264, 269, 285, 333–35, 350–52, 356, 363, 371, 381, 432–36, 440–42, 450, 479, 495
regressão 50, 87, 139, 147, 151, 163, 167, 231, 291–94, 466–69, 483–85, 490, 497, 503
relação sexual 93–109, 119, 126–30, 134, 137–61, 164–68, 172–74, 206, 211, 221, 227–28, 231, 234, 249, 252–53, 263, 270, 280, 285, 304–05, 322, 338–40, 346, 351, 355–58, 377, 393–94, 414, 448–53, 464–66, 470–75, 485, 488–93, 503–05
remorso 97, 175, 209, 257, 288, 343, 360–61, 487
reparação 3, 19–20, 226, 268, 332–33, 337–38, 351–52, 357, 362, 369, 382–83, 388–94, 397, 400, 407–08, 412–19, 423–26, 432–36, 443–44, 450, 457, 467, 483, 487, 492, 496, 501–04
repetição 27–31, 89, 97, 101, 122, 153–54, 158, 164, 168, 173–74, 194, 209, 225, 233–35, 282–87, 291, 312, 336–37, 360, 399, 404, 412–13, 434, 440, 462, 466–67, 479, 494; *compulsão à* ver *compulsão*
repressão 23–25, 35, 42, 45–49, 52–54, 57–58, 66–68, 82–83, 87, 94, 106–10, 113–28, 134–41, 144, 149–58, 161, 167, 177–79, 182, 185–86, 199, 208, 211, 221, 225–26, 229–32, 235–36, 243, 247–50, 253, 263–64, 279–80, 294, 310, 317, 322, 402–03, 406–08, 441, 464–66, 467–70, 474, 482–83, 485, 501–03, 509–10
resistência 16, 23, 34, 46–55, 59, 62–63, 69–78, 99, 104, 138, 164, 177, 181–82, 195–97, 209, 216–18, 310–312, 463–64, 476, 481
responsabilidade 207, 213, 310, 343, 356, 388, 401, 449, 460
ressentimento 387, 393, 405, 412, 422–24, 440, 454, 466, 490, 507

restauração 89, 250, 268, 277, 312, 323, 338, 341–42, 358, 362, 369, 385, 388, 392, 398, 402, 414, 432–34, 446, 453–54, 467, 471, 501
retraimento 45–48, 53, 75, 155, 294, 381
rivalidade 89, 153, 210, 223–24, 246–50, 387–88, 392–94, 397–99, 402, 407–09, 435, 467, 470–71, 474, 481, 487–92, 495–96, 502, 505, 510
RIVIERE, Joan 317, 382–83
RÓHEIM, Géza 63
roubar 66, 97, 137, 174, 205, 233–35, 245–48, 259, 273, 276, 306, 394, 399–400, 413, 437, 493, 504

SACHS, Hanns 123, 236
SADGER, J. (Isidor) 92–93, 105
sadismo 68, 91, 93, 100, 103–06, 139, 147–49, 152, 162–68, 182–83, 203, 209–11, 221–31, 234–35, 239–52, 256–60, 270–73, 276–81, 284–89, 293–96, 299–300, 303–14, 318–30, 334–42, 347, 350, 355–62, 368, 392–93, 398, 432–34, 444, 451, 457, 464–71, 478–79, 482–87, 490–94, 497–503; *sádico-anal* 139, 147, 162–68, 182, 209–11, 221–23, 227–30, 239, 242–48, 251, 293–95, 303–04, 321–22, 482–85; *sádico-oral* 162, 221–23, 227–30, 239, 242–45, 248, 279–80, 293–95, 303, 306, 319–22, 336–37, 464–71, 478–79, 482–86, 490, 497, 502, 509; *sádico-uretral* 280, 293–95, 303–04, 322, 482–83
SCHMIDEBERG, Melitta 345, 363, 432
SCOTT, Clifford 345
sedução 172, 248, 377
segurança 59, 160, 185, 192, 195, 247, 330, 337, 352, 373, 384, 392–95, 398–400, 404, 409–10, 417, 422–30, 436, 439–40, 444–46, 455, 468, 481, 486, 500
seio *bom* 17, 370, 384, 413, 467, 479, 482, 495, 499, 503–04; *da mãe* 17, 78, 171, 222, 279, 301, 304–05, 321–22, 334, 365–66, 375, 378, 384–85, 388,

404–05, 413, 427, 446, 467, 498–502, 509; *mamilo* 125, 372, 387; *mau* 17, 370, 467, 479, 482, 494–95, 499
self 14, 160, 166, 279–80, 299, 343, 409, 447–48
sessão de análise 95, 101–02, 171, 174, 178, 196–200, 209, 287–88, 305–07, 449–51, 461–65, 470, 476–77, 480; *situação analítica* 16, 170, 181, 189–90, 193–94, 199–200, 216–17, 265–67
simbolismo 15–18, 45, 72, 91–93, 100–01, 105–07, 112–14, 119–23, 133, 138–45, 155, 178, 194–98, 219, 227, 235, 270–72, 278–81, 285–86, 289, 294, 305, 396, 413, 492, 507; *formação de símbolos* 17, 112–13, 123–25, 255, 278–79, 282, 285, 289, 295, 303, 312; *simbólico-sexual* 100, 114, 119, 122–23, 138–39, 143
sintoma 62, 68, 74, 112, 115–21, 124–29, 138, 146, 149–51, 162–69, 174–75, 200, 208, 240, 257–59, 264, 271, 291, 294, 297, 300, 311–12, 345–47, 352, 356, 459, 476, 489
SOCIEDADE BRITÂNICA DE PSICANÁLISE 185, 345, 359, 367
SOCIEDADE HÚNGARA DE PSICANÁLISE 15, 23, 58
SOCIEDADE PSICANALÍTICA DE BERLIM 23, 52, 100, 162
solidão 346, 412, 416, 451
sonho 15, 23, 59, 64, 69–73, 92–93, 100, 105, 117, 128, 171, 177–78, 194–96, 210–11, 219, 256, 275, 302, 307, 352–58, 440–45, 448–52; *devaneio* 128, 193, 219; *pesadelo* 463; *trabalho do* 178
SPERBER, Hans 122–23
SPIELREIN, Sabina 139
STÄRCKE, August 78, 118, 303
STRACHEY, James 10, 306
sublimação 20, 37, 45, 57, 92, 105–12, 118–29, 137, 142–44, 148–50, 157–58, 166, 182, 228, 231, 235–36, 247, 264, 281, 299, 324, 342, 413, 418, 504
substituição 49, 57, 66, 120, 128–29, 143–44, 148, 153–55, 161–63, 169, 182, 210, 237, 249, 253, 350, 364, 378–80,
384, 404–06, 419, 423–24
suicídio 86, 274, 349–50, 421, 448, 452
supercompensação 148, 158, 194, 235, 247–51
superego 13–18, 145, 170, 176, 179–84, 199, 202–08, 212–13, 217, 220–25, 231–48, 251–62, 265–67, 271–72, 278–80, 288, 299, 307–20, 323–25, 328–31, 340–41, 360, 447–48, 473–75, 492–96, 500, 505–11; *primitivo* 170, 183–84, 220–21, 239–40, 255, 267, 280, 288, 313–16
supressão 116–18, 159, 259, 307, 329–30

tensão 86, 143, 148, 154, 159, 165, 262, 318, 329, 374–77, 383, 421, 443, 451, 490, 497, 507
terror noturno 112, 116, 119, 173–74
tique 145–46, 149–69
transferência 13, 16–17, 80, 89, 122, 127, 145, 156, 181–84, 189–93, 199–202, 206, 209, 213–18, 227, 237, 255, 265–67, 289, 395, 405, 423, 466–67, 481, 502
tristeza 12, 66, 76, 80, 210, 269, 274–76, 290, 343–49, 353, 356–58, 411, 419, 423, 427–28, 431, 440–46, 451–57, 488, 494, 497, 509

uretral 242, 294, 322, 337, 480, 495, 500–02, 508; *sádico-uretral* ver *sadismo*
urina 33–34, 135, 168, 174, 287–88, 303–05, 322, 357, 369, 375, 501–03

vagina 103, 119, 241, 245, 248, 281, 305, 492, 500, 504, 507–08
veneno 70–72, 336, 353, 357, 476; *envenenamento* 70–71, 294, 303, 346, 476, 502–03; *venenoso* 280, 303, 337, 346, 463–64, 482, 502–03
voracidade 312, 336, 346–47, 368, 379, 382, 401–02, 405, 412–14, 423–24, 428, 450, 478–79, 483, 486, 494

WINNICOTT, Donald W. 40, 372

Sobre a autora

MELANIE KLEIN nasceu em 30 de março de 1882, em Viena, Áustria. Em 1899, casou-se com o engenheiro químico Arthur Klein, com quem teve três filhos, Melitta, Hans e Erich, e de quem se divorciou em 1924. Em 1909, mudou-se com a família para Budapeste, Hungria. Após anos de grave depressão, começou sua análise pessoal com Sándor Ferenczi em 1914. No mesmo ano, travou contato com a teoria psicanalítica através da leitura de *Sobre os sonhos*, um livreto recém-publicado por Freud baseado em sua obra *A interpretação dos sonhos* (1900). Em 1919, Klein apresentou seu primeiro trabalho para a Sociedade Húngara de Psicanálise, sendo admitida como membro. Em 1921, diante do aumento das tensões antissemitas na Hungria, mudou-se para Berlim, na Alemanha, então o epicentro da psicanálise, onde publicou "O desenvolvimento de uma criança", uma versão expandida do artigo apresentado em 1919. No ano seguinte, foi admitida como membro da Sociedade Psicanalítica de Berlim. Em 1923, iniciou sua atuação como psicanalista e, em 1924, iniciou a análise com Karl Abraham. Após a morte súbita de Abraham, e a convite de Ernest Jones, mudou-se para Londres, na Inglaterra, em 1926, tornando-se membro da Sociedade Britânica de Psicanálise no ano seguinte. No Reino Unido, aprofundou sua prática clínica e de supervisão e teve uma produção intelectual profícua, a qual foi recebida calorosamente por parte dos psicanalistas britânicos e rechaçada por outra. Entre 1942 e 1944, protagonizou duas séries de discussões teóricas organizadas pela Sociedade Britânica de Psicanálise, as Reuniões Extraordinárias e as Discussões Controversas, as quais opuseram os partidários de Melanie Klein aos de Anna Freud e ajudaram a consolidar a linha kleiniana como um campo relevante dentro da psicanálise. Participou de vários Congressos Internacionais de Psicanálise desde 1918 e teve um grande impacto sobre a cena psicanalítica global, sobretudo britânica, influenciando figuras como Donald Winnicott, Wilfred Bion, Hanna Segal, Herbert Rosenfeld, Paula Heimann, Joan Riviere, Susan Isaacs, Betty Joseph, Roger Money-Kyrle e John Bowlby. Fundou o Melanie Klein Trust em 1955 e faleceu anos depois, em 22 de setembro de 1960.

Obras publicadas

A psicanálise de crianças [1932], trad. Liana Pinto Chaves. São Paulo: Ubu Editora/Imago, 2025.
(com Joan Riviere) *Amor, ódio e reparação* [1937], trad. Marie Helena Senise. Rio de Janeiro: Imago, 1975.
Narrativa da análise de uma criança [1961], trad. Claudia S. Lima. São Paulo: Ubu Editora/Imago, 2025.
Amor, culpa e reparação e outros ensaios (1921–45) [1975], trad. André Cardoso. São Paulo: Ubu Editora/Imago, 2023.
Inveja e gratidão e outros ensaios (1946–63) [1975], trad. Liana Pinto Chaves et al. São Paulo: Ubu Editora/Imago, 2023.
Melanie Klein: autobiografia comentada [2016], org. Alexandre Socha. São Paulo: Blucher, 2019.
Lectures on Technique by Melanie Klein, org. John Steiner. London: Routledge, 2017.

COMO ORGANIZADORA
(com Paula Heimann, Susan Isaacs e Joan Riviere) *Os progressos da psicanálise* [1952], trad. Álvaro Cabral. Rio de Janeiro: Guanabara Koogan, 1982.
(com Paula Heimann e R. E. Money-Kyrle) *Novas tendências na psicanálise* [1955], trad. Álvaro Cabral. Rio de Janeiro: Zahar, 1969.

Obras completas de Melanie Klein

Traduções revisadas com estabelecimento terminológico, conforme os padrões definidos pela comissão editorial da Ubu em diálogo com Elias M. da Rocha Barros, representante do Melanie Klein Trust no Brasil. Uma coedição da Ubu Editora e da Imago.

Amor, culpa e reparação e outros ensaios (1921–45)
A psicanálise de crianças
Inveja e gratidão e outros ensaios (1946–63)
Narrativa da análise de uma criança

Dados Internacionais de Catalogação na Publicação (CIP)
Elaborado por Vagner Rodolfo da Silva — CRB-8/9410

K64a   Klein, Melanie (1882–1960)
      Amor, culpa e reparação e outros ensaios (1921–45)/Melanie Klein;
      Título original: *Love, Guilt and Reparation and Other Works (1921–1945)*.
      Tradução: André Cardoso/Coordenação editorial: Elias M. da Rocha
      Barros/Revisão técnica: Jayme Salomão.
      São Paulo: Ubu Editora/Imago, 2023. 528 pp.

ISBN 978-85-7126-133-4

1. Psicanálise. 2. Psicanálise infantil. 3. Psicologia. 4. Terapia.
5. Saúde mental. 6. Desenvolvimento emocional. I. Barros, Elias M. da Rocha.
II. Cardoso, André. III. Título.

2023-2825   CDD 150.195   CDU 159.964.2

Índice para catálogo sistemático:
1. Psicanálise 150.195
2. Psicanálise 159.964.2

IMAGO
Rua Santos Rodrigues, 201-A
20250 430 Rio de Janeiro RJ
imagoeditora.com.br
imago@imagoeditora.com.br

UBU EDITORA
Largo do Arouche 161 sobreloja 2
01219 011 São Paulo SP
ubueditora.com.br
professor@ubueditora.com.br
/ubueditora

IMAGO   ubu

Título original: *Love, Guilt and Reparation and Other Works 1921–1945*

© The Melanie Klein Trust, 1975
First published as Love, Guilt and Reparation and Other Works 1921–1945 by Chatto & Windus, an imprint of Vintage. Vintage is part of the Penguin Random House group of companies.
Introdução © Hanna Segal, 1988
Tradução © Imago, 1991
© Ubu Editora, 2023

PREPARAÇÃO DE ARQUIVO Helena Leme
EDIÇÃO Gabriela Naigeborin
REVISÃO Carolina Hidalgo, Cássio Yamamura, Cristina Yamazaki
TRATAMENTO DE IMAGEM Carlos Mesquita
PRODUÇÃO GRÁFICA Marina Ambrasas

CAPA ilustração desenvolvida por Elaine Ramos e Nikolas Suguiyama
a partir dos desenhos de Lou Loeber (Holanda, 1894–1983)

EQUIPE UBU
DIREÇÃO Florencia Ferrari
DIREÇÃO DE ARTE Elaine Ramos; Julia Paccola e Ana Lancman (assistentes)
COORDENAÇÃO Isabela Sanches
COORDENAÇÃO DE PRODUÇÃO Livia Campos
EDITORIAL Gabriela Ripper Naigeborin e Maria Fernanda Galdini Chaves
COMERCIAL Luciana Mazolini e Anna Fournier
COMUNICAÇÃO/CIRCUITO UBU Maria Chiaretti,
    Walmir Lacerda e Seham Furlan
DESIGN DE COMUNICAÇÃO Marco Christini
GESTÃO CIRCUITO UBU/SITE Cinthya Moreira, Vic Freitas e Vivian T.

1ª reimpressão, 2025

FONTES Swift e Cy
PAPEL Avena 70 g/m²
IMPRESSÃO E ACABAMENTO Ipsis